Vom Glück in der Schweiz?

Reihe »Geschichte und Geschlechter«
Herausgegeben von Claudia Opitz-Belakhal, Sylvia Paletschek,
Angelika Schaser und Beate Wagner-Hasel
Band 68

Andrea Althaus, Dr. phil., ist Zeithistorikerin.

Andrea Althaus

Vom Glück in der Schweiz?

Weibliche Arbeitsmigration aus Deutschland
und Österreich (1920–1965)

Campus Verlag
Frankfurt/New York

Gedruckt mit freundlicher Unterstützung der Axel Springer Stiftung
Zugleich Dissertation an der Albert-Ludwigs-Universität Freiburg

ISBN 978-3-593-50704-0 Print
ISBN 978-3-593-43609-8 E-Book (PDF)

Das Werk einschließlich aller seiner Teile ist urheberrechtlich geschützt. Jede Verwertung ist ohne Zustimmung des Verlags unzulässig. Das gilt insbesondere für Vervielfältigungen, Übersetzungen, Mikroverfilmungen und die Einspeicherung und Verarbeitung in elektronischen Systemen. Trotz sorgfältiger inhaltlicher Kontrolle übernehmen wir keine Haftung für die Inhalte externer Links. Für den Inhalt der verlinkten Seiten sind ausschließlich deren Betreiber verantwortlich.
Copyright © 2017 Campus Verlag GmbH, Frankfurt am Main
Umschlaggestaltung: Guido Klütsch, Köln
Umschlagmotiv: Österreichische Gastgewerbsangestellte in Wildhaus (1952) © Hilde Grangl
Druck und Bindung: Beltz Bad Langensalza
Gedruckt auf Papier aus zertifizierten Rohstoffen (FSC/PEFC).
Printed in Germany

www.campus.de

Inhalt

Einleitung 9

1. Lebensgeschichten – Geschichte(n), die das Leben schreibt? 27
   1.1 Lebensgeschichten in der historischen Forschungspraxis 28
   1.2 Gedächtnis-, erzähl- und biografietheoretische Grundlagen 35
       1.2.1 Wer erzählt, erinnert sich 35
       1.2.2 Wer sich erinnert, erzählt 38
       1.2.3 Selbst- und Weltverständnis 43
   1.3 Lebensgeschichten: Historische Fakten eigener Art 49
   1.4 Datenerhebung und -analyse 52

2. Deutsche und österreichische »Dienstmädchen« in Politik und Diskursen 57
   2.1 Politik und Diskurse I: 1910–1935 57
       2.1.1 Die Angst vor einer »Germanisierung« 57
       2.1.2 Überfremdungsdiskurs und Hausdienst 61
       2.1.3 »Überfremdung« wird Recht 74
   2.2 Politik und Diskurse II: 1935–1949 78
       2.2.1 »Dienst im Haus ist Dienst am Volk« 78
       2.2.2 Überfremdungsdiskurs und Gastgewerbe 90
       2.2.3 Reformen in Hausdienst und Gastgewerbe 93

2.2.4 Kontroverse zur Einwanderung von »Dienstmädchen« 97

2.2.5 Sanitarische Grenzuntersuchungen 106

2.2.6 Alliierte Ausreisesperren 111

2.3 Politik und Diskurse III: 1950–1970 117

2.3.1 Erwünschte und unerwünschte Arbeitskräfte 117

2.3.2 Angst vor einer »neuen Überfremdung« 124

2.3.3 Arbeitskräftebedarf im Gastgewerbe 130

2.3.4 »Mägdedämmerung«? Hausdienst am Wendepunkt 135

2.3.5 Einführung des Kontingentsystems 140

2.4 Politik und Diskurse in der Zusammenschau 145

3. Vorgeschichten: Von Elternhäusern und Kinderstuben 149

3.1 Sozio-biografisches Kollektivporträt I 149

3.2 Kindheits- und Jugenderzählungen 159

3.2.1 Autoritäre Erziehung und Konflikte 160

3.2.2 Arbeitsethos und Kinderarbeit 174

3.2.3 Verhinderte Bildung 182

3.2.4 Kriegskindheiten 191

4. Migrationserzählungen 199

4.1 Die Schweiz in Sicht 200

4.1.1 Der Traum vom großen Geld? 200

4.1.2 Einfach fort! 208

4.1.3 Vorstellungen, Netzwerke, Stellenvermittlung 218

4.1.4 Behördengänge und Amtswege 235

4.1.5 Vom Weggehen, Reisen und Ankommen 239

4.2 Arbeits-Verhältnisse: Arbeit und Beziehungen 251
    4.2.1 Haus- und gastgewerbliche Arbeitsverhältnisse 252
    4.2.2 Arbeit, Arbeit, Arbeit 260
    4.2.3 Zur Bewertung von Hausarbeit 273
    4.2.4 Beschützen und Erziehen 280
    4.2.5 Kost, Logis und Lohn 293
    4.2.6 Trinkgelder und sexuelle Übergriffe im Gastgewerbe 302
    4.2.7 »Stellen- und Berufswechsel verboten!« 309
4.3 Außer Haus 322
    4.3.1 Frei-Zeiten und Freundschaften 322
    4.3.2 Fremdenfeindlichkeiten 337
4.4 Sozio-biografischer Kollektivporträt II 348

5. Die Migrationserfahrung im lebensgeschichtlichen Kontext 353
    5.1 Break free: Emanzipationsgeschichten 355
    5.2 Lernzeiten: Bildungsgeschichten 372
    5.3 Karrieren: Erfolgs- und Abstiegsgeschichten 390

Schlussbetrachtungen 407
Dank 417
Transkriptionszeichen 419
Abkürzungsverzeichnis 420
Abbildungsverzeichnis 422
Tabellenverzeichnis 423
Literatur und Quellen 424

Einleitung

> Alles Leben ist Bewegung.
> *Leonardo da Vinci*

»Mädchen, geh in die Schweiz und mach dein Glück!« Diesem sprichwörtlichen Rat folgten im Laufe des 20. Jahrhunderts Tausende deutsche und österreichische Frauen.[1] Sie verließen ihre Herkunftsregionen, um als Dienst-, Kinder-, Küchen- oder Zimmermädchen, als Haushälterinnen, Serviertöchter, Buffetfräuleins oder Köchinnen in schweizerischen Privathaushalten, Gastwirtschaften oder Hotels zu arbeiten. Die Lebensgeschichten dieser Frauen, die von den 1920er Jahren bis in die 1960er als Haus- oder Gastgewerbsangestellte in die Schweiz gingen, und die Migrationsbewegung, an der sie teilnahmen und die sie prägte(n), ist Gegenstand der vorliegenden Arbeit.

Die weibliche Arbeitsmigration aus Deutschland und Österreich in die Schweiz hat bisher in der Forschung kaum Beachtung gefunden. Die Vermutung, dass dies an der schlechten Quellenlage oder der historisch-gesellschaftlichen Bedeutungslosigkeit der Thematik liegen könnte, ist schnell widerlegt. Dazu genügt es, einen Blick in die Statistiken der eidgenössischen Fremdenpolizei zu werfen, eine zeitgenössische Tageszeitung aufzuschlagen oder eine Fahrt im öffentlichen Verkehr durch das ländliche Österreich zu unternehmen. Als ich während einer Forschungsreise für diese Arbeit mit dem Bus durch das niederösterreichische Mostviertel fuhr, kam ich als einzige Passagierin schnell mit dem Fahrer ins Gespräch. Sofort bemerkte er meinen Schweizerakzent und begann von seinen Ferien in Davos zu schwärmen. Er besuche dort jedes Jahr seine Tante. Auf meine Frage, was eine Niederösterreicherin dazu bewogen habe, in die Bündner Alpen auszuwandern – mein Dissertationsthema hatte ich ihm noch nicht verraten –, antwortete er, dass »damals in den 50ern« doch »alle jungen Frauen« in die Schweiz gegangen seien. Seine Tante habe zuerst als Kellne-

---

1 Literarisch fand diese Redewendung ihren Niederschlag in Guggenheim, *Alles in Allem*, S. 11. Zur weiten Verbreitung des Sprichworts bis in die späten 1980er Jahre vgl. Bochsler/Gisiger, *Städtische Hausangestellte*, S. 375.

rin gearbeitet, dann den Wirt geheiratet und das Restaurant übernommen. Schmunzelnd fügte er hinzu, er habe eben keinen reichen Onkel in Amerika, sondern eine reiche Tante in der Schweiz.[2] Im sprichwörtlichen Sinn scheint diese in der Schweiz ihr Glück gemacht zu haben. Bemerkenswert an der Begegnung mit dem niederösterreichischen Busfahrer sind zwei Dinge. Erstens stellt er dem Prototyp des männlichen Überseewanderers, der üblicherweise als Normalfall erfolgreicher Auswanderung gilt, mit der (erfolg)reichen Schweizgängerin ein weibliches Pendant zur Seite. Zweitens hat mir diese Busfahrt vor Augen geführt, dass die Arbeitsmigration junger Frauen in die Schweiz – zumindest in gewissen Landesteilen und Familien – auch heute noch präsent ist und für die 1950er Jahre als Massenphänomen erinnert wird.

In der Tat gehörte die Schweiz in den ersten sechs Jahrzehnten des 20. Jahrhunderts sowohl in Deutschland als auch in Österreich zu den beliebtesten Destinationen für Arbeitsmigrant_innen.[3] Die Schweiz, die weder im Ersten noch im Zweiten Weltkrieg Schäden erlitten hatte, lockte mit gutem Essen, hohen Löhnen, idyllischen Landschaften und unzerstörten Städten. »Es war für mich das Paradies«, fasst die Österreicherin Maja Pichler, die von 1957 bis 1964 als Hotelangestellte in der Schweiz war, die Imaginationen vieler Schweizgängerinnen zusammen.[4] Für die Wahl der Schweiz als Zielland waren neben den paradiesischen Vorstellungen vor allem die persönlichen Netzwerke der Migrantinnen von Bedeutung. Frauen, die bereits dort arbeiteten oder gearbeitet hatten, zogen ihre Verwandten und Freundinnen nach. Sie »zündeten« sich gegenseitig an, wie eine andere Schweizgängerin das in migrationshistorischen Kreisen als »Kettenmigration« bekannte Phänomen bezeichnet.[5] Das Migrantinnennetzwerk wurde auch von den Schweizer Arbeitgeber_innen genutzt. Nicht selten baten diese ihre ehemaligen Angestellten darum, in ihrem Bekanntenkreis nach einer Nachfolgerin zu suchen. In der Schweiz herrschte nämlich seit dem ausgehenden 19. Jahrhundert ein viel beklagter Hausangestelltenmangel. Ab Mitte der 1930er Jahre und insbesondere nach dem Zweiten Weltkrieg, als der Fremdenverkehr in der Schweiz einen großen

---

2 PAA, Althaus, Forschungstagebuch zum Interview mit Rosa Imhof, S. 2.
3 Ette/Sauer, *Auswanderung*, S. 122. Butschek, »Österreichische Arbeitskräfte«, S. 392.
4 PAA, Althaus, Interview Pichler, 01:56:52.
5 PAA, Althaus, Interview Reber, 00:07:05. Unter dem Begriff Kettenmigration wird hier der Einfluss sozialer Beziehungen auf den Wanderungsprozess verstanden. Krebber, »Kettenwanderung«, S. 43.

Aufschwung erfuhr, wurde auch im Gastgewerbe das Fehlen von weiblichen ›Hilfskräften‹ proklamiert und heftig diskutiert. Um den Personalmangel zu bekämpfen, griffen Arbeitgeber_innen besonders gerne auf die deutschen und österreichischen Frauen zurück, denn diese galten als arbeitsam und anspruchslos.

Das Zusammenwirken dieser verschiedenen migrationsfördernden Faktoren hatte zur Folge, dass sich im Untersuchungszeitraum die weibliche Arbeitsmigration aus Deutschland und Österreich in die Schweiz zum Wanderungssystem verfestigte. In der Migrationsforschung wird darunter eine »relativ stabile und lang anhaltende migratorische Beziehung zwischen einer Herkunfts- und Zielregion« verstanden.[6] Das etablierte Wanderungssystem, das vor allem über soziale Beziehungen aufrechterhalten wurde, bot (jungen) Frauen die Möglichkeit, von zu Hause fortzugehen. Die Gründe dafür reichen vom Ausbrechen aus dem Elternhaus, über das Stillen der Abenteuerlust bis zum Bedürfnis, sich weiterzubilden oder mehr Geld zu verdienen.

Die Zahl der Frauen, die an dieser Migrationsbewegung teilnahmen, ist hoch. Abgesehen von den Kriegsjahren arbeiteten von 1920 bis 1960 jährlich geschätzt 30.000 Deutsche und Österreicherinnen in schweizerischen Haus- und Gastwirtschaften. Auch wenn es sich bei dieser Zahl – aufgrund lückenhafter und uneinheitlicher Statistiken – um einen Richtwert handelt, zeigt sie doch, dass die hier untersuchte Migrationsbewegung kein marginales Phänomen war.[7] Im Untersuchungszeitraum stellten die Deutschen und Österreicherinnen den größten Anteil an den weiblichen ausländischen Haus- und Gastgewerbsangestellten in der Schweiz. Im Hausdienst stammten 1930 von den insgesamt 110.600 weiblichen Hausangestellten gut 29 Prozent (32.500 Personen) aus den benachbarten Staaten – mehr als 81 Prozent davon aus Deutschland (23.100 Personen) und Österreich (3.500 Personen). 1960 betrug der Ausländerinnenanteil an den 81.600 weiblichen Angestellten im schweizerischen Hausdienst sogar 36 Prozent

---

6 Oltmer, *Handbuch Staat*, S. 15. Ähnlich: Hoerder/Lucassen u.a., »Terminologien«, S. 45.
7 Die schweizerischen Volkszählungen geben zwar Auskunft über die Zahl der ausländischen Haus- und Gastgewerbsangestellten. Eine Differenzierung nach Nationalitäten wurde jedoch nur punktuell vorgenommen. Problematisch ist auch die, sich im Laufe der Jahrzehnte verändernde, Kategorisierung der »Dienstboten« in den Bereichen Gastgewerbe, Haus- und Landwirtschaft. Die Statistiken der eidgenössischen Fremdenpolizei, die nach Berufszweigen und Nationalität unterscheiden, liegen nur für die Nachkriegszeit vor.

(29.500 Personen). Davon kamen immer noch 56 Prozent aus Deutschland (12.600 Personen) und Österreich (4.000 Personen).[8]

Im Gastgewerbe arbeiteten 1920 insgesamt 50.600 Frauen, wovon knapp 20 Prozent (10.000 Personen) nicht in der Schweiz geboren sind. Mit einem Prozentsatz von fast 64 Prozent waren auch hier die Deutschen (5.100 Personen) und Österreicherinnen (1.250 Personen) stark vertreten. Vierzig Jahre später, im August 1960, waren 38.100 Ausländerinnen im schweizerischen Gastgewerbe tätig. 40 Prozent davon kamen aus Deutschland (7.250 Personen) und Österreich (8.200 Personen).[9]

Die Lebensgeschichten der Frauen, die sich hinter den statistischen Zahlen verbergen, und ihre Erzählungen über die Migrationserfahrung stehen im Zentrum meines Interesses.

Fragestellungen, Herangehensweise und Begründung des Untersuchungszeitraums

Grundlegende Prämisse meiner Arbeit ist das Verständnis von Migration als einem lebensgeschichtlichen Prozess. Das heißt, Migration wird nicht nur als Mobilität im geografischen Raum definiert, sondern auch als Bewegung im lebenszeitlichen Sinn verstanden. Durch das Unterwegs-Sein und den Ortswechsel machen Migrant_innen Erfahrungen in neuen sozialen und kulturellen Räumen. Dies prägt ihre biografischen Perspektiven und verändert ihre lebensweltlichen Deutungen. Gleichzeitig sind bei freiwilligen Migrationen die biografischen Hintergründe der Migrant_innen bedeutsam für die Migrationsentscheidung und die Lebensgestaltung in der Migration.[10] Demnach analysiere ich, anhand von biografisch-narrativen Interviews und autobiografischen Aufzeichnungen, die Migrationserzählungen in ihrem jeweiligen lebensgeschichtlichen Kontext. Ich frage danach, wie ehemalige Schweizgängerinnen ihre Migrationserfahrung vor dem Hintergrund ihrer Kindheit und Jugend und in der Perspektive auf ihr späteres Lebens erzählen. Ausgehend von der Kritik an einem Umgang mit lebensgeschichtlichen Quellen, die Erzählung verkürzt mit Erfahrung oder gar historischem Ereignis gleichsetzt, lese ich die Lebensgeschichten nicht nur auf ihre Inhalte, sondern interpretiere sie auch hinsichtlich ihrer narrativen Gestaltung. Welche Themen finden Eingang in die Erzählung? Wie werden die einzelnen Erzählteile zu einem kohärenten und konsistenten

---

8 Zahlen gerundet. Vgl. Tabelle 3 und Tabelle 4.
9 Zahlen gerundet. Vgl. Tabelle 5, Tabelle 6 und Tabelle 7.
10 Dausien, »Migration«, S. 9–12. Burrell, *Moving Lives*, S. 25.

Ganzen organisiert und welches Selbstbild wird in dieser biografischen Konstruktion vermittelt? Diese Fragen zielen darauf, die einzelnen Lebensgeschichten in ihrer individuellen Spezifik wahrzunehmen und die verhandelten Themen in ihrem konkreten biografischen Kontext zu deuten. Auf dieser Grundlage vergleiche ich die Narrative sowohl in erzählstruktureller als auch thematischer Hinsicht. Der Vergleich der Erzählstrukturen dient dazu, herauszufinden, welcher Erzählmuster sich die ehemaligen Schweizgängerinnen bei der Darbietung ihrer Migrationserfahrung bedienen und welche Arten von Geschichten sie erzählen. Die Berücksichtigung narrativer Strukturen ermöglicht es, die Deutung von Geschichte, wie sie in Lebensgeschichten hergestellt wird, zu analysieren und auf diese Weise das Making-of subjektiver Sinngebungen in den Blick zu bekommen.

Durch Ausloten von thematischen Gemeinsamkeiten und Unterschieden zwischen den Erzählungen arbeite ich die Charakteristika des Wanderungssystems, wie sie in den Lebensgeschichten der historischen Akteurinnen bedeutsam gemacht werden, heraus. Warum haben junge Frauen so zahlreich entschieden in die Schweiz zu gehen? Welche biografischen Hintergründe und Erfahrungen machen sie in der Präsentation ihrer Migrationsmotivation stark? Wie stellen sie die Arbeitsverhältnisse im schweizerischen Hausdienst und Gastgewerbe dar? Wie erinnern und erzählen sie ihre (Lebens-)Erfahrungen als ›ausländische Arbeitskraft‹ in der Schweiz? Um ein Wanderungssystem anhand von Erzählungen interpretieren zu können, ist nicht nur deren Verortung in ihrem biografischen Kontext notwendig. Von eminenter Wichtigkeit ist auch ihre historische Kontextualisierung. In welchen diskursiven Traditionen stehen die Narrative? Auf welche historischen Ereignisse und Zusammenhänge verweisen sie? Welche Rolle spielen das Geschlecht und die nationale Zugehörigkeit der Migrantinnen in der Ausgestaltung des Wanderungssystems, das auf individueller Ebene Möglichkeiten aufwarf und Grenzen zog?

Zur Beantwortung dieser Fragen fokussiere ich auf politische, rechtliche, ökonomische und gesellschaftliche Entwicklungen und Diskurse in der Schweiz. Da Migrationspolitik seit Ende des Ersten Weltkriegs stark national ausgerichtet war (und immer noch ist), wird der nationale Rahmen stark gemacht. Damit sollen regionale Unterschiede nicht nivelliert werden. Selbstverständlich variieren Migrationserfahrungen je nachdem, ob jemand aus einem Dorf in Vorarlberg oder einer Industriestadt in Norddeutschland stammt, ob jemand ins ländlich geprägte Berner Oberland oder in die französischsprachige Großstadt Genf ging. Der Bedeutung von Regionalität wird auf der Ebene der Migrationserzählungen Rechnung getragen. Im Bereich der Einwanderungspolitik regulierte und rahmte jedoch das Konzept des Nationalstaates das Wanderungssystem. Auch diskursiv wurde in der Schweiz nicht differenziert zwischen Württembergerinnen und Steirerinnen, sondern von *den* Deutschen und *den* Österreicherinnen geredet. Dies beeinflusste die Lebensrealitäten der Arbeitsmigrantinnen in gravierender Weise. Erfreuten sich die deutschen und österreichischen Haus- und Gastgewerbsangestellten bei den Arbeitgeber_innen großer Beliebtheit, waren sie seit Ende des Ersten Weltkrieges immer wieder Gegenstand gesellschaftlicher und politischer Überfremdungsdiskurse. Wurde ihnen während der Wirtschaftskrisen der 1920er und 1930er Jahre vorgeworfen, den arbeitslosen Schweizerinnen die Arbeitsplätze wegzunehmen und den Arbeitsmarkt zu ›überfremden‹, sah man in ihnen im Zuge der ›geistigen Landesverteidigung‹, die sich gegen die nationalsozialistische Ideologie wandte, ab Mitte der 1930er eine nationale Bedrohung. Von den ›innersten Zellen des Staates‹ aus, den Familien, würden sie aufgrund ihrer Herkunft, ihrer Berufstätigkeit und ihres Geschlechts die staatliche Souveränität der Schweiz gefährden. Als Hausangestellte erzögen sie fremde Kinder und als spätere Ehefrauen von Schweizern den eigenen Nachwuchs in nationalsozialistischer Manier. Zudem würden sie als ›fünfte Kolonne‹ Spionage betrieben. Nach dem Krieg fürchtete man sich nicht mehr nur vor einer ideologischen Beeinflussung durch deutsche und österreichische Haus- und Gastgewerbsangestellte, sondern auch vor einer biologischen Infizierung des schweizerischen ›Volkskörpers‹ mit ansteckenden Krankheiten.

Die Überfremdungsdiskurse wirkten sich zum einen in Form von Fremdenfeindlichkeiten auf die Migrantinnen aus, zum anderen beeinflussten sie die schweizerische Migrationspolitik – was wiederum die Lebens- und Arbeitsbedingungen der Schweizgängerinnen bestimmte. Der Begriff der ›Überfremdung‹, der heute vorwiegend von populistischen Parteien und Politiker_innen verwendet wird, war im Untersuchungszeitraum fester Bestandteil der Behördensprache. Die ›Überfremdungsbekämpfung‹ und der ›Schutz des einheimischen Arbeitsmarktes‹ leiteten das Handeln der mit migrationspolitischen Fragen betrauten Arbeitsmarkt- und Fremdenpolizeibehörden. Ihren rechtlichen Niederschlag fanden diese Grundsätze im *Bundesgesetz über Aufenthalt und Niederlassung von Ausländern* (ANAG), das 1934 in Kraft trat. Auf dieser gesetzlichen Grundlage wurden Aufenthaltsbewilligungen bis zum Ende des Untersuchungszeitraumes ausschließlich befristet und für die Beschäftigung in so genannten ›Mangelberufen‹ ausgestellt. Entsprechend des geschlechtlich segregierten Arbeitsmarktes erhielten Migrantinnen die Aufenthaltsbewilligung nur für Stellen in weiblich konnotierten Arbeitsbereichen. Dazu gehörten neben der Textil- und Nahrungsmittelindustrie vor allem der Hausdienst und das Gastgewerbe. Die deutschen und österreichischen Arbeitsmigrantinnen arbeiteten – anders etwa als die Italienerinnen – mehrheitlich in Hausdienst und Gastgewerbe. Im Februar 1952 waren von den weiblichen deutschen Arbeitskräften in der Schweiz knapp 85 Prozent als Haus- oder Gastgewerbsangestellte beschäftigt. Bei den österreichischen Arbeitsmigrantinnen lag der Prozentsatz mit 87 Prozent sogar etwas höher.[11] Die Untersuchung der weiblichen Arbeitsmigration aus Deutschland und Österreich in die Schweiz auf den Hausdienst und das Gastgewerbe zu beschränken, hat also nicht nur forschungspraktische Gründe, sondern entspricht der Arbeitsrealität der meisten Schweizgängerinnen.

Betrachtet man insgesamt den Frauenanteil an der deutschen und österreichischen Wohnbevölkerung in der Schweiz, wird deutlich, dass dieser überdurchschnittlich hoch war. 1920 betrug der Frauenanteil bei beiden Nationalitäten gut 60 Prozent. 1950 waren zwei Drittel der Deutschen in der Schweiz weiblich. Bei den Österreicher_innen betrug der Frauenanteil 1950 sogar 75 Prozent. Da bis in die 1940er Jahre die Deutschen und Österreicher_innen die größten Einwanderungsgruppen in der Schweiz darstellten, war die ausländische Wohnbevölkerung in der Schweiz insgesamt weiblich dominiert. 1920 waren 56 Prozent und 1950 59 Prozent der Ausländer_innen weiblichen Geschlechts.[12] Die Sinnhaftigkeit den Fokus auf weibliche Migrierende zu legen, wird durch diese Zahlen unterstützt. Gerade im Hinblick darauf, dass der Untersuchungsgegenstand der historischen Migrationsforschung lange Zeit auf die Migrationen von Männern reduziert blieb – ein Aspekt, auf den ich gleich zurückkomme.

Infolge der günstigen wirtschaftlichen Entwicklungen in der BRD und Österreich fand in der ersten Hälfte der 1960er Jahre eine Umschichtung in der nationalen Zusammensetzung der Haus- und Gastgewerbsangestellten statt. Immer mehr Italienerinnen, Spanierinnen und Griechinnen

---

11 CH BAR E4300B#1971/4#175*, Eidgenössische Fremdenpolizei: Kreisschreiben an die kantonalen Fremdenpolizeibehörden über die Ergebnisse der Erhebung der Dauer des Aufenthaltes ausländischer Arbeitskräfte vom Februar 1959, Bern 22.06.1959, eigene Berechnung.
12 Vgl. Tabelle 8.

reisten ein, während die Zahl der Deutschen und Österreicherinnen kontinuierlich zurückging. 1961 stammten noch 28 Prozent aller ausländischen Arbeitnehmerinnen aus Deutschland und Österreich. Fünf Jahre später hatte sich ihr Anteil fast halbiert und lag 1966 bei knapp 16 Prozent.[13] Das Ende meines Untersuchungszeitraumes in die 1960er Jahre zu legen, bot sich in Anbetracht dieser Entwicklung an. Zudem liegt diese Wahl in strukturellen Veränderungen in Hausdienst und Gastgewerbe begründet. Im Hausdienst vollzog sich in den 1960ern die Umstellung auf den ›dienstbotenlosen‹ Haushalt. Die Hausarbeit wurde den (Haus-)Frauen übertragen oder von einer tage- oder stundenweise beschäftigten Person erledigt.[14] In den 1960er Jahren kam es auch im Gastgewerbe zu fundamentalen Umstrukturierungen in der Personalrekrutierung. Dies hängt mit massiven Zuwanderungsbeschränkungen zusammen, die der schweizerische Bundesrat in Reaktion auf Überfremdungsdebatten ab 1963 schrittweise einführte. In der Folge konnten Gastwirt_innen nicht mehr unbeschränkt auf ausländische Arbeitskräfte zugreifen.

Den Beginn meines Untersuchungszeitraumes um 1920 anzusetzen, hängt ebenfalls mit migrationspolitischen Entwicklungen zusammen. Bis zum Ersten Weltkrieg hatten zuwandernde Personen die Grenze zur Schweiz ohne Weiteres passieren und sich niederlassen können. Nach dem Krieg wich diese liberale Einwanderungs- und Niederlassungspolitik einem auf Abwehr und Kontrolle gerichteten Umgang mit Immigrant_innen, was das Wanderungssystem stark beeinflusste. Da die meisten mir zur Verfügung stehenden lebensgeschichtlichen Quellen die Zeit nach dem Zweiten Weltkrieg berühren, liegt der zeitliche Schwerpunkt der Arbeit in der Nachkriegszeit. Auf eine Rekonstruktion der politischen, rechtlichen und diskursiven Entwicklungen der Zwischenkriegszeit soll jedoch nicht verzichtet werden, da es sich dabei um eine wichtige Vorgeschichte handelt, um die lebensgeschichtlichen Erfahrungen der Schweizgängerinnen einordnen zu können und die sie erwartenden migrationspolitischen Strukturen verständlich zu machen. Lebensgeschichten als erinnerte Erzählungen haben bekanntermaßen nicht nur eine historische Dimension, sondern sind

---

13 Die kontrollpflichtigen ausländischen Arbeitskräfte in der Schweiz, in: *Schweizerische Arbeitgeber Zeitung*, Nr. 16, 21.04.1966. Diese Zahl bezieht sich nicht nur auf die Haus- und Gastgewerbsangestellten. Im Kommentar zu den statistischen Zahlen wird jedoch darauf hingewiesen, dass dieser Rückgang insbesondere mit einer Abnahme der Beschäftigten in »typischen Frauenberufen« wie beispielsweise dem Hausdienst« liege.
14 Bochsler/Gisiger, *Dienen*, S. 293–342.

auch von der gegenwärtigen Perspektive und einer antizipierten Zukunft der Erzählenden geprägt. Genau genommen reicht der Untersuchungszeitraum also bis heute. Die Jahre 1920 bis Ende der 1960er beziehen sich auf die Zeit, in denen die Migrationen durchgeführt und erlebt wurden.

Quellenkorpus

Die Konzeption der Arbeit, die vorsieht, das zu untersuchende Wanderungssystem ausgehend von lebensgeschichtlichen Erzählungen zu rekonstruieren, diese jedoch in ihrem konkreten historischen Kontext zu verorten, erforderte das Zusammentragen unterschiedlicher Quellenarten. Zum einen umfasst mein Quellenkorpus biografisch-narrative Interviews und schriftliche Lebensgeschichten ehemaliger Schweizgängerinnen, zum anderen besteht dieses aus zeitgenössischen Publikationen und Quellen aus staatlichen oder zeithistorischen Archiven. Um Interviewpartnerinnen und autobiografische Quellen zu finden, startete ich im Juli 2011 einen Medienaufruf in der *Badischen Zeitung*.[15] Zudem schrieb ich 52 Österreicherinnen direkt an, die sich auf einen ähnlichen Medienaufruf in der Steiermark gemeldet hatten, und deren Adressen mir freundlicherweise von Ute Sonnleitner, Anita Prettenthaler-Ziegerhofer und Karin Schmidlechner von der Universität Graz zur Verfügung gestellt wurden.[16]

Auf meine Aufrufe meldeten sich insgesamt 120 Personen, die entweder selber als Haus- oder Gastgewerbsangestellte in der Schweiz waren, eine ehemalige Schweizgängerin kannten oder zur Thematik passende Quellen auf dem Dachboden lagerten und bereit waren, mir diese zur Verfügung zu stellen. 27 Personen traf ich persönlich zu einem lebensgeschichtlichen Interview. Das durchschnittliche Interview dauerte knapp 3,5 Stunden, sodass ich über 90 Stunden Interviewmaterial sammeln konnte. Im Rahmen einer Lehrveranstaltung zur Theorie und Praxis der Oral History, die ich gemeinsam mit Karin Orth im Wintersemester 2011/2012 an der Universität Freiburg durchführte, befragten Studierende zusätzlich

---

15 Der Aufruf wurde auch veröffentlicht in *Momente – Beiträge zur Landeskunde Baden-Württembergs*, in *Schritte ins Offene* der Evangelischen Frauen Schweiz sowie auf den Internetplattformen www.feierabend.de und www.menschenschreibengeschichte.at, die sich an Senior_innen richten.

16 Prettenthaler-Ziegerhofer/Schmidlechner u.a., *Haustochter gesucht*. Das Grazer Forschungsteam untersuchte 2010 in einem Interviewprojekt die steirische Arbeitsmigration in die Schweiz und hatte dazu in zwei steirischen Tageszeitungen nach Interviewpartnerinnen gesucht.

zehn ehemalige Schweizgängerinnen. Zudem erklärten sich 30 Frauen bereit, mir schriftlich aus ihrem Leben und über ihre Erfahrungen in der Schweiz zu berichten. Dazu schickte ich ihnen einen Schreibaufruf, der neben einer allgemeinen Ermunterung zu schreiben, Anregungen zur thematischen Gestaltung bot.[17] Die Erinnerungstexte sind unterschiedlich lang und reichen von einseitigen Notizen bis zu umfangreichen 20-seitigen Lebensgeschichten. Etliche Interviewpartnerinnen und Beiträgerinnen zum Schreibaufruf überließen mir zusätzlich Briefe, Fotografien, Tagebuchauszüge oder persönliche Dokumente wie Reisepässe und Arbeitszeugnisse. Zudem wurden mir von Privatpersonen vier autobiografische Aufzeichnungen sowie ein lebensgeschichtliches Interview zugeschickt, die ohne mein Zutun entstanden sind.

In den auf Oral-History-Interviews und Ego-Dokumente spezialisierten Archiven der *Forschungsstelle für Zeitgeschichte in Hamburg* sowie den beiden Wiener Sammlungen *Dokumentation lebensgeschichtlicher Aufzeichnungen* und *Sammlung Frauennachlässe* konnte ich von sieben weiteren Personen Lebensgeschichten und Ego-Dokumente für eine Sekundäranalyse in das Quellenkorpus aufnehmen. Insgesamt umfasst mein Sample also lebensgeschichtliche Erzählungen von 79 Personen – zu einem je ähnlich großen Teil in mündlicher und schriftlicher Form.

Zur Rekonstruktion des historischen Kontextes recherchierte ich in Archiven in der Schweiz, Österreich und Deutschland. Bei meiner Suche nach geeigneten Quellen ließ ich mich von der Frage leiten, in welcher Weise, und unter welchen Umständen, die mit der Arbeitsmigration in die Schweiz betrauten Behörden, Frauenorganisationen, Berufsverbände sowie die Printerzeugnisse die Einwanderung in die Schweiz im Allgemeinen und die deutschen und österreichischen Haus- und Gastgewerbsangestellten im Speziellen zum Thema machten. Als besonders ertragreich zur Beantwortung dieses Fragekomplexes stellten sich die Bestände der eidgenössischen Fremdenpolizei und der Sektion für Arbeitskraft und Auswanderung des Bundesamtes für Industrie, Gewerbe und Arbeit im *Schweizerischen Bundesarchiv* in Bern heraus. Neben Dossiers zur Migrationspolitik waren hier insbesondere die Akten von und über die Schweizerische Arbeitsgemeinschaft für den Hausdienst sowie die gastgewerblichen Arbeitgeber- und Arbeitnehmerverbände von Relevanz. Im *Bundesarchiv* in Koblenz sowie im *Österreichischen Staatsarchiv* in Wien fanden sich in den mit der Regulation von

---

17 Vgl. Kapitel 1.4.

Arbeitsmärkten befassten Behörden Unterlagen zur Arbeitsmigration in die Schweiz. Die Sichtung der Bestände diverser Frauenorganisationen in der *Gosteli-Stiftung – Archiv zur Geschichte der schweizerischen Frauenbewegung* in Worblaufen stellte sich als gewinnbringend heraus für Erkenntnisse über die Rolle bürgerlicher Frauenorganisationen in der Ausgestaltung des Wanderungssystems. Diesbezüglich von Relevanz waren auch die Akten betreffend die Schweizerische Zentralstelle für Frauenberufe im *Schweizerischen Sozialarchiv* in Zürich und der Bestand des Berufsverbandes der katholischen Arbeitnehmerinnen in der Hauswirtschaft im *Archiv des Instituts für Zeitgeschichte* in München. Zur Rekonstruktion des Handelns von Frauenorganisationen und Berufsverbänden auf lokaler Ebene – am Beispiel von Basel-Stadt – dienten mir die Unterlagen der kantonalen Sektionen der Arbeitsgemeinschaft für den Hausdienst, der Freundinnen junger Mädchen sowie des katholischen Mädchenschutzvereins im *Staatsarchiv Basel-Stadt*. Besonders hilfreich zur Analyse von gesellschaftlichen Diskursen über Deutsche und Österreicherinnen in Hausdienst und Gastgewerbe waren die Pressedokumentationen und die Sammlung zeitgenössischer Publikationen des *Schweizerischen Wirtschaftsarchivs* in Basel.

Diese breite Quellenbasis ermöglichte es, die Migrationserzählungen sowohl in ihrem biografischen als auch in ihrem historischen Kontext zu deuten. In dieser doppelten Kontextualisierung kann die Arbeitsmigration deutscher und österreichischer Frauen in schweizerische Haushalte und Gastwirtschaften differenziert dargestellt werden.

Positionierung im Forschungsstand

Meine Arbeit beruht auf neueren Ansätzen historischer Migrationsforschung, die dafür plädieren Arbeitsmigrationen nicht nur als ökonomischpolitischen Prozess zu verstehen. In der Kritik an Erklärungsmodellen der neoklassischen Ökonomie, die Wanderungsbewegungen als Resultat eines Ungleichgewichtes von Angebot und Nachfrage von Arbeitskräften interpretieren und die Migrationsforschung lange Zeit dominierten, formulierten Migrationshistoriker_innen, wie Christiane Harzig oder Dirk Hoerder, die Notwendigkeit Erfahrungen und Erinnerungen von Migrant_innen in die Analyse miteinzubeziehen. Auf diese Weise könnten Migrationsbewegungen neu ausgelegt werden.[18]

---

18 Zum Zusammenhang von Migration und Erinnerung vgl. Harzig, »Einleitung«, S. 7–20. Zum Innovationspotential von Migrationserfahrungen zur Neuinterpretation von Mi-

Dass subjektive Sichtweisen das Potential haben, Meisternarrative zu hinterfragen, wird auch in meinem Buch gezeigt. Ältere Forschungen zur Arbeitsmigration, insbesondere zur Arbeitsmigration in die Schweiz, reduzieren die Beweggründe von Arbeitsmigrant_innen meist auf die Verbesserung ihrer ökonomischen Lebensbedingungen.[19] In der Analyse der Migrationserzählungen der Schweizgängerinnen kann dargelegt werden, dass die höheren Löhne nicht als die ausschlaggebenden Faktoren zum Verlassen der Herkunftsregion präsentiert werden. Allerdings möchte ich die erfahrungsbasierten Ansätze in der Migrationsforschung dahingehend präzisieren, als dass ich Erfahrungen, wie sie in Ego-Dokumenten zur Sprache kommen, als Erzählungen deute.

Mit der Entscheidung die Migration von Frauen ins Zentrum zu setzen, reiht sich die Studie ein in eine geschlechtersensible Migrationsforschung. Eine solche wird von feministischer Seite seit einigen Jahren in der Kritik an der jahrzehntelang androzentrierten Migrationsforschung gefordert. Migrantinnen sind darin nur als Anhängsel ihrer (ökonomisch) aktiven Ehemänner betrachtet und dadurch unsichtbar gemacht worden.[20] Den Fokus auf selbstständig migrierende Frauen zu legen, trägt nicht nur dazu bei, deren Sichtbarkeit zu erhöhen. Es ermöglicht auch, die biografischen Erfahrungen der Migrantinnen, die migrationspolitischen Entscheidungen, die rechtlichen Rahmenbedingungen, die gesellschaftlichen Diskurse und die ökonomisch-arbeitsmarktlichen Strukturen als in hohem Maße geschlechtsspezifisch wahrzunehmen.[21]

---

grationsbewegungen – und darüber hinaus – vgl. Hoerder, *Creating societies*. Zur Kritik an neoklassischen Migrationstheorien vgl. grundlegend: Parnreiter, »Theorien«, S. 45–46. Hoerder/Lucassen u.a., »Terminologien«, S. 32–34. Empirisch widerlegt wird das ökonomisch basierte Push- und Pullmodell beispielsweise von Michael John, der bei der Untersuchung des Zusammenhangs von Arbeitslosigkeit und Auswanderung in Österreich in der Zwischenkriegszeit statistisch keine signifikante Korrelation zwischen den beiden Phänomenen finden konnte. John,»Arbeitslosigkeit«, S. 91–95.

19 Pröll, »Österreichische Arbeitnehmer«, S. 433–456. Rauchbauer, *Es woa des Göd*. Pröll und Rauchbauer beziehen sich beide auf: Butschek,»Österreichische Arbeitskräfte«. Zur Definition von Arbeitsmigration als »betterment migration« im sozioökonomischen Sinn: Bade, »Historische Migrationsforschung«, S. 28. Liebig, *Migration*, S. 9.

20 Hahn, *Migration*, S. 85–94. Dausien,»Migration«, S. 16. Ryan/Webster,»Introduction«, S. 5. Seit einigen Jahren wird dem Ausblenden von Frauen in der migrationshistorischen Forschung mit vielen Studien zu weiblichen Migrationen entgegengewirkt. Siehe dazu den Forschungsüberblick in Hahn, *Migration*, S. 94–99. Zur italienischen Einwanderung in die Schweiz: Baumann, *...und es kamen*. Im bundesrepublikanischen Kontext hervorzuheben, ist: Mattes, *»Gastarbeiterinnen«*.

21 Harzig,»Immigration«, S. 35–58. Hahn, *Migration*, S. 97.

Der Arbeitsmigration deutscher und österreichischer Frauen in schweizerische Haushalte und Gastwirtschaften wurde in der Forschung bisher wenig Beachtung geschenkt. Regula Bochsler und Sabine Gisiger, die Ende der 1980er Jahre eine umfangreiche (Doppel-)Dissertation zu den städtischen Hausangestellten in der deutschsprachigen Schweiz des 20. Jahrhunderts vorlegten, thematisieren darin auch die »Frage der ausländischen Arbeitskräfte im Hausdienst«. In einem Teilkapitel arbeiten die Verfasserinnen anhand von publizistischen Quellen, insbesondere Frauenzeitschriften, heraus, wie die ausländischen Hausangestellten in der Schweiz wahrgenommen wurden.[22] Eine vertiefte Auseinandersetzung mit ökonomischen Bedingungen und politischen Hintergründen bleiben jedoch ebenso aus wie eine Verflechtung der diskursiven Ebene mit dem Behördenhandeln oder der Praxis von Frauenorganisationen. Zudem werden die Gastgewerbsangestellten nicht in die Analyse mit einbezogen. Trotzdem stellt ihre umfassende Studie eine wertvolle Grundlage dar für das Verständnis zahlreicher Aspekte der bezahlten Hausarbeit in der Schweiz des 20. Jahrhunderts.

Neben Bochsler und Gisigers Dissertation beschäftigten sich das bereits erwähnte Interviewprojekt an der Universität Graz sowie zwei Studienabschlussarbeiten mit der Thematik der deutschen oder österreichischen Arbeitsmigrantinnen in der Schweiz. Sie beziehen sich alle auf die Zeit nach dem Zweiten Weltkrieg, fokussieren auf eine bestimmte Herkunftsregion und/oder beschränken sich auf Remigrantinnen. Die Grazer Historikerinnen Anita Prettenthaler-Ziegerhofer, Karin Schmidlechner und Ute Sonnleitner interviewten 2010 im Rahmen einer Oral-History-Studie 15 Frauen, die nach 1945 ihren Lebensunterhalt in der Schweiz verdient hatten. Auszüge aus den lebensgeschichtlichen Interviews, eingeleitet durch einen interpretierenden Kommentar, wurden in der Reihe Grazer Gender Studies veröffentlicht.[23] Petra Rauchbauer setzte sich 2011 in ihrer Diplomarbeit mit burgenländischen »Gastarbeiterinnen« in der Schweiz nach dem Zweiten Weltkrieg auseinander.[24] Madlen Riedener legte 2014 an der Universität Fribourg eine Masterarbeit über deutsche Arbeitsmigran-

---

22 Bochsler/Gisiger, *Städtische Hausangestellte*, S. 375–402. In der gekürzten Version ihrer Dissertation fehlt dieses Kapitel. Eine Kurzzusammenfassung davon findet sich jedoch prominent im ersten Teil zur geografischen und sozialen Herkunft der Hausangestellten. Bochsler/Gisiger, *Dienen*, S. 13–18.
23 Prettenthaler-Ziegerhofer/Schmidlechner u.a., *Haustochter gesucht*.
24 Rauchbauer, *Es woa des Göd*.

tinnen in der Schweiz in den 1950er Jahren vor.[25] Auch Rauchbauer und Riedener arbeiten mit Oral-History-Interviews. Geht es Rauchbauer darum, Kontinuitäten zu heutigen Arbeitsmigrantinnen aus Osteuropa in Österreich aufzuzeigen, fokussiert Riedener auf die Migrationserfahrung der befragten Frauen. Mit diesen beiden Masterarbeiten und dem Grazer Interviewprojekt ist in den letzten fünf Jahren Schwung in die Erforschung der weiblichen Arbeitsmigration aus Deutschland und Österreich in die Schweiz gekommen. Eine umfassende Untersuchung steht jedoch nach wie vor aus. Mit meiner Wahl einen langen Zeitraum in den Blick zu nehmen, Haus- und Gastgewerbsangestellte in die Analyse miteinzubeziehen,[26] Österreicherinnen und Deutsche zu berücksichtigen, sowie die biografische, diskursive und migrationspolitische Ebene miteinander zu verknüpfen, leistet das Buch einen Beitrag zur Behebung dieses Forschungsdesiderates.

Durch ihre räumliche und zeitliche Ausrichtung verkleinert meine Arbeit zudem Forschungslücken im Bereich der Migrationsgeschichte und der ›Dienstmädchenforschung‹. Indem eine *Aus*wanderungsbewegung aus Österreich und Deutschland im 20. Jahrhundert in den Blick genommen wird, trägt das Buch dazu bei, der bisherigen Fokussierung bundesrepublikanischer und österreichischer Migrationsforschung auf die *Ein*wanderung entgegenzutreten. Obwohl Deutschland und Österreich – auch nach Ende des Zweiten Weltkrieges – zugleich Ein- und Auswanderungsland waren, ist die Auswanderung aus diesen beiden Ländern im 20. Jahrhundert verhältnismäßig wenig erforscht worden.[27] Dass auch zur Zeit der Anwerbung von ›Gastarbeiterinnen‹ und ›Gastarbeitern‹ eine große Zahl österreichischer und deutscher Frauen und Männer ihre Herkunftsländer als Arbeitsmigrant_innen verließen, ist weder in der medialen Öffentlichkeit noch in der wissenschaftlichen Forschung ein prominentes Thema.[28] Im

---

25 Riedener, *Deutsche Arbeitsmigrantinnen*.
26 Zum schweizerischen Gastgewerbe, ob mit oder ohne Einbezug ausländischer Arbeitskräfte, liegen bisher aus historischer Perspektive nur wenige Arbeiten vor. Es handelt sich dabei vorwiegend um Gasthausgeschichten einzelner Institutionen oder Studien zur lokalen Kneipenkultur. Besonders hervorzuheben ist ein Sammelband, der die Zürcher Gastronomieszene in geschlechtergeschichtlicher Perspektive beleuchtet: Verein Frauenstadtrundgang Zürich, *Fräulein, zahlen bitte!*
27 Bade/Oltmer, »Zwischen Aus- und Einwanderungsland«, S. 501. Sternberg, »Auswanderungsland«, S. 25. Neyer, »Auswanderungen«, S. 14.
28 Das Selbstverständnis ein Einwanderungsland zu sein, scheint den Blick zu verstellen auf (gleichzeitige) Auswanderungen. So teilen beispielsweise Heinz Fassmann und Rai-

letzten Jahrzehnt sind zwar vermehrt Studien zur Auswanderung nach 1945 entstanden, diese fokussieren jedoch zum Großteil auf Zielländer in Übersee.[29]

Allerdings wäre es verfehlt zu behaupten, dass für das 20. Jahrhundert keinerlei Studien zur Auswanderung aus Deutschland und Österreich in europäische Nachbarländer vorliegen. Als Vergleichsstudie zu meiner Arbeit besonders hervorzuheben ist die Beschäftigung von Barbara Henkes mit der ›Dienstmädchen‹-Emigration aus Deutschland nach Holland in der Zeit von 1920 bis 1950.[30] Im österreichischen Kontext zu nennen, ist der Sammelband von Traude Horvath und Gerda Neyer zur Auswanderung aus Österreich.[31] Darin findet sich auch ein Aufsatz zur österreichischen Arbeitsmigration in die Schweiz in der Nachkriegszeit. Die Verfasserin, Ulrike Pröll, nimmt neben einer quantitativen Beschreibung des Phänomens auch die Motivationen und Erfahrungen der Arbeitsmigrant_innen in den Blick. Dabei reproduziert sie die weit verbreitete Vorstellung, dass die Schweiz vor allem aufgrund der höheren Löhne ein attraktives Zielland gewesen sei – ein Topos, den ich mit der vorliegenden Arbeit hinterfrage.[32] Für die Zeit des Nationalsozialismus liegen zudem einige Publikationen zur (männlichen) jüdischen Emigration in die Schweiz vor, die jedoch wenig Anknüpfungspunkte bieten.[33] Im Gegensatz zu Großbritannien, wo die Aufenthaltsbewilligung als Hausangestellte, das *Domestic Permit*, eines der wichtigsten Fluchtdokumente für deutsche, österreichische und tschechoslowakische Jüdinnen darstellte,[34] existierte eine solche Möglichkeit zur Flucht in die Schweiz nicht.[35]

Eine Lücke füllen kann das Buch auch im Kontext der schweizerischen Migrationsgeschichte. Der Schwerpunkt zur Erforschung der Immigration im 20. Jahrhundert liegt bisher auf den italienischen Zuwandernden.[36] Dies

---

ner Münz die verschiedenen europäischen Länder *entweder* als Ein- *oder* als Auswanderungsland cin. Fassmann/Münz, *Migration*, S. 30–44.

29 Sternberg, *Auswanderungsland Bundesrepublik*. Freund, *Aufbrüche*. Strutz, »Aspekte«, S. 936–944. Tumpold-Juri, »*Skim off the cream*«.

30 Henkes, *Heimat*.

31 Horvath/Neyer, *Auswanderungen*.

32 Pröll, »Österreichische Arbeitnehmer«.

33 Goldner, *Flucht*. Hoerschelmann, *Exilland*.

34 Bollauf, *Dienstmädchen-Emigration*.

35 Vgl. Kapitel 2.1.3.

36 Bspw. Hoffmann-Nowotny, *Soziologie des Fremdarbeiterproblems*. Maiolino, *Als die Italiener*. Aus geschlechtergeschichtlicher Perspektive: Baumann, *...und es kamen*. Unter Einbezug der spanischen Arbeitskräfte: Hirt, *Die Schweizerische Bundesverwaltung*.

hängt damit zusammen, dass der Begriff der ›Überfremdung‹, der in der Schweiz noch heute ein wirkmächtiger Terminus ist, im schweizerischen kollektiven Gedächtnis eng mit den Fremdenfeindlichkeiten gegen die Italiener_innen in den 1960er Jahren verknüpft ist. Diese fanden ihren Höhepunkt in der ›Überfremdungsinitiative‹ des Rechtspopulisten James Schwarzenbach, die noch vielen Schweizerinnen und Schweizern in lebhafter Erinnerung ist.[37] Dass sich der Überfremdungsbegriff um die Jahrhundertwende explizit in Abgrenzung zu den Deutschen konstituierte und bis in die späten 1950er Jahre insbesondere gegen diese richtete, wird dabei häufig vergessen.[38] Indem ich meinen Fokus auf Deutsche und Österreicherinnen richte, kann mit dem Buch dieser Aspekt des Überfremdungsdiskurses in Erinnerung gerufen werden. Durch Verknüpfen der Analysekategorie Nationalität mit der Kategorie Geschlecht wird zudem erstmals dargelegt, dass es sich beim anti-deutschen Überfremdungsdiskurs in hohem Maße um einen feminisierten Diskurs handelt.

Im Bereich der ›Dienstmädchenforschung‹ trifft die Arbeit in zeitlicher Hinsicht ein bisher wenig beforschtes Feld. In historischer Perspektive konzentrierte sich die Erforschung der Dienstbotenarbeit im deutschsprachigen Raum auf das 19. und frühe 20. Jahrhundert. Von sozial- und wirtschaftshistorischen Längsschnittdarstellungen,[39] über feministische Studien[40] bis zu alltagsgeschichtlichen Arbeiten[41] entdeckten verschiedene geschichtswissenschaftliche Strömungen die Thematik der ›Dienstmädchen‹ für sich. Als Referenzpunkt liefern diese Arbeiten wichtige Impulse. Um Kontinuitäten und Wandel der ›Dienstmädchenarbeit‹ einzuschätzen, dient mir insbesondere die Arbeit von Dorothee Wierling über den Arbeitsalltag städtischer Dienstmädchen aus lebensgeschichtlicher Perspektive.[42] Ähnlich breit erforscht ist – aus soziologischer Perspektive – die Situation der Erwerbsarbeit im Privathaushalt seit den 1980er Jahren. Unter dem Schlagwort »Comeback der Dienstmädchen« werden, am Beispiel der transnationalen Migration von osteuropäischen oder südostasiatischen

---

37 Buomberger, *Kampf.*
38 Studien zu Überfremdungsdiskursen der Zwischenkriegszeit beschäftigten sich bisher vorwiegend mit ihrer antisemitischen Ausprägung. Kury, *Über Fremde.* Kury/Lüthi u.a., *Grenzen.*
39 Engelsing, »Das häusliche Personal«, S. 84–121.
40 Ottmüller, *Die Dienstbotenfrage.*
41 Wierling, *Mädchen.* Zull, *Das Bild vom Dienstmädchen.* Walser, *Dienstmädchen.* Tichy: *Alltag.* Hahn, *Frauenarbeit*, S. 26–42.
42 Wierling, *Mädchen.*

Hausangestellten in mitteleuropäische Haushalte, Fragen sozialer Ungleichheit in globaler Perspektive diskutiert.[43] Die meist intersektional angelegten Studien bieten ebenfalls wertvolle Anknüpfungspunkte, vor allem in der theoretischen Sensibilisierung bezüglich des Zusammenwirkens von Geschlecht, sozialer und geografischer Herkunft bei der Produktion sozialer Ungleichheit zwischen Arbeitgeberinnen und Arbeitnehmerinnen.

Das ganze 20. Jahrhundert in den Blick nimmt, neben der bereits ausführlich dargelegten Dissertation von Bochsler und Gisiger, auch die italienische Historikerin Raffaella Sarti. In ihren international vergleichenden Überblicksdarstellungen gelingt es ihr aufzuzeigen, dass – anders als häufig postuliert – Hausangestellte auch nach dem Zweiten Weltkrieg nicht »verschwunden« sind.[44] Zum gleichen Schluss kommt auch Mareike Witkowski, die als einzige im bundesrepublikanischen Kontext die zweite Hälfte des 20. Jahrhunderts in ihre Forschung zu Hausangestellten mit einbezieht.[45] Im Vergleich zum 19. Jahrhundert und dem späten 20. Jahrhundert, so lässt sich bilanzieren, ist der Untersuchungszeitraum meiner Dissertation, die Zeit zwischen dem Ersten Weltkrieg und den 1960er Jahren, nur wenig beforscht.

Aufbau der Arbeit

Meine Analyseergebnisse präsentiere ich in vier Hauptkapiteln, die von einem theoretischen und method(olog)ischen Grundlagenkapitel eingeleitet und in einem Schlusswort zusammengefasst werden.

Im Grundlagenkapitel (Kapitel 1) arbeite ich die Spezifik lebensgeschichtlicher Erzählungen heraus und frage nach ihrem Quellenwert für die historische Forschung. Gedächtnis-, biografie- und erzähltheoretisch begründet, stelle ich einen Weg vor, wie anhand von Lebensgeschichten Geschichte geschrieben werden kann.

Kapitel 2 befasst sich mit den politischen, rechtlichen, wirtschaftlichen und diskursiven Regulativen der weiblichen Arbeitsmigration aus Deutsch-

---

43 Bspw. Hess/Lenz, »Das Comeback«, S. 128–165. Lutz/Schwalgin, *Vom Weltmarkt*. Anderson, *Doing the dirty work?* Tschannen, *Putzen*.
44 Sarti, »Domestic Service«, S. 222–245. Sarti, »The Globalisation«, S. 77–97. Das Verschwinden der Hausangestellten nach dem Zweiten Weltkrieg postuliert u.a. Wahl, »Dienstmädchen«, S. 47.
45 Witkowski, »Ein Relikt«, S. 147–168.

land und Österreich in die Schweiz von 1918 bis Ende der 1960er Jahre. Die Darstellung der strukturellen Bedingungen des zu untersuchenden Wanderungssystems ist die Basis zur Einordnung der lebensgeschichtlichen Erzählungen in ihren historischen Kontext. Sie reicht aber auch darüber hinaus. Den Fokus auf die deutschen und österreichischen Haus- und Gastgewerbsangestellten zu legen, ermöglicht es, geschlechts-, herkunfts- und berufsspezifische Aspekte der Überfremdungsdiskurse in der Schweiz aufzuzeigen. Basiert das zweite Kapitel auf zeitgenössischen Publikationen und Archivquellen, beruhen die darauf folgenden Kapitel [3–5] auf den lebensgeschichtlichen Erzählungen der Schweizgängerinnen. Nach einer Beschreibung meines Samples in sozio-biografischer Hinsicht widme ich mich in Kapitel 3 den Kindheits- und Jugenderzählungen der ehemaligen Arbeitsmigrantinnen. Dabei werden die Themen beleuchtet, die für das Verständnis der erzählten Migrationserfahrungen bedeutsam sind: die Beziehung zu den Eltern, Arbeitserfahrungen in der Kindheit, die Schul- und Ausbildung sowie der Zweite Weltkrieg.

Kapitel 4 bildet den eigentlichen Schwerpunkt der Arbeit. Darin werden die Migrationserzählungen über die Zeit als Haus- und Gastgewerbsangestellte in der Schweiz in ihrem biografischen und historischen Kontext dargelegt. Dieses Kapitel ist in drei Teile gegliedert. Der erste Teil befasst sich mit der Zeit vor der Migration, vom ersten Liebäugeln mit der Schweiz bis zur Ankunft im neuen Lebensumfeld. Im zweiten Teil stehen die Arbeitsverhältnisse im schweizerischen Hausdienst und Gastgewerbe sowie die Beziehungen zu den Arbeitgeber_innen im Mittelpunkt der Analyse. Zum Schluss werden in einem dritten Teil die Erzählungen über die Erfahrungen jenseits der Arbeitsstätte thematisiert, und es wird von Freizeiten, Freundschaften und Fremdenfeindlichkeiten die Rede sein. Abgerundet wird das Kapitel durch einen quantifizierenden Ausblick auf die familiären und beruflichen Veränderungen im Leben der Erzählerinnen nach der Zeit als Haus- oder Gastgewerbsangestellte in der Schweiz.

In Kapitel 5 betrachte ich die Lebensgeschichten mit einem anderen Analyseblick. Im Zentrum steht die Frage nach der Bedeutung und Bewertung der Migrationserfahrung im lebensgeschichtlichen Kontext. Dabei werden die einzelnen Biografien und ihre Erzählstruktur in den Vordergrund gerückt. In der analytischen Trennung verschiedener Arten von Geschichten (Emanzipations-, Bildungs-, sozioökonomische Erfolgs- und Abstiegsgeschichten) soll es gelingen, die Evaluation des Schweizaufenthaltes in differenzierter Weise zu erfassen.

1. Lebensgeschichten – Geschichte(n), die das Leben schreibt?

> The event is not what happens.
> The event is that which can be narrated.
> *Allen Feldman*

Die Vereinigung der Termini ›Leben‹ und ›Geschichte‹ in einem Wort regt dazu an, über deren spezifisches Verhältnis nachzudenken und danach zu fragen, welchen Erkenntniswert Lebensgeschichten für die historische Forschung haben und wie Geschichte anhand von Lebensgeschichten geschrieben werden kann.

Eine Lebensgeschichte ist eine mündliche oder schriftliche Selbst- und Vergangenheitspräsentationen in narrativer Form. Sie wird von einer Person mit Absicht produziert und richtet sich immer an ein konkretes oder unbestimmtes Publikum, auch wenn sie nicht zwingend zur Veröffentlichung verfasst wird. In ihr wird explizit ein Selbst thematisiert und Bezug genommen auf das eigene Leben oder auf Ausschnitte daraus. Erzählende setzen sich aber nicht nur mit sich selbst auseinander, sondern beziehen sich bewusst oder unbewusst auf die sie umgebende Gesellschaft und Umwelt. Retrospektiv werden Erfahrungen und Erlebnisse narrativ zu einem zusammenhängenden Ganzen organisiert. Lebensgeschichten sind keine mimetischen Reproduktionen eines vergangenen Lebens, sondern in mehrfacher Hinsicht konstruiert. Dem Begriff der ›Lebens*geschichte*‹ gelingt es besser, diesen konstruktiven Charakter in den Blick zu bekommen, als dies beispielsweise der häufig verwendete Begriff des ›Selbst*zeugnisses*‹ zu leisten vermag – verleitet dieser doch zur Annahme, dass den Erzählungen eine objektive Wahrheit zugrunde liegt, die bezeugt werden kann. Der Begriff der Lebensgeschichte grenzt sich auch von der literarischen Textgattung ›Autobiografie‹ ab. Zum einen impliziert die Endung ›*grafie*‹ Schriftlichkeit. Zum anderen ist damit ein das ganze Leben umfassender Bericht gemeint, der »den Werdegang des zu beschreibenden Ichs im ausgewogenen Zusammenspiel mit der äußeren Lebenswelt und der Zeit im Allgemeinen« darstellt.[1] Die für diese Arbeit mündlich erfragten Geschichten

---

1 Lehmann, »Autobiographie«, S. 169–173. Halse, *Eine Reise*, S. 10.

würden damit genauso wenig erfasst wie die fragmentarischen, auf die Erlebnisse in der Schweiz begrenzten, schriftlichen Aufzeichnungen. Zudem ist, wie die Historikerin Christa Hämmerle darlegt, der Begriff der Autobiografie stark an die Form der bürgerlichen Autobiografie gebunden, das heißt der Selbst- und Geschichtsdarstellung meist männlicher Vertreter der Bildungs- und Funktionseliten.²

Mit dem Begriff der Lebensgeschichte scheint es mir am ehesten möglich zu sein, gleichzeitig mündliche und schriftliche, umfassende und fragmentarische Erzählungen einfangen zu können, ohne zu verschleiern, dass es sich dabei um Vergangenheits- und Selbstkonstruktionen handelt. Die Subsumierung von biografisch-narrativen Interviews und lebensgeschichtlichen Aufzeichnungen unter den Begriff der Lebensgeschichte oder der lebensgeschichtlichen Erzählung soll nicht über deren Unterschiede hinwegtäuschen. In Anlehnung an Volker Depkat plädiere ich dafür, die »jeder Form der Selbstthematisierung eigene kommunikative Spezifik« bei der Analyse zu berücksichtigen.³ Um die oben aufgeworfenen Fragen diskutieren zu können, soll jedoch zunächst der Fokus auf ihren gemeinsamen Nenner gelegt werden.

1.1 Lebensgeschichten in der historischen Forschungspraxis

Seit dem Aufschwung der Oral History und der Etablierung neuer kulturgeschichtlicher Ansätze in den 1980er Jahren erfreuen sich Lebensgeschichten großer Beliebtheit.⁴ Scheinen sie doch besonders dafür geeignet zu sein, die in der Kritik an der Historischen Sozialwissenschaft formulierten Forderungen einer neuen Kulturgeschichte einzulösen.⁵ Lebensge-

---

2 Hämmerle, »Populare Selbstzeugnisse«, S. 145–148. Dies bedeutet nicht, dass Frauen keine Autobiografien verfassten oder dass die bürgerliche Autobiografietradition keinerlei Einfluss auf das lebensgeschichtliche Schreiben nicht bürgerlicher Gesellschaftsschichten hatte. Wedel, »Autobiographien«. Die Anwendung des Autobiografiebegriffs auf Erinnerungstexte jeglicher Art führt jedoch eher zu Missverständnissen, als es solche zu vermeiden hilft. Krusenstjern, »Was sind Selbstzeugnisse?«, S. 466–467.
3 Depkat, »Autobiographie«, S. 455.
4 Ders., »Zum Stand«, S. 171.
5 Einen Überblick über die Formierung neuer kulturhistorischer Ansätze sowie deren konstitutive Elemente geben Tschopp, *Kulturgeschichte*. Rogge, *Cultural History*. Daniel, *Kompendium*.

schichtliche Quellen rücken den konkreten und singulären Menschen ins Zentrum und erlauben es, den Fokus von den überindividuellen Strukturen weg auf die historischen Akteur_innen zu lenken – im kulturgeschichtlichen Jargon: eine ›Geschichte von unten‹ zu schreiben. Lebensgeschichten versprechen Antworten zu geben auf die von Kulturhistoriker_innen aufgeworfenen Fragen nach Erfahrungen, Wahrnehmungen, Deutungsmustern, Verhaltensweisen und Handeln der Menschen. Das bietet die Möglichkeit, die Vielfalt und Komplexität von historischen Realitäten aufzuzeigen und die Menschen nicht nur als »geduldiges Wirtsvolk der großen Geschichte« erscheinen zu lassen.[6] Mit der Pluralisierung von Wirklichkeit wird auch eine Abkehr von teleologisch-linearen Geschichtsmodellen ermöglicht, was die kulturgeschichtliche Kritik an *der* Geschichte im Singular stützt.

Die Methode der Oral History sowie die auf Ego-Dokumente spezialisierten Archive helfen dabei, Überlieferungslücken zu schließen,[7] indem auch die von der Geschichtswissenschaft lange Zeit marginalisierten Personen und Gruppen wie beispielsweise Frauen oder bäuerliche und städtische ›Unterschichten‹ – die sogenannt ›kleinen Leute‹ – ins Blickfeld der Historiker_innen gelangen. Gerade die Lebensgeschichten von Hausangestellten, Soldaten, Fabrikarbeiter_innen oder Handwerkern etc. stoßen auf ein breites öffentliches Interesse. Sie füllen Geschichte mit Leben und ermöglichen damit Anschlüsse an das Leben der Geschichtskonsumierenden. Mit der kulturgeschichtlichen Wende sind Lebensgeschichten also sowohl in der akademischen Forschung wie in der populären Geschichtsvermittlung zu wertvollen Quellen geworden.

Trotz einer zunehmenden Verwendung lebensgeschichtlicher Quellen in der historischen Forschungspraxis bleibt, so Ulrike Jureit, eine theoretisch-methodische Reflexion darüber innerhalb der Geschichtswissenschaften begrenzt.[8] Auch Volker Depkat konstatiert ein Jahrzehnt nach Jureit, dass die quellenkundliche Auseinandersetzung mit autobiografi-

---

6 Zang, *Die unaufhaltsame Annäherung*, S. 27.
7 Seit den 1980er Jahren gibt es eine ganze Reihe an Archiven, die ihren Sammlungsschwerpunkt auf Lebensgeschichten und Ego-Dokumente legen. Im deutschsprachigen Raum sind dies u.a. die *Werkstatt der Erinnerung* an der Forschungsstelle für Zeitgeschichte in Hamburg, das *Archiv Deutsches Gedächtnis* der FernUniversität Hagen, das *Deutsche Tagebucharchiv* in Emmendingen, das *Oral History Archiv der Universität Graz* sowie an der Universität Wien die *Dokumentation lebensgeschichtlicher Aufzeichnungen* und die *Sammlung Frauennachlässe*.
8 Jureit, *Erinnerungsmuster*, S. 25.

schem Material nach wie vor problematisch sei. Seine Kritik zielt auf den vorherrschenden »naiven« Umgang mit lebensgeschichtlichen Texten, die ausschließlich im Hinblick auf eine außertextuelle historische Realität gelesen würden.[9] Dagmar Günther, eine Verfechterin narratologisch sensibler historischer Autobiografieforschung, benennt in ihrer grundlegenden Kritik am geschichtswissenschaftlichen Umgang mit lebensgeschichtlichen Quellen zwei vorherrschende Lesarten. Entweder würden diese lediglich zu Illustrationszwecken hinzugezogen, um die Lebensumstände eines Individuums möglichst genau zu dokumentieren oder um eine im Voraus festgelegte Wirklichkeitsannahme zu verifizieren beziehungsweise zu falsifizieren. Oder sie würden als »Faktenlieferanten« missverstanden, was auf der Annahme einer Kongruenz von Text und sozialer Praxis, einem Zusammenfall von Selbstaussage und gelebter Erfahrung beruhe.[10] Eine solche Überschätzung lebensgeschichtlicher Materialien wandelt auf den Spuren einer älteren Kulturgeschichte und überhöht, mit Wilhelm Dilthey gesprochen, die Autobiografie als »höchste und am meisten instruktive Form, in welcher uns das Verstehen des Lebens entgegentritt.«[11]

Gleichzeitig ist die Skepsis, die dieser Quellengattung innerhalb der historischen Zunft entgegengebracht wird, nach wie vor groß. Dies wurzelt in der Etablierung einer wissenschaftlichen Geschichtsschreibung, deren zentrales konstitutives Merkmal gerade in der Abgrenzung zu (kollektiven) Gedächtniskonstruktionen liegt. Die Durchsetzung eines professionalisierten geschichtswissenschaftlichen Diskurses im 19. Jahrhundert führte, so Aleida Assmann, zu einem Antagonismus von Geschichte (nunmehr definiert als Kollektivsingular) und Gedächtnis.[12] Folgenreich für die Bewertung von lebensgeschichtlichen Quellen ist die einem Objektivitätsideal folgende Systematisierung der Quellenkritik im 19. Jahrhundert: die von Johann Gustav Droysen entwickelte – und noch heute gängige – Unterteilung historischer Quellen in die beiden Genres ›Tradition‹ und ›Überrest‹.[13] Die zur Überlieferung von historischem Wissen hergestellten

---

9 Depkat, »Zum Stand«, S. 174.
10 Günther, »And now«, S. 38–39. Günther, *Das nationale Ich?*, S. 5–6.
11 Dilthey zit. nach Günther, »And now«, S. 26. Wilhelm Dilthey versteht das Leben und die Lebenserfahrung als »die ›Quellen‹ des Verständnisses der gesellschaftlich-geschichtlichen Welt«. Lessing, *Wilhelm Dilthey*, S. 134.
12 Assmann, *Der lange Schatten*, S. 43–47. Die antagonistische Gegenüberstellung von Geschichte und Gedächtnis wurde auch Ende des 20. Jahrhunderts noch postuliert. So beispielsweise bei Nora, *Zwischen Geschichte*, S. 12–13.
13 Historisches Seminar der Universität Basel, *Arbeitstechniken*, S. 36.

Traditionsquellen, zu denen Lebensgeschichten ohne Zweifel zählen, gelten im Gegensatz zu den als absichtslos und erinnerungsfrei definierten Überresten als weniger vertrauenswürdig. Auch wenn Lebensgeschichten nur selten grundsätzlich als Quellen zurückgewiesen werden, werden sie den Ruf nicht los, subjektiv verzerrte, teilweise sogar absichtlich verfälschte Darstellungen einer historischen Wirklichkeit zu sein.[14]

Lebensgeschichten, so bringt es Dagmar Günther auf den Punkt, hafte eine »merkwürdige Dialektik« an:

»Einerseits würde [...] dem Betrachter die Fülle des Lebens entgegenströmen, würde er sogar einen Blick in die Köpfe und Herzen der Verfasser werfen und subjektive Erfahrungen bergen können. Doch andererseits würde der spezifische Reiz der autobiographischen Genres, das Subjektive und Individuelle, wiederum Gefahr laufen, in Stilisierung und Verfälschung umzuschlagen. [...] Die Kunst des Historikers würde darin bestehen, hinter dem Zerrspiegel des nun zweifelhaften Subjektiven und Individuellen, die eigentliche historische Wahrheit: die konkreten Lebensumstände oder die gelebte Erfahrung der historischen Akteure, aufzudecken.«[15]

Die hier präsentierten sich auf den ersten Blick widersprechenden, vorherrschenden Lesarten lebensgeschichtlicher Quellen – sei es empathisch überhöhend oder traditionell skeptisch – gründen in dem gleichen geschichtstheoretischen (Miss-)Verständnis. Sie bleiben, wenn auch zumeist ungewollt, einer Suche danach, ›wie es eigentlich gewesen‹, verhaftet und richten ihr Erkenntnisinteresse über die Texte hinaus auf das Verständnis des historischen Gegenstandes, auf menschliche Handlungen und Artefakte an sich.[16] Zwar herrscht zumeist Konsens darüber, dass es eine historische Realität an sich nicht gibt. In einem pragmatischen Forschungsalltag führt jedoch das (richtige und wichtige) Bedürfnis nach Abstraktion und Generalisierung, das Anliegen, eine Nebeneinanderreihung von Realitäten zu vermeiden, und der Wunsch, die eigene Forschung nicht in Beliebigkeit untergehen zu sehen, dazu, dass oftmals verkürzt Erzählung mit Erfahrung oder sogar mit historischem Ereignis gleichgesetzt wird.

---

14 Brandt, »Vom Nutzen«, S. 135.
15 Günther, *Das nationale Ich?*, S. 7.
16 Dabei wird häufig vergessen, dass schon Johann Gustav Droysen, der den Bereich des hermeneutischen Verstehens von den Texten auf die Handlungen und Artefakte des Menschen erweiterte, darauf hinwies, dass uns nur der Ausdruck und nie das Wesen von Handlungen und Artefakten zugänglich wird. Goertz, *Umgang mit Geschichte*, S. 109–110.

Es wäre jedoch verfehlt zu behaupten, dass es im Bereich der historischen Autobiografieforschung oder der Oral History keine theoretisch und methodisch reflektierten Arbeiten gäbe. Gerade die boomende Erinnerungsforschung, aber auch die literaturwissenschaftliche Narratologie sowie die soziologische und psychologische Biografieforschung lieferten wichtige Impulse, die in den Geschichtswissenschaften auf offene Ohren stießen. So hat beispielsweise die Oral History in den letzten Jahrzehnten einen deutlichen Wandel erfahren, der sich gerade durch eine zunehmende theoretische Sensibilisierung auszeichnet. Lynn Abrams beschreibt in ihrem 2010 publizierten Buch zu *Oral History Theory* den Wandel von einer »recovery history« zu einer »sophisticated theoretical discipline in its own right.«[17] Die Absicht einer frühen Oral-History-Tradition mittels szientistischen, an den Sozialwissenschaften orientierten, Interviewverfahren Evidenzen über historische Ereignisse zu gewinnen, ist heute längst einer Haltung gewichen, die nach der Bedeutung mündlicher Geschichte(n) vor dem Hintergrund ihres sozio-kulturellen Kontextes fragt.[18] Oral Historians bemühen sich nicht mehr darum, Subjektivität als zu eliminierende Schwäche zu bekämpfen, sondern heben sie als besondere Qualität hervor.[19] Das Postulat der neutralen Position der Interviewenden hat längst der Vorstellung von der Dialoghaftigkeit von Oral-History-Interviews Platz gemacht.[20] Diese Verschiebung zwingt Oral Historians dazu, sich mit schwergewichtigen Begriffskomplexen wie Subjektivität, Identität, Gedächtnis, Erinnerung, Narrativität, Zeit oder Performanz auseinanderzusetzen.

---

17 Abrams, *Oral History*, S. 5–8. Abrams führt aus, dass es sich dabei nicht um eine lineare, abgeschlossenen Entwicklung handelt. Oral History als Sammelbegriff vereine die verschiedensten Herangehensweisen und Praktiken. So fänden sich heute gleichzeitig »fact-finders« wie »theory-baggers« innerhalb der Oral-History-Community. Zu Geschichte und Entwicklung der Oral History im deutschsprachigen Raum, die sich aufgrund der nationalsozialistischen Vergangenheit insbesondere durch eine größere Skepsis gegenüber ›Zeitzeug_innen‹, eine im internationalen Vergleich verspätete Rezeption sowie eine stark alltagsgeschichtlich geprägte ›bottom up‹ Perspektive auszeichnet, vgl. Freund, »Oral History«, S. 3–4. Zu den Unterschieden zwischen US-amerikanischer und »europäischer« Oral History vgl. auch Ritchie, *The Oxford Handbook*, S. 4–5.
18 Zur Kritik an der Gesprächsführung der frühen Oral History vgl. Breckner, »Von den Zeitzeugen«, S. 200–201.
19 Bspw. Wierling, *Mädchen*, S. 25.
20 Portelli, »What Makes«, S. 32–42.

Um einer solchen theoretischen Fundierung nachzukommen, müssen Historiker_innen zumeist Anleihen bei anderen Disziplinen vornehmen.[21] Im deutschsprachigen Raum orientieren sich Oral Historians stark an der soziologischen Biografieforschung. Der Historiker Alexander von Plato stützt sich in seinen Interview-Richtlinien, die er als methodischer Leiter im groß angelegten Oral-History-Projekt *Zwangsarbeit 1939–1945* herausgegeben hat, auf das biografisch-narrative Interview von Fritz Schütze beziehungsweise in seiner von Gabriele Rosenthal weiterentwickelten Form.[22] Anders als in der von geschlossenen Fragen gekennzeichneten, älteren Oral-History-Tradition geht es darum den Erzählenden viel Freiraum zur eigenen Gestaltung ihrer Lebensgeschichte einzuräumen. Auf diese Weise werden aus Zeitzeugeninterviews erzählte Lebensgeschichten.[23]

Immer mehr Wissenschaftler_innen, die mit einem lebensgeschichtlichen Ansatz zu historischen Themen arbeiten, lassen sich auch von der in den Literaturwissenschaften verankerten Narratologie inspirieren. Im Bereich der historischen Autobiografieforschung gibt es mittlerweile eine Reihe an Studien, die sich vermehrt mit dem narrativen Charakter von lebensgeschichtlichem Quellenmaterial auseinandersetzen. Zu nennen ist neben der Arbeit von Dagmar Günther zur autobiografischen Sinnkonstruktion deutscher Bildungsbürger des Kaiserreichs[24] insbesondere die Publikation von Volker Depkat zu Sozialisations- und Zäsurerfahrungen politischer Eliten des 20. Jahrhunderts.[25]

Historische Autobiografieforschung und Oral History sind in hohem Maße interdisziplinär geprägt. Julia Obertreis und Anke Stephan schreiben in ihrer Begriffsbestimmung zu Oral History: »Oral History ist zugleich

---

21 Abrams, *Oral History*, S. 7.
22 Plato, »Interview-Richtlinien«, S. 443–450. Im Unterschied zu Schütze oder Rosenthal erweitert von Plato das Grundgerüst des dreistufigen Interviewverfahrens um eine vierte Phase, in der die Interviewenden Kritik und Widerstand an dem von den Interviewten Gesagten äußern können. Zum klassischen biografisch-narrativen Interview vgl. Schütze, »Biographieforschung«, S. 285–288. Auch Rosenthal, *Erlebte*, S. 86–207.
23 Breckner, »Von den Zeitzeugen«, S. 203.
24 Günther, *Das nationale Ich?*.
25 Depkat, *Lebenswenden*. Auch Charlotte Heinritz rückt bei der Erforschung von Frauenautobiografien um 1900 die narrativen Strukturen in den Vordergrund: Heinritz, »Autobiographien«, S. 114–123. Und Carsten Heinze definiert in seiner Dissertation zur Frage nach der Wechselwirkung von Identität und Geschichte, Lebensgeschichte als »sozialkommunikative Quelle«, in der Geschichte interpretiert und konstruiert wird. Heinze, *Identität*, S. 23.

eine Methode, eine Quellenart und ein interdisziplinäres Forschungsfeld.«[26] Diese interdisziplinäre Ausrichtung ist einerseits eine große Bereicherung. Andererseits sind damit auch Schwierigkeiten verbunden. Denn jede Theorie, jede Methode kommt bekanntermaßen nicht ›nackt‹ daher, sondern transportiert ein ganzes Bündel an Vorwissen, Fragen und Erkenntnisinteressen, die an die jeweilige Disziplin gebunden sind. Historiker_innen sehen sich forschungspraktisch mit dem Problem konfrontiert, dass die aus anderen Disziplinen stammenden Theorien und Methoden für eine historische Arbeit nur bedingt geeignet sind. Bei der Analyse eines historischen Phänomens macht es wenig Sinn, Fragen nach den inneren Regeln eines Textes in den Vordergrund zu stellen, wie es in der literaturwissenschaftlich-narratologischen Diskussion zentral ist. Auch ist es nur partiell fruchtbar, nach der narrativen Generierung von personaler Identität zu fragen, was beispielsweise in der psychologischen oder soziologischen Disziplin von Interesse ist. Die gängigen Analyseverfahren für biografisch-narrative Interviews im deutschsprachigen Raum sind – entsprechend ihrem disziplinär verankerten Erkenntnisinteresse – zumeist feingliedrige Sequenzanalysen, die zwar teilweise auf die Generierung von Typologien abzielen,[27] jedoch gemäß ihrer theoretischen Verankerung die Rekonstruktion des Einzelfalls an erste Stelle rücken.[28]

Als Historikerin kann es mir, mit Dorothee Wierling gesprochen,»nicht gleichgültig sein, in welchem Verhältnis die erzählte Erinnerung zu vergangenem Geschehen beziehungsweise Erleben steht.«[29] Deshalb wird mit dieser Arbeit ein Weg gesucht, wie Lebensgeschichten als Quellen für die Analyse eines historischen Phänomens herangezogen werden können, ohne sich dabei in Einzelfallanalysen zu verlieren und den außertextuellen Bezug aus den Augen zu verlieren. Gleichermaßen soll Erzählung nicht kurzsichtig mit Erfahrung oder Ereignis gleichgesetzt werden. Um den in dieser Arbeit verfolgten methodischen Umgang mit Lebensgeschichten zu präsentieren, bedarf es zunächst einer theoretischen Fundierung. Denn Lebensgeschichten sind, mit Lynn Abrams gesprochen,»the most complex and challenging in the primary-source treasure chest«.[30]

---

26 Obertreis/ Stephan,»Erinnerung«, S. 9.
27 Bspw. die von Ralf Bohnsack entwickelte Dokumentarische Methode: Bohnsack, *Rekonstruktive Sozialforschung*, S. 129–154.
28 Rosenthal, *Erlebte*, S. 208–226. Lucius-Hoene/Deppermann, *Rekonstruktion*.
29 Wierling,»Oral History«, S. 87.
30 Abrams, *Oral History*, S. 16–17.

1.2 Gedächtnis-, erzähl- und biografietheoretische Grundlagen

Da Lebensgeschichten keinen direkten Zugriff auf historische Ereignisse oder subjektive Erfahrungen erlauben, stellt sich die Frage, was Historiker_innen erwartet, wenn sie mit lebensgeschichtlichem Quellenmaterial arbeiten. In welchem Verhältnis stehen Leben, Text und Geschichte? Welcher Zusammenhang besteht zwischen dem gelebten und dem erzählten Leben? Und inwiefern ist dies historisch und historiografisch von Bedeutung?

1.2.1 Wer erzählt, erinnert sich

Lebensgeschichten sind erzählte Erinnerungen oder, um es mit dem Schriftsteller Peter Härtling zu sagen: »Wer erzählt, erinnert sich.«[31] Wenn wir uns mit Lebensgeschichten beschäftigen, befinden wir uns also mitten in der theoretischen Debatte um Gedächtnis und Erinnerung. Die Gedächtnis- und Erinnerungsforschung ist breitgefächert. Die Bandbreite reicht von den Neurowissenschaften, die sich für hirnanatomische Vorgänge – also die inneren Strukturen von Gedächtnis und Erinnerung – interessieren, bis zu den Medienwissenschaften, die mit der medialisierten Externalisierung von Gedächtnisinhalten vorwiegend äußerliche Aspekte im Blick haben.[32] Auch wenn sich die verschiedenen Ansätze in Bezug auf ihr Erkenntnisinteresse oder ihre Forschungsmethoden stark unterscheiden, gibt es Gemeinsamkeiten. Dazu zählt zum einen die Überzeugung, dass das Gedächtnis nicht nur hirnorganisch, sondern auch sozial und kulturell bedingt ist. Zum anderen eint sie die Annahme, dass in der Erinnerung die verschiedenen Zeitebenen Vergangenheit, Gegenwart und Zukunft in spezifischer Weise miteinander verflochten sind.

Sich erinnern ist ein subjektiver Bewusstseinsakt. Das heißt, Menschen besitzen die Fähigkeit explizit Erinnerungen abzurufen und sind sich dabei

---

31 Härtling, *Erinnerte Wirklichkeit*, S. 17.
32 Auch in der Philosophie, Psychologie, Soziologie, Geschichts- oder Literaturwissenschaft werden Gedächtnis und Erinnerung prominent verhandelt. Einen umfassenden Überblick über die verschiedenen Strömungen der Gedächtnis- und Erinnerungsforschung innerhalb und zwischen den Disziplinen geben: Kölbl/Straub, »Erinnerung«, S. 668–688.

bewusst, dass sie sich erinnern.[33] Die Erinnerung als Tätigkeit setzt ein Gedächtnis voraus. Aleida Assmann stellt fest, »dass man das eine [sich erinnern] nicht tun kann ohne das andere [ein Gedächtnis] zu haben.«[34] Hirnphysiologisch betrachtet ist das Gedächtnis ein neuronales Netzwerk, das eine dynamische Struktur aufweist. Erinnerungen sind neuronale Verschaltungen, die sich sowohl bei der erstmaligen Einschreibung sowie bei jedem Abruf ändern. Eine solche Veränderung der bestehenden Wechselwirkungen zwischen den Nervenzellen fuhrt zu einer Neustrukturierung und Neukodierung des Gedächtnisses. Somit sind auch Gedächtnisinhalte einem ständigen Wandel unterworfen.[35]

Dass Erinnerungen wandelbar sind, hat auch Maurice Halbwachs erkannt – lange bevor die bildgebenden Verfahren die Hirnforschung revolutioniert haben. Halbwachs, der in den 1920er Jahren den Begriff des kollektiven Gedächtnisses entwickelte und damit die Gedächtnisforschung bis heute prägt, erklärt die Wandelbarkeit von Erinnerungen damit, dass sich auch die Individuen verändern. Je nach sozialen Rahmenbedingungen, in denen sie leben, und je nach gesellschaftlichen Gruppen, denen sie sich zugehörig fühlen, verändern sich auch ihre Vergangenheitsbilder und -vorstellungen.[36] Hintergrund davon ist Halbwachs' Überzeugung, dass das Gedächtnis sozial bedingt ist, das heißt, dass Erinnerungen nur durch Kommunikation und Interaktion im Rahmen sozialer Gruppen entstehen. Jan Assmann, der gemeinsam mit Aleida Assmann die Idee des kollektiven Gedächtnisses von Halbwachs übernommen und weiterentwickelt hat, schreibt:

»[…] das individuelle Gedächtnis baut sich in einer bestimmten Person kraft ihrer Teilnahme an kommunikativen Prozessen auf. Es ist eine Funktion ihrer Eingebundenheit in mannigfaltige soziale Gruppen, von der Familie bis zur Religions-

---

33 Markowitsch/Welzer, *Das autobiographische Gedächtnis*, S. 11. Selbstverständlich gibt es auch das Erinnern als unbewusstes »Widerfahrnis«, das ungewollt und unvermittelt auftritt, vgl. Kölbl/Straub, »Erinnerung«, S. 671. In dieser Arbeit steht aber das intentionale und explizite Abrufen von Erinnerungen im Vordergrund.
34 Assmann, »Gedächtnis«, S. 33.
35 Piefke/Markowitsch, »Neuroanatomische«, S. 13–14. Jureit, *Erinnerungsmuster*, S. 44. Von *dem* Gedächtnis im Singular zu sprechen ist eine Vereinfachung, die der Gedächtnisforschung nicht gerecht wird. Je nach Funktion und Leistung kann differenziert werden zwischen Lang- und Kurzzeitgedächtnis, semantischem Gedächtnis (Speicherung von Wissen), episodischem Gedächtnis (Speicherung von Erlebnissen) oder autobiografischem Gedächtnis (Verortung eines Selbst in einem Raum-Zeit-Kontinuum). Welzer, »Erinnerung«, S. 2.
36 Halbwachs, *Das kollektive Gedächtnis*, S. 59.

und Nationsgemeinschaft. Das Gedächtnis lebt und erhält sich in der Kommunikation [...]. Man erinnert nur, was man kommuniziert und was man in den Bezugsrahmen des Kollektivgedächtnisses lokalisieren kann.«[37] Auch wenn jedes individuelle Gedächtnis sozial bedingt ist, geht es nicht vollkommen in einem kollektiven Gedächtnis auf. Da Menschen sich zeitlebens in unterschiedlichen Gruppen sozialisieren, überlagern sich im individuellen Gedächtnis mehrere kollektive Denkweisen. Jedes individuelle Gedächtnis, so Assmann weiter, kann als »je einzigartige Verbindung von Kollektivgedächtnissen« gedacht werden.[38] Die Lebensgeschichte als Ausdruck eines individuellen Gedächtnisses ist also immer ein Aussichtspunkt auf die kollektiven Gedächtnisse, die das erzählende Individuum prägen und von diesem wiederum geprägt werden. Kollektive Gedächtnisse existieren nicht losgelöst von individuellen Träger_innen und werden von diesen mittels Kommunikation und Interaktion aufgebaut. Da Erinnerungen wandelbar sind, unterzieht die individuelle Erinnerungsarbeit von historischen Akteur_innen das kollektive Gedächtnis einer »schleichenden Revision«.[39]

Erinnerungen sind immer zugleich retro- und prospektiv. Sie beziehen sich von einer gegenwärtigen Perspektive aus, in Erwartung einer antizipierten Zukunft, auf die Vergangenheit. Diese Relationierung von Vergangenheit, Gegenwart und Zukunft dient dazu »Wirklichkeit zu temporalisieren« und fungiert als Orientierungsmittel.[40] Markowitsch und Welzer weisen darauf hin, dass das (autobiografische) Gedächtnis es den Menschen möglich macht, sich selbst in einem Raum-Zeit-Kontinuum zu verorten. Erinnernd unternehmen wir »mentale Zeitreisen«; blicken von einer gegenwärtigen Perspektive auf ein früheres Ich zurück und imaginieren über die Gegenwart hinaus ein zukünftiges Ich.[41] Dies ist nicht nur Voraus-

---

37 Assmann, *Das kulturelle Gedächtnis*, S. 36–37. Zu Assmanns weiterer Ausdifferenzierung des kollektiven Gedächtnisses vgl. Assmann, »Vier Formen«, S. 183–190. Assmann, »Kollektives Gedächtnis«, S. 9–19.
38 Assmann, *Das kulturelle Gedächtnis*, S. 37. Erinnerungen, die wir als unsere intimsten und ureigensten Erinnerungen fern von sozialer Beeinflussung wahrnehmen, sind für Halbwachs eine Illusion, die daraus resultiert, dass diese Erinnerungen am »Treffpunkt mehrerer sich in uns kreuzender Strömungen kollektiven Denkens« stehen. Halbwachs, *Das kollektive Gedächtnis*, S. 26.
39 Sieder, *Brüchiges Leben*, S. 241.
40 Kölbl/Straub, »Erinnerung«, S. 669–670.
41 Markowitsch/Welzer, *Das autobiographische Gedächtnis*, S. 11. Zur Zeit als Orientierungsmittel vgl. auch Elias, *Über die Zeit*, S. 2.

setzung, um überhaupt eine Lebensgeschichte erzählen zu können, sondern auch treibende Kraft. So hält Volker Depkat fest, dass es gerade die Gegenüberstellung von Einst und Jetzt, die Spannung von ehemals Erwartetem und tatsächlich Eingetroffenem sei, welche die Erzählung vorantreibe.[42]

1.2.2 Wer sich erinnert, erzählt

Zentral für eine historische Analyse, so Reinhart Koselleck, ist die Frage nach den zeitlichen Strukturen, »die der Geschichte im Singular und den Geschichten im Plural zugleich eigentümlich sein mögen.«[43] Zeit-Zusammenhänge, sei es in Lebensgeschichten oder in der Geschichtsschreibung, werden narrativ hergestellt. Das von Peter Härtling beobachtete Verhältnis von Erzählung und Erinnerung kann also auch umgekehrt formuliert werden: Wer sich erinnert, erzählt. Aus erzähltheoretischer Perspektive ist das Erzählen der zentrale sprachliche Modus für die zeitliche Organisation von Erfahrungen. »Das Erzählen ist notwendig für die Repräsentation von Vergangenem«, schreibt Jürgen Straub.[44] Erzählungen werden dabei – in aristotelischer Tradition – in ihrer einfachsten Form als Anfang-Mitte-Ende-Struktur definiert, in der sich ein Ereignis- oder Handlungsverlauf entfaltet.[45] Zeit und Erzählung, so Paul Ricoeur, können nicht losgelöst voneinander gedacht werden:

»Die von jedem narrativen Werk entfaltete Welt ist immer eine zeitliche. Oder [...]: die Zeit wird in dem Maße zur menschlichen, wie sie narrativ artikuliert wird; umgekehrt ist die Erzählung in dem Maße bedeutungsvoll, wie sie die Züge der Zeiterfahrung trägt.«[46]

---

42 Depkat, »Autobiographie«, S. 461–462.
43 Koselleck, »Geschichte«, S. 212.
44 Straub, »Erzähltheorie«, S. 137.
45 Der Begriff der ›Erzählung‹ bezieht sich in der Narratologie auf eine ganz spezifische Erzählform, die sich von der ›Beschreibung‹, dem ›Bericht‹, der ›Argumentation‹ und anderen Erzählformen abheben lässt. Erzählungen haben einen Verlaufscharakter. Struktur, Form und Dynamik der Erzählung werden vom Plot bestimmt, der den Rahmen der Erzählung vorgibt und den Erzählsegmenten eine Rolle in der narrativen Ordnung zuweist. Polkinghorne, »Narrative«, S. 18. Zur Unterscheidung der Erzählformen »Erzählung« und »Beschreibung« vgl. Stempel, »Erzählung«, S. 325–346.
46 Ricoeur, *Zeit und Erzählung*, S. 13.

Die geschichtswissenschaftliche Debatte zum Wechselverhältnis von zeitlicher Organisation und narrativer Gestaltung ist eng mit dem Namen Hayden White verbunden.

»One cannot historicize without narrativizing, because it is only by narrativization that a series of events can be transformed into a sequence, divided into periods, and represented as a process […].«[47]

Empörung hervorgerufen hat aber weniger dieser, von White formulierte, grundlegende Zusammenhang von Geschichte und Erzählen, als vielmehr seine Zuordnung der Historiografie in den Bereich der literarischen Fiktion, die er im Anschluss an seine Untersuchung historiografischer Werke auf ihre narrative Struktur vorgenommen hat. Im Zuge der Narrativierung würden die von den Historiker_innen zu beschreibenden Ereignisse in einem ästhetischen Prozess – den White *emplotment* nennt –, rekonfiguriert und semantisiert; Fakten würden in Fiktionen verwandelt.[48] Auch Paul Ricoeur, der die Strukturidentität von Geschichtsschreibung und Fiktion herausarbeitet, definiert Erzählung als »fingierte Fabel«, in der mit »schöpferischer Einbildungskraft« Heterogenes synthetisiert und Neues geschaffen wird.[49] Folgen wir Ricoeur und White, gelangen wir zu einer Verabsolutierung des Fiktionalen beziehungsweise zu einer Nivellierung von Fiktionalität und Faktualität.

Die Erzählforscher Christian Klein und Matías Martínez sträuben sich gegen einen solchen »Panfiktionalismus« und halten an der Differenzierung von fiktionalem und faktualem Erzählen fest. Letzteres bezeichnen sie auch als nicht-literarisches Erzählen oder als »Wirklichkeitserzählung«.

»Wirklichkeitserzählungen sind sowohl konstruktiv als auch referentiell – darin liegt ihre besondere erkenntnistheoretische Bedeutung. Es gilt, den referentiellen Aspekt von Wirklichkeitserzählungen angemessen zu berücksichtigen, ohne deren konstruktive Elemente zu vernachlässigen.«[50]

---

47 White zit. nach Doran, »Humanism«, S. xxiii. Hayden White's *Metahistory* läutete in den Geschichtswissenschaften den *linguistic turn* ein. Zur kontroversen Rezeption von White's Werken vgl. Vann, »The Reception«, S. 148–163.
48 White, »The Structure«, S. 123–124. Ders., »The Historical«, S. 292.
49 Ricoeur, *Zeit und Erzählung*, S. 7. Dies begründet er mit seinem theoretischen Modell einer dreifachen Mimesis, die – grob vereinfacht – den Prozess der Textkonfiguration beschreibt zwischen ihrer Vorgestaltung (*préfiguration*) im praktischen Feld (*mimesis I*), der Begründung des literarischen Charakters (*figuration*) auf der Ebene von *mimesis II* und der Neugestaltung (*réfiguration*) in der Rezeption des Werkes (*mimesis III*). Ebd., S. 87–129.
50 Klein/Martínez, »Wirklichkeitserzählungen«, S. 1.

Fiktional und faktual beschreiben je einen bestimmten Modus der Erzählung. Ihr fundamentaler Unterschied liegt, so Klein und Martínez, in ihrem Geltungsanspruch. Faktuale Erzählungen behaupten im Gegensatz zu fiktionalen Erzählungen eine Referenz auf die ›Wirklichkeit‹, verpflichten sich zur ›Wahrheit‹ und evozieren damit eine andere Lesererwartung. Autor_innen, die mit ihrem Namen für die Referentialisierbarkeit des Gesagten einstehen, gehen ein Abkommen mit ihrem Lesepublikum ein.[51] Philipp Lejeune spricht in dem Zusammenhang vom »autobiographischen Pakt«.[52] Selbstverständlich sind Lebensgeschichten mit referentiellem Geltungsanspruch nicht per se rein faktual. Sie enthalten immer auch fiktionale Elemente. Ricoeur und White haben unser Augenmerk darauf gelenkt, dass Narrativierung immer eine Neukonstruktion bedeutet. Erzählend werden die einzelnen Erzählsegmente in eine (neue) zeitliche Abfolge gebracht. Dabei bedienen wir uns kulturell geprägter Plot-Strukturen und fiktionaler Erzählformen. In der sprachlichen Rekonstruktion von Wirklichkeit – beispielsweise dem Verfassen einer Lebensgeschichte – fiktionalisieren wir, was aber nicht bedeutet, dass die Texte dadurch ihren Wirklichkeitsbezug verlieren. Dass sich in der Kontextualisierung lebensgeschichtlicher Erzählungen mit anderen Quellen der »faktische ›Wahrheitsgehalt‹« wesentlich häufiger bestätigt, als dies zunächst vermutet wird, hebt beispielsweise Dorothee Wierling hervor.[53]

Spannender als bei der Frage zu verweilen, ob es sich bei Lebensgeschichten (oder Geschichtswerken) um Fiktionen handelt oder nicht, ist es, die Anregungen von White und Ricoeur aufzunehmen, ohne sie zu verabsolutieren. Das heißt, danach zu fragen, welche Bedeutungen die verwendeten Erzählformen und die Erzählstruktur transportieren und inwiefern diese vom sozialen und kulturellen Kontext geprägt sind. In der literaturgeschichtlichen Strömung des New Historicism, der die wechselseitige Beeinflussung von Text und Kontext untersucht, werden genau diese Fragen gestellt. Von Interesse ist nicht nur die »Geschichtlichkeit von Texten«, also ihre sozio-kulturelle Verankerung, sondern auch die »Textualität von Geschichte«, das heißt die sprachlich-textuelle Bedingtheit historischer

---

51 Ebd., S. 3.
52 Der autobiografische Pakt nach Lejeune »bekräftigt die Identität von Autor, Erzähler und Protagonist und garantiert dem Leser den nicht-fiktionalen [...] Status der Autobiographie.« Nach Nünning, »Metzler«, S. 39.
53 Wierling, »Oral History«, S. 117.

Wirklichkeit.[54] Letzteres lenkt die Aufmerksamkeit auf einen Punkt, der buchstäblich noch nicht zur Sprache gekommen ist: nämlich die Sprache selbst.

Bisher ist lediglich davon die Rede gewesen, dass die zeitliche Organisation von lebensgeschichtlichen Erlebnissen und Erfahrungen an einen narrativen Modus gebunden ist. Roland Barthes viel zitierte Aussage, dass Erzählungen »international, transhistorisch, transkulturell, und damit einfach da, so wie das Leben« seien,[55] hat Erzähltheoretiker dazu veranlasst, das Erzählen als »universale« menschliche Fähigkeit zu präsentieren und den Menschen als »homo narrens« zu definieren.[56] Ob es sich beim Erzählen wirklich um eine *conditio humana* handelt, sei hier dahingestellt. Die Sprache hat jedoch zweifellos eine zentrale Bedeutung im menschlichen Zugang zur Welt. Diese Erkenntnis hat sowohl philosophisch wie geschichtswissenschaftlich eine lange Tradition.[57] Für meine Arbeit von Bedeutung ist die von Vertreter_innen der Historischen Diskursanalyse vertretene Annahme, Sprache als Fundament historischer Wissens- und Wirklichkeitsbildung anzusehen. Grundlage dessen ist eine konstruktivistische Sichtweise, die Realität und Wissen als Ergebnisse sozialer, kommunikativer Herstellungsprozesse versteht. Sprache wird dabei, in Anlehnung an die Sprechakttheorie, als soziale Praxis definiert. Die Welt ist nicht einfach so, wie sie ist, sondern so, wie sie sprachlich hervorgebracht wird: »Sprache ist vielmehr Handlung, und zwar Handlung, die Welt erschafft.«[58] Jenseits von Sprache und Diskursen, so Philipp Sarasin, gibt es keine Wahrnehmung von Wirklichkeit.[59] Objekte haben keine ihnen inhärente Bedeutung, sondern diese wird kommunikativ hergestellt und diskursiv vermittelt. Es besteht demnach eine enge Verbindung zwischen sprachlichem Ausdruck, Bedeutungsgebung und Erfahrungsbildung.

---

54 Landwehr, *Historische Diskursanalyse*, S. 54.
55 Barthes zit. nach Koschorke, *Wahrheit*, S. 9.
56 Ebd., S. 9. Straub, »Erzähltheorie«, S. 133.
57 Koschorke zeichnet die Traditionslinie dieser Überzeugung von den Philosophen des 18. und 19. Jahrhunderts (Vico, Herder, Nietzsche, Freud, Heidegger, Wittgenstein) nach bis zum *linguistic turn* im 20. Jahrhundert: Koschorke, *Wahrheit*, S. 10. In den Geschichtswissenschaften beschäftigten sich lange vor der Historischen Diskursanalyse die Annales-Schule, die Historische Semantik oder Kosellecks Begriffsgeschichte mit der sprachlichen Verfasstheit des menschlichen Weltbezugs. Landwehr, *Historische Diskursanalyse*, S. 27–46.
58 Ebd., S. 23.
59 Sarasin, *Geschichtswissenschaft*, S. 32.

Wenn vermutlich auch nicht die einzige, so ist Erzählen doch eine zentrale Form, wie Ereignisse »in Bedeutungsrahmen« platziert werden.[60] David Carr, der eine Grundlagenarbeit zum Verhältnis von Zeit, Erzählung und Geschichte vorgelegt hat, weist darauf hin, dass bereits Erfahrungen prä-narrativ geformt sind. Gleich wie bei der räumlichen Wahrnehmung, bei der ein Objekt immer nur vor seinem Hintergrund, von dem es sich abhebt, sichtbar werde, könne in der zeitlichen Wahrnehmung ein Ereignis nur dann wahrgenommen werden, wenn es sich vor dem Hintergrund der Vergangenheit und dem Horizont der Zukunftserwartung als zusammenhängendes »event« abzeichne.[61] Daraus schlussfolgert Carr: »[...] no elements enter our experience, we maintain, unstoried or unnarrativized.«[62]

Es wäre also irreführend suggerieren zu wollen, dass Ereignissen erst in der (mündlichen oder schriftlichen) Erzählung Bedeutung verliehen würde. Die Biografieforscherin Gabriele Rosenthal zeigt in ihren Arbeiten ebenfalls überzeugend auf, dass kein Ereignis ohne Erlebnis gedacht werden kann. Jedes Ereignis wird bereits in der Wahrnehmung gedeutet und mit Sinn ausgestattet, um es in den »Erfahrungsstrom« einbetten zu können – und zwar unmittelbar während des Erlebens und nicht erst in der Erzählung. Die Zeitspanne, die zwischen Ereignis und Erzählung liegt, ist für den Modifizierungsgrad des Erlebnisses nicht ausschlaggebend. Die Zuwendung ist immer reflexiv-intentional, das gilt für die erstmalige Einordnung eines Ereignisses in den Erfahrungszusammenhang wie auch für die erneute Zuwendung Jahre später.[63] Diese These wird von neurophysiologischen Beobachtungen gestützt. Der Prozess der Konsolidierung, das heißt, wenn einer Gedächtnisspur im Zuge der Einspeicherung Stabilität verliehen wird, weist die Tendenz auf, das Gedächtnisrepertoire in einer kohärenten Gestalt zu formen. Damit eine neue episodische Information stabil eingespeichert werden kann, muss sie an die bisherigen Erfahrungen angeglichen werden.[64] Mit dem Stichwort der Kohärenz ist ein Aspekt angesprochen, der auf die praktische Funktion von Lebensgeschichten verweist.

---

60 Mit Bezug auf Jerome Bruner: Polkinghorne, »Narrative«, S. 17.
61 Carr, *Time*, S. 24.
62 Ebd., S. 68.
63 Rosenthal, »Die erzählte Lebensgeschichte«, S. 130–133.
64 Piefke/Markowitsch, »Neuroanatomische«, S. 13.

1.2.3 Selbst- und Weltverständnis

Die in Lebensgeschichten präsentierten Erzählungen weisen immer einen Selbstbezug auf. Das ›Ich‹, das auf die Vergangenheit zurück- und in die Zukunft vorausblicken kann, fungiert sozusagen als integratives Moment, das uns ermöglicht, das Leben als ein in sich zentriertes kohärentes Ganzes wahrzunehmen (und nicht als zufällige Abfolge von unzusammenhängenden Erlebnissen). Dies scheint – so wird es zumindest für den modernen, westlichen Kontext proklamiert – ein Grundbedürfnis zu sein: »Coherence seems to be a need imposed on us whether we seek it or not. Things need to make sense«, schreibt etwa David Carr.[65] Es ist aber nicht nur ein Bedürfnis, sondern geradezu eine Norm, dass wir ein »gelingendes Leben« erzählen, eine bruchlose, homogene, in sich konsistente Identität präsentieren können.[66] Es gilt zum einen Kontinuität herzustellen zwischen den vielen sich im Laufe der Zeit ständig verändernden Ichs. Zum andern muss Kohärenz geschaffen werden zwischen den verschiedenen sozialen Rollen und Positionen, die ein Individuum gleichzeitig in den unterschiedlichen Kontexten einnimmt. Die Integration diachroner und synchroner Differenzen wirkt identitätsstiftend.[67] (Lebensgeschichtliches) Erzählen dient in besonderem Maße dazu ein Selbstbild herzustellen:

> »Eine besonders wichtige, jedoch nicht die einzige Form der aktiven Selbst-Kontinuierung bildet das Erzählen von (Selbst-)Geschichten. Erzählungen thematisieren Veränderungen, beschreiben und erklären sie *uno actu* auf eigene Art. [...] [S]ie machen verständlich, warum ein Subjekt trotz seines lebensgeschichtlichen Wandels womöglich dieselbe, mit sich identische Person ist.«[68]

Erzählend wird aber nicht nur Identität her-, sondern auch dargestellt. Mit Erving Goffman gesprochen spielen wir alle immer und überall Theater und entwerfen in der Inszenierung und dramaturgischen Gestaltung unser Selbst.[69] Goffmans Theatermetapher bietet die Möglichkeit, das Publikum in den Blick zu nehmen und nicht nur auf die Erzählenden zu fokussieren. Denn Identität ist kein den Menschen inhärenter Wesenskern. Identitäts-

---

65 Carr, *Time*, S. 97.
66 Sieder, »Einleitung«, S. 7. Linde, *Life Stories*, S. 3.
67 Straub/Chakkarath, »Identität«, S. 5. Lucius-Hoene/Deppermann, »Narrative Identität«, S. 167.
68 Straub, »Identität«, S. 337. Auch Markowitsch und Welzer weisen darauf hin, dass die Fähigkeit sich selbst bewusst zu sein, zusammenfällt mit der Fähigkeit sein Selbst erzählen zu können. Markowitsch/Welzer, *Das autobiographische Gedächtnis*, S. 217.
69 Goffman, *Wir alle spielen Theater*, S. 230–233.

aspekte, so auch Gabriele Lucius-Hoene, werden in der Kommunikation und der Interaktion mit dem Publikum ver- und ausgehandelt. Dieser Ver- und Aushandlungsprozess läuft über Selbst- und Fremdpositionierungen. In der Interaktion werden ständig Identitätsaspekte beansprucht, die dann vom Publikum akzeptiert oder zurückgewiesen werden.[70] Diese Orientierung am Publikum macht deutlich, dass Identität immer an die Erzählsituation gebunden ist und dadurch als fluide und veränderlich gedacht werden muss. Was uns in lebensgeschichtlichen Quellen begegnet, ist, mit Gabriele Lucius-Hoene gesprochen, »Identitätsarbeit in Aktion«.[71] Oder wie Pierre Bourdieu diesbezüglich polemisch anmerkt, neigt ein autobiografischer Erzähler dazu, »sich zum Ideologen des eigenen Lebens zu machen.«[72] Um diese »künstliche Sinnschöpfung« nicht – wie Bourdieu es der lebensgeschichtlichen Forschung zur Last legt – in »natürlicher Komplizenschaft« zu akzeptieren, dürfen Lebensgeschichten nicht als reiner Ausdruck eines unveränderlichen Selbst (und schon gar nicht als Abbild einer Erfahrung oder eines Ereignisses) gelesen werden. Vielmehr gilt es gerade bei lebensgeschichtlichen Interviews die Erzählsituation und die Rolle der Interviewenden in die Analyse miteinzubeziehen. In Anlehnung an Harald Welzer kann das lebensgeschichtliche Interview als »Artefakt« definiert werden, das maßgeblich von den Forschenden mit konstruiert wird. Nicht nur deren Präsenz, auch die Fragen und Reaktionen zum Gesagten prägen die Erzählung.[73]

Wir konstruieren aber nicht nur unser Selbst mittels Erzählungen, sondern erklären uns darin die Welt. Durch die temporale Gestaltung, die, wie gezeigt, immer narrativ ist, wird einem Ereignis Bedeutung verliehen und unsere Erfahrungen werden in eine *sinn*volle Ordnung gebracht: »Die Erzählung macht aus der ›wilden‹, ›irrationalen‹ Kontingenz auf der Ebene des unentwegt Geschehenden eine narrativ ›geregelte‹, ›intelligible‹, in nunmehr bestimmter Weise sinnhafte und bedeutungsvolle Angelegenheit«, so Jürgen Straub.[74]

---

70 Lucius-Hoene/Deppermann, »Narrative Identität«, S. 170. Eine solche interaktionistische Sichtweise geht auf den Philosophen und Sozialpsychologen George Herbert Mead zurück, der in den 1930er Jahren die gesellschaftliche und kommunikative Bedingtheit von Identität herausgearbeitet hat. Mead, *Geist*, S. 177–271.
71 Lucius-Hoene/Deppermann, »Narrative Identität«, S. 168.
72 Bourdieu, *Praktische Vernunft*, S. 76.
73 Welzer, »Das Interview«, S. 51–63.
74 Straub, »Erzähltheorie«, S. 141.

Dieser Prozess der narrativen Bedeutungsgebung schafft (historische) Wirklichkeiten.[75] Der Begriff der Wirklichkeit referiert hier gerade nicht auf eine ›objektive‹ Wirklichkeit, sondern auf die subjektiven Wirklichkeiten, die das Weltverständnis eines Menschen ausmachen. Diese im Alltag nicht hinterfragte, als selbstverständlich empfundene Wirklichkeit kann in Anlehnung an Alfred Schütz und Thomas Luckmann als Lebenswelt bezeichnet werden. Lebenswelt wird von ihnen als intersubjektiv aufgebauter, historisch-gesellschaftlich bedingter und biografisch geprägter Wissensvorrat gedacht, in dem die Handlungsmöglichkeiten und -grenzen eines Menschen begründet liegen (und der durch sein Handeln wiederum verändert wird). Dieser Wissensvorrat besteht aus Erfahrungen:

»Jeder Schritt meiner Auslegung der Welt beruht jeweils auf einem Vorrat früherer Erfahrung: sowohl meiner eigenen unmittelbaren Erfahrungen als auch solcher Erfahrungen, die mir von meinen Mitmenschen, vor allem meinen Eltern, Lehrern usw. übermittelt wurden. All diese mitgeteilten und unmittelbaren Erfahrungen schließen sich zu einer gewissen Einheit in der Form eines Wissensvorrats zusammen, der mir als Bezugsschema für den jeweiligen Schritt meiner Weltauslegung dient.«[76]

Erfahrungen sind nach Schütz und Luckmann gedeutete Erlebnisse, denen sich ein ›Ich‹ reflexiv zuwendet und sie in einen Sinnzusammenhang mit anderen (vergangenen und antizipierten) Erfahrungen stellt: »Der Sinn einer Erfahrung wohnt nicht der Erfahrung ›als solcher‹ inne, sondern wird ihr in einer reflektiven Zuwendung verliehen.«[77] Die von einem gegenwärtigen Standpunkt aus retro- und prospektiv gedeuteten Erfahrungen wandeln sich aufgrund ihrer sich laufend verändernden temporalen Struktur. »Erfahrungen überlagern sich, imprägnieren sich gegenseitig«, schreibt Reinhart Koselleck.[78] In ihnen sind verschiedene Zeitebenen auf vielfältige Weise verwoben. Es sind viele Schichten früherer Zeit, das heißt vorangehender Umstrukturierungen und Neukonstruktionen, gleichzeitig präsent. Die von Erfahrung bestimmten Lebensgeschichten haben demnach eine »zutiefst historische Dimension«, wie Ulrike Jureit für biografisch-narrative Interviews konstatiert:

»Lebensgeschichtliche Interviews sind ganz wesentlich durch bewußte und unbewußte Erfahrungen des Befragten bedingt. Dieses Wissen, das sowohl individuell

---

75 Wiedemann, *Erzählte Wirklichkeit*, S. 11–14.
76 Schütz/Luckmann, *Strukturen*, S. 33.
77 Ebd., S. 91.
78 Koselleck, *Vergangene Zukunft*, S. 358.

als auch kollektiv, bewußt wie auch unbewußt geformt ist, hat eine zutiefst historische Dimension. Da es sich dabei nicht um eine Ansammlung von Erfahrungen handelt, die dann je nach Zugriff abgerufen werden könnte, ist das im Interview Dargebotene als Erfahrungssynthese aufzufassen, die sich zum einen durch eine zeitliche Aufschichtung, zum anderen durch die Gegenwartsperspektive des Erzählenden konstituiert. In jedem lebensgeschichtlichen Rückblick ist eine Verbindung zwischen Vergangenem und Gegenwärtigem enthalten, sind das ›Jetzt‹ und das ›Damals‹ durch das mitgeteilte Erfahrungsreservoir miteinander verwoben.«[79]

Auch wenn Erfahrungen je nach gegenwärtiger Perspektive immer wieder umgedeutet werden und lebensgeschichtliche Erzählungen maßgeblich von der gegenwärtigen Erzählsituation geprägt sind, ist das, was uns darin begegnet, nicht ausschließlich gegenwartsbezogen. Die aus der gegenwärtigen Perspektive aktualisierte Erfahrungssynthese besteht aus mehreren Erfahrungsschichten. Oder anders ausgedrückt: Gleichzeitig ist Ungleichzeitiges präsent.[80] Zwar ist es nicht möglich, die einzelnen Zeit-Schichten analytisch voneinander zu trennen, aber es wird deutlich, dass in Lebensgeschichten nicht nur die Gegenwart auf die Vergangenheit, sondern auch die Vergangenheit auf die Gegenwart einwirkt. Jürgen Straub schreibt dazu: »Vergegenwärtigungen von Vergangenem beziehen sich stets auf etwas (Geschehnisse, Ereignisse, Erlebnisse), das nicht in der Gegenwart angesiedelt ist und in ihr aufgeht.«[81] Lebensgeschichten sind, so möchte ich schlussfolgern, mit ›Geschichte‹ erfüllt.

Erfahrungen verknüpfen aber nicht nur Gegenwart und Vergangenheit, sondern verweisen auch auf die Zukunft. Erfahrung als vergegenwärtigte Vergangenheit ist, so Reinhart Koselleck, nie losgelöst von dem Erwartungshorizont (als vergegenwärtigte Zukunft) denkbar.[82] Auf der Basis von Erfahrungen und in Erwartung einer Zukunft erklären sich Menschen nicht nur ihre Welt, sie handeln auch danach. Erfahrung und Handeln sind eng miteinander verbunden und bedingen sich wechselseitig, wie Peter Wiedemann in Schützscher Tradition festhält.

»Mit Hilfe meiner Wissensbestände und ihrer je besonderen Relevanzen deute ich meine Welt und mache sie mir verständlich. Erst damit ist mir ein sinnvolles Han-

---

79 Jureit, *Erinnerungsmuster*, S. 27.
80 Die »Gleichzeitigkeit des Ungleichzeitigen«, das gleichzeitige Vorhandensein von verschiedenen Zeitschichten und Zeiterstreckungen, wird von Koselleck als grundlegender temporaler Erfahrungsmodus der Neuzeit gedacht, mit dem geschichtliche Bewegung sichtbar gemacht werden kann: Koselleck, »Geschichte«, S. 213.
81 Straub, »Erzähltheorie«, S. 137.
82 Koselleck, *Vergangene Zukunft*, S. 353.

deln in dieser Welt möglich. Lebenswelt meint somit beides: sie ist Ort meines Wirkens, meiner Alltagswelt, und sie ist der Sinnzusammenhang, der mir das Wirken in meiner Welt ermöglicht.«[83]

Menschliches Handeln gründet in der erfahrenen, gedeuteten Wirklichkeit – der Lebenswelt. Das erfahrungsbasierte Handeln wirkt wiederum auf die Lebenswelt und verändert diese. In diesem Wechselspiel von Deutungs- und Handlungsweisen konstituiert sich Geschichte.[84] Die in Lebensgeschichten präsentierten Erfahrungen sind also nicht nur geschichtsträchtig (im Sinne von mit Geschichte erfüllt), sondern auch geschichtsmächtig, das heißt, sie schaffen Vergangenheit beziehungsweise Geschichte. Ein historisches Ereignis wird erst durch seine Wahrnehmung und Deutung, auf der Basis dessen historische Akteur_innen ihr Handeln organisieren, zu dem, was es heute ist. Gabriele Rosenthal verdeutlicht die Wirkungskraft erfahrungsbasierter Wirklichkeitskonzeptionen mit einem eindrucksvollen Beispiel. In einem Interview erzählte eine christliche Deutsche, dass es in ihrem Dorf 1938 kein Pogrom gegeben habe. Archivrecherchen der Forscherin ergaben, dass durchaus jüdische Geschäfte geplündert und mehrere Hundert Juden und Jüdinnen, darunter auch Nachbarn der Interviewpartnerin, misshandelt und deportiert worden sind. Rosenthal bezichtigt die Interviewpartnerin aber nicht der Lüge, sondern arbeitet ihre auf Wahrnehmungsabwehr beruhende Wirklichkeitskonzeption heraus, die sowohl das Novemberpogrom von 1938 als auch den heutigen Umgang damit verstehbar macht.[85] Rosenthal schlägt vor, Lebensgeschichte und Geschichte in einem dialektischen Wechselverhältnis zu verstehen. »Das Leben von Menschen spielt sich in einer historisch-sozialen Wirklichkeit ab, es ist einerseits in geschichtliche Strukturen und Prozesse eingebunden, und andererseits konstituiert das Leben von Menschen die soziale Wirklichkeit.«[86]

Eine solche Herangehensweise erübrigt die Debatte über den Wahrheitsgehalt von Lebensgeschichten. Oder um es mit Philippe Joutard auf den Punkt zu bringen: »Il y a une verité dans les erreurs [...]«, das heißt,

---

83 Wiedemann, *Erzählte Wirklichkeit*, S. 18.
84 Dressel, *Historische Anthropologie*, S. 68–69.
85 Rosenthal, »Die erzählte Lebensgeschichte«, S. 129.
86 Ebd., S. 128.

auch nachweislich falsche Informationen sind in Bezug auf ihre Wirklichkeitskonzeption wahr.[87]

Ein weiteres Charakteristikum von Lebensgeschichten ist die enge Verzahnung von Individuellem und Gesellschaftlichem. Dass überhaupt Lebensgeschichten erzählt werden ist ein gesellschaftliches Phänomen. Das Bedürfnis nach Selbstreflexion hängt mit Auflösungstendenzen traditioneller Bindungen – wie Staat und Religion – und der Bedeutungszunahme des Individuums in der Moderne zusammen.[88] Auch die Fähigkeit zur Autobiografisierung hat eine sozio-kulturelle Komponente. Lebensgeschichtliches Erzählen ist nur möglich, weil Menschen gewohnt sind, »im Sinnhorizont der Biographie« zu denken, zu sprechen und zu handeln.[89] Lebensgeschichten können nur in sozial-kulturell bedingten Erzählschemata artikuliert und verstanden werden. Die Liste an Formtraditionen lebensgeschichtlichen Erzählens ist lang und reicht von der Beichte über den Lebenslauf bis zum Nachruf.[90] Gerade in der Beschäftigung mit biografisch-narrativen Interviews muss das Zeitzeugengespräch, wie es von den Oral Historians hervorgebracht und medienwirksam über TV-Formate wie ZDF-History verbreitet wird, als mögliche Orientierungsfolie der Erzähler_innen bedacht werden. Die formale Darstellung und Strukturierung von lebensgeschichtlichen Erzählungen folgt ebenfalls gesellschaftlich dominanten Mustern. Dazu zählt beispielsweise die Organisation der Erfahrungen in chronologischer Reihenfolge.[91] Aber auch auf der inhaltlichen Ebene finden über Kommunikation und Interaktion mit dem sozialen Umfeld »Erfahrungen zweiter Hand« Eingang in den individuellen Erfahrungsbereich.[92] Erfahrungen, so der Diskurstheoretiker Philipp Sarasin, entstehen nicht im luftleeren Raum, sondern werden insbesondere durch gesellschaftliche Diskurse ermöglicht und begrenzt.[93] Die soziale Dimension in den Erfahrungen sieht die Historikerin Olivia Hochstrasser als Moment, in dem sich Individuelles und Kollektives analytisch nicht mehr

---

87 Joutard, »Mémoire«, S. 39. Ähnlich argumentiert der Oral Historian Alessandro Portelli: »errors, inventions, and myths lead us through and beyond facts to their meaning.« Portelli, *The Death*, S. 2. Zur Debatte um den Wahrheitsgehalt von lebensgeschichtlichen Quellen vgl. Dörfer, *Autobiographische Schriften*, S. 43–47.
88 Breckner, *Migrationserfahrung*, S. 122. Müller, »Sammlungen«, S. 169.
89 Fuchs-Heinritz, *Biographische Forschung*, S. 13.
90 Ebd., S. 25–46.
91 Lehmann, *Erzählstruktur*, S. 14–15.
92 Lehmann, *Reden*, S. 10.
93 Sarasin, »Arbeit«, S. 75–77.

voneinander trennen lassen. Durch das Vordringen überindividueller Elemente in den individuellen Erfahrungsbereich verbinden sich die ›objektiven‹ Strukturen in einer spezifischen Weise mit der ›Subjektivität‹ der Individuen. Sie finden ihren Weg ins »Innerste« eines Menschen, werden von ihm angeeignet und verlieren auf diese Weise ihr »objektives Moment«.[94] Der Biografieforscher Wolfram Fischer-Rosenthal spricht deshalb vom »Doppelaspekt von Individuum und Gesellschaft«, der sich in Lebensgeschichten manifestiere.[95] In der Analyse von lebensgeschichtlichen Erzählungen ließe sich die »Subjekt-Objekt-Falle« umgehen, die eine einseitig handlungstheoretische oder strukturanalytische Herangehensweise zwingend hervorbringe.[96] Individuum und Gesellschaft können gleichzeitig in den Blick genommen werden. Eine Lebensgeschichte ist ein soziales Konstrukt, »das Muster der individuellen Strukturierung und Verarbeitung von Erlebnissen in sozialen Kontexten hervorbringt, aber dabei immer auf gesellschaftliche Regeln, Diskurse und soziale Bedingungen verweist«.[97]

1.3 Lebensgeschichten: Historische Fakten eigener Art

Im Umgang mit lebensgeschichtlichen Erzählungen sind zusammenfassend zwei Aspekte besonders hervorzuheben: zum einen das komplexe Verhältnis von Vergangenheit, Gegenwart und Zukunft und zum anderen die enge Verbindung der individuellen mit der kollektiven Ebene. Lebensgeschichten bieten keinen unmittelbaren Zugang zu vergangenen Realitäten, was aber keineswegs heißt, dass sie historiografisch ohne Bedeutung sind. Sie müssen als »historische Fakten sui generis« definiert werden.[98] In Lebensgeschichten liegt Vergangenheit nicht als unveränderliches Objekt vor. Die gegenwärtige Perspektive ist zwar in besonderem Maße konstitutiv für die präsentierte Erfahrungssynthese. Lebensgeschichtliche Erzählungen haben aber in doppelter Hinsicht – in ihrer Konstitution wie in ihrer Funktion – eine historische Dimension. Einerseits verweisen sie als faktuale Texte auf den historischen Kontext, in dem sie verankert sind.

---

94 Hochstrasser, *Ein Haus*, S. 264.
95 Fischer-Rosenthal, »Von der biographischen Methode«, S. 18.
96 Fischer-Rosenthal/Rosenthal, »Narrationsanalyse«, S. 137.
97 Völter, »Einleitung«, S. 8–9. Ähnlich: Rosenthal, *Erlebte*, S. 12–13.
98 Günther, »And now«, S. 46.

Andererseits bauen sich Menschen erzählend ein Selbst- und Weltbild auf und konstruieren ihre ›subjektive‹ Wirklichkeit. Auf der Basis dieser wahrgenommenen Wirklichkeit – der Lebenswelt – denken, handeln und verhalten sich Menschen und produzieren dadurch wiederum Wirklichkeiten. Lebensgeschichten bieten, so der Kulturhistoriker Rudolf Vierhaus, einen Zugang zu den Lebenswelten der historischen Akteur_innen:

»Lebenswelten konditionieren in unterschiedlicher Weise [dem Menschen] seine Erfahrungen, bestimmen sein Verhalten, sein Denken und konstituieren seine Biographie.«[99]

Auch der Psychologe Peter M. Wiedemann teilt diese Meinung: »Menschen zum Erzählen zu bringen und ihnen zuzuhören verschafft einen ausgezeichneten Zugang zu den Vorstellungen, Werten und Positionen, die deren Lebenswelt bestimmen.«[100] Teilt man die weiter oben formulierte Prämisse, dass Realität vorwiegend sprachlich aufgebaut und vermittelt wird, ergibt sich daraus für Achim Landwehr sogar die »logische Konsequenz, sich vornehmlich dem sprachlichen Niederschlag der Erfahrungen von Menschen der Vergangenheit zu widmen, um sich auf diesem Weg dem Gegenstand der Geschichte zu nähern.«[101]

Als Historikerin Geschichte anhand von Lebensgeschichten zu schreiben, bedeutet eine Geschichte zweiter Ordnung zu schreiben.[102] In der vorliegenden Arbeit beschreibe ich keine faktischen Handlungsabläufe, keine unveränderlichen Erfahrungen und auch kein konstant bleibendes Selbst. Ich rekonstruiere die lebensweltlichen Konstruktionen der historischen Akteurinnen, in denen – zu einem bestimmten Zeitpunkt – nicht nur ein Selbst, sondern auch Vergangenheit her- und dargestellt wird und Geschichte vorstrukturiert ist. Ich interessiere mich dafür, wie Geschichte von den historischen Akteur_innen »aktualisiert« und dadurch bedeutsam wird.[103] Im Sinne einer kulturgeschichtlich orientierten Historischen

---

99 Vierhaus, »Die Rekonstruktion historischer Lebenswelten«, S. 14.
100 Wiedemann, *Erzählte Wirklichkeit*, S. 4.
101 Landwehr, *Historische Diskursanalyse*, S. 24.
102 Den Begriff der Geschichte zweiter Ordnung formuliere ich in Anlehnung an Ralf Bohnsack, der sich wiederum auf Alfred Schütz bezieht. Bohnsack definiert die Rekonstruktionsleistungen der Sozialwissenschaften als »Konstruktionen zweiten Grades«. Der Untersuchungsgegenstand der Sozialwissenschaften ist im Schützschen Verständnis durch die lebensweltliche Strukturierungs- und Ordnungsleistungen der Menschen immer schon vorstrukturiert: Bohnsack, *Rekonstruktive Sozialforschung*, S. 22–23.
103 Der Anthropologe Christian Giordano versteht aktualisierte Geschichte als Form sozialen Wissens, das Grundlage ist für ein historisches Bewusstsein. Giordano, »The Past in

Anthropologie verstehe ich den Menschen als strukturiertes und strukturierendes Wesen und setze ihn ins Zentrum der Analyse. Geschichte wird dabei »als von Menschen gemachtes Werk betrachtet, wie umgekehrt der Mensch als durch die Geschichte geprägtes Wesen definiert wird.«[104] Geschichte zu schreiben bedeutet diesem Verständnis zufolge, sowohl die Mikro- als auch die Makroebene in den Blick zu nehmen.[105] Lebensgeschichtliche Erzählungen, so wurde dargelegt, sind an der Schnittstelle von Individuum und Gesellschaft angesiedelt. In ihrer Analyse gelangen die individuelle und die strukturelle Ebene gleichzeitig in den Blick, was die Dichotomie von Mikro versus Makro zu überwinden hilft.

Lebensgeschichten nicht nur als individuelle Dokumente, sondern als soziale, kulturelle, diskursive, kurz: historisch konkrete Konstruktionen zu lesen, macht es erforderlich, diese nicht nur auf ihre Inhalte, sondern auch auf ihre formal-strukturelle Gestaltung hin zu untersuchen und nach der Historizität narrativer Strukturen zu fragen. Das heißt, der Frage nachzugehen, wie die Form beziehungsweise das Genre den Inhalt prägt.[106] In der Analyse sollte es also nicht nur darum gehen, *was* erzählt wird, sondern auch *wie* die Geschichten narrativ organisiert sind (Erzählformen, Darstellungsmuster, Erzählstruktur etc.). Es wird ein Ansatz verfolgt, in dem sowohl die Lebensgeschichten als biografische Konstruktionen wahrgenommen, wie auch die historischen Konstellationen, in denen sie ihre Bedeutung entfalten, in den Blick genommen werden.

---

the Present«, S. 56. Zur Bedeutung des Erzählens für den Aufbau eines Geschichtsbewusstseins (Verarbeitung von Kontingenz, Bewältigung von Krisen, Deutung von Zeit, Identitäts- und Gemeinschaftsbildung) vgl. Rüsen, »Einleitung«, S. 10.

104 Dülmen, *Historische Anthropologie*, S. 6. Zum Wechselspiel von strukturellen Gegebenheiten und der strukturierenden Praxis von Menschen, in dem sich Geschichte gestaltet, vgl. Dressel, *Historische Anthropologie*, S. 163.

105 Ginzburg, *Threads and Traces*, S. 207–208. Heute gilt eine integrative Betrachtungsweise von Mikro und Makro (sozusagen als Resultat der Auseinandersetzung zwischen Kultur- und Sozialhistoriker_innen) weitgehend als *common sense*. Darüber wie ein solcher Anspruch umgesetzt werden kann, gehen die Meinungen jedoch auseinander. Zum Problem der Verbindung von »Nahsicht und Gesamtschau« und den verschiedenen Positionen diesbezüglich vgl. Burghartz, »Historische Anthropologie«, S. 216–217.

106 Eigner/Hämmerle u.a., »Editorial«, S. 7. Chamberlain/Thompson, »Genre«, S. 10–11.

1.4 Datenerhebung und -analyse

Da 80 Prozent der 79 lebensgeschichtlichen Erzählungen meines Samples auf meine Anregung verfasst worden sind, soll kurz auf die Datengenerierung eingegangen werden.

Bei der Erhebung der Interviews orientierte ich mich an der Methode des biografisch-narrativen Interviews. Diese Form der Interviewführung zielt darauf ab, von den Interviewten selbst strukturierte Erzählungen hervorzurufen. Dabei soll ihnen nicht das Relevanzsystem der Forschenden aufgezwungen werden, sondern es wird versucht, den lebensgeschichtlichen »Erlebnis-, Ereignis- und Erzählzusammenhang« herauszustellen.[107] Die klassische Struktur eines biografisch-narrativen Interviews besteht aus drei Phasen. Zu Beginn stellt die interviewende Person eine offen formulierte Einstiegsfrage. Die sich daran anschließende Ersterzählung der Interviewten wird nicht durch Fragen oder Themenwechsel unterbrochen. In der zweiten Phase, nachdem die Interviewten das Ende ihrer Ersterzählung signalisiert haben, vertiefen die Interviewer_innen mit Hilfe von erzählgenerierenden Nachfragen Aspekte der präsentierten Lebensgeschichte. In der dritten Phase werden mittels geschlossener Fragen Argumentationen hervorgerufen. Die Interviewten sollen zu »Experten ihrer selbst« [Schütze] gemacht werden. Zudem bietet sich hier die Möglichkeit, Themen ins Gespräch zu bringen, die noch nicht angesprochen wurden, aber für das Erkenntnisinteresse relevant sind.[108]

Die Einstiegsfrage kann entweder auf eine bestimmte Lebensphase beschränkt werden oder die ganze Biografie zum Thema machen. Um zu erfahren, wie die Interviewpartnerinnen ihre Erfahrungen in der Schweiz im lebensgeschichtlichen Kontext verorten, bat ich sie darum, mir ihre ganze Lebensgeschichte zu erzählen. Die Ersterzählungen unterscheiden sich stark voneinander und reichen vom siebenminütigen Lebenslauf in Berichtform bis zur detailliert ausgeschmückten, zweieinhalbstündigen Geschichte. Abhängig von der Erzählweise der Interviewten gestaltete sich der erste Nachfrageteil unterschiedlich. Ging es bei Ersteren darum, einen Erzählfluss zu generieren, wurde bei Letzteren das Augenmerk auf verworrene Erzählstränge oder auffällige Lücken gelegt. Im zweiten Nachfrageteil

---

107 Breckner, »Von den Zeitzeugen«, S. 202–203.
108 Ebd., S. 204–209. Schütze, »Biographieforschung«, S. 285. Rosenthal, *Erlebte*, S. 186–207.

orientierte ich mich an einem Leitfaden mit Fragen zu folgenden Themenkomplexen:

- Migrationsmotivation, Wahl des Ziellandes
- Vorstellungen, Erwartungen, Informationen vor der Migration
- Stellenvermittlung, Behördengänge, Reisevorbereitung
- Reise, Grenze, erste Eindrücke von der Schweiz, neues Umfeld
- Arbeit: Tagesstruktur, Aufgabenbereiche, Arbeitsbedingungen
- Freizeit, Freundschaften, Beziehungen, Kontakte nach Hause
- Gründe für Remigration oder Emigration
- Schwierigkeiten, schöne Erinnerungen, Bedeutung der Migration

Zum Schluss erhob ich mit Hilfe eines Vordrucks die wichtigsten soziobiografischen Daten und klärte mit jeder Interviewpartnerin die Rechte zur Nutzung des Interviews. Den Interviewpartnerinnen wurde Anonymität zugesichert, weshalb es sich bei den zitierten Namen um Aliasnamen handelt.

Die Interviews wurden alle transkribiert. Für die Präsentation der Ergebnisse entschied ich mich dazu, die Zitate sprachlich anzupassen. Da die auf Schweizerdeutsch geführten Interviews ins Hochdeutsche übersetzt werden mussten, hätte die Nicht-Anpassung der Dialektfärbungen der Remigrantinnen eine unbeabsichtigte Wirkung hervorgerufen. Nicht zuletzt weil in Deutschland Dialekte nach wie vor Vorurteile bezüglich Bildungsgrad und Klassenzugehörigkeit hervorrufen. Beibehalten wurden Pausen, Abbrüche, Wiederholungen und non-verbale Lautäußerungen.[109] Für die Publikation wurden auch die Belegstellen aus den schriftlichen Lebensgeschichten in orthografischer Hinsicht geringfügig überarbeitet.

Die Frauen, die ihre Erinnerungen für mich aufschrieben, erhielten einen Schreibaufruf zugeschickt. Dieser enthielt eine offen formulierte Schreibanregung, gefolgt von erzählgenerierenden Fragen zu verschiedenen Lebensphasen sowie zu relevanten Themen betreffend die Migration. Nicht selten richteten die Schreiberinnen ihre Aufzeichnungen direkt an mich als Adressatin und nahmen Bezug auf den Schreibaufruf. Dies muss selbstverständlich in der Analyse berücksichtigt werden, hat aber auch Vorteile. Im Gegensatz zu anderen autobiografischen Aufzeichnungen, die Historiker_innen als Quelle dienen, sind hier zentrale quellenkritische Fragen nach Entstehungskontext und Publikum eindeutig zu beantworten.

---

109 Einen Überblick über die verwendeten Transkriptionszeichen gibt das Verzeichnis auf S. 417.

In einem ersten Schritt unterzog ich alle meine Quellen – nicht nur die Lebensgeschichten, sondern auch das Archivgut – einer Quellenkritik. Die Befragung von Quellen nach ihrem Entstehungskontext und ihrer Überlieferung (äußere Quellenkritik) sowie nach Autor_in, Publikum, Intention, semantischer Struktur und inhaltlicher Gestaltung (innere Quellenkritik) ist zentrales Moment in der hermeneutischen Quelleninterpretation.[110] Die äußere Beschreibung der Quellen und Reflexionen über Entstehungszusammenhang und Überlieferung halfen mir dabei, die einzelnen Quellenarten in ihrer je eigenen Spezifik zu erkennen und Schwerpunkte für eine, den Quellengattungen angepasste, innere Quellenkritik zu finden. War beispielsweise bei einem aus einem Archiv stammenden Interview die Frage nach der Echtheit der Transkription zu überprüfen, fiel dies bei einem selber transkribierten Interview weg. Bei einem solchen war dafür eine selbstkritische Hinterfragung der eigenen Vorannahmen erforderlich.[111] Lag bei einem Beitrag zu meinem Schreibaufruf der Erzählanlass auf der Hand, galt es diesen bei einer autobiografischen Aufzeichnung, die ohne mein Zutun entstanden ist, herauszufinden. War in einem behördlichen Kreisschreiben das Herausarbeiten von Kernaussagen relativ einfach handhabbar, stellte die inhaltliche Erfassung eines umfangreichen Interviewtranskripts eine größere Herausforderung dar.

Zur Darstellung der weiteren Analyseschritte soll hier kurz mein Erkenntnisinteresse in Erinnerung gerufen werden. Zum einen geht es darum, ausgehend von den Lebensgeschichten, die Charakteristika der Migrationsbewegung deutscher und österreichischer Frauen in schweizerische Haushalte und Gastwirtschaften zu untersuchen, zum anderen interessiert mich, wie die Migrationserfahrung im lebensgeschichtlichen Kontext eingebettet und welche Art von Geschichte präsentiert wird. Zielt Ersteres eher auf die thematische Gestaltung der Erzählungen, ist bei Letzterem der Fokus auf den strukturell-formalen Charakter der Narrative gerichtet. Die hier getrennt dargestellten Dimensionen sind nicht losgelöst voneinander zu denken. Wie auf theoretischer Ebene herausgearbeitet wurde, und empirisch zu zeigen sein wird, ist die inhaltliche Gestaltung einer Lebensgeschichte maßgeblich von der Erzählstruktur geprägt.

---

110 Lengwiler, *Praxisbuch Geschichte*, S. 98–100.
111 Wertvolle Hinweise zu einer erweiterten Quellenkritik für lebensgeschichtliche Erzählungen gibt Ulrike Jureit in ihrem 7-Punkte-Programm für den Umgang mit Oral History Interviews. Jureit, *Erinnerungsmuster*, S. 28–35.

Deshalb erfasste ich die einzelnen Erzählungen zunächst mittels einer Segmentationsanalyse in ihrer individuellen Spezifik – und zwar sowohl in thematischer als auch erzählstruktureller Hinsicht. In Anlehnung an den Sozial- und Kulturpsychologen Jürgen Straub teilte ich in einer ersten Lektüre die Erzähltexte in Segmente ein. Zur Segmentierung wurden neben inhaltlichen Kriterien (Themenwechsel) auch formale Merkmale (Sprecherinnenwechsel, Variation der Erzählform) herangezogen. Die einzelnen Segmente reformulierte ich anschließend in einer zu Stichworten verdichtenden Weise. Das Ergebnis ist eine segmentweise gegliederte Textübersicht – Straub spricht von »Stichwortregister«, das den Interviewverlauf, die Interaktion, die behandelten Themen, die Wahl der Erzählformen und die sprachliche Gestaltung sichtbar und die häufig sehr langen Erzähltexte für eine weitere Auswertung handhabbar macht.[112] Auf dieser Grundlage, ich entferne mich nun von Straubs weiterer Analyse, arbeitete ich durch das Vergleichen von Textsegmenten, die mit ähnlichen Stichworten markiert waren, übergeordnete Kategorien heraus und verfasste interpretierende Memos zum biografischen Verlauf, zur Erzählsituation, zu einzelnen Themenfeldern sowie zur formalen, temporalen, sprachlichen und strukturellen Gestaltung. Die auf der Einzelfallebene herausgearbeiteten Kategorien zu Themen, Formen und Struktur der Lebensgeschichten dienten mir als Basis für den Vergleich der Erzähltexte. Mit dem textexternen Vergleich strebte ich die analytische Abstraktion vom Einzelfall an, die mir als Historikerin ein Anliegen ist. Die zuvor geleistete Rekonstruktion des Einzelfalls verhinderte, die zu vergleichenden Inhalte losgelöst von ihrem konkreten biografischen Erzählkontext zu interpretieren.

Durch Herausarbeiten von Gemeinsamkeiten und Unterschieden auf erzählstruktureller Ebene entwickelte ich das Gerüst für die Darstellung der Migrationserfahrung im lebensgeschichtlichen Kontext. Im Vergleich der Erzähltexte auf thematischer Ebene (er)fand ich meine »Storyline« zur Präsentation der Charakteristika der zu untersuchenden Migrationsbewegung.[113] Für Letzteres war nicht nur die komparative Analyse zwischen den Erzähltexten von Bedeutung, sondern auch die Kontrastierung der Lebensgeschichten mit anderen (Archiv-)Quellen. Die im folgenden Kapitel geleistete Rekonstruktion der politischen, rechtlichen, ökonomischen und

---

112 Straub, *Historisch-psychologische Biographieforschung*, S. 235–238.
113 Das »Er-Finden der Storyline« mittels komparativer Analyse wird von konstruktivistischen Ansätzen in der Grounded Theory Methodologie als Analyseziel definiert. Ich ließ mich inspirieren von: Berg/Milmeister, »Im Dialog«, S. 309; 324–326.

diskursiven Rahmenbedingungen der weiblichen Arbeitsmigration aus Deutschland und Österreich in die Schweiz bildet die Basis, um die Erzähltexte, die vielfach auf diesen Kontext verweisen, in ihrer historischen Verankerung wahrzunehmen und einzuordnen.

2. Deutsche und österreichische »Dienstmädchen« in Politik und Diskursen

> Die Hausdienstfrage beschäftigt gegenwärtig
> Parlament und Bevölkerung wieder stark.
> *Paul Renggli, BIGA-Direktor*

In den folgenden Ausführungen werden die Charakteristika der weiblichen Arbeitsmigration aus Deutschland und Österreich in die Schweiz auf struktureller und diskursiver Ebene herausgearbeitet. Das Kapitel ist chronologisch organisiert und in drei Hauptteile gegliedert, die verschiedene Phasen des migrationspolitischen und diskursiven Umgangs mit deutschen und österreichischen Haus- und Gastgewerbsangestellten in der Schweiz aufzeigen.[1] Neben der Benennung zentraler Akteur_innen werden politische, wirtschaftliche, rechtliche und gesellschaftliche Ordnungsstrukturen und Diskurslinien nachgezeichnet. Dabei werden das Engagement von Frauenorganisationen, die Berichterstattung in den Medien und das Behördenhandeln in ihrer wechselseitigen Verflechtung dargestellt.

2.1 Politik und Diskurse I: 1910–1935

2.1.1 Die Angst vor einer »Germanisierung«

Bis zum Ersten Weltkrieg konnten Personen die Grenzen zur Schweiz ungehindert passieren und sich ohne Weiteres niederlassen, solange sie im Besitz eines Heimatscheins waren und die innere Sicherheit und Ordnung nicht gefährdeten. Die ausländischen Niedergelassenen waren den Schweizer_innen, abgesehen von den politischen Rechten, weitgehend gleichgestellt.[2] Seit den 1880er Jahren nahm die Einwanderung in die Schweiz

---

[1] Auf der diskursiven Ebene beziehen sich die folgenden Ausführungen vor allem auf Debatten in der Deutschschweiz. Die migrationspolitischen Entwicklungen betreffen jedoch die französische und italienische Schweiz genauso.

[2] Die Niederlassung regelten zwischenstaatliche Verträge. Vgl. bspw. den Niederlassungsvertrag zwischen der Schweizerischen Eidgenossenschaft und dem Deutschen Reich vom 01.10.1911, SR 0.142.111.361.

kontinuierlich zu. Die Schweiz wurde vom Auswanderungs- zum Einwanderungsland und die Zahl der Ausländer_innen stieg kontinuierlich an.[3] Von 1850 bis 1910 wuchs der Ausländeranteil an der Wohnbevölkerung der Schweiz von 3 Prozent auf 14,7 Prozent [vgl. Tabelle 1].

Tabelle 1: Ausländeranteil an der Wohnbevölkerung der Schweiz, 1850–1970

Jahr	Anzahl Einwohner	Anzahl Ausländer_innen	Ausländeranteil in Prozent
1850	2.392.740	71.570	3,0
1900	3.315.443	383.424	11,6
1910	3.753.293	552.011	14,7
1920	3.880.320	402.385	10,4
1930	4.066.400	355.522	8,7
1941	4.265.703	223.554	5,2
1950	4.714.992	285.446	6,1
1960	5.429.061	584.739	10,8
1970	6.269.783	1.080.076	17,2

Quelle: Schweizerische Volkszählungen 1900–1970

Diese Entwicklung bezeichnete Carl Alfred Schmid, ein Zürcher ›Armensekretär‹, vor dem Ersten Weltkrieg erstmals als »Überfremdung« – ein bis heute äußerst wirkmächtiger Begriff in der Schweiz.[4] In seiner Abhandlung *Unsere Fremdenfrage* aus dem Jahr 1915 definierte er »Überfremdung« als die »vaterländische Frage« überhaupt. Sich einer sozial-darwinistischen Terminologie bedienend – er umschrieb Einwanderung als »Überschwemmung« oder »Invasion«, die die »nationale Potenz« schwäche –, malte er ein Bedrohungsszenario, in dem das Aussterben der Schweizer prognostiziert wurde.[5] Während er in dieser Schrift noch die Einbürgerung als Königsweg zur Lösung der »Fremdenfrage« ansah, distanzierte er sich fünf Jahre später, 1920, in seinem Pamphlet *Nationale Bevölkerungspolitik in der Schweiz* vehement davon. Die Erfahrungen im Krieg hätten gezeigt, dass eine scheinbare Assimilation nicht zwingend eine »Einbürgerungsreife« bedeute.

---

3 Diese Entwicklung stand im Zusammenhang mit einer verstärkten internationalen Arbeitsmigration im Zuge von Industrialisierungsprozessen sowie Fluchtmigrationen aus Osteuropa nach Pogromen infolge der Ermordung des russischen Zaren Alexander II. Kury/Lüthi u.a., *Grenzen*, S. 15.
4 Ebd., S. 11. Buomberger, *Kampf*, S. 29–31.
5 Schmid, *Unsere Fremdenfrage*, S. 9–18.

Zwei Drittel der in der Zeit von 1889 bis 1910 eingebürgerten Personen seien Deutsche und Österreicher. Wenn man bedenke, dass 1910 zusätzlich zu den Eingebürgerten noch 260.000 nicht eingebürgerte Deutsche und Österreicher in der Schweiz wohnten, könne man geradezu von einem »Pangermanismus« reden. Da diese zu einer starken »Kolonienbildung« tendierten und ihnen die »Assimilierbarkeit« fehle, müsse befürchtet werden, dass sie durch ihr monarchistisch geprägtes Denken die politische Souveränität der Schweiz gefährdeten. Mit dem »laisser faire, laisser aller et passer« der Vorkriegszeit müsse nun Schluss sein und die Einwanderungspolitik habe sich nach der »beruflichen Erwünschtheit« der Zuwandernden zu richten.[6]

Anhand dieser beiden Schriften von C.A. Schmid können zwei wesentliche Aspekte des Redens über ›Fremde‹ und ›Überfremdung‹ in der Kriegs- und Zwischenkriegszeit verdeutlicht werden, die sich letztlich in politischem Handeln niederschlugen. Erstens die Angst vor einer »Germanisierung«. Bis 1941 stellten die Deutschen, zu denen schon vor 1938 die Österreicher oft dazu gezählt oder zumindest im gleichen Atemzug genannt wurden, den größten Anteil an der ausländischen Wohnbevölkerung in der Schweiz dar [vgl. Tabelle 2].

Tabelle 2: Nationalität der Ausländer (m/w) in der Schweiz, 1900–1970

Jahr	Anzahl Ausländer	davon Deutsche	davon Österreicher	davon Italiener
1900	383.424	43,9 %	6,1 %	30,5 %
1910	552.011	39,8 %	6,8 %	36,7 %
1920	402.385	37,2 %	5,4 %	33,4 %
1930	355.522	37,8 %	5,6 %	35,7 %
1941	223.554	35,0 %		42,9 %
1950	285.446	19,4 %	7,7 %	49,1 %
1960	584.739	15,9 %	6,4 %	59,2 %
1970	1.080.076	10,9 %	4,1 %	54,0 %

Quelle: Schweizerische Volkszählungen 1900–1970

Auch wenn die Zahl der Deutschen nach dem Ersten Weltkrieg auf 150.000 und die der Österreicher auf 22.000 sank, wurden wie bei Schmid häufig die Zahlen aus dem Jahr 1910 herangezogen. Damals waren es rund

---

6 Schmid, *Nationale*, S. 6–50.

220.000 Deutsche und 40.000 Österreicher.[7] Aufgrund ihrer zahlenmäßigen Dominanz wurde eine »geistige Überfremdung«, eine »Germanisierung«, befürchtet. Diese geschehe, so der Historiker und St. Galler Großrat Wilhelm Ehrenzeller, direkt durch die deutsche »Kolonienbildung« in Städten und Grenzkantonen sowie indirekt durch das Schaffen der zahlreichen deutschen Publizisten und Hochschullehrer.[8] Das Einwirken fremder Ideologien, namentlich die Verbindung des »Sprach- und Rassegedankens«, der Kultur über Sprache definiere, habe für die Schweiz Sprengkraft. Denn die Schweiz, die keine kulturelle Einheit, sondern eine politische ›Willensnation‹ darstelle, werde untergehen, wenn die mehrsprachigen Landesteile sich »entfremdeten«.[9] Die Wurzeln der deutschfeindlichen Stimmung in der Schweiz, die auch heute wieder Konjunktur hat, reichen also bis an den Anfang des 20. Jahrhunderts zurück und sind nicht ausschließlich den Ereignissen des Zweiten Weltkrieges zuzuschreiben.[10]

Zweitens kann anhand von Schmids Ausführungen die Kehrtwende in der schweizerischen Einwanderungspolitik nach dem Ersten Weltkrieg demonstriert werden. Während in der Vorkriegszeit die Einbürgerung als einziges politisches Instrument zur Senkung der Ausländerzahlen betrachtet worden und der Einwanderung keine Grenzen gesetzt waren,[11] wurde in der Kriegs- und Zwischenkriegszeit erstmals eine restriktive und protektionistische Einwanderungs- und Niederlassungspolitik verfolgt. Nach und nach, ich beziehe mich im Folgenden auf Uriel Gast, löste die Eidgenossenschaft die Niederlassungsverträge auf, welche die Personenfreizügigkeit garantiert hatten und mit den meisten europäischen Staaten bilateral geschlossen worden waren. Auf diese Weise konnte den Zuwandernden eine sofortige und dauernde Niederlassung verunmöglicht werden. Zudem hatte der Schweizerische Bundesrat mittels zwei Notverordnungen im November 1917 und im November 1919 die Einführung von Grenzkontrollen und die Gründung der eidgenössischen Fremdenpolizei beschlossen. Sämtliche Einreisegesuche mussten dieser neu gegründeten Institution, die dem Eidgenössischen Polizei- und Justizdepartement (EJPD) unterstellt war, zur Prüfung unterbreitet werden. Zudem übernahm sie die

---

7 Auch bei Wyler, *Die Demographie*.
8 Die Deutschen in der Schweiz ließen sich vor allem in den nördlichen Grenzkantonen nieder. Kurz vor Kriegsende lebten 70,8 Prozent aller Deutschen in der Schweiz in Zürich, Basel-Stadt, St. Gallen, Thurgau und Bern. Urner, *Die Deutschen*, S. 575.
9 Ehrenzeller, »Die geistige Ueberfremdung«, S. 373–450.
10 Zur aktuellen Deutschfeindlichkeit vgl. Kapitel 4.3.2.
11 Schmid, *Unsere Fremdenfrage*, S. 51–57. Dazu auch: Kury/Lüthi u.a., *Grenzen*, S. 26.

Inlandkontrolle der Ausländerinnen und Ausländer. Damit war ein wirksames Abwehr- und Kontrollinstrumentarium eingerichtet. Im Gegensatz zur Vorkriegszeit, als die Ausstellung von Niederlassungsbewilligungen alleine in der Kompetenz der Kantone gelegen hatte, wurde den Bundesbehörden in einer dritten Notverordnung 1921 ein Vetorecht über kantonale Entscheidungen eingeräumt. Ausgenommen davon waren die Einreise- und Aufenthaltsbewilligungen für »Dienstmädchen« bis zu einer Aufenthaltsdauer von zwei Jahren.[12] Begründet wurde dies mit dem, seit der Wende zum 20. Jahrhundert bestehenden und viel beklagten, »Dienstbotenmangel«. In dieser Sonderbestimmung zeigt sich, dass die von Überfremdungstheoretikern wie C.A. Schmid geforderte Ausrichtung der schweizerischen Einwanderungspolitik nach der »beruflichen Erwünschtheit« der Zuwanderungswilligen in das politisch-behördliche Handeln Eingang fand, was die Bewilligungspraxis der Zwischenkriegszeit maßgeblich beeinflusste.

Die zunehmende Regulierung und Reglementierung von Einwanderung in der Zwischenkriegszeit ist jedoch kein ausschließlich schweizerisches Phänomen, sondern taucht im gesamten europäischen sowie transatlantischen Kontext auf.[13]

2.1.2 Überfremdungsdiskurs und Hausdienst

Ab 1920 war der Begriff der ›Überfremdung‹ fester Bestandteil im Repertoire der Amts- und Behördensprache. Ernst Delaquis, der Chef der Polizeiabteilung des EJPD und damit Vorgesetzter der eidgenössischen Fremdenpolizei, begann seinen öffentlichen Vortrag zum *gegenwärtigen Stand der Maßnahmen gegen politische Überfremdung* 1920 damit, dass »mit Recht das Bestehen einer Überfremdung einfach vorausgesetzt« werden könne.[14] Fast wortwörtlich wiederholte er die von Schmid und Ehrenzeller angemahnten »Gefahren«, die von den »nationalen Fremdkolonien« in politischer Hinsicht ausgingen. Zudem warnte er eindringlich vor einer »volkswirtschaftlichen Überfremdung« durch ausländische Arbeitskräfte, die 16 Prozent der Erwerbstätigen ausmachen würden. In Industrie und Gewerbe sei sogar jeder Vierte ein Ausländer. Gleich wie Schmid hantierte auch Delaquis –

---

12 Gast, *Von der Kontrolle*, S. 21–40; 113–120; 180–214.
13 Armbruster, »Der rechtliche Rahmen«, S. 323–359.
14 Delaquis, *Der gegenwärtige Stand*, S. 3.

nicht zuletzt mangels aktueller Daten – mit überholten Zahlen aus der Vorkriegszeit. Durch Verwenden des Präsens suggerierte er jedoch eine Gegenwärtigkeit, wie beispielsweise an dem Satz »[a]lso rund 23 Prozent der Arbeiter sind fremden Ursprungs!«,[15] deutlich wird. Laut Berufsstatistik der Volkszählung von 1920, die allerdings erst 1924 erschien, stammten nicht mehr 16 Prozent, sondern 10,5 Prozent der erwerbstätigen Bevölkerung aus dem Ausland.[16] Auch wenn dieses »scharfmacherische« Argumentieren mit veralteten Zahlen bereits zeitgenössisch kritisiert wurde,[17] entwickelte sich der ›Schutz des Arbeitsmarktes‹ zum handlungsleitenden Ziel der schweizerischen Einwanderungs- und Niederlassungspolitik der Zwischenkriegszeit.

Die »berufliche Erwünschtheit« der Ausländer, die bereits Schmid als Steuerungsmoment der Zuwanderung gefordert hatte, dominierte die Diskussion der 1920er Jahre. Neben die eidgenössische Fremdenpolizei trat als weiterer zentraler Akteur im Politikfeld des Einwanderungswesens das 1920 gegründete eidgenössische Arbeitsamt, das als Koordinationsstelle der öffentlichen Arbeitsnachweise fungierte, nachdem der Bund diesen 1920 den Vollzug der Arbeitslosenunterstützung übertragen hatte. Neben der Unterstützung und Vermittlung von Arbeitslosen und dem Erstellen einer schweizerischen Arbeitsmarktstatistik gehörte von Anfang an die Begutachtung von Einreisegesuchen ausländischer Arbeitskräfte zu den Hauptaufgaben dieser Behörde.[18] Erhöhte Mobilität, sektoraler Wandel und konjunkturelle Schwankungen führten auch in zahlreichen anderen Industriestaaten zur Institutionalisierung des öffentlichen Arbeitsnachweises. Mit Hilfe von Arbeitsämtern, so die Idealvorstellung, sollte das Gleichgewicht von Angebot und Nachfrage auf dem Arbeitsmarkt erreicht werden.[19]

Die sich in der Nachkriegsdepression verschlechternde Wirtschaftssituation ließ in der Schweiz die Arbeitslosenzahlen in die Höhe schnellen. Ende Februar 1922 wurden knapp 100.000 arbeitslose Personen gezählt –

---

15 Ebd., S. 6.
16 Eidgenössisches Statistisches Bureau, *Volkszählung 1920*, S. 7*; 30; 109. Eigene Berechnung.
17 BArch R3901/800, Adolf Müller: Jahresbericht der Deutschen Gesandtschaft in Bern an das Auswärtige Amt in Berlin über die Schweizer Fremdenpolitik und das Paßwesen im Jahre 1924, Bern 05.01.1925.
18 Degen, Arbeitsämter, 10.03.2015, http://www.hls-dhs-dss.ch/textes/d/D13807.php.
19 Buchner, »Arbeitsämter« S. 135; 148. Bade, *Sozialhistorische*, S. 356.

eine in der zeitgenössischen Wahrnehmung angsterregend hohe Zahl.[20] Im gleichen Jahr gab das eidgenössische Arbeitsamt eine Statistik über die Vertretung der Ausländer in ausgewählten Berufsarten heraus. Die »Arbeitslosenfrage« sei zu einem »Bevölkerungsproblem« geworden:

»Die Frage, ob die Schweiz eine Bevölkerung im bisherigen Umfang auch in der Zukunft wird ernähren können, ist zur Lebensfrage geworden. [...] Die nachstehenden Zahlen zeigen [...] unzweifelhaft eine starke Zunahme des Ausländeranteils in jener Zeit [1888–1910] und die Neigung der einzelnen Berufsarten zur *Ueberfremdung*« [Hervorhebung im Original].[21]

Die auch hier aus der Vorkriegszeit stammenden Zahlen über den Ausländerbestand wurden mit der aktuellen Zahl der Arbeitslosen in Relation gesetzt. Es sei Aufgabe des eidgenössischen Arbeitsamtes durch gezielte Berufsberatung von Jugendlichen, aber auch durch Umschulung von Arbeitslosen, »einheimische Arbeitskräfte« in diejenigen Mangelberufe zu vermitteln, die stark »überfremdet« seien.[22]

Zu den Berufen, in denen ein konstanter Personalmangel herrschte, gehörte seit dem ausgehenden 19. Jahrhundert der Hausdienst. Darunter wurden die Dienstleistungen im häuslichen Bereich in Privat- und Kollektivhaushalten (Anstalten) zusammengefasst. 1910 waren prozentual gesehen nur in der Bauwirtschaft noch mehr ausländische Arbeitskräfte beschäftigt. An zweiter Stelle folgte der Hausdienst.[23] Dieser Tätigkeitsbereich ist ein Feld, in dem sich das Reden über ›Überfremdung‹ im Hinblick auf den Arbeitsmarkt und das Wirksamwerden dieses Diskurses besonders gut beobachten und darstellen lässt.

Schon vor dem Ersten Weltkrieg war die ›Dienstbotenfrage‹ breit diskutiert worden. Während in den frühen Schriften der 1860er und 1870er Jahre »Klagen über Mißstände im Verhältniß zwischen Meistersleuten und Dienstboten« im Zentrum der Debatte standen,[24] befasste sich der Großteil der, nach der Jahrhundertwende zahlreich erschienenen, Broschüren mit dem quantitativen ›Dienstbotenmangel‹. Gründe für den Mangel wurden teils in den unattraktiven Arbeitsbedingungen und der persönlichen

---

20 Ackermann, »Arbeitslosigkeit«, S. 75.
21 CH SWA Vo 0, Eidgenössisches Arbeitsamt: Die Vertretung der Ausländer in ausgewählten Berufsarten nach den Ergebnissen der Eidg. Volkszählungen von 1888–1910, Bern 1922, S. 1–3.
22 Ebd., S. 1.
23 Holmes, *Forgotten migrants*, S. 15; 112.
24 Bspw. Rüttimeyer, *Die Dienstboten-Frage*, S. 2.

Abhängigkeit der »Dienstmädchen« von ihrer »Herrschaft« gesehen,[25] teils im Übel der »Frauenemancipation« vermutet.[26] Das Reden über eine ›Überfremdung‹ des Hausdienstes tauchte erstmals nach dem Ersten Weltkrieg im Dienstbotendiskurs auf, avancierte aber schnell zum vorherrschenden Narrativ in der Zwischenkriegszeit. Und das, obwohl der Anteil der ausländischen Hausangestellten an den weiblichen Hausangestellten in der Schweiz im Zeitraum von 1900 bis 1920 ähnlich hoch blieb. Um 1900 betrug ihr Anteil um die 25 Prozent (in den Städten sogar 38,5 Prozent) und pendelte sich dann bei rund 28 Prozent ein [vgl. Tabelle 3]. Ihr Anteil an der Gesamtbevölkerung blieb mit 2,4 Prozent gleich.[27]

Tabelle 3: Ausländische Hausangestellte (HAG) in der Schweiz, 1900–1970

Jahr	Anzahl HAG (m/w)	Anzahl weibl. HAG	Anteil Frauen an HAG	Anzahl ausländische HAG (nur w)	Anteil Ausländerinnen an weibl. HAG
1900	84.895	83.295	98,1 %	21.553 m/w	25,3 % m/w
1910	89.605	88.097	98,3 %	24.620	27,9 %
1920	92.878	91.603	98,6 %	25.621	28,0 %
1930	111.213	110.591	99,4 %	32.540	29,4 %
1941	91.060	90.902	99,8 %	9.139	10,0 %
1950	89.455	89.230	99,7 %	32.348	36,3 %
1960	82.572	81.690	98,9 %	29.225	35,8 %
1970	46.878	45.239	96,5 %	9.043	20,0 %

Quelle: Schweizerische Volkszählungen 1900–1970

Das Einzughalten des Überfremdungsdiskurses in das behördliche Reden und Handeln prägte den Dienstbotendiskurs. Frauenorganisationen, die sich mit der Förderung des Hausdienstes beschäftigten und, wie noch zu zeigen sein wird, eng mit den Behörden zusammenarbeiteten, nahmen das

---

25 Bspw. Christlich-soziale Arbeiterorganisationen der Schweiz, *Dienstbote*, S. 3.
26 Bspw. Huber-Burckhardt, *Zur Dienstbotenfrage*, S. 12–13.
27 Statistisches Bureau des Eidgenössischen Departements des Innern, *Volkszählung 1900*, S. 44*, eigene Berechnung. Die hier präsentierten Zahlen beziehen sich auf Hausangestellte im engeren Sinn, das heißt, die bei Privaten in der Hauswirtschaft beruflich tätigen Personen. Landwirtschaftliche Knechte und Mägde sind hier ebenso wenig berücksichtigt wie die den Haushalt besorgenden Familienangehörigen, Stundenhilfen oder die arbeitslosen Hausangestellten.

Zusammendenken von Arbeitsmarkt und Einwanderung auf und trugen diese Idee in Referaten, Broschüren und Leserinnenbriefen in die Öffentlichkeit. Das zeigt exemplarisch ein Radiovortrag aus dem Jahr 1925. Vortragende war Anna Mürset, die sich als Berufsberaterin nach dem Ersten Weltkrieg für den Auf- und Ausbau der weiblichen Berufsbildung einsetzte und von 1923 bis 1957 Leiterin der Schweizerischen Zentralstelle für Frauenberufe war:

»Der Mangel an Dienstboten besteht aber durchaus, das haben wir schwarz auf weiss aus statistischen Zahlen und Berichten des eidgenössischen Arbeitsamtes in Bern. Ende Juni lautete z.b. der Bericht wie folgt: ›Der Dienstbotenmangel hält unverändert an. […] bei den Dienstmädchen allein stehen 100 offenen Stellen nur 13 Stellensuchende gegenüber.‹ […]. Aus diesem Grunde müssen auch immer wieder Einreisebewilligungen für Ausländerinnen erteilt werden, und langsam aber stetig nimmt die Ueberfremdung in dieser scheinbar harmlosen Weise zu.«[28]

Um dieser angeblich schleichenden »Überfremdung« entgegenzutreten, propagierte sie die Hausdienstlehre als geeignetes Mittel, um mehr »einheimische Mädchen« für den Beruf der Hausangestellten zu gewinnen. Damit nahm sie eine der Aufgaben wahr, die das eidgenössische Arbeitsamt in der oben zitierten Statistik aus dem Jahr 1922 formuliert hatte: Die gezielte Berufsberatung von Jugendlichen. Während die Professionalisierung des Hausdienstes gesellschaftlich breite Akzeptanz fand, stieß die vom eidgenössischen Arbeitsamt angeregte Umschulung von Arbeitslosen auf mehr Widerstand. Arbeitslose Fabrikarbeiterinnen konnten von 1921–26 zu hauswirtschaftlichen Umlernkursen verpflichtet werden – unter Androhung des Entzugs der Arbeitslosenunterstützung. Ziel war es, die ausländischen Hausangestellten durch Schweizerinnen zu ersetzen und damit der ›Überfremdung‹ entgegenzuwirken bei gleichzeitiger Entlastung der Arbeitslosenkassen.[29] Am 25. Oktober 1922 berichtete die *Neue Zürcher Zeitung (NZZ)* darüber, dass der »Ausschluß der weiblichen Arbeitslosen von der Unterstützung […] die Frauenorganisationen zu einem Protest in Bern veranlasst« habe. Bei allem Verständnis dafür, so der Verfasser weiter, müsse jedoch bedacht werden, dass »innerhalb weniger Monate 3000 aus-

---

28 SSA Ar.17.50.13, Anna Mürset: Radiovortrag über den Dienstbotenmangel, 05.10.1925, S. 1–2.
29 Insbesondere die an Deutschland und Österreich angrenzenden Kantone, St. Gallen, Zürich, Basel-Stadt und Basel-Land organisierten solche Kurse. Schweizerische Studienkommission für Hausdienstfragen, *Der Hausdienst*, S. 4–5. Zu den Umlernkursen vgl. ausführlich Bochsler/Gisiger, *Städtische Hausangestellte*, S. 403–411.

ländische Dienstboten eingereist [seien] und [...] nun ihr sicheres, gutes Auskommen [fänden], während die Allgemeinheit 3000 weibliche Arbeitslose mehr unterstützen [müsse].«[30] In anderen Schweizer Tageszeitungen finden sich ähnliche Artikel zu den Umschulungskursen,[31] die Diskussion flaute mit dem konjunkturellen Aufschwung nach 1924 jedoch relativ abrupt ab. Die Zahl der Arbeitslosen sank rasch und die Wirtschaftslage blieb bis 1930 günstig. Ende Juni 1929 gab es schweizweit nur noch 4400 Arbeitslose und die Zahl der Einreise- und Aufenthaltsbewilligungen stieg erneut an.[32]

Die Zeit zwischen 1925 und 1929 kann als neuerliche Phase der Liberalisierung und Öffnung der Einwanderungspolitik verstanden werden. Der Schweizerische Bundesrat beschloss am 18.1.1929 die Visumspflicht zum Stellenantritt gänzlich aufzuheben. Ausländische Arbeitnehmende mussten jedoch weiterhin vor ihrer Einreise auf einem schweizerischen Konsulat die Zusicherung zur Aufenthaltsbewilligung einholen und sich nach der Einreise innerhalb von acht Tagen bei den kantonalen Fremdenpolizeibehörden anmelden. Zuwiderhandlungen wurden mit der Wegweisung aus dem Kanton bestraft.[33] Ungeachtet dessen reisten viele Arbeitssuchende aus den Nachbarländern ohne diese Zusicherung in die Schweiz ein. Das meldete beispielsweise die österreichische Gesandtschaft in Zürich in einem Brief vom 29. April 1930 an das Wanderungsamt in Wien:

»Bemerkt wird, dass täglich eine grössere Anzahl Österreicher in den h.o. Amtsbezirk einreisen, um hier Arbeit zu suchen, wobei die Mehrzahl ihre Einreise damit begründet, dass in den österreichischen Tageszeitungen Notizen erschienen waren, wonach der ›schweizerische Arbeitsmarkt nunmehr für Österreicher offen sei.‹«[34]

Diese ›wilden‹ Einwanderungen nach der Visumaufhebung wurden durch die einsetzende Weltwirtschaftskrise und die hohe Arbeitslosigkeit in Deutschland und Österreich verstärkt. Aufgrund der angespannten wirt-

---

30 H.H., Arbeitslosigkeit, Arbeitermangel und Dienstbotenfrage, in: NZZ, 25.10.1922.
31 CH SWA Vo M 14–27, Arbeitsverhältnisse Dienstboten und Hausangestellte, Zeitungsartikel (1922–2004), hier: 1922–1927.
32 Ackermann, »Arbeitslosigkeit«, S. 75.
33 CH SWA Vo 0, Eidgenössisches Arbeitsamt/Eidgenössische Fremdenpolizei: Wegleitung für Arbeitgeber. Merkblatt zur Beschäftigung von ausländischen Arbeitskräften, Bern Mai 1929. Vgl. auch: Gast, *Von der Kontrolle*, S. 273–277.
34 ÖStA/AdR BKA-I/WA 8/4 2236/376, Österreichische Gesandtschaft Zürich: Brief an das Bundeskanzleramt/Wanderungsamt in Wien, Zürich 29.04.1930. Das Wanderungsamt war die mit Auswanderungsfragen beschäftigte Abteilung des Bundeskanzleramtes (Staatsamt Inneres und Kultus).

schaftlichen Lage bemühten sich die Beamten des Wanderungsamtes in Wien offiziell Arbeitskräfte in die Schweiz zu vermitteln. In einem mehrmonatigen diplomatischen Prozess gelang es ihnen zwar, eine Zusammenarbeit mit schweizerischen Arbeitgeberverbänden aufzubauen. Eine Platzierung österreichischer Arbeitskräfte in größerem Stil kam jedoch nicht zustande.[35] Dies hing wohl auch damit zusammen, dass sich die Weltwirtschaftskrise bald auch in der Schweiz bemerkbar machte, was sich erneut in einem Ansteigen der Arbeitslosenzahlen und einer Verschärfung der Einreisebestimmungen niederschlug.[36] Ähnlich wie 1920/21 stand den Arbeitslosen eine große Zahl an ausländischen Arbeitnehmenden gegenüber. Im Hausdienst waren 1930 von den 110.590 Hausangestellten knapp ein Drittel Ausländerinnen.[37] Davon waren 23.100 Deutsche und 3.460 Österreicherinnen. Zusammengezählt stellten sie einen Anteil von mehr als 80 Prozent an den ausländischen Hausangestellten [vgl. Tabelle 4].

Tabelle 4: Anteil der deutschen und österreichischen Frauen an den weiblichen ausländischen Hausangestellten (HAG) in der Schweiz, 1930–1960

Jahr	Anzahl (weibliche) ausländische HAG	davon Deutsche	davon Österreicherinnen
1930	32.540	70,9 %	10,6 %
1952 (Feb.)	35.624	28,8 %	24,0 %
1955 (Aug.)	38.913 (inkl. m)	37,0 % (inkl. m)	21,8 % (inkl. m)
1960 (Aug.)	29.475	42,8 %	13,4 %

Quellen: Schweizerische Volkszählungen 1920–1930 und Erhebungen der Bundesbehörden über den »Bestand der kontrollpflichtigen ausländischen Arbeitskräfte«[38]

---

35 ÖStA/AdR BKA-I/WA 8/4 2236/376, Dossier zur Arbeitsmarktlage in der Schweiz, 1930.
36 Der Höhepunkt der Arbeitslosigkeit wurde im Winter 1936 mit 124.000 Arbeitslosen erreicht. Die Zahl der Einreisebewilligungen sank von 90.300 im Jahr 1931 auf 21.300 im Jahr 1936. Ackermann, »Arbeitslosigkeit«, S. 76.
37 Vgl. Tabelle 3.
38 CH BAR E 7170A#1000/1069#114*, BIGA: Protokoll der Konferenz betr. Arbeitsmarktfragen im Hausdienst am 13.01.1939 in Bern, [Bern 1939], S.1. CH BAR E4300B #1971/4#175*, Eidgenössische Fremdenpolizei: Erhebung der Dauer des Aufenthaltes ausländischer Arbeitskräfte (Februar 1959). CH BAR E4300B#1000/846#306*, BIGA: Erhebung über ausländische Arbeitskräfte (August 1955). CH BAR E4300C#1971/ 80#80*, BIGA: Bestandsaufnahme der kontrollpflichtigen ausländischen Arbeitskräfte (August 1960).

Der hohe Anteil an ausländischen Hausangestellten führte dazu, dass die oben geschilderte Debatte über hauswirtschaftliche Umschulungskurse erneut aufflammte. Es ging nun aber nicht mehr nur um ausländische Hausangestellte und arbeitslose Schweizerinnen. Es wurde gegen die erwerbstätigen Schweizerinnen in Handel, Industrie und Gewerbe polemisiert. Nicht nur führe ihre Weigerung sich im Hausdienst zu betätigen dazu, dass dieser zunehmend ›überfremdet‹ werde. Sie würden zudem den arbeitslosen Männern die Arbeitsstellen wegnehmen. Deshalb sollten nicht nur die arbeitslosen, sondern auch die erwerbstätigen Schweizerinnen hauswirtschaftliche Umschulungskurse besuchen müssen.[39] In der Folge wurden, subventioniert mit Bundesgeldern, solche Umschulungskurse angeboten, jedoch erfolgte ihr Besuch, im Gegensatz zu den 1920er Jahren, ausschließlich auf freiwilliger Basis.[40]

Die Thematik um die ausländischen Hausangestellten füllte nicht nur die Leserbriefseiten der Tageszeitungen und gab Anlass zum diskursiven Aushandeln von Geschlechterverhältnissen. Der Hausdienst war ein Bereich, der immer wieder zum Politikum gemacht wurde.[41] Dies hängt erstens damit zusammen, dass eine relativ große Zahl an Personen in der Schweiz direkt oder indirekt von den Problemen des Hausdienstes betroffen war. 1930 waren 18 Prozent aller weiblichen Erwerbstätigen in der Schweiz als Hausangestellte beschäftigt. Von etwas mehr als einer Million Haushalten im Land beschäftigte jeder neunte Haushalt eine Hausangestellte, sodass den rund 110.000 Hausangestellten in Privathaushalten etwa eine gleich große Zahl an Arbeitgeber_innen gegenüberstand. Dabei ist zu beachten, dass die Zahl der Hausangestellten in der Zeit von 1920 bis 1930 absolut wie relativ gestiegen ist. 1920 gab es insgesamt 91.600 Hausangestellte in schweizerischen Privathaushalten. Damals arbeiteten ›nur‹ 14 Prozent aller erwerbstätigen Frauen in der Schweiz als Hausangestellte und

---

39 Zur kontroversen Diskussion über die hauswirtschaftlichen Umschulungskurse in der Tagespresse vgl. CH SWA Vo M 14–27, Arbeitsverhältnisse Dienstboten und Hausangestellte, Zeitungsartikel (1922–2004), hier: 1934. Zusammenfassend und gegen die Kurse Position ergreifend: Schmidt/Jaussi, »Frauenarbeit«, S. 1–7.

40 Mit Ausnahme der Kantone Genf und Freiburg, wo den weiblichen Arbeitslosen bei der Weigerung einen Umschulungskurs zu besuchen, die Arbeitslosenunterstützung gekürzt werden konnte. Bochsler/Gisiger, *Städtische Hausangestellte*, S. 414.

41 Gerade im Bereich der Einwanderungspolitik waren ›Dienstmädchen‹ immer wieder Thema. Schon in der Notverordnung des Bundesrates aus dem Jahr 1921 waren Einreiseerleichterungen für Hausangestellte beschlossen worden. Vgl. Kapitel 2.1.1.

lediglich jeder zehnte Haushalt beschäftigte eine Hausangestellte.[42] Diese Zahlen sind Ausdruck davon, dass in wirtschaftlichen Krisenzeiten der Hausdienst arbeitslosen Frauen, die zuvor in der Industrie oder im Gewerbe tätig gewesen waren, eine Arbeitsmöglichkeit bot.[43]

Zweitens gründet die Politisierung des Hausdienstes in der erfolgreichen Lobbyarbeit der am Thema interessierten Frauenorganisationen. In der Schweiz wurde das Stimm- und Wahlrecht für Frauen auf eidgenössischer Ebene erst im Jahr 1971 eingeführt.[44] Die einzige Möglichkeit zur politischen Einflussnahme bestand in der Verbandsarbeit, die sich gerade wegen des Ausschlusses von der politischen Mitbestimmung seit den 1920er Jahren zu professionalisieren begann. Insbesondere im Themenbereich der Hauswirtschaft und der sozialen Wohlfahrt gelang es Frauenorganisationen in enger Zusammenarbeit mit Bundesbehörden ihren Einfluss geltend zu machen.[45] Das soll im Folgenden am Beispiel der Bemühungen um die Förderung des Hausdienstes dargelegt werden.

Zentrale Akteurin und Vorreiterin in diesem Gebiet war die Schweizerische Zentralstelle für Frauenberufe in Zürich. Diese 1923 – kurz nach dem 2. Schweizerischen Kongress für Fraueninteressen, auf dem das Recht auf Arbeit und Lohngleichheit postuliert worden war –, gegründete Institution wurde von Anna Mürset geleitet.[46] Sie setzte sich vornehmlich für die Bekämpfung des Hausangestelltenmangels ein. 1926/27 organisierte sie eine Vortragsreihe zum »Dienstbotenproblem«. Die Referentin, Emma Hausknecht, veröffentlichte ihre sechs dort gehaltenen Vorträge 1928 in

---

42 CH BAR E7170A#1000/1069#114*, BIGA: Statistische Zusammenstellung über Hausangestellte in Privathaushaltungen. Quelle: Volkszählung 1930, Bern 17.02.1939, Bl. 4. Vgl. auch Tabelle 3.
43 Die Zahl der Hausangestellten und ihr Anteil an der erwerbstätigen Bevölkerung stieg auch in den meisten europäischen Ländern und in den USA an. Sarti, »Domestic Service«, S. 223. Czachay, *Die soziale Situation*, S. 144.
44 Die Schweizer Stimmbürger stimmten am 07.02.1971 für die Einführung des Stimm- und Wahlrechts für Frauen. Voegeli, »Frauenstimmrecht«, 17.02.2015, http://www.hls-dhs-dss.ch/textes/d/D10380.php.
45 Broda/Joris u.a., »Die alte und die neue Frauenbewegung«, S. 205. Die Autorinnen weisen darauf hin, dass gerade die außerparlamentarische Kommissionsarbeit, welche die »alte Frauenbewegung« bis Ende der 1960er kennzeichnete, Instrument der männlich dominierten Politik war, das Stimm- und Wahlrecht für Frauen zu verhindern. Auf diese Weise wurden Frauen zwar in politische Entscheidungsprozesse einbezogen, ihr Einflussbereich blieb jedoch auf Sachfragen des traditionell weiblichen Wirkungskreises begrenzt.
46 Zur Gründungsgeschichte der Zentralstelle für Frauenberufe vgl. Joris/Witzig, *Frauengeschichte(n)*, S. 190.

einer Broschüre mit dem Titel *Das Dienstbotenproblem*.[47] Es handelt sich dabei um die erste umfassende Studie über den Hausdienst in der Schweiz nach dem Ersten Weltkrieg und kann inhaltlich als Pionierstudie der späteren Veröffentlichungen zum Thema angesehen werden. In den Jahren 1929–31 führte die Zentralstelle für Frauenberufe eine Erhebung bei Hausangestellten und Hausfrauen durch, um ein »Berufsbild« für Hausangestellte zu verfassen, das die vermehrte Gewinnung einheimischer Schulabgängerinnen für den Hausdienst ermöglichen sollte.[48] Verantwortlich war die promovierte Juristin Nelli Jaussi, die damalige Sekretärin der Zentralstelle, die ab 1933 als Beamtin beim Bundesamt für Industrie, Gewerbe und Arbeit (BIGA) tätig war.[49] Das dem Eidgenössischen Volkswirtschaftsdepartement (EVD) unterstellte BIGA war 1930 aus dem eidgenössischen Arbeitsamt hervorgegangen und wurde im Laufe der 1930er Jahre neben der eidgenössischen Fremdenpolizei zur zentralen Behörde der schweizerischen Einwanderungspolitik.

Angeregt von den Bemühungen der Zentralstelle für Frauenberufe zur Behebung des Dienstbotenmangels organisierte das BIGA am 8. April 1930 eine Konferenz in Bern. Vertreter_innen der Bundesbehörden widmeten sich gemeinsam mit Hausdienst-Expertinnen dem »Problem des Hausdienstes«.[50] Diese Konferenz ist in zweierlei Hinsicht von Bedeutung. Erstens löste sie ein großes mediales Echo in der Tagespresse aus. Die *NZZ*, das *St. Galler Tagblatt* und insbesondere die beiden Basler Tageszeitungen, die linksliberale *National-Zeitung* sowie die liberal-konservativen *Basler Nachrichten*, berichteten ausführlich darüber. In der Folge erschienen viele Artikel, die die »Dienstbotenfrage« als »soziale Frage« definierten und einer breiten Öffentlichkeit bekannt machten. Neben der Geringschätzung der Hausarbeit oder der Abhängigkeit der Arbeitnehmerinnen von ihren Arbeitgeber_innen wurde dabei die ›Überfremdung‹ als größtes Problem im Zusammenhang mit dem Hausdienst präsentiert.[51]

Zweitens gründete sich im Anschluss an die Konferenz die Studienkommission für Hausdienstfragen. Das BIGA beauftragte diese Expertin-

---

47 Hausknecht, *Das Dienstbotenproblem*.
48 CH BAR E7181A#1978/72#272*, Schweizerische Zentralstelle für Frauenberufe: Fragebogen für Hausangestellte und Hausfrauen, [Zürich] 1929.
49 Ludi, Jaussi, 14.02.2007, http://www.hls-dhs-dss.ch/textes/i/I9337.php.
50 SSA Ar. 17.50.13, Anna Mürset: Votum an der Delegiertenversammlung der SAG am 08.05.1953 in Bern, [Zürich 1953], S. 1–2.
51 CH SWA Vo M 14–27, Arbeitsverhältnisse Dienstboten und Hausangestellte, Zeitungsartikel (1922–2004), hier: April bis Dezember 1930.

nenkommission damit, die Hausdienstfrage gründlich zu studieren, was diese unter der Leitung von Nelli Jaussi, die auf der Konferenz das Hauptreferat gehalten hatte, auch mit großem Eifer tat. Auf der Basis einer Vielzahl an Erhebungen und Gutachten zu Spezialfragen im Bereich des Hausdienstes wurde dem BIGA 1932 ein *Bericht über die heutigen Verhältnisse im Hausdienst und Vorschläge für Sanierungsmaßnahmen* vorgelegt. Die ›Überfremdung‹ wurde darin als grundlegendes und eng mit den Verhältnissen im Hausdienst verwobenes Problem dargestellt: »Der notorische, durch viele Jahrzehnte hindurch fühlbare Mangel an einheimischen Hausangestellten und die intensive Überfremdung stehen in direktem Zusammenhang mit den Eigenarten dieses Berufes.«[52] Zu den problematischen »Eigenarten« des Hausdienstverhältnisses zählten die Verfasserinnen die schlechten Arbeitsbedingungen in Bezug auf Arbeits- und Freizeiten, die persönliche Abhängigkeit von den Arbeitgeber_innen sowie den schlechten Ruf des Hausdienstes in der Gesellschaft. Aus diesen Gründen wollten die »Schweizermädchen« nicht mehr »dienen«, was zu einem quantitativen Mangel an Hausangestellten geführt habe. Dieser Mangel könne mit dem Hinzuziehen von Ausländerinnen zwar gelindert werden. Die ›Überfremdung‹ im Hausdienst sei aber nicht nur volkswirtschaftlich bedenklich, sondern auch Ursache für einen qualitativen Mangel im Hausdienst:

»Von besonderer Bedeutung waren die ausländischen Hausangestellten von jeher für die Grenzstädte […]. In St. Gallen und Basel bilden die Süddeutschen ein großes Kontingent aller Hausangestellten, und es wurde ihnen im allgemeinen besondere berufliche Tüchtigkeit nachgerühmt. […] Mit den jetzt Zureisenden dagegen macht man in Basel ähnliche Erfahrungen, wie sie für Zürich geschildert worden sind: Die beruflichen und persönlichen Fähigkeiten und Fertigkeiten der grossen Masse sind stark unter dem Mittel und nicht vergleichbar mit der Qualität der früher Eingewanderten. Infolge der großen Wirtschaftskrise und Arbeitslosennot in Deutschland suchen Arbeitslose aller Berufe, vor allem auch Industriearbeiterinnen, als letzte Möglichkeit eine Hausdienststelle in der Schweiz.«[53]

Die »Überschwemmung [des Hausdienstes mit] minderjährigen, minderwertigen und oft moralisch und physisch nicht einwandfreien Mädchen« wurde auch auf einer Tagung der Leiterinnen der Stellenvermittlungsbüros der Freundinnen junger Mädchen (FJM) diskutiert – einem von bürgerlich-protestantischen Frauen getragenen Verein zum ›Schutz‹ allein reisender

---

52 Schweizerische Studienkommission für Hausdienstfragen, *Der Hausdienst*, S. 3.
53 Ebd., S. 8.

›Mädchen‹.⁵⁴ Die Klage über die qualitative ›Minderwertigkeit‹ der zureisenden Hausangestellten blieb – wie zu zeigen sein wird – bis in die 1960er Jahre hinein ein Evergreen.

Um den ›qualitativen‹ und ›quantitativen‹ Mangel an Hausangestellten beheben zu können, propagierten die Verfasserinnen des Berichts mehrere »Sanierungsmaßnahmen«. Erstens die Förderung der beruflichen Ausbildung durch Einführung der Hausdienstlehre und damit zusammenhängend die »Hebung des Berufsstandes«. Zweitens die Verbesserung der sozialen Verhältnisse der Hausangestellten in Bezug auf Lohn, Arbeitszeit und Sozialversicherungen durch Einführung von Normalarbeitsverträgen. Drittens die Achtung ihrer Persönlichkeit durch respektvolle Behandlung sowie der Änderung der Berufsbezeichnung von »Dienstmädchen« in »Hausangestellte«. Was die Ausländerinnen betraf, hielten die Autorinnen fest, dass der Hausdienst nicht ohne Einwanderung auskomme. Es solle jedoch darauf geachtet werden, dass nur »qualitativ gute Kräfte« ins Land kämen:

»Die Naheinwanderung ist durch geeignete Mittel zu fördern, aber nur bei gleichzeitiger Sanierung des Hausdienstes und unter der Bedingung, daß an die einwandernden Ausländerinnen gewisse Minimalanforderungen in bezug auf Charakter und berufliche Tätigkeit gestellt werden.«⁵⁵

Zur Durchführung der vorgeschlagenen Sanierungsmaßnahmen wurde die Schaffung eines Schweizerischen Hausdienstsekretariats gefordert.⁵⁶ Diesem Antrag entsprach das BIGA am 8. Mai 1933 durch die Gründung der Schweizerischen Arbeitsgemeinschaft für den Hausdienst (SAG), die von bürgerlichen Frauen(organisationen) getragen wurde und bis in die 1960er Jahre die wichtigste Organisation im Bereich des Hausdienstes blieb. Erste Präsidentin der SAG war die Frauenrechtlerin Anne de Montet-Burckhardt, die bis dahin Vorsteherin des Bundes Schweizerischer Frauenvereine (BSF) gewesen war.⁵⁷ Nicht nur in ihrer Person war der BSF von Anfang an mit im Boot. Der seit 1900 bestehende Dachverband schweizerischer

---

54 AGoF 128 19: 5, FJM (Sig. H. Schaeffer, S. Landis-Fierz, E. Dutoit): Protokoll der Tagung der Vorsteherinnen der Stellenvermittlungen in Reuti-Hasliberg 1931, o.O. [1931], S. 3–4. Zur Geschichte der FJM vgl. grundlegend Joris, Freundinnen, 09.01.2006, http://www.hls-dhs-dss.ch/textes/d/D16501.php.
55 Schweizerische Studienkommission für Hausdienstfragen, *Der Hausdienst*, S. 96.
56 Ebd., S. 103–104.
57 Anne de Montet-Burckhardt präsidierte die SAG bis 1950. Ludi, Montet-Burckhardt, 27.11.2008, http://www.hls-dhs-dss.ch/textes/d/D9358.php.

Frauenvereine, der durch Petitionen zu laufenden Gesetzgebungen Stellung nahm und eng mit den Behörden zusammenarbeitete,[58] war von Beginn an Mitglied in der SAG und sicherte durch finanzielle Unterstützung die Aufbauarbeit der Arbeitsgemeinschaft.[59] Auch die Kooperation mit dem BIGA war eng und neben finanziellen Zuwendungen durch personelle Kontinuität gezeichnet. Nelli Jaussi wechselte, wie bereits erwähnt, 1933 von der Zentralstelle für Frauenberufe zum BIGA, wo sie 1948 zur zweiten Adjunktin und damit ranghöchsten Frau in der Bundesverwaltung aufstieg.[60]

Von Beginn an gehörte eine offensive Öffentlichkeitsarbeit zu den zentralen Aufgaben der SAG. Durch Vorträge und Einsendungen in Tageszeitungen propagierten ihre Vertreterinnen die im Bericht der Studienkommission vorgeschlagenen Sanierungsmaßnahmen,[61] gaben Merkblätter und Vertragsformulare heraus und übernahmen die Koordination der Zusammenarbeit zwischen den am Hausdienst interessierten Frauenorganisationen und den Behörden. Die SAG bestand aus verschiedenen kantonalen Sektionen. Als Mitglieder vertreten waren in den meisten Kantonen die protestantischen Freundinnen junger Mädchen, der Katholische Mädchenschutzverein, gemeinnützige und parteigebundene Frauengruppen, Arbeitsämter und Gewerbeinspektorate. Die SAG war nicht nur interkonfessionell und überparteilich organisiert, sondern hatte auch den Anspruch paritätisch zu sein. Neben den Hausfrauenvereinen sollten deshalb auch Hausangestelltenvereine auf der Mitgliederliste stehen.[62] Trotzdem war und blieb die SAG ein bürgerliches Projekt. Bei den schweizerischen Hausangestelltenvereinen handelte es sich nach 1924 – nach der Einführung des ersten Normalarbeitsvertrages für Hausangestellte in Zürich – ausschließlich um Geselligkeitsvereine und nicht um gewerkschaftliche Berufsverbände.[63]

---

58 Neben der Ausgestaltung neuer Gesetzgebungen und dem Engagement für das Frauenstimmrecht setzte sich der BSF insbesondere im Bereich der Frauenerwerbsarbeit, der Hauswirtschaft und der weiblichen Berufsbildung ein. Joris, Bund Schweizerischer Frauenvereine, 16.12.2010, http://www.hls-dhs-dss.ch/textes/d/D16500.php.
59 SSA Ar. 17.50.13, Anna Mürset: Votum an der Delegiertenversammlung der SAG am 08.05.1953 in Bern, [Zürich 1953], S. 2.
60 Ludi, Jaussi, 14.02.2007, http://www.hls-dhs-dss.ch/textes/i/I9337.php.
61 CH SWA Vo M 14–27, Arbeitsverhältnisse Dienstboten und Hausangestellte, Zeitungsartikel (1922–2004).
62 CH BAR 7170A#1000/1069#114*, SAG: Zusammenstellung der kantonalen Arbeitsgemeinschaften für den Hausdienst, Zürich 25.01.1939.
63 Bochsler/Gisiger, *Dienen*, S. 51.

Durch ihre breite Abstützung, die umtriebige Öffentlichkeitsarbeit, das geschickte Lobbyieren und die enge Zusammenarbeit mit den Behörden trat mit der Gründung der SAG – neben BIGA und Fremdenpolizei – im Bereich der Einwanderungspolitik eine weitere zentrale Akteurin auf den Plan. In einem Kreisschreiben des Eidgenössischen Volkswirtschaftsdepartements (EVD) an die kantonalen Arbeitsnachweise vom 1. März 1934 wurden diese dazu angehalten, die Zusammenarbeit mit den Frauenorganisationen zu suchen und die Bestrebungen der SAG zur Förderung des Hausdienstes zu unterstützen: »[B]evor zu Ausländerinnen Zuflucht genommen wird, muss alles getan werden, um die einheimischen weiblichen Arbeitslosen zum Eintritt in den Hausdienst zu bewegen.«[64]

2.1.3 »Überfremdung« wird Recht

Das Reden über ›Überfremdung‹ und die Bemühungen zum ›Schutz des Arbeitsmarktes‹ fanden auch gesetzlich ihren Niederschlag. Die schweizerische Einwanderungspolitik der 1920er Jahre, die sich nach der Kündigung der Niederlassungsverträge in rechtlicher Hinsicht in einer Übergangsphase befunden hatte und durch bundesrätliche Notverordnungen geregelt war, wurde mit dem *Bundesgesetz über Aufenthalt und Niederlassung der Ausländer* (ANAG) in ordentliches Recht überführt.[65] Das am 26.3.1931 beschlossene neue Ausländergesetz sowie die dazugehörige Vollziehungsverordnung vom 5.5.1933 wurden am 1.1.1934 in Kraft gesetzt. Bereits im April 1933 hatte der Bundesrat mittels eines Beschlusses einige Artikel des ANAG erlassen. In der Wegleitung zur Umsetzung dieses Bundesratsbeschlusses wurde als Zweck das »Freihalten« und »Freimachen« von Arbeitsstellen für den »inländischen Arbeitsmarkt« bestimmt, was ein »verständnisvolles Zusammenarbeiten von Fremdenpolizei und Arbeitsnachweis« verlange. Die einheitliche Durchführung dieser bundesrätlichen Wei-

---

64 CH BAR E4300B#1000/846#307*, EVD (Sig. unleserlich): Kreisschreiben an die kantonalen Arbeitsnachweise betr. den Schutz des einheimischen Arbeitsmarktes im Hinblick auf die Saisoneinwanderung, Bern 01.03.1934.

65 Die Einführung des ANAG erforderte eine Neuregelung der Kompetenzen zwischen Bund und Kantonen. Der neu geschaffene Artikel 69ter der Bundesverfassung, der die Kompetenzverschiebung von den Kantonen auf den Bund regelte, wurde – nach langwieriger Vernehmlassung – am 25.10.1925 in einer Volksabstimmung angenommen. Gast, *Von der Kontrolle*, S. 297–302.

sung sei unerlässlich, »[w]enn die schwere Wirtschaftskrise bis zum Ende durchgehalten werden soll [...].«[66]

Die Ausrichtung auf den ›Schutz des Arbeitsmarktes‹ wird auch aus dem Artikel 16 des ANAG selbst ersichtlich. Danach mussten bei der Erteilung der Aufenthaltsbewilligung die »geistigen und wirtschaftlichen Interessen sowie der Grad der Überfremdung« berücksichtigt werden. Die Fremdenpolizeistellen wurden dazu angehalten, die Einreisegesuche von den Arbeitsmarktbehörden prüfen zu lassen. Die Entscheidungskompetenz zur Aufenthaltsbewilligung lag zwar allein bei der Fremdenpolizei, diese hatte sich jedoch »in der Regel« an die Empfehlungen der Arbeitsämter zu halten.[67] Mit einem arbeitsmarktlichen Gutachten sollte erreicht werden, dass Einreisebewilligungen nur für Berufe erteilt würden, die ihren Arbeitskräftebedarf nicht mit Schweizer_innen decken konnten. Durch diese Bestimmung wurde die Position des BIGA und der Arbeitsämter gefestigt. Da diese in der gutachterlichen Beurteilung der Einreisegesuche von Frauen die Zusammenarbeit mit der SAG suchten, wurde auch deren Einflussbereich ausgeweitet. Für die weiblichen Zuwandernden bedeutete diese Regelung, dass Aufenthaltserlaubnisse fast ausschließlich für die Arbeit im Hausdienst und Gastgewerbe ferner der Textilindustrie erteilt wurden. Damit Arbeitsmigrantinnen nicht als Hausangestellte einreisten und später in andere Berufe wechselten, durften die Behörden ein Berufs- und Stellenwechselverbot anordnen.[68]

Die Angst vor ›Überfremdung‹, die in der Vorkriegszeit bereits existiert hatte und durch die Wirtschaftskrisen der 1920er und frühen 1930er Jahre auf den ›Schutz des Arbeitsmarktes‹ zugespitzt wurde, verfestigte sich in dieser Gesetzgebung. Das Reden über ›Überfremdung‹ hatte real-politische Konsequenzen und strukturierte das In-die-Schweiz-Gehen maßgeblich. Bis zum Ende des Untersuchungszeitraums bildete das ANAG den rechtlichen Rahmen der Einwanderung in die Schweiz. Das Gesetz wurde zwar mehrmals revidiert, blieb jedoch von 1934 bis zum 1.1.2008 in Kraft.[69]

---

66 CH BAR E7170A#1000/1069#69*, Bundesrat (Sig. Schulthess; Kaeslin): Kreisschreiben an die Kantonsregierungen betr. Krisenvorschriften für Fremdenpolizei und Arbeitsnachweis, Bern 03.04.1933.
67 CH BAR E4300B#1000/846#308*, Bundesgesetz über Aufenthalt und Niederlassung der Ausländer vom 26.03.1931. Revidierte Fassung vom 01.03.1949 (Abweichungen zur Fassung von 1931 in Kursivdruck).
68 Gast, *Von der Kontrolle*, S. 318–319.
69 Das ANAG wurde ersetzt durch das am 01.01.2008 in Kraft getretene *Bundesgesetz über die Ausländerinnen und Ausländer* (AuG), SR 142.20.

Das ANAG sah keine Trennung zwischen Aufenthalts- und Arbeitsbewilligung vor. Eine Person, die in die Schweiz einreiste, konnte sich bis zu drei Monaten ohne Bewilligung aufhalten. War jedoch ein Stellenantritt beabsichtigt, musste binnen acht Tagen bei der kantonalen Fremdenpolizei des zukünftigen Wohnortes eine Aufenthaltsbewilligung, die zugleich Arbeitsbewilligung war, beantragt werden. Die Anmeldung erforderte ein gültiges Ausweispapier, einen Strafregisterauszug und das Gutachten des zuständigen kantonalen Arbeitsamtes. Das ANAG fuhrte verschiedene Kategorien von Bewilligungen ein, welche die Fokussierung der Ausländergesetzgebung auf den Arbeitsmarkt noch verdeutlichen. Unterschieden wurde zwischen »Niederlassern«, »Jahresaufenthaltern«, »Saisonarbeitskräften« und »Grenzgängern«. Die kantonalen Fremdenpolizeistellen durften im eigenen Ermessen Aufenthaltsbewilligungen für Saisonangestellte erteilen. Die Saisonbewilligung war auf neun Monate beschränkt. Nach dieser Frist musste der/die Saisonangestellte für mindestens drei Monate das Land verlassen. In alleiniger kantonaler Entscheidungskompetenz lag zudem die Jahresaufenthaltsbewilligung für »Dienstmädchen und Bauernknechte« bis zu einem fünfjährigen Aufenthalt. Ähnlich wie in der Notverordnung des Bundesrates über *die Grenzpolizei und die Kontrolle der Ausländer* aus dem Jahr 1921 wurden auch im ANAG Sonderbestimmungen für Hausangestellte gemacht, denn über die Jahresaufenthaltsgesuche aller anderen Berufsgruppen verfügte die eidgenössische Fremdenpolizei. Diese war auch zuständig für das Ausstellen von Niederlassungs- und Toleranzbewilligungen. Jahresaufenthalter mussten, wie der Name bereits verrät, ihre Bewilligung jährlich erneuern. Für die Niederlassung wurde in der Regel ein ununterbrochener Aufenthalt von mindestens fünf Jahren verlangt. Das Missachten fremdenpolizeilicher Vorschriften, zum Beispiel das Arbeiten ohne Aufenthaltsbewilligung, wurde mit Wegweisung bestraft. Weggewiesen wurden auch Personen, die sich eines Verbrechens schuldig gemacht hatten oder der Wohlfahrt zur Last fielen.[70]

Das von ›Überfremdungsangst‹ gezeichnete und in Wirtschaftskrisen verwurzelte ANAG zielte in erster Linie auf Abwehr. Dies hatte fatale

---

70 CH BAR E4300B#1000/846#308*, Bundesgesetz über Aufenthalt und Niederlassung der Ausländer vom 26.03.1931. Revidierte Fassung vom 01.03.1949 (Abweichungen zur Fassung von 1931 in Kursivdruck). CH SWA Vo 0, Carl Ludwig: Maßnahmen gegen die Ueberfremdung. Ein Beitrag zur Niederlassungs- und Einbürgerungsfrage. Referat gehalten am Städtetag 1934 in Biel. Eine Wegweisung bezog sich nur auf das Kantonsgebiet. Diese konnte von der eidgenössischen Fremdenpolizei auf die ganze Schweiz ausgeweitet werden, was als Ausweisung bezeichnet wurde.

Folgen für die schweizerische Flüchtlingspolitik während des Zweiten Weltkrieges. Heinrich Rothmund, der damalige Chef der eidgenössischen Fremdenpolizei, sagte 1938 in einem Vortrag über den Umgang mit den zuwandernden österreichischen und deutschen Jüdinnen und Juden: »Unser Land kann mit Rücksicht auf die grosse Ueberfremdung und ganz besonders auch wegen der Lage unseres Arbeitsmarktes für die Flüchtlinge nur ein Transitland sein.«[71] Unter dem Deckmantel dieser in der Öffentlichkeit breit abgestützten Argumentationslogik gelang es Rothmund, seine antisemitische Haltung durchzusetzen und sich gleichzeitig davon freizusprechen:

»Selbstverständlich bedeuten die getroffenen Massnahmen nicht etwa eine Kundgebung gegen die Angehörigen einer bestimmten Rasse oder gar eine Nachahmung uns fremder Gepflogenheiten, sondern sie sind einzig und allein bedingt durch die Sorge um die Abwehr der Ueberfremdung unseres Landes und die Belastung unseres Arbeitsmarktes zum Nachteil unserer eigenen Landsleute.«[72]

In einer Konferenz über das »Flüchtlingsproblem« am 17.08.1938 wurde beschlossen, dass Emigranten – so der zeitgenössische Ausdruck für die (jüdischen) Flüchtlinge – nur dann eine Toleranzbewilligung zum Aufenthalt in der Schweiz erhielten, wenn sie glaubwürdig Pläne zur Weiterwanderung darlegen konnten. Jegliche Erwerbstätigkeit, die zu einem »Festsetzen« in der Schweiz hätte führen können, war ausnahmslos verboten.[73] Damit wurde verhindert, dass jüdische Flüchtlinge als Arbeitsmigrant_innen in die Schweiz gelangten. Ein Äquivalent zum *Domestic Permit*, das Jüdinnen die Flucht als Hausangestellte nach England ermöglichte, existierte in der Schweiz demnach nicht.[74]

---

71 CH BAR E4300B#1971/4#234*, Heinrich Rothmund: Aktuelles aus dem Problem der Überfremdung. Vortrag gehalten bei der Neuen Helvetischen Gesellschaft in Aarau am 19.12.1938, S. 3.
72 Ebd., S. 8. Zur antisemitischen Gesinnung von Rothmund vgl. Gast, »Eidgenössische Fremdenpolizei«, S. 225–228.
73 CH BAR E7181A#1978/72#761*, Heinrich Rothmund: Ausländer in der Schweiz und Schweizer im Ausland. Referat am Auslandschweizertag, Schaffhausen 10./11.09.1938. Zur Emigration österreichischer Juden und Jüdinnen in/via die Schweiz. Hoerschelmann, *Exilland*, S. 17–33. Goldner, *Flucht*.
74 Zur Flucht jüdischer Frauen nach England vgl. Bollauf, *Dienstmädchen-Emigration*.

2.2 Politik und Diskurse II: 1935–1949

2.2.1 »Dienst im Haus ist Dienst am Volk«

Mitte der 1930er Jahre tauchte ein neuer Aspekt im Reden über ›Überfremdung‹ auf: die geistige Landesverteidigung. Diese gilt, so der Basler Historiker Josef Mooser, als das »zentrale Phänomen der politischen Kultur der Schweiz des 20. Jahrhunderts«. Die Konjunktur dieses Begriffs setzte nach der ›Machtergreifung‹ der Nationalsozialist_innen in Deutschland 1933 ein und erreichte nach dem ›Anschluss‹ Österreichs einen ersten Höhepunkt. Die geistige Landesverteidigung als politische Mentalität war jedoch noch lange darüber hinaus wirkmächtig. Als Selbstbehauptung gegen faschistische, ab den 1950er Jahren auch gegen kommunistische Totalitarismen, wurde unter dem Schlagwort der geistigen Landesverteidigung die Bewahrung der schweizerischen ›Eigenart‹ gefordert. Was als ›typisch Schweizerisch‹ galt, wurde in der Zwischenkriegszeit stark in Abgrenzung zum »Deutschen« definiert. Neukonservative, liberal-bürgerliche und gewerkschaftlich-linke Kreise bezogen sich auf den Begriff und füllten ihn mit unterschiedlichen Inhalten. Die Spannweite reichte von der Beschwörung der ländlichen Bauernschaft bis zur Vision einer solidarischen, sozial-gerechten »Volksgemeinschaft«. Als gemeinsamer Nenner hebt Mooser den «Anti-Germanismus« hervor.[75]

Das Kreuzen des, auf den Schutz des Arbeitsmarktes fokussierten, Überfremdungsdiskurses mit der, gegen das ›Deutsche‹ gerichteten, geistigen Landesverteidigung kann erneut besonders gut am Beispiel des Hausdienstes aufgezeigt werden: »In der heutigen Zeit, in welcher man von der Notwendigkeit einer geistigen Landesverteidigung spricht, ist diese Invasion von deutschen Dienstmädchen mehr als bedenklich«, schrieb ein Redakteur der Zeitschrift des Schweizerischen Textil- und Fabrikarbeiterverbandes. Im Kanton Thurgau, so der Verfasser, stammten die ausländischen Hausangestellten zu 96 Prozent aus dem nördlichen Nachbarland.[76] Dass die deutschen Hausangestellten nicht nur Gewerkschafterkreise in einem Grenzkanton beschäftigten, wird aus einer Notiz des damaligen BIGA-Direktors Paul Renggli an seinen Vorgesetzten, den Bundesrat Hermann Obrecht, Vorsteher des EVD, deutlich: »Die Hausdienstfrage

---

75 Mooser, »Die ›Geistige Landesverteidigung‹«, S. 698.
76 O.V., 96 Prozent deutsche Dienstmädchen, in: Der Textil- und Fabrikarbeiter, Nr. 47, 24.11.1938.

beschäftigt gegenwärtig Parlament und Bevölkerung wieder stark, was sich in der Presse überall widerspiegelt.«[77]

Bei einem Blick in die Pressemeldungen zur Hausdienstfrage in dieser national aufgeheizten Stimmung im Herbst 1938 fällt die Kategorie Geschlecht als prägendes Merkmal dieses Diskurses auf. Ähnlich wie bei der Debatte über die hauswirtschaftlichen Umlernkurse für Fabrikarbeiterinnen zu Beginn der 1930er Jahre wurde den Schweizerinnen vorgeworfen, dass sie den männlichen Arbeitslosen die Arbeitsplätze wegnähmen.[78] Mit der Weigerung sich ihrer ›weiblichen Natur‹ folgend als Hausangestellte zu betätigen – und das ist neu in dem Diskurs – gefährdeten sie die nationale Souveränität der Schweiz. Die Schweizer Männer zögen bei der Partnerinnenwahl Ausländerinnen vor, weil diese, im Gegensatz zu den Schweizerinnen, im »Hauswesen« bewandert seien, was zu einer schleichenden »Verausländerung« der Schweiz führe:

»[Es] muss gesagt werden, daß ein Großteil unserer einheimischen jungen Töchter eine ungenügende Praxis im Hauswesen besitzen [sic] und somit einen Mangel an genügender Vorschule als zukünftige Hausfrau und Mutter ausweisen. […] Es kommt daher gar nicht von ungefähr, wenn in den letzten Jahren die Zahl der Heiraten zwischen einem Schweizer und einer Ausländerin (wir meinen dabei vorwiegend das deutsche Dienstmädchen) so bedenklich in die Höhe geschnellt ist. […] In diesem Zusammenhang verdient volle Beachtung auch die Kindererziehung. Es darf uns nicht gleichgültig sein, in welchem Sinn und Geist unsere Jugend von ihren ehemals ausländischen Müttern erzogen wird. Denn, abgesehen von den auch vorhandenen und anerkennenswerten Ausnahmen, erhalten solche Schweizerkinder eine nach ausländischem Muster und uns wesensfremden Ideologien riechende Erziehung.«[79]

In der Gestalt der deutschen Hausangestellten – zu der die Österreicherinnen nach dem ›Anschluss‹ nun auch formal gezählt wurden –, verbanden sich diskursiv Geschlecht, Nationalität und berufliche Tätigkeit zu einer, den schweizerischen ›Volkskörper‹ bedrohenden, Gefahr. Aufgrund ihrer Reproduktionsfähigkeit und ihrer Rolle als erzieherische Instanz eigener oder fremder Kinder schienen die zugewanderten Frauen den Staat von innen heraus zu gefährden. Weniger durch ›Degeneration‹ des Erbgutes – eugenische Theorien waren zu der Zeit auch in der Schweiz Wissens-

---

77 CH BAR E 7170A#1000/1069#113*, P. Renggli (BIGA): Notiz an H. Obrecht, Bern 12.08.1938.
78 Bspw. Fw, Das Dienstmädchenproblem, in: Vaterland, Nr. 293, 14.12.1938.
79 O.V., Schweizer Hausgehilfinnen vor!, in: Basellandschaftliche Zeitung, Nr. 284, 03.12.1938.

standard –,⁸⁰ sondern vielmehr durch ideologische Beeinflussung der Familie – der innersten »Zelle des Staates«.⁸¹ In der schweizerischen Landesausstellung 1939, die mit dem Kriegsausbruch zusammenfiel und als wirkungsvoller Ausdruck der geistigen Landesverteidigung gilt (›Landigeist‹), wurde ein Schaubild mit dem Titel: *Jeder achte Schweizer heiratet eine Ausländerin* präsentiert. Darauf sind acht Hochzeitspaare abgebildet. Bei den ersten sieben halten sowohl Braut wie Bräutigam eine Schweizerfahne in der Hand. Die Braut des »achten Schweizers«, hervorgehoben unter einer Glasglocke, trägt eine Hakenkreuzflagge [vgl. Abbildung 1].

Abbildung 1: Schaubild an der Landesausstellung in Zürich 1939

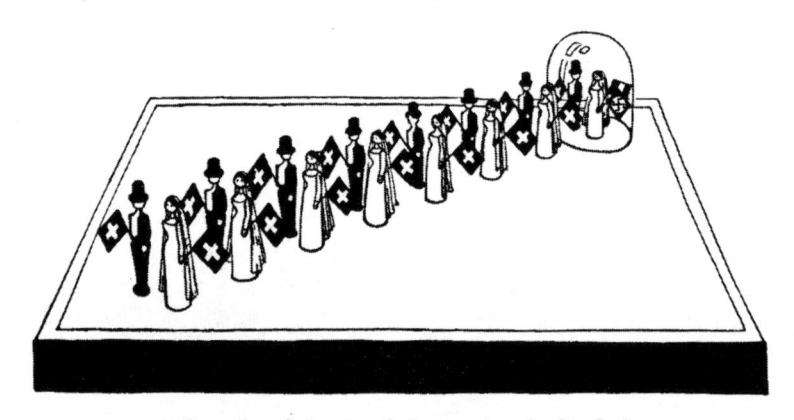

Jeder achte Schweizer heiratet eine Ausländerin

Quelle: Eidgenössisches Statistisches Amt (Hg.): Wir als Viermillionen Volk. Zur Schweizerischen Landesausstellung 1939, S. 11. Grafik: Hans Fischer, Robert Strub.

In den Erläuterungen zum Schaubild, herausgegeben vom eidgenössischen statistischen Amt, wird die Mischehe zu einer »staatspolitischen Gefahr« stilisiert. Die aus »Großdeutschland« stammenden Hausangestellten erschienen dem »praktischen Schweizer« aufgrund ihrer Betätigung in hauswirtschaftlichen Berufen als besonders verlockend. Ihr Einfluss auf die Erziehung der Kinder dürfe aber nicht unterschätzt werden. Sie seien nicht

---

80 Wecker, »Frauenkörper«, S. 217–219.
81 Zur bürgerlichen Vorstellung der Familie als Grundlage des Staates vgl. Joris/Witzig, *Frauengeschichte(n)*, S. 30. Die Nationalsozialist_innen, gegen die man sich ja zur Wehr setzen wollte, definierten die Familie ebenfalls als Keimzelle einer funktionierenden Volksgemeinschaft. Witkowski, »Ein Relikt«, S. 157.

in der Lage die Schweizerjugend »in gutem Schweizersinn [zu] erziehen« und gefährdeten auf diese Weise die schweizerische Souveränität.[82] Anknüpfend an den, seit den frühen 1930er Jahren viel beklagten, ›qualitativen Mangel‹ der neu zuwandernden Hausangestellten, wurde die hohe Zahl der Ehen zwischen Schweizern und Deutschen auch in dem ›unsittlichen‹ Verhalten Letzterer vermutet. Die thurgauische Sektion des Schweizerischen Verbandes Frauenhilfe verfasste 1937 zu Händen des BIGA einen Bericht mit dem Titel *Ausländische Dienstmädchen – eine Gefahr für unsere jungen Leute?* Anlass dafür war die Wegweisung von mehreren schwangeren deutschen Hausangestellten. Zwar setzte sich die Frauenhilfe gegen die Abschiebung der Schwangeren ein, verwies aber gleichzeitig auf die »Gefahr«, die von dem »unsoliden Lebenswandel« deutscher Hausangestellter ausgehe:

»Wie könnte unsere Bevölkerung über diese Gefahren am besten unterrichtet werden? Es liegt auf der Hnd [sic], dass ein grosser Teil dieser ausländischen Dienstmädchen nicht in erster Linie eine Stelle in der Schweiz haben möchte, sondern ihr Trachten geht in erster Linie darauf, einen Schweizer heiraten zu können.«[83]

Der bis zum Ende meines Untersuchungszeitraums immer wieder erhobene Vorwurf, die Deutschen und Österreicherinnen kämen nur zum »Männerfangen« in die Schweiz, verband in spezifischer Weise die alte Vorstellung des sexuell aktiven ›Dienstmädchens‹ mit ›Überfremdungsängsten‹ im Stil der geistigen Landesverteidigung.[84]

Im Dezember 1938 erhielt die bereits hitzig debattierte Hausdienstfrage neuen Zündstoff. Grund dafür war die Rückberufung von Hausangestellten nach Deutschland. Dabei handelte es sich um eine von vielen Maßnahmen, welche die nationalsozialistische Regierung zur Bekämpfung des – auch im Deutschen Reich existierenden – Hausangestelltenmangels ergriff.

---

82 Eidgenössisches Statistisches Amt, *Wir als Viermillionen*, S. 10–12. Die Zahl der Schweizer Männer, die Ausländerinnen heirateten, war in der Tat höher als die Zahl der Schweizerinnen, die einen Ausländer ehelichten. Zwischen 1919 und 1945 standen den 80.385 Eheschließungen zwischen Ausländerinnen und Schweizern lediglich 29.313 Hochzeiten zwischen Schweizerinnen und Ausländern gegenüber. Lorenzetti, »Demographie«, S. 243.

83 AGoF 128 26: 1, Thurgauische Sektion des Schweizerischen Verbandes Frauenhilfe: Bericht »Ausländische Dienstmädchen – eine Gefahr für unsere jungen Leute?«, Frauenfeld [1937].

84 Zur bürgerlich-männlichen Stilisierung von Hausangestellten als Sinnbild außerehelicher Sexualität und »weiblicher Triebhaftigkeit« vgl. Walser, »Prostitutionsverdacht«, S. 80.

Das Fehlen von Haushaltshilfen hindere Frauen daran, viele Kinder zu bekommen, was dem politischen Ziel, die Geburtenrate zu steigern, zuwiderlief.[85] Am 15.12.1938 veröffentlichte die bürgerlich-liberale Zeitung *Basler Nachrichten* eine Kurzmeldung der US-Nachrichtenagentur United Press, dass in Kürze die deutschen Hausangestellten nach Deutschland zurückgerufen würden.[86] Diese Pressemeldung löste eine Lawine an Zeitungsartikeln und Leserinnenbriefe aus. Neben Expertinnen, vor allem Vertreterinnen der SAG, meldeten sich vorwiegend besorgte Hausfrauen und aufgebrachte Hausangestellte zu Wort. Die Debatte wurde von zwei zentralen Momenten geprägt: Erstens herrschte eine große Unsicherheit. Da keine genauen Angaben über den Vollzug der Rückberufung bekannt waren, pendelte die Berichterstattung zwischen Panikmache[87] und Wogen glätten.[88] Es wurden viele Mutmaßungen angestellt, was bereits zeitgenössisch thematisiert und kritisiert wurde. So veröffentlichten etwa die *Basler Nachrichten* eine Einsendung mit dem Titel *Die Schweizer Mädchen und der Rückzug der deutschen Hausangestellten. Dichtung und Wahrheit*. Darin beschwerte sich (vermutlich eine Frau) S.M.P. über die »unwahren Behauptungen«, die allenthalben verbreitet würden. Dabei bezog sie sich, und das bringt mich zu meinem zweiten Punkt, vor allem auf die Vorwürfe der Hausfrauen gegen die »Schweizermädchen«.[89] Die medialen Reaktionen auf die Rückberufung arbeiteten sich nämlich zum Großteil an der Frage ab, ob die deutschen Hausangestellten ›besser‹ seien als die ›Schweizermädchen‹ und warum Letztere nicht mehr ›dienen‹ wollten. Insbesondere die bürgerliche *NZZ* bot Platz für diese Debatte. Am 05.01.1939 erschien die polemisierende Einsendung einer Frau E.D.:

---

85 Sarti, »Domestic Service«, S. 225. Witkowski, »Ein Relikt«, S. 157–160. In ähnlicher Weise waren bereits Hausangestellte aus Holland zurückgerufen worden. Henkes, *Heimat*, S. 173.

86 O.V. (United Press), Vor einer Rückberufung deutscher Hausangestellter?, in: Basler Nachrichten, Nr. 345, 15.12.1938.

87 Die Basler National-Zeitung berichtete fälschlicherweise, dass innert weniger Monate alle deutschen Hausangestellten die Stadt verlassen müssten. O.V., 3000 deutsche Hausangestellte müssen Basel verlassen, in: National-Zeitung, Nr. 587, 16.12.1938.

88 Ein Plädoyer für eine »nüchterne« Darstellung der Ereignisse druckte etwa die Basellandschaftliche Zeitung: bs, Dichtung und Wahrheit. Die Frau und der Arbeitsmarkt, in: Basellandschaftliche Zeitung, Nr. 22, 26.01.1939.

89 O.V., Die Schweizer Mädchen und der Rückzug der deutschen Hausangestellten. Dichtung und Wahrheit, in: Basler Nachrichten, Nr. 9, 10.01.1939.

»Wo finden wir Hausfrauen Ersatz für all die vielen tausend großtenteils [sic] tüchtigen und arbeitswilligen Hausmädchen? Ein Versuch, Schweizermädchen mehr der Hausarbeit zuzuwenden, hatte leider keinen Erfolg. Es ist eine altbekannte Tatsache, daß die jungen Schweizermädchen nicht gerne Hausarbeit verrichten, weil sie sich törichterweise sagen, man mache sich dabei all zu schmutzige Hände und hätte zu wenig freie Zeit.«[90]

Die Reaktion darauf – zustimmend und ablehnend – war so groß, dass die NZZ eine Woche später unter der Schlagzeile *Zur Dienstbotenfrage* eine ganze Serie an Leserinnenbriefen veröffentlichte. In den Einsendungen wetterten Hausfrauen gegen die unwilligen ›Schweizermädchen‹ und lobten die ›tüchtigen Deutschen‹, während Hausangestellte die gute Qualität der ›einheimischen Mädchen‹ priesen oder bessere Arbeitsverhältnisse und mehr Wertschätzung einforderten.[91] Die Stimmen der Hausangestellten klingen teilweise verdächtig nach den von der SAG propagierten Sanierungsmaßnahmen für den Hausdienst. Es kann an dieser Stelle nicht geklärt werden, ob die Öffentlichkeitsarbeit der SAG bereits so stark auf das Selbstverständnis der Hausangestellten gewirkt hatte, oder ob Vertreterinnen der SAG die Beiträge verfassten. Letzteres ist gut möglich, da in den Publikationen der SAG häufig mit dem Stilmittel des fiktiven Briefes der Hausangestellten gearbeitet wird.[92] Wer auch immer die Beiträge verfasste, die Rückberufung bescherte den Forderungen zur Förderung des Hausdienstes volle mediale Aufmerksamkeit und bot der SAG eine Plattform zur Verbreitung ihrer Ideen. Emma Hausknecht, die Sekretärin der SAG, hielt 1938/39 mehrere Radiovorträge,[93] veröffentlichte eine Broschüre mit dem Titel *Die Gewinnung einheimischer Mädchen für den Hausdienst*[94] und verfasste im 1939 erscheinenden Handbuch der schweizerischen Volkswirtschaft einen Eintrag zum Thema *Hausdienst*.[95] Im Gegensatz zu ihren Publikationen der späten 1920er und frühen 1930er Jahre sprach Haus-

---

90 E.D., Zur Rückbeorderung der deutschen Dienstmädchen, in: NZZ, Nr. 29, 05.01.1939.
91 Zur Dienstbotenfrage, in: NZZ, Nr. 72, 13.01.1939.
92 Bspw. Bloch, *Von hauswirtschaftlichen Berufen* oder o.V: Unsere Hausangestellten, in: Die junge Schweizerin, Jg. 21, H. 7 (1941), S. 4–8.
93 CH SWA Vo M 14–27, E. Hausknecht: Wie gewinnen und erhalten wir unsere Mädchen dem Hausdienst? Radiovorträge vom 14.06.1938 und 28.06.1938.
94 AGoF Bro 7676, E. Hausknecht: Die Gewinnung einheimischer Mädchen für den Hausdienst. Vortrag gehalten an der Jahresversammlung der Gemeinnützigen Gesellschaft des Kantons St. Gallen, Sargans 1939.
95 Dieser Eintrag ist auch als Sonderdruck erschienen: Hausknecht, *Hausdienst*.

knecht darin dem Hausangestelltenproblem neben einer »volkswirtschaftlichen« eine »nationale Bedeutung« zu.

Die Sanierungsmaßnahmen wurden auch von Gustav Egli, dem Zentralsekretär des freisinnigen Landesverbandes Freier Schweizer Arbeiter aufgenommen.[96] Der Gewerkschafter formulierte in seiner viel beachteten Schrift *Das Problem der Hausangestellten in der Schweiz* die beiden schlagkräftigen Losungen »Dienst im Haus ist Dienst am Volk« und »die Schweizer den Schweizerinnen«.[97] Seine Ausführungen bringen die vergeschlechtlichte und nationalisierte Überformung der Hausdienstfrage auf den Punkt:

> »Mit einer noch vermehrteren [sic] Betätigung der Mädchen im Haushalt würde der Allgemeinheit ein großer Dienst erwiesen, denn Dienst im Haus ist Dienst am Volk. Die deutschen Hausangestellten, die auch hier noch den Anordnungen ihres Partei- und Staatsapparates unterstehen, werden unsere Schweizerkinder nie in wahrhaft eidgenössischem Sinne erziehen. Zu dieser hohen Aufgabe braucht es echte Schweizermädchen. Von diesem Gesichtswinkel aus betrachtet, kann es nur ein Vorteil sein, wenn die deutschen Mädchen unser Land so rasch als möglich verlassen und den unseren Platz machen. Auch die Forderung ›die Schweizer den Schweizerinnen‹ wird durch den vermehrten Einsatz unserer Mädchen in den Hausdienst der Verwirklichung näher geführt werden.«[98]

Eglis Argumentation, die Rückberufung der deutschen Hausangestellten als Chance zu betrachten, wurde auch vom BIGA geteilt. Der seit 1939 dort amtende Direktor, Georg Willi, reagierte positiv auf die Ankündigung des Eidgenössischen Politischen Departements (EPD), bei den deutschen Behörden keine Einwände gegen die Rückberufung zu erheben. Dies er-

---

96 Der Landesverband Freier Schweizer Arbeiter wurde 1919 gegründet und war ein gewerkschaftlicher Zusammenschluss bürgerlich gesinnter Arbeiter. Degen, Landesverband, 18.03.2015, http://www.hls-dhs-dss.ch/textes/d/D16486.php.

97 Die »Schweizer den Schweizerinnen« ist eine Abwandlung des Slogans »die Schweiz den Schweizern«, der Bekanntheit erlangte durch die »Schutz-und-Trutz-Aktion« zur »Nationalisierung des Arbeitsmarktes« unter der Leitung von Jacob Lorenz. Der Soziologieprofessor und Experte des EDV stand der gemäßigten Frontenbewegung nahe. CH SWA Vo 0, J. Lorenz: Die Schweiz den Schweizern. Öffentlicher Vortrag gehalten in Schaffhausen am 07.12.1937. Zur Person von Jacob Lorenz vgl. Bürgi, Lorenz, 01.02.2008, http://www.hls-dhs-dss.ch/textes/d/D23019.php.

98 Egli, *Das Problem der Hausangestellten*, S. 4–5. Die Losung »Dienst im Haus ist Dienst am Volk« wurde von der SAG aufgenommen, die damit unter anderem das »Hausdiensthaus« an der Schweizerischen Landesausstellung 1939 propagierte. CH BAR E 7170A#1000/1069#114*, SAG: Das Hausdiensthaus an der Landesausstellung (Broschüre), o.O. 1939.

mögliche dem Ruf nach mehr einheimischen Kräften im Hausdienst gerecht werden zu können:

»Wenn durch die Rückreise deutscher Hausangestellter auch eine gewisse Zwangslage geschaffen wird, die nicht ohne Härte für die Betroffenen sein mag, glauben wir doch, dass die Hausdienstfrage im allgemeinen dadurch eine Förderung erfahren kann, dass der Hebung des Berufsstandes wie der Arbeitsverhältnisse nun vielleicht mehr Aufmerksamkeit geschenkt wird.«[99]

Hintergrund dieser Aussage war der Vorstoß des Schweizerischen Bauernsekretariats beim EPD im Dezember 1938 mit der Bitte bei den deutschen Behörden dahingehend zu wirken, dass zumindest die in der Landwirtschaft beschäftigten deutschen Frauen nicht zurückgerufen würden. Eine Wegnahme des »Dienstmädchens« führe bei den Bäuerinnen zu »körperlichen und seelischen Katastrophen«.[100] Daraufhin informierte sich das EPD bei der deutschen Gesandtschaft, wie der Rückzug vonstattengehen werde, was dem BIGA in einem Schreiben vom 30.12.1938 bekannt gemacht wurde:

»Es wurde uns [von der deutschen Gesandtschaft] bestätigt, dass die deutschen Dienstmädchen in der Schweiz allmählich durch Nichterneuerung ihrer Pässe veranlasst werden sollen, nach Deutschland zurückzukehren. Während für die bei jüdischen Herrschaften dienenden Mädchen eine Verlängerung der Passausweise ausgeschlossen sei, werde man bei den übrigen Dienstboten den Umständen des Einzelfalles jeweils weitgehend Rechnung tragen. [...] Bei dieser Sachlage [...] glauben wir von weiteren Schritten Abstand nehmen zu sollen.«[101]

Die Rückberufung der deutschen Hausangestellten erfuhr nicht nur ein großes mediales Echo, sondern setzte die Hausdienstfrage erneut auf die politische Agenda. Es wurden mehrere parlamentarische Anfragen eingereicht, die eine Lösung des sich verschärfenden Hausangestelltenmangels forderten. Im Januar 1939 interpellierte der Radikaldemokrat F. Wenk beim Basler Regierungsrat mit der Bitte um Klärung des Ausmaßes der Rückberufung und der Frage, welche Maßnahmen ergriffen würden, um

---

99 CH BAR E2001D#1000/1552#3057*, BIGA (Sig. G. Willi): Antwortschreiben an die Abteilung für Auswärtiges des EPD, Bern 07.01.1939.
100 CH BAR E2001D#1000/1552#3057*, Schweizerisches Bauernsekretariat (Sig. unleserlich): Schreiben an EPD und BIGA, Brugg 23.12.1938.
101 CH BAR E2001D#1000/1552#3057*, EPD (Sig. Feldscher): Schreiben an das BIGA (Abschrift), Bern 30.12.1938.

schweizerische Hausangestellte zu gewinnen.[102] In mehreren Kantonen wurde die Idee aufgenommen, ein hauswirtschaftliches Obligatorium für schulentlassene Mädchen (analog zum Militärdienst der Jungen) einzuführen, das bereits seit den 1920er Jahren immer wieder verlangt wurde.[103] Eine Forderung, die bei den Arbeitgeber_innen auf offene Ohren stieß, bei den Vertreterinnen der SAG jedoch konsequent abgelehnt wurde. Den Zwang überlasse man lieber den diktatorischen Staaten.[104]

Am 13. Januar 1939 wurde die Frage des hauswirtschaftlichen Obligatoriums eingehend auf einer vom BIGA organisierten *Konferenz betreffend Arbeitsmarktfragen im Hausdienst* erörtert. Neben Vertreterinnen und Vertretern des BIGA und der eidgenössischen Fremdenpolizei nahmen Mitarbeiterinnen und Mitarbeiter mehrerer kantonaler Arbeitsämter, Berufsberaterinnen und Delegierte der SAG teil. Auf der Tagesordnung stand die Frage, wie die deutschen Hausangestellten, deren Zahl auf 20.000 geschätzt wurde, im Falle ihrer Rückwanderung ersetzt werden könnten. Laut Protokoll fragte Albert Jobin, Chef der Sektion für Arbeitsnachweis des BIGA, nach einer längeren Diskussion über das hauswirtschaftliche Obligatorium »alle Anwesenden, ob sie der Auffassung seien, das Obligatorium wäre in der Schweiz eine verfehlte Massnahme. Die Anwesenden bekräftig[t]en dies einmütig und aus voller Überzeugung.«[105] Es wurde angeregt, dass das BIGA in dieser Frage klar Stellung beziehe, weil die »Einsendungen aus Frauenkreisen« von der Tagespresse nicht berücksichtigt würden.[106] Anstatt die Schulabgängerinnen zum Hausdienst zu zwingen, sollte diesen und ihren Eltern mittels »systematischer Beeinflussung und Aufklärung«

---

102 O.V., Die Rückberufung deutscher Dienstboten, in: Basler Nachrichten, Nr. 11, 12.01.1939.
103 Eine Petition im Kanton Basel-Land und eine Initiative der Jungliberalen Bewegung im Kanton Solothurn forderten nach deutschem Vorbild ein Pflichtjahr für Mädchen in Haus- und Landwirtschaft. Bereits 1920 war von der BGB die Einführung des halbjährigen hauswirtschaftlichen Obligatoriums für Schulabgängerinnen vorgeschlagen worden. Bochsler/Gisiger, *Städtische Hausangestellte*, S. 348.
104 CH BAR E 7170A#1000/1069#114*, E. Hausknecht: Gegenwärtige Aufgaben der SAG und der Sekretariate. Exposé zur Vorbereitung der Betriebskommission, Feldmeilen 10.03.1939.
105 CH BAR E 7170A#1000/1069#114*, BIGA: Protokoll der Konferenz betreffend Arbeitsmarktfragen im Hausdienst am 13.01.1939, Bern [1939], S. 12.
106 Ebd. In einer Pressemitteilung des BIGA zur Konferenz wurde das hauswirtschaftliche Obligatorium dann auch als »ungeeignete Massnahme« dargelegt. CH BAR E 7170A#1000/1069#114*, BIGA: Pressemitteilung zur Konferenz über Arbeitsmarktfragen im Hausdienst, Bern 14.01.1939.

durch Propagandaaktionen in Schulen, Presse und Radio der Beruf der Hausangestellten als »patriotische Tat« schmackhaft gemacht werden.[107] Als weitere Maßnahme wurde die Verbesserung der Arbeitsverhältnisse durch das Vorantreiben der Einführung von Normalarbeitsverträgen (NAV) ins Auge gefasst.[108] Diese regelten auf kantonaler Ebene zentrale Punkte des Hausdienstverhältnisses wie Arbeits- und Ruhezeit, Lohn, Sozialversicherungen und Kündigungsfristen. Im Januar 1939 hatten neben den Städten Zürich und Winterthur, die 1924 als erste einen NAV für Hausangestellte eingeführt hatten, nur das Tessin (1930) und Genf (1938) einen solchen in Kraft gesetzt.[109] In einem Kreisschreiben vom 18. Januar 1939 munterte das BIGA deshalb die Kantone dazu auf, von ihren Kompetenzen Gebrauch zu machen und NAV für Hausangestellte zu erlassen.[110]

In einem weiteren Kreisschreiben ließ das, dem BIGA übergeordnete, eidgenössische Volkswirtschaftsdepartement (EVD) im Februar 1939 den kantonalen Regierungen die »Ergebnisse« der Konferenz vom 13. Januar 1939 als Richtlinien zur Förderung des Hausdienstes zukommen. Diese entsprachen genau den bereits 1932 von der Studienkommission für Hausdienstfragen geforderten Sanierungsmaßnahmen, was das politische Gewicht, das die SAG in der Zwischenkriegszeit erlangte, verdeutlicht. Vorgeschlagen wurden die Verbesserung der beruflichen Ausbildung, die bessere Ausnutzung des vorhandenen »Arbeitskräftereservoirs« durch Einbeziehen von älteren Hausangestellten, die »Sanierung der Arbeitsverhältnisse« und die »Hebung des Berufsstandes« mittels rechtlicher Regelungen. Zudem sollte auch in der Amtssprache der Begriff »Dienstmädchen« durch die »zeitgemässe Bezeichnung ›Hausangestellte‹« ersetzt werden.[111]

Im April 1939 beschäftigte sich das EJPD mit der Frage, wie infolge der Rückberufung deutscher Hausangestellter das »Aufenthaltsverhältnis deutscher Dienstmädchen« in Zukunft geregelt werden sollte. In einem

---

107 CH BAR E 7170A#1000/1069#114*, BIGA: Protokoll der Konferenz betr. Arbeitsmarktfragen im Hausdienst am 13.01.1939, S. 10.
108 CH SWA Vo M 43-27, Lydia Hollenweger: Die rechtlichen Grundlagen des Hausdienstverhältnisses. Vortrag gehalten am Referentinnenkurs der SAG im November 1938, S. 5.
109 Hausknecht, *Hausdienst*, S. 7. Zur rechtlichen Situation für Hausangestellte der Zwischenkriegszeit vgl. auch: Gross, *Das Hausangestelltenverhältnis*.
110 CH BAR E 7170A#1000/1069#114*, BIGA (Sig. unleserlich): Kreisschreiben an die für Arbeiterschutzfragen zuständigen kantonalen Departemente, Bern 18.01.1939.
111 CH BAR E7181A#1978/72#772*, EVD (Sig. unleserlich): Kreisschreiben an die kantonalen Regierungen betr. die Förderung des Hausdienstes, Bern 18.02.1939, S. 1–4.

Kreisschreiben teilte das EJPD den kantonalen Polizeidirektionen mit, dass einer deutschen Staatsangehörigen, die der Rückberufung nicht Folge leiste, der Pass durch die deutschen Behörden nicht verlängert werde. Die auf diese Weise staatenlos gewordenen Hausangestellten könnten zwar bei der Fremdenpolizei eine Toleranzbewilligung beantragen. Da die Rückwanderung der Deutschen jedoch im »allgemeinen Interesse« zu begrüßen sei, komme die Ausstellung einer Toleranzbewilligung nur in Ausnahmefällen in Frage:

> »Alles spricht somit dafür, dass Toleranz nur ganz ausnahmsweise und nur solchen Hausangestellten gewährt werden soll, die sich als gute Arbeitskräfte und seriöse Menschen bewährt haben (namentlich durch *langjähriges* Verbleiben in ein und derselben Stelle; für solche Mädchen werden sich auch die Arbeitgeber einsetzen)« [Hervorhebung im Original].[112]

Für die deutsche Hausangestellte Anna Weckerle, deren ›Fall‹ im Folgenden näher präsentiert wird, traf genau dies zu. Ihr Arbeitgeber intervenierte mehrmals beim deutschen Konsulat gegen die Nichtverlängerung ihres Reisepasses. Ihre Geschichte illustriert, wie einschneidend die Rückberufung der deutschen ›Dienstmädchen‹ auf individuell-biografischer Ebene wirkte.

Anna Weckerle wurde 1908 im Frauenspital Basel geboren und wuchs als Tochter eines badischen Konditors in Lörrach auf – wenige Kilometer von Basel entfernt auf der deutschen Seite des Rheins.[113] Dort besuchte sie die Töchterschule und war anschließend vier Jahre als Hausangestellte in Offenburg, am südlichen Oberrhein, ›in Stellung‹. Seit September 1931 arbeitete sie als Kindermädchen in der alteingesessenen Basler Patrizierfamilie Staehelin. Die Beziehung zur Arbeitgeberfamilie war ausgesprochen gut, davon zeugen Briefe zwischen Anna Weckerle und ihrer Arbeitgeberin Elisabeth Staehelin-Iselin sowie der Nachruf der Söhne Staehelin nach Weckerles Tod.[114]

---

112 CH BAR E2001D#1000/1552#3057*, EJPD (Sig. Baumann): Kreisschreiben Nr. 231 an die kantonalen Polizeidirektionen betr. Rückruf deutscher Dienstmädchen, Bern 13.04.1939.
113 StABS PA 182a B 84 B 10, Evangelisch-Reformierte Landeskirche Basel-Stadt: Taufschein von Anna Weckerle, Basel 12.01.1908.
114 StABS LA (1991, Juli 3), Nekrolog von Anna Weckerle, S. 4–9. Darin finden sich auch die hier dargelegten Informationen zu ihrem Lebenslauf. Die Korrespondenz zwischen Anna Weckerle und Elisabeth Staehelin-Iselin ist in einem herzlichen und persönlichen Tonfall verfasst: StABS PA 182a B 84 B 10, Korrespondenz zwischen Anna Weckerle und Elisabeth Staehelin-Iselin, 1938–71.

Im Mai 1939 lief Anna Weckerles Pass ab und entsprechend den Weisungen der deutschen Regierung sollten ihre Ausweispapiere nicht verlängert werden. Dagegen protestierte ihr Arbeitgeber John Staehelin am 5. April 1939 beim deutschen Generalkonsul A. Duckwitz in Basel:

»Fräulein Weckerle wurde als Hausgehilfin bei uns angestellt; sie hat sich besonders als Erzieherin meiner 5 Kinder in jeder Beziehung ausgezeichnet bewährt. [...] [so]dass wir in die grösste Verlegenheit kämen, wenn ihr am 8. Mai 1939 ablaufender Pass nicht verlängert werden könnte [...] [Z]umal sie sich in alle Einzelheiten des Haushaltes und unserer Familie so gut eingearbeitet und so tief eingelebt hat in allen diesen Jahren, dass es äusserst schwer fallen dürfte, einen auch nur einigermassen geeigneten Ersatz zu finden.«[115]

Der daran anschließenden Bitte, den Pass von Anna Weckerle »in Würdigung der besonderen Verhältnisse« zu verlängern, entsprach der Generalkonsul. Das Prozedere wiederholte sich viermal, bis ihr Pass im Herbst 1942 ausdrücklich »letztmalig« um ein halbes Jahr verlängert wurde.[116] Im April 1943 erhielt Anna Weckerle die Aufforderung nach Deutschland zurückzukehren:

»Sie werden hiermit veranlasst, rechtzeitig Vorsorge für Ihre Rückkehr nach Deutschland zu treffen und nach ordnungsgemässer Auflösung Ihres gegenwärtigen Dienstverhältnisses nach Deutschland zurückzukehren. Die Arbeitsmarktlage ist in Deutschland derart, dass Sie dort sofort Stellung erhalten bezw. durch die deutschen Arbeitsämter in Stellung vermittelt werden.«[117]

Dieser Aufforderung leistete sie jedoch keine Folge, worauf die kantonale Fremdenpolizei Basel-Stadt Elisabeth Staehelin-Iselin dazu aufforderte, Anna Weckerle entweder zur Ausreise anzuhalten oder sich um eine Toleranzbewilligung zu kümmern.[118] Weckerle blieb – vermutlich mit einer Toleranzbewilligung – während der Dauer des Krieges in der Schweiz. 1952 ließ sie sich einbürgern und erhielt den Bürgerbrief der Stadt Basel.[119] In ihrem Nachruf steht dazu:

---

115 StABS PA 182a B 84 B 10, John Staehelin: Brief an den deutschen Generalkonsul A. Duckwitz, Basel 05.04.1939.
116 StABS PA 182a B 84 B 10, Korrespondenz zwischen John Staehelin und dem deutschen Konsulat in Basel, Basel 1939–1944.
117 StABS PA 182a B 84 B 10, Deutsches Konsulat Basel: Brief an Anna Weckerle, Basel 27.04.1943.
118 StABS PA 182a B 84 B 10, Fremdenpolizei Basel-Stadt (Sig. Bickel): Brief an Elisabeth Staehelin, Basel 04.11.1943.
119 StABS PA 182a B 84 B 10, Bürgergemeinde Basel: Bürgerbrief für Anna Weckerle, Basel 23.06.1952.

»Während des Krieges erreichten sie mehrfach Befehle der deutschen Behörden, ›heim ins Reich‹ zu kehren und sich dem Vaterland zur Verfügung zu stellen. […] Wegen ihrer Weigerung, zurückzukehren, wurde ihr die Anerkennung als Staatsangehörige des Deutschen Reichs faktisch entzogen, so dass sie während einiger Jahre staatenlos war. Als die neue Bundesrepublik Deutschland ihr wieder einen Pass ausstellen wollte, lehnte sie dezidiert ab. Sie fühlte sich als Schweizerin und wurde zu ihrer grossen Freude am 18. Juli 1952 in das Bürgerrecht der Stadt Basel aufgenommen.«[120]

Anna Weckerle starb im Juni 1991. Fast sechzig Jahre lang hat sie im Dienst der gleichen Familie gestanden und ist somit (seltenes) Beispiel des idealtypischen treuen ›Dienstmädchens‹. »Sei getreu bis in den Tod, so will ich dir die Krone des Lebens geben« (Offenbarung 2, 10), lautete sodann der Leitspruch der Predigt ihrer Beerdigung. »Dass Anna sogar während des Krieges einem gewissen Druck ausgesetzt wurde und Euch die Treue hielt […]«[121], hob der Pfarrer eigens lobend hervor.

2.2.2 Überfremdungsdiskurs und Gastgewerbe

Anders als im Hausdienst war das Reden über Ausländer in der Gastronomiebranche lange Zeit auf die männlichen, gut qualifizierten Beschäftigten, insbesondere Köche und Kellner, beschränkt. Gérard Châtelain bemerkt in seiner Dissertation aus dem Jahr 1924, dass sich der Großteil der weiblichen Angestellten in der Gastronomie aus Schweizerinnen vom Land rekrutierte. Bei den Köchen stammten jedoch mehr als 40 Prozent aus dem Ausland.[122] Der einzige einflussreiche Arbeitnehmerverband für das Gastgewerbe, die Union Helvetia (UH), hatte sich 1886 unter dem Namen »Winkelried-Verband« gegründet. Diese nach einem Schweizer Nationalhelden benannte Vereinigung setzte sich explizit die »Bekämpfung der Überfremdung« des Gastgewerbes durch französische Köche und deutsche Kellner zum Ziel. Schon die Statuten aus dem Jahr 1889 enthielten jedoch den Hauptprogrammpunkt der Gründer bezüglich der ›Überfremdungsbekämpfung‹ nicht mehr. Vielmehr ging es nun um die Gründung von Krankenkassen und die Einrichtung von Stellenvermittlungen. Nach dem Ersten Weltkrieg wurde die UH zum wichtigsten Interessensverband des gastgewerblichen Personals. 1919 wurden erstmals auch

---

120 StABS LA (1991, Juli 3), Nekrolog von Anna Weckerle, S. 6.
121 Ebd., S. 10–11.
122 Châtelain, *Le personnel*, S. 11–13.

Frauen als Mitglieder zugelassen, die UH blieb jedoch eine Gewerkschaft der männlichen Angestellten(-Elite).[123] Ausländische Arbeitskräfte problematisierte die UH in den 1920er Jahren vor allem als »Lohndrücker«.[124] Erst Mitte der 1930er Jahre wurde ein Mangel an weiblichen Angestellten im schweizerischen Gastgewerbe und eine damit verbundene erhöhte Nachfrage nach ausländischen Arbeitnehmerinnen diagnostiziert und diskutiert. Die »lange Krise«, in der sich das schweizerische Gastgewerbe im Zuge von Weltkrieg und Wirtschaftskrisen befunden hatte,[125] habe zu einer Vernachlässigung der Nachwuchsförderung, insbesondere bei den weiblichen »Hilfskräften«, geführt. So etwa A. Wenner vom BIGA 1935 in einem Radiovortrag zu den *Arbeitsverhältnissen im Hotel- und Gastwirtsgewerbe*:

»Wir möchten unsere verehrten Hörerinnen und Hörer […] nur *nochmals* daran erinnern, dass immer noch viele ungenützte Arbeitsmöglichkeiten für Frauen und Mädchen im Gastgewerbe vorhanden sind. Besonders der berufliche Nachwuchs an jungen Mädchen ist ungenügend. So ist zum Beispiel stets Mangel an Hilfskräften in den untergeordneten Berufen in Küche und Office« [Hervorhebung im Original].[126]

Die hierarchisch geordneten Berufskategorien des Gastgewerbes waren nämlich in hohem Maße geschlechtlich strukturiert. 1930 waren mehr als zwei Drittel der im Gastgewerbe beschäftigten Personen weiblich [vgl. Tabelle 5]. Ein solches Übergewicht, so Anna Mürset in einem Vortrag vor Berufsberater_innen, finde man nur noch in der Hauswirtschaft und der Krankenpflege. Ob in Hotels, Restaurants oder Cafés: überall stellten Frauen die Mehrzahl der Beschäftigten.[127] Betrachtet man die einzelnen gastgewerblichen Berufskategorien in der Volkszählung von 1930, waren nur bei den »Hoteldirektoren und Sekretären«, den »Concierges« und »Portiers« die Männer in der Überzahl. Der Frauenanteil lag beim Kochpersonal bei 62,6 Prozent, den Serviceangestellten bei 88,2 Prozent, den »Hilfs-

---

123 Union Helvetia, *Jubiläumsschrift*, S. 5–15.
124 O.V., Arbeitslosigkeit. Ausländische Arbeitskräfte im Hotelgewerbe, in: National-Zeitung, o.Nr., 25.05.1921.
125 Tissot, »Binnenwirtschaft«, S. 556–562.
126 CH SWA Vo M 72–23, A. Wenner: Die Arbeitsmarktverhältnisse im Hotel- und Gastwirtschaftsgewerbe, Radiovortrag vom 16.04.1935. Ähnlich: AGoF Bro 8005, Karl Ackermann: Die Entwicklung der Arbeitsmarktlage im Hotelgewerbe, Radiovortrag vom 04.05.1937.
127 SSA Ar. 17.50.13, Anna Mürset: Frauenberufe im Gastgewerbe, Referat für den Berufsberaterkurs in Aarau 13.10.1937, S. 2–8.

kräften« bei 87,8 Prozent, den Glätterinnen und Wäscherinnen bei 89,4 Prozent und beim Zimmerservice sogar bei 98,2 Prozent.[128] Zusammenfassend lässt sich festhalten, je niedriger die Qualifikationsstufe war, desto höher war der Frauenanteil.

Tabelle 5: *Angestellte im Gastgewerbe (GGA) nach Geschlecht, 1920–1970*

Jahr	Anzahl GGA (m/w)	Anzahl weibliche GGA	Anteil Frauen an GGA
1920	74.351	50.637	68,1 %
1930	100.522	69.384	69,0 %
1941	95.062	68.618	72,2 %
1950	101.951	72.160	70,8 %
1960	121.304	79.985	65,9 %
1970	134.168	82.248	61,3 %

Quelle: Schweizerische Volkszählung, 1920–1970

Die offenen Stellen für weibliche ›Hilfskräfte‹ wurden ab Mitte der 1930er Jahre mehr und mehr mit Ausländerinnen besetzt. Der Schweizerische Hotelierverein (SHV) wies in einer polemisierenden Pressemitteilung den Frauenorganisationen und Behörden die Schuld an dem Personalmangel und der zunehmenden ›Überfremdung‹ im Gastgewerbe zu. Da sich die weiblichen Hotel- und Gastgewerbsangestellten »in der Regel aus den Dienstboten rekrutier[t]en«, seien die SAG und das BIGA, die den »Mangel an Dienstboten« nicht in den Griff bekämen, verantwortlich für die Misere:

»[Wir] müssen [...] mit großem Bedauern feststellen, daß nicht eine Besserung, sondern ein wesentlich verschärfter Mangel an Dienstboten und weiblichen Hotelangestellten eingetreten ist. Unsere jungen Schweizerinnen werden in die Verwaltungen, Bureaux und Fabriken dirigiert und der Hausdienst wird den Ausländerinnen überlassen. Dank dieser unheilvollen Tendenz und Vernachlässigung der Ausbildung unserer jungen Mädchen im Hausdienst sind wir im Hotel- und Gastwirtschafts-Gewerbe endlich soweit gekommen, weibliches Hotel-Personal aus dem Auslande herein zu holen. [...] Es ist höchste Zeit, daß sich unsere Landesbehörden allen Ernstes dieser volkswirtschaftlich sehr wichtigen Frage annehmen und einschneidende Maßnahmen (obligatorisches Hausdienstlehre) ergreifen,

---

128 Eidgenössisches Statistisches Amt, *Volkszählung 1930*, S. 9; 370. Eigene Berechnung.

um eine Ueberfremdung unseres Landes mit Dienstboten und weiblichen Hotel-Angestellten zu verhüten.«[129]

Die explizite Bezugnahme des SHV auf den Hausdienst verdeutlicht, dass sich der Überfremdungsdiskurs im Gastgewerbe 1938 mit dem Hausdienstdiskurs kreuzte. Diese Diskurspaarung hängt damit zusammen, dass neu der Fokus in der Diskussion um ›Überfremdung‹ im Gastgewerbe auf den weiblichen Angestellten lag, deren Arbeitsverhältnis eng verwandt war mit dem der Hausangestellten.[130] In einer Krisenbesprechung zwischen SHV, UH und BIGA über den Mangel an weiblichem Personal, die aufgrund der oben zitierten Pressemitteilung des Hoteliervereins einberufen worden war, zeigt sich die Bezugnahme auf die Debatten im Hausdienst auch in der sachbezogen Diskussion. Die teilnehmenden Parteien formulierten Maßnahmen zur Lösung des Problems, die inhaltlich den Bestrebungen zur Förderung des Hausdienstes entsprachen. Neben der Verbesserung der Aus- und Weiterbildung, dem besseren Ausschöpfen des vorhandenen ›Arbeitskräftereservoirs‹ durch Inklusion älterer Personen wurde die »Sanierung« der Arbeitsverhältnisse gefordert, um den Beruf für »einheimische Mädchen« wieder attraktiv zu machen.[131]

2.2.3 Reformen in Hausdienst und Gastgewerbe

Am 5. September 1939 beschloss der Bundesrat die Wiedereinführung der Visumspflicht und die Inlandkontrolle über die Ausländerinnen und Ausländer wurde erneut verschärft. Zureisende Ausländerinnen und Ausländer, egal für welchen Zweck sie sich in der Schweiz aufzuhalten beabsichtigten, mussten sich innerhalb von 24 Stunden bei der Fremdenpolizei anmelden.[132] Diese Maßnahmen führten zu einem Absinken des Ausländeranteils an der Wohnbevölkerung auf einen – für das 20. Jahrhundert – historischen Tiefststand von 5,2 Prozent. Das eidgenössische statistische Amt meldete erstmals auch eine wesentliche Veränderung in der »Zusammensetzung der Ausländer nach Heimatstaaten«. Die »Deut-

---

129 O.V., Eine bedenkliche Tatsache, in: Basellandschaftliche Zeitung, Nr. 117, 20.05.1938 und o.V., Zur Arbeitsmarktlage im Hotelgewerbe, in: NZZ, Nr. 929, 24.05.1938.
130 Vgl. Kapitel 4.2.1.
131 CH BAR E7181A#1978/72#780*, Union Helvetia (Zeitschrift): Die Gewinnung von weiblichem Personal für das Gastgewerbe (Ausschnitt), 04.08.1938.
132 CH BAR E4300B#B.13.01, EJPD: Mitteilung über den Bundesratsbeschluss vom 05.09.1939 betr. Verschärfung der Kontrolle der Ausländer im Inland, Bern 05.09.1939.

schen und Österreicher« – hier zusammengefasst – standen erstmals an zweiter Stelle hinter den »Italienern«.[133] Dieser Rückgang begründe sich aber nicht nur mit der Schließung der Grenzen, sondern sei insbesondere durch Einbürgerungen und »Einheirat ausländischer Frauen« zustande gekommen. Von 1930 bis 1941 hätten 5600 Frauen und 2200 Männer durch Hochzeit mit einem/einer Schweizer/in das Schweizer Bürgerrecht erlangt.[134] Bei den Hausangestellten verringerte sich der Anteil der Ausländerinnen ebenfalls von knapp 30 Prozent im Jahr 1930 auf 10 Prozent im Jahr 1941.[135] Dies, so Nelli Jaussi, liege vor allem an der Abwanderung der Deutschen und Österreicherinnen infolge der »Rückberufung«.[136]

Im Reden über den Mangel an Angestellten im Hausdienst und Gastgewerbe dominierte nun nicht mehr die ›Überfremdung‹. In beiden Branchen standen während des Krieges die Professionalisierung und die rechtliche Verbesserung der Arbeitsverhältnisse im Vordergrund. Die SAG rührte kräftig die Werbetrommel für die Haushaltlehre.[137] Im Gastgewerbe wurde nach Einführung der Köchinnenlehre im Jahr 1941 auch die Servierlehre installiert.[138] Gab es bei Ausbruch des Krieges erst drei Normalarbeitsverträge für Hausangestellte, waren es 1946 schon 17.[139] Im Kanton Basel-Stadt beispielsweise hatte der Regierungsrat 1939 die Einführung des NAV noch verworfen, 1942 wurde ein solcher auf Drängen der kantonalen Arbeitsgemeinschaft für den Hausdienst und der Arbeitsämter verabschiedet. Die Befürworter_innen argumentierten mit dem Slogan »das Schwei-

---

133 Vgl. Tabelle 1.
134 CH SWA Vo 0, Eidgenössisches Statistisches Amt: Rückgang der Ausländerbestände, Bern 14.06.1945, S. 1–4. Bis 1991 wurden ausländische Frauen, die Schweizer heirateten automatisch eingebürgert. Pröll, »Österreichische Arbeitnehmer«, S. 435.
135 Vgl. Tabelle 3.
136 Jaussi, »Ausländische Arbeitskräfte«, S. 217.
137 Schweizerische Arbeitsgemeinschaft für den Hausdienst, Die Haushaltlehre. Darin sollte Schulabgängerinnen die Arbeit als Hausangestellte schmackhaft gemacht werden. Zur Propagierung der Haushaltlehre in der Tagespresse vgl. die Pressedokumentation CH SWA Vo N I 5a, Hauswirtschaft Schweiz, Zeitungsartikel (–2004), insbesondere: April 1939 bis Juli 1940.
138 Zur Einführung der Köchinnenlehre vgl. StABS DI-REG 5a 2-4-3 (2) 45, BIGA: Schreiben an den Regierungsrat des Kantons Basel-Stadt, Bern 1941. Zur Servierlehre vgl. SSA 17.50.13, Anna Mürset: Über die neue Servierlehre. Vortrag an der Tagung des ostschweizerischen Kreisverbandes für Gemeindestuben und Gemeindehäuser in Aarau am 02.06.1945.
139 O.V., Die Rechte der Hausangestellten, in: die Tat, Nr. 203, 26.07.1946.

zermädchen ist anders als das deutsche Mädchen«.[140] Im Basel-Städtischen NAV wurde den Hausangestellten (»abgesehen von Notfällen«) eine Nachtruhe von neun Stunden sowie eine wöchentliche Ruhezeit von acht Stunden, die auf zwei Tage aufgeteilt werden durfte, zugesprochen (§ 3 und 4). Bei einem Arbeitsverhältnis, das länger als ein Jahr dauerte, hatten die Hausangestellten Anspruch auf zwei Wochen Ferien (§ 7). Die »Kost der Hausangestellten muß[te] gesund und ausreichend sein« und »[d]as Zimmer […] den gesundheitlichen Anforderungen entsprechen« (§ 8). Im »Krankheitsfalle« war der Arbeitgeber verpflichtet je nach Dauer des Arbeitsverhältnisses für eine gewisse Zeit für »Unterhalt, Pflege und Lohn« aufzukommen (§ 11). Zudem wurden Kündigungsfristen festgelegt (§ 14 und 15). Im Gegenzug verpflichtete sich die Hausangestellte dazu, »ihre Arbeit sorgfältig und nach besten Kräften auszuführen« und Arbeiten »außerhalb ihres gewohnten Aufgabenkreises« zu übernehmen, sofern dies ihre Gesundheit nicht schädige. »Sie hat[te] sich der Hausordnung zu fügen« und sich dem »Dienstgeber und dessen Angehörigen gegenüber eines angemessenen Verhaltens zu befleißigen« (§ 2).[141]

Diese Regelungen waren aus der Perspektive der Hausangestellten in vielerlei Hinsicht nach wie vor unbefriedigend. Zum Beispiel wurde die tägliche Arbeitszeit nur indirekt begrenzt durch die Gewährung einer Nachtruhe von neun Stunden, was de facto einen Fünfzehnstundentag legalisierte. Seitens der Frauenorganisationen wurde der NAV aber als großer Erfolg gewertet. Was unmöglich schien, so Maria Oechslin vom Arbeitsamt in Schaffhausen in einem Referat an der Generalversammlung der SAG am 24. Februar 1944, sei unter dem Druck der Abwanderung der deutschen und österreichischen Hausangestellten plötzlich möglich geworden. Solange Ausländerinnen den Hausdienst dominiert hatten, die »willig«, »anspruchslos« und »tüchtig« alles über sich ergehen ließen, sei eine Verbesserung der Arbeitsverhältnisse nicht denkbar gewesen:

»Die Ausländerinnen beherrschten nach und nach weitgehend den Hausdienstberuf und beeinflussten die gesamten Arbeitsverhältnisse. Trotzdem sie im allgemeinen tüchtige Arbeitskräfte waren, arbeiteten sie zu verhältnismässig kleinen Löh-

---

140 StABS PA 772 A1, Marietta Leupold-Lindner: Die bei der Basler Regierung eingegebenen Wünsche für die Schaffung eines Normalarbeitsvertrages. Vortrag gehalten an einem Vortrags- und Ausspracheabend bezüglich des problematischen Verhältnisses zwischen Hausfrau und Hausangestellter in Basel am 11.09.1942, S. 4.
141 CH SWA Vo M 43–27, Normalarbeitsvertrag für Hausangestellte im Kanton Basel-Stadt vom 11.12.1942.

nen. Sie achteten nicht besonders darauf, dass ihnen eine geregelte Freizeit gewährt wurde. Oft, und dabei denke ich besonders an den bäuerlichen Hausdienst und an die Hotellerie, verrichteten die Ausländerinnen willig oder sogar mit Vorliebe schwere und schwerste Arbeit, die eigentlich von Männern hätte getan werden müssen. Vor allem aber lag ihnen ein gewisses ›Dienern‹ nicht ›Dienen‹ im Blut, d.h. sie waren bewusst und gewollt die ›Knechte‹ und die ›Mägde‹ im Dienste der ›Herrschaft‹. Ansprüche in Bezug auf Familienanschluss, gleiches Essen, gutes, geheiztes Zimmer usw. machten sie kaum. Sie waren sozusagen mit allem zufrieden und glücklich, wenn es ihnen gelang, früher oder später einen Schweizer zu heiraten. Dass diese ausländischen Hausangestellten beliebt waren, ist begreiflich, denn sie waren tüchtig und anspruchslos.«[142]

Der Ausbruch des Krieges und der Personalmangel hätten sowohl in rechtlicher Hinsicht als auch in Bezug auf die Lohnentwicklung in verhältnismäßig kurzer Zeit viel Gutes bewirkt.[143]

Diese Meinung wurde nicht von allen geteilt. Die bürgerliche *NZZ* druckte im Februar/März 1940 in der Artikelserie *Briefe an die N.Z.Z. zur Dienstbotenfrage* eine Reihe an Einsendungen von empörten Arbeitgeber_innen ab. Darin wurden die »Sanierungsbestrebungen« der SAG und der Behörden harsch kritisiert, die zu übersteigerten Lohnvorstellungen, überhöhten Ansprüchen an die Ausgestaltung des Arbeitsverhältnisses und letztlich einer »Verweichlichung« der Jugend führten:

»Statt dieser ewigen Fürsorge durch Institutionen, Aemter, Beratungsstellen usw. lasse man doch das ›Leben‹ den jungen Leuten hie und da einmal eine rechte Ohrfeige geben, so wie es auch bei uns der Fall war und uns gut tat. […] Wohl der Jugend, die in irgend einer Form einmal durch die Schule der Unterordnung und des Verzichts gehen muß! […] Wer einmal befehlen will, muß erst einmal gehorchen lernen, wie es unsere Soldaten auch müssen. Man muß, wenn die Grundfe-

---

142 StABS PA 772 A1, Maria Oechslin: Der Einfluss des Mangels an Hausangestellten auf die Arbeitsverhältnisse im Hausdienst. Vortrag gehalten an der Generalversammlung der SAG in Bern am 24.02.1944, S. 1. Zur Anspruchslosigkeit, »Willigkeit« und dem Fleiß ausländischer Hausangestellter vgl. auch Schweizerische Arbeitsgemeinschaft für den Hausdienst, *Hausdienstfragen*, S. 231–232. Ebenso: AGoF 128 26: 8, Anna Walder (Thurgauische Zentralstelle für Frauenberufe): Antwortschreiben an die SAG betreffend die Umfrage über ›Ausländerinnen im Hausdienst‹. Frauenfeld 09.01.1952. Das Bild der unterwürfigen deutschen Hausangestellten manifestiert sich auch in zeitgenössischen, literarischen Darstellungen. Guggenheim, *Alles in Allem*, S. 10–11.
143 StABS PA 772 A1, Maria Oechslin: Der Einfluss des Mangels an Hausangestellten auf die Arbeitsverhältnisse im Hausdienst. Vortrag gehalten an der Generalversammlung der SAG in Bern am 24.02.1944, S. 3–4.

sten Europas zu zittern beginnen den Mut zur Härte aufbringen – zum Segen für unsere angehenden Staufacherinnen [sic].«[144]

Stauffacherin ist ein Begriff, der seit der Nationalisierung der Hausdienstfrage im Zuge der geistigen Landesverteidigung, häufig auftaucht. Er bezeichnet in dem Zusammenhang Schweizerinnen, die sich ganz im Sinne der Idee ›Dienst im Haus ist Dienst am Volk‹ dem Hausdienst widmen. Der Begriff der Stauffacherin meint ganz allgemein eine tatkräftige, beherzte Schweizerin. In Friedrich Schillers *Wilhelm Tell* wird der Figur der Stauffacherin, der Ehefrau eines der drei Eidgenossen, die Idee des Rütlischwurs und damit die Gründung der Eidgenossenschaft zugeschrieben.[145]

In vielen Leserbriefen der NZZ-Artikelserie trauerten die Verfasser_innen den Deutschen nach. Die »guten Mädchen« seien fast alles Deutsche gewesen, die auch manch »schwere Stunde« »ertragen« und sich zu »tüchtigen Menschen« hätten »formen« lassen.[146]

Weil viele Arbeitgeber_innen die deutschen und österreichischen »Mädchen« präferierten, zirkulierte in Hausdienstkreisen noch vor Kriegsende die Befürchtung einer neuen ›Überfremdung‹. Maria Oechslin schloss ihr Referat an der Generalversammlung der SAG 1944 in Bern beispielsweise mit der Warnung: »Sollten nach dem Krieg wieder irgendwo die Grenzen aufgehen für ausländische Hausangestellte, dann wird diese Möglichkeit umso mehr benutzt werden, je unzufriedener die Hausfrauen über die Schweizerinnen sind.«[147]

2.2.4 Kontroverse zur Einwanderung von »Dienstmädchen«

Die Hoffnungen der Arbeitgeber_innen nach Kriegsende wieder die »tüchtigen und arbeitswilligen« deutschen Mädchen beschäftigen zu können,[148] verwandelten sich tatsächlich in der unmittelbaren Nachkriegszeit in konkrete Forderungen nach Einreisebewilligungen. Im Juli 1945 ge-

---

144 W. A.-G.: Briefe an die NZZ zur Dienstbotenfrage, in: NZZ, Nr. 377, 13.03.1940.
145 Kreis, Stauffacherin, 27.02.2012, http://www.hls-dhs-dss.ch/textes/d/D47808.php.
146 A. H.-T.: Briefe an die NZZ zur Dienstbotenfrage, in: NZZ, Nr. 377, 13.03.1940.
147 StABS PA 772 A1, Maria Oechslin: Der Einfluss des Mangels an Hausangestellten auf die Arbeitsverhältnisse im Hausdienst. Vortrag gehalten an der Generalversammlung der SAG in Bern am 24.02.1944, S. 7. Ebenso: StABS PA 772 A1, Anna Böll-Bächi: Bericht über die Verhältnisse im Hausdienst. Eine Studie der Frauenkommission für Arbeitsbeschaffung, Februar 1945, S. 5–6.
148 E.D., Zur Rückbeorderung der deutschen Dienstmädchen, in: NZZ, Nr. 29, 05.01.1939.

langte der Zürcher Nationalrat Hans Munz, vom Landesring der Unabhängigen (LdU), mit einer Anfrage an den Bundesrat:

»Das Kriegsende hat die Dienstbotennot in keiner Weise gemildert. Zehntausende von schwer überlasteten Hausfrauen und Müttern haben nach wie vor keine Aussicht, eine Hilfe zu bekommen. Hält der Bundesrat nicht dafür, daß die Einreise bedeutender Kontingente namentlich österreichischer und italienischer Arbeitskräfte zum Zwecke der Arbeitsannahme in Haushaltungen nicht nur gestattet, sondern amtlich gefördert werden sollte.«[149]

Im gleichen Monat, am 27. Juli 1945, wandte sich das Polizeidepartement des Kantons St. Gallen mit einer ähnlichen Anfrage an die eidgenössische Fremdenpolizei. Aufgrund eines ausgesprochenen Mangels an weiblichen Arbeitskräften in Hauswirtschaft und Gastgewerbe, erachte es der Regierungsrat St. Gallen »als dringend notwendig und im Interesse unserer Volkswirtschaft liegend, dass den zahlreich eingehenden Gesuchen um Zuzug von Arbeitskräften aus dem benachbarten Vorarlberg entsprochen wird.«[150] Aber auch Konsulatsbeamte,[151] Berufsverbände,[152] Unternehmer und Hausfrauen[153] wandten sich an die Behörden mit der Bitte die Einreise von österreichischen, ferner von deutschen oder italienischen, Frauen zu genehmigen.

Im Gegensatz zur Vorkriegszeit wurde stärker zwischen Deutschen und Österreicherinnen unterschieden. Den Deutschen begegneten die Antragsteller_innen mit großer Skepsis und suchten häufig explizit um

---

[149] Zit. nach: o.V., Woher kriegen wir Dienstmädchen?, in: Die Tat, Nr. 266, 28.09.1945. Der 1939 vom Migros-Gründer Gottlieb Duttweiler initiierte LdU machte sich stark für einen Kapitalismus mit sozialer Verantwortung. Meuwly, Landesring der Unabhängigen, 11.11.2008, http://www.hls-dhs-dss.ch/textes/d/D17394.php.

[150] CH BAR E4300B#1000/846#300*, Polizeidepartement des Kantons St. Gallen: Schreiben an die eidgenössische Fremdenpolizei, St. Gallen 27.07.1945.

[151] CH BAR E4300B#1000/846#300*, Korrespondenz zwischen dem BIGA und dem Schweizerischen Konsulat in Stuttgart (z.Zt in Tettnang) betr. die Bedingungen zur Beschäftigung deutscher Arbeitskräfte in der Schweiz, November 1945. CH BAR E4300B#1000/846#300*, Richard Bickel (Beauftragter des EPD in Wien): Schreiben betr. Einreisegesuche österreichischer Staatsangehöriger zum Stellenantritt in der Schweiz, Wien 10.03.1946.

[152] StABS PD-REG 1a 1967–17, Landwirtschaftlicher Verein Basel-Stadt: Schreiben an den Regierungsrat F. Brechbühl (Polizeidepartement) betr. Zuzug ausländischer Arbeitskräfte für das hauswirtschaftliche Personal in der Landwirtschaft, Basel 27.12.1945.

[153] CH BAR E4300B#1000/846#300*, Dossier zur Zulassung ausländischer Arbeitskräfte, 1945 und CH BAR E4300B#1000/846#301*, Dossier zur Zulassung ausländischer Arbeitskräfte, 1946–47.

Österreicherinnen an, da diese politisch weniger belastet schienen. Die nationale Differenzierung, basierend auf der Vorstellung, dass Österreich das »erste Opfer Hitlers« war,[154] findet sich im Vorschlag einer Privatperson an das EPD vom 27. Oktober 1945:

«Vu le ressentiment que nous avons actuellement contre les ressortissants de l'Allemagne, je voudrais M. le Conseiller vous faire la proposition qui suit: Il y a en Autriche des jeunes filles qui certainement remplaceraient avantageusement les Allemandes. L'Autrichienne est de caractère gai, elle est travailleuse se mettant à toute occupation et surtout elle n'est pas intrigante, sournoise et insinueuse comme l'est actuellement encore la jeunesse hitlerienne.«[155]

Auch die Italienerinnen wurden, zumindest in der Deutschschweiz, von den Arbeitgeber_innen ungern angenommen.

»Trotzdem sich die jungen Italienerinnen […] im allgemeinen gewiß sehr gut für den Hausdienst eignen und für jede Arbeit geschickt und anstellig sind, scheinen die Hausfrauen hauptsächlich der deutschen Schweiz sich von der jahrzehntealten Tradition nicht loslösen zu können und noch auf deutsche oder österreichische Hilfen zu zählen.«[156]

Der Ruf nach ausländischen Arbeitskräften in Hausdienst und Gastgewerbe beschäftigte nicht nur Parlament und Behörden, sondern in besonderem Maße auch die mediale Öffentlichkeit. Von Juli 1945 bis 1947 erschienen in der Tagespresse unzählige Artikel zum Mangel an ‹Dienstmädchen› in Privathaushalten und der Hotellerie.[157] An der hitzigen Diskussion beteiligten sich neben Regionalzeitungen der Grenzkantone, wie dem *St. Galler Tagblatt* oder dem *Landschäftler* (Basel-Land), Tages- und Wochen-

---

154 Die These, das erste Opfer Hitlers gewesen zu sein, war das zentrale Narrativ des Selbstverständnisses der Zweiten Republik in Österreich. Loitfellner, »Hitlers«, S. 151.
155 »In Anbetracht der Bedenken, die wir momentan gegen die deutschen Staatsangehörigen haben, möchte ich, Herr Bundesrat, Ihnen folgenden Vorschlag machen: In Österreich gibt es junge Mädchen, die sicherlich die Deutschen vorteilhaft ersetzen würden. Die Österreicherin hat einen fröhlichen Charakter, sie ist arbeitsam, verrichtet jede Tätigkeit und vor allem ist sie nicht intrigant, hinterlistig und unterwandernd, wie es momentan die Hitlerjugend noch ist.«. CH BAR E4300B#1000/846#301*, N. Chappuis: Brief an das EPD (Abteilung für Auswärtiges), Bern 27.10.1945 (Kopie) [Übersetzung AA].
156 Jaussi, »Ausländische Arbeitskräfte«, S. 218. Ebenso: AGoF 128 20: 2, FJM (Sig. F. Zoss): Protokoll der Tagung der Bahnhofhelferinnen und Stellenvermittlerinnen vom 7./8. September 1946 in Chexbres s./Vevey, Oktober 1946, S. 5.
157 CH SWA Vo M 14–27, Arbeitsverhältnisse Dienstboten und Hausangestellte, Zeitungsartikel (1922–2004), hier: Juli 1945 bis Juli 1947. Der Höhepunkt der Diskussion in der Printpresse wurde im Mai 1946 erreicht.

zeitungen verschiedenster politischer Couleur und parteilicher Zugehörigkeit. Das Spektrum reichte von der *Tat*, dem Sprachrohr des LdU, der bürgerlich-liberalen *NZZ*, dem katholisch-konservativen *Basler Volksblatt*, der antikapitalistisch-antisemitischen Wochenzeitung *Das Aufgebot* bis zur sozialdemokratischen *Berner Tagwacht* und dem *Vorwärts*, Organ der 1944 gegründeten Partei der Arbeit, einem Sammelbecken linker Parteien und Gruppierungen.

Von den Kommunisten bis zu den Frontisten beschäftigte man sich mit der Frage, wie die herrschende »Dienstmädchenkalamität«, das Fehlen von 40.000 Hausangestellten, behoben werden könnte.[158] Die Antwort auf diese Frage fiel ganz unterschiedlich aus. Die *NZZ* plädierte für gänzlich neue Lösungsansätze, insbesondere für die Rationalisierung der Hauswirtschaft.[159] Im *St. Galler Tagblatt* wurde – in der Fortsetzung des während des Krieges auf Professionalisierung zugespitzten Hausdienstdiskurses – vor allem die Förderung der Haushaltlehre beschworen.[160] Dagegen positionierte sich der *Vorwärts*, der die Lehre durch die schier unbeschränkte Arbeitszeit als ausbeuterisches Arbeitsverhältnis verwarf.[161]

Neuralgischer Punkt der Diskussion war jedoch die Einreise von Deutschen und Österreicherinnen. Teilweise wurde sie als einzige Lösung dargestellt und mit Nachdruck gefordert, teilweise als große Gefahr für die schweizerische Gesellschaft bezeichnet und leidenschaftlich bekämpft. Als Hauptargument führten die Befürworter_innen die ungerechte Verteilung der Hausangestellten ins Feld. Aufgrund der weit geöffneten Schere zwischen Angebot und Nachfrage seien die Löhne so hoch, dass sich nur noch die Reichen eine Hausangestellte leisten könnten. Es seien aber gerade die ›Kinderreichen‹, die dringend eine Hilfe benötigten.

»Ist es nun aber – gerade vom sozialen Gesichtspunkte aus – annehmbar und tragbar, daß sich heute nur noch ausgesprochen reiche Familien ein Dienstmädchen leisten können? [...] [D]ie Dienstmädchenfrage ist [...] allein auf jenem Weg zu lösen, auf dem sie vor dem Kriege ganz natürlich gelöst war: durch die *Einwanderung ausländischer weiblicher Arbeitskräfte* für den Hausdienst. Und deshalb wäre es angebracht, wenn von Bern aus bei den Besatzungsbehörden Schritte unternom-

---

158 Schätzung über die Zahl der fehlenden Hausangestellten nach: o.V., Wie viele Dienstmädchen fehlen uns heute?, in: Basler Volksblatt, Nr. 274, 24.11.1945.
159 Gh, Das Hausdienstproblem in der Nachkriegszeit, in: NZZ, Nr. 1884, 10.12.1945.
160 H. Sch., Die Hausangestellten-Frage als volkswirtschaftliches Problem, in: St. Galler Tagblatt, Nr. 602, 22.12.1945.
161 Heu., Billige Dienstmädchen, in: Vorwärts, Nr. 34, 15.11.1945.

men würden, um zu einem Abkommen zu gelangen« [Hervorhebung im Original].[162]

Nicht nur die überlasteten Hausfrauen in der Schweiz seien auf Hilfe angewiesen, sondern auch die notleidenden Menschen in Österreich und Deutschland. *Die Tat* propagierte im Mai 1946 die Idee, den in »Not, Hunger und Verwahrlosung« lebenden Frauen in Österreich Arbeitsplätze in der Schweiz zur Verfügung zu stellen. Dies sei eine effektive Maßnahme der »Soforthilfe«. Die Österreicherinnen sollten zunächst zur Erholung in die Schweiz kommen und nach einer körperlichen Stärkung zu Hausangestellten geschult und in Schweizer Familien platziert werden. Von ihrem Lohn könnten die Frauen sodann »Liebesgabenpakete« nach Österreich schicken.[163] Diesen Gedanken, die humanitäre Hilfe mit der Bekämpfung des Hausangestelltenmangels zu verbinden, nahm eine Initiative des Schweizerischen Arbeiterhilfswerks (SAH) auf. 1950/51 organisierte das SAH, unter der Leitung seiner Zentralsekretärin Regina Kägi-Fuchsmann und in Kooperation mit der Arbeiterwohlfahrt Watenstedt-Salzgitter (Niedersachsen), einen dreimonatigen Erholungsaufenthalt und Haushaltungskurs für 22 gesundheitlich angeschlagene »Flüchtlingsmädchen« in Cavigliano (Tessin). Die jungen Frauen wurden dort in praktische Hausarbeiten (Putzen, Kochen, Nähen, Stricken, Sticken) eingeführt und erhielten theoretischen hauswirtschaftlichen Unterricht. In der Anmeldung verpflichteten sich die Teilnehmerinnen dazu, nach diesem Kurs als Hausangestellte in der Schweiz zu bleiben.[164]

Entgegen der weit verbreiteten Vorstellung, dass ›Dienstmädchen‹ ein Phänomen des langen 19. Jahrhunderts seien, zeigen die vehementen Forderungen nach mehr (deutschen und österreichischen) Hausangestellten, dass diese nach dem Ersten Weltkrieg gesellschaftlich nicht in der Bedeutungslosigkeit verschwanden.[165] So heftig wie die Einreise von ausländischen Haus- und Gastgewerbsangestellten gefordert wurde, wurde auch mit Nachdruck dagegen Stellung bezogen. Sozialdemokratische Kreise sahen in der erneuten Einwanderung »billiger Arbeitskräfte« die Gefahr der

---

162 O.V., Wo kriegen wir Dienstmädchen?, in: Die Tat, Nr. 266, 28.09.1945. Ähnlich: H. Cranach, Die Hausangestellten-Frage als volkswirtschaftliches Problem, in: St. Galler Tagblatt, Nr. 598, 20.12.1945.
163 F.S., Eine Österreicherin schlägt uns vor, in: Die Tat, Nr. 140, 23.05.1946.
164 SSA Ar. 20.891.36, Dossier zum Haushaltkurs für deutsche Flüchtlingsmädchen in Cavigliano, 1950/51.
165 Auch in der BRD wurden 1950 noch mehr als eine halbe Million Hausangestellte gezählt. Witkowski, »Ein Relikt«, S. 162.

»Lohndrückerei«.[166] Abgesehen von dieser gewerkschaftlichen Perspektive, problematisierten die Gegner_innen vor allem die Herkunft der Frauen. Drei Aspekte dominierten die Diskussion. Erstens wurde aufgrund der – generell unterstellten – nationalsozialistischen Prägung die »Gesinnungsfrage« der zuwandernden Deutschen gestellt. Obwohl die schweizerische NSDAP während des Krieges ›nur‹ 5000 Mitglieder zählte, was nicht einmal 4 Prozent der ansässigen Deutschen entsprach,[167] wurden die Deutschen in der Schweiz oftmals verallgemeinernd als ›fünfte Kolonne‹ diffamiert. Im *Landschäftler* bezog ein Einsender oder eine Einsenderin geradezu idealtypisch Position gegen die Forderungen vieler Hausfrauen nach Einreiseerlaubnissen für ausländische Hausangestellte:

> »Ist es wirklich heute schon, nach einigen wenigen Monaten seit Kriegsende an der Zeit, der Zureise von weiblichem Hausdienstpersonal aus Nazi-Deutschland Tür und Tor zu öffnen? Soll nun wieder, wie nach dem ersten Weltkriege, eine eigentliche Invasion von deutschen Dienstmädchen anheben?«[168]

In der Zwischenkriegszeit hätten die ›deutschen Dienstmädchen‹, so die weiteren Ausführungen im *Landschäftler*, noch »unerschütterlich auf dem Boden des Christentums und der abendländischen Kultur« gestanden. Gegenwärtig müsse man bedenken, dass diese »just jener Generation [angehörten], die in der Glanzzeit des Nationalsozialismus in Deutschland aufgewachsen und erzogen« wurden. Im Sinne der geistigen Landesverteidigung befürchtete der/die Verfasser_in die Durchdringung des schweizerischen »Volkskörpers« mit »wesensfremden« Elementen und damit die Bedrohung der schweizerischen Gesellschaft als Ganzes. Die »vom Nazi-Geist verseuchten jungen Leute« stellten eine staatspolitische Gefahr dar. Es sei heute bekannt, dass die Auslanddeutschen und insbesondere die »deutschen Dienstboten« als »5. Kolonne Dinge im Schilde führten, die direkt gegen unsern Staat und dessen Bestand gerichtet waren.«[169]

Die hier unbestimmten »Dinge« verweisen auf den Vorwurf der Spionage, der seine Wurzeln im Jahr 1938 hat, und während des Krieges häufig gegen deutsche ›Dienstmädchen‹ erhoben worden war. Im Bundesarchiv in Bern, im Bestand der Abteilung für Auswärtiges des EPD, sind zwei Dossiers zu »deutschen Dienstmädchen« in der Schweiz archiviert, die sich

---

166 Dy, Das Dienstbotenproblem, in: Berner Tagwacht, Nr. 124, 29.05.1946.
167 Willi, *Überfremdung*, S. 67.
168 O.V., Soll wieder eine Invasion deutscher Dienstmädchen anheben?, in: Landschäftler, Nr. 301, 22.12.1945.
169 Ebd.

explizit mit deren angeblichen »Spitzeleien« beschäftigen. Aus dem Schreiben eines Arztes an die Abteilung für Auswärtiges geht hervor, dass dieser Vorwurf Ende der 1930er Jahre in der Bevölkerung verbreitet war:

»Durch Bekannte habe ich erfahren, dass deutsche in der Schweiz angestellte Dienstmädchen durch die deutsche Behörde verpflichtet werden, monatlich dieser Behörde einen Bericht zu schreiben über die Beobachtungen, die sie bei ihrer Dienstherrschaft in Bezug auf deren Einstellung zu den Belangen des Dritten Reiches machen. Diese Tatsache bestätigt den Eindruck, den jeder von uns hat, dass unser Land voll von deutschen Spionen stecke […].«[170]

Der Chef der Abteilung für Auswärtiges, Peter Anton Feldscher, leitete den Brief an die Bundesanwaltschaft weiter mit dem Kommentar, dass er es der Bundesanwaltschaft überlasse, wie mit der Zuschrift umgegangen werde, die »das Märchen von der Spionagetätigkeit deutscher Dienstmädchen in der Schweiz erneut auftisch[e] […] zumal wir zu wissen glauben, dass Sie sich bereits mit ähnlichen Mitteilungen zu befassen gehabt haben.«[171] Dass die Bundesanwaltschaft Vorwürfe der Spionage nicht wie Feldscher als »Märchen« verwarf, sondern durchaus ernst nahm, zeigt der Fall einer österreichischen Köchin.

Die 1913 in der Steiermark geborene Genofeva K. reiste im Juli 1934 in die Schweiz ein und war zunächst »zur Zufriedenheit« ihrer Vorgesetzten in einem Restaurant in Winterthur tätig. Nach zwei Jahren wechselte sie auf eigenen Wunsch die Stelle und arbeitete in einem vorwiegend von Arbeitern besuchten Gasthaus in der gleichen Stadt bei der Familie J.[172] Am 30. September 1938 erschien, laut protokollarischem Polizeirapport, der Wirtssohn Ernst J. auf dem Polizeiposten Winterthur und bezichtigte Genofeva K. der Spionagetätigkeit. Drei Jahre lang habe sie ohne politisch auffällig zu sein gute Arbeit geleistet. Seit der Besetzung des tschechoslowakischen Sudetenlandes habe sich deren Gesinnung jedoch »plötzlich geändert«. Sie begann, laut Ernst J., ihre Arbeit in der Küche zu vernachlässigen, um Radionachrichten zu hören und habe »täglich auf Horchposten gestanden, um zu hören, was [die] Gäste im Wirtschaftslokal über

---

170 CH BAR E2001D#1000/1551#658*, Hans Stocker: Brief an den Bundesrat Motta, Luzern 03.07.1938.
171 CH BAR E2001D#1000/1551#658*, P.A. Feldscher (Abteilung für Auswärtiges, EPD): Brief an die Bundesanwaltschaft, Bern 13.07.1938.
172 CH BAR E2001D#1000/1551#658*, Wachtmeister Eschmann (Polizeistation Winterthur): Bericht betreffend Erhebungen über K., Genofeva von Deutsch-Österreich (Abschrift), Winterthur 09.10.1938.

Hitler etc. sagten.« Am Tag der Anzeige sei die Situation, so das Protokoll, eskaliert:

»Am Freitag, den 30. September 38 vormittags 7.00 Uhr hatten wir [Ernst J. und Familie] die neuesten Radionachrichten von Deutschland eingestellt. Die K. stund [sic] mit verschränkten Armen im Wirtschaftslokal und hörte den Nachrichten zu. Meine Mutter schickte sie an die Arbeit, worauf die K. frech antwortete: sie habe das Recht den Radio anzuhören und übrigens wolle sie wissen, was da alles vor sich gehe. Meine Mutter forderte die K. nochmals auf an die Arbeit zugehen. Die K. erklärte sie bleibe da, sie sei eine Hitlerianerin sowie ihre Mutter auch. Es sei überhaupt abscheulich, was alles in unserer Wirtschaft über Hitler gesprochen werde, sie habe sich die Leute gemerkt und werden [sic] dieselben alle auf die schwarze Liste kommen, die K. werde schon dafür besorgt sein. Auf dies hin habe ich mich nicht mehr beherrschen können und der K. eine Schüssel gekochter Kartoffeln angeworfen, was ihr aber weiter nichts getan hat. Sie hat nun ihre Sachen zusammengepackt und die Stelle bei uns verlassen. Sie erklärte, sie nehme eine andere Stelle an und bleibe vorläufig noch in der Schweiz.«[173]

Ernst J., sei nun der Meinung, so der Polizeirapport weiter, dass man »solchen Leuten« keine Aufenthaltsbewilligung mehr erteilen und diese als »lästige Ausländer« aus der Schweiz ausweisen solle. In den anschließend angestellten polizeilichen Nachforschungen über Genofeva K. konnte der Verdacht der Spionage nicht bestätigt werden. In dem Polizeibericht wurde angenommen, dass Frau K. lediglich damit gedroht habe, bestimmte Personen zu denunzieren, wie sie es öfter getan habe, wenn sie von Gästen aufgrund ihrer Gesinnung »gehänselt« worden sei. Auch sei sie am gleichen Tag noch nach Österreich ausgereist.[174] Trotzdem wurde der Fall an die Bundesanwaltschaft weitergeleitet, welche die Abteilung für Auswärtiges in einem Schreiben darüber in Kenntnis setzte, dass sie bei der Fremdenpolizei die Verhängung einer Einreisesperre für Genofeva K. beantragt habe.[175] Keine mit dem Fall beschäftigte Instanz zog die Erwägung in Betracht, dass Ernst J. den weit verbreiteten Vorwurf der Spionage auch

---

173 Namen anonymisiert. CH BAR E2001D#1000/1551#658*, P.S. Bosshart (Polizeistation Winterthur 3): Polizeirapport über die Anzeige von Ernst J. gegen Genofeva K., Winterthur, 01.10.1938.
174 CH BAR E2001D#1000/1551#658*, Wachtmeister Eschmann (Polizeistation Winterthur): Bericht betreffend Erhebungen über K., Genofeva von Deutsch-Österreich (Abschrift), Winterthur 09.10.1938.
175 CH BAR E2001D#1000/1551#658*, Bundesanwaltschaft (Sig. unleserlich): Schreiben an die Abteilung für Auswärtiges des EPD, Bern 26.10.1938.

dazu benutzt haben könnte, einer allfälligen Anzeige der Genofeva K. gegen ihn wegen Körperverletzung vorzubeugen.

Neben der ›Gesinnungsfrage‹ führten die Gegner_innen der Einreise deutscher und österreichischer Arbeitnehmerinnen in der unmittelbaren Nachkriegszeit das Argument ins Feld, dass die aus Kriegsländern stammenden Frauen beruflich ›unqualifiziert‹ und ›moralisch verfallen‹ seien. In der von der SAG 1946 herausgegebenen Aufsatzsammlung mit dem Titel *Hausdienstfragen* gab Nelli Jaussi in ihrem Beitrag über die gegenwärtige Beschäftigung »ausländische[r] Arbeitskräfte im Hausdienst« zu bedenken:

»Die Mädchen dieser Gegenden [aus Deutschland und Österreich] sind in Verhältnissen aufgewachsen, die eine nach schweizerischen Begriffen geordnete Haushaltführung verunmöglichten, sie mußten alle Arten zivilen und militärischen Dienst leisten und in Rüstungsbetrieben arbeiten. Ihre Arbeitsauffassung, ihre Einstellung zu Familie und Hausgemeinschaft, wie oft ihre ganze moralische Einstellung überhaupt können im allgemeinen kaum mehr auf festen Grundlagen fußen.«[176]

Die Angst, dass die in Kriegsverhältnissen aufgewachsenen Frauen keine geeigneten Arbeitskräfte darstellten, kann gewissermaßen als Fortführung des bereits in der Zwischenkriegszeit viel beklagten ›qualitativen Mangels‹ der Deutschen und Österreicherinnen beschrieben werden. Als Grund für die ungenügende Qualifizierung wurde allerdings neu der Krieg und nicht die Wirtschaftskrise angegeben.

Die Idee der kriegsbedingten ›moralischen Verkommenheit‹ der deutschen und österreichischen Arbeitsmigrantinnen schloss zudem an die alte Annahme an, die Frauen kämen nur zum Heiraten in die Schweiz. Dieses Vorurteil wurde mit frischen Mutmaßungen und Fantasien über die Erhöhung der Geburtenrate im Nationalsozialismus aktualisiert. Veranschaulicht werden kann dies an einem Schreiben der Gemeindekanzlei Allschwil (Basel-Land) an die kantonale Fremdenpolizei vom 8. November 1945. Anlass des Briefes war die Frage des Gemeinderates, wie Einreisegesuche deutscher »Dienstmädchen« behandelt werden sollten.

»Was zu besonderen Bedenken Anlass gibt, ist der Umstand, dass in Deutschland infolge der grossen Kriegsverluste das weibliche Geschlecht zahlenmässig vorwiegt und deshalb der Anreiz besonders gross ist, sich in der Schweiz einen Ehegatten zu ergattern. Zur Hebung der Geburtenzahl sind in den vergangenen Jahren in Deutschland vermutlich oft Wege beschritten worden, welche auf die moralische Verfassung der jungen Mädchen nicht ohne Einfluss geblieben sind, und es besteht

---

176 Jaussi, »Ausländische Arbeitskräfte«, S. 217.

die Gefahr, dass solche Mädchen unseren Männern keine grossen Schwierigkeiten bereiten werden, wenn damit vielleicht der Zweck erreicht werden kann, zu einem schweizerischen Ehemann zu kommen. Es wäre dies eine Entwicklung, welche sicher nicht in unserem Interesse liegen würde, denn man weiss aus Erfahrung, dass viele Deutsche noch nach Generationen als solche zu erkennen sind und sich in unser schweizerisches Gedankengut nicht einleben können.«[177]

Die kantonale Fremdenpolizei leitete das Schreiben an die eidgenössische Fremdenpolizei weiter, die in ihrer Antwort vom 13.12.1945 ebenfalls feststellte, dass »[d]ie Gefahr des ›Männerfangens‹ durch deutsche Dienstmädchen [...] natürlicherweise [bestehe].« Diese »unliebsame Begleiterscheinung« müsse jedoch aufgrund des großen Mangels an Hausangestellten in Kauf genommen werden.[178]

Befürchtet wurde drittens die Angst vor ansteckenden Krankheiten. Die Arbeitsmigrantinnen wurden neu nicht nur als Gefahr für den ›einheimischen‹ Arbeitsmarkt und die national-politische Souveränität gesehen, sondern auf der biologisch-gesundheitlichen Ebene als Risiko für den gesunden schweizerischen ›Volkskörper‹ betrachtet. Nicht zuletzt die »starke Ausbreitung ansteckender Krankheiten« mache, so Nelli Jaussi vom BIGA, eine »gründliche Auslese der Bewerberinnen [...] in Bezug auf Gesundheit« notwendig.[179] In diesem Zusammenhang ist der Ausbau der eidgenössischen Grenzsanität von zentraler Bedeutung.

2.2.5 Sanitarische Grenzuntersuchungen

»Die Gefahr und Möglichkeit der Einschleppung und Verbreitung« ansteckender Krankheiten, insbesondere der Tuberkulose, bewog das EJPD 1946 dazu, in einem Kreisschreiben eine »Verschärfung der sanitarischen Grenzkontrolle« anzukündigen. Da es nicht möglich sei, alle Einreisenden zu examinieren, beschränke sich die Gesundheitsuntersuchung an der Grenze auf folgende Personengruppen:

»Kräfte, die für längere Zeitdauer in direkten engeren Kontakt mit der einheimischen Bevölkerung kommen, also insbesondere diejenigen, die in Hausgemeinschaft mit schweizerischen Familien treten, wie die Hausdienstangestellten in Stadt

---

177 CH BAR E4300B#1000/846#301*, Gemeindekanzlei Allschwil (Sig. unleserlich): Schreiben an die kantonale Fremdenpolizei Basel-Land, Allschwil 08.11.1945.
178 CH BAR E4300B#1000/846#301*, Eidgenössische Fremdenpolizei: Antwortschreiben an die kantonale Fremdenpolizei Basel-Land, Bern 13.12.1945.
179 Jaussi, »Ausländische Arbeitskräfte«, S. 217.

und Land und Hilfskräfte der Hotellerie und Sanatorien, Armen- und Krankenanstalten, sodann die Arbeitskräfte in Fabriken und im Baugewerbe, die vorzugsweise Privatlogis beziehen.«[180]

Darin zeigt sich abermals die Vorstellung, dass die in der ›Keimzelle‹ des Staates arbeitenden Haus- und Gastgewerbsangestellten den helvetischen ›Volkskörper‹ in besonderem Maße bedrohen würden. Zu den Ängsten einer geistigen ›Überfremdung‹ gesellte sich in der Nachkriegszeit die Befürchtung vor einer gesundheitlichen Beeinträchtigung der als biologisches Kollektiv imaginierten Nation. Fantasien über die Verunreinigung des ›Volkskörpers‹ waren jedoch keine Erfindung der Nachkriegszeit. Sie basierten auf Erkenntnissen der Bakteriologie des frühen 20. Jahrhunderts, die – nicht nur in der Schweiz, sondern in ganz Europa – auf nationale oder ethnische Gesellschaften übertragen wurden. Auf dieser Basis waren bereits nach Ende des Ersten Weltkrieges Forderungen an den Bundesrat gelangt nach einem »Mindestmaß an sanitarischen Voraussetzungen für [die] Niederlassungsbewilligung von Ausländern«.[181] Rechtlich verankert im Epidemiengesetz von 1886 hatte der Bundesrat erstmals im November 1918 per Verordnung grenzsanitarische Untersuchungen eingeführt. Absolviert werden mussten sie von Soldaten kriegsführender Nationen und rückwandernden Auslandschweizern. Durchgeführt wurden die Quarantänemaßnahmen und Desinfektionen von militärischen Stellen. Erst 1945 fiel der eidgenössische Grenzsanitätsdienst in zivile Kompetenz. Zuständig war neu das eidgenössische Gesundheitsamt, da nun primär ausländische Arbeitskräfte als Gesundheitsrisiko eingestuft wurden.[182]

Die Regelungen zur grenzsanitarischen Untersuchung der unmittelbaren Nachkriegszeit waren in spezifischer Weise vergeschlechtlicht. Sie richteten sich nicht nur besonders gegen Hausangestellte und ›Hilfskräfte‹ im Gastgewerbe, die zum Großteil weiblich waren. Für Frauen stellten die Untersuchungen an der Grenze außerdem ein erhöhtes Risiko dar, abge-

---

180 CH BAR E4300B#1000/846#301*, EJPD (Sig. Ed. von Steiger): Kreisschreiben Nr. 369 an die kantonalen Fremdenpolizeistellen, die schweizerischen Gesandtschaften und Konsulate in Europa, die schweizerischen Grenzübergangsstellen, das eidgenössische Gesundheitsamt und die Grenzsanitätsposten betr. Sanitarische Grenzkontrolle ausländischer Arbeitskräfte, Bern 04.12.1946.
181 Kury/Lüthi u.a., *Grenzen*, S. 51–52.
182 Von 1932 bis 1940 war der eidgenössische Grenzsanitätsdienst ganz eingestellt worden. Schneider, »Der eidgenössische Grenzsanitätsdienst«, S. 30–31. Schon vor 1918 wurden an einzelnen Grenzposten in kantonaler Kompetenz Sanitätsstellen betrieben. Ochsner, *Krankgestempelt*, S. 9.

schoben zu werden, wie folgende Handlungsanleitung des Gesundheitsamtes an die Leiter der Grenzsanitätsdienste aus dem Jahr 1947 zeigt: »Verschiedene Arbeitgeber haben sich in letzter Zeit beklagt, dass sie fremde weibliche Arbeitskräfte im Zustand der Schwangerschaft zugeteilt erhielten. Nach ihrer Ansicht hätte solchen Personen die Einreise in unser Land verweigert werden sollen. Obwohl die Meinungen in der Beurteilung dieser Fälle auseinandergehen, möchten wir doch die Wiederholung solcher Klagen im Rahmen des Möglichen vermeiden. Wir ersuchen Sie deshalb, in Zukunft wie folgt zu verfahren: In jedem festgestellten Fall von Schwangerschaft bei einer mit Arbeitsvisum in die Schweiz einreisenden Arbeiterin wollen Sie sich unverzüglich telephonisch mit dem betreffenden Arbeitgeber in Verbindung setzen. Stimmt er dem Stellenantritt zu, steht der Einreise der schwangeren Frau nichts im Wege; andernfalls ist sie durch die Polizeiorgane an die Grenze zurückzuleiten.«[183]

Im Januar 1949 wurde der Grenzsanitätsdienst per Bundesratsbeschluss »aus dem Bereich der ausserordentlichen Vollmachten in die normale Ausführung des eidgenössischen Epidemiengesetzes hinübergeleitet«.[184] Dieser gesetzliche Erlass wurde in einer »praktischen Wegleitung«, dem Merkblatt über den Grenzsanitätsdienst vom 1. Juni 1949, umgesetzt. Die Bestimmungen blieben bis zum Ende des Untersuchungszeitraumes im Großen und Ganzen gleich.[185] Der sanitarischen Grenzuntersuchung unterstellt waren alle zum Stellenantritt einreisenden ausländischen Arbeitskräfte sowie Rückwanderer und Gruppen von erholungsbedürftigen Kindern. Die Zöllner hatten bei der Ausweiskontrolle im Zug, die zur Untersuchung vorgesehenen Personen den Grenzsanitätern zuzuführen. Zur »Ermittlung von übertragbaren Krankheiten sowie der Behaftung mit Ungeziefer« wa-

---

183 CH BAR E4300B#1000/846#77*, Eidgenössisches Gesundheitsamt (Sig. Bavaud): Kreisschreiben Nr. 112/1947 an die Chefs der Grenzsanitätsposten betreffend Feststellung von Schwangerschaft bei fremden Arbeiterinnen, die mit Arbeitsvisum in die Schweiz einreisen, Bern 17.07.1947.
184 Schneider, »Der eidgenössische Grenzsanitätsdienst«, S. 36.
185 1951 wurde die Wegleitung dahingehend konkretisiert, dass zu den ermittelnden ansteckenden Krankheiten insbesondere Tuberkulose und Syphilis gehöre. CH BAR E4300B #1000/846#81*, Eidgenössisches Gesundheitsamt (Sig. P. Vollenweider): Merkblatt über den Grenzsanitätsdienst vom 1. Juni 1949, Ergänzungen und Änderungen bis 31. August 1951, Bern 01.09.1951. Im Merkblatt von 1962 wurde ergänzt, dass bei einer wiederholten Einreise keine Grenzuntersuchung durchgeführt werden müsse, sofern die letzte Untersuchung weniger als 15 Monate zurückliege. CH BAR E4300B #1971/4#34*, Eidgenössisches Gesundheitsamt (Sig. A. Sauter): Merkblatt über den Grenzsanitätsdienst, bereinigte Ausgabe vom 31. Mai 1962, Bern 31.05.1962.

ren Maßnahmen wie Lungenröntgen oder Desinfizierung vorgesehen. Das Auffanglager St. Margrethen (SG) meldete im Januar 1953 an das EJPD:

»Zu Ihrer Orientierung teilen wir Ihnen mit, dass wir während des Jahres 1952 für *4954 Personen*, die zwecks Stellenantritt von Oesterreich und Deutschland über St. Margrethen in die Schweiz einreisten, die grenzsanitarischen Formalitäten erfüllten. Aus seuchenpolizeilichen Gründen desinfizierten wir ferner *675 Personen*« [Hervorhebung im Original][186]

Zur erfolgreichen Anmeldung bei der Ortspolizei, die laut ANAG innerhalb von acht Tagen bei der kantonalen Fremdenpolizei zu erfolgen hatte, mussten ausländische Arbeitskräfte einen vom Grenzsanitätsposten ausgestellten Stempel mit der Ziffer 1 vorweisen. Die Ziffer 1 bedeutete »gesund«, die Ziffer 2 »Zurückweisung«.[187]

Der für die aus Deutschland zureisenden Frauen wichtigste Übergang an der Nordgrenze war Basel. In Buchs (SG) passierten die meisten österreichischen Arbeitsmigrantinnen die Grenze zur Schweiz. Bruno Schneider, Sektionschef des eidgenössischen Gesundheitsamts, beschrieb in seiner 1957 erschienenen Abhandlung über den Grenzsanitätsdienst die Organisation der einzelnen Grenzsanitätsposten. Zu Basel vermerkte er beispielsweise:

»Im Grenzsanitätsposten Basel sind Duschenräume und eine Durchleuchtungseinrichtung vorhanden. Für die Untersuchungen stehen dem Chefarzt jüngere Ärzte zur Verfügung, die sich im Turnus ablösen. Die grosse Desinfektionsanlage des Felix-Platter-Spitals […] kann im Bedarfsfalle vom Grenzsanitätsdienst in Betrieb genommen werden. Die seit einiger Zeit stetig zunehmende Zahl der im Badischen Bahnhof in Basel einreisenden Arbeitnehmer lässt es als wünschenswert erscheinen, dort eine zweite Untersuchungsstelle einzurichten.«[188]

Schneider schloss seinen Bericht mit einer Darstellung über die defizitlose Finanzierung des Grenzsanitätsdienstes:

»Das gute Rechnungsergebnis des letzten Jahres soll nicht dazu verleiten, den Grenzsanitätsdienst allein mit finanziellen Erwägungen rechtfertigen zu wollen.

---

186 CH BAR E4300B#1000/846#82*, Auffanglager St. Margrethen (Sig: Ziörjen): Bericht an das EJPD betr. Grenzsanitätsdienst, St. Margrethen 06.01.1953.
187 CH BAR E7175B#1978/57#88*, Eidgenössisches Gesundheitsamt (Sig. P. Vollenweider): Merkblatt über den Grenzsanitätsdienst vom 1. Juni 1949, Bern 01.06.1949. Zur symbolischen und konkreten Bedeutung der grenzsanitarischen Passstempelung vgl. Ochsner, *Krankgestempelt*, S. 5–7; 20–25; 35.
188 Schneider, »Der eidgenössische Grenzsanitätsdienst«, S. 34–35.

[...] Als viel wichtiger betrachten wir es, dass wir mit unserer Arbeit dazu beitragen, unserer Bevölkerung manche Leiden und Sorgen zu ersparen.«[189]

Dass Schneider das Bedürfnis hatte, sich zu »rechtfertigen«, kommt nicht von ungefähr. Der Grenzsanitätsdienst stand immer wieder in der Kritik. Der Anteil der zurückgewiesenen Personen lag in Basel und Buchs zwischen 1949 und 1952 bei 0,2 bis 0,5 Prozent und ließ die Frage aufkommen, ob sich dafür der große Aufwand lohne.[190] In den 1960er Jahren kritisierten zunehmend die Printmedien sowie Vertreter der italienischen und spanischen Regierungen die teilweise chaotischen Zustände an den überfüllten Grenzsanitätsposten.[191] In den Akten der eidgenössischen Fremdenpolizei ist auch die Beschwerde eines Zürcher Arztes überliefert. Er beanstandete beim EJPD, dass zwei ihn besuchende Österreicherinnen gezwungen wurden, die grenzsanitarischen Untersuchungen zu absolvieren – trotz ihrer mehrmaligen Beteuerung, nicht zum Stellenantritt in die Schweiz zu reisen. Das EJPD entschuldigte sich beim Beschwerdeführer »in aller Form« und erklärte das fehlerhafte Vorgehen der beteiligten Zöllner und Grenzärzte damit, dass »eine vielfach bestehende Tendenz der Untersuchungspflichtigen, die sanitarische Kontrolle an der Grenze zu umgehen«, zu beobachten sei.[192] Anfang der 1960er Jahre hatte die weibliche Arbeitsmigration aus Österreich und Deutschland in die Schweiz also noch ein solches Ausmaß, dass allein reisende Frauen an der Grenze generell als potentielle Arbeitsmigrantinnen wahrgenommen wurden. Die *NZZ* berichtete 1962, dass insbesondere Hausangestellte als »Pseudo-Touristen« einreisten:

»Auf dem Gebiet der Hausangestellten hat sich nun die Praxis eingebürgert, daß die jungen Mädchen aus Deutschland, Oesterreich und auch Italien unter der Vorgabe, Touristen zu sein, die Grenze passieren und erst nach der Einreise die nötigen Formalitäten, wie Arbeitsbewilligung und sanitarische Eintrittsmusterung absolvieren. Häufig wirken die Arbeitgeber an dieser Umgehung der Vorschriften mit, und zwar deshalb, um den schon vorher angeheuerten Hausangestellten eine unbequeme Unterbrechung der Reise an der Grenzstation zu ersparen und den

---

189 Ebd., S. 44.
190 CH BAR E4300B#1000/846#82*, o.V., Statistische Zusammenstellung über die Zahl der von den schweizerischen Grenzsanitätsposten untersuchten und zurückgewiesenen Personen, o.O. [1952], eigene Berechnung.
191 Hirt, *Die Schweizerische Bundesverwaltung*, S. 106–117.
192 CH BAR E4300B#1971/4#34*, EJPD: Schreiben an E. Margstahler in Zürich, Bern 10.07.1962.

zum Teil recht rigoros beschränkten Kontrollzeiten an der Grenze auszuweichen.«[193]

Dass diese Unterstellung nicht ganz aus der Luft gegriffen war, zeigt der Brief einer Reisebüroangestellten aus Wuppertal, die die Fahrt für eine Kundin organisierte, die als »Saaltochter« in die Schweiz reiste: »Anbei erhalten Sie ihre Fahrkarte für die Reise nach Silvaplana. […] Sie reisen bitte als Gäste ein und die Untersuchung wird in Silvaplana nachgeholt.«[194] Bei Umgehung der grenzsanitarischen Maßnahmen wurde das Nachholen der versäumten Untersuchung angeordnet. So erging es den beiden österreichischen Serviceangestellten Anna G. und Helga T., wie die Kantonspolizei St. Gallen an das Polizeikommando St. Gallen rapportierte:

»Die beiden Obgenannten haben bei ihrer Einreise in die Schweiz die sanitarische Untersuchung an der Grenze umgangen und wurden aus diesem Grunde nachträglich durch die Fremdenpolizei des Kantons Schwyz über den Arbeitgeber A. J., Hotel Ochsen, Brunnen, Kt. Schwyz, angewiesen, nochmals aus- und wieder einzureisen. Beide sind der Weisung nachgekommen und am 19.4.1958 nach Feldkirch ausgereist und sind am gleichen Tag in Buchs St.G. sanitarisch untersucht worden. Die Reisespesen hatten sie selbst zu bezahlen.«[195]

2.2.6 Alliierte Ausreisesperren

Trotz aller Skepsis überwog nach Kriegsende bei den zuständigen Behörden die Meinung, dass für ›Mangelberufe‹ die Einreise deutscher und österreichischer Frauen zu genehmigen sei. Diese Einwanderungsbewegung sollte jedoch streng überwacht und gesteuert werden. In einem von EJPD und EVD gemeinsam herausgegebenen Kreisschreiben an die kantonalen Fremdenpolizeistellen und Arbeitsämter vom 13.12.1945 wurden Handlungsanweisungen für die Gewinnung von weiblichen ausländischen Arbeitskräften für das Gastgewerbe, den Hausdienst sowie die Textilindustrie gegeben. Um einer »allfälligen neuen Überfremdung« vorzubeugen, müsse man darauf bedacht sein, dass nur geeignete Arbeitskräfte einreisten. Auf-

---

193 O.V., Die sanitarische Kontrolle ausländischer Arbeitskräfte, in: NZZ, Nr. 4467, 14.11.1962.
194 CH BAR E4300B#1971/4#34*, M. Hülsenbeck (Dr. Tigges Fahrten): Brief an A. Arntzen in Bottrop, Wuppertal 09.05.1963.
195 Namen anonymisiert. CH BAR E4300B#1971/4#33*, Kantonspolizei St. Gallen (Passkontrolle Buchs-Bahnhof, Sig. H. Thaler): Schreiben an das Polizeikommando St. Gallen (Abschrift), Buchs 25.4.1958.

enthaltsbewilligungen sollten nur für die Dauer einer Probezeit von 3 Monaten vergeben werden. Falls eine Ausländerin sich innerhalb dieser Frist als ungeeignet erweise, könne sie auf diese Weise ohne Probleme wieder weggewiesen werden. Die Ausstellung einer Aufenthaltsbewilligung sei, wie im ANAG festgelegt, sowohl unter fremdenpolizeilicher wie arbeitsmarktpolitischer Hinsicht zu prüfen. Als Voraussetzung für einen positiven Bewilligungsentscheid genannt wurden ein gültiger Heimatschein, der die Rückreise sicherte, Nachweise über eine »zuverlässige politische Gesinnung« und eine »einwandfreie« Gesundheit sowie amtlich beglaubigte Arbeitszeugnisse. In diesen Anforderungen manifestiert sich deutlich die Verflechtung der behördlichen Bewilligungspraxis mit der oben dargestellten öffentlichen Kontroverse über die Einreise von Deutschen und Österreicherinnen. Für die Anwerbung der Arbeitskräfte seien, so das Kreisschreiben weiter, die Arbeitgeber_innen selber verantwortlich. Diese sollten darauf hingewiesen werden, bei ihrer Suche vorsichtig vorzugehen, um die laufenden Verhandlungen mit den alliierten Militärregierungen zur Ausstellung von Ausreisegenehmigungen nicht zu gefährden.[196]

Die Ausreise aus den von den Alliierten besetzten Gebieten war nämlich nicht ohne Weiteres möglich. Die Deutschen und Österreicherinnen brauchten nach Kriegsende ein *Exit Permit* der alliierten Besatzungsmächte, um auswandern zu dürfen. Dieses war zunächst ausschließlich anerkannten Verfolgten des NS-Regimes sowie Angehörigen von ausländischen Staatsangehörigen vorbehalten.[197] Bereits am 19. Oktober 1945 hatte deshalb das EVD einen Antrag an den Bundesrat gestellt, »Verhandlungen mit den zuständigen Behörden des Auslandes einzuleiten«, um dem ausgesprochenen Mangel an weiblichen Arbeitskräften »in der Textilindustrie, in der Landwirtschaft, im Gastgewerbe, in Anstalten und Spitälern sowie im Hausdienst« entgegenzuwirken. Begründet wurde dies unter anderem mit den zahlreichen Anfragen, die an die Behörden gerichtet worden waren.[198]

Der Bundesrat beauftragte daraufhin am 23. Oktober 1945 das EPD, in Kooperation mit dem EVD und dem EJPD, solche Verhandlungen aufzunehmen.[199] Die Verhandlungen mit den französischen später auch den

---

196 CH BAR E4300B#1000/846#300*, EJPD und EVD (Sig. Ed. von Steiger und W. Stampfli): Kreisschreiben an die kantonalen Fremdenpolizei- und Arbeitsmarktbehörden betr. Zulassung ausländischer Arbeitskräfte, Bern 13.12.1945, S. 1–9.
197 Sternberg, *Auswanderungsland Bundesrepublik*, S. 31.
198 CH BAR E4300B#1000/846#300*, Bundesrat (Sig. Ch. Oser): Protokoll der Sitzung betr. Zuzug ausländischer Arbeitskräfte (Auszug), Bern 23.10.1945, S. 1–4.
199 Ebd., S. 5.

britischen Besatzungsmächten verliefen jedoch äußerst schleppend und de facto bis 1949 ergebnislos. Mit der Begründung, dass die Arbeitskräfte für den Wiederaufbau im Land benötigt würden und eine Ausreise nur möglich sei, wenn ein alliiertes Interesse daran bestünde, versandeten die ersten Vorstöße schweizerischer Behördenvertreter bei der französischen Militärregierung im Frühjahr 1946.[200] Erneute Verhandlungen zwischen der Schweiz und der französischen Besatzungsmacht im Sommer 1946, die Gespräche konzentrierten sich nun ausschließlich auf Hausangestellte, ließen schweizerseits kurzfristig Hoffnung aufkeimen. Die Ausreise von Hausangestellten unter 18 und über 40 Jahren würde, so das Besprechungsprotokoll, von den französischen Besatzungsbehörden zukünftig wohlwollend geprüft.[201]

In der Bewilligungspraxis änderte sich im Anschluss daran jedoch praktisch nichts, wie Andreas Schlanser von der Sektion für Arbeitskraft und Auswanderung des BIGA der eidgenössischen Fremdenpolizei im Dezember 1947 mit Bedauern mitteilte.[202] Während des Krieges war das eidgenössische Auswanderungsamt in das BIGA integriert worden. Von der neu entstandenen Sektion für Arbeitskraft und Auswanderung erhoffte man sich eine besonders gute Überwachung der »Entwicklung und Überfremdung des Arbeitsmarktes«.[203] Ranghohe Mitarbeiterin der Sektion war Nelli Jaussi.

Die Bemühungen von Paul Baechtold, von 1945–1955 Leiter der eidgenössischen Fremdenpolizei, über diplomatische Kanäle bei den britischen Besatzungsbehörden in Hamburg eine generelle Ausreisegenehmigung für Hausangestellte zu erlangen, hatten ebenfalls keinen Erfolg.[204]

Trotzdem ließen sich Schweizer Arbeitgeber_innen nicht so einfach entmutigen und scheuten keine Mühe ein ›Mädchen‹ jenseits der Landesgrenzen anzuwerben. Die Sicherheitsdirektion für Oberösterreich richtete

---

200 CH BAR E4300B#1000/846#301*, Eidgenössische Fremdenpolizei (Sig. Brunner): Schreiben an das Schweizerische Konsulat in Köln, Bern 24.05.1946.
201 CH BAR E4300B#1000/846#248*, Procès-Verbal des Entretiens Franco-Suisses de Baden-Baden du 11. Juillet 1946.
202 CH BAR E4300B#1971/4#171*, A. Schlanser (BIGA/Sektion Arbeitskraft und Auswanderung): Schreiben an die eidgenössische Fremdenpolizei betr. Deutsche Arbeitskräfte aus der französischen Zone, Bern 16.12.1947.
203 CH BAR E4300B#1971/4#234*, Albert Jobin (BIGA/Sektion Arbeitskraft und Auswanderung): Schreiben an E. Bretschger, Bern 03.05.1945.
204 CH BAR E4300B#1000/846#248*, Schweizerische Hauptvertretung in der britischen Zone (Sig. unleserlich): Schreiben an P. Baechtold von der eidgenössischen Fremdenpolizei. Hamburg 14.10.1947.

Anfang Juli 1946 ein Schreiben an Bezirkshauptmannschaften und Polizeikommissariate mit der Bitte laufende Ausreiseanträge für hauswirtschaftliches Personal, die sich auf einen Dienstvertrag mit einem Schweizer Arbeitgeber stützten, abzulehnen. Der unterzeichnende Sicherheitsdirektor Rupertsberger fürchtete eine »Umgehung der gegenwärtigen Bestimmungen«. Trotz dessen, dass das Bundesministerium für soziale Verwaltung (BMfsV) der Schweizer Regierung eine abschlägige Antwort über die Ausreise von hauswirtschaftlichem Personal in die Schweiz erteilt habe, würden »Schweizer private Arbeitgeber« in großer Zahl versuchen Personal in Österreich anzuwerben.[205]

Und der Schweizer Konsul in Mulhouse (Elsass) erhielt einen Beschwerdebrief einer Frau Hermann aus Munster, die sich über das unverschämte Rekrutierungsvorgehen Schweizer Arbeitgeber beschwerte:

»Il y avait cette après-midi de nouveau *une voiture Suisse de Zurich* dans notre vosinage pour aller chercher und bonne, *quelle manière!!* – c'est trop fort.« [Hervorhebung im Original].[206]

Die Enttäuschung der Schweizer Arbeitgeber_innen war groß, wenn die von ihnen angeworbenen Personen trotz aller Bemühungen nicht einreisen konnten. Die zu Tausenden eingereichten Gesuche um Aufenthaltsbewilligung wurden zwar in einem mehrere Monate dauernden bürokratischen Akt von den Schweizer Behörden geprüft und in aller Regel auch bewilligt. Schon 1946 waren laut einer Statistik der eidgenössischen Fremdenpolizei 2493 Einreisebewilligungen für Deutsche und 1552 für Österreicherinnen für den Hausdienst ausgestellt worden.[207] Trotzdem blieben die sehnsüchtig erwarteten deutschen und österreichischen Arbeitskräfte aus. Die Arbeitgeber_innen vermuteten als Grund dafür das »Bürowirrwarr« der

---

205 ÖStA/AdR BMfsV SA 11 31/1-50000, Sicherheitsdirektion für Oberösterreich: Rundschreiben an alle Bezirkshauptmannschaften und die Polizeikommissariate Wels und Steyr betr. Vermittlung von Dienstpersonal nach der Schweiz (Abschrift), [Linz] 01.07.1946.

206 »Heute Nachmittag war wieder ein *Schweizer Auto aus Zürich* in unserer Nachbarschaft, um sich eine Hausangestellte zu suchen, *was für eine Vorgehensweise!!* – Das geht zu weit.« CH BAR E4300B#1000/846#248*, H. Hermann: Brief an das Schweizerische Konsulat in Mulhouse, Munster 24.1.1947 [Übersetzung AA].

207 CH BAR E7175B#1978/57#2*, Eidgenössische Fremdenpolizei: Statistische Mitteilungen für das Jahr 1946, S. 16. Alleine im Kanton Zürich, so der Leserbrief eines Kanzlisten der Zürcher Fremdenpolizei aus dem Jahr 1947, beliefen sich die Einreisegesuche ausländischer Hausangestellter auf mehrere Tausend. R.B., »Bureaukratie und Dienstbotenmangel«, in: NZZ, Nr. 630, 01.04.1947.

Schweizer Behörden. *Die Tat* und die *NZZ* druckten mehrere Leserbriefe ab und publizierten Artikel zu den Schikanen des »trabenden Amtsschimmels«. Darin wurde den Bundesbehörden vorgeworfen, sich hinter dem Argument zu verschanzen, dass die Besatzungsmächte keine Ausreiseerlaubnisse erteilten.[208]

Diese (haltlosen) Anschuldigungen änderten nichts an der Situation, dass sich die Arbeitgeber_innen bis 1948/1949 gedulden mussten. Bis dahin konnte die Ausreise zur Arbeitsaufnahme aus den besetzten Gebieten Deutschlands und Österreichs in der Regel nur illegal erfolgen. Eine die auf diese Weise in die Schweiz gelangte ist Veronika Hummel. Mit Hilfe ihres Onkels, der in Basel lebte, gelang es ihr, ungehindert die ›grüne‹ Grenze zwischen Lörrach und Riehen zu passieren, wie sie in einem Interview erzählte:

»Von der Schweizerseite her kam dann ein junger Mann, der sagte zu mir 25, so ganz still, und dann hat mein Onkel gesagt: ›Geh mit, auf der anderen Seite empfange ich dich wieder.‹ (lacht). Das war alles organisiert schon mit den Zöllnern. Mit dem [jungen Mann] bin ich dann runtermarschiert […] über den Bahnsteig […] und da war die Hecke, die war total zertrampelt, das war ein richtiger Übergang und da sind wir dann rüber und in Riehen wieder runter und dann hat der junge Mann, als wir unten waren bei der Garage, da war dann eine Tankstelle, eine Garage und dort hat er durch die Finger gepfiffen, dann kam ein junger Mann von der Grenze, der hat also die Zöllner in Schach gehalten da oben […] und dann ist der Schmuggel passiert. […] Dann ging es vielleicht noch fünf Minuten, dann kam mein Onkel mit dem Auto, hat dem jungen Mann einen Umschlag gegeben und mir einen Ausweis. Ich hatte dann schon den fremdenpolizeilichen Ausweis, das war alles erledigt und ich konnte in der Schweiz also schon offiziell überall hin. Nur nicht über die Grenze.«[209]

Veronika Hummel war kein Einzelfall. Laut der *Welt und Wirtschafts Zeitung* vom 9. April 1949 überschritten 10.000 Deutsche zwischen 1945 und 1949 illegal die Grenzen nach »Spanien, Italien, Schweden und die Schweiz«.[210]

Die Schweiz hob die Visumspflicht in einer Verfügung des EJPD am 18. Oktober 1947 auf.[211] Die im Falle einer Aufhebung der Ausreisebe-

---

208 F.S., Bureaukratie und Dienstbotenmangel, in: NZZ, Nr. 560, 23.03.1947 sowie o.V., Es Müschterli, in: die Tat, Nr. 184, 07.07.1946.
209 PAA, Althaus, Interview Hummel, 00:03:38. Ähnlich: PAA, Kirner, Biografische Notizen, S. 2.
210 Zit. nach Freund, *Aufbrüche*, S. 170.
211 CH BAR E4300B#1971/4#160*, EJPD (Sig. Ed. von Steiger): Kreisschreiben Nr. 419 an die kantonalen Fremdenpolizeibehörden, Bern 18.10.1947.

schränkungen erwartete massenhafte Einreise ausländischer Arbeitskräfte führte zu einer Revision des ANAG. Darin wurde die Position des BIGA erneut ausgebaut. Weil die, sich im Aufbau befindenden, Entsendeländer nur die Arbeitskräfte ausreisen ließen, die sie entbehren könnten, müsse genau geprüft werden, wen man in die Schweiz hineinlasse. Deshalb habe sich, laut Bundesratsbeschluss vom 20. Januar 1948, die kantonale Fremdenpolizei neuerdings *zwingend* »an das Gutachten und den Antrag des Arbeitsamtes zu halten.«[212] Auch bei der Verteilung der Kompetenzen zwischen Bund und Kantonen, gingen – wie bereits in den 1930er Jahren – die Kantone als Sieger hervor. Jahresaufenthaltsbewilligungen durften neu nicht nur für Hausangestellte und landwirtschaftliche Knechte in kantonaler Kompetenz erteilt werden, sondern für sämtliche Berufsgruppen bis zu einem Aufenthalt von drei Jahren.[213] Bedeutendste (und wegweisende) Änderung des revidierten ANAG war der »Widerruf von Aufenthaltsbewilligungen« ohne besondere Veranlassung. Die bereits im August 1948 von den kantonalen Volkswirtschaftsdirektoren geforderte Verschärfung des ANAG in diese Richtung[214] wurde am 17. Mai 1949 vom Bundesrat beschlossen[215] und unter Art. 5 ins ANAG eingefügt.[216]

In den Umsetzungsbestimmungen, die das EJPD den kantonalen Polizeidirektionen im Juli 1949 mittels Kreisschreiben kundtaten, wurde »Sinn und Geist« der Gesetzesänderung dargelegt: »Der Widerruf einer Aufenthaltsbewilligung soll[e] die kurzfristige Entfernung eines Ausländers aus dem Arbeitsprozess ermöglichen«, wenn die wirtschaftliche Entwicklung eine »rückläufige Tendenz« aufweise.[217] Darin sind erste Anzeichen der für

---

[212] CH BAR E4300B#1971/4#171*, BIGA/Sektion Arbeitskraft und Auswanderung (Sig. A. Jobin): Kreisschreiben E34/1948 an die kantonalen Arbeitsämter betr. Neuregelungen im Einreisewesen, Bern 08.03.1948, S. 5.
[213] CH BAR E4300B#1971/4#171*, EJPD: Kreisschreiben Nr. 519 an die kantonalen Polizeidirektionen betr. Bundesratsbeschluss vom 21.4.1949, Bern 10.05.1949.
[214] CH BAR E4300B#1971/4#171*, Thesen zum Problem der ausländischen Arbeitskräfte. Bericht der Konferenz der kantonalen Volkswirtschaftsdirektoren, Bern 20.08.1948.
[215] CH BAR E4300B#1000/846#303*, Bundesrat (Sig. E. Nobs und O. Leimgruber): Beschluss über den Widerruf von Aufenthaltsbewilligungen von ausländischen Arbeitskräften vom 17. Mai 1949, Bern 17.05.1949.
[216] CH BAR E4300B#1000/846#308*, Bundesgesetz über Aufenthalt und Niederlassung der Ausländer vom 26.03.1931. Revidierte Fassung vom 01.03.1949.
[217] CH BAR E4300B#1000/846#303*, EJPD (Sig. Ed. von Steiger): Kreisschreiben Nr. 525 an die kantonalen Polizeidirektionen betr. Bundesratsbeschluss vom 17. Mai 1949 über den Widerruf von Aufenthaltsbewilligungen von ausländischen Arbeitskräften, Bern 11.07.1949.

die kommende Dekade prägenden Strategie der Rotationspolitik zu erkennen. Das heißt, der Bestand ausländischer Arbeitskräfte wurde als ›Konjunkturpuffer‹ gesehen, der abbaufähig bleiben musste.

2.3 Politik und Diskurse III: 1950–1970

2.3.1 Erwünschte und unerwünschte Arbeitskräfte

1949 waren die Ausreisebeschränkungen aus Deutschland und Österreich weitgehend aufgehoben. Deutsche Auswanderungspolitiker der frühen 1950er Jahre, die eine Kontrolle und Steuerung der Emigrationen anstrebten, sahen insbesondere die Frauenauswanderung als »erwünscht« an. Begründet wurde dies mit dem Frauenüberschuss und der hohen Frauenarbeitslosigkeit nach dem Krieg.[218] Gerade die Auswanderung von Frauen, die im Ausland als Hausangestellte tätig sein wollten, wurde, so ein Beamter der Bundesanstalt für Arbeitsvermittlung und Arbeitslosenversicherung (BAVAV), als unbedenklich für das Arbeitsfeld der deutschen Hauswirtschaft beurteilt. Dabei äußerte er ähnliche Vorurteile gegenüber den in die Schweiz auswandernden Frauen, wie sie aus dem schweizerischen Diskurs bekannt sind:

»[E]ine Auswanderung von weiblichen Arbeitskräften, die im Ausland als Hausgehilfinnen arbeiten wollen, [stellt] keinen Verlust für die deutsche Hauswirtschaft dar[…]. Nach den bisherigen Erfahrungen handelt es sich bei diesen Kräften durchweg um Personen, die nicht gewillt sind, in deutschen Haushalten zu arbeiten und im übrigen auch die Haushaltstätigkeit im Ausland lediglich als ›Sprungbrett‹ ansehen.«[219]

In Österreich wurde ab 1948 die Vermittlung weiblicher Arbeitskräfte als Hausangestellte in die Schweiz sogar aktiv vorangetrieben. Als offizielle Vermittlungsinstanzen fungierten die Landesarbeitsämter.[220] Zum großen Ärger der Schweizer Behörden schickten diese keine in der Hauswirtschaft bewanderten, sondern nur die, den österreichischen Arbeitsmarkt bela-

---

218 Sternberg, *Auswanderungsland Bundesrepublik*. Freund, *Aufbrüche*, S. 186.
219 BArch B 119/3007, BAVAV: Schreiben an Regierungsrat Schumacher, Nürnberg [1952].
220 Zur Vermittlungstätigkeit der Landesarbeitsämter Wien und Burgenland von Arbeitskräften in die Schweiz vgl. Pröll, »Österreichische Arbeitnehmer«, S. 437–440.

stenden, ›entbehrlichen‹ Kräfte in die Schweiz. Max Kaufmann, von 1946–54 Direktor des BIGA, beschwerte sich darüber bei der Schweizerischen Gesandtschaft in Wien:

»Es sind vom 1. Januar bis 30. September 1948 rund 2000 erstmalige Bewilligungen an österreichische weibliche Arbeitskräfte zum Stellenantritt im Haushalt erteilt worden. Wir müssen Ihnen offen sagen, dass sich ein grosser Teil dieser Oesterreicherinnen wenig bewährt hat. [...] Das Versagen so zahlreicher unter ihnen ist einzig eine Folge der negativen Auslese. Die in der Heimat erwünschten Arbeitskräfte erhalten die Ausreisegenehmigung nicht; die Arbeitsämter haben dafür zu sorgen, dass nur solche auswandern können, die den Arbeitsmarkt belasten.«[221]

Nicht nur die Schweiz, auch Deutschland und Österreich orientierten ihre Migrationspolitik am (nationalen) Arbeitsmarkt.[222] In allen drei Staaten wurde zwischen erwünschten und unerwünschten Ein- respektive Auswanderern unterschieden. In einem Kreisschreiben an die Arbeitsämter vom März 1949, in dem die weitgehende Aufhebung der Ausreisesperren aus Deutschland und Österreich bekannt gegeben wurde, warnte die Sektion für Arbeitskraft und Auswanderung des BIGA davor, dass die Hausdienststellen »das Einfallstor für die überschüssigen weiblichen Arbeitskräfte« dieser beiden Länder darstellten.

»[Es] ist mit einer starken Zunahme von Gesuchen für deutsche und österreichische Arbeitskräfte, namentlich weiblicher, zu rechnen, die ihre Ursache zum schönen Teil nicht in einem steigenden Bedarf hat, sondern hauptsächlich im Ueberangebot an Einwanderungswilligen. [...] Viele gehören überfüllten Berufen an, sind Bureauhilfskräfte, Sprechstundenhilfen, Kindergärtnerinnen, angelernte Kinderpflegerinnen, Verkäuferinnen oder Gelegenheitsarbeiterinnen. [...] [D]ie Arbeitgeber [prüfen] die Angebote oft wenig kritisch [...] in der Meinung, es handle sich bei den deutschen Arbeitskräften im allgemeinen um gute Hausangestellte – eine Meinung, die vor der Umwälzung in Deutschland ihre Berechtigung hatte, heute jedoch nicht mehr [...].«[223]

Um zu verhindern, dass ›ungeeignete‹ Arbeitskräfte einwanderten, bauten die schweizerischen Bundesbehörden auf die Zusammenarbeit mit ge-

---

221 CH BAR E4300B#1000/846#248*, Max Kaufmann (BIGA): Schreiben an die Schweizerische Gesandtschaft in Wien, Bern 26.11.1948, S. 1–2.
222 Freund, *Aufbrüche*, S. 204.
223 CH BAR E4300B#1000/846#248*, BIGA/Sektion Arbeitskraft und Auswanderung (Sig. A. Jobin): Kreisschreiben Nr. E47 an die kantonalen Arbeitsämter betr. Einreise deutscher Hausangestellter, Bern 14.03.1949.

meinnützigen Stellenvermittlungen, insbesondere dem katholischen Mädchenschutzverein und den Freundinnen junger Mädchen (FJM). In Deutschland war jedoch die Vermittlung von Arbeitsplätzen ins Ausland den »Dienststellen der Arbeitsverwaltung«[224] vorbehalten – auch dies ein Ausdruck davon, die Kontrolle über die Auswanderungen behalten zu wollen. Die Versuche des Büros der FJM in Stuttgart, eine Genehmigung für die Stellenvermittlung in die Schweiz zu erhalten, scheiterten. Dies veranlasste das BIGA dazu, das Schweizerische Konsulat in Stuttgart damit zu beauftragen, bei den deutschen Behörden »dahingehend zu wirken«, dass die FJM wenigstens in »enger Zusammenarbeit mit den deutschen Arbeitsämtern« eine »Auslese« vornehmen dürften, so dass nur hauswirtschaftlich qualifizierte Frauen einreisten.[225] Dies scheint gelungen zu sein, denn im November 1949 schrieben die Schweizerischen FJM dem BIGA, dass nun die ›Freundinnen‹ in Stuttgart und in München eng mit dem jeweils zuständigen Arbeitsamt zusammenarbeiteten. Bewerbungen (auch aus anderen Teilen der »Westzone«) in die Schweiz würden den FJM vorgelegt, damit diese »geeignete Hausangestellte« empfehlen könnten.[226]

Trotzdem ließen die Beschwerden über die mangelnde »Qualität« der zureisenden Frauen nicht nach. Wovor die Skeptiker_innen der Zuwanderung ausländischer Hausangestellter schon vor der Öffnung der Grenze gewarnt hatten, galt nun als Tatsache. Die Fürsorgerin Marianne Müller aus St. Gallen berichtete beispielsweise 1952 in einem Brief an Anna Nieder, von 1919 bis 1953 Verbandsvorsitzende des Berufsverbandes katholischer Hausangestellter in München (BKH), Folgendes über die neu zugereisten deutschen Hausangestellten. Dabei stützte sie sich auf Angaben der Leiterin der Stellenvermittlung des katholischen Mädchenschutzvereins St. Gallen:

»Alle die Mädchen, die nach Kriegsende, d.h. in den letzten zwei Jahren nach der Schweiz kamen, reisten wohl mit ganz falschen Illusionen nach hier. Sie glaubten hier in ein Paradies zu kommen und waren wohl der Meinung, dass man in der Schweiz das Geld verdienen könne, ohne dass man intensiv arbeiten muss. Es soll unter den Mädchen Einzelne ganz gute geben, aber der Durchschnitt der Hausan-

---

224 BArch B 149/6223, Auswärtiges Amt (Sig. Kordt): Runderlass an alle diplomatischen und konsularischen Vertretungen der Bundesrepublik Deutschland betr. Vermittlung von deutschen Arbeitskräften nach dem Ausland, Bonn 13.09.1951.
225 CH BAR E4300B#1000/846#248*, BIGA (Sig. M. Kaufmann): Schreiben an das Schweizerische Konsulat in Stuttgart, Bern 28.09.1949.
226 CH BAR E4300B#1000/846#248*, FJM (Sig. A. Walder): Schreiben an das BIGA, Frauenfeld 01.11.1949, S. 2. Zur Stellenvermittlung der FJM vgl. Kapitel 4.1.3.

gestellten aus Deutschland soll sehr frech sein und die meisten kamen mit der Absicht nach hier, einen Mann zu ›kappern‹ [sic]. So sei das Verhalten in sittlicher Beziehung nicht besonders gut und es mussten schon oft Mädchen von den Arbeitsämtern wieder weggewiesen und nach Deutschland zurückgeschickt werden. Zudem sei durchwegs die Ansicht respektive Erfahrung gemacht worden, dass die deutschen Hausangestellten keine groben und schmutzigen Arbeiten machen wollten, sondern sehr gerne die Dame spielen. Bei den meisten der Mädchen spüre man den demoralisierenden Einfluss des Krieges und der Nachkriegszeit und es wären nur vereinzelte, die wirklich an den Stellen befriedigen und durchhalten. Dann seien sie aber sehr geschätzt. Mädchen, die vor 1939 hinein kamen, wären ganz anders gewesen und es hätte in St. Gallen manche Hausangestellte, die seit Jahren an der gleichen Stelle seien und mit denen man sehr zufrieden ist. [...]«[227]

Dass diese Meinung auch unter Schweizer Arbeitgeberinnen verbreitet war, zeigt der Brief einer Hausfrau, die auf der Suche nach einer Hausangestellten die Mutter einer ehemaligen österreichischen Angestellten anschrieb:

»Ich gestatte mir nun, an Sie zu gelangen mit dem Anliegen: Schicken Sie mir Marianne wieder oder eine Tochter aus Ihrem Bekanntenkreis. [...] Ich hatte soeben eine deutsche Hausangestellte. Die deutschen Mädchen sind aber heute nichts mehr wert.«[228]

Im Jahresbericht der SAG war 1951 dem Problem der »Ausländerinnen im Hausdienst« ein eigenes Kapitel gewidmet. Neben der quantitativen Zunahme ausländischer Hausangestellter bemängelten die Verfasserinnen die »Qualität der einreisenden Ausländerinnen«. Dies hänge zum Großteil damit zusammen, dass die Frauen Schätzungen zur Folge zu 90 Prozent aus anderen Berufen stammten. Dass auch völlig ungeeignete Personen eine Aufenthaltsbewilligung erhielten, vermuteten die Verfasserinnen des Jahresberichts in der unterschiedlichen Handhabe der Einreisebestimmungen durch die Kantone.[229]

Das ANAG und die vielen fremdenpolizeilichen und arbeitsmarktlichen Weisungen der eidgenössischen Fremdenpolizei und des BIGA wurden Anfang der 1950er Jahre in den Kantonen in der Tat sehr unterschiedlich ausgelegt. Dies geht aus einer Umfrage der solothurnischen Fremdenpolizei an die anderen kantonalen Fremdenpolizeistellen hervor betreffend die Frage, wie die »berufliche Eignung« der ausländischen Hausangestellten

---

227 IfZ ED 895/101, Marianne Müller: Brief an Anna Nieder nach München, St. Gallen 15.08.1952.
228 PAA, G. V.-S.: Brief an H. N., Hertenstein 23.07.1962.
229 CH BAR E4300B#1000/846#249*, SAG: Jahresbericht, Zürich 1951, S. 5–6.

geprüft und wie mit Personen umgegangen werde, die ohne Zusicherung zum Stellenantritt einreisten.²³⁰ Die thurgauische Fremdenpolizei beispielsweise überließ die Beurteilung der beruflichen Qualifizierung gänzlich den Arbeitgeber_innen, obwohl in der revidierten Fassung des ANAG das Einholen eines arbeitsmarktlichen Gutachtens beim Arbeitsamt zwingend vorgeschrieben worden war. Im Gegensatz dazu meldete die Fremdenpolizei Basel-Stadt die Einreisegesuche äußerst sorgfältig zu begutachten: Bewerberinnen müssten zwischen 18 und 40 Jahre alt und unverheiratet sein, Arbeitszeugnisse über die Tätigkeit im Haushalt, ein Gesundheits- und ein Leumundszeugnis, eine Anstellungsbescheinigung mit Lohnangabe und den Nachweis über eine Krankenversicherung vorweisen. Personen, die ohne Zusicherung zum Stellenantritt einreisten, würden zwar dem Gesetz entsprechend in der Regel weggewiesen. Insbesondere bei Hausangestellten werde jedoch dem »chronischen Dienstbotenmangel« Rechnung getragen und öfter eine Ausnahme gemacht.²³¹ Die kantonale Fremdenpolizei Aargau gab hingegen an, gerade in diesem Punkt unerbittlich zu sein:

»Ausländer-(innen) die ohne Zusicherung der Aufenthaltsbewilligung eingereist sind, erhalten von uns in der Regel keine Arbeitsbewilligung und werden zur Wiederausreise verhalten. [...] Auch bei uns wird sehr oft mit dem Argument operiert, andere Kantone seien toleranter und was andern Ortes angängig sei, werde im Kanton Aargau unverständlicherweise abgelehnt. Wir hatten in dieser Beziehung schon viele und harte Kämpfe auszufechten, wobei seitens der Arbeitgeber und ihrer Helfer gelegentlich eine unbeschreibliche Verständnislosigkeit in bezug auf die Beachtung gesetzlicher Vorschriften an den Tag gelegt wird.«²³²

Im September 1952 richtete die SAG einen Vorstoß für einheitlichere und strengere Einreisekontrollen an die eidgenössische Fremdenpolizei. Arbeitgeber_innen müssten, so der konkrete Vorschlag, nachweisen, dass sie keine Schweizerin für die durch eine Ausländerin zu besetzende Stelle gefunden hätten. Es sollte eine Altersbeschränkung festgelegt (18–35 Jahre) und von allen Einreisewilligen Beglaubigungen eingefordert werden, dass sie »hauswirtschaftlich gebildet«, »körperlich gesund und geistig normal« sowie »ledig und kinderlos« seien. Begründet wurde diese Eingabe mit

---

230 CH BAR E4300B#1000/846#310*, Solothurnische Fremdenpolizei (Sig. unleserlich): Umfrage über fremdenpolizeiliche und arbeitsmarktliche Belange, Antworten der Kantone (Abschrift). Sammeldossier z.Hd. P. Baechtold von der eidgenössischen Fremdenpolizei, Solothurn 01.09.1951.
231 Ebd., S. 6–8.
232 Ebd., S. 14.

der »Gefahr«, die eine »wahllose Masseneinwanderung« für die Zukunft berge. Nicht nur mit Blick auf die zunehmende »Überfremdung«, sondern auch in Bezug auf die »Weiterentwicklung des Hausdienstes in der Schweiz«.²³³ Die Hausdienstexpertinnen sahen ihre seit Jahrzehnten verfolgten Bemühungen um die Verbesserungen im Hausdienstverhältnis durch die neue Einwanderungswelle gefährdet:

»[A]n Stelle der Haushaltlehrtochter tritt in einigen Kantonen die junge Ausländerin, die keinen Anspruch darauf macht, eine Abschlußprüfung bestehen zu können. Die schweizerische Hausangestellte, für deren Aus- und Weiterbildung wir uns eingesetzt haben, wird vielerorts abgelöst durch die Ausländerin, die ohne besondere Vorbildung zu den gleichen Bedingungen angestellt wird. Die Verbesserung der Arbeitsverhältnisse im Hausdienst durch Normalarbeitsverträge wird illusorisch, wenn sich da und dort Arbeitgeberinnen darauf verlassen, daß es Ausländerinnen gibt, die die Vertragsbestimmungen nicht kennen.«²³⁴

Dieser Vorstoß wurde von der Fremdenpolizei, so die Empfangsbestätigung, zur Kenntnis genommen. Ein unmittelbares politisches Handeln kann aus den Quellen nicht herausgelesen werden. Auf Initiative der ostschweizerischen Arbeitsgemeinschaften für den Hausdienst richtete wohl deshalb die SAG im Frühjahr 1954 eine Studienkommission zur Lösung des »Ausländerinnenproblems« ein. Diese sollte zum einen Kontakt zu den Behörden aufnehmen, um schärfere Einreisekontrollen zu erwirken, und zum anderen die Arbeitgeber_innen über ihre Verantwortung betreffend des »Ausländerinnenproblems« aufklären.²³⁵ Auf der außerordentlichen Delegiertenversammlung der SAG am 12. November 1954 in Bern wurden das »Ausländerinnenproblem« und die von der Studienkommission geplanten Maßnahmen besprochen. Aus den einleitenden Worten der Sekretärin Hanni Rechsteiner wird eine Argumentationsweise sichtbar, die auf eine neue Dynamik im Überfremdungsdiskurs der 1950er Jahre hinweist: die Angst vor einer ›Überfremdung‹ durch Niederlassung:

»Die Votantin [H. Rechsteiner] ruft den Anwesenden kurz einige schon hinreichend bekannte Tatsachen in Erinnerung, wie z.B. die zahlenmässig immer mehr überhandnehmende Ueberfremdung des schweizerischen Hausdienstes. Die

---

233 CH BAR E4300B#1000/846#249*, SAG (Sig. A. Böll-Bächi und H. Rechsteiner): Schreiben an die eidgenössische Fremdenpolizei betr. Ausländerinnen im Hausdienst, Zürich 04.09.1952.
234 CH BAR E4300B#1000/846#249*, SAG: Jahresbericht, Zürich 1951, S. 5–6.
235 StABS PA 772 A2, Ostschweizerische Arbeitsgemeinschaft für den Hausdienst: Resolution, Schaffhausen 12.05.1954.

Volkszählung 1950 registrierte 36'381 ausländische Hausangestellte im Privathaushalt, im Februar 1954 waren es bereits über 38'000. Damit steht fest, dass schon beinahe die Hälfte aller Hausangestellten in der Schweiz Ausländerinnen sind; im Kanton Zürich gibt es bereits Gemeinden, wo auf 3 Hausangestellte 2 Ausländerinnen kommen. Von der Ueberfremdungsgefahr, welche die Folge dieser Entwicklung ist, wurde in den Kreisen der SAG schon oft gesprochen [...]. Ausländerinnen mit Niederlassungsbewilligung sind in ihren Rechten und Pflichten den Schweizerinnen gleichgestellt. (Stellen- Berufs- und Wohnortswechsel nach Belieben).«[236]

Da die ausländischen Hausangestellten zum Großteil aus anderen Berufen stammten, würden sie als Niedergelassene, so die Annahme, zweifellos sofort in beliebtere Arbeitsfelder wechseln. Der Hausdienst aber müsste, um die frei gewordenen Stellen neu zu besetzen, auf noch mehr Ausländerinnen zurückgreifen, was eine ›Überfremdung‹ der Schweiz stetig vorantreibe. Um auf diese ›Gefahr‹ aufmerksam zu machen, wurde die Studienkommission zur Lösung der »Ausländerinnenfrage« damit beauftragt einen Aufruf in der Presse zu lancieren sowie ein Merkblatt an die Arbeitgeber_innen und Behörden (Arbeitsämter, Fremdenpolizei) zu verschicken.[237]

Auch die Diskussion um Eheschließungen zwischen Ausländerinnen und Schweizern wurde in dem Zusammenhang erneut aufgerollt. Hanni Rechsteiner gab auf der Delegiertenversammlung der SAG weiter zu bedenken:

»Wenn die Statistiken stimmen, heiratet heute bereits wieder jeder 6. bis 7. Schweizer eine Ausländerin. Der Einfluss, den die einheiratende ausländische Hausangestellte durch Kindererziehung ausüben kann, darf nicht unterschätzt werden. [...] Es ist aber gewiss nicht nur Ueberheblichkeit, wenn wir darnach streben, unsere schweizerische Eigenart zu erhalten; es ist in der heutigen Zeit unsere Pflicht, fremden und für uns unpassenden Einflüssen gutes Schweizertum entgegenzusetzen«[238]

---

236 StABS PA 772 A2, SAG: Protokoll der außerordentlichen Delegiertenversammlung betreffend die Resolution der ostschweizerischen Arbeitsgemeinschaften für den Hausdienst (Ausländerinnenproblem) vom 12.11.1954 in Bern, Wortmeldung von H. Rechsteiner, [Zürich 1954], S. 3–4.
237 CH BAR E4300B#1000/846#249*, SAG: Merkblatt für Arbeitgeberinnen im Hausdienst, Zürich [1954], S. 3. Zum Presseaufruf vgl. SWA Vo N I 5a, Hauswirtschaft Schweiz, Zeitungsartikel (–2004), insbesondere Januar–März 1955.
238 StABS PA 772 A2, SAG: Protokoll der außerordentlichen Delegiertenversammlung betreffend die Resolution der ostschweizerischen Arbeitsgemeinschaften für den Hausdienst (Ausländerinnenproblem) vom 12.11.1954 in Bern, [Zürich 1954], S. 3–4.

Die Wurzeln dieses Vorurteils in der Kultur der geistigen Landesverteidigung sind darin nicht zu übersehen. Die Persistenz der Angst vor ›Überfremdung‹ durch Einheirat zeigt sich Mitte der 1950er Jahre auch in Debatten des Nationalrates:

»Das BIGA gibt Anlaß zu mehreren Interventionen über das *Fremdarbeiterproblem*, wozu *Meier*, Netstal (soz.), bemerkt, daß die 100.000 Fremdarbeiterinnen nicht nur auf dem Arbeitsmarkt, sondern auch auf dem Heiratsmarkt in Erscheinung treten. (Heiterkeit.) Noch selten haben die Schweizer soviel Ausländerinnen geheiratet wie in diesen Jahren. Junge Schweizerinnen würden sich bestimmt vermehrt zu Hausdiensten zur Verfügung stellen, wenn die Lohn- und Unterkunftsverhältnisse verbessert würden« [Hervorhebung im Original].[239]

Dass Nationalrat Meier die 100.000 »Fremdarbeiterinnen« zum Großteil als Hausangestellte wahrnahm, spricht für die Präsenz der Thematik. 1955 waren faktisch ›nur‹ rund 38.000 ausländische Hausangestellte in der Schweiz beschäftigt. Knapp 60 Prozent davon stammten aus Deutschland und Österreich.[240]

Noch 1970 nannte der Radiokorrespondent Victor Willi die ›Tatsache‹, dass Ausländerinnen »den Schweizerinnen die strammen Tellensöhne wegschnapp[t]en« als eine der grundlegenden Ursachen für die auch in den 1960er Jahren hochaktuellen Überfremdungsdebatten.[241]

2.3.2 Angst vor einer »neuen Überfremdung«

Die Thematik der ›Überfremdung‹ durch Niederlassung und Einheirat wurde innerhalb der mit Migrationspolitik betrauten Behörden (BIGA, Fremdenpolizei) seit etwa 1953 intensiv diskutiert und prägte die schweizerische Ausländerpolitik der 1950er Jahre maßgeblich. Die Furcht vor einem – im zeitgenössischen Jargon gesprochen – ›Festsetzen‹ der ausländischen Arbeitskräfte war acht Jahre nach Kriegsende immens groß. Mit Italien und Österreich bestand seit 1948 respektive 1950 ein Abkommen, das den Angehörigen dieser beiden Staaten die Niederlassung in der Schweiz erst nach zehnjährigem Aufenthalt zusicherte. Mit Deutschland wurden 1953 Verhandlungen aufgenommen, die eine Erhöhung der Anwesenheitsdauer

---

239 Zit. nach: o.V., Fremdarbeiterproblem, Arbeitsgesetz, Weinwirtschaft, in: Berner Tagwacht, o.Nr., 24.06.1955.
240 Vgl. Tabelle 4.
241 Willi, *Überfremdung*, S. 13.

zur Berechtigung einer Niederlassung von fünf auf zehn Jahre vorsah.[242] Die ersten Italiener_innen nach Kriegsende waren 1946 in die Schweiz eingereist, die Österreicher_innen folgten ab 1948 und die Deutschen ab 1949.[243] Das erste Mal seit der Einführung des ANAG im Jahr 1934 sahen sich die schweizerischen Migrationspolitiker damit konfrontiert, dass eine größere Anzahl Ausländer_innen den Niederlassungsstatus erhalten könnte und damit den Schweizer_innen weitgehend gleichgestellt wäre. Niedergelassene durften ohne fremdenpolizeiliche Bewilligung den Wohnort, den Beruf oder die Stelle wechseln.[244]

Verschärft wurde das ›Problem‹ dadurch, dass durch eine anhaltende Hochkonjunktur der Bedarf an ausländischen Arbeitskräften ständig zunahm. Die schweizerische Volkswirtschaft befand sich nach Ende des Krieges in einer unvergleichlich »stürmischen Wachstumsperiode«.[245] Die ›Trente Glorieuses‹, wie die Phase des enormen wirtschaftlichen Wachstums in den ersten drei Jahrzehnten nach dem Zweiten Weltkrieg bis zur Ölkrise 1973 auch genannt wird, waren bekanntermaßen kein rein schweizerisches Phänomen. Laut den Volkswirtschaftlern Hans Georg Graf und Francesco Kneschaurek trat diese Entwicklung in der Schweiz jedoch besonders »augenfällig« zu Tage. Im Gegensatz zu ihren Nachbarländern verfügte die Schweiz nach dem Krieg über einen intakten Produktionsapparat. Die durchschnittliche Zuwachsrate des realen Bruttosozialprodukts lag in den Jahren 1950 bis 1974 bei 4,5 Prozent jährlich – um ein Vierfaches höher als die durchschnittlichen Zuwachsraten der Zwischenkriegszeit. Das Exportvolumen steigerte sich im gleichen Zeitraum um 700 Prozent und es entstanden eine Million neue Arbeitsplätze. Diese wurden zu

---

242 CH BAR E4300B#1000/846#312*, M. Kaufmann: Vertrauliches Exposé betr. vorsorgliche Massnahmen gegen die Überfremdung des Arbeitsmarktes, Bern 24.04.1953. Das Abkommen mit Deutschland, das die Anwesenheitsdauer zur Niederlassung auf zehn Jahre festlegte, wurde 1958 ratifiziert. CH BAR E4300B#1971/4#171*, Eidgenössische Fremdenpolizei: Bericht der Studienkommission für das Problem der ausländischen Arbeitskräfte, Bern März 1961, S. 7–8.
243 AGoF 128 20: 2, FJM (Sig. A. Walder), Protokoll der Arbeitstagung der Leiterinnen der Platzierungsbureaux und der Bahnhofwerke in St. Aubin 2.–4. Oktober 1950.
244 CH BAR E4300B#1000/846#308*, Bundesgesetz über Aufenthalt und Niederlassung der Ausländer vom 26.03.1931. Revidierte Fassung vom 01.03.1949 (Abweichungen zur Fassung von 1931 in Kursivdruck), Art. 6.
245 AGoF 103 268: 310-09-05, Bundesrat: Bericht an die erweiterte Kommission des Nationalrates für auswärtige Angelegenheiten und die Beschränkung und Herabsetzung des Bestandes an ausländischen Arbeitskräften, Bern 09.02.1965.

60 Prozent mit ausländischen Arbeitskräften besetzt.[246] 1950 betrug die Zahl der Ausländer_innen in der Schweiz insgesamt 285.446 (davon 61 Prozent Erwerbstätige), zehn Jahre später waren es mit 584.739 (davon 72 Prozent Erwerbstätige) bereits mehr als doppelt so viele.[247]

Aus Angst davor, dass im Falle eines Konjunkturumschwungs die vielen ausländischen Arbeitskräfte, wenn sie die Niederlassung erreichten, nicht mehr aus der Schweiz weggewiesen werden könnten und ihre Funktion als ›Konjunkturpuffer‹ verloren ginge, wurden unter der Federführung des BIGA-Direktors Max Kaufmann »allfällige Schutzmaßnahmen« gegen eine neue ›Überfremdung‹ besprochen. Kaufmann verfasste im April 1953 ein äußerst wirkungsvolles Papier mit dem Titel *Vorsorgliche Maßnahmen gegen die Überfremdung des Arbeitsmarktes*. Seine darin aufgestellten Lösungsvorschläge wurden, nachdem sie auf verschiedenen Konferenzen von den kantonalen Polizeidirektoren, den Vorstehern der Arbeitsverwaltungen sowie den Arbeitgeberverbänden abgesegnet worden waren,[248] im September 1954 als Weisungen zur »Begutachtung der Einreise und des Aufenthalts von erwerbstätigen Ausländern« an die kantonalen Arbeitsämter und Fremdenpolizeistellen geschickt.[249]

Kaufmann konstatierte in dem Papier zunächst eine »neue Einwanderungswelle«, die Anlass zu Besorgnis gäbe. Zwar habe eine Erhebung über die Dauer des Aufenthaltes der ausländischen Arbeitskräfte aus dem Jahr 1952 ergeben, dass der Großteil der Ausländer_innen die Schweiz nach einem »mehr oder weniger ausgedehnten Aufenthalt« wieder verließen.[250]

---

246 Graf/Kneschaurek, *Arbeitskräftepotential*, S. 14; 38–39.
247 Vgl. Tabelle 1.
248 CH BAR E4300B#1000/846#312*, M. Kaufmann: Vorsorgliche Massnahmen gegen die Überfremdung des Arbeitsmarktes, Referat an der Konferenz der Direktoren der Polizei und der für den Arbeitsmarkt zuständigen Departemente und Kantone, [Bern] 16.04.1953. CH BAR E4300B#1000/846#311*, BIGA/Sektion Arbeitskraft und Auswanderung (Sig. J. Behnisch): Protokoll der Konferenz mit den Arbeitgeberverbänden zur Besprechung vorsorglicher Massnahmen gegen die Ueberfremdung des Arbeitsmarktes vom 01.05.1953 in Bern, Bern 09.05.1953 (Entwurf).
249 CH BAR E4300B#1971/4#234*, BIGA (Sig. Kaufmann): Kreisschreiben an die für den Arbeitsmarkt zuständigen kantonalen Departemente betr. Vorsorgliche Massnahmen gegen die Überfremdung des Arbeitsmarktes (Abschrift), Bern 14.09.1954. Das gleiche Kreisschreiben wurde am 25.09.1954 vom EJPD als Kreisschreiben Nr. 712 auch an alle kantonalen Polizeidirektionen geschickt.
250 Zu den Ergebnissen der Erhebung: CH BAR E4300B#1000/846#306*, EJPD (Sig. Mäder): Kreisschreiben Nr. 750 an die kantonalen Polizeidirektoren betr. i resultati delle idagini sulla mano d'opera straniera, Bern 20.04.1956.

Dies gelte jedoch vor allem für die Italiener_innen und weniger für die Deutschen und Österreicher_innen:

»Die Gefahr wächst, wenn die gute Konjunktur anhält. Mit einem so starken freiwilligen Wechsel, wie er bisher beobachtet werden konnte, wird man vermutlich in den kommenden Jahren nicht mehr rechnen dürfen, denn es sind hauptsächlich die Italiener, die mit ihrem Lande verwurzelt bleiben und verhältnismässig häufig wieder in die Heimat zurückkehren, sogar nach mehrjährigem Aufenthalt, während die deutschen und österreichischen Arbeitskräfte, deren Zahl in den letzten Jahren stetig und erheblich zugenommen hat, im allgemeinen zäher nach einer dauernden Festsetzung in der Schweiz streben. Auch die Tatsache, dass zusammen 65 Prozent der kontrollpflichtigen Ausländer in den Mangelberufen der Landwirtschaft, des Gastgewerbes und des Hausdienstes tätig sind, kann nicht restlos beruhigend wirken, denn es ist klar, dass die meisten unter ihnen nur so lange bei dieser Tätigkeit ausharren, als ihnen der Uebergang in einen andern beliebteren Beruf verwehrt ist, was umso schwieriger wird, je länger der Aufenthalt bereits gedauert hat.«[251]

Auch wenn nach dem Zweiten Weltkrieg neu die italienischen Einwandernden den größten Teil an der ausländischen Wohnbevölkerung in der Schweiz stellten, waren den Migrationspolitikern also gerade die deutschen und österreichischen Haus- und Gastgewerbsangestellten ein Dorn im Auge. Von der ausländischen Wohnbevölkerung stammten 1950 rund 49 Prozent aus Italien, 20 Prozent aus Deutschland und knapp 8 Prozent aus Österreich. 1960 kamen 59 Prozent der Ausländer_innen in der Schweiz aus Italien und nur noch 16 Prozent aus Deutschland und 6,5 Prozent aus Österreich.[252]

Zur Verhinderung der »dauernden Festsetzung« ausländischer Arbeitskräfte müssten deshalb, so Kaufmann weiter, »Mittel und Wege gesucht werden, um der neuen Einwanderung trotz andauernder Hochkonjunktur den vorübergehenden Charakter zu erhalten.« Erstens sollten soweit als möglich nur Saisonbewilligungen ausgestellt werden, was die zur Niederlassung erforderliche ununterbrochene zehnjährige Aufenthaltsdauer unmöglich machte. Zweitens forderte Kaufmann die »Entfernung der ausländischen Arbeitskräfte, die beruflich oder charakterlich versagen«. Auch die »minderqualifizierten Ausländer« sollten entlassen werden, sogar wenn an

---

251 CH BAR E4300B#1000/846#312*, M. Kaufmann: Vorsorgliche Massnahmen gegen die Überfremdung des Arbeitsmarktes, Referat an der Konferenz der Direktoren der Polizei und der für den Arbeitsmarkt zuständigen Departemente und Kantone, [Bern] 16.04.1953, S. 3.
252 Eidgenössisches Statistisches Amt, *Volkszählung 1960*, S. 31. Eigene Berechnung, Zahlen gerundet.

deren Stelle ein »neuer Ausländer« einreisen müsse. Drittens seien im Falle von wirtschaftlich bedingten Kündigungen »vorerst die ausländischen Arbeitskräfte zu entlassen« und diese nach Erfüllung ihres Aufenthaltszwecks sofort »auszuschalten«. Des Weiteren plädierte er dafür, Gesuche zum Berufswechsel grundsätzlich ablehnend zu begutachten und beim Familiennachzug äußerste Zurückhaltung zu üben.[253] Von diesen Maßnahmen erhoffte man sich, der Wirtschaft genügend ausländische Arbeitskräfte zur Verfügung zu stellen, diese durch ständiges Auswechseln jedoch am Verbleib in der Schweiz zu hindern. Dieses Prinzip der Rotation sollte den bevorzugten Migrantentypus des »Gastarbeiters« hervorbringen, der sich nur vorübergehend im »Gastland« aufhielt und deshalb nicht in die nationale Gemeinschaft integriert zu werden brauchte.[254] Diese Politik findet sich auch in vielen anderen europäischen Ländern. Das »Gastarbeiter-System«, so der Migrationshistoriker Jochen Oltmer, war das zentrale »Migrationssystem« der Nachkriegszeit in Europa.[255]

Die von Kaufmann vorgeschlagenen »Mittel und Wege« lesen sich ziemlich radikal. Dessen war sich auch Kaufmann bewusst. Mehrmals betonte er die Wichtigkeit, dieses Papier vertraulich zu behandeln und auf keinen Fall in der Presse zu veröffentlichen, da dies den Anschein erwecken könnte, man wolle die »internationalen Vereinbarungen«, die Abkommen mit den Nachbarstaaten zur Niederlassung, umgehen.[256] Trotz dieser Bitte gelangte das geplante Vorgehen an die Öffentlichkeit. Der am 9. August 1956 in der *Schweizer Wochen Zeitung* erschienene Artikel »Alptraum: Überfremdung« kritisierte die eidgenössische Fremdenpolizei scharf, welche die Kantone dazu anstifte, ausländische Arbeitskräfte »unter irgend einem Vorwand« ausreisen zu lassen, um die Aufenthaltsdauer zu unterbrechen.[257] Gegenüber der Zeitungsredaktion wies das EJPD die Vorwürfe als unbegründet zurück.[258] Die interne Diskussion zeigt jedoch, dass auch

---

253 CH BAR E4300B#1971/4#234*, BIGA (Sig. Kaufmann): Kreisschreiben an die für den Arbeitsmarkt zuständigen kantonalen Departemente betr. Vorsorgliche Massnahmen gegen die Überfremdung des Arbeitsmarktes (Abschrift), Bern 14.09.1954, S. 2–4.
254 Piguet, *Einwanderungsland*, S. 20–22. Fischer/Straubhaar, »Einwanderung«, S. 184–186.
255 Oltmer, »Migrationsverhältnisse«, S. 9–24.
256 CH BAR E4300B#1000/846#312*, BIGA/Sektion Arbeitskraft und Auswanderung (Sig. J. Behnisch): Protokoll der ersten Sitzung der eidgenössischen Kommission für Arbeitsmarktfragen vom 4. Mai in Bern, Bern [Mai 1954], S. 30.
257 Zit. nach: CH BAR E4300B#1971/4#234*, EJPD: Schreiben an die Redaktion der Schweizer Wochen Zeitung vom 15.09.1956 (Entwurf), Bern [September 1954].
258 Ebd.

höhere Angestellte der eidgenössischen Fremdenpolizei das Kreisschreiben durchaus als problematisch empfanden. Der Adjunkt Fritz Bürki schrieb in einer Notiz an seinen Amtskollegen Guido Solari, dass er sich einmal mehr in seiner Auffassung bestätigt sehe, »dass diese Weisungen zwar nicht direkt gegen die Vereinbarungen verstossen [würden], dass ihre Redaktion aber ›bösgläubig‹« sei.[259]

Kritik an der Bewilligungspraxis der Schweizer Behörden gab es in den 1950er Jahren auch aus Deutschland und zwar von Seiten der Interessensverbände gastgewerblicher Angestellter. Fritz Wagner vom Internationalen Genfer Verband der Hotel- und Gaststätten-Angehörigen (IGV) in Berlin schrieb an Fritz Gabler vom Deutschen Hotel- und Gaststättenverband (DEHOGA):

»[…] der Schweizer Hotellerie [ist es] dabei nur darum zu tun […], die Personallücke in 6–8 Sommerwochen zu schliessen, in der übrigen Zeit sollen die Deutschen sehen, wo sie bleiben! Als Lückenbüsser sind sie – auch der Union Helvetia, dieser deutschfresserischen Monopolorganisation – gut genug, aber in die geheiligten Gefilde der Positionen, wo mehr als das Notwendigste verdient wird, dürfen sie nicht eindringen, und wenn die knappen Monate vorüber sind, sollen sie wieder aus dem Land hinaus. Das ist so ungefähr die Einstellung bei den schweizerischen Arbeitsämtern, hinter denen natürlich die U.H. steckt.«[260]

Bereits im Februar 1953 hatten Vertreter der DEHOGA bei der Zentralen und Internationalen Ausgleichsstelle für das Hotel- und Gaststättengewerbe (ZIA) in Baden-Baden mit Bedauern festgestellt, dass trotz der »schweizerischen Ausbeutungsmethoden« die Abwanderung von deutschen Hotelangestellten in die Schweiz außerordentlich groß sei, was den Personalmangel im deutschen Gastgewerbe steigere. Um diese Migrationsbewegung »stärker zu kontrollieren und auf ein erträgliches Maß zu beschränken«, solle einem »Überhandnehmen der Anwerbung deutscher Fachkräfte durch schweizerische Stellen und Betriebe entgegengewirkt werden.[261] In der Folge wurden schweizerische Stelleninserate in deutschen Fachzeitschriften verboten, was wiederum in der Schweiz als »engstirniger Protektionismus« heftig kritisiert wurde.[262] Diese gewerkschaftlich motivierte Auseinandersetzung bezog sich vor allem auf die meist männlichen

---

259 CH BAR E4300B#1971/4#234*, F. Bürki: Notiz an G. Solari, Bern 11.09.1956.
260 BArch B 119/3255, Fritz Wagner: Brief an Fritz Gabler, Berlin 10.03.1953.
261 BArch B 119/3255, ZIA (Sig. Stadler): Niederschrift über die Besprechung von Vertretern der DEHOGA bei der ZIA, Baden-Baden 18.02.1953.
262 O.V., Keine Arbeitskräfte mehr aus Deutschland?, in: Hotel-Revue, Nr. 14, 7.4.1955.

›Fachkräfte‹. Wie wirkte sich nun aber der in den 1950er Jahren viel beklagte Mangel an weiblichen ›Hilfskräften‹ im Gastgewerbe aus?

2.3.3 Arbeitskräftebedarf im Gastgewerbe

Das schweizerische Gastgewerbe, insbesondere die Hotellerie, war mit Ausbruch des Ersten Weltkrieges in eine tiefe Krise geraten. Eine Krise, die bis nach dem Zweiten Weltkrieg andauerte – mit Ausnahme weniger Jahre zwischen 1922–1929 sowie 1935–38. Mit dem 1950 einsetzenden touristischen Boom verzeichnete auch das Gastgewerbe große Wachstumszahlen, die in den 1960er Jahren sogar die Zeit vor dem Ersten Weltkrieg übertrafen.[263] Diese Entwicklung ließ den Bedarf nach Arbeitskräften in der Branche rasch wachsen. Ähnlich wie der Hausdienst galt nach dem Zweiten Weltkrieg nun auch das Gastgewerbe als Mangelberuf. Dabei fehlte es vor allem an weiblichen Angestellten. Da der Bedarf nicht durch Schweizerinnen gedeckt werden konnte, waren sich die Bundesbehörden (BIGA, eidgenössische Fremdenpolizei) sowie die beiden Arbeitgeberverbände (Schweizerischer Hotelierverein, Schweizerischer Wirteverein) und der Arbeitnehmerverband (Union Helvetia) einig, ausländische Arbeitskräfte heranzuziehen. Aus diesem Anlass gründeten Behördenvertreter und Angehörige der Fachverbände 1946 die *Paritätische Kommission für Ein- und Auswanderungsfragen im Gastgewerbe*. In gemeinsamen Treffen beurteilten sie die Lage auf dem gastgewerblichen Arbeitsmarkt.[264] Auf dieser Basis schickte das BIGA, jeweils vor Beginn der Sommer- respektive Wintersaison, mittels Kreisschreiben ihre Weisungen an die Arbeitsämter, wie Einreisegesuche für ausländische Arbeitskräfte für das Gastgewerbe begutachtet werden sollten.[265] Diese Kreisschreiben blieben bis zum Ende des Untersuchungszeitraums inhaltlich sehr ähnlich. Posten für leitende Angestellte (Hoteldirektoren, Chefs de cuisine, Oberkellner, Obersaaltöchter, Chauffeure etc.) sollten Schweizer_innen vorbehalten bleiben. Bei den höheren Angestellten (Telefonistinnen, Köche, Serviertöchter, Kellner, Portiers etc.) spreche grundsätzlich nichts gegen eine Bewilligung der Ge-

---

263 Tissot, »Binnenwirtschaft«, S. 558–563.
264 CH BAR E4300B#1000/846#243*, Dossier zu Hotellerie/Hotelangestellte, 1949–1955.
265 CH BAR E4300B#1000/846#301*, BIGA/Sektion Arbeitskraft und Auswanderung (Sig. Schlanser): Kreisschreiben Nr. E2/1946 an die kantonalen Arbeitsämter betr. Ausländische Arbeitskräfte, Bern vom 11.5.1946.

suche, es müsse jedoch genau geprüft werden, ob wirklich keine ›einheimischen‹ Arbeitskräfte zur Verfügung stünden. Einreisegesuchen von »Hilfskräften« (Hilfsköchinnen, Küchen-, Office-, Haus- und Lingeriemädchen, Haus- und Schenkburschen sowie Wäscherinnen, Glätterinnen etc.) könnten hingegen »vom Standpunkt des Arbeitsmarktes aus im allgemeinen entsprochen werden.«[266]

Ab Mitte der 1950er Jahre wies das BIGA die kantonalen Arbeitsämter mit Bezug auf die zunehmende nationale Konkurrenz sogar an, die Einreisegesuche für »Hilfskräfte« »ohne Verzug« zu befürworten. Auch in Deutschland und Österreich herrsche im Gastgewerbe mittlerweile eine große Personalnot.[267] Besonders weibliche Arbeitskräfte waren überall gefragt. Gerade in den Grenzregionen zur Schweiz – insbesondere im Schwarzwald und am Bodensee – warben die gastgewerblichen Betriebe ebenfalls mit guten Konditionen um die Gunst der Arbeitnehmerinnen.[268] Nicht nur im Gastgewerbe, auch im Hausdienst herrschte ab Mitte der 1950er Jahre ein eklatanter Personalmangel. Mareike Witkowski zitiert in ihrer Abhandlung über Hausgehilfinnen im 20. Jahrhundert in der BRD einen *Spiegel*-Artikel von 1961, wonach auf dem Münchner Madame-Ball als Tombola-Hauptpreis eine Hausgehilfin gewonnen werden konnte.[269]

Die Furcht davor, dass die dringend benötigten »Frauen und Mädchen« aus den traditionellen Einzugsgebieten in Deutschland und Österreich ausbleiben könnten, veranlasste das BIGA dazu, die Einreisebeschränkungen für weibliche Haus- und Gastgewerbsangestellte herabzusetzen. Im September 1955 teilte es per Kreisschreiben den Arbeitsämtern mit, dass aufgrund der erschwerten Rekrutierung von »geeigneten Kräften im Ausland« Sonderbestimmungen zur »Begutachtung von Aufenthaltsgesuchen für ausländische Hausangestellte und weibliche Hilfskräfte im Gastgewerbe« erlassen worden seien. So könne zukünftig auf den Nachweis über

---

266 CH BAR E4300B#1971/4#171*, BIGA/Sektion Arbeitskraft und Auswanderung (Sig. Jobin): Kreisschreiben Nr. E43/1949 an die kantonalen Arbeitsämter betr. Ausländische Arbeitskräfte im Hotel- und Gastwirtschaftsgewerbe, Sommersaison 1949, Bern 01.03.1949.
267 CH BAR E4300B#1000/846#243*, BIGA/Sektion Arbeitskraft und Auswanderung (Sig. Schlanser): Kreisschreiben Nr. 118 an kantonalen Arbeitsämter betr. Ausländische Arbeitskräfte im Hotel- und Gastwirtschaftsgewerbe, Sommersaison 1956, Bern 20.01.1956.
268 BArch B 119/3255, Arbeitsvermittlung im Hotel- und Gaststättengewerbe. Darin auch: Fritz Gabler (DEHOGA): Vortrag über das europäische Personalproblem der Saisonbetriebe, Heidelberg [1953].
269 Witkowski, »Ein Relikt«, S. 166–167.

Berufserfahrung (Arbeitszeugnisse) verzichtet werden. Auch werde die Altersbeschränkung (17–40 Jahre) aufgehoben. Berufswechsel seien jedoch nach wie vor ausnahmslos verboten. Nur so könne eine Abwanderung in andere Berufe verhindert werden. Zudem müsse jeder Stellenwechsel genauestens geprüft werden:

»Sobald erwiesen ist, dass eine solche Arbeitskraft versagt hat und also arbeitsmarktlich unerwünscht ist, sollte ein Stellenwechsel nicht mehr bewilligt und der Fremdenpolizei beantragt werden, ihre Aufenthaltsbewilligung nicht mehr zu erneuern, sondern ihr auf diesen Zeitpunkt eine Ausreisefrist anzusetzen. Solche Fälle sollten der Eidgenössischen Fremdenpolizei unterbreitet werden mit dem Ersuchen, die Pflicht zur Ausreise auf die ganze Schweiz auszudehnen, wenn nötig mit einer Einreisebeschränkung.«[270]

Für die im Gastgewerbe und Hausdienst beschäftigten ausländischen Frauen bedeutete ein Stellenwechsel dadurch ein Risiko. Zumal im Merkblatt für Arbeitgeberinnen, das die SAG 1954 herausgegeben hatte, die Hausfrauen explizit dazu aufgefordert wurden, »untüchtige Ausländerinnen« bei der Fremdenpolizei zu melden, so dass diesen der Stellenwechsel versagt und ihnen keine Niederlassungsbewilligung erteilt werde.[271] Dass dieser Aufruf zur Denunziation den Arbeitgeber_innen Macht über ihre Angestellten verlieh, wurde auch schon zeitgenössisch kritisiert. In den Akten der eidgenössischen Fremdenpolizei ist ein Zeitungsartikel überliefert, der die »unmoralische Drohung« vieler Arbeitgeberinnen verurteilt: »Wenn Sie wechseln wollen, werde ich bei der Fremdenpolizei dafür sorgen, daß Sie aus dem Lande verwiesen werden!«[272]

Der ausgeprägte Arbeitskräftebedarf des florierenden Gastgewerbes sowie das durch die Sonderbestimmungen erleichterte Einreiseverfahren führten zu einem starken Ansteigen der weiblichen ausländischen Arbeitskräfte im Gastgewerbe. 1941 waren erst sieben Prozent der weiblichen Angestellten im Gastgewerbe Ausländerinnen. 1950 waren es bereits 17,7 Prozent und 1960 kam sogar jede Vierte Frau im Gastgewerbe aus dem Ausland [vgl. Tabelle 6]. Von den ausländischen Gastgewerbsangestellten

---

[270] CH BAR E7291A#1973/86#405*, BIGA/Sektion Arbeitskraft und Auswanderung (Sig. Jobin): Kreisschreiben Nr. 113/1955 an die kantonalen Arbeitsämter betr. Begutachtung von Aufenthaltsgesuchen für ausländische Hausangestellte und weibliche Hilfskräfte im Gastgewerbe, Bern 07.09.1955.

[271] CH BAR E4300B#1000/846#249*, SAG: Merkblatt für Arbeitgeberinnen im Hausdienst, Zürich [1954], S. 3.

[272] CH BAR E4300B#1000/846#249*, D. St., Ausländische Hausangestellte, in: Neue Einsiedler Zeitung, August 1952.

stammten im August 1960 19 Prozent aus Deutschland und gut 21 Prozent aus Österreich [vgl. Tabelle 7].[273] Der Anteil der ausländischen Hausangestellten war zwar immer noch höher als bei den im Gastgewerbe beschäftigten Personen, stagnierte jedoch bei 36 Prozent. 43 Prozent der ausländischen Hausangestellten waren Deutsche und 13 Prozent kamen aus Österreich.[274]

Tabelle 6: Ausländische Gastgewerbsangestellte (GGA) in der Schweiz, 1941–1970

Jahr	Anzahl GGA (m/w)	Anzahl weibl. GGA	Anzahl ausländ. GGA (m/w)	Anzahl weibliche ausländ. GGA	Anteil Ausländerinnen an weibl. GGA
1941	95.062	68.618	6.655	4.826	7,0 %
1950	101.951	72.160	16.508	12.793	17,7 %
1960	121.304	79.985	36.093	21.024	26,3 %
1970	134.168	82.248	45.088	22.586	27,5 %

Quelle: Schweizerische Volkszählung 1970 (retrospektive Tabellen, Bd. 5)

Tabelle 7: Anteil der deutschen und österreichischen Frauen an den weiblichen Gastgewerbsangestellten (GGA) in der Schweiz (1920–1960)

Jahr	Anzahl (weibliche) ausländische GGA	davon Deutsche	davon Österreicherinnen
1920	9.990	51,3 %	12,6 %
1952 (Feb.)	19.892	14,3 %	27,9 %
1955 (Aug.)	45.951 (inkl. m)	17,2 % (inkl. m)	22,4 % (inkl. m)
1960 (Aug.)	38.165	19,0 %	21,4 %

Quellen: Schweizerische Volkszählungen 1920–1930 und Erhebungen der Bundesbehörden über den »Bestand der kontrollpflichtigen ausländischen Arbeitskräfte«[275]

---

273 Die Abweichung zwischen den Tabellen 6 und 7 für das Jahr 1960 (Anzahl Ausländerinnen im Gastgewerbe) hängt damit zusammen, dass sich die Zahl in Tabelle 6 auf den Jahresdurchschnitt bezieht, die Zahl in Tabelle 7 hingegen auf den Höchststand der Saison (August).
274 Vgl. Tabelle 3 und 4.
275 CH BAR E4300B#1971/4#175*, Eidgenössische Fremdenpolizei: Erhebung der Dauer des Aufenthaltes ausländischer Arbeitskräfte (Februar 1959). CH BAR E4300B#1000/

Die vielen Aufenthaltserlaubnisse für weibliche Beschäftigte in Gastgewerbe und Hausdienst hatten zur Folge, dass bis zum Ende meines Untersuchungszeitraumes der Frauenanteil der deutschen und österreichischen Wohnbevölkerung in der Schweiz überdurchschnittlich hoch war. 1950 waren zwei Drittel der Deutschen und sogar knapp 75 Prozent der Österreicher_innen weiblich. 1960 lag der Frauenanteil der in der Schweiz wohnhaften Deutschen und Österreicher_innen noch immer bei circa 55 Prozent. Bei den Italiener_innen war der Frauenanteil bedeutend geringer. Hatte er 1950 noch gut 55 Prozent betragen, sank er 1960 auf 37 Prozent [vgl. Tabelle 8].[276]

Tabelle 8: Frauenanteil der ausländischen Wohnbevölkerung in der Schweiz nach Nationalität, 1920–1970

Jahr	Frauenanteil ausländische Wohnbevölkerung	Frauenanteil bei den Deutschen	Frauenanteil bei den Österreichern	Frauenanteil bei den Italienern
1920	56,0 %	61,2 %	60,7 %	49,2 %
1930	55,9 %	62,1 %	62,0 %	47,5 %
1941	56,8 %		62,0 %	52,2 %
1950	59,1 %	66,9 %	74,5 %	55,1 %
1960	43,5 %	54,9 %	56,4 %	37,2 %
1970	44,2 %	49,0 %	46,9 %	41,6 %

Quelle: Schweizerische Volkszählungen 1920–1970

Diese Zahlen machen deutlich, dass die Migrationsbewegung aus Deutschland und Österreich in die Schweiz auch in der Nachkriegszeit ein in besonderem Maße feminisiertes Wanderungssystem war. Der mit dem Ansteigen der Ausländer(innen)anteils einsetzende Überfremdungsdiskurs im Gastgewerbe in den 1950er Jahren fokussierte, ähnlich wie Ende der 1930er Jahre, auf die weiblichen Beschäftigten. Mit der Schlagzeile »Überfremdung im Gastgewerbe« berichteten beispielsweise die *Basler Nachrichten*:

846#306*, BIGA: Erhebung über ausländische Arbeitskräfte (August 1955). CH BAR E4300C#1971/80#80*, BIGA: Bestandesaufnahme der kontrollpflichtigen ausländischen Arbeitskräfte (August 1960).

276 Dass die Ursache für diese zahlenmäßige Dominanz der große Personalbedarf an weiblichen Arbeitskräften in Hausdienst und Gastgewerbe ist, benennt auch Piguet, *Einwanderungsland*, S. 18–19.

»Das Gastgewerbe gehört zu denjenigen Wirtschaftszweigen, wo in zunehmendem Masse ausländische Arbeitskräfte beschäftigt werden. Während im Jahre 1950 noch an 14.318 ausländische Arbeitnehmer befristete Arbeitsbewilligungen erteilt wurden, waren es im Jahre 1951 bereits deren 20.577, und 1952 wurde mit 25.834 befristeten Arbeitsbewilligungen der Nachkriegsrekord erreicht. Davon entfielen 7096 auf männliche und 18.735 auf weibliche Personen.«[277]

Die Maßnahmen, die dagegen vorgeschlagen wurden, ähneln deshalb argumentativ auch dem gastgewerblichen Überfremdungsdiskurs der späten 1930er Jahre. Aufgrund der starken ›Überfremdung‹ seien die gastgewerblichen Berufe für Schweizerinnen nicht mehr attraktiv, deshalb müsste neben der Verbesserung der Arbeitsbedingungen vor allem die Professionalisierung der bisher unreglementierten Berufe wie »Zimmermädchen« oder »Küchenmädchen« vorangetrieben werden.[278] Im Zentrum der Diskussion stand die Nachwuchsförderung. Dass man bis zu einem gewissen Grad auf ausländische Arbeitskräfte angewiesen war, wurde nicht mehr hinterfragt. Auch innerhalb der Hausdienstkreise ist in der zweiten Hälfte der 1950er Jahre eine gewisse ›Resignation‹ in Bezug auf das ›Ausländerinnenproblem‹ zu beobachten.

2.3.4 »Mägdedämmerung«? Hausdienst am Wendepunkt

Hatte auf der außerordentlichen Delegiertenversammlung der SAG im November 1954 das Zurückdrängen der ›massenhaft‹ einwandernden Hausangestellten noch oberste Priorität gehabt, machte sich in den Diskussionen zur Neuausrichtung der SAG 1956/57 Ernüchterung breit. Trotz der vielen Anstrengungen, die man zur ›Überfremdungsbekämpfung‹ unternommen habe, müsse man zugeben, dass das »ureigentliche Ziel« der SAG, wie es in den Statuten 1933 festgehalten worden war, verfehlt wurde: »Heute nach 23 Jahren Tätigkeit können wir feststellen, dass die Gewinnung von einheimischen Arbeitskräften trotz allen Bestrebungen und Versuchen nicht in einer durchschlagenden Weise erfolgen konnte«, so die

---

277 O.V., Ueberfremdung im Gastgewerbe, in: Basler Nachrichten, Nr. 61, 10.02.1953. Ähnlich: Ag, Ueberfremdung des Arbeitsmarktes beim Hotelpersonal, in: Arbeiter-Zeitung, Nr. 55, 07.03.1955. Zusammenfassend: Union Helvetia, *Jubiläumsschrift*, S. 43–45.
278 AGoF, 103 158: 431-06-09, A. Walder (Berufsberaterin), Brief an Frau Elwert vom Hotel Central Zürich (Präsidentin des Hotelierfrauen-Cercle), Frauenfeld 15.01.1957 (Entwurf). Ähnlich: O.V., Nachwuchsförderung, Personalbeschaffung und soziale Probleme, in: Hotel-Revue, Nr. 22, 29.05.1958.

Berufsberaterin und Leiterin des Bernischen Frauenbundes Rosa Neuenschwander.[279] Die Bekämpfung der Ausländerinnen wich fortan deren Integration. Im Jahresbericht der SAG von 1957 wurde beispielsweise die Aufnahme der Ausländerinnen in die hauswirtschaftlichen Bildungsinstitutionen propagiert:

»In irgend einer Form kommt auch das Problem der ausländischen Hausangestellten immer wieder zur Sprache: sollen junge Ausländerinnen zur Ausbildung und zu den Examina der Haushaltlehrtöchter und auch zu den Berufsprüfungen zugelassen werden? [...] Die ausländischen Hausangestellten bedeuten für die Schweiz eine Notwendigkeit im eigentlichen Sinn des Wortes und es muss uns daran liegen, dass sie ihre Leistungen vervollkommnen können.«[280]

Auch sollten die zureisenden Frauen besser betreut werden. Zu diesem Zweck sei Kontakt aufgenommen worden mit »Frauenkreisen in Österreich und Deutschland«. Geplant sei mittels einer Pressekampagne und einem Merkblatt die auswanderungsfreudigen »Mädchen« über Informationsstellen und Betreuungsangebote aufzuklären.[281] Ähnliches war auch vom deutschen Berufsverband katholischer Hausangestellter bereits angedacht worden. Man plante, in dem Verbandsorgan des BKH *Heim und Herd* vor den »Gefahren der Auswanderung in die Schweiz« zu warnen und in den Kirchen einen »Daueranschlag« mit Informationen zu Adressen von Betreuungs- und Informationsstellen in der Schweiz anzubringen.[282]

In der zweiten Hälfte der 1950er Jahre veränderte sich auch die Berichterstattung über die ›Hausdienstfrage‹. Sie wurde weniger als aktuell brennendes Thema diskutiert, sondern vielmehr auf einer Metaebene historisiert. 1957 widmete beispielsweise das Kulturmagazin *DU* eine komplette Ausgabe dem Thema der Hausangestellten. Im Editorial zum Heft mit dem Titel *Die Magd* warfen die Macher_innen die Frage auf, ob man von einer »Mägdedämmerung«, einem »Dienstboten-Ende«, dem Aussterben eines »uralten Berufs« sprechen könne. Diese rhetorische Frage wurde nicht direkt beantwortet, sondern es folgte eine Zusammenstellung über verschiedene Aspekte und Wahrnehmungen des »Dienens« und der »Dienstmädchen« in Religion, Kunst, Kultur, Gesellschaft und Politik von der Antike bis zur Gegenwart. Die vielen Werbungen für moderne Küchen

---

279 StABS PA 772 A2, SAG (Sig. Rosa Neuenschwander): Aufgaben-Plan, Bern [1956].
280 CH BAR E7175B#1977/3#56*, SAG: Jahresbericht, Zürich 1957, S. 8–9.
281 Ebd., S. 9.
282 IfZ ED 895/449 W, BKH (Geistlicher Beirat): Brief an das Pfarramt Romanshorn, München 19.12.1955.

und vollautomatische Waschmaschinen gaben jedoch gewissermaßen indirekt Antwort auf die eingangs gestellte Frage.[283] Dagegen, dass der Beruf der Hausangestellten ein aussterbender Beruf sei, nahm die SAG in ihrem Jahresbericht 1958 Stellung. Bei den Planungen der Schweizerischen Ausstellung für Frauenarbeit (SAFFA) hätten die Organisatorinnen geplant, den Hausangestellten keinen Platz in der Ausstellung einzuräumen, da es sich um einen Beruf handle, der verschwinden werde. Erst ein Hinweis in der Presse, dass aktuell noch ein Sechstel der berufstätigen Frauen als Hausangestellte in Privathaushalten beschäftigt sei, habe die Organisatorinnen zu einem Umdenken bewogen.[284]

Anfang der 1960er Jahre wurden die Schwanengesänge auf den Hausdienst in der Presse jedoch immer lauter. Dies steht im Zusammenhang mit dem Bekanntwerden der Volkszählungsergebnisse des Jahres 1960, in der ›nur‹ noch 70.650 Hausangestellte, die beim Arbeitgeber wohnten, gezählt wurden (davon circa 37 Prozent Ausländerinnen).[285] Die *NZZ* prognostizierte durch Hochrechnung der stark rückläufigen Zahlen das Aussterben der Hausangestellten für das Jahr 1989. Der wesentliche Grund für dieses Verschwinden bestehe darin, dass sich die ausländischen Hausangestellten, die einen Großteil des häuslichen Dienstpersonals ausmachten,»viel rascher aus dem Schweizer Hausdienst verflüchtigen als sie gekommen sind.«[286] In ähnlicher Weise argumentierte das *St. Galler Tagblatt*:

»Deutschland leidet ebenso sehr wie wir unter dem Arbeitskräftemangel, und auch die deutschen Mädchen suchen weniger Stellen im Haushalt; oder dann möchten sie mit einem Haushaltjahr die Erlernung der französischen Sprache verbinden und melden sich eher in die Westschweiz. Die Oesterreicherinnen sind ebenfalls seltener geworden, sie ziehen Servieren in Restaurants vor.«[287]

---

283 DU. Schweizerische Monatsschrift, Die Magd, Nr. 8, August 1957. Mit Bezugnahme auf diese DU-Ausgabe: gbn., Hausdienst einst und jetzt, in: die Tat, Nr. 2/6, 09.08.1957.
284 STABS PA 772, SAG: Jahresbericht, Zürich 1958.
285 Eidgenössisches Statistisches Amt, *Volkszählung 1960*, S. 112. Die Abweichungen zu Tabelle 3 ergeben sich durch die Tatsache, dass dort nicht nur die beim Arbeitgeber wohnenden, sondern sämtliche im Privathaushalt beruflich tätigen Frauen mit einbezogen sind. Die Differenz verweist auf die zunehmende Form der »Tagsüberhilfe« in den 1960er Jahren, d.h. der außerhalb der Wohnung des Arbeitgebers lebenden Hausangestellten.
286 V., Der Hausdienst und seine Zukunft, in: NZZ, Nr. 5470, 17.12.1964.
287 M. Hg., Hausdienst ein sterbender Beruf, in: St. Galler Tagblatt, Nr. 514, 03.11.1963. Ähnlich: AGoF 128 20: 3, FJM (Sig. F. Zoss): Protokoll über die Jahrestagung der Stellenvermittlungen in Zürichberg vom 18.–20. Januar 1962, Ausführungen von A. Walder. Romanshorn 03.02.1962, S. 2–3.

Das veränderte Migrationsverhalten der Deutschen und Österreicherinnen lag also dem Reden über den fundamentalen Wandel in der schweizerischen Hauswirtschaft argumentativ zugrunde. Auch die SAG hatte in ihrem Jahresbericht 1959 darauf aufmerksam gemacht: Die ausländischen Hausangestellten seien neuerdings sehr jung und blieben nur noch kurze Zeit in der Schweiz. Sie kämen »um ein fremdes Land kennenzulernen, eventuell eine andere Sprache zu erlernen.«[288] Auf einer Tagung der Stellenvermittlerinnen der FJM, an der auch die mit der Vermittlung in die Schweiz betrauten deutschen ›Freundinnen‹ teilnahmen, charakterisierte, laut Protokoll, die Arbeitsamtangestellte Rapp aus Konstanz die an einer Vermittlung in die Schweiz interessierten ›Mädchen‹ wie folgt:

»Diese kommen meistens aus andern Berufen, wie Verkäuferinnen, Büroangestellte u.a. und wollen möglichst rasch in der franz. Schweiz die Sprache erlernen. Vom Haushalt verstehen sie mit wenig Ausnahmen nicht viel. Sie möchten in Familien mit 1–2 Kinder, wenn möglich mit einer Putzfrau. Ihr Wunsch ist möglichst viel frei zu haben, um Kurse zu besuchen, sie wollen Familienanschluss, aber keine Kontrolle ihrer Freizeit.«[289]

Diese Beschreibung entspricht dem neuen Typus der »Haustochter«, so der zeitgenössische Ausdruck für das heutige ›Au-Pair‹. Eine Haustochter wurde als mitarbeitender Hausgast in die Familie integriert, erhielt für ihre Mitarbeit im Haushalt nur ein Taschengeld, dafür die Möglichkeit sich (sprachlich) weiterzubilden.

Da die Deutschen und Österreicherinnen immer mehr ausblieben, wurden aktiv Spanierinnen und Griechinnen angeworben.[290] Mit der Veränderung der nationalen Herkunft der Hausangestellten wandelte sich auch das Bild des in der Nachkriegszeit oft kritisierten ›deutschen Dienstmädchens‹ – diesmal jedoch in Abgrenzung zu den ›Südländerinnen‹ im positiven Sinn. Marianne Wilke, die Verbandsvorsitzende des BKH, notierte sich an der Vorstandssitzung der Internationalen Arbeitsgemein-

---

288 StABS PA 772 A2, SAG: Jahresbericht, Zürich 1959.
289 AGoF 128 20: 3, FJM (Sig. F. Zoss): Protokoll über die Jahrestagung der Stellenvermittlungen in Zürichberg vom 18.–20. Januar 1962, Bericht von Frl. Rapp. Romanshorn 03.02.1962, S. 3.
290 AGoF 128 20: 3, FJM (Sig. E. Landert): Protokoll der Arbeitstagung der Bureaux- und Klubleiterinnen in Crêt Bérard vom 8.–9.10.1960, Ausführungen von Nelli Jaussi zur »Platzierung und Betreuung der Spanierinnen und Griechinnen«. Embrach Dezember 1960, S. 6–7.

schaft der Berufsverbände katholischer Hausgehilfinnen (IAG) im Mai 1963 in Flüeli/Schweiz:

»Deutsche Hausgehilfinnen werden bevorzugt, weil sie wirklich sehr tüchtig sind. [...] Die Spanierinnen sind sehr empfindlich, sehr langsam und oft sehr anspruchsvoll – schätzen auch nicht die Geschenke, die sie bekommen. Die allzu große Freiheit, in die sie kommen, wirkt sich nicht gut aus. Oft auch Verhältnisse zwischen verh. Italienern und Spanierinnen. [...] Spanier sollten vor der Auswanderung etwas mehr Schulbildung bekommen, gewisse Formen des Anstandes beherrschen, die in der Schweiz üblich sind, Grundkenntnisse der Sprache haben.«[291]

In der Jubiläumsschrift der SAG zum 30-jährigen Bestehen im Jahr 1963 hielten die Verfasserinnen fest, dass der schweizerische Hausdienst aufgrund der großen Veränderungen »am Wendepunkt« stehe. Zwar gehöre die Hausangestellte, die mit der Arbeitgeberfamilie in Hausgemeinschaft lebe, der Vergangenheit an. In der Form der »Tagsüberhilfe« oder der »Stundenhilfe« lebe die Hausangestellte jedoch weiter. Es entstünden neue Berufsbilder in der Hauswirtschaft: Von der »Hauspflegerin«, der »Hausbeamtin« bis zur »Dorfhelferin« gäbe es heute zahlreiche neue Formen der Unterstützung überlasteter Hausfrauen.[292]

Die Hausdienst-Expertinnen propagierten neu die Rationalisierung der Hauswirtschaft. Bereits 1948 war das Schweizerische Institut für Hauswirtschaft (SIH) gegründet worden. Aufgabe dieser «praktisch-wissenschaftlichen Versuchsstelle» war es, Studien durchzuführen, die eine «wirtschaftlichere und zweckmäßigere Führung des Einzelhaushaltes» ermöglichen sollten.[293] Ab Mitte der 1950er Jahre gab die SAG mehrere Merkblätter zum Thema heraus: *Keine Hausangestellte – was tun?*, *Vereinfachung der Haushaltführung* oder *Mechanische Erleichterungen in der Haushaltung*.[294] Diese Ratgeber sowie die 1963 publizierte Broschüre *Ordnen und Planen* sollte den Hausfrauen eine rationellere Haushaltführung ans Herz legen, um ohne Hausangestellte auskommen zu können:

---

291 IfZ ED 895/219, Marianne Wilke: Handschriftliche Notizen zur IAG Tagung in Flüeli vom 10.–12.05.1963, S. 2.
292 Schweizerische Arbeitsgemeinschaft für den Hausdienst, *Die Entwicklung*.
293 SSA Ar. 34.20.1, SIH (Sig. Jeanne Eder-Schwyzer): Bericht des provisorischen Vorstandes an die Generalversammlung vom 30.04.1949, Zürich 30.04.1949, S. 1.
294 PA 772 A2, Dossier zur kantonalen Arbeitsgemeinschaft für den Hausdienst, Jahresberichte und Korrespondenz 1955.

»Der Mangel an Hausangestellten machte sich vor dreißig Jahren immer mehr fühlbar, und es drängte sich die Überlegung auf: ›Wie kann man sich da helfen?‹ Nach dem Sprichwort ›Selbst ist der Mann‹ – hieß es dann ›Selbst ist die Frau!‹ Was blieb einer Hausfrau [...] anderes übrig, als selbst Hand anzulegen? Aber die Frauen mussten über ihre Kräfte arbeiten; es lastete zu viel auf ihren Schultern. Man war noch befangen in den Vorstellungen der Jahrhundertwende. Der Haushalt mußte so gemacht werden wie zu den Zeiten unserer Großmütter, die schließlich noch ihre Haushalthilfe hatten. [...] Und heute? Hat sich die Situation geändert? Bedeutend, das darf wohl gesagt sein! Es ist eine gewisse Umstellung im Denken erfolgt. Der Haushalt ist nach Möglichkeit vereinfacht. Wir haben vor allem die Maschinen, die technischen Apparate.«[295]

Die Losung »Selbst ist die Frau« macht deutlich, auf wessen Kosten die Umstellung auf eine ›dienstbotenlose‹ Haushaltführung ging. Der Rückgang der Hausangestellten markiert nicht zuletzt einen weiteren Schritt auf dem Weg zur überwiegend unbezahlten Hausarbeit. Frauen aus dem bürgerlichen Umfeld, die bis dahin selbstverständlich auf eine bezahlte Haushaltshilfe gezählt hatten, mussten fortan zum Großteil ohne diese auskommen.[296]

2.3.5 Einführung des Kontingentsystems

Auch das Gastgewerbe musste in den 1960er Jahren mit bedeutend weniger ausländischen Angestellten auskommen. Dies hing nicht mit Entwicklungen innerhalb der Branche, sondern vielmehr mit den migrationspolitischen Entscheidungen der Bundesbehörden zusammen. Die Rotationspolitik der 1950er Jahre hatte zwar für die betroffenen Migrant_innen einschränkend gewirkt. Der schweizerischen Wirtschaft hingegen hatte diese Politik unbeschränkten Zugriff auf ausländische Arbeitskräfte beschert. Anfang der 1960er Jahre – ich beziehe mich in den folgenden Ausführungen vorwiegend auf den Wirtschaftsgeografen Etienne Piguet – verlangsamte sich die Rotation, das heißt, die Aufenthaltsdauer der ausländischen Arbeitskräfte sowie die Zahl der Familienzusammenführungen stieg. Den als Arbeitskräfte willkommenen Ausländer_innen wurde vorgeworfen, den Wohnungsmarkt zu belasten und durch die Beanspruchung von Infrastruktur, Konsumgütern und Dienstleistungen zu einer »Überhitzung« der

---

295 Bueß, »Familiengemeinschaft«, S. 20.
296 Zur Geschichte des Haushaltführung in der Schweiz im 20. Jahrhundert vgl. Bochsler/Gisiger, *Dienen*, S. 275–342.

Wirtschaft und damit einer Teuerung beizutragen. Als Maßnahme dagegen beschloss der Bundesrat 1963 erstmals Maßnahmen zur Beschränkung der Zulassung ausländischer Arbeitskräfte. Da die Zahl der kontrollpflichtigen Ausländer_innen nicht ab, sondern sogar noch zunahm, folgten in den darauf folgenden Jahren immer schärfere bundesrätliche Verordnungen und Beschlüsse. 1970 war schlussendlich das, die schweizerische Einwanderungspolitik bis ins 21. Jahrhundert hinein prägende, System der Kontingentierung eingerichtet. Das heißt, jährlich wurde ein Kontingent für die Höchstzahl an neu Zuwandernden bestimmt. Auf diese Weise sollte eine Zunahme des »Bestandes kontrollpflichtiger Ausländer« verhindert werden.[297] Ein Ziel, das auch trotz dieser drastischen Eingriffe der Bundesverwaltung in die Steuerung der Einwanderung verfehlt blieb. Bis 1973 stieg der Ausländeranteil an der schweizerischen Wohnbevölkerung stetig an. Erst mit der Ölkrise von 1973 ging die Zahl der Ausländer_innen in der Schweiz erstmals seit dem Zweiten Weltkrieg zurück.[298]

Die Einführung des Kontingentsystems ist nur in der Wechselwirkung mit der ›Überfremdungsinitiative‹ der *Nationalen Aktion gegen die Überfremdung von Volk und Heimat (NA)* unter der Federführung des rhetorisch versierten Publizisten und Politikers James Schwarzenbach im Jahr 1970 zu verstehen. Die Initiative sah vor, dass der Ausländeranteil an der Wohnbevölkerung in keinem Kanton (außer Genf) die 10 Prozent Marke überschreiten dürfe. Drei Monate bevor dieses Volksbegehren, das für die schweizerische Wirtschaft desaströse Folgen gehabt hätte, zur Abstimmung kam, beschloss der Bundesrat die Einführung des Kontingentsystems.[299] Nach dieser bundesrätlichen Entscheidung verwarf das Stimmvolk die Schwarzenbach-Initiative mit knappen 54 Prozent Nein-Stimmen. Trotzdem ist diese heute noch tief im schweizerischen Kollektivgedächtnis verankert. Sie gilt als ›historische‹ Abstimmung, der eine immense Medienaufmerksamkeit zuteilwurde, in der das Thema der ›Überfremdung‹ kon-

---

297 Piguet, *Einwanderungsland*, S. 23–35. Fischer/Straubhaar, »Einwanderung«, S. 185. Trotz einiger Abänderungen wurde das Kontingentsystem erst mit der Einführung der Personenfreizügigkeit für EU-Bürger_innen im Jahr 2002 aufgehoben. Can/Ramel u.a., *Effekte*, S. 8–10.
298 Lorenzetti, »Demographie«, S. 241–248. Vgl. auch Tabelle 1.
299 Piguet, *Einwanderungsland*, S. 29–33. Dass die schweizerische Ausländerpolitik nur verständlich ist, wenn man das direktdemokratische System und die dadurch ermöglichte Dominanz der Interessensgruppen mitdenkt, darauf verweisen auch: Fischer/Straubhaar, »Einwanderung«, S. 186.

trovers und breitenwirksam diskutiert wurde. Die Stimmbeteiligung von 74 Prozent war eine der höchsten seit Bestehen des Bundesstaates.[300]
Dass der Überfremdungsrhetoriker James Schwarzenbach eine österreichische Hausangestellte beschäftigte und damit gewissermaßen selber zu einer angeblichen, von ihm so leidenschaftlich bekämpften, ›Überfremdung‹ beitrug, ist ein bislang in den Diskussionen um seine Person und Politik unbekanntes Detail. Die aus der Steiermark stammende Franziska Z. arbeitete, wie sie in einem Oral-History-Interview berichtet, Ende der 1950er Jahre im Hause Schwarzenbach, wo es ihr sehr gut gegangen sei:

> »Ja, es hat mir so gut gefallen, sie haben mich dort wirklich wie eine Tochter behandelt. Was ich eingeführt habe, weil draußen gibt es das ja nicht, war das ›gnädige Frau‹ und ›Küss‹ die Hand‹ und so weiter.«[301]

Das sei bei den »Oberen Zehntausend«, die bei den Schwarzenbachs verkehrten, so gut angekommen, dass sie bei gesellschaftlichen Anlässen mehr verdient habe, als ihr geringes Monatsgehalt von gerade mal 250 Franken betragen habe.[302]

Es gab in den 1960er Jahren auch Stimmen, die sich gegen die Überfremdungspolemik und -politik richteten. Diese kamen zum einen von kirchlicher Seite und aus linken intellektuellen Kreisen. So organisierte beispielsweise der katholische Frauenbund 1961 eine Tagung zum Thema »Der Fremdarbeiter – unser Mitmensch«.[303] Und der zweite Teil eines Satzes von Max Frisch erlangte weit über die Schweizer Grenzen hinaus Berühmtheit: »Ein kleines Herrenvolk sieht sich in Gefahr: man hat Arbeitskräfte gerufen, und es kommen Menschen.«[304] Zum anderen formierte sich innerhalb des Gastgewerbes Widerstand. Denn im Gegensatz zu anderen ›Mangelberufen‹ wie dem Hausdienst und der Landwirtschaft, die erst 1970 mit Einführung des Kontingentsystems den Beschränkungsmaßnahmen unterworfen wurden, war das in hohem Maße auf ausländische Arbeitskräfte angewiesene Gastgewerbe von Anfang an – seit 1963 – davon betroffen. Der durch die behördlichen Abbaumaßnahmen ausgelöste Personalnotstand im Gastgewerbe rief etliche politische Vorstöße im Parla-

---

300 Buomberger, *Kampf*, S. 161.
301 Prettenthaler-Ziegerhofer/Schmidlechner u.a., *Haustochter gesucht*, S. 110.
302 Ebd., S. 111.
303 CH BAR E4300B#1971/4#171*, SKF: Programm zur Vortragstagung über das Problem der Fremdarbeiter am 20.04.1961 in Zürich.
304 Dies schrieb Max Frisch im Vorwort zu »Siamo Italiani«, dem Buch zum gleichnamigen Dokumentarfilm über die italienische Arbeitskräfte in der Schweiz. Seiler, *Siamo Italiani*.

ment und beim Bundesrat hervor: »Wenn der Schweizer hinten und vorne bedient sein will, kann er seine Bedienung nicht einfach zum Fenster hinauswerfen und den Butler im Gang erdrosseln«, so der Kommentar in der NZZ zum Postulat Etter aus dem Jahr 1967.[305] Rudolf Etter, Berner Nationalrat der BGB, hatte am 26. Juni 1967 eine Anfrage an den Bundesrat gerichtet. Er postulierte mit Bezug auf Hausdienst und Landwirtschaft »auch das Gastgewerbe und die Hotellerie von den Abbau-Massnahmen auszunehmen.«[306] Der Bundesrat beantwortete den Vorstoß abschlägig mit der Begründung, dass den »besonderen Verhältnissen im Gastgewerbe Rechnung getragen« worden sei durch Erteilen von Ausnahmebewilligungen und dem Beschluss von Sonderregelungen für gastgewerbliche Saisonniers.[307] Der Schweizerische Wirteverein, der aufgrund der Kontingentierung nicht nur ein Rekrutierungsproblem von Arbeitskräften, sondern damit verbunden auch eine massive Lohnsteigerung konstatierte, hatte bereits im Oktober 1965 einen ähnlichen Antrag an den Bundesrat gestellt.[308] Dieser wie auch die in ihren Begründungen und Forderungen identischen parlamentarischen Anfragen der Nationalräte Zeller (am 2.12.1968) und Caruzzo (am 07.10.1970) wurden vom Bundesrat dezidiert zurückgewiesen.[309] So energisch die Lobbyisten des Gastgewerbes auch gegen die Plafonierungsbestrebungen opponierten, hatten sie keinen Erfolg mit ihrer Forderung von den Beschränkungsmaßnahmen ausgenommen zu werden. Elmar Mäder, von 1956–74 Direktor der eidgenössischen Fremdenpolizei, sprach 1969 vor Vertretern des Hoteliervereins. Sein Referat kann als indirekte Antwort auf die politischen Vorstöße verstanden werden. Eine Ausnahme von den »dringend notwendigen« Abbaumaßnahmen sei unter keinen Umständen möglich. Nur auf diese Weise könne das »gestörte Gleichgewicht« zwischen »einheimischer und ausländischer« Wohnbevölkerung »korrigiert« werden. Darüber hinaus verdeutlichen seine Ausführungen den Wandel des Überfremdungsdiskurses in den 1960er Jahren:

---

305 O.V., Fremdarbeiter im Gastgewerbe, in: NZZ, Nr. 5498, 20.12.1967.
306 CH BAR E7175B#1979/151#40*, Postulat von Nationalrat Etter vom 26.06.1967.
307 CH BAR E7175B#1979/151#40*, Bundesrat: Antwort des Bundesrates auf das Postulat Etter, Bern 22.11.1967 (Abschrift). Saisonarbeitskräfte im Gastgewerbe mussten laut Bundesratsbeschluss vom 1. März 1966 ›nur‹ um 5 Prozent anstatt wie in anderen gewerblichen Betrieben um 10 Prozent herabgesetzt werden.
308 CH BAR E7170B#1977/67#1355*, Schweizerischer Wirteverein (Sig. unleserlich): Anfrage an den Bundesrat betr. Fremdarbeiterregelung, Zürich 20.10.1965.
309 CH BAR E7170B#1977/67#1355*, Georg Pedotti (BIGA/Sektion Arbeitskraft und Auswanderung): Notiz an den BIGA-Direktor Albert Grübel, Bern 29.05.1969.

»Besonders alarmierend wirkten ab 1960 die jährlichen Zuwachsraten an kontrollpflichtigen ausländischen Arbeitskräften von durchschnittlich 100.000 Personen, wobei sich neben der zahlenmässigen Vermehrung auch der Umstand verschärfend auswirkte, dass sich die Rekrutierung nach immer weiter entfernteren Gegenden ausdehnte. Die hatte zur Folge, dass sich eine Masse von Personen Richtung Schweiz in Bewegung setzte, deren Sitten und Gebräuche mit den unsrigen wenig gemeinsam haben und die für spezifisch schweizerische Belange wenig Verständnis aufbringen. [...] Aus dieser quantitativen und qualitativen Entwicklung heraus zeichnete sich eine stets zunehmende Ueberfremdungsgefahr ab, die den Bundesrat nach Ueberwindung starker Hemmungen zu Abwehrmassnahmen veranlasste.«[310]

Der Begriff der ›Überfremdung‹ in der Schweiz kann in Anlehnung an Patrick Kury als »Signum kulturell-nationaler Identität« bezeichnet werden. Der Begriff hat durch seine Schwammigkeit eine kohäsive Wirkung über diverse politische Lager und soziale Schichten hinweg.[311] Sein ›Erfolg‹ besteht nicht zuletzt darin, dass er sich, je nach Bedarf, gegen unterschiedliche Ausländergruppen richten kann. Waren es zu Beginn des 20. Jahrhunderts, in der unmittelbaren Nachkriegszeit und gegenwärtig vor allem die Deutschen, gegen die man sich zur Wehr setzen wollte/will,[312] lösten in den 1960er Jahren vorwiegend die ›Südländer‹ mit ihren den Schweizer_innen fremden »Sitten und Gebräuchen« Überfremdungsängste aus. Mehr und mehr wurde, so der Migrationssoziologe Gaetano Romano, die *Fremdarbeiter*frage zu einer *Fremden*frage.[313] Wie oben bereits hervorgehoben, war bei den Italiener_innen der Frauenanteil bedeutend kleiner als bei den Deutschen und Österreicher_innen.[314] Das Reden über ›Überfremdung‹ wandelte sich damit, so möchte ich ergänzen, nicht nur von einem

---

310 CH BAR E4300C-01#1998/299#412*, Elmar Mäder (eidgenössische Fremdenpolizei): Der gastgewerbliche Arbeitsmarkt – gegenwärtige Lage und Zukunftsperspektiven, Vortrag gehalten am Seminar des SHV für Unternehmensführung [1969], S. 2; 7.
311 Kury, »Wer agiert?«, S. 208.
312 Die Deutschen als schnellst wachsende ausländische Bevölkerungsgruppe sind gegenwärtig bei vielen Eidgenoss_innen wieder höchst unbeliebt. Helbing, »Why Swiss-Germans«, S. 5–27.
313 Romano, »Die Überfremdungsbewegung« S. 147. Zur Wandelbarkeit der Herkunft der ›Fremden‹, gegen die sich der Überfremdungsdiskurs richtete, vgl. auch Hoffmann-Nowotny, »Internationale Migration«, S. 20. Zur Italienerfeindlichkeit der Schweizer_innen in den 1960er Jahren vgl. Maiolino, *Als die Italiener*.
314 Vgl. Tabelle 8.

wirtschaftspolitischen zu einem kulturpolitischen Diskurs, sondern wurde in den 1960er Jahren auch wieder ›maskulinisiert‹.[315]

Da der Einwanderung italienischer Arbeitskräfte eine viel größere wissenschaftliche Aufmerksamkeit zuteilwurde als der Einwanderungsbewegung aus Deutschland und Österreich und diese Migrationsgeschichte lange Zeit auf die männlichen Zuwandernden reduziert blieb,[316] verlor auch die historiografische Aufarbeitung den feminisierten Zuschnitt des Überfremdungsdiskurses aus dem Blick. Mit der Fokussierung auf die deutschen und österreichischen Haus- und Gastgewerbsangestellten konnte in meiner Darstellung Geschlecht als konstitutives Element sichtbar gemacht werden, das den Überfremdungsdiskurs und die damit verwobene politische Praxis von den 1920ern bis in die 1960er maßgeblich beeinflusste und strukturierte. Somit liefert dieses strukturgeschichtliche Kapitel nicht nur das nötige Hintergrundwissen, um die erzählten Migrationserfahrungen in ihrem historisch-gesellschaftlichen Kontext verorten zu können, sondern leistet auch einen Beitrag zu einer geschlechtersensiblen Rekonstruktion des Überfremdungsdiskurses in der Schweiz.

2.4 Politik und Diskurse in der Zusammenschau

Das (groß-)deutsche ›Dienstmädchen‹ als Projektionsfläche

In der spezifischen diskursiven Verflechtung von nationaler Herkunft, geschlechtlicher Zuschreibung und beruflicher Tätigkeit entstand in der Zeit von den 1920ern bis in die 1960er Jahre hinein ein Nährboden für Fantasien und (›Überfremdungs‹-)Ängste. Bereits die Anfänge des Überfremdungsdiskurses waren geprägt von Vorstellungen einer Germanisierung, das heißt der Angst vor einer ›geistigen‹ Überformung der schweizerischen ›Eigenart‹ durch politische, kulturelle und ideologische Denkweisen der monarchisch geprägten Nachbarländer. Die in den 1930er Jahren aufkommende geistige Landesverteidigung konstituierte sich ebenfalls in Abgrenzung zum (Groß-)Deutschen – diesmal zur nationalsozialistischen

---

315 Der frühe Überfremdungsdiskurs richtete sich gegen deutsche Hochschullehrer und Publizisten und in den gastgewerblichen Kreisen war das Reden über ›Überfremdung‹ bis in die 1920er Jahre auf männliche Köche und Kellner aus Deutschland und Frankreich beschränkt gewesen.
316 Zum Forschungsstand der (Schweizerischen) Migrationsgeschichte vgl. die Einleitung.

Ideologie. Die deutschfeindliche Stimmung heizte sich während des Zweiten Weltkrieges zunehmend auf. Gerade den deutschen und österreichischen ›Dienstmädchen‹ wurde zur Last gelegt als ›fünfte Kolonne‹ Spionage zu betreiben. In der Nachkriegszeit diffamierte man sie aufgrund ihrer Herkunft als ›nazistisch verseucht‹ und ›sittlich verkommen‹. Auch die Debatten zur Verhinderung der Einheirat und Niederlassung in den frühen 1950er Jahren richteten sich in erster Linie gegen die Deutschen und die Österreicher_innen, welche im Gegensatz zu den Italiener_innen mehr danach streben würden, sich in der Schweiz ›festzusetzen‹.

Bei den Arbeitgeber_innen waren die deutschen und österreichischen Haus- und Gastgewerbsangestellten hingegen zumeist sehr beliebt, galten sie doch als besonders anspruchslos und fleißig. Von den frühen 1930ern bis in die 1960er Jahre wurde jedoch auch lamentiert über die ›qualitativen‹ Mängel der zugewanderten Frauen. Die Argumente dafür veränderten sich im Laufe der Zeit. Wurde in der Zwischenkriegszeit das Übel in der Wirtschaftskrise vermutet, die arbeitslose Fabrikarbeiterinnen in Schweizer Haushalte und Betriebe spüle, sah man nach 1945 die fehlende berufliche Qualifizierung in der Kriegswirtschaft der Herkunftsländer begründet. Das Urteil blieb gleich: die Deutschen und Österreicherinnen seien nicht mehr so viel ›Wert‹ wie früher. Das Bild der deutschen ›Dienstmädchen‹ besserte sich erst ab Mitte der 1960er Jahre und zwar im Zusammenhang mit ihrem ›Verschwinden‹ und in Abgrenzung zu den neu einwandernden Griechinnen und Spanierinnen.

Die Arbeitsmigration aus Deutschland und Österreich in die Schweiz war in besonderem Maße ein feminisiertes Wanderungssystem. Der Frauenanteil an den deutschen und österreichischen Migrierenden lag während des gesamten Untersuchungszeitraums weit über der Hälfte. Dies hing mit der hohen Nachfrage nach weiblichen Angestellten im schweizerischen Hausdienst und Gastgewerbe sowie der in der Nachkriegszeit in Deutschland und Österreich als ›erwünscht‹ eingestuften Frauenemigration zusammen. Gerade aufgrund ihres Geschlechts wurde den Deutschen und Österreicherinnen eine große ›Überfremdungsgefahr‹ zugeschrieben. Ein persistentes Vorurteil gegenüber den Deutschen und Österreicherinnen bestand darin, dass sie nur zum Heiraten in die Schweiz kämen. In der Zwischenkriegszeit sah man ihre Verführungskünste in ihrer hauswirtschaftlichen Tüchtigkeit, in der Nachkriegszeit in ihrer ›sittlichen Verkommenheit‹ begründet. So oder so gelänge es ihnen, die Schweizer Männer an sich zu binden und durch Einheirat die schweizerische Staatsangehörigkeit zu erschleichen. Auf diese Weise würden sie den zu schützenden Arbeitsmarkt belasten, weil sie als Schweizerinnen in andere Berufe wechseln konnten. Mehr noch: als Frauen schienen sie den schweizerischen ›Volkskörper‹ ganz besonders zu bedrohen. Aufgrund ihres Geschlechts hätten sie nicht nur die Fähigkeit Kinder zu gebären, sondern entsprechend der vorherrschenden Geschlechterrollenverteilung auch die Pflicht diese zu erziehen. Weil ihnen jedoch die Assimilationsfähigkeit fehle – ein Vorwurf, der den Deutschen und Österreicher_innen seit dem Ersten Weltkrieg gemacht wurde –, geschehe diese Erziehung auf ›deutsche‹ Art. Mit dem den Deutschen eingeimpften Glauben an Obrigkeiten (Monarchie) und Zwang (Nationalsozialismus) ließe sich das schweizerische Ideal von Freiheit und Demokratie nicht vermitteln.

Aufgrund ihrer mehrheitlichen beruflichen Tätigkeit als Haus- oder Gastgewerbsangestellte, würden sie auch ohne Einheirat in die innersten ›Zellen des Staates‹ – die Familien – vordringen, da sowohl die im Hausdienst als auch die im Gastgewerbe beschäftigten Frauen in ›Hausgemeinschaft‹ mit ihren Arbeitgeberfamilien lebten. Diese enge Verbindung böte den Deutschen und Österreicherinnen die Möglichkeit, ihre der schweizerischen ›Eigenart‹ wesensfremde ›Gesinnung‹ in die Familien zu tragen und die Schweiz dadurch von innen heraus ideologisch zu überfremden. Mit dem Aufblühen der Angst vor ansteckenden Krankheiten nach dem Zweiten Weltkrieg wurden die ausländischen Haus- und Gastgewerbsangestellten zudem als besonderes gesundheitliches Risiko eingestuft, den als biologisches Kollektiv imaginierten helvetischen ›Volkskörper‹ zu ›verunreinigen‹. Diese Befürchtung trug maßgeblich dazu bei, dass der 1932 eingestellte Grenzsanitätsdienst nach dem Zweiten Weltkrieg wieder aufgenommen wurde. Die geschlechts- und berufsspezifischen Vorurteile gegenüber dem (groß-)deutschen ›Dienstmädchen‹ definierte die schweizerische Einwanderungspolitik also maßgeblich mit.

Migrationspolitische Steuerungselemente der weiblichen Arbeitsmigration in die Schweiz

Die auf den Schutz des Arbeitsmarktes zugespitzte ›Überfremdungsabwehr‹ bestimmte die schweizerische Einwanderungs- und Ausländerpolitik nach dem Ersten Weltkrieg und blieb bis Ende der 1960er Jahre das oberste handlungsleitende Motiv. Verwurzelt in den ökonomischen Krisen der Zwischenkriegszeit fand dieses im ANAG 1931 seinen rechtlichen Niederschlag und wirkte somit bis ins 21. Jahrhundert hinein. Neben der 1917 geschaffenen eidgenössischen Fremdenpolizei war deshalb das BIGA, vormals eidgenössisches Arbeitsamt, insbesondere die nach dem Zweiten Weltkrieg geschaffene Sektion für Arbeitskraft und Auswanderung, die zentrale behördliche Akteurin in der Ausgestaltung der Einreisebestimmungen. Arbeitsmigrantinnen erhielten die Aufenthaltsbewilligung in der Schweiz nur in den sogenannten ›Mangelberufen‹. Aufgrund des geschlechtlich segregierten Arbeitsmarktes stand weiblichen Zuwandernden neben Beschäftigungsmöglichkeiten in der Textilindustrie fast ausschließlich die Arbeit als Hausangestellte in Privathaushalten, in der Landwirtschaft, ferner in Anstalten und Spitälern und ab Mitte der 1930er Jahre als ›Hilfskräfte‹ in den unqualifizierten Berufskategorien des Gastgewerbes offen. Berufs- und Stellenwechsel waren für kontrollpflichtige Ausländerinnen ohne fremdenpolizeiliche Bewilligung verboten. Im Gegensatz zum Berufswechsel wurde der Stellenwechsel zwar in der Regel bewilligt. Ein solcher war jedoch immer mit dem Risiko der Ausweisung verbunden. Dies galt insbesondere in den 1950er Jahren, als Arbeitgeber_innen von der SAG explizit dazu aufgerufen wurden, ›untüchtige‹ Arbeitskräfte der Fremdenpolizei zu melden, um deren Niederlassung zu verhindern. Die in Hausdienst und Gastgewerbe ohnehin ungleich verteilten Rechte zwischen Arbeitgeber_in und Arbeitnehmerin gerieten dadurch für Ausländerinnen noch mehr in Schieflage.

Den mit der Lösung des ›Dienstbotenmangels‹ beschäftigten Frauen(organisationen) war es gelungen mit der SAG eine einflussreiche Institution zur Durchsetzung ihrer Ziele zu schaffen. Schlüssel zum Erfolg war das Argumentieren mit der von weiten Teilen der Bevölkerung akzeptierten Logik der ›Überfremdung‹. Das Aufspringen auf den Überfremdungsdiskurs ermöglichte die enge Kooperation mit den Behörden. Auf diese Weise wurde nicht nur die seit Anfang der 1920er Jahre angestrebte Verbesserung der hauswirtschaftlichen und gastgewerblichen Ausbildung sowie der arbeitsrechtlichen Regelungen in diesen Berufsfeldern erreicht. Die SAG trug durch politische Vorstöße direkt zur Ausgestaltung der Einreisebestimmungen betreffend die deutschen und österreichischen Arbeitsmigrantinnen bei und bestimmte dadurch, wer in die Schweiz gehen konnte und wer nicht: Die zuwandernden Frauen mussten in der Regel zwischen 18 und 40 Jahre alt, ledig und kinderlos sein sowie Arbeits- und Leumunds-, später auch Gesundheitszeugnisse vorlegen.

3. Vorgeschichten: Von Elternhäusern und Kinderstuben

> Erzählen ist das einzige Spiel,
> das zu spielen sich lohnt.
>
> *Federico Fellini*

In diesem ersten von drei Kapiteln über die lebensgeschichtlichen Vergangenheits- und Selbstnarrationen der Schweizgängerinnen widme ich mich der erzählten Zeit vor der Migration in die Schweiz, was gleichbedeutend ist mit den Kindheits-, Jugend- und frühen Erwachsenenjahren. Die biografischen Hintergründe der Erzählerinnen sind – meinem Verständnis von Migration als einem lebensgeschichtlichen Prozess zufolge – zentral für die Einordnung der Migrationserzählungen. Nach einer quantifizierenden Zusammenfassung der sozio-biografischen Daten der Erzählerinnen in einem Kollektivporträt werde ich eine qualitative Auswertung ihrer Kindheits- und Jugenderzählungen vornehmen, um die erzählten Migrationserfahrungen biografisch zu kontextualisieren.

3.1 Sozio-biografisches Kollektivporträt I

Mit diesem Kollektivporträt soll ein Eindruck vermittelt werden, wann und wo die 79 Erzählerinnen meines Samples geboren wurden, in welchen sozialen Verhältnissen sie aufwuchsen, was für eine Schul- und Ausbildung sie absolvierten, ob sie vor ihrer Migration bereits über Berufs- oder Migrationserfahrungen verfügten und in welchem Alter und Zivilstand sie bei ihrer Einreise in die Schweiz waren. Auch wenn keine Repräsentativität im statistischen Sinne gegeben ist, können aufgrund der Größe des Samples, insbesondere für die Zeit nach dem Zweiten Weltkrieg, einige generalisierende Aussagen gewagt werden über die Zusammensetzung der an der Schweizwanderung beteiligten Frauen.

Die Erzählerinnen wurden zwischen 1879 und 1950 geboren. Rund 85 Prozent von ihnen kamen zwischen 1925 und 1945 zur Welt – knapp zwei Drittel (51 Personen) in den 1930er Jahren [vgl. Abbildung 2].

Abbildung 2: Jahrgänge der Erzählerinnen

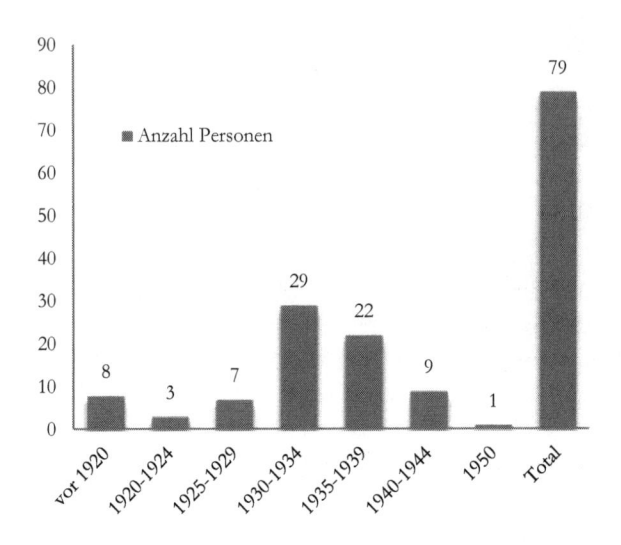

Jahrgang	Anzahl Personen
vor 1920	8
1920-1924	3
1925-1929	7
1930-1934	29
1935-1939	22
1940-1944	9
1950	1
Total	79

Quelle: PAA

Die im Sample angelegte Konzentration auf die 1930er Jahrgänge muss selbstverständlich in der Analyse berücksichtigt werden. Ich gehe jedoch nicht durchgehend von einem festen, an bestimmte Alterskohorten gebundenen, Generationenmodell aus. In Bezug auf den Erziehungsstil, die bäuerlichen Lebenswelten oder die Bedeutung der Kirche in ländlichen Gesellschaften unterscheiden sich die Erzählungen von Personen, die im späten 19. Jahrhundert oder in der Mitte des 20. Jahrhunderts geboren wurden, oftmals erstaunlich wenig. Bei der Analyse einzelner Themenkomplexe, insbesondere den Erzählungen über die kriegsbedingt verhinderte schulische und berufliche Ausbildung, ist Generation – im Sinne einer Erfahrungsgemeinschaft – als analytische Kategorie fruchtbar. Zudem ist bei der Untersuchung der, eng mit den Kindheitserzählungen verwobenen, Kriegserinnerungen zu fragen, ob und wie der seit einigen Jahren breit diskutierte Kriegskinderdiskurs, in dem die Jahrgänge von 1930 bis 1945 pauschalisierend als »vergessene Generation« konstruiert werden, die Erzählungen prägt.[1] Dabei wird Generation weniger als analytische Zuschrei-

---

1 Bode, *Die vergessene Generation*.

bung als vielmehr als »Selbstthematisierungsformel« der Erzählerinnen bedeutsam.[2]

Die Dominanz der 1930er Jahrgänge hat auch forschungspraktische Folgen. Das Sample besteht zu mehr als 90 Prozent aus Personen, die nach 1945 in die Schweiz gingen. Nur sieben Erzählerinnen reisten vor dem Zweiten Weltkrieg ein, und zwar vereinzelt zwischen 1899 und 1939 [vgl. Abbildung 3]. Daraus ergibt sich für die Darstellung des Wanderungssystems aus lebensgeschichtlicher Perspektive eine Schwerpunktsetzung auf die Zeit nach dem Zweiten Weltkrieg.

Abbildung 3: Jahr der Einreise in die Schweiz

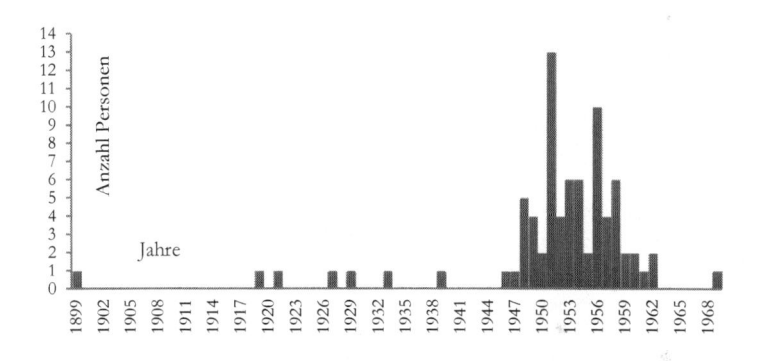

Quelle: PAA

Aufgrund der Ausreisebeschränkungen aus Deutschland und Österreich bis 1948/49 erstaunt es wenig, dass von 1945 bis 1948 lediglich zwei Frauen die Grenze zur Schweiz passierten. Die meisten der Erzählerinnen migrierten in den 1950er Jahren, mit einem ersten Höhepunkt 1951 (13 Personen) und einem zweiten Peak 1956 (zehn Personen). In den 1960ern kamen die Frauen wieder eher vereinzelt, die letzte 1969.

---

2 Zum Prozess des »*generation building*« vgl. Jureit, *Generationenforschung*. Jureit definiert Generation nicht nur als Erfahrungsgemeinschaft, sondern als eine von den historischen Akteur_innen aktiv hergestellte, identitätsstiftende Verarbeitungskategorie. Zur Unterscheidung von Generation als analytische Kategorie und der Aneignung des Generationenbegriffs durch historische Akteur_innen vgl. auch Silies, *Liebe*, S. 17–25.

Etwas mehr als die Hälfte, 45 Frauen, wurden in Deutschland oder zum Deutschen Reich gehörenden Gebieten geboren – fünf davon in Pommern oder Böhmen, von wo sie nach Ende des Zweiten Weltkrieges im Familienverbund flüchteten oder vertrieben wurden. 32 Erzählerinnen sind in Österreich zur Welt gekommen, sechs davon in der Zeit als (Deutsch-)Österreich an das ›Dritte Reich‹ angegliedert war. Eine Interviewpartnerin stammt aus dem, zum Zeitpunkt ihrer Geburt von der Wehrmacht besetzten, Elsass und eine weitere aus Südtirol, von wo die Familie 1939 nach Tirol umsiedelte. Aus diesen Ausführungen wird ersichtlich, dass die in dieser Arbeit einfachheitshalber als ›Deutschland‹ und ›Österreich‹ betitelten Herkunftsgebiete keinesfalls unveränderliche territoriale Entitäten waren. Zudem verweisen sie auf die kriegsbedingten Migrationsbewegungen und die vielfach geteilte Erfahrung politischer Systemwechsel. Der Nationalstaat als politisches Konstrukt wirkte, wie zuvor dargelegt, regulierend auf die weibliche Arbeitsmigration in die Schweiz. Im Selbstverständnis der Erzählerinnen spielt aber auch die regionale Zugehörigkeit eine bedeutende Rolle. So empört sich beispielsweise die heute in Basel lebende und aus dem Schwarzwald stammende Cäcilie Brunner darüber, dass Nord- und Süddeutschland in der Schweiz oft als eine homogene sprachliche Einheit gesehen würden:

»Ich meine mit der Sprache, wir haben ja auch Dialekt geredet zu Hause, wir reden ja auch Dialekt. Vieles ist gleich und es ärgert mich, wenn sie [die Schweizer_innen] das Norddeutsche auf ganz Deutschland übertragen und erzählen, so und so sagen sie [die Deutschen] dazu. Vieles sagen wir auch bei uns zu Hause, sehr vieles. Ja, das ist ja ein Katzensprung, es ist Süddeutschland, nicht?«[3]

Betrachtet man also die regionale Herkunft und die Wohnortwechsel der Erzählerinnen, differenziert sich das Bild weiter aus. Die aus Deutschland stammenden Personen, wuchsen zum Großteil in Süd- und Westdeutschland auf, nach 1949 bis auf eine Ausnahme ausschließlich in der BRD. Auch die in der späteren DDR Geborenen gelangten in der Kindheit in den Westen. 29 Frauen verbrachten ihre Kindheit und Jugend im heutigen Baden-Württemberg – 20 davon im alemannisch geprägten (Süd-)Baden und zehn in Schwäbisch sprachigen Teilen Württembergs. Fünf kommen ursprünglich aus Norddeutschland (Hamburg und Niedersachsen), vier aus Nordrhein-Westfalen, zwei aus Berlin sowie je eine Person aus Bayern, Hessen und Rheinland-Pfalz. Von den Österreicherinnen lebten in ihrer

---

3 PAA, Althaus, Interview Brunner, 01:14:39.

Kindheit und Jugend 21 in der Steiermark im östlichen Österreich. Je drei sind aus Nieder- und Oberösterreich, zwei aus Kärnten und je eine aus Tirol, Salzburg, Wien und dem Burgenland. Das Sample umfasst – sowohl in Deutschland als auch in Österreich – für die Zeit nach dem Zweiten Weltkrieg alle vier Besatzungszonen. Die regionale Verteilung hängt stark mit der Quellenerhebung zusammen (Medienaufruf in der Badischen Zeitung, Kooperation mit der Universität Graz). Trotzdem kann festgehalten werden, dass die untersuchte Migrationsbewegung nicht nur eine regionale Naheinwanderung aus Süddeutschland oder Westösterreich war.

Die hier statisch anmutende Darstellung der geografischen Herkunft – gemessen daran, wo die Frauen den Großteil ihrer Kindheit und Jugend verbrachten – soll nicht darüber hinwegtäuschen, dass von den 79 Erzählerinnen knapp zwei Drittel (50 Personen) vor ihrem In-die-Schweiz-Gehen bereits mindestens einmal migriert sind. Neben den fünf aus den sogenannten ›Ostgebieten‹ vertriebenen Frauen machten weitere 13 Personen kriegsbedingt die Erfahrung des Weggehens, Unterwegsseins, permanenten oder vorübergehenden Wohnortwechsels (zum Beispiel durch Ausbombung, Umsiedlung, Erholung). Diese Erzählerinnen wanderten – mit Ausnahme der Erholungsfahrten – in der Regel im Familienverbund. Weitere fünf siedelten mit ihren Familien um, ohne dass der Krieg dabei eine Rolle spielte – wobei nur die überregionalen und internationalen Umzüge gezählt wurden. Mehr als 40 Prozent der Erzählerinnen (33) migrierten als junge Erwachsene selbstständig. Dabei handelte es sich fast ausschließlich um Arbeitsmigrationen. 19 Personen gingen von zu Hause weg, um in der näheren Umgebung eine Stelle anzutreten. Zehn Frauen wanderten überregional, teilweise sogar international (davon mehrheitlich als Hausangestellte nach England). Die restlichen vier zogen zu Ausbildungszwecken (Internat, Lehre) weg von ihrem Elternhaus.

Von den 79 Erzählerinnen sind etwa 60 Prozent (48 Personen) vorwiegend in dörflich oder ländlich geprägten Gegenden, circa 30 Prozent (25 Personen) in städtischen Gebieten und etwa 10 Prozent (sechs Personen) sowohl in der Stadt wie auf dem Land aufgewachsen. Die in der Forschung dominierende Vorstellung, dass ›Dienstmädchen‹ praktisch ausschließlich vom Land kamen, kann hier nicht bestätigt werden. Regula Bochsler und Sabine Gisiger schreiben in ihrer grundlegenden Arbeit über »Dienstmädchen« in der Schweiz im 20. Jahrhundert:

»Ob in der Schweiz oder im Ausland, fast alle Dienstmädchen waren auf dem Land in ärmlichen Verhältnissen aufgewachsen. Ihre Väter bewirtschafteten kleine Bauerngüter oder arbeiteten als kleine Handwerker, oft gingen sie mehr als einem Broterwerb nach, um die Familie über Wasser zu halten. Entsprechend der finanziellen Situation mussten die Töchter – wie alle Familienangehörigen – in irgendeiner Form arbeiten.«[4]

Was wohl für das frühe 20. Jahrhundert seine Gültigkeit hat,[5] wurde hier etwas vorschnell auf die Situation nach dem Ersten Weltkrieg und insbesondere auf die aus dem Ausland stammenden Frauen übertragen.

Ähnliches gilt für die von Bochsler und Gisiger beschriebene soziale Herkunft. Diese trifft zwar auf einen Teil meines Samples ebenfalls zu, jedoch waren an der Wanderungsbewegung in die Schweiz Angehörige sämtlicher Gesellschaftsschichten beteiligt.

Tabelle 9: Soziale Herkunft der Erzählerinnen nach Berufen der Eltern/Väter

Berufskategorie	Anzahl Personen	Personen in Prozent
Arbeiter und einfache Angestellte	26	32,9
Kleinbäuerliche Landwirtschaft	14	17,7
Großbäuerliche Landwirtschaft	11	13,9
Inhaber von Handwerks-, Handels- und Gewerbebetrieben	14	17,7
Höhere Angestellte, Beamte, Freiberufler	10	12,6
Großunternehmer	1	1,3
Sonstiges	3	3,8
Total	79	100

Quelle: PAA

26 Frauen kamen aus einer Arbeiter- oder Angestelltenfamilie. Die Väter waren als Fabrik-, Bau-, Berg-, Bahn-, Land- oder Hilfsarbeiter tätig, arbeiteten als unselbstständige Handwerksgesellen oder einfache kaufmännische Angestellte. In diesen Familien war genau die Hälfte der Mütter ebenfalls berufstätig – der Großteil von ihnen als Land- oder Fabrikarbeiterin.

---

4 Bochsler/Gisiger, *Dienen*, S. 18.
5 Im deutschen Kaiserreich stammten um die Jahrhundertwende ¾ aller Dienstboten vom Land: Wierling, »Vom Mädchen«, S. 60. Ähnliche Zahlen für die Habsburgermonarchie finden sich bei Hahn, *Frauenarbeit*, S. 28. Viele Dienstmädchenstudien übernahmen die Zuschreibung »ländlich und ärmlich«. Bspw. Budde, »Das Dienstmädchen«, S. 153.

Im Hausdienst oder Gastgewerbe arbeitete ›nur‹ je eine Mutter. Etwa jede Fünfte aus diesem sozialen Milieu berichtet davon, armutsbetroffen gewesen zu sein. Als Ursache dafür werden weniger volkswirtschaftliche Entwicklungen, sondern vielmehr die familiäre Situation (zum Beispiel Alkoholismus eines Elternteils) oder die meist kriegsbedingte Abwesenheit des Vaters genannt.

Die Frauen, die einen bäuerlichen Hintergrund haben, sind mit einem ähnlich hohen Anteil am Sample vertreten (25 Personen). Etwas weniger als die Hälfte davon (11 Personen) stammt von großen landwirtschaftlichen Betrieben, die in vier Fällen auch einen Gewerbebetrieb umfassten (zum Beispiel ein Sägewerk). Auf den großen Bauernhöfen waren teilweise Knechte und Mägde beschäftigt und die Kinder mussten – wenn überhaupt – lediglich ›leichte‹ Arbeiten übernehmen. Im Gegensatz dazu berichten die 14 Frauen, deren Eltern eine kleine Landwirtschaft betrieben, davon, dass sie als Kind schwere Arbeit leisten mussten. Mehr als die Hälfte der Frauen aus diesem Milieu verbrachte ihre Kindheit in äußerst ›ärmlichen‹ Verhältnissen. Die kleine Landwirtschaft warf meistens nicht genügend Ertrag ab, um die (oftmals kinderreiche) Familie ernähren zu können, sodass viele Väter und Mütter einem Nebenverdienst nachgehen mussten (zum Beispiel als Fabrik- oder Landarbeiter_in). Sechs der aus klein(st)bäuerlichen Verhältnissen stammenden Frauen wurden als Kind (zeitweise) verdingt oder mussten gemeinsam mit ihren Eltern als Taglöhner ›ins Tagwerk‹ gehen.

24 Erzählerinnen kommen aus einem mittelständischen Milieu. 14 davon hatten Eltern, die als selbstständige Handwerksmeister tätig waren oder einen Handels- oder Gewerbebetrieb führten. Die Eltern der restlichen zehn Frauen aus diesem Milieu arbeiteten als höhere Angestellte in der Verwaltung, bei der Polizei, im Schuldienst, der Post oder in der Privatwirtschaft. Einige der Väter hatten studiert und waren freiberuflich tätig (zum Beispiel als Architekt) und viele Mütter hatten einen Beruf erlernt (zum Beispiel den der Säuglingsschwester). Die Familien beschäftigten teilweise Hausangestellte und die Kinder erhielten eine ›gute‹ Schulbildung. Ein Fünftel der Erzählerinnen aus einem solchen mittelständischen Umfeld berichtet von einem sozialen Abstieg ihrer Familien während der Jugendzeit. Bis auf eine Ausnahme wird ein solcher mit den Ereignissen im und nach dem Krieg begründet (zum Beispiel Vertreibung, Tod des Vaters, Entnazifizierung).

Eine weitere Erzählerin stammt als Fabrikantentochter sogar aus dem großbürgerlichen Milieu.

Viele Frauen aus dem Sample genossen – zumindest auf dem Papier – eine solide Schul- und Berufsausbildung. Etwa zwei Drittel der Frauen (52 Personen) besuchten während der gesamten obligatorischen Schulzeit die Volksschule, die in der Regel acht Jahre dauerte. Knapp ein Viertel der Erzählerinnen (20 Personen) erwarb einen mittleren Bildungsabschluss, das heißt, sie haben – je nach Land und Region – nach der Volksschule einige Jahre das Gymnasium, eine Bürger- oder Hauptschule besucht. Weitere zwei Frauen haben die Matura / das Abitur absolviert und die Hochschulreife erreicht. Von fünf Personen sind mir keine Angaben über die Schullaufbahn bekannt.

60 Prozent der Erzählerinnen machten nach der Schule eine Aus- oder Weiterbildung. 14 Frauen besuchten eine Haushaltungsschule. Diese dauerte in der Regel ein Jahr, vereinzelt bis zu drei Jahren. Fünf weitere belegten mehrwöchige Kurse in Maschinenschreiben und Stenografie. 20 Personen absolvierten, teilweise nach der Haushaltungsschule, eine Berufslehre. Dabei rangiert die Schneiderinnenlehre an erster Stelle (sieben Personen), vor der Verkäuferinnenlehre (6 Personen), der kaufmännischen Ausbildung (vier Personen) und den hauswirtschaftlichen- und landwirtschaftlichen Lehrgängen (drei Personen). Drei weitere Erzählerinnen machten eine Anlehre (zum Beispiel zur Bürogehilfin). Elf Frauen erwarben einen Berufsabschluss durch den Besuch einer weiterführenden Schule. Die meisten von ihnen gingen in die Handelsschule (fünf Personen), zwei absolvierten eine Modefachschule, je eine machte das Lehrerinnen- respektive Kindergärtnerinnenseminar, eine besuchte die Fachschule zur Kinderkrankenschwester und eine ging zur Schauspielschule. Eine weitere Frau studierte an der Kunsthochschule und beendete das Studium als Innenarchitektin.

Verglichen mit anderen Studien zu ›Dienstmädchen‹ im 19. und 20. Jahrhundert fällt also der relativ hohe Anteil an gut ausgebildeten Frauen aus zwar häufig ›einfachen‹, jedoch nicht unmittelbar prekären sozialen Verhältnissen auf – hier gemessen an der beruflichen Tätigkeit der Eltern und bewertet nach den Selbstbeschreibungen der Erzählerinnen. Da die Schweiz einen guten Ruf genoss in Bezug auf Weiterbildungsmöglichkeiten gingen auch ›höhere Töchter‹ in die Schweiz, um beispielsweise Französisch zu lernen. Dort wurden sie aufgrund der fremdenpolizeilichen Regelungen erst zu ›Dienstmädchen‹, da Aufenthaltsbewilligungen nur für die

Tätigkeit in Hausdienst oder Gastgewerbe ausgestellt wurden. Gerade in wirtschaftlichen Krisenzeiten stellte zudem – bis weit ins 20. Jahrhundert – hinein die Arbeit als Hausangestellte für viele Frauen, die ansonsten ihr Auskommen in Handel, Gewerbe oder Industrie gesucht hätten, eine Erwerbsmöglichkeit dar. Nach dem Zweiten Weltkrieg bot der häusliche Dienst vielen Frauen außerdem die Möglichkeit, Unterkunft und Verpflegung zu finden. 1950 waren in der BRD immer noch weit über eine halbe Million Frauen im Hausdienst beschäftigt.[6] Dies wird auch aus der Auswertung der beruflichen Erfahrung der Erzählerinnen vor der Migration deutlich. 80 Prozent von ihnen verfügten über Berufserfahrung, als sie in die Schweiz kamen (die Lehrzeit nicht mit gerechnet). Mit Abstand die meisten von ihnen (23 Personen) hatten zumindest eine gewisse Zeit als Hausangestellte in Privathaushalten gearbeitet, zwei davon waren zuvor als Au-Pair in England gewesen. 13 weitere waren als ›Dienstmädchen‹ in der bäuerlichen (Haus-)Wirtschaft – acht davon im elterlichen Betrieb und zwei als ›Pflichtmädchen‹ – sowie fünf weitere im Gastgewerbe ›in Stellung‹ gewesen. Der große Anteil an ›Dienstmädchen‹ in diesem Sample muss erneut vor dem Hintergrund der schweizerischen Ausländergesetzgebung betrachtet werden. Als Bedingung für die Ausstellung einer Aufenthaltsbewilligung wurde für zureisende Frauen, die in Hausdienst oder Gastgewerbe tätig sein wollten, die Berufserfahrung im hauswirtschaftlichen Bereich vorausgesetzt.

Neun der Erzählerinnen hatten vor ihrer Migration in die Schweiz Erfahrungen als Fabrikarbeiterin gesammelt – vor allem in der Textil-, Tabak- und Seifenindustrie. Gleich viele waren in qualifizierten Berufen in Bürobetrieben als Buchhalterin oder Sekretärin tätig gewesen – eine weitere als Bürohilfe. Vier arbeiteten nach ihrer Lehre weiterhin als Verkäuferin. Die beiden Absolventinnen des Lehrerinnen- und Kindergärtnerinnenseminars wirkten ebenfalls einige Zeit in ihrem Beruf. Eine Frau berichtet darüber, sich als selbstständige Schneiderin versucht zu haben, zwei weitere erzählen von ihren Erfahrungen als Straßenbahnschaffnerin und Lazaretthelferin während des Arbeits- und Kriegsdienstes. Rund 35 Prozent der Erzählerinnen entsprechen also dem in den 1950er Jahren in der Schweizer Öffentlichkeit weit verbreiteten Bild der ›berufsfremden‹ ausländischen Haus- oder Gastgewerbsangestellten.

---

6 Witkowski, »Ein Relikt«, S. 162.

Was die konfessionelle Zugehörigkeit betrifft, ist das Sample relativ einseitig ausgebildet, unterscheidet sich jedoch nicht stark von der konfessionellen Zusammensetzung der Hausangestellten einer durchschnittlichen Schweizer Stadt. Bis auf eine Jüdin und eine evangelisch getaufte ›Halbjüdin‹ sind alle 74 Erzählerinnen, von denen ich die Konfessionszugehörigkeit ausfindig machen konnte, im christlichen Glauben erzogen worden. 62 Prozent (49 Frauen) sind oder waren katholisch und 29 Prozent (23 Frauen) evangelisch. Diese Verteilung entspricht ziemlich genau den Ergebnissen einer Enquete unter Hausangestellten der Stadt Baden (Aargau) im Jahr 1932. Laut dieser von der Studienkommission für Hausdienstfragen in Auftrag gegebenen Studie waren neben einzelnen »Israelitinnen« zwei Drittel der Hausangestellten katholisch und ein Drittel evangelisch.[7]

95 Prozent der 79 Frauen waren bei ihrer Ersteinreise in die Schweiz zwischen 15 und 24 Jahre alt. Gut zwei Drittel (53 Personen) waren unter 21 und nach damaligem Recht noch minderjährig. Eine war sogar unter 15 – bezeichnenderweise arbeitete sie als illegal Beschäftigte in einem Hotel. Lediglich drei Frauen waren älter als 24, die mit Abstand Älteste 36. Die Erzählerinnen waren während ihrer Zeit als Arbeitsmigrantin in der Schweiz zudem fast ausschließlich ledig und kinderlos. Eine einzige kam als verheiratete Frau und Mutter – ihr Mann galt zu dem Zeitpunkt als kriegsvermisst. Eine weitere reiste zunächst als ledige Frau ein, kehrte jedoch später als Verheiratete mehrmals zurück. 12 Frauen geben an, einen festen Freund gehabt zu haben.

Alter und Zivilstand des Samples bestätigen geradezu idealtypisch den oftmals beschriebenen Charakter der ›Dienstmädchenarbeit‹ als »Übergangsberuf«.[8] Auch hier muss jedoch bedacht werden, dass dieser Befund maßgeblich im Zusammenhang steht mit den fremdenpolizeilichen Bestimmungen. Insbesondere nach dem Zweiten Weltkrieg setzte sich die SAG dafür ein, dass Ausländerinnen in Hausdienst und Gastgewerbe gewissen ›Standards‹ entsprachen. So mussten sie in der Regel ledig, kinderlos sowie zwischen 18 und 40 Jahre alt sein, um eine Aufenthaltsbewilligung

---

7 Mousson, »Die Arbeits- und Berufsverhältnisse«, S. 33.
8 Witkowski, »Ein Relikt«, S. 147. Hahn, »Dienstboten«, S. 1011. Der Begriff des ›Übergangsberufes‹ impliziert die Vorstellung, dass ein Beruf im Normalfall ein Leben lang ausgeführt wird. Entsprechend der bürgerlichen Geschlechterrollenverteilung wird der lebenslange Beruf in der Regel Männern zugeschrieben. Der weiblich konnotierte »Übergangsberuf« erscheint somit als Abweichung von der männlichen Norm. Dies lenkt den Blick auf Setzungen in der Historiografie, die geschlechtliche Machtverhältnisse widerspiegeln.

zu bekommen. Zeitgenössische Beobachterinnen erklärten das junge Durchschnittsalter der Einreisenden auch mit den Wünschen der Arbeitgeber_innen. Obwohl es genügend ältere »Dienstmädchen« in der Schweiz gäbe, so die Kritik von SAG-Sekretärin Emma Hausknecht, ließen die »Herrschaften« lieber junge Ausländerinnen kommen, da diese anpassungsfähiger und weniger anspruchsvoll seien.[9]

Mit diesem quantifizierenden Überblick als Grundlage widme ich mich nun in qualitativer Perspektive den Kindheits- und Jugenderzählungen.

3.2 Kindheits- und Jugenderzählungen

Die Kindheits- und Jugenderinnerungen, die mir für diese Arbeit berichtet wurden, sind äußerst vielfältig. Hier sollen die Aspekte hervorgehoben werden, die für die narrative Darstellung der Migrationsentscheidung, der Erfahrungen als Arbeitsmigrantin oder des Lebens nach der Migration relevant sind. Zu Beginn werde ich auf die Sozialisationsbedingungen und familiären Beziehungen eingehen und das ihnen zugrundeliegende Werte- und Normensystem beleuchten. Eine zentrale Norm – das große Arbeitsethos – führt mich anschließend zu einem Aspekt, der insbesondere für die Einordnung der späteren Arbeitserzählungen bedeutsam ist: die Darstellung von (Kinder-)Arbeit. Eng damit verknüpft, wird drittens der Themenbereich Bildung untersucht. Präziser formuliert das im Sample weit verbreitete Narrativ der verhinderten Bildung. Neben Geschlecht und sozialer Herkunft sind es vor allem der Zweite Weltkrieg und seine Folgen, die für unterbrochene Bildungsverläufe und geplatzte Ausbildungsträume verantwortlich gemacht werden. Da zwei Drittel der Erzählerinnen in den 1930er Jahren geboren sind, will ich mich im letzten Teil der biografischen Vorgeschichten dem Themenkomplex Krieg widmen. Dabei beschäftige ich mich vor allem mit der medial vermittelten diskursiven Prägung der Erzählungen: der engen Verknüpfung von Zeitzeugenschaft mit der NS-Zeit sowie dem Reden über ›Kriegskinder‹.

---

9 Hausknecht, *Hausdienst*, S. 5.

3.2.1 Autoritäre Erziehung und Konflikte

»Von früher Jugend mus[ste] ich mit ins Feld. Mein Vater war sehr streng nur immer arbeiten und sparsam sein. [...] In der Schule war ich immer sehr zurückhaltend, obwohl ich es als [sic] gewusst hab, hatte ich doch nichts gesagt. Man ist so erzogen worden, wenn Besuch kam, mussten wir immer hinaus, um ja nicht zu stören.« [Ilse Hiss, Jahrgang 1909][10]

»Lernen, arbeiten (auch die Kinder) und in die Kirche gehen war sehr wichtig. [...] Wir wurden aber sowohl von der Mutter als auch der Großmutter sehr streng erzogen. Gehorsam war viel mehr selbstverständlich als heute. Ich würde aus meiner heutigen Sicht sagen, es war noch die Erziehung des vorigen Jahrhunderts.« [Ulrike Stamm, Jahrgang 1940][11]

Obwohl Ilse Hiss und Ulrike Stamm in Bezug auf ihre Geburtsjahrgänge zwei verschiedenen Generationen angehören, gleichen sich ihre Kindheits- und Jugenderinnerungen in vielerlei Hinsicht, insbesondere in Bezug auf ihre Erziehung und das dieser zugrundeliegende Wertesystem: Gehorsam sein, keine Widerrede leisten, keine eigene Meinung äußern, Arbeiten, Sparen, Lernen und zur Kirche gehen. Neben den Eltern und Großeltern tauchen in den Zitaten Schule und Kirche als autoritäre Institutionen auf. Die von Ilse Hiss und Ulrike Stamm in aller Kürze zusammengefassten Verhaltensnormen ihrer Kindheit entsprechen einem autoritären Erziehungsstil. Dieser Begriff geht auf die amerikanische Entwicklungspsychologin Diana Baumrind zurück, die 1971 auf der Basis von Eltern-Kind-Interaktionen eine Klassifikation verschiedener Erziehungsstile vorlegte, auf die sich Entwicklungspsycholog_innen bis heute beziehen. Basis der Klassifikation ist das Verhältnis von »Wärme« und »Kontrolle«. Ein autoritärer Erziehungsstil zeichnet sich demnach durch ein hohes Maß an Kontrolle und eine geringe »Wärme« aus.[12] Ganz abgesehen von der Frage, wie emotionale Wärme gemessen werden kann, ist das erinnerte Beziehungsgefüge zwischen den Erzählerinnen und ihren Eltern um ein Vielfaches komplexer als eine Typologie darzustellen vermag. Das Etikett der autoritären Erziehung dient mir deshalb lediglich als Hilfskonstruktion, um mich im Folgenden den, von Ulrike Stamm als »Erziehung des vorigen Jahrhunderts« umschriebenen, Sozialisationsbedingungen, die vom Groß-

---

10 PAA, Hiss, Mein Lebenslauf, S. 1–3.
11 PAA, Stamm, Bericht, S. 2.
12 Liebenwein, *Erziehung*, S. 32–33.

teil der Erzählerinnen des Samples geteilt werden, anzunähern und zu beschreiben.

Die 1931 in der Weststeiermark als Jüngste von sieben Kindern geborene Gerda Falter, deren Eltern eine kleine Landwirtschaft betrieben und die in einem streng katholischen Milieu aufwuchs, berichtet beispielsweise davon, ihre Eltern aus Respekt noch gesiezt zu haben. Ein »Du« habe es nicht gegeben, und wenn es einem rausgerutscht sei, habe man einen Schlag auf die Finger bekommen. Das Verhältnis zu den Eltern sei deshalb nicht schlecht gewesen, die Bindung jedoch nicht so eng, wie dies heute der Fall sei zwischen Eltern und Kindern.[13] Neben einer klaren familiären Hierarchie und einem distanzierten Verhältnis in Bezug auf emotionale Nähe, wovon auch viele andere erzählen,[14] verweist Gerda Falter hier auf einen weiteren Aspekt des autoritäreren Erziehungsstils: der Durchsetzung des Willens der Autoritäten mittels physischer Gewalt. Die aus dem Schwarzwald stammende, ebenfalls in einem kleinbäuerlich-katholischen Umfeld aufgewachsene, Marga Jaggi (Jg. 1934) erzählt auch davon, öfter geschlagen worden zu sein. An eine Tracht Prügel ihrer Mutter erinnert sie sich dabei noch besonders gut.

»Wir haben auch noch Streich [Schläge] bekommen. Ich habe einmal *enorm* bekommen (lacht). Das kann ich fast nicht erzählen. Meine jüngere Schwester und ich, wir hatten die gleiche Gotte [Patentante] und ihr Mann war als Soldat in Frankreich und hat schönen Stoff nach Hause geschickt und wir haben auf Ostern den schönen Stoff bekommen, also meine kleine Schwester und ich. [...] Und die ältere Schwester hatte Entlassung und man hatte keinen Stoff dafür. Bei der Schulentlassung war bei uns noch ein Fest in der Kirche, und man hatte keinen Stoff, um ihr ein neues Kleid zu machen. Und dann haben sie einfach den Stoff genommen, den ich von der Gotte bekommen habe, ich wurde nicht einmal gefragt {AA: Oh! Mh} und haben ihr ein schönes Kleid gemacht. Und als ich das erfahren habe, habe ich ins Ofenloch hineingeschimpft, ich musste den Ofen anfeuern vor der Stube, und ich habe in den Ofen hineingeschimpft wie verrückt, was ich für eine schlechte Mama habe, ja alle möglichen Namen habe ich in das Ofenloch hineingesch- und die sind in der Stube gesessen und haben alles gehört. Und als ich mich umdrehte, habe ich Streich bekommen, hai=ai=ai! {AA: Ooh} Aber darüber mit mir geredet warum, das hat man nicht, man hat einfach befohlen und das habe ich

---

13 PAA, Althaus, Interview Falter, 02:38:14.
14 Oftmals hervorgehoben wird das Fehlen von Zuneigungsbekundungen, beispielsweise in Form von Zärtlichkeiten sowie das Gefühl des Desinteresses der Eltern an kindlichen Problemen und Sorgen. Pointiert etwa bei: PAA, Althaus, Interview Vogel, 01:56:38.

lange, lange habe ich ihnen das noch nachgetragen. [...] Dann habe ich ein paar Wochen lang gar nicht mehr geredet.«[15]

Schläge sind hier nicht (nur) Mittel der Disziplinierung und Durchsetzung des Willens, sondern eine spezifische Form von Kommunikation. Anstatt zu fragen, zu reden und zu erklären, ›züchtigten‹ die Erziehungsberechtigten. Die fehlende verbale Kommunikation als Ausdruck einer autoritären Erziehung lässt sich auch aus den erzählten Handlungsmöglichkeiten des Kindes herauslesen. Anstatt sich bei ihrer Mutter zu beschweren, vertraute Marga Jaggi ihr Leid dem Ofenloch an. Der Ofen als Ersatz für einen menschlichen Ansprechpartner ist ein aus der Märchen- und Sagenwelt bekannter Topos.[16] Und als (einzige) Reaktion auf die Schläge blieb ihr nur das Schweigen.[17]

Der Einsatz von physischer Gewalt als Kommunikationsmittel findet sich in weiteren Erzählungen meines Samples. So etwa bei der 1939 geborenen Maja Pichler, die ihre Kindheit als »fürchterlich« beschreibt. Sie wuchs als Tochter einer Land- und Fabrikarbeiterin auf, die nach der Scheidung von ihrem ersten Mann einen Gemeindearbeiter geheiratet hatte, der starker Alkoholiker war. Auf die Nachfrage nach der Beziehung zu ihrer Mutter in der Kindheit antwortete Maja Pichler, ohne zu zögern:

»Ja, ich habe nur meine Ohrfeigen gekriegt {AA: Ah ja}. Also ich habe wirklich, ich glaube nicht, dass ein Tag vergangen ist, an dem ich nicht meine Ohrfeigen gekriegt habe. {AA: Mh} Das habe ich ihr eh gesagt, habe gesagt: ›Du hast mich genug geschlagen‹ – hat es geheißen, ›das war verdient‹, das war die Antwort. Aber ich weiß=ich weiß ja nicht warum ich sie gekriegt habe.«[18]

---

15 PAA, Althaus, Interview Jaggi, 00:37:47.
16 Im Märchen *Die Gänsemagd* klagt die Prinzessin dem Ofen, dass sie von ihrer Dienerin um den Thron betrogen worden ist, worauf der lauschende König sie zur Königin macht. Grimm/Grimm, *Die Märchen*, S. 304. Und in der Sage *Die Mordnacht von Luzern* vereitelt ein »junger Knabe« einen Überfall von habsburgischen Getreuen gegen die Eidgenossen. Weil er den Mordlustigen geschworen hat, niemandem von ihrem Plan zu erzählen, vertraut er sein Geheimnis dem Ofen in der Metzgerzunft an – und wird von den Metzgern gehört, die das Morden verhindern. Englert-Faye, *Us der Gschichtetrucke*, S. 399–400. So unterschiedlich die Geschichten auch sind, gemeinsamer Nenner bleibt, dass das, was man in den Ofen spricht, nicht ungehört bleibt.
17 Schweigen als einzige Reaktionsmöglichkeit auf psychische Verletzungen durch die Eltern vgl. auch PAA, Althaus, Interview Imhof, 01:01:37.
18 PAA, Althaus, Interview Pichler, 00:57:21. Von häufigen Schlägen berichten auch: PAA, Althaus, Interview Eberle, 02:52:24. PAA, Althaus, Interview Gustav, 02:55:00.

Auch Jahre später, als Maja Pichler ihre Mutter damit konfrontierte, erhielt sie von dieser keine differenzierte Begründung für die Schläge. Diese scheinen keine Bestrafungsmethode für bestimmte ›Vergehen‹ gewesen zu sein, sondern werden als selbstverständliche alltägliche Handlung dargestellt. Dass die Eltern dabei manchmal selber autoritären Zwängen unterlagen, darauf weist die 1935 in einem Dorf am südlichen Oberrhein geborene Agatha Hauert hin. Die älteste von drei Schwestern wuchs als Tochter eines Schlossermeisters und einer Landarbeiterin auf. Die Familie betrieb zur Selbstversorgung eine kleine Landwirtschaft, die auch die Mitarbeit der Kinder erforderte. Eines Tages, als Agatha Hauert mit den Kühen von der Feldarbeit nach Hause kam, begrüßte ihre Mutter sie mit zwei schallenden Ohrfeigen und den Worten: »Du wirst wissen warum, der Lehrer war da.«[19] Hauert wusste nicht, worum es ging, wurde aber ohne weitere Erklärung alleine gelassen. Später stellte sich heraus, dass der Lehrer sich bei der Mutter beschwert hatte über harmlose – jedoch in Geheimschrift verfasste – Briefchen, die Agatha Hauert mit ihrer Sitznachbarin in der Schule ausgetauscht hatte. Ohne sich verteidigen zu können, wurde die Kritik des Lehrers in Form von Ohrfeigen an die Tochter weitergegeben. Dies erklärt Agatha Hauert mit der unangefochtenen Autorität von Lehrern und Pfarrern im Dorf:

»Der Lehrer hatte ja *so* eine Stellung, und der Pfarrer im Dorf. Was die sagten, das hat gegolten. Da konntest du lange, als Kind bist du nicht- hast du dich nicht wehren können, nicht? So etwas gibt es ja heute auch nicht mehr. So eine Geschichte, das glaubt man fast nicht. Und die Eltern waren diesen Leuten so hörig, ja.«[20]

Die, teilweise mit Schlägen durch(ge)setzte, autoritäre Erziehung basierte auf sozialer dörflicher Kontrolle und wurzelte im obrigkeitsgläubigen Respekt vor den Vertretern von Kirche und Schule. Explizit einen kausalen Zusammenhang zwischen Erziehung und Religion zieht die 1916 im Schwarzwald geborene, und in eine katholische Großbauernfamilie sozialisierte, Cäcilie Brunner in ihrer Darstellung über das Verhältnis zu ihren Eltern: »Da hat man keine Widerrede geleistet, da hat man noch Glauben gehabt.«[21] Dieser Glaube, den sie auf Nachfrage als religiöse Praxis definiert, wurde den Kindern nicht nur im familiären Umfeld, sondern auch in der Schule vermittelt. Kirche und Schule waren eng miteinander verzahnt.

---

19 PAA, Althaus, Interview Hauert, 00:23:51.
20 Ebd., 00:25:42.
21 PAA, Althaus, Interview Brunner, 00:33:32.

So schreibt die in ähnlichen familiären Verhältnissen aufgewachsene Maria Lachenmeier, die Älteste aus meinem Sample (Jg. 1879), in ihren Erinnerungen an die Schulzeit:

»Mit Achtung, hie und da fast mit Angst, schaute ich zum Lehrer. Nach Möglichkeit befolgte ich alles, was uns gesagt wurde und tat mich so schlecht und recht es eben ging. [...] Meine 7 Schuljahre gingen rasch vorbei, das Jahr einmal am Bettag, er war werktags ging der Lehrer mit den Schülern in die Pfarrkirche nach Gattnau [...]. Unser Hochw. Herr Pfarrer war Schulinspektor. Dreimal in der Woche war eine hl. Messe in der nahen Kapelle, gewöhnlich ging der Lehrer mit uns zur hl. Messe.«[22]

Nicht nur im ›vorigen Jahrhundert‹, auch im Schulalltag der 1950er Jahre hatte der Religionsunterricht noch einen großen Stellenwert. Zumindest in der katholisch dominierten Südoststeiermark, wie die im Vergleich zu Lachenmeier um 65 Jahre jüngere Elsa Zeller (Jg. 1944) berichtet:

»Wir hatten auch sehr viel Religionsunterricht in der Schule. Also, wenn man=wenn man denkt, wir haben von acht bis zwölf, wenn es lange ging bis um eins, Schule und wir haben zwei Mal in der Woche in dieser Zeit zwei Stunden Religionsunterricht gehabt. Das ist wahnsinnig, was die Kirche für eine Rolle gespielt hat.«[23]

Der auf christlicher – hier meist katholischer – Grundlage basierende (Autoritäts-)Glauben, der den Kindern in der Kirche, Schule und Familie eingetrichtert wurde, regelte sämtliche zwischenmenschlichen Beziehungen und legte nicht nur alters-, sondern auch schichtspezifische Hierarchien fest, wie anhand von Zellers weiteren Ausführungen gezeigt werden kann. Sie wurde als Jüngste von elf Kindern geboren. Ihre Eltern betrieben eine kleine Landwirtschaft, die jedoch zu wenig Ertrag abwarf, um eine so kinderreiche Familie ernähren zu können. Dass sie zu den »Armen« im Dorf gehörte, wurde ihr jeden Sonntag in der Kirche vor Augen geführt:

»Wir mussten jeden Sonntag in die Kirche [...]. Also das sind für mich unangenehme Erinnerungen an diese=an diese Kirche. [...] Ich empfand es auch so wahnsinnig ungerecht, in der Kirche waren alle Plätze in den Bänken verkauft. Jeden Sitz musstest du Jahr für Jahr kaufen. Und meine Eltern konnten das natürlich nie zahlen, also sind wir immer, nachdem wir zwei Stunden gelaufen waren, standen wir eine Stunde in der Kirche. Und dann sind wir wieder zwei Stunden

---

22 PAA, Lachenmeier, Familienchronik, Maria 1879/1.
23 PAA, Althaus, Interview Zeller, 00:53:21.

nach Hause gegangen. Wir konnten nie sitzen und das habe ich immer als totale Katastrophe empfunden.«[24]

Diese gesellschaftlich tief verankerten, durch die christliche Kirche definierten, Ordnungsvorstellungen stellten die Basis dar, auf der die Erziehungsnormen fußten. Sie formten die Beziehungen zwischen Erwachsenen und Kindern, definierten aber darüber hinaus auch die Position jedes Einzelnen in der Familie und der Gesellschaft.

Als biografischer Hintergrund sind diese Ordnungsvorstellungen von großer Relevanz für die Deutung der Erzählungen. Auf der thematischen Ebene entfalten sie, wie noch zu zeigen sein wird, ihre Bedeutung etwa bei der Darstellung über die Migrationsmotivation, die Beziehung zu den Arbeitgeber_innen oder der Selbst- und Fremdpositionierung als ›Dienstmädchen‹. Auch die Erzählstruktur der meisten Lebensgeschichten lässt sich bei Beachtung dieses biografischen Hintergrundes leichter entschlüsseln. Elsa Zeller erzählt, wie noch zu zeigen sein wird, eine Geschichte des beruflichen Erfolges und sozialen Aufstieges. Ihre Selbstpositionierung als Tochter armer Eltern, die in der Kirche nur stehen durfte, definiert einen Anfangspunkt, an dem sie die Entwicklung des späteren Erfolgs festmachen kann.[25]

Eine gänzlich andere Geschichte erzählen Ingeborg Franz und Jolanda Müller, die beide 1937 geboren wurden. Sie können als Gegenpol zu den Erzählungen über eine autoritäre Gewalterziehung beschrieben werden. Auch sie wuchsen in ›einfachen‹ Verhältnissen in einem katholischen Umfeld auf. Ingeborg Franz hatte zwölf Geschwister, der Vater war als Eisengießer bei einem österreichischen Stahlkonzern in der Steiermark beschäftigt, ihre Mutter war Hausfrau. Jolanda Müller stammt aus einer Bauernfamilie aus der Nähe von Freiburg im Breisgau. Beide heben explizit hervor, von den Eltern viel Liebe und Geborgenheit, kurz: »Nestwärme« bekommen zu haben:

»Wir hatten sehr liebe Eltern. [...] Die Liebe und Geborgenheit stand an erster Stelle, alle hatten das gleiche Recht, die Großen mußten den Kleinen helfen. [...] Meine Familie war immer das Wichtigste in meinem Leben, meine Kinder haben mir sehr viel Freude gemacht.« [Ingeborg Franz][26]

---

24 Ebd., 00:56:45.
25 Vgl. Kapitel 5.3.
26 PAA, Franz, Lebensgeschichtliche Aufzeichnungen, S. 1.

»Meine Eltern waren so bescheiden und- aber sie haben uns=uns Kindern Nestwärme gegeben. Und das habe ich gedacht, das gebe ich meinen Kindern auch. Was man vorlebt und so- und=und die Enkel kommen jetzt jeden Tag zu mir.« [Jolanda Müller][27]

Auch hier ist die Beachtung narrativer Strukturen der Gesamterzählung hilfreich. Für beide spielt nämlich das Thema Familie die zentrale Rolle in ihren Lebenserinnerungen, wie sich aus den Zitaten bereits erahnen lässt. Insbesondere die eigenen Kinder und Enkel nehmen in beiden Erzählungen viel Raum ein und beide stellen sich auch sprachlich meist im Familienverbund dar – durch die Wahl des Personalpronomens im Plural. Zudem beenden beide ihre Lebensgeschichte mit der Hochzeit und der Aufgabe der Berufstätigkeit:

»Mit 24 Jahren habe ich geheiratet, haben uns ein schönes Eigenheim gebaut, vier Kinder bekommen. Mit 30 Jahren habe ich mein Berufsleben beendet. Ich war nur mehr Hausfrau, Mutter und Frau für die Liebe.«[28]

So enden die schriftlichen Aufzeichnungen von Ingeborg Franz. Weder sie noch Jolanda Müller sind meines Erachtens so passionierte Mütter und Hausfrauen, nur weil sie eine liebevolle Erziehung genossen haben. Sie verleihen jedoch der erfahrenen »Nestwärme« ein so großes Gewicht, um sich heute als Familienmenschen zu positionieren. Das Thema Familie bildet den narrativen Kitt zwischen ihren Kindheits- und Jugenderzählungen sowie der Beschreibung ihres späteren Lebens.

Zwischen der ›autoritären Gewalterziehung‹ auf der einen Seite und den ›nestwarmen Familien‹ auf der anderen Seite finden sich viele Spielarten an Erziehungsstilen und Beziehungsformen, die sich, wie eingangs beschrieben, zum Großteil als autoritär bezeichnen lassen, jedoch nicht zwingend mit Gewalterfahrungen einhergehen. Auffallend ist, dass die Mehrheit der Erzählerinnen davon berichtet, ein problematisches Verhältnis mit den Eltern gehabt zu haben. Dass Adoleszenzerzählungen, man könnte fast sagen, ›naturgemäß‹ von Auseinandersetzungen mit den Eltern berichten, erstaunt nicht so sehr. Die zahlreichen Erzählungen über schiefhängende Haussegen, Meinungsverschiedenheiten, Streitigkeiten und damit einhergehend negativen Gefühlen gegenüber den Eltern übernehmen jedoch in den hier untersuchten Migrationsbiografien eine ganz bestimmte Funktion. Sie erklären der Zuhörerin, die Interesse an der Migration in die Schweiz

---

27 PAA Althaus, Interview Müller, 00:25:50.
28 PAA, Franz, Lebensgeschichtliche Aufzeichnungen, S. 7.

bekundet, implizit oder explizit den Grund für das Fortgehen von zu Hause. Dabei lassen sich verschiedene Formen familiärer Auseinandersetzungen herausarbeiten. Erstens finden sich Erzählungen, die generationelle Konflikte ansprechen und ideologische Abgrenzungsprozesse beschreiben. Im Vordergrund stehen dabei die divergierenden Weltanschauungen zwischen Eltern und Jugendlichen. Diese finden sich vor allem bei den jüngeren Erzählerinnen, die in der Nachkriegszeit aufwuchsen. Die 1943 am Oberrhein geborene Romana Siebert, Tochter eines »Wachmanns« und einer Hausfrau, berichtet beispielsweise vom »Ärger«, den sie aufgrund eines »Techtelmechtels« zu Hause hatte:

»Ich hatte meine Lehre als Einzelhandels-Kaufmann beendet. Dann durfte man wieder etwas mehr ausgehen und wie das so ist, lernte man den ein oder anderen ›jungen Mann‹ kennen. Irgendwann bekommen das auch mal die Eltern mit und als sie erfuhren, mit wem ich da ein ›Techtelmechtel‹ habe, war der Ärger vorprogrammiert. Weil die Mutter des jungen Mannes mit einem polnischen Staatsbürger zusammen wohnte. Das war ja ganz was Schlimmes in der Nachkriegszeit (1960). Meine Eltern, einschließlich meine Oma beschlossen dann, dass ich ›ihn‹ nicht mehr sehen darf. Oma holte mich jeden Abend vom Geschäft ab, damit wir uns ja nicht treffen konnten.«[29]

Das Problem bestand also weniger darin, dass Romana Siebert einen Freund hatte, als darin, dass dessen Mutter mit einem Polen zusammenlebte. Mit der Begründung »das war ja ganz was Schlimmes in der Nachkriegszeit«, ordnet sie die (Vor-)Urteile ihrer Eltern in einen größeren historischen Kontext und gesellschaftlichen Diskussionszusammenhang ein. Dass in ihrer Wahrnehmung die Nachkriegszeit bis in die 1960er Jahre reichte, hängt wohl weniger mit den Lebensumständen zusammen, als mit der Mentalität der Eltern. Der ironische Ton, mit dem sie diese Aussage unterlegt, drückt ihr Unverständnis für die fremdenfeindliche Weltanschauung ihrer Eltern aus. Sie schafft damit eine Distanz zu den Geisteshaltungen der Elterngeneration, ohne diese jedoch argumentativ auszuführen. Um »dem ganzen Ärger zu Hause aus dem Weg zu gehen«, so schreibt sie weiter, entschied sie sich, in die Schweiz zu gehen.[30]

Gerlinde Fellner, die im gleichen Jahr wie Siebert (1943) zur Welt kam und in einer Arbeiterfamilie im niedersächsischen Industrieort Salzgitter aufwuchs, thematisiert ebenfalls Feindseligkeiten, die ihre Mutter den

---

29 PAA, Siebert, Lebensgeschichtliche Aufzeichnungen, S. 1.
30 Ebd.

Flüchtlingen aus den sogenannten ›Ostgebieten‹ entgegenbrachte, die in einer Barackensiedlung am Rande der Stadt wohnten:

»Meine Mutter war *so* eine komische Frau in dieser Beziehung. Wenn diese [die Flüchtlinge] ihre Bettwäsche zum Lüften aus dem Fenster hängten, das war dort in Norddeutschland gar nicht üblich, dann sagte sie einmal, als eine so karierte Bettwäsche draußen aufgehängt hatte, sagte: ›grün, rot und blau Polacksfrau‹.«[31]

Diese diskriminierende Beschimpfung habe sie als »fürchterlich« empfunden, denn als Kind, und später auch als Verkäuferin in einem Lebensmittelladen, sei sie mit den Flüchtlingen in Kontakt gekommen und habe diese als »die liebsten Leute« kennengelernt:

»Ich habe immer gedacht, ›Nein! Das ist nicht schön so etwas‹, weil ich habe diese Polacksfrauen als die liebsten Leute kennengelernt. Die waren kinderfreundlich, sie hatten von allem wenig, aber sie haben noch gegeben, haben mich eingeladen einmal etwas zu probieren. Weil als Kind kommt man ja zu anderen Kindern, spielt mit ihnen, will einmal zu diesen nach Hause. Ich habe immer nur bei *allen* gute Erfahrungen gemacht. Und das war eine Differenz zwischen mir und meiner Mutter, die war schmerzhaft, [ich] konnte es nicht aushalten, wenn sie so negativ war. Aber vielleicht hat das auch die ganze Propaganda der Vorkriegszeit und Kriegszeit und Hitlerzeit mit sich gebracht, oder? {AA: mit Sicherheit mh}. Das war die- einfach alles Fremde ist furchtbar nur die Deutschen sind gut.«[32]

Im Gegensatz zu Siebert, die sich durch Weggehen von den Meinungen der Eltern ›distanzierte‹, suchte Gerlinde Fellner die direkte Auseinandersetzung mit ihrer Mutter. Beispielsweise durch Hören von Rock n' Roll Musik, die ihre Eltern als »Teufelszeug« verurteilten.[33] Ihre damalige Rebellion gegen das Elternhaus, in dem sie sich aufgrund der Weltanschauungen ihrer Eltern nicht mehr »daheim« gefühlt habe und den Entschluss in ihr reifen ließ, »bloß weg« zu wollen,[34] reflektiert sie aus der heutigen Perspektive (und gegenüber einer Doktorandin der Geschichtswissenschaften) als Abgrenzungsprozess zu der nationalsozialistischen Gesinnung ihrer Eltern. Eine Thematik die das gesamte Interview durchzieht, stellt sie doch im ersten Satz der Spontanerzählung ihren Vater als NS-Ortswart und überzeugten Nazi vor.[35]

---

31 PAA, Althaus, Interview Fellner, 00:19:08.
32 Ebd., 00:20:00.
33 Ebd., 00:23:20.
34 Ebd.
35 Ebd., 00:02:57.

Die 1934 in der Nähe von Freiburg geborene Bauerntochter Elisabeth Vogel beschreibt in der Erzählung über ihre Kindheit und Jugend auch einen Abgrenzungsprozess. Dieser bezieht sich jedoch weniger auf die politischen Einstellungen ihrer Mutter, als vielmehr auf deren Lebensweise, die sie als normierten Lebenslauf einer Bäuerin auf dem Dorf darstellt. Ihre Mutter, die eigentlich von einer Karriere als Sängerin träumte, hatte als junge Frau auf den »schönsten Hof« des Dorfes eingeheiratet. Dann bekam sie jedes Jahr ein Kind und nach dem frühen Tod ihres Ehemannes, der 1944 an einem Herzschlag starb, stand sie als alleinerziehende Mutter von sechs Kindern da und musste selbstständig eine große Landwirtschaft führen. Die Mutter wird als fleißige, aber sehr bestimmende Frau vorgestellt, die nach dem Tod ihres Mannes viel von ihren Kindern verlangte. Die älteren Geschwister mussten auf dem Feld und in den Reben arbeiten, Elisabeth Vogel wurde im Alter von zehn Jahren die Verantwortung für die zwei Jüngsten übertragen. Nach der Schule durften sie und ihre ältere Schwester keine Ausbildung anfangen, sondern mussten weiter auf dem mütterlichen Bauernhof arbeiten. Eine Tatsache, die in der Konstruktion ihrer Lebensgeschichte eine große Rolle spielt und an anderer Stelle noch einmal aufgegriffen wird.[36] Die Figur der Mutter ist für Elisabeth Vogel Negativvorbild. Aus Angst so zu werden wie diese, sah auch sie in der räumlichen Distanzierung die einzige Möglichkeit sich abzugrenzen:

»Also ich hatte damals auch Freunde, ist ja klar in dem Alter hat man immer einen Freund, aber ich habe immer gewusst, ich will nicht, ich bleibe nicht=ich bleibe nicht im Dorf, will auch nicht in den Reben arbeiten […] ich wollte fort, einfach fort.«[37]

Nicht nur die Flucht vor einem scheinbar vorprogrammierten Lebensverlauf, auch die aufgrund des frühen Todes des Vaters spannungsgeladene Beziehung zur dominanten Mutter und der älteren Schwester waren ausschlaggebend für ihren Wunsch wegzugehen. Da die Mutter bestimmte, dass immer eine der Schwestern zu Hause sein und helfen musste, ergriff Elisabeth Vogel nach zweijähriger Abwesenheit der Schwester bei deren Rückkehr die Chance, der mütterlichen Kontrolle zu entkommen.

Die Kindheits- und Jugenderzählungen von Elisabeth Vogel verweisen auf einen zweiten ›Typus‹ von Auseinandersetzungen mit den Eltern, die von vielen Erzählerinnen geteilt wird: die konflikthafte Beziehung zu ei-

---

36 Vgl. Kapitel 5.2.
37 PAA, Althaus, Interview Vogel, 00:39:07.

nem Elternteil aufgrund der Abwesenheit oder des Todes des anderen Elternteils. Die 1905 im südbadischen Kenzingen geborene Lotta Oesch verlor ihre Mutter, die Betreiberin einer »Kostgeberei«, im Alter von 20 Jahren. Nachdem ihre Mutter 1925 gestorben war, führte Lotta Oesch mit ihrer jüngeren Schwester Marie die Gaststätte und den väterlichen Haushalt weiter. Als ihr Vater, Schreinermeister und Laienmusiker, zwei Jahre später erneut heiratete, war es für die Töchter eine Selbstverständlichkeit der Stiefmutter das Feld zu überlassen: »Also jemand musste den Platz räumen, und das waren wir, und wir haben ihn gerne geräumt«, erzählt sie ihrem Sohn in einem Oral-History-Interview.[38] Es war nicht nur eine Selbstverständlichkeit der neuen Hausfrau Platz zu machen, sondern auch ein Bedürfnis. Ständige Auseinandersetzungen mit der neuen Frau des Vaters, die beispielsweise die Liebesbriefe der Schwester las, hätten zum Entschluss geführt aus dem Elternhaus fortzugehen.[39] Das hebt auch ihre Enkelin hervor, die mir die Erinnerungen der Großmutter an ihre Migration in die Schweiz, wie sie im Familiengedächtnis tradiert wurden, in einer Email zusammenfasste:

»Warum ging sie in die Schweiz? Meine Grossmutter erzählte immer, dass sie mit ihrem Vater Krach hatte, weil der nach dem Tod ihrer Mutter eine andere Frau geheiratet hatte und sie sich mit der ›bösen Stiefmutter‹ nicht vertrug. […]. Interessanterweise sagte meine Grossmutter nie: es gab keine Männer oder es gab keine Arbeit. Der Krach mit dem Vater war für sie der Grund, wegzugehen (und nicht mehr zurückzukommen).«[40]

Das problematische Stiefeltern-Stiefkinder-Verhältnis ist an keine bestimmte ›Epoche‹ gebunden und die »böse Stiefmutter« nicht zuletzt ein bekannter Märchentopos (Aschenputtel, Schneewittchen). Die kriegsbedingte Abwesenheit des Vaters und die damit verbundene schwierige Mutter-Kind-Beziehung dagegen kann als generationenspezifische Erfahrung definiert werden.[41] Eine Erfahrung, die auch mehrere Erzählerinnen meines Samples teilen. Johanna Eberle, die 1933 in Freiburg zur Welt kam, erzählt beispielsweise davon, dass sie sich erst als verheiratete Frau mit ihrer Mutter versöhnte. Grund für das Zerwürfnis war, dass sich ihre Mutter, eine kriegsbedingt alleinerziehende Hausangestellte und Fabrikarbeiterin, während der Abwesenheit ihres Ehemannes auf einen anderen

---

38 PAA, Oesch, Interview Oesch, 00:34:50.
39 Ebd., 00:35:24.
40 PAA, Oesch, Biografische Notizen.
41 Seegers, »Vaterlosigkeit«, S. 59–83. Jureit, »Generationen-Gedächtnis«, S. 133.

Mann eingelassen hatte und von diesem ein Kind bekam. Aus heutiger Perspektive interpretiert Johanna Eberle das Verhalten ihrer Mutter damit, dass diese sich und ihre Tochter irgendwie durch die Kriegszeit bringen musste. Damals sei sie aber sehr »böse« gewesen auf sie. Deshalb entschied sich Eberle als 15-Jährige, nachdem ihr Vater aus der russischen Kriegsgefangenschaft zurückgekehrt war, und die Eltern sich hatten scheiden lassen, zu ihm zu ziehen. Weil es bald zwischen ihr und der zweiten Frau des Vaters zu »rumoren« begann – hier sind wir wieder im Themenfeld der ›bösen Stiefmutter‹ –, wollte sie dort nicht länger bleiben und sie begann als Hausangestellte bei einem älteren Ehepaar im Nachbarort zu arbeiten.[42] Auch wenn sie sich mit ihrer Mutter aussöhnte, blieb das Verhältnis zeitlebens angespannt. Den Vater hingegen präsentiert sie im Interview als (zweit-)wichtigsten Mann in ihrem Leben. Zwei Bilder hätten sie durchs Leben begleitet – eine Fotografie von ihrem Mann und eine von ihrem Vater.[43]

Auch die 1933 am Oberrhein geborene Gastwirtstochter Martha Gruber stellt den Vater als wichtigste Bezugsperson der Kindheit dar. Nachdem sie mir ausführlich von ihren Erinnerungen an den Krieg, wozu der Tod des Vaters als prägendes Erlebnis gehört, erzählt hatte, fragte ich nach: »Wie war denn die Beziehung zum Vater, also jetzt im Nachhinein betrachtet?«

»Viel enger als zur Mutter, viel enger ja. Er hätte mich auch - eben das Restaurant, das wir gehabt haben, da hatten wir oben die Fremdenzimmer und im hinteren Teil waren unsere Privatzimmer. Und meine Mutter, die hat uns ins Bett gebracht und dann hat sie den Schlüssel von außen umgedreht, damit wir nicht weggehen vermutlich. Und dann, wenn die besoffenen Leute die Toilette nicht gefunden haben, sind die herumgeirrt und da hatte ich jeweils so einen Horror. Dann hatte ich das meinem Vater einmal gesagt und von da an hat er geschaut, dass das nicht mehr passiert. Er hatte einfach so ein bisschen das Gespür.«[44]

Obwohl ich nicht nach der Mutter fragte und diese zuvor auch nicht näher thematisiert worden war, stellt Gruber das Verhältnis zum Vater relational und in Abgrenzung zur Beziehung zur Mutter dar. Während die Mutter die Kinder einschließt und sie mit ihrer Angst alleine lässt, beschützt der Vater seine Kinder, und kümmert sich darum, dass diese Angst gar nicht erst aufkommt. Vielleicht hatte auch die Mutter durch Abschließen der Türe

---
42 PAA, Althaus, Interview Eberle, 01:46:00, 02:54:27.
43 Ebd., 02:33:11.
44 PAA, Althaus, Interview Gruber, 00:41:52.

die Kinder vor den betrunkenen Gästen schützen wollen. Diese Möglichkeit passt jedoch nicht zu den Erinnerungen, die Martha Gruber sonst von ihrer Mutter hat und dem Bild, das sie von ihr im weiteren Verlauf des Interviews zeichnet. Darin schildert sie das problematische Verhältnis zwischen ihr und der Mutter, das sie darin begründet sieht, dass diese nach dem Tod des Vaters »mit aller Gewalt nachher eigentlich nach einem Mann geschaut« habe:

»Das ist schlimm für mich gewesen, weil ich habe das Gefühl gehabt, wenn man so einen Mann gehabt hat wie meinen Vater, dann hat man nie mehr einen Mann. [...] Und dann ist natürlich mein Verhältnis eigentlich sehr gestört worden mit ihr. Und ja, sie hat mir immer gesagt, ›du musst fort, du kannst nicht daheim bleiben, weil das bringt nichts‹ und ich habe mich dann abgesto- also fortgestoßen gefühlt.«[45]

Es ließen sich noch weitere Beispiele an Narrativen anfügen, die den abwesenden Vater als Sehnsuchtsfigur – in Abgrenzung zur anwesenden Mutter als Konfliktpartnerin – darstellen, und/oder in denen von Wegwollen oder Wegmüssen aufgrund von problematischen Familiensituationen nach dem kriegsbedingten Verlust des Vaters erzählt wird.[46] Die aus Lu Seegers Studien bekannte Selbstdarstellung vaterlos aufgewachsener Frauen als angepasste Töchter, die den Müttern keine Last sein wollen,[47] sind in meinem Sample – im Gegensatz zu den zahlreichen Streitgeschichten – nur vereinzelt vorhanden. Eines der wenigen Beispiele ist die aus einer achtköpfigen Arbeiterfamilie stammende Erna Diorio, die während des Krieges alleine mit ihrer Mutter zu Hause blieb, da die Brüder alle eingezogen wurden, die Schwester im Arbeitsdienst war und der Vater an einem Hirntumor starb. Sie schreibt in ihren lebensgeschichtlichen Erinnerungen: »Ich war ein fröhliches Kind [...]. Aber vor allem habe ich gelernt brav zu sein und der Mutter keine Sorgen zu machen.«[48]

Das weitgehende Fehlen dieser Form der Selbstpräsentation liegt vermutlich darin begründet, dass sie als biografischer Hintergrund für die Darstellung der Migration in die Schweiz als weniger relevant erachtet wird. Zumindest trifft dies auf Erna Diorio zu. Obwohl sie in dem Sample diejenige ist, die am ›weitesten‹ weg gewandert ist – sie lebt seit ihrem 19. Lebensjahr in Kanada –, wird das Weggehen von zu Hause und ihre stu-

---

45 Ebd., 00:45:59.
46 PAA, Althaus, Interview I Oban, 00:30:25. PAA, Siebler, Interview Havur, 00:27:00.
47 Seegers, »Vaterlosigkeit«, S. 79–80.
48 PAA, Diorio, Lebensgeschichtliche Aufzeichnungen, S. 6.

fenweise Auswanderung (zuerst in die Schweiz, dann nach Übersee) in ihren schriftlichen Aufzeichnungen mehr als zufällige, von außen an sie herangetragene Entscheidung dargestellt und nicht als inneres Bedürfnis, um einer familiären Situation zu entkommen.[49] Dass sich eine aufgrund der Abwesenheit des Vaters problematische Beziehung zur Mutter nicht unbedingt in Streit und Auseinandersetzung äußern musste, jedoch trotzdem als Grund für die Migration in die Schweiz angegeben wird, zeigt die Lebensgeschichte von Maria Zich. Sie wurde 1932 in Freiburg geboren. Ihr Vater starb, als sie ein Jahr alt war. Diesem biografischen Ereignis lässt sie – zumindest in der lebensgeschichtlichen Konstruktion in der Interviewsituation – eine große Bedeutung zuteilwerden. Auf meine Einstiegsfrage: »[Ich] würde Sie jetzt einfach mal bitten, mir aus Ihrem Leben zu erzählen, alles was für Sie wichtig ist«, antwortete sie:

»Was für mich wichtig ist? Ja, ich habe sehr früh meinen Vater verloren. {AA: Mh} Da war ich erst ein Jahr alt und meine Mutter ist dann mit mir wieder zu den Großeltern zurück und da bin ich verwöhnt worden, war ja das einzige Kind und das jüngste Enkelkind also bin ziemlich verwöhnt worden. Hatte eine schöne Kindheit {AA: Mh}, ja.«[50]

Dass sie eine schöne Kindheit hatte und verwöhnt wurde, wiederholt sie mehrmals.[51] Im Laufe des Interviews wird das Prädikat »schön« jedoch immer stärker negativ konnotiert und es wird klar, dass es sich eher auf die materiellen Lebensumstände als das emotionale Familiengefüge bezieht. Sie wuchs in einem bürgerlichen Umfeld auf – ihr Großvater sei ein »mittlerer Beamter« gewesen und Besitzer eines stattlichen Hauses im Zentrum von Freiburg. Ihre Mutter arbeitete als kaufmännische Angestellte und Maria Zich besuchte eine Privatschule – ein katholisches Mädchengymnasium. Als Tochter aus »gutem Hause« sei sie zwar verwöhnt und behütet worden. Da sie jedoch Einzelkind war und »das Letzte, was meine Mutter von meinem Vater hatte«,[52] empfand sie diese sicheren Familienverhältnisse als Einengung und Isolation. Sie sei »behütet worden wie ein rohes Ei«, habe nie auf der Straße spielen oder einen Kindergarten besuchen dürfen. Sowohl ihre spätere Berufswahl als Kindergärtnerin wie auch ihre Migration

---

49 Ebd., S. 6–7.
50 PAA, Althaus, Interview Zich, 00:00:41.
51 Ebd., 00:23:29, 00:30:18 und 00:37:10.
52 Ebd., 00:41:27.

in die Schweiz benennt sie im Interview explizit als Ausbrechen aus diesem ›goldenen Käfig‹.⁵³

3.2.2 Arbeitsethos und Kinderarbeit

In vielen Kindheits- und Jugenderzählungen nimmt der Themenkomplex Arbeit einen großen Raum ein. Die Erinnerungen an ein großes Arbeitsethos sind eng mit Schilderungen über eine autoritäre Erziehung verknüpft und gehen teilweise auch mit der Beschreibung eines problematischen Verhältnisses zu den Eltern einher. Isabelle Zehnder (Jg. 1940), die auf einem großen Bauernhof in der Nähe von Colmar im Elsass aufwuchs, hebt in der Schilderung ihrer Kindheit hervor, dass ihr Vater sie und ihre vier Geschwister – drei Brüder und eine Schwester – nur als Arbeitskräfte gesehen habe. Am liebsten hätte er deshalb nur Söhne und keine Töchter gehabt.⁵⁴ Der Vater wird als respekteinflößender Patriarch vorgestellt, der, noch lange nachdem Zehnder volljährig war, über sie verfügte. Zwar gelang es ihr, sich immer wieder der väterlichen Autorität zu entziehen. Sie war vier Jahre als Hausangestellte in Paris und ging für eine Saison als Serviererin in die Schweiz. Wenn es jedoch zu Hause Arbeit gab, wurde sie vom Vater zurück auf den Hof geholt. Im Interview hebt sie die Arbeit als zentrale Tugend hervor, die den Kindern mittels autoritärer Erziehung vermittelt und von ihnen gefordert wurde. Das Gebot stets arbeitsam und fleißig zu sein, sieht die aus einer deutsch geprägten, evangelischen Elsässerfamilie stammende Isabelle Zehnder als kulturell bedingten, in der Sozialisation verinnerlichten Wert, der einen großen Einfluss auf ihr späteres Leben hatte:

»Das Elsass ist ja so Deutsch geprägt und das sind die fleißigen Menschen, ja, und in Frankreich – klar man wollte kein Mädchen für den Haushalt oder Au-Pair oder jemand haben, der aus Südfrankreich oder aus der Bretagne kommt, denn das sind ja mehr so träge Leute oder die wollen ja nicht so gerne arbeiten, aber die Elsässer sind ja so fleißig und so war- habe ich mich ja auch nachher gegeben in der Familie [während der Zeit als Au-Pair in Paris]. Ich habe ja auf die Freizeit verzichtet, habe wollen alles ein bisschen lernen und mitkriegen […]. Ich war einfach immer eine Fleißige, war immer ein unruhiger Geist und bin's ja heute noch. […] Das hat einen geprägt, weil- ich werde es nie vergessen, wenn wir aus der Schule raus- nach Hause kamen, wir haben ja auch ein strenges Elternhaus gehabt, wenn wir nach

---

53 Ebd., 00:03:32.
54 PAA, Delestowicz, Interview Zehnder, 01:24:34.

Hause kamen, als erstes hieß es, Kleider ausziehen, Schürze anziehen und dort ist der Besen, obwohl wir schon wussten, wer hat welche Pflichten.«[55]

Die erzählte Fremdzuschreibung – »Elsässer sind ja so fleißig« – wird hier zur Selbstnarration: »Ich war einfach immer eine Fleißige«. Diese Selbstbeschreibung ist bestimmend für die Darstellung der späteren Lebensphasen. Im Zitat klingt bereits die Einstellung zur Arbeit als Berufstätige sowie die Beziehung zu den Arbeitgeber_innen an.

Die auf der anderen Seite des Rheins aufgewachsene Agatha Hauert (Jg. 1935), die auch aus einer Bauernfamilie stammt, erzählte im Interview ebenfalls, dass die Arbeit alles gewesen sei, was zählte:

»[Die] Schule und so, das ist fast nebenher gelaufen. Die Hauptsache war das Arbeiten. Wir hatten Heuferien, Kartoffelferien, Ernteferien, damit wir zu Hause helfen konnten. Und dann- ein paar hatten keine Landwirtschaft, die konnten immer baden gehen und wir haben natürlich immer gejammert. Und dann hat es geheißen, ja, wenn die Kartoffeln drin sind, wenn das Heu oben ist, kannst du gehen.«[56]

Aus dieser Passage lassen sich bereits zwei wesentliche Merkmale der, in den Erzählungen präsentierten, Erinnerungen über die Arbeitswelten der Kindheit herauslesen. Erstens wird eine Hierarchisierung zwischen schulischer Bildung und Arbeit eingeführt, die eindeutig zu Gunsten der Arbeit ausfällt – dazu später mehr. Zweitens kann sichtbar gemacht werden, dass es sich bei der Darstellung von Arbeit im Allgemeinen und bei ›Kinderarbeit‹ im Speziellen um eine milieuspezifische Erfahrung handelt. Es sind fast ausschließlich die in bäuerlichen Verhältnissen aufgewachsenen Personen – was etwa einem Drittel meines Samples entspricht –, die das Thema Arbeit in ihren Kindheitserinnerungen relevant setzen. Zum einen hängt dies damit zusammen, dass sie die Arbeit ihrer Eltern alltäglich miterlebten und miteinbezogen wurden. Zum anderen liegt diese starke Vertretung von Arbeitsgeschichten nicht zuletzt darin begründet, dass es sich um vergangene Arbeitswelten handelt, die der jungen, geschichtsinteressierten Zuhörerin vermittelt werden wollen, wie an den weiteren Ausführungen von Agatha Hauert verdeutlicht werden kann. Im Interview erklärt sie Schritt für Schritt, wie früher Heu gemacht wurde. Interessant ist, dass ihr dabei einzelne Worte zu fehlen scheinen und sie die Arbeiten umschreibt. Da sie sonst eine sprachlich präzise Erzählerin ist, hängt dies vermutlich mit der

---

55 Ebd., 00:45:06.
56 PAA, Althaus, Interview Hauert, 00:27:18.

doppelten Übersetzungsleistung zusammen, die sie in der Interviewsituation leisten muss. Das Gespräch wurde auf Schweizerdeutsch geführt, einer Sprache, in der ihr vielleicht die Worte ihrer Kindheit nicht bekannt sind. Und noch wenn sie das wären, müsste sie annehmen, dass ich als Vertreterin einer anderen Generation diese nicht verstünde:

»Auf einmal war Ernte, da mussten wir alle helfen, da ist von Hand gemäht worden und=und ein paar mussten wegnehmen und=und auf Wellen machen. Und die Kleinsten mussten Seile legen, das waren so Seile speziell gemacht aus Hanf oder was, und vornedran war ein Hölzchen und dann, wenn wir genug darauf gestapelt hatten, ging zum Schluss jemand, [um] das zu binden. Dann ist ja das wieder zuerst einmal möglichst ein bisschen trocken werden lassen und sonst hat man es einfach nach Hause transportiert, dann ist es auf der Scheune oben gelagert worden. Jemand musste das abnehmen, jemand musste es hochwerfen und so. Je nachdem wie=wie man halt gerade konnte von der Größe her.«[57]

Agatha Hauert beschreibt hier einen bäuerlichen Alltag vor der Maschinisierung und Industrialisierung der Landwirtschaft. Von Klein bis Groß, Jung bis Alt hatten alle anzupacken. »Wir Kinder mussten schon früh mithelfen«, hebt auch die 1939 im Westerwald geborene und auf einem landwirtschaftlichen Betrieb aufgewachsene Emma Lipp in ihrem knappen Bericht über ihre Kindheit besonders hervor. Sie präsentiert die Mitarbeit als Selbstverständlichkeit und bewertet diese weder besonders negativ noch positiv.[58] Dass schwere Arbeit ganz ›normal‹ gewesen sei, meint auch Hedwig Benn (Jg. 1932). Mit den Worten »man hat nichts anderes gekannt«, evaluiert sie ihre Darstellung über den Arbeitsalltag als Pflegekind auf einem großen Bauernhof in St. Gilgen im Salzburgerland.[59] Als uneheliches Kind einer Landarbeiterin wurde sie drei Wochen nach ihrer Geburt »verschenkt« und wuchs bei Bauern auf.[60] Sie sei dort wie ein »eigenes Kind« behandelt worden: »Wir [Kinder] mussten halt einfach mithelfen schaffen, aber sonst habe ich es gut gehabt auf dem Bauernhof.«[61] Auch heute beschwert sie sich nicht über die strenge Arbeit, die sie als Kind verrichten musste. Dass diese ihre Kraft manchmal weit überstiegen hatte, vermittelt

---

57 PAA, Althaus, Interview Hauert, 00:34:02. Ähnlich: PAA, Althaus, Interview Falter, 00:55:08.
58 PAA, Lipp, Lebensgeschichtliche Aufzeichnungen.
59 PAA Althaus, Interview Benn, Teil I, 00:19:04.
60 Ebd., 00:04:22.
61 Ebd., 00:19:19.

sie der Zuhörerin mit der Stimme von Gästen, die ihre Sommerfrische auf dem Hof verbrachten:

»Im Winter mussten wir das Holz von den Alpen runterbringen, das Heu und das Holz. Wir hatten sie [die Pferde] nicht zum Reiten und ich musste auch damals schon, als nachher der Vater fort war im Krieg, habe ich dann schon bald das schwere Geschirr- anschirren müssen. […] Und noch mit diesen schweren Eggen fahren, wirklich, wenn manchmal Sommergäste das gesehen haben, was für schwere Sachen wir gemacht haben, und ich bin immer ein Mageres eigentlich gewesen, dann haben sie gesagt: ›Man sollte den Vater anzeigen‹, wenn ich so schweres Zeug habe machen müssen. Dann habe ich gedacht, wenn die wüssten, dass er nur der Pflegevater ist, dann hätten sie es erst recht gemacht. Dass ein Kind so schaffen muss, aber man hat nichts anderes gekannt.«[62]

Dass es sich bei der landwirtschaftlichen Arbeit um körperlich anstrengende, für Kinder (zu) schwere Arbeit handelte, die eigentlich von Männern hätte geleistet werden müssen, wird durch die Randbemerkung, »als nachher der Vater fort war im Krieg«, als kriegsbedingte Erfahrung angedeutet. Was Hedwig Benn in einem Nebensatz abhandelt, verweist auf eine typische Erzählung, der in den 1930er und 1940er Jahren aufgewachsenen Erzählerinnen. Agatha Hauert führt aus:

»Und dann mussten wir wirklich schaffen, auch während des Krieges, als die Männer im=im Krieg- eingezogen waren. […] Wir Frauen [und Kinder] mussten das machen, pflügen, alles machen. Zwei Kühe vornedran und jemand musste sie führen und der andere hat den Pflug gehalten […]. Wenn man sich vorstellt die Kind- den heutigen Kindern das zuzumuten. Unmöglich.«[63]

Zu einem ähnlichen Schluss kommt auch die 1944 in eine kinderreiche und ressourcenarme Familie in der Südoststeiermark geborene Elsa Zeller: »Also man kann sich das eigentlich heute alles nicht mehr vorstellen.«[64] Sie bezieht sich dabei nicht auf das kriegsbedingte Übernehmen von Männerarbeit, sondern allgemein auf das bäuerliche Leben, vor der Industrialisierung der Agrarwirtschaft – eine heute verschwundene Arbeitswelt: »Also ich denke manchmal, also ich habe vor 200 Jahren gelebt (Lachen). Ja, das ist effektiv so. Bei mir zu Hause haben sie Anno 1962 Elektrisches bekommen.«[65] Da sie weder Strom noch Radio hatten, sei beim Erledigen

---

62 Ebd., 00:19:04.
63 PAA, Althaus, Interview Hauert, 00:22:34. Ähnlich: PAA, Althaus, Interview Müller, 00:15:31.
64 PAA, Althaus, Interview Zeller, 01:02:09.
65 Ebd., 01:01:59.

von gemeinsamen Arbeiten viel gesungen worden, zum Beispiel beim Hühner rupfen oder Mais schälen:

»Da standen alle so im Kreis, also man hat da alle miteinander gesungen. Das sind eigentlich schöne Momente, die ich da in Erinnerung habe. Die Dorfgemeinschaft hat noch funktioniert.«[66]

Trotz der Armut habe sie in Bezug auf Gemeinschaft und Naturverbundenheit eine »reiche« Kindheit gehabt. Im Gegensatz zu ihren ansonsten eher brutalen Kindheitserinnerungen als Verdingkind, worauf ich gleich zurückkomme, wirkt diese Passage etwas idealisierend. Liest man sie jedoch als Verlustgeschichte – hier in Bezug auf ein nicht mehr existentes Gemeinschaftswesen – erklärt sich die etwas romantisierende Darstellung.

Die zum Zeitpunkt des Interviews schon sehr betagte Cäcilie Brunner (Jg. 1916) kommt bei der Erinnerung ans gemeinschaftliche Heuen regelrecht ins Schwärmen:

»Wissen Sie, wir hatten außen ums Haus nur Wiesen und das ist *so* schön gewesen, wenn man denkt vor soviel Jahren hat es noch keine Maschinen gegeben. Da haben sie noch mit der Sense morgens um drei angefangen, wenn es noch Tau auf dem Gras hatte […] und dann hat man gehört, wenn sie geschliffen haben, mit dem Wettstein da. […] Und um neun rum sind wir [Kinder] schon aufs Feld, mussten das Zeug auseinanderzetteln. […] Und so ist man den ganzen Tag draußen gewesen.«[67]

Die Idealisierung des Landlebens »damals« hängt bei Brunner vermutlich auch damit zusammen, dass sie als Tochter eines Großbauern auf einem »stattlichen« Hof mit Knechten und Mägden zwar mithelfen, aber nicht allzu strapaziöse Arbeit verrichten musste.

Auch wenn sich die sentimentale Schilderung vergangener Arbeits- und Lebenswelten von Zeller und Brunner gleichen, fördert der Vergleich ihrer beiden Geschichten einen wichtigen Unterschied zutage. Bisher habe ich ›Kinderarbeit‹ als eine milieuspezifische Erfahrung definiert, ohne die bäuerlichen Verhältnisse weiter auszudifferenzieren. Je nachdem, ob die Eltern einen großen Bauernhof betrieben oder sich als Kleinhäusler und Selbstversorger über Wasser hielten, unterscheidet sich jedoch die Qualität und Quantität der aufgetragenen Arbeiten für die Kinder maßgeblich. Rosemarie Kroll, die 1933 in der Südoststeiermark zur Welt kam und deren Eltern eine große Landwirtschaft mit Sägewerk besaßen, kann als ›typisches‹ Bei-

---

66 Ebd., 00:48:05.
67 PAA, Althaus, Interview Brunner, 00:12:20.

spiel für eines der elf ›Großbauernkinder‹ meines Samples herangezogen werden. Sie bewertet ihre Kindheit als »schöne Zeit«. Im Vordergrund der Erzählung steht das Spielen mit anderen Kindern auf dem »riesigen« Hofgelände:

»Ja und da [beim Sägewerk] war eine Wehranlage, wo wir schwimmen konnten, Fische fangen […] wenn es [das Wasser] abgelassen wurde und ja es war eigentlich-irgendwo war [ich] immer in die Arbeit auch involviert.«

Spiel und Arbeit gehen hier ineinander über. In der Folge führt Rosemarie Kroll aus, dass auch sie zu Hause mithelfen und ganz bestimmte Aufgaben erledigen musste. Im nächsten Atemzug schwächt sie diese Aussage ab, indem sie betont, dass sie zu Hause jeweils mindestens zwei »Dienstmädchen« gehabt und »Taglöhner« beschäftigt hatten.[68]

Eine die bereits als Kind »ins Tagwerk« gehen musste und tage- manchmal auch wochenweise an die »großen Bauern ausgeliehen« wurde, ist Elsa Zeller aus der südöstlichen Steiermark (Jg. 1944). Da ihr Vater seinen Beruf als Schneider aufgrund eines Augenleidens aufgeben musste, blieb zur Ernährung der 13köpfigen Familie nur eine kleine Landwirtschaft zur Selbstversorgung. Schon als kleines Kind leistete die Jüngste der Familie deshalb auch einen Beitrag zur Familienökonomie. Da nie Geld vorhanden war, wurden die Kinder zu Großbauern geschickt, um das Stroh für die Kühe, die Pacht für eine Wiese oder einen Acker »abzuverdienen«. Zum Kartoffeln setzen, Äpfel auflesen, für die Getreideernte ja sogar im Straßenbau wurde sie eingesetzt. An einer Stelle im Interview geht sie ganz explizit auf die für sie schmerzhaften Unterschiede zwischen Landarbeiterkindern und den Kindern der Großbauern ein:

»Was ich vor allem sehr, sehr empfunden habe, ist gewesen, wenn wir immer so ausgeliehen worden sind bei diesen großen Bauern, dass die Bauernkinder im Schatten spielen durften und wir auf dem Kornfeld arbeiten mussten. Das habe ich natürlich als wahnsinnige Ungerechtigkeit empfunden, also damals, das war für mich immer ein sehr großer Kampf. Das muss ich schon gestehen.«[69]

Mit diesem Zitat und anhand der Kindheitserzählungen von Elsa Zeller und Rosemarie Kroll kann die Spannbreite innerhalb des bäuerlichen Milieus aufgezeigt werden. Auch wenn es sich bei diesen beiden Frauen um ›Extrempositionen‹ handelt – und sich dazwischen verschiedene Abstufungen in Bezug auf ›Kinderarbeit‹ herausarbeiten ließen –, sind weder Zeller

---

68 PAA, Althaus, Interview Kroll, 00:13:07.
69 PAA, Althaus, Interview Zeller, 00:33:12.

noch Kroll völlige Ausreißerinnen im Sample. So betont etwa Ella Lubich (Jg. 1934), dass auf dem elterlichen Hof in Niederösterreich immer ein Knecht und eine Magd beschäftigt waren und sie deshalb nur »leichtere Aufgaben« wie Treppe kehren oder Schuhe putzen habe leisten müssen.[70] Im Gegensatz dazu machten neben Elsa Zeller vier weitere Erzählerinnen die Erfahrung des zeitweise Ausgeliehen- oder permanenten Verdingtwerdens. »Da wir völlig mittellos waren, musste ich bei einem Großbauern tageweise arbeiten (abdienen). Dafür ackerte er unser Feld mit den Pferden, half bei der Ernte und bei der Holzarbeit«, schreibt die 1933 in der Oststeiermark geborene Rosalia Poder über ihre Kindheit nach dem frühen Tod des Vaters.[71] Rosa Imhof, die 1931 in Niederösterreich als drittältestes von zehn Kindern in ähnlich ärmliche Verhältnisse wie Elsa Zeller hineingeboren wurde, wurde mit neun Jahren als Bauernmagd verdingt. Diese Erfahrung etikettiert sie in ihren schriftlichen Aufzeichnungen mit der Überschrift *Meine Lebenswende*:

> »Es war an einem Sommertag, da kam ein Bauer zu uns mit der Anspielung ein Kind zu gebrauchen und ein Kind könne viele nützliche Arbeit tun, vermeinte er. Geliefert wurde ich, ein Kind von 9 Jahren und 25 Kilo schwer.«[72]

Das Kind scheint hier nicht Wesen, sondern Ware zu sein. Bei dem Großbauern, so erzählt sie in einem Interview, sei sie nur als »Arbeitsmaschine« gesehen worden. Sie habe immer »fleißig, fleißig, fleißig« sein müssen und habe nur »gschaffet, gschaffet, gschaffet« – mit ihr geredet oder sie umsorgt habe dort niemand.[73] Ihre Arbeitskraft, worauf sie in der Kindheit reduziert wurde, präsentiert sie im weiteren Verlauf des Interviews als Strategie, um später in der Schweiz Fuß zu fassen: »Arbeiten war meine Waffe. Der Fleiß war meine Waffe, die ich immer eingesetzt habe.«[74]

Die Thematisierung von Arbeit in den Kindheitserzählungen wird nicht nur bei Imhof, sondern auch bei vielen anderen, zur Einordnung der (Arbeits-)Erfahrungen in der Schweiz gebraucht. Elsa Zeller schildert die Beziehung zu ihren Arbeitgeber_innen mit den Worten: »Also wir [Österreicherinnen] haben einfach geschafft. Wir waren sehr beliebt, *weil* wir kannten ja nichts Anderes von daheim, als zu schaffen und zu funktionie-

---

70 PAA, Althaus, Interview Lubich, 01:33:32.
71 PAA, Poder, Mein Lebenslauf, S. 3. Ähnlich: PAA, Taler, Mein Leben, S. 11.
72 DOKU, Imhof, Lebensgeschichtliche Aufzeichnungen, S. 10.
73 PAA, Althaus, Interview Imhof, ab 01:03:20
74 Ebd., 01:18:09.

ren.«[75] Auch Gerda Braun (Jg. 1937), deren Eltern eine Nebenerwerbslandwirtschaft betrieben, setzt die Bewertung der Arbeit in der Schweiz mit der Konjunktion »weil« in einen kausalen Zusammenhang zum »schaffen müssen« in der Kindheit:

»Es ist mir sehr gut gegangen [in der Schweiz], also sehr gut. [...] Ich konnte ganz selbstständig schaffen, also es wurde mir einmal gezeigt, so und so machen, und so habe ich es gemacht und ich habe es gerne gemacht, *weil* wir hatten zu Hause, hatten wir auch so eine mittlere Landwirtschaft, Selbstversorger, also nebenher, Vater war im Krieg und nachher auch arbeiten [als Mechaniker] [...] und dann hat man halt immer schaffen müssen, immer müssen ins Feld gehen« [Hervorhebung AA].[76]

Die verinnerlichten Normen stets fleißig und gehorsam zu sein, wirkten also auf die erzählten Erfahrungen als Arbeitsmigrantin in der Schweiz ein. Narrativ gestaltet wird dies häufig durch Aufzeigen von kausalen Kontinuitäten, die der jüngeren Adressatin auch durch Vergleiche zwischen ›damals‹ und ›heute‹ vermittelt werden.

Die gegenteilige Darstellung findet sich ebenfalls mehrfach in meinem Fundus an Erzählungen. Unvorbereitet gewesen zu sein auf die Bewältigung der Aufgaben in der Schweiz, davon erzählt beispielsweise Ingeborg Grebel (Jg. 1941), Tochter eines Webers und einer Hausfrau. Sie bilanziert ihre Kindheit mit den Worten:

»Ach ja, wenn man so drüber nachdenkt. Ich hatte eine wunderschöne Jugend. [...] ich musste nichts mithelfen für mich war's schön als Kind, aber ich hab nichts für das Leben gelernt. [...] Meine Mutter war eine gute Köchin. Aber ich hab nix gelernt, was die Mutter Gutes kochen konnte. Na ja, die Familie Hauenstein [Arbeitgeber in der Schweiz] hat es mir dann beigebracht (lacht).«[77]

Dass sie zu Hause nicht helfen musste, bietet ihr die argumentative Grundlage für die Darstellung ihres Aufenthaltes in der Schweiz als Lernzeit. Grebels Lebensgeschichte ist eine der im Sample stark vertretenen Bildungsgeschichten, auf die ich später ausführlich eingehen werde.[78] Da diese zum Großteil auf der Darlegung einer verhinderten Bildung in Kindheit und Jugend basieren, soll dieser biografische Hintergrund im folgenden Kapitel näher beleuchtet werden.

---

75 PAA, Althaus, Interview Zeller, 00:09:02, Hervorhebung AA.
76 PAA, Say, Interview Braun, 00:04:20.
77 PAA, Widder, Interview Grebel, 01:13:39.
78 Vgl. Kapitel 5.2.

3.2.3 Verhinderte Bildung

Erzählungen über verhinderte Bildungsabsichten im Bereich der schulischen und beruflichen Ausbildung sind zahlreich vertreten im Sample. Als Ursache dafür werden die soziale Herkunft, die Geschlechtszugehörigkeit und der Zweite Weltkrieg ins Feld geführt.

Eine sozialbedingt verhinderte Bildung steht im Zusammenhang mit den im vorherigen Kapitel herausgearbeiteten Arbeitswelten. Das Priorisieren von Arbeit über Bildung wurde bereits von Agatha Hauert prägnant beschrieben. Dass Arbeiten als wichtiger erachtet wurde als die schulische Förderung streicht auch die 1934 in der Steiermark geborene Elke Riemer heraus: »Ich wurde nie gefragt, ob die Schulaufgaben gemacht wurden, es hieß nur: ›Bist du endlich fertig? Die Arbeiten müssen gemacht werden.‹«[79] Ihr Vater arbeitete als Bergarbeiter und die Mutter bewirtschaftete mit Hilfe der Kinder einen kleinen Hof zur Selbstversorgung. Auch wenn sie viel mitarbeiten musste, war es ihr möglich, regelmäßig die Schule zu besuchen und nicht nur die Volks-, sondern auch die Hauptschule zu absolvieren. Rosa Imhof, die wie oben geschildert mit neun Jahren verdingt wurde, zieht nach einer längeren Erzählung über ihre Situation als Verdingkind, das Zwischenfazit über ihre Zeit beim Großbauern: »Ja, da habe ich das Kühe melken und das Selten-zur-Schule-Gehen gelernt.«[80] In ihren schriftlichen Aufzeichnungen schreibt sie über ihren letzten Schultag:

»Da dieser Tag ein besonderer war, zog ich mein Sonntagskleid an. Schon lange war ich nicht mehr auf der Schulbank gesessen. Die Schule war für den Bauer nicht so wichtig wie die Arbeit. So eine kraftvolle Gestalt gehört nicht mehr auf die Schulbank, erfuhr ich immer wieder.«[81]

Auch Elsa Zeller, deren Eltern ihre Arbeitskraft an Großbauern ›verkauften‹, betont, dass sie im Sommer, wenn viel Arbeit angefallen sei, nicht habe zur Schule gehen dürfen.[82]

Dass diese Höhergewichtung von Arbeit zulasten der Bildung auch vom damaligen Schulsystem unterstützt wurde, hebt Elisabeth Vogel hervor. Nach dem Tod ihres Vaters im Jahr 1944 teilte ihre Mutter, die sich fortan alleine um die Landwirtschaft kümmerte, sie zur Beaufsichtigung ihrer jüngeren Geschwister ein:

---

79 PAA, Riemer, Lebensgeschichtliche Aufzeichnungen, S. 2.
80 PAA, Althaus, Interview Imhof, 00:07:08.
81 DOKU, Imhof, Lebensgeschichtliche Aufzeichnungen, S. 44.
82 PAA, Althaus, Interview Zeller, 00:29:08.

»Ich musste die auch mitnehmen in die Schule, in Handarbeiten auf den Boden gesetzt und dann haben die spielen müssen, so, das hat man früher dürfen. Und wenn man zu spät kam zur Schule, hat man halt geklopft und ist rein.«[83]

Als Entschuldigung habe der Hinweis gereicht, dass man noch auf dem Feld oder in den Reben etwas erledigen musste.[84] Ähnlich wie Agatha Hauert erzählt auch Vogel, dass die Schulferien der landwirtschaftlichen Saison angepasst waren. In Zeiten, in denen der Arbeitsaufwand hoch war, zum Beispiel während der Ernte, dem Heuen oder der Weinlese, wurden die Kinder beurlaubt.

Auch nach der obligatorischen Schulzeit, so berichten mehrere, hätten sie keine Ausbildung absolvieren können, weil ihre Mitarbeit zu Hause erwartet wurde:

»Nach der Pflichtschule war ich noch drei Jahre zu Hause. Wollte gerne weiter zur Schule gehen. Die Lehrer wollten mich nach der Pflichtschule in die Lehrerbildungsanstalt nach Graz schicken, aber mein Ziehvater sagte: ›Wir brauchen s' Mensch zum Arbeiten‹.«[85]

Mit diesem unpersönlichen, emotional distanzierten Ausdruck »s' Mensch« unterstreicht die 1931 als uneheliches Kind geborene Elsa Gutknecht ihre Aussage, dass ihr Stiefvater sie, entgegen der Empfehlungen der Lehrer, lediglich als Arbeitskraft und nicht als Wesen mit eigenen Wünschen wahrnahm. Elfriede Kammerer (Jg. 1939) hebt in einem Interview auf die Einstiegsfrage des Interviewers nach ihrem familiären Hintergrund ebenfalls hervor, dass sie auf dem elterlichen Hof bleiben musste und keinen Beruf erlernen »durfte«:

»Ich durfte keinen Beruf erlernen, das hat geheißen als die Schule fertig war, wir brauchen dich und dann war ich daheim in der Landwirtschaft, das heißt Kühe melken, Schweine füttern, Heuen, alles was in der Landwirtschaft zu tun ist und war, hab ich gemacht.«[86]

Obwohl Ilse Hiss (Jg. 1909) 30 Jahre älter ist als Elfriede Kammerer, klingen ihre Erinnerungen fast identisch. Sie wuchs mit neun Geschwistern auf einem Bauernhof am Fuße des Schwarzwaldes auf und schreibt in ihren lebensgeschichtlichen Aufzeichnungen:

---

83 PAA, Althaus, Interview Vogel, 00:05:07.
84 Ebd. Ähnlich: PAA, Riemer, Lebensgeschichtliche Aufzeichnungen, S. 4.
85 PAA, Gutknecht, Lebensgeschichtliche Aufzeichnungen, S. 2.
86 PAA, Valentic, Interview Kammerer, 00:00:09.

»Ende der Schuljahre hatte ich so viel Spaß, dass es mir Leid tat, dass ich nicht mehr in die Schule durfte. [...] Ich war auch nach der Schule zuhause und musste mit ins Feld. Meine älteren Geschwister waren fort, so musste ich daheim bleiben.«[87]

Dass aufgrund der vielen Arbeit die Schul- respektive Berufsausbildung gelitten habe, das ist eine Erfahrung, die vor allem Personen – verschiedener Alterskohorten – aus dem bäuerlichen Milieu (mit-)teilen. Standen die Eltern finanziell schlecht da, behinderte das zusätzlich das Lernen, wie ich anhand der Ausführungen von der in großer Armut aufgewachsenen Elsa Zeller verdeutlichen möchte:

»In Österreich musstest du sämtliche Schulsachen selber kaufen, also es war nicht so wie hier [in der Schweiz], wo man Schulhefte, Schulbücher und so bekommt, das musste man alles selber kaufen. Ich habe meine ganze=ganze Schulzeit nie ein aktuelles Lesebuch gehabt. Das haben einfach alle meine [zehn] Geschwister vorher schon gehabt. Das war bereits ganz zerfleddert (lacht), kannst du dir das vorstellen? {AA: Mh} War halt nicht mehr aktuell. Aber meine Eltern haben einfach gefunden gehabt, sie können sich das nicht leisten. Und die Lehrer haben auch nicht geschaut. Die haben die Verhältnisse eigentlich gekannt und mussten es einfach hinnehmen.«[88]

Eine aufgrund von fehlenden (finanziellen) Ressourcen erschwerte Bildung ist ein Aspekt, der nicht auf (Klein-)Bauernkinder wie Elsa Zeller beschränkt blieb. Die in einer Eisenbahnerfamilie groß gewordene und 1941 eingeschulte Regine Vogt schreibt in ihren lebensgeschichtlichen Erinnerungen:

»Als ich 1948 aus der Schule kam, gab es keine Lehrstellen für Schüler mit Hauptschulabschluß. Einige Abiturienten hatten Glück, aber davon gab es nicht viele. Damals mussten die Eltern für das Gymnasium bezahlen und somit konnten sich das nur wenige leisten.«[89]

1948, dieses Datum ist hier nicht nur zur Einordnung eines biografischen Ereignisses angeführt. Es verweist auch auf die raren Ausbildungsmöglichkeiten in der Nachkriegszeit. Dass man »damals einfach nichts [lernen] konnte«, das antwortete auch die 1932 geborene Hedwig Benn, die als Pflegekind auf einem großen Bauernhof aufwuchs, auf meine Nachfrage,

---

87 PAA, Hiss, Mein Lebenslauf, S. 4.
88 PAA, Althaus, Interview Zeller, 00:25:04.
89 PAA, Vogt, Lebensgeschichtliche Aufzeichnungen, S. 3.

ob sie einen Berufswunsch gehabt habe. Sie belegt ihre Aussage mit folgendem Bericht:

»Wir hatten Geschäftsleute im Dorf, die ein schönes Kleidergeschäft hatten, und nur die ältere Tochter konnte '47 oder '48 nach Salzburg in die Handelsschule, damit sie später das Geschäft übernehmen konnte, aber die jüngere Schwester konnte auch nichts- Die Jungs konnten etwa, wenn die Eltern eine Dachdeckerei oder so hatten, dann konnten sie zu Hause beim Vater, konnten sie sowas machen, die Jungs ja noch eher, aber für Mädchen war dazumal noch gar nichts.«[90]

Anhand von Vogts und Benns Ausführungen kann sichtbar gemacht werden, dass sich in wirtschaftlichen Krisen- und politischen Umbruchzeiten die sozial bedingt schlechtere Schulbildung verstärkt auf die Ausbildungschancen auswirkten. Darauf komme ich gleich noch einmal zurück. Strukturierend wirkte, so wird aus dem letzten Satz des obigen Zitates deutlich, zudem die Kategorie Geschlecht. War man zusätzlich noch ein Mädchen, sanken die Aussichten auf eine nachschulische Aus- oder Weiterbildung. Das betont auch Elisabeth Vogel, die jeweils ihre Geschwister mit in die Schule nehmen musste. Zwar wurden auch ihre Brüder in der Kindheit und Jugend von der Mutter als Arbeitskräfte stark in Anspruch genommen. Anders als sie und ihre Schwester durften diese jedoch eine Ausbildung machen: »Und ich durfte nichts lernen. Meine Schwester und ich, wir mussten einfach zu Hause bleiben, also in den Reben arbeiten. Mädchen, ist ja nicht so wichtig, die heiraten.«[91]

Die im Sample stark vertretene Erzählung der Privilegierung von Jungen in Bezug auf Bildungschancen wird, wie bei Vogel angedeutet, häufig mit Vorstellungen von Geschlechterrollenverteilungen in der Ehe erklärt. Verheirateten Frauen, so das bürgerliche Geschlechterideal, war keine Ernährerinnenrolle zugedacht. Obwohl das Modell des männlichen Haupternährers bekanntermaßen gerade in Arbeiter- oder Bauernfamilien eine Utopie blieb,[92] wird von vielen Erzählerinnen dargelegt, dass ihre Eltern – zugunsten der Brüder – nicht in eine höhere Schul- oder Berufsausbildung der Töchter investieren wollten: »Mein Wunsch aufs Gymnasium zu gehen, wurde nicht erfüllt, ›die Mädchen heiraten ja doch früh‹ war seine [Vaters] Meinung und Geld für Schulbildung musste für die Jungens zurückgelegt

---

90 PAA, Althaus, Interview Benn Teil I, 00:23:01. Ähnlich: PAA, Wössmer, Interview Miescher, 00:08:00.
91 PAA, Althaus, Interview Vogel, 00:07:44.
92 Zur Frauenerwerbsarbeit im Konflikt zwischen »weiblicher Bestimmung« und »wirtschaftlicher Notwendigkeit« vgl. Joris/Witzig, *Frauengeschichte(n)*, S. 187–188.

werden«, schreibt Helene Ryter, die 1938 geborene Tochter eines Zimmermanns und einer Hausfrau. Anstelle des Gymnasiums konnte sie nur eine Lehre zur Bürokraft und Kontoristin absolvieren.[93] Auch Rosa Imhof, die bereits als junges Kind als Bauernmagd verdingt wurde, berichtet von der ungleichen Behandlung der Geschwister nach Geschlecht: »Die andere Schwester, die kam mit zwölf zum Bauern dort unten [in der Nachbarschaft] ich mit neun [Jahren]. Die Buben nicht, die durften eine Lehre machen.«[94] Obwohl sich Ryters und Imhofs soziale Herkunft – und berufliches ›Schicksal‹ – stark voneinander unterscheiden, bleibt das gleiche Muster erkennbar: bei begrenzten finanziellen Mitteln wurden zuerst die männlichen Nachkommen gefördert. Die Geschlechtszugehörigkeit wirkte sich also in unterschiedlichen gesellschaftlichen ›Schichten‹ auf ähnliche Weise aus, wenn auch die Konsequenzen auf einem anderen ›Niveau‹ anzusiedeln sind.

Geschlecht wird, neben der relationalen Benachteiligung der Schwestern gegenüber ihren Brüdern, von einigen Erzählerinnen auch im Bereich der Berufswahl relevant gesetzt. Die 1934 in der Nähe von Leipzig geborene und in Oberschwaben aufgewachsene Ilse Ziegler schreibt in ihrem Beitrag zu meinem Schreibaufruf:

»Ich besuchte […] nur 3 Jahre das Gymnasium, weil mein Vater nach seiner Heimkehr aus der Gefangenschaft der Meinung war, dass ein Mädchen kein Abitur braucht. […] Ich sollte kochen und putzen lernen. Aber die Dame vom Arbeitsamt machte meinem Vater klar, dass auch ein Mädchen einen Beruf lernen muss und so willigte er ein, mich eine hauswirtschaftliche Lehre machen zu lassen, statt mich nur zum Putzen zu schicken.«[95]

Der Vater, ein kaufmännischer Angestellter, ließ die Bildungsabsichten seiner Tochter nicht aufgrund der fehlenden finanziellen Mittel platzen. Ilse Ziegler musste das Gymnasium nicht zugunsten eines Bruders abbrechen, sondern wegen den (alt-)väterlichen Vorstellungen, dass weibliche Personen lediglich »kochen und putzen« können müssen. Dank der Angestellten auf dem Arbeitsamt durfte Ilse Ziegler eine Ausbildung absolvieren – wenn auch in dem, laut bürgerlicher Geschlechterideologie, der ›weiblichen Bestimmung‹ am nächsten gelegenen Feld.

---

93 PAA, Ryter, Dienen in der Schweiz, S. 1. Ähnlich: PAA, Althaus, Interview Fellner, 00:15:39.
94 PAA, Althaus, Interview Imhof, 00:59:45.
95 PAA, Ziegler, Lebensbeschreibung, S. 1.

»Da war es noch nicht so, dass jedes [Mädchen] einen Beruf gelernt hat, also ein Mädchen muss zuerst einmal in den Haushalt und das alles ein bisschen lernen.« Auf diese Weise schildert auch die in einem landwirtschaftlichen Umfeld sozialisierte Gabriela Ecker (Jg. 1938) die Verfügung ihrer Eltern, sie für anderthalb Jahre als Hausangestellte in die Schweiz zu schicken.[96] Auch bei ihr ist die Entscheidung sich hauswirtschaftliche Kenntnisse anzueignen keine eigene Idee, sondern wird mit der von den Eltern geteilten gesellschaftlich vorherrschenden Geschlechterideologie begründet.

Dass Mädchen nach der obligatorischen Schulzeit als ›Dienstmädchen‹ ›in Stellung‹ gingen, wird von der Bauerntochter Emma Lipp als selbstverständlich beschrieben:

»Eine Lehrstelle war nach 8 Volksschuljahren (einklassige Dorfschule) nicht zu finden und für eine weiterbildende Schule hatten meine Eltern kein Geld. Wir Mädchen wurden in die Haushalte reicher Familien vermittelt, meist in die näheren Städte Wiesbaden, Frankfurt.«[97]

Die Arbeit im Privathaushalt wird hier weniger dem Geschlechterideal folgend als Vorbereitung auf ein Leben als Mutter und Hausfrau präsentiert, sondern als einzige Berufsmöglichkeit für Personen weiblichen Geschlechts aus einer bestimmten sozialen Schicht dargestellt. Emma Lipp lebte jedoch nicht im 19. Jahrhundert, sondern kam Anfang der 1950er Jahre aus der Schule. In Zeiten ökonomischer Krisen, dies wurde bereits mehrfach herausgearbeitet, und insbesondere nach dem Zweiten Weltkrieg, bot die Arbeit als ›Dienstmädchen‹ in Hausdienst und Gastgewerbe wieder vielen Frauen die Möglichkeit ein Auskommen zu finden. Emma Lipp knüpft, ähnlich wie Hedwig Benn und Renate Vogt, ihre Chancenlosigkeit auf einen Ausbildungsplatz mit einem sozial bedingt niedrigen Schulabschluss oder allgemein der sozialen Herkunft. Martha Gruber, die mit Kriegsbeginn in die erste Klasse kam, definiert die Perspektivlosigkeit in Bezug auf Ausbildung und Arbeit in der Nachkriegszeit jedoch als eine allgemeine generationelle Erfahrung der frühen 1930er Jahrgänge.

»Aus unserer Klasse, wir waren 23 Leute, hat ein einziger eine Stelle erwischt. Einer. Sonst, die Mädchen sind daheim geblieben, die meisten hatten einen Bau-

---

96 PAA, Nováková, Interview Ecker, 00:00:37. Ähnlich: PAA, Say, Interview Braun, 00:01:01.
97 PAA, Lipp, Lebensgeschichtliche Aufzeichnungen.

ernhof. [...] Die Jahrgänge nach uns, die also sagen wir mal 50, 51, 52 aus der Schule kamen, die haben dann schon eher was erwischt als wir.«[98]

Martha Gruber, deren Familie vor dem Krieg ein gut gehendes Wirtshaus geführt hatte, aufgrund von Entnazifizierungsmaßnahmen sowie dem kriegsbedingten Tod des Vaters in der Nachkriegszeit jedoch einen sozialen Abstieg erlitt, fand nach der Schule nur in einer Seifenfabrik Arbeit, weshalb sie 1951 als Serviererin in die Schweiz ging.

In der Tat beschreibt der Großteil der in den frühen 1930er Jahre Geborenen aus meinem Sample den Krieg und seine Folgen als tiefgreifende Zäsur in ihrer Bildungsbiografie. Für diese Alterskohorte wurden nicht nur Ausbildungspläne kriegsbedingt durchkreuzt. Sie erlebten ihre Schulzeit zum Großteil während des Zweiten Weltkrieges oder in der unmittelbaren Nachkriegszeit. Sie erzählen von einem durch Evakuierung, Fliegeralarm und Bombardierungen gestörten Schulalltag mit vielen Ausfällen,[99] von unbrauchbarem Wissen aufgrund des ideologisch gefärbten Schulunterrichts[100] und chaotischen Zuständen im Bildungssystem nach dem Zusammenbruch des NS-Regimes.[101] »Die Schulbildung litt sehr in dieser Zeit«, bringt Rosemarie Kroll die Schulerinnerungen vieler Frauen aus meinem Sample auf den Punkt.[102] Die Erzählerinnen dieser Jahrgänge können in Bezug auf ihre Bildungsgeschichten als generationelle Erfahrungsgemeinschaft interpretiert werden. Die kriegsbedingt verhinderte Schul- und/oder Ausbildung wird von Angehörigen verschiedener Gesellschaftsschichten relevant gemacht. Aufgrund von kriegerischen Ereignissen oder dem ökonomischen und politischen Zusammenbruch nach Kriegsende zerschlugen sich auch bei vielen ›Töchtern aus gutem Hause‹ die Bildungspläne. Maja Oban, die 1933 als Tochter eines Kaufmannes in Böhmen zur Welt kam, gibt die Vertreibung als Sudetendeutsche aus der Tschechoslowakei als Auslöser dafür an, dass sie trotz einer vielversprechend begonnenen Schullaufbahn zur Hausangestellten wurde. Vor dem Krieg hatte ihr Vater eine gut gehende Molkerei mit mehreren Filialen im Kurort Marienbad betrieben. Den Wohlstand ihrer Familie illustriert Maja Oban an einer Kindergartenerinnerung:

---

98 PAA, Althaus, Interview Gruber, 01:05:59.
99 PAA, Althaus, Interview Ole, 00:02:45, 00:17:44 und 01:47:32. PAA, Althaus, Interview Lubich, 00:45:30. PAA, Vogt, Lebensgeschichtliche Aufzeichnungen, S. 3.
100 PAA, Taler, Mein Leben, S. 8.
101 PAA, Althaus, Interview Gruber, 00:21:04.
102 PAA, Kroll, Meine Alltagsgeschichten, S. 4.

»Ich bin in Kindergarten gegangen, habe also davon Erinnerungen, dass an Weihnachten, an Ostern und so die Kinder im Kindergarten Geschenke kriegten. Ich habe kein Geschenk bekommen, weil ich kein armes Kind war.«[103]

Später war es ihr möglich, das Gymnasium zu besuchen. Bevor sie dieses jedoch mit einem höheren Bildungsabschluss beenden konnte, wurde sie mit ihren Großeltern und ihrer Stiefmutter vertrieben – ihr Vater war im Krieg gefallen. In Hessen, ihrer »neuen Heimat«, schloss sie die Schule nach sechs Wochen mit einem schlechten Abschlusszeugnis ab. Mit diesem Zeugnis sei es unmöglich gewesen einen Ausbildungsplatz zu bekommen – erst recht nicht als Flüchtling.[104] Vom Arbeitsamt wurde sie deshalb als »Mädchen für alles« in eine nahe gelegene Bahnhofgaststätte vermittelt. Dass dies eigentlich unter ihrer Würde war, vermittelt sie mit der Stimme der Stiefmutter, die in direkter Rede zitiert wird: »Du bist doch verrückt, wie kannst denn du als Dienstmädel da andern Leuten den Dreck wegmachen?«[105]

Der Krieg und seine Folgen, die vorherrschende gesellschaftliche Ordnungsmuster durcheinanderwirbelten, führten dazu, dass der Gymnasiastin aus ›gutem Hause‹, gleich wie der aus kleinbäuerlichem Milieu stammenden Volksschülerin Emma Lipp, nur die Arbeit als Hausangestellte offenstand. Von den in gut situierten Familien sozialisierten Frauen geht die Erzählung einer kriegsbedingt verhinderten Bildung nicht immer mit einem sozialen Abstieg einher. Die auf einer großen Landwirtschaft mit Sägewerk aufgewachsene Rosemarie Kroll begründet die Tatsache, dass sie trotz guter Noten ›nur‹ die Volksschule besuchen konnte, mit dem Zusammenbruch der Verkehrsinfrastruktur infolge von Bombenangriffen: »[In] die Hauptschule wie ich da erzählt habe, wollte ich ja gerne gehen und ich war eingeschrieben, aber es war nicht möglich. Es gab kein Bus [mehr] und kein- die Bomben sind auch welche in der Nähe unseres Ortes gefallen etwa 20 Stück.«[106] Als Absolventin der Volksschule musste sie nach der Schule zu Hause bleiben und in der elterlichen Landwirtschaft helfen, obwohl sie, wie sie betont, von ihren Fähigkeiten her das Zeug dazu gehabt hätte, beruflich »alles« zu machen. Dies bescheinigt sie im Interview mit der autoritativen Stimme des Schularztes.[107]

---

103 PAA, Althaus, Interview I Oban, 00:17:45.
104 PAA, Althaus, Interview II Oban, 00:06:15 und 00:26:39.
105 Ebd., 00:30:10.
106 PAA, Althaus, Interview Kroll, 00:11:46 und 00:02:15.
107 Ebd., 00:26:37.

Die 1944 schulentlassene Selma Schwarz, die bei einer gut betuchten Tante in der Steiermark aufwuchs, konnte die Ausbildung zur Kinderkrankenschwester nicht beginnen, obwohl sie die Prüfungen dafür bestanden hatte. Als Grund dafür gibt sie die Nachkriegswirren an:

»Im Mai 1945 war dann das Kriegsende mit all seinen schrecklichen Ereignissen. Verschiedene Besatzungsmächte, Partisanen [...]. Mit meiner Ausbildung war es vorbei. Ich habe verschiedene Arbeiten angenommen. Meistens Putzarbeiten.«[108]

Dass der Krieg sich negativ auf ihre Ausbildung auswirkte, das berichtet auch die bereits vorgestellte, in einem ›goldenen Käfig‹ aufgewachsene, Maria Zich. Im Vergleich zu Selma Schwarz und Maja Oban sind die Auswirkungen bei ihr jedoch weniger gravierend. Anstatt ihr Abitur auf dem privaten katholischen Mädchengymnasium zu absolvieren, das sich ihre Mutter aufgrund der finanziellen Belastungen während des Krieges nicht mehr leisten konnte, erlangte sie »nur« die Mittlere Reife auf einer öffentlichen Schule. Und anstatt eine Lehrerinnenausbildung machen zu dürfen, reichte es »nur« für das Kindergärtnerinnenseminar.[109] Der Krieg und seine Folgen wirkten bei Zich und Schwarz in ähnlicher Weise; beide konnten nicht die Ausbildung ihrer Wahl anfangen. Trotzdem sind die Auswirkungen unterschiedlich ausgeprägt. Während Schwarz sich mit Putzjobs über Wasser halten musste, war es Zich trotz Krieg immer noch möglich, eine verhältnismäßig ›gute‹ Ausbildung zu genießen.

Wenn ich also von verhinderter Bildung schreibe, meine ich damit keineswegs, dass die Frauen aus dem Sample alle in schulischer oder beruflicher Hinsicht ›ungebildet‹ sind oder waren. 60 Prozent der Erzählerinnen absolvierten eine Berufslehre und etwa jede Vierte konnte nicht nur die Volks-, sondern auch die Haupt- oder Bürgerschule oder das Gymnasium besuchen. Der Begriff der verhinderten Bildung soll aufzeigen, dass in einer individuell spezifischen, intersektionalen Verknüpfung von sozialer Herkunft, Geschlechts- und Generationszugehörigkeit die Schulbildung litt, Berufswünsche unerfüllt blieben und Ausbildungspläne zer- oder gestört wurden.

Erzählungen über eine verhinderte Bildung nehmen bestimmte narrative Funktionen ein. Agatha Hauert, die von ihren Eltern nach der Schule

---

108 PAA, Schwarz, Lebensgeschichtliche Aufzeichnungen, S. 4. Auch Antonia Talers Wunschtraum Lehrerin zu werden, platzte abrupt bei Kriegsende: PAA, Taler, Mein Leben, S. 22.
109 PAA, Althaus, Interview Zich, 00:33:17. Ähnlich: PAA, Hasler, Erinnerungen, S. 1.

in eine Tabakfabrik geschickt wurde, um einen Beitrag zur Familienökonomie zu leisten, erläutert damit ihre Motivation in die Schweiz zu gehen:

»Das war halt einfach die einzige Gelegenheit, um aus dem Dorf hinauszukommen, man konnte in die Schweiz in einen Haushalt oder ein Restaurant arbeiten gehen. Das war die einzige Möglichkeit und die haben einige von uns genutzt. Wir waren gleich mehrere aus meiner Schulklasse, die hier [in der Schweiz] waren […] Nach dem Krieg gab es halt gar nichts anderes, zum Beispiel studieren oder so, das hat einfach nicht drin gelegen. Mein Lehrer sagte meinem Vater immer wieder, er solle mich in eine Schule schicken, also mindestens in die Handelsschule. Hat's geheißen: ›Wir brauchen das Geld‹. Ich habe jeden Rappen abgegeben zu Hause, den ich [in der Fabrik] verdient habe.«[110]

Während Agatha Hauert das In-die-Schweiz-Gehen als einzige Alternative zur Fabrikarbeit präsentiert, versprach sich Rosemarie Kroll, die aufgrund der kriegsbedingt zerstörten Verkehrsinfrastruktur keine weiterführende Schule besuchen konnte, davon Neues kennenzulernen und sich weiterzubilden. Sie begründet damit ihre Zeit in der Schweiz als Bildungszeit.

Die in Kindheit und Jugend sozial-, geschlechts- oder kriegsbedingt verunmöglichte Bildung wird auch für die Darstellung der Erfahrungen als Deutsche oder Österreicherin in der Schweiz herangezogen. Martha Gruber, die wie oben dargelegt, die verhinderte Bildung als generationelle Erfahrung definiert, erzählt beispielsweise davon, dass sie sich lange Zeit den Schweizerinnen und Schweizern unterlegen gefühlt habe, weil ihre Schulbildung so »himmelschreiend« schlecht gewesen sei.[111]

Nicht nur die Schul-, sondern allgemein die Kindheitserinnerungen werden von vielen Erzählerinnen eng verwoben mit Erzählungen über die Kriegszeit.

3.2.4 Kriegskindheiten

Der Zweite Weltkrieg und seine Folgen bilden für viele Erzählerinnen den zentralen Referenzpunkt bei der Präsentation ihrer Kindheitserinnerungen. Gretha Ole (Jg. 1933) antwortete etwa auf meine Einstiegsfrage, sie möge mir doch aus ihrem Leben berichten, »alles was für Sie erzählenswert« sei:

---

110 PAA, Althaus, Interview Hauert, 00:12:26. Ähnlich: PAA, Papp, Meine Jahre in der Schweiz, S. 1.
111 Zu Krolls und Grubers Bildungsbiografien, vgl. Kapitel 5.2.

»Ja, ich habe ja gesagt, so arg viel Erzählenswertes- (Lachen) {AA: Sie sind ganz schön hartnäckig (Lachen)}. Also, geboren bin ich in Heidelberg {AA: Mh} und zwar war mein Vater dort bei der Polizei und meine Eltern lebten in Heidelberg. {AA: Mh} Und da bin ich geboren, '33, und '36 sind wir dann nach Rastatt gezogen. {AA: Mh}. Da ist mein Vater zur Wehrmacht, also als Berufssoldat und dann haben wir dort gewohnt bis- '45 sind wir ausgebombt worden und da war ich- bin ich also, ja, das. '40 bin ich in die Schule gekommen, ja. Und da hat's auf Rastatt eingeschossen. Da war der Krieg, der Krieg hat doch '39 angefangen und wir wohnten in der Nähe vom Bahnhof und da haben die von Frankreich, als die den Krieg erklärt haben, haben die rübergeschossen mit- und da mussten wir das erste Mal fort. Und dann sind wir aber nur zwei, drei Ortschaften weiter sind wir evakuiert worden und da bin ich in die Schule gekommen, das war dann um die Osterdamals ist man noch Ostern in die Schule gekommen und nach ein paar Wochen sind wir dann zurück in die Wohnung und da waren wir dann bis '45 oder '44 war's. Und halt '39 schon weggekommen, gell {AA: Mh} '39 sind die ganzen- alle Frauen sind mit Kindern da evakuiert worden und da waren wir, glaube ich, sechs Wochen also es war schon- gell, man war immer unterwegs und dann eben waren wir da in Rastatt {AA: Mh}, da bin ich dann in die Schule und da war dann ewig- oder immer wieder Fliegeralarm. Haben wir uns immer gefreut, wenn der Alarm später ausgegangen ist, sind wir eine Stunde später zu Schule gegangen (Lachen). Das hatte dann zur Folge, dass wir nicht so arg viel gelernt haben (3). Und dann nachher, weiterführende Schule ist gar nicht in Frage gekommen, dann sind wir Ende '44 nach Steinmauern, das war ein Dorf, wo meine Eltern beide her waren und da sind wir dann verteilt worden zu einem Bruder meiner Mutter- sie war mit den zwei kleinen Geschwistern dort und wir zwei älteren Geschwister waren bei meinem Vater seiner Mutter, also bei der Großmutter bis dann die Franzosen reingekommen sind, bis der Krieg zu Ende war.«[112]

Diese Passage umfasst die ersten drei Minuten des Interviews und die gesamte erzählte Kindheit und Jugendzeit. Diese wird komplett durch den Themenkomplex ›Krieg‹ strukturiert. Die aufgrund von Bombardierungen und Granatenbeschuss erfolgten Wohnortwechsel treiben die Erzählung auf einer strukturellen Ebene voran und auf der inhaltlichen Ebene dominiert die kriegsbedingt be- oder verhinderte Schulbildung. Daran anschließend folgt ein knapper Bericht darüber, dass sie in der Nachkriegszeit keine Lehrstelle finden konnte und deshalb in zwei verschiedenen Gastwirtschaftsbetrieben tätig war, bis entfernte Verwandte aus der Schweiz sie als Hausangestellte nach Basel holten. Nach einem kurzen Abriss über ihren zweijährigen Aufenthalt dort, wo sie ihren späteren Ehemann kennenlernte, endet ihre Spontanerzählung nach knapp sieben Minuten mit

---

112 PAA, Althaus, Interview Ole, 00:00:27.

ihrer Hochzeit: »Dann haben wir uns verlobt und dann später geheiratet, das war's eigentlich.«[113] Die nächsten sechzig Jahre ihres Lebens, in denen sie als engagierte Familien- und Hausfrau tätig war, alleine die Pflege ihrer schwer behinderten Tochter und später die ihres erkrankten Ehemannes übernahm und sich ehrenamtlich in der Altenpflege beschäftigte, scheint sie nicht als »erzählenswert« einzustufen. Bereits im telefonischen Erstgespräch, wie beim Kaffeegespräch unmittelbar vor dem Interview, betonte sie mehrmals, dass sie eigentlich nichts zu erzählen habe – worauf sich mein salopper Einwurf über ihre Hartnäckigkeit zu Beginn des aufgezeichneten Gesprächs bezieht. Diese Zurückhaltung hängt, so vermute ich, zum einen mit ihrem Selbstverständnis als sorgende Familienfrau zusammen, die sich nicht in den Vordergrund spielen will. Aus der (Selbst-)Positionierung als Person, die immer für andere da ist, wird auch verständlich, warum sie den Schlussmarker zu ihrer Lebensgeschichte bei der Hochzeit setzt. Die Ich-Geschichte, das ›eigene‹ Leben, hört mit der Hochzeit und Familiengründung auf.[114] Da das Leben als Hausfrau und Mutter gemeinhin als wenig geschichtswürdig betrachtet wird, hängt Oles Relevanzsetzung zum andern in der Orientierung an mir als Publikum. Gegenüber einer Historikerin erachtet sie vor allem die Kriegserinnerungen als berichtenswert, die sie mit Jahreszahlen akkurat chronologisch ordnet. Indem sie den Krieg relevant setzt, erfüllt sie ihre Rolle als ›Zeitzeugin‹. Das soll nicht heißen, dass ihre Kriegserfahrungen für sie nicht einschneidend oder biografisch bedeutsam gewesen sind. Da Erzählungen immer auf die Zuhörenden ausgerichtet sind, ist jedoch zu vermuten, dass Gretha Ole ihre Kindheitserinnerungen gegenüber einer Vertreterin einer anderen Disziplin weniger stark mit den Kriegsereignissen verweben würde.[115]

Nicht nur Gretha Ole auch andere Erzählerinnen aus dem Sample koppeln Zeitzeugenschaft an Weltkriegserfahrung. Die 1938 im westlichen

---

113 Ebd., 00:06:49.
114 Weitere elf Erzählerinnen beenden ihre Lebensgeschichte mit ihrer Verheiratung. Das Vernachlässigen des eigenen Lebens in der Präsentation der Lebensgeschichte entspricht einem traditionellen Bild von Frauenleben. Die in sozioökonomischen Strukturen verankerte, und im Selbstbild angeeignete, weibliche Norm für andere da zu sein, lässt die Darstellung eines »individuellen Ichs« gar nicht zu. Dausien, »Leben für andere«, S. 42–44.
115 Dass Interviewte sich an der disziplinären Verortung der Interviewenden orientieren, zeigt Malte Thießen anschaulich in seinem Vergleich von Interviews mit Personen, die sowohl von Historikern wie von Psychoanalytikern interviewt wurden: Thießen, »Geschichte«, S. 153–156. Zur Orientierung der Erzählenden an ihrem Publikum vgl. Kapitel 1.2.3.

Hinterpommern geborene Lisbeth Reichenbach äußerte während des Interviews ihr Erstaunen darüber, dass mein primäres Interesse nicht dem Zweiten Weltkrieg galt. Obwohl ich ihr in einem telefonischen Vorgespräch das Thema meiner Dissertation erläutert hatte, nahm sie an, dass ich gekommen sei, um vor allem ihre Erinnerungen an Flucht und Vertreibung zu hören.[116] Und die 1940 im Elsass geborene Isabelle Zehnder, deren Kindheitserzählungen trotz ihres jungen Jahrganges stark von Kriegserzählungen überlagert sind, entschuldigte sich mehrmals dafür, dass sie sich nicht so genau an die Geschehnisse im Zweiten Weltkrieg erinnern könne. Weil ihre Eltern nie mit ihr über den Krieg geredet hätten, habe sie extra ihre ältere Schwester vor dem Gespräch »interviewt«, damit sie »richtig« Auskunft geben könne.[117]

Die enge Verzahnung von Zeitzeugenschaft mit der NS-Zeit zeigt hier seine Wirkung. Martin Sabrow zeichnet nach, wie die Entstehung des Begriffs des ›Zeitzeugen‹ im Zusammenhang steht mit der literarischen, juristischen und historiografischen Auseinandersetzung mit der NS-Zeit.[118] Popularisierende mediale Geschichtsdarstellungen, die stark auf Zeitzeug_innen als emotionale und authentifizierende Mittler setzen, verfestigen die Verknüpfung von Zeitzeugenschaft mit Krieg und Nationalsozialismus.[119]

Nicht nur die Selektion der als erzählenswert erachteten Themen, sondern auch deren inhaltliche Ausgestaltung ist diskursiv geprägt. In meinem Sample dominieren anekdotenhafte Erzählungen über Bombardierungen und auf einzelne Personen gerichteten Tieffliegerbeschuss, über das Leben in Trümmern, über das Anstehen für oder ›Hamstern‹ von Lebensmitteln, über die Angst vor Vergewaltigungen, über abwesende Väter und starke Mütter, über gefallene Brüder und verschleppte Onkel. In der Metapher der »schlechten Zeit« finden diese (stereo-)typischen Kriegserzählungen

---

116 PAA, Althaus, Interview Reichenbach, 00:00:39.
117 PAA, Delestowicz, Interview Zehnder, 00:09:15 und 01:12:50. In den ersten 20 Minuten des Interviews rekonstruiert Zehnder an Hand einer schriftlichen Gedankenstütze die Kriegserfahrungen ihrer Familie.
118 Sabrow, »Der Zeitzeuge«, S. 14–19.
119 Eine besondere Rolle spielen dabei TV-Dokumentationen. Das Histotainment von ZDF-History beispielsweise erreicht ein Millionenpublikum. Seegers, »Die ›Generation der Kriegskinder‹«, S. 341.

meist einen unbestimmten, aber prägnanten Ausdruck.[120] Darin zeichnet sich ein mehrfach geschichteter Diskurs, der die nicht-verfolgte deutsche ›Mehrheitsgesellschaft‹ als Leidensgemeinschaft festschreibt, ab. In den ersten beiden Jahrzehnten nach Ende des Krieges war das Reden über die NS-Zeit auf das Leiden der Zivilbevölkerung beschränkt, die als Opfer und Verführte von Hitler unter den Folgen von Bombardierung, Vertreibung und Mangelerfahrung litten.[121] Seit einem Jahrzehnt fokussiert die, medial mit dem Konzept der Zeitzeugenschaft eng verflochtene, Aufarbeitung der Zeit des Zweiten Weltkrieges auf die sogenannten »Kriegskinder«. Nicht zuletzt im Zusammenhang mit dem fortschreitenden »Aussterben der Zeitgenossen«,[122] die Krieg und Nationalsozialismus als Erwachsene erlebt und geprägt hatten, rücken seit einigen Jahren die jüngeren Jahrgänge ins Zentrum des öffentlichen Interesses. Unter dem Begriff der ›Kriegskinder‹ werden die Personen zusammengefasst, die zwischen 1930 und 1945 zur Welt kamen, also ihre Kindheit während des Krieges oder der unmittelbaren Nachkriegszeit verbrachten, keiner nationalsozialistischen Verfolgung ausgesetzt waren, jedoch nun im Alter unter (psychischen) Langzeitfolgen von Gewalt- und Verlusterfahrungen litten. Das Konzept der ›Kriegskinder‹ als Opfer, die lange Zeit nicht über ihre traumatischen Erfahrungen hätten sprechen können oder dürfen – so eine dominante These –, fand insbesondere durch die Bücher der Publizistin Sabine Bode populäre Verbreitung.[123] Aber auch Fernseh- und Hörfunkdokumentationen[124] oder der Zusammenschluss von Kriegskindern in Vereinen[125] trugen zu dieser (medialen) Erfindung der Generation der ›Kriegskinder‹ als Leidensgemeinschaft bei.[126]

In meinem Sample sind 75 Prozent der Erzählerinnen zwischen 1930 und 1945 geboren. Der Kriegskinderdiskurs, der auf einem älteren ›Opfer-

---

120 Dies gilt für 20 der 37 Interviews meines Samples. Zum Krieg als »schlechte Zeiten« vgl. bspw. PAA, Althaus, Interview Kroll, 00:03:46 und 00:43:02 oder PAA, Althaus, Interview Ole, 00:11:12.
121 Rürup, *Der lange Schatten*, S. 128.
122 Frei, »Abschied«, S. 69–83.
123 Bodes Bücher landeten jeweils kurz nach ihrem Erscheinen an der Spitze der *Spiegel* Bestsellerlisten und erzielten hohe Auflagenzahlen. Bode, *Die vergessene Generation*. Bode, *Kriegsenkel*.
124 Bspw. Hübner, *Kriegskinder*.
125 Bspw. Verein »Kriegskinder«, 20.01.2017, http://kriegskinder-verein.de.
126 Zur Konstituierung der Kriegskinder-Generation vgl. Wierling, »Kriegskinder«, S. 145–148. Seegers, »Die ›Generation der Kriegskinder‹«. Jureit, »Generationen-Gedächtnis«, S. 131.

diskurs‹ aufbaut, entfaltet für die Präsentation, die Sag- und Vermittelbarkeit, ihrer Kindheiten eine große Wirkmächtigkeit. Die Darstellung der Kriegs- und Nachkriegszeit als ›Leidenszeit‹ rezipiert jedoch nicht nur einen medialen Diskurs zur Einordnung der eigenen Erfahrungen und bedient diesen dadurch gleichermaßen wieder. Diese Relevanzsetzung hat auch die narrative Funktion, die Migration in die Schweiz argumentativ zu begründen. Hannelore Bauer (Jg. 1936) konstatiert in ihrem Beitrag zu meinem Schreibaufruf: »Ich war ja ein ›Kriegskind‹ und habe im Krieg durch feindlichen Beschuss beide Eltern mit acht Jahren verloren.«[127] Als Waise habe sie, so fährt sie fort, »keine zu große Bindung an zu Hause« gehabt, sodass ihr das in die Schweiz gehen nicht schwergefallen sei. Die Übernahme der diskursiven Zuschreibung ›Kriegskind‹ dient Hannelore Bauer nicht nur dazu, ihre Migrationsentscheidung (narrativ) zu verwurzeln. Sie hilft ihr auch dabei, ihren Aufenthalt in der Schweiz zu bewerten:

»Dieses Jahr in der Schweiz war für mich ein großes Erlebnis. Die Menschen dort waren viel aufgeschlossener und sehr friedlich. Ich als sogenanntes ›Kriegskind‹ hatte unser Land nur noch als großen ›Trümmerhaufen‹ in Erinnerung, verbunden mit vielen Entbehrungen. In der Schweiz lebten die Menschen so selbstsicher, friedlich und im Überfluss. Es ist für mich eine schöne Erinnerung.«[128]

Den kriegszerstörten Städten und Dörfern, dem Mangel an notwendigen Überlebensmitteln wie Nahrung, Kleidung, Brennmaterial und der Perspektivlosigkeit in Bezug auf (Lehr-)Stellen wird die Schweiz als paradiesische Aussicht gegenübergestellt.[129] Narrativ organisiert wird das zumeist anhand von Vergleichen zwischen Herkunfts- und Zielland. In Bezug auf Lebensmittel habe es, so Gretha Ole, in der Schweiz der frühen 1950er Jahre bereits »alles« gegeben, während in Deutschland »schon noch arme Zeit[en]« waren.[130]

Das In-die-Schweiz-Gehen wird häufig als (einzige) Möglichkeit dargestellt, den »schlimmen« Lebensumständen in den Kriegsländern zu entfliehen.

»Und dann war der Krieg zu Ende und dann war nichts da, dann hat man nichts gehabt. Und dann war halt meine einzige Sehnsucht […] ein bisschen Geld verdienen, damit man sich etwas kaufen kann. Ich habe ein Kleid gehabt von der Mutter,

---

127 PAA, Bauer, Lebensgeschichtliche Aufzeichnungen, S. 1.
128 Ebd., S. 3.
129 Vgl. Kapitel 4.1.3.
130 PAA, Althaus, Interview Ole, 01:14:16.

das ich wieder und wieder gewendet habe, wenn es kaputt war, einfach umgedreht […] so hat man sich geholfen.«[131]

Die Schweiz war der Ort, an dem die hier zitierte Ilse Reber (Jg. 1932), die in einem Industrieort in der Weststeiermark aufgewachsen war, die Möglichkeit sah ihre Sehnsucht nach ein bisschen Wohlstand zu stillen:

»Ich wollte an einen Ort, wo ich erstens ein paar Fränkli verdiene, weil sie alle gesagt haben in der Schweiz gibt‹s das große Geld, und zweitens dachte ich, wenn ich in die Schweiz gehe, bekomme ich ein eigenes Zimmer.«[132]

Mit diesem zweiten Punkt, den sie im Laufe des Interviews mehrfach wiederholt, weist sie auf einen migrationsauslösenden Umstand hin, der nicht direkt mit den Folgen des Krieges, sondern ihrer sozialen Herkunft im Zusammenhang steht. Sie wuchs als Tochter eines Bahnarbeiters und einer Hausfrau in beengten Wohnverhältnissen auf. Die vierköpfige Familie bewohnte eine Wohnung, die neben der Küche nur ein weiteres Zimmer umfasste. Da sei kein Platz für Privatsphäre geblieben, was sie daran illustriert, dass ihr Bruder immer ihre Liebesbriefe geklaut und sich damit Süßigkeiten erpresst habe.[133] Obwohl die Wohnsituation nicht kriegsbedingt ungünstig war – daran änderte sich vor-, während und nach dem Krieg nichts –, äußert sie den Wunsch nach einem eigenen Zimmer im Kontext der Not in der Nachkriegszeit. Das, durch den Kriegskinderdiskurs aktualisierte, dominierende Narrativ der kriegsbedingt leidenden Zivilbevölkerung bietet ihr, die Möglichkeit, ihre Migrationsmotivation – einer Historikerin gegenüber – in Worte zu fassen.

Der Frage danach, wie andere Erzählerinnen ihre Migrationsentscheidung begründen und wie sie diese im lebensgeschichtlichen Kontext präsentieren, ist Gegenstand des folgenden Kapitels.

---

131 PAA, Althaus, Interview Reber, 01:31:58.
132 Ebd., 02:24:55, ähnlich: 00:07:05 und 01:52:35.
133 Ebd., 01:53:00.

4. Migrationserzählungen

> Für mich war die Schweiz so schön,
> wo jene sind, die auf den Himmel verzichten.
>
> Rosa Imhof

Ausgehend von den lebensgeschichtlichen Erzählungen wird nun die Migrationsbewegung deutscher und österreichischer Frauen in die Schweiz untersucht. In der komparativen Analyse der Erzähltexte und ihrer historischen Kontextualisierung wird das Wanderungssystem des In-die-Schweiz-Gehens ausgeleuchtet. Auf der Basis der vorangehenden zwei Kapitel werden die Migrationserzählungen sowohl in ihrem biografischen als auch in ihrem historischen Kontext verortet. Zentrale Analysekategorien sind dabei das Geschlecht und die nationale Herkunft der Erzählerinnen.

Das Kapitel umfasst die erzählte Zeit von der Motivation von zu Hause fortzugehen, bis zur Entscheidung dorthin wieder zurückzukehren, weiterzuwandern oder für immer in der Schweiz zu bleiben und – als verheiratete oder niedergelassene Frau – den Beruf der Haus- oder Gastgewerbsangestellten aufzugeben. Knapp die Hälfte der 79 Erzählerinnen arbeitete 1–2 Jahre als Angestellte in einem schweizerischen Privathaushalt oder Gasthaus. Jede Fünfte stand 3–4 Jahre und knapp 30 Prozent länger als 5 Jahre in einem haus- oder gastgewerblichen Arbeitsverhältnis in der Schweiz.[1]

In Bezug auf die historische Zeit bewegen wir uns aufgrund des hohen Anteils an Personen, die in der Nachkriegszeit eingereist sind, vor allem in den 1950ern und frühen 1960er Jahren. Dort wo das empirische Material es zulässt, werden in einer Tiefenbohrung Themen fallweise historisch dimensioniert.

---

1 Die Dauer in Jahren bezieht sich im Fall der Hotelangestellten, die zwischen den Saisonen für drei Monate ausreisen mussten, auf die Zeitspanne, in der die Schweiz ihren Lebensmittelpunkt darstellte, und nicht auf ihre reine Anwesenheit im Land.

4.1 Die Schweiz in Sicht

Was waren die Beweggründe der Erzählerinnen von zu Hause fortzugehen? Was erhofften sie sich von ihrer Migration und warum wählten sie gerade die Schweiz als Zielland? Woher erfuhren die auswanderungsfreudigen Frauen von konkreten Arbeitsmöglichkeiten, wer vermittelte ihnen die Stellen? Und wie erinnern und erzählen sie das langwierige Genehmigungsverfahren bis sie die Aus- und Einreiseerlaubnis in den Händen hielten? Wie gestaltete sich der Abschied von Eltern und Freunden? Was berichten die Erzählerinnen von der Zugfahrt und was waren ihre ersten Eindrücke vom neuen Lebensumfeld? Diesen Fragen nach Motivation und Organisation der Migration widmet sich der erste Teil der Analyse der Migrationserzählungen.

4.1.1 Der Traum vom großen Geld?

Die Frage nach wanderungsbestimmenden Motivationen gehört grundlegend zum Untersuchungsfeld der historischen Migrationsforschung. Sie bildet die Basis für die Klassifikation verschiedener Wanderungsformen. Der Migrationshistoriker Klaus J. Bade unterscheidet zwischen wirtschaftlich und beruflich-sozial motivierten »Erwerbsmigrationen« auf der einen Seite, und religiös-weltanschaulich und politisch bedingten »Überlebenswanderungen« auf der anderen Seite. Im Bereich der Arbeitsmigration differenziert er weiter zwischen Wanderungen zur Existenzsicherung, zu Qualifikations- und Ausbildungszwecken sowie zur Verbesserung der sozioökonomischen Lebensumstände.[2] Die Einteilung in verschiedene Migrationsformen, auf der Grundlage der migrationsauslösenden Ursachen, dient dazu, den komplexen Untersuchungsgegenstand der historischen Migrationsforschung operabel zu machen. Diese Kategorisierung verleitet jedoch auch dazu, vorschnelle und simplifizierende Rückschlüsse auf die zumeist vielschichtigen Motivationen der Migrant_innen zu ziehen. Zwar wird in der neueren Migrationsgeschichte weitgehend darauf verzichtet, Arbeitsmigration als rein ökonomisch-politischen Prozess zu beschreiben, in dem als wichtigste Push- und Pullfaktoren die Lohnunterschiede zwischen zwei Nationalstaaten gesehen werden.[3] Im Bereich der Arbeitsmigration werden die Migrationsmotivationen der historischen

---

2 Bade, »Historische Migrationsforschung«, S. 28.
3 Hoerder/Lucassen u.a., »Terminologien«, S. 32–34.

Akteur_innen jedoch nach wie vor häufig auf ökonomische Argumente reduziert. Dies gilt insbesondere für Publikationen zur Arbeitswanderung österreichischer Frauen in die Schweiz. Ulrike Pröll nennt die »besseren Verdienstmöglichkeiten« als Hauptmotivation von Österreicher_innen, nach dem Zweiten Weltkrieg in die Schweiz zu gehen.[4] Für ihre Ausführungen zur Schweizwanderung bezieht sie sich vornehmlich auf Ausführungen des Wirtschaftshistorikers Felix Butschek aus dem Jahr 1964, die dieser in seiner damaligen Funktion als Arbeitsmarktspezialist des Österreichischen Instituts für Wirtschaftsforschung verfasst hatte. Die österreichische Auswanderung in die Schweiz im 20. Jahrhundert bezeichnet Butschek darin als »Prototyp« einer Migrationsbewegung, die auf »Lohnunterschieden« basiere.[5] Diese These wird auch von Petra Rauchbauer in ihrer Diplomarbeit über burgenländische »Gastarbeiterinnen« in der Schweiz nach 1945 vertreten. Sie versucht darin aufzuzeigen, dass sich »[d]ie Motive der österreichischen Schweiz-Migrantinnen […] kaum [unterscheiden] von jenen Migrantinnen aus östlichen Ländern, die [heute] nach Österreich zwecks Arbeitsaufnahme kommen.«[6] Bereits mit dem Titel, *Es woa des Göd wos uns außezogn hot,* platziert sie die ökonomischen Beweggründe als zentrale Migrationsmotivation der von ihr interviewten Personen. Obwohl ihre Belegzitate häufig eine andere Sprache sprechen, und von Bildungshunger und Abenteuerlust erzählen, hält sie in Anlehnung an Pröll und Butschek sowie mit Rekurs auf das neoklassische Push- und Pullmodell an der Argumentation fest, dass die wirtschaftliche Lage des Burgenlandes in der Nachkriegszeit sowie die höheren Löhne in der Schweiz die ausschlaggebenden Faktoren für das In-die-Schweiz-Gehen gewesen seien.[7]

Nicht nur in der Forschung, sondern auch in zeitgenössischen Diskursen in der Schweiz wurde Arbeitsmigration unter dem Primat der Ökonomie betrachtet. Die Hausdienstexpertin Emma Hausknecht schrieb in ihrer grundlegenden Schrift zum *Dienstbotenproblem* im Jahr 1928:

»Vergleichen wir die Löhne in der Schweiz mit jenen im Auslande, so sehen wir, dass einzig Berlin konkurrenzfähig ist […]. Oesterreich bezahlt die Hälfte bis Zweidrittel unserer Schweizerlöhne, Italien noch weniger. Die Gründe, weshalb die

---

4 Pröll, »Österreichische Arbeitnehmer«, S. 446.
5 Butschek, »Österreichische Arbeitskräfte«, S. 390–391.
6 Rauchbauer, *Es woa des Göd*, S. 2.
7 Ebd., S. 2; 102; 141–142; 146.

Schweiz immer noch ein begehrenswertes Land für ausländische Dienstmädchen ist, liegen daher auf der Hand.«[8]

Auch fünfzig Jahre später erklärte die, 1970 vom Bundesrat im Nachgang zur Schwarzenbach-Initiative gegründete, Eidgenössische Konsultativkommission für das Ausländerproblem die Attraktivität der Schweiz als Einwanderungsland mit den europaweit »besten Verdienstmöglichkeiten«.[9] In der Schweiz wurden Zuwandernde im Laufe des gesamten Untersuchungszeitraumes vorwiegend als Personen wahrgenommen, die aus ökonomischen Gründen Arbeit in der Schweiz suchten. Dies steht im Zusammenhang mit der im ANAG festgelegten Gleichsetzung von Aufenthalts- und Arbeitsbewilligung. Jede zuwandernde Person, die länger als drei Monate in der Schweiz bleiben wollte, musste die Anforderungen für eine Arbeitsbewilligung erfüllen, um eine Aufenthaltsbewilligung zu erhalten. Wie in Kapitel 2 herausgearbeitet wurde, wurzelt dies in den wirtschaftlichen Krisen der Zwischenkriegszeit sowie der Zuspitzung des Überfremdungsdiskurses auf den Schutz des schweizerischen Arbeitsmarktes.

Auch aktuelle politische Debatten und ihre mediale Repräsentation reduzieren Arbeitsmigration ausschließlich auf ökonomische Aspekte. Die Zuschreibungen für Arbeitsmigrant_innen oszillieren zwischen dem negativ konnotierten »Wirtschaftsflüchtling«[10] und der als Heilsbringer stilisierten »Fachkraft« für die heimische Wirtschaft.[11] Das Ökonomische, so lässt sich bilanzieren, ist das Meisternarrativ im Reden über Arbeitsmigration. Dies beeinflusst nicht nur die historiografische Aufarbeitung des In-die-Schweiz-Gehens, sondern auch die Migrationserzählungen selbst. Das Grazer Forschungsteam um Anita Prettenthaler-Ziegerhofer, das mit einem lebensgeschichtlichen Ansatz die Steirische Arbeitsmigration in die Schweiz untersucht hat, stellt einen Widerspruch fest zwischen den von den Erzählerinnen geäußerten Hoffnungen und Ziele, die diese mit ihrer Migration in die Schweiz verbinden – beispielsweise »etwas Neues ken-

---

8 Hausknecht, *Das Dienstbotenproblem*, S. 47.
9 AGoF 103 250: 310-05-35, EKA: Menschliche Probleme der ausländischen Arbeitskräfte und ihrer Familienangehörigen, Bern 1976, S. 11. Zur Schwarzenbach-Initiative vgl. Kapitel 2.3.5.
10 Dieser bereits in den 1980er Jahren umstrittene, pejorative Begriff feierte sein Comeback im Zuge der von der CSU um Horst Seehofer lancierten Diskussion um »Armutszuwanderung« und »Sozialtourismus« aus Bulgarien und Rumänien. Bspw. O.V., Sozialtourist, Armutszuwanderer, Wirtschaftsflüchtling, in: Die Welt, 14.01.2014.
11 *Spiegel Online*, Dossier zum Thema »Fachkräftemangel«, Artikel und Hintergründe, 20.01.2017, http://www.spiegel.de/thema/fachkraeftemangel.

nenlernen« –, und den für das Fortgehen als »ausschlaggebend« genannten Gründen. Die Verfasserinnen heben hervor, dass zwar keine ihrer Interviewpartnerinnen ihre Familiensituation in der Nachkriegszeit als »ärmlich« einstuft, jedoch 90 Prozent ihr Weggehen mit »besseren Verdienstmöglichkeiten« begründeten.[12] Dieser Widerspruch lässt sich mit der von Alexander Freund vorgeschlagenen Differenzierung von Motiv und Motivation auflösen. Bei seiner Analyse der Migrationsentscheidungen deutscher Auswandernden nach Übersee unterscheidet er zwischen um-zu-Motiven und den ihnen vorgelagerten weil-Motivationen. Dem Motiv, »um mehr zu verdienen«, würde beispielsweise häufig die unausgesprochene Motivation, »weil ich mich von meiner Familie entfremde«, zugrunde liegen. Motive sind für Freund das, was im Rahmen eines Diskurses sagbar und »gesellschaftlich akzeptabel« ist.«[13]

In meinem Sample stellt etwa jede Vierte (20 von 79 Erzählerinnen) explizit ökonomische Gründe in den Vordergrund, um zu erläutern, warum sie fortgegangen ist. Die Hälfte davon bezieht sich auf die berufliche Perspektivlosigkeit in der Nachkriegszeit. Die 1933 in der Steiermark geborene Gastwirtstochter Regula Hormayer, die nach der Schule eine Schneiderinnenlehre absolvierte, schreibt in ihren lebensgeschichtlichen Aufzeichnungen, dass sie nach Abschluss der Lehre nicht länger beschäftigt wurde: »Aber nach drei Jahren kam das nächste Lehrmädchen und ich mußte gehen. Da habe ich zu Hause genäht, es gab genug zu tun, aber kein Geld. Arbeitssuche aussichtslos.«[14] Deshalb habe sie sich auf eine Zeitungsannonce als »Haustochter« in die Schweiz gemeldet. Hormayer ist nicht die einzige, die dieses Migrationsmotiv lediglich bericht- ja, fast stichwortartig abhandelt. Die ebenfalls aus der Steiermark stammende, in einem Arbeiterhaushalt aufgewachsene, Hilde Auer trägt im Nachtrag zu ihren ansonsten ausführlichen lebensgeschichtlichen Aufzeichnungen in aller Kürze nach, warum sie in die Schweiz gegangen sei: »In Österreich gab es 1949 keine Arbeit und so bin ich zwei Sommer dort gewesen.«[15] Bei genauerem Hinsehen entpuppt sich ihre berufliche Situation zur Zeit ihrer

---

12 Prettenthaler-Ziegerhofer/Schmidlechner u.a., *Haustochter gesucht*, S. 48.
13 Freund, *Aufbrüche*, S. 267–269. Für seine Differenzierung in Motiv und Motivation stützt er sich auf die von Alfred Schütz vorgeschlagene Unterscheidung verschiedener Motiv-Systeme zur Beschreibung des subjektiven Sinns einer Handlung.
14 PAA, Hormayer, Lebensgeschichtliche Aufzeichnungen, S. 1. Ähnlich: PAA, Franz, Lebensgeschichtliche Aufzeichnungen, S. 1.
15 PAA, Auer, Lebensgeschichtliche Aufzeichnungen/Nachtrag. Ähnlich: PAA, Hinzelmann, Lebensgeschichtliche Aufzeichnungen, S. 1.

Migration als weniger aussichtslos, als dieser Nachtrag zunächst suggeriert. 1949/50 war sie nicht arbeitslos, sondern sie besuchte zu der Zeit eine dreijährige Hauswirtschaftsschule. Ob ihrem explizit geäußerten Motiv der Arbeit wegen in die Schweiz zu gehen, das dem gesellschaftlich akzeptierten Diskurs entspricht, weitere Motivationen zugrunde liegen, kann hier quellenbasiert nicht beantwortet werden. Im Fall der in beengten Wohnverhältnissen groß gewordenen Ilse Reber lässt sich diese These jedoch gut belegen. Nachdem sie mir zu Beginn des Interviews einige Bilder aus der Schweiz gezeigt hatte, begann sie ihre Stegreiferzählung mit dem Satz: »Ich wär ja nie, gar nie weggegangen. Erstens wenn ich eine Stelle gekriegt hätte in der Steiermark und zweitens wenn ich ein eigenes Zimmer gehabt hätte.«[16] Wie oben bereits herausgearbeitet, entwickelt sie im Laufe des Interviews der Wunsch nach dem eigenen Zimmer zur eigentlich zentralen Migrationsmotivation. Im Gegensatz zur gesellschaftlich akzeptierten Stellennot konnte sie dieses Bedürfnis gegenüber ihren Eltern jedoch nicht äußern. Und so blieb sie bei ihrem Entschluss von zu Hause wegzugehen, auch nachdem der Vater ihr angeboten hatte, bei der Stellensuche zu helfen: »Mein Vater hat gesagt: ›Ich fahre mit dir überallhin, wo du willst‹, hat er gesagt. ›Schauen wir um eine Lehrstelle‹ und=und ›bleib da‹.« Dieser Bitte zu entsprechen, wäre aber ihrer Migrationsmotivation zuwidergelaufen: »Ich wollte einfach weg, ich habe aber immer- später habe ich dann gesagt: Wenn ich nur ein kleines Zimmerle gehabt hätte daheim, das ich hätte zuschließen können.«[17]

Die aus bäuerlichen Verhältnissen stammende Agatha Hauert verknüpft ihr primär geäußertes Migrationsmotiv, der kriegsbedingt unbefriedigenden Arbeit als Fabrikarbeiterin entfliehen zu wollen, im erzählgenerierenden Nachfrageteil ebenfalls mit einem anderen, persönlichen Grund. Auf meine Nachfrage mir noch mehr über die Zeit zu erzählen, als sie sich entschieden habe, in die Schweiz zu gehen, antwortete sie: »Da ist noch- also noch etwas Weiteres hat eine Rolle gespielt. [...] Ich hatte einen Freund, also einen Schatz, wie man damals sagte, jede meinte, sie müsse einen Schatz haben. Das hat dazu gehört, obwohl mir war das mit ihm nie richtig wohl.«[18] Als dieser Freund einen psychischen Zusammenbruch erlitt und in eine Klinik eingewiesen werden musste, so Hauert weiter, habe sie das sehr belastet. Das In-die-Schweiz-Gehen sei die Möglichkeit gewesen

---

16 PAA, Althaus, Interview Reber, 00:07:05.
17 Ebd., 01:51:57 und 01:52:35.
18 PAA, Althaus, Interview Hauert, 00:56:12.

von ihrem »Schatz« und der ganzen unangenehmen Situation wegzukommen.

Auch die aus der südbadischen Kleinstadt Müllheim stammende Veronika Hummel (Jg. 1929) beginnt ihre Erzählung über ihre Motive in die Schweiz zu gehen damit, wie sie 1946 mit Hilfe des Arbeitsamtes vergeblich nach einer Lehrstelle suchte. In ihren weiteren Ausführungen wird deutlich, dass es in ihrer Heimatstadt trotz Nachkriegsdepression durchaus (konkrete) Arbeitsmöglichkeiten für sie gegeben hätte. Sie erzählt, dass sie sich dem Beamten auf dem Arbeitsamt widersetzte, der sie in eine Fabrik vermitteln wollte und ihre Idee in die Schweiz zu gehen nicht goutierte: »Dann hat er gesagt: ›Du weißt schon, dass wir im Aufbau sind, wir brauchen jede Hand‹.«[19] Auch die Möglichkeit als Telefonistin zu arbeiten, die ihr Vater, ein Postsekretär, als »sichere Stelle« hätte besorgen können, schlug sie aus mit den Worten: »Habe gesagt, ich lass mich nirgends einsperren, ich muss meine Freiheit haben (lacht).«[20] Trotz der Entgegnungen von Vater und Staatsbeamten und obwohl sie 1946 keine alliierte Ausreisegenehmigung erhielt, schaffte sie es, sich mit Hilfe eines Onkels und bestechlichen Zöllnern in Basel über die Grenze schmuggeln zu lassen.[21] Zwar spielt die berufliche Perspektivlosigkeit, die sie zunächst als Migrationsmotivation platziert, eine entscheidende Rolle. Denn weder die Fabrikarbeit noch die Telefonie waren ihre Traumberufe. Im Laufe der Geschichte wird jedoch deutlich, dass es bei der Migrationsentscheidung weniger um ihre berufliche Zukunft, als um ihre Freiheit ging.

Es ließen sich noch weitere Beispiele von Erzählerinnen anfügen, die zunächst als Migrationsmotivation die berufliche Perspektivlosigkeit in den Vordergrund stellen, diese im Verlauf des Gesprächs mit weiteren Motivationen ergänzen. Ein eigenes Zimmer haben zu wollen, einer unliebsamen Beziehung zu entkommen oder sich ganz allgemein die persönliche Freiheit zu erhalten, waren Motivationen, die gesellschaftlich nicht sagbar waren. Darüber hinaus passten sie nicht in die Logik der, auf den Arbeitsmarkt ausgerichteten, Migrationspolitik im Einwanderungsland. Wenn wir beachten, wann diese Frauen, die die berufliche Perspektivlosigkeit in den Vordergrund stellen, in die Schweiz einreisten, dann wird deutlich, dass es sich dabei ohne Ausnahme um Personen handelt, die nach 1945 in die Schweiz gingen. Der Wunsch von zu Hause fortzugehen – aus welchen

---

19 PAA, Althaus, Interview Hummel, 00:03:38.
20 Ebd., 01:23:04.
21 Vgl. Kapitel 2.2.6.

Gründen auch immer –, ließ sich am einfachsten im Rahmen einer Arbeitsmigration umsetzen. Die zu dieser Zeit große Nachfrage nach österreichischen und deutschen Hausangestellten in der Schweiz stellte eine Möglichkeit dar, fortzugehen. Diese Entscheidung musste jedoch im Sinne der staatlichen migrationspolitischen Ziele formuliert werden. Eine Einreise in die Schweiz war nur als Arbeitssuchende möglich und in Deutschland und Österreich wurde die Ausreise von Frauen in den späten 1940er und frühen 1950er Jahren im Hinblick auf den Arbeitsmarkt als »erwünscht« eingestuft und teilweise aktiv vorangetrieben.[22]

Die andere Hälfte der 20 Erzählerinnen, die ökonomische Gründe als Migrationsmotivation angeben, ist der höheren Löhne wegen in die Schweiz gegangen, was in der Schweiz diskursiv als vorherrschende Migrationsmotivation der zuwandernden ausländischen Arbeitskräfte postuliert wurde. Dem Motiv ›*um* mehr *zu* verdienen‹, liegt bei den meisten – zumindest in ihrer narrativen Darstellung – die Motivation zu einem beruflichen oder sozialen Aufstieg zugrunde – ›*weil* ich erfolgreich sein will‹. Elsa Zeller ist in großer Armut in der Südoststeiermark aufgewachsen. Als Tochter einer kinderreichen Landarbeiterfamilie wurde sie zeitweise an Großbauern »ausgeliehen« und zu schwerster Arbeit herangezogen. Zusätzlich zu ihrer Herkunft aus einer sozial benachteiligten Familie stammt sie aus einer strukturell vernachlässigten Region Österreichs:

»Bei uns hat's null Möglichkeiten gegeben zum Geldverdienen. Es war Landwirtschaft. Ich bin ohne Strom und ohne Leitungswasser aufgewachsen. Dieser Teil von Österreich ist so, also unten in der Spitze, jugoslawische Grenze, ungarische Grenze […]. Diese Grenze war total dicht. […] Dieses Südösterreich war so abgeschnitten, dass kein Mensch Interesse gehabt hat, zu investieren. […] Und dadurch dass die Grenze zu war, hat einfach die Welt aufgehört dort.«[23]

Ihr Dorf sei erst 1962 elektrifiziert worden und es komme ihr so vor, als ob sie vor 200 Jahren Kind gewesen sei.[24] Mit diesem zeitlichen Vergleich definiert sie nicht nur ihre familiäre Situation, sondern auch ihre Herkunftsregion als ›rückständig‹.

Maja Oban kommt im Gegensatz zu Zeller ursprünglich aus ›gutem Hause‹. Aufgrund ihrer Vertreibung als Sudetendeutsche aus Böhmen und des kriegsbedingten Verlustes ihres Vaters begann für sie nach dem Zweiten Weltkrieg jedoch eine Zeit des sozialen Abstiegs. Die ehemalige Gym-

---

22 Vgl. Kapitel 2.3.1.
23 PAA, Althaus, Interview Zeller, 00:05:02.
24 Ebd., 01:01:59.

nasiastin musste vor ihrer Migration in die Schweiz als »Dienstmädchen« arbeiten. So unterschiedlich ihre Leben bis dahin verliefen, beide präsentieren ihre Motivation in die Schweiz zu gehen, als bewusste Strategie ihre Hoffnung auf einen sozialen Aufstieg umzusetzen. Maja Oban wollte von den höheren Löhnen in der Schweiz profitieren, um sich eine Ausbildung finanzieren zu können und nicht mehr als »Dienstmädchen« arbeiten zu müssen.[25] Elsa Zeller hatte sich zum Ziel gesetzt, viel Geld zu verdienen, um nicht nur von Nylonstrümpfen, schwarzen Taftröcken und weißen Blusen zu träumen, sondern sich diesen Luxus auch leisten zu können.[26] Der Nylonstrumpf als Topos der Migrationsmotivation findet sich auch in anderen Erzählungen von Personen, die aus ökonomischen Gründen in die Schweiz gegangen sind. Die in den 1930er Jahren in den USA entwickelten, und auch in Europa heiß begehrten, feinen Strümpfe waren bis in die 1960er Jahre hinein ultimativer Ausdruck von Luxus und städtischer Eleganz. In der unmittelbaren Nachkriegszeit dienten sie auf dem Schwarzmarkt sogar als Ersatzwährung, was die häufig gezogene Verbindungslinie von Strumpf und Geld erklären hilft.[27] So schreibt etwa die in bäuerlichen Verhältnissen am Bodensee aufgewachsene Elfriede Buchs (Jg. 1935), die nach der Schule aufgrund des kriegsbedingten Lehrstellenmangels im elterlichen Betrieb mitarbeiten musste:

»Im Winter konnte ich manchmal mit Vater und anderen Männern im Wald ›Tännele‹ setzen. Den ganzen Tag für zwei DM. Die heißbegehrten Nylonstrümpfe kosteten auch zwei DM. Langsam machten sich die Gedanken breit, so kann das Leben doch nicht sein. […] Der Gedanke etwas Geldverdienen war immer präsent.«[28]

Geldverdienen, so die weit verbreitete Vorstellung, konnte man am besten in der Schweiz. Maja Oban und Elsa Zeller meinten beide im Interview, dass sie von der Schweiz keine Ahnung hatten, außer, dass man dort mehr verdiene.[29]

Einige Erzählerinnen nutzten die besseren Verdienstmöglichkeiten ganz gezielt, um ein kurzfristiges Ziel zu erreichen. So schreibt etwa Elsa Gutknecht, dass sie »auf Saison in die Schweiz« gegangen sei, um genügend

---

25 PAA, Althaus, Interview II Oban, 00:58:33 und 01:35:03.
26 PAA, Althaus, Interview Zeller, 00:08:00 und 01:11:14.
27 Gesche Sager, Nylonstrümpfe. Der Stoff, aus dem die Träume sind, in: SpiegelOnline, 20.08.2008.
28 PAA, Buchs, Lebensgeschichtliche Aufzeichnungen, S. 1–2.
29 PAA, Althaus, Interview II Oban, 02:01:36. PAA, Althaus, Interview Zeller, 03:00:48.

Geld für eine Familiengründung zu erwirtschaften.³⁰ Und die Wienerin Emma Pölzl (Jg. 1920), die, nachdem ihr Mann nicht aus dem Krieg zurückkehrte, alleinerziehende Mutter zweier Kinder war, nahm verschiedentlich kurzzeitig Saisonstellen in Schweizer Hotels an, um sich und ihre Familie finanziell über die Runden zu bringen.³¹ Die klassische Form der Arbeitsmigration, bei der die zentrale Motivation des Weggehens in der Verbesserung der sozioökonomischen Lebensumstände liegt, ist in meinem Sample also durchaus vertreten; wenn auch zu einem geringeren Teil als dies aus anderen Forschungen bekannt ist.

4.1.2 Einfach fort!

Sechs Frauen, die mir aus ihrem Leben erzählten, betonen sogar explizit, dass sie *nicht* aus ökonomischen Gründen in die Schweiz gegangen seien. Maria Zich, die als überbehütetes Kind in Freiburg aufwuchs, widersprach dezidiert ihrem, zu Beginn des Interviews anwesenden, Bekannten, der sie erstaunt fragte, ob denn nicht »wirtschaftliche Gründe« den Ausschlag gegeben hätten, fortzugehen. Damals seien doch viele aus der Region in die Schweiz gegangen, weil Freiburg im Krieg so große Schäden erlitten und es keine Arbeit gegeben habe.

»Nee, der Grund war, dass ich von zu Hause wegwollte. [...] So arg gut haben meine Mutter und ich uns nicht verstanden. Weil meine Mutter war sehr besitzergreifend. Also wie gesagt ich durfte nicht auf die Straße, ich durfte [nicht] mit den Kindern spielen, ich durfte in keinen Kindergarten also ich bin *sehr* iso- sehr schön auch, ich hatte eine sehr schöne Kindheit. Meine Großeltern hatten einen Riesengarten in Betzenhausen, aber ich war halt immer allein.«³²

Zwar habe sie als Hausangestellte in der Schweiz doppelt so viel verdient wie in Freiburg als ausgebildete Kindergärtnerin. Auf meine Frage, ob sie sich davon Ersparnisse angelegt habe, erwiderte sie jedoch lachend: »Sparen, was ist das?«³³

Elfriede Kammerer erzählt ebenfalls, dass sie in der Schweiz nichts zurückgelegt habe. Sie gab ihren ganzen Lohn für Ausflüge und kleinere Reisen aus: »Ich habe das Geld verjubelt, das ich verdient habe, um was

---

30 PAA, Gutknecht, Lebensgeschichtliche Aufzeichnungen, S. 3.
31 DOKU, Pölzl, Meine Lebenserinnerungen, S. 8–9; 11–12.
32 PAA, Althaus, Interview Zich, 00:23:07.
33 Ebd., 00:10:20.

Kennenzulernen von der Welt.«[34] Die Welt zu entdecken, entspricht ihrer geäußerten Migrationsmotivation. Da sie nach der Schule keine Ausbildung machen durfte, sondern auf dem elterlichen Bauernhof mithelfen musste, stellten die Stellenangebote aus der Schweiz *die* Möglichkeit dar, rauszukommen: »Ich wollte einfach mal weg, mir hat das daheim, wie man heut‹ sagt, gestunken. Ich wollte raus, ich wollte mal was sehn von der Welt.«[35] Wenn ihre Eltern sie gelassen hätten, dann wäre sie, so sinniert sie weiter, heute vermutlich in Amerika. Die höheren Löhne ermöglichten ihr, ihren Traum vom Reisen umzusetzen. Sie waren jedoch nicht der Grund, warum sie von zu Hause wegwollte.

Das Gleiche gilt für Helga Groß. Sie wurde 1929 in eine Landarbeiterfamilie in der Steiermark geboren. Ihren Bericht über den Aufenthalt in der Schweiz, wo sie als Zimmer- und Küchenmädchen in verschiedenen gastgewerblichen Betrieben arbeitete, konkludiert sie mit den Worten: »Ich bin nicht nur des Geldes wegen in die Schweiz, sicher konnte man mehr verdienen als bei uns. Ich bin wegen Land und Leute, aus Neugier in die Schweiz, wurde nicht enttäuscht.«[36] Auch Gerlinde Fellner (Jg. 1944), die aufgrund der nationalsozialistischen Gesinnung ihrer Eltern und den daraus resultierenden Auseinandersetzungen Anfang der 1960er Jahre »bloß weg« wollte, hebt hervor, dass sie nicht aus »Not« in die Schweiz einreiste. In ihrer Erzählung über die sanitarischen Untersuchungen, die ausländische Arbeitskräfte an der Grenze zur Schweiz über sich ergehen lassen mussten, erläutert sie:

»Fünfzig, sechzig Leute sind gleichzeitig dort [im Untersuchungsraum an der Grenzstation] gesessen, die auch die Untersuchung, die sanitarische Untersuchung, machen mussten. Und da sind sicher auch welche dabei gewesen, die aus Not gekommen sind, oder, aus Not in die Schweiz eingewandert sind. Ich habe ja- ich bin ja nicht notdürftig hierhergekommen. {AA: Mhm, ja spannend}. Früher hat man halt kein Geld gehabt für Reisen. Da hat man halt seine Abenteuerlust auf die Art und Weise befriedigen können. Ja, es war auch ein Abenteuer eigentlich, so als junge Frau.«[37]

Emma Miescher bringt die bisherigen Ausführungen gewissermaßen auf den Punkt. Auf die Frage des Interviewers, ob sie in der Schweiz viel verdient habe, antwortete sie: »Geld war so nebensächlich, fort war unser

---

34 PAA, Valentic, Interview Kammerer, 00:08:34
35 Ebd., 00:01:02.
36 PAA, Groß, Lebensgeschichtliche Aufzeichnungen.
37 PAA, Althaus, Interview Fellner, 02:42:10.

Ding, fort, einfach fort.«[38] Sie wurde 1933 als Tochter eines Schreiners und einer Hausfrau geboren und wuchs in der ländlichen Gegend des Schwarzwaldes auf. Durch Vermittlung einer Bekannten im Dorf und gemeinsam mit einer Freundin ging sie 1951 in die Schweiz, wo sie knapp zwei Jahre lang als Hausangestellte in einem Villenhaushalt am Zürichsee tätig war. Die rege Nachfrage nach Arbeitskräften in der Schweiz bot ihr die Chance wegzugehen – weg von zu Hause, weg von ihrem Job als Fabrikationsnäherin und weg aus der Provinz.

Abgesehen davon, dass sich Maria Zich, Elfriede Kammerer, Helga Groß, Gerlinde Fellner und Emma Miescher explizit davon distanzieren des Geldes wegen in die Schweiz gegangen zu sein, teilen alle das gleiche einfache Motiv: Sie gingen, um von zu Hause fortzukommen. Die Motivationen, die dahinterstecken, unterscheiden sich jedoch von Fall zu Fall. Während Maria Zich sich von ihrer Mutter eingeengt fühlte und Emma Miescher ganz generell den Mief der Provinz hinter sich lassen wollte, erachtete Gerlinde Fellner ihre Migration in die Schweiz nicht nur als günstigen Zeitpunkt, den ideologischen Auseinandersetzungen mit ihren Eltern aus dem Weg zu gehen, sondern erhoffte sich davon zusätzlich, ihre Abenteuerlust zu stillen. Der Antrieb Neues kennenzulernen und die Welt zu entdecken, liegt auch den Argumentationen von Elfriede Kammerer und Helga Groß zugrunde. Abstrahiert man die Motivationen dieser fünf Frauen, dann lassen sich drei verschiedene (narrative) Funktionen von Migration benennen: Migration als Befreiung, Migration als Abenteuer und Migration als Bildungsmöglichkeit. Die Migrationsmotivationen der 59 Erzählerinnen, die keine ökonomischen Gründe in den Vordergrund stellen, lassen sich größtenteils als Variation und Kombination dieser drei ›Motivationstypen‹ beschreiben. Bevor ich darauf zurückkomme, möchte ich noch einen vierten ›Motivationstyp‹ präsentieren, der aus der komparativen Analyse herauskristallisiert werden konnte: Migration als Norm(alität). Was damit gemeint ist, lässt sich am besten an Gabriela Eckers Erzählung exemplifizieren. Sie ist – neben Zich, Kammerer, Groß, Fellner und Miescher – die sechste Erzählerin, die explizit das ökonomische Argument zurückweist. Sie wuchs in den 1940er Jahren im Markgräflerland, am Rande des Südschwarzwaldes, in bäuerlichen Verhältnissen auf. Fortzugehen von zu Hause war nicht ihre eigene Idee. Ihre Eltern schickten sie mit 15 Jahren für einige Zeit als Hausangestellte in die Schweiz.

---

38 PAA, Wössmer, Interview Miescher, 00:19:14.

Jedes Mädchen müsse zunächst einmal das Haushalten lernen. Auf die Frage des Interviewers, warum dafür gerade ein Haushalt in der Schweiz gewählt worden sei, antwortete sie:

»Es ging nicht ums Geld verdienen. Es ging- einfach raus aus dem All- von dem, was man daheim nur gesehen hat und=und gelernt hat und gewusst hat, einfach in eine andere Familie und zwar in eine *total* andere, und es *war* total was anderes, es war für mich absolutes Neuland.«[39]

Gabriela Ecker schildert das Weggehen von zu Hause und das Arbeiten in einem fremden Haushalt mit der Stimme ihrer Eltern als normaler Schritt im Leben einer jungen Frau. Die Migration als ›Dienstmädchen‹, zumindest in ihrer zeitlich beschränkten Form, wird als das übliche Mittel dargestellt, wie Mädchen sich, der Norm entsprechend, auf ein Leben als Hausfrau und Mutter vorzubereiten hatten. Die Entscheidung zur Migration wird hier nicht selbstständig, sondern in der Familie gefällt. Bei Ecker hängt dies auch mit ihrem jungen Alter zusammen.

Dass es selbstverständlich gewesen sei als Mädchen auf dem Weg zum Erwachsenwerden einmal »fremdes Brot zu schmecken«, führt auch Gerda Braun ins Feld, die wie Ecker aus einem bäuerlichen Umfeld in Süddeutschland stammt.[40] Als sie 1956 als 19-Jährige in die Schweiz kam, um in der Nähe von Basel bei »Doktorsleut« als Hausangestellte zu arbeiten, waren bereits zwei Cousinen ihrer Mutter in der Schweiz »in Stellung«. Ihre Mutter sei ebenfalls vor dem Krieg fünf Jahre lang in Basel in einem Haushalt gewesen: »Man ist einfach in die Fremde, da hat es geheißen, man geht einmal fort in die Fremde, dass man mal etwas anderes sieht außer dem Dorf, oder?«[41] Der Einsatz der unpersönlichen Pronomen »man« und »es« zeigt an, dass dieses in die Fremde gehen weit verbreitet und in dem Sinn ganz ›normal‹ war. Sie weist damit aber auch die Entscheidungsmacht jemand anderem zu. Gleich wie Gabriela Ecker, die von den Eltern in die Schweiz geschickt wurde, ging Gerda Braun nicht aufgrund eines inneren Bedürfnisses fort von zu Hause, sondern auf Anregung ihrer Mutter: »Sie [die Mutter] hat mit mir geschimpft: ›Es ist Zeit, du musst jetzt mal in die Fremde gehen und du musst fremdes Brot essen‹.«[42] Diesen mütterlichen Imperativ verallgemeinert sie gegen Ende des Gesprächs zur gesellschaftli-

---

39 PAA, Nováková, Interview Ecker, 00:05:20.
40 PAA, Say, Interview Braun, 02:32:46.
41 Ebd., 00:02:42.
42 Ebd., 02:45:34.

chen Norm. Auf die Frage des Interviewers, wie sie sich diesen »Trend« erkläre, dass Tausende junge Frauen in die Schweiz gegangen seien, wiederholt sie: »Eben, man geht in die Fremde [...] Bis unter'm Krieg da waren ja die Grenzen zu, aber nachher, ist man in die Fremde gegangen, das ist so gewesen.«[43] In dieser Passage verwendet sie die unbestimmte »Fremde« als Synonym für die Schweiz. Gerda Braun situiert ihre eigene Migrationserfahrung in einem überindividuellen Migrationsmuster und präsentiert damit das In-die-Schweiz-Gehen als etabliertes Wanderungssystem. Schon immer – mit Ausnahme der Kriegszeit – seien die Süddeutschen in die Schweiz ›in Stellung‹ gegangen. Gabriela Ecker hebt in einer Randbemerkung ebenfalls hervor, dass ihre Eltern die Schweiz als Zielland im Sinn hatten: »Sie [die Eltern] haben gemeint man müsse einmal so als junges Mädchen in einen anderen Haushalt und am besten- [...] am besten wäre natürlich die Schweiz.«[44]

Dass »man« als junge Frau in die Schweiz ging, war nicht nur ein weit verbreitetes Phänomen und normierte weibliche Lebensläufe in ländlichen Regionen Süddeutschlands, sondern stellte auch eine gesellschaftlich akzeptierte Form der Frauenemigration dar. Über das Erlernen von hauswirtschaftlichen Fähigkeiten hinaus, ermöglichte es Frauen – wie oben kurz skizziert – sich von alten Autoritäten zu befreien, alleine zu reisen und/oder ihren Bildungshunger zu stillen.

Das Migrationssystem als Möglichkeitsraum lässt sich gut an der Geschichte von Romana Siebert illustrieren. Die vom südlichen Oberrhein stammende Verkäuferin hatte aufgrund einer, den Eltern unliebsamen, Liaison mit dem Stiefsohn eines Polen »Ärger« zu Hause. Sieberts Beitrag zu meinem Schreibaufruf ist zum Großteil als geraffte Erzählung, in der Erzählform des Berichts verfasst. Ihre Entscheidung in die Schweiz zu gehen, schmückt sie im Gegensatz dazu zur detailreichen Geschichte aus.[45] Dies verleiht ihrer Entscheidung in die Schweiz zu gehen ein besonderes Gewicht im Rahmen der Gesamterzählung:

---

43 Ebd., 02:32:46.
44 PAA, Nováková, Interview Ecker, 00:00:37. Ähnlich: PAA, Schicker-Viktor, Werdegang, S. 7.
45 Der Bericht als geraffte Erzählung zeichnet sich durch klare Leitlinien, sachliches Argumentieren und eine Distanz zum Erzählten aus. Die Geschichte erzählt ein herausragendes Ereignis innerhalb einer Erzählung und ist gekennzeichnet durch eine genaue Situationsbeschreibung und einen hohen Detaillierungsgrad. Zu den verschiedenen Erzählformen vgl. Rosenthal, *Erlebte*, S. 240–241. Lehmann, *Erzählstruktur*, S. 64–65.

»An dem besagten Samstag-Vormittag kam eine junge Frau zu uns ins Geschäft zum Einkaufen. Sie fragte mich so nebenbei, ob ich eine Freundin hätte, die evtl. nach Basel als Hausmädchen gehen möchte. Ich sagte ihr, ich würde mich am Wochenende mal umhören, ob vielleicht jemand Interesse hat. Aber wie's der Teufel will, hatte ich wieder mal Stubenarrest, weil meine Eltern erfahren haben, dass wir uns wieder getroffen hätten. So konnte ich dann meine Freundinnen gar nicht sehen. Als ich nun so auf meinem Bett saß, kam mir die Idee, das wäre ja vielleicht auch was für mich. So könnte ich dem ganzen Ärger zu Hause aus dem Weg gehen. Also, die junge Frau kam am darauffolgenden Montag wieder zu mir ins Geschäft, um sich zu erkundigen, ob ich eine Freundin gefunden habe. Ich habe ihr kurz ›mein Problem‹ erzählt und habe sie gefragt, ob das auch was für mich wäre. Sie war hellauf begeistert. Sie ging am Abend gleich mit zu meinen Eltern. Ich stellte sie vor vollendete Tatsachen. Dann ging alles ganz schnell und ich war 4 Wochen später schon in Basel an meinem neuen Arbeitsplatz.«[46]

Der große Hausangestelltenmangel in der Schweiz veranlasste die spätere Arbeitgeberin dazu, eine Arbeitskraft in Süddeutschland, dem traditionellen Einzugsgebiet der ausländischen Hausangestellten in der Schweiz, zu rekrutieren. Dabei traf sie auf Romana Siebert, die von sich aus nicht auf die Idee gekommen wäre, in die Schweiz zu gehen. Sie hatte bis zu diesem »besagten Samstag-Vormittag« weder die Arbeit als Hausangestellte noch die Schweiz als Zielland ins Auge gefasst gehabt. Das Angebot als »Hausmädchen« nach Basel zu gehen, eröffnete ihr jedoch die Möglichkeit, dem Streit mit den Eltern zu entkommen. Ihre Migration kann als Akt der Befreiung gelesen werden – was durch ihre Schilderung, dass sie »Stubenarrest« hatte, untermalt wird.

Die im Elsass aufgewachsene Isabelle Zehnder (Jg. 1940), die autoritär erzogen wurde und auf dem elterlichen Bauernhof schwer mitarbeiten musste, nennt das Weggehen von zu Hause explizit eine »Flucht«. Sie flüchtete nicht nur vor ihrem strengen Vater, der sie in erster Linie als Arbeitskraft wahrnahm, sondern auch vor einer vermeintlich unvermeidlichen Zukunft als Bäuerin.[47] Als sie ein Inserat in der Regionalzeitung sah, dass »zwei fleißige Elsässerinnen« für einen gastgewerblichen Betrieb in der Nähe von Fribourg gesucht würden, überredete sie eine Freundin mitzukommen: »Und dann habe ich meine Schulfreundin gefragt: ›Mensch, du bist doch auch in der Situation, dass du gerne von zu Hause weg möchtest.‹«[48] Im Interview betont sie mehrmals, dass sie zum Fleißigsein erzo-

---

46 PAA, Siebert, Lebensgeschichtliche Aufzeichnungen, S. 1.
47 PAA, Delestowicz, Interview Zehnder, 01:14:14.
48 Ebd., 00:27:50.

gen wurde. Das Arbeitsethos, das ihr von den Eltern eingetrichtert worden ist und unter dem sie gelitten hat, wird hier zum Türöffner, um von zu Hause wegzukommen. Die Schweizer suchten »fleißige« Ausländerinnen für die schwere Arbeit im Gastgewerbe – eine Qualifikation, die Zehnder zu bieten hatte.

»Dem strengen Regiment des Elternhauses entkommen und aus der Enge des Dorfes ausbrechen«, das sind auch die erzählten Migrationsmotivationen von Ulrike Stamm. Die 1940 Geborene kritisiert in ihren Kindheitserzählungen den autoritären Erziehungsstil ihrer Eltern als veraltete Methode aus dem »vorigen Jahrhundert«.[49] Das Motiv des Fortgehens als Befreiungsschlag – das sich in jeder vierten Erzählung findet –, wird insbesondere von den Erzählerinnen relevant gesetzt, die dem Thema der autoritären Erziehung in den Kindheitserzählungen viel Gewicht verleihen. Eine Befreiungsgeschichte erzählen auch die Frauen, die Konflikte mit oder wegen den (Stief-)Eltern betonen. Dies lässt sich nicht an eine bestimmte Phase in meinem Untersuchungszeitraum knüpfen. Lotta Oesch, die 1927 in die Schweiz ging, nennt als Motivation von zu Hause wegzugehen den »Krach« mit der Stiefmutter. Aufgrund der Streitigkeiten habe sie eine Bekannte gebeten, die bereits in Arosa war, ihr dort eine Stelle zu besorgen.[50] 25 Jahre später verließ Johanna Eberle aus dem gleichen Grund das Haus ihres Vaters. Die konfliktgeladene Beziehung zur Stiefmutter veranlasste sie jedoch nur dazu, als Hausangestellte in den Nachbarort zu gehen. Warum sie anderthalb Jahre später in die Schweiz ging, argumentiert sie mit dem »Drang« sich der Verfügungsgewalt ihrer (Stief-)Eltern ganz zu entziehen. Da der Vater und seine neue Frau einen Laden betrieben, wollten sie, dass Johanna Eberle das Autofahren lerne, damit sie die Waren ausliefern könne:

> »Ich hätte ja nicht fort sollen, weil ich sollte immer das Autofahren lernen und ich habe gewusst, wenn ich Autofahren kann, dann ist fertig. [...] Das habe ich gewusst und das mache ich nicht, ich will fort {AA: mhm}. Und dann habe ich- bin ich meinem Papa an Schrank gegangen und habe das Familienbuch herausgeholt und bin auf das Rathaus und habe mir das Ding [den Pass] machen lassen, da war ich dann 18 (Lachen) {AA: Das ist mutig}. Ha, geschämt habe ich mich schon dafür, aber der Drang fort war halt noch größer.«[51]

---

49 PAA, Stamm, Bericht, S. 3.
50 PAA, Oesch, Interview Oesch, 00:35:00.
51 PAA, Althaus, Interview Eberle, 00:10:06.

Während sie sich den unmittelbaren Streitereien durch eine ›Nahwanderung‹ hatte entziehen können, war eine nachhaltige Emanzipation von den (Stief-)Eltern nur durch eine ›Fernwanderung‹ zu erreichen. Das Präfix »fern« bezieht sich hier weniger auf die Distanz in Kilometern – Johanna Eberle lebte vor ihrer Migration im südlichen Schwarzwald –, sondern auf die Reichweite der familiären Kontrolle. Die Episode darüber, dass sie sich auf dem Rathaus einen Pass ausstellen lassen musste, unterstreicht diese subjektiv empfundene »Ferne«. Darauf, dass die Schweiz genügend weit entfernt war, um sich der familiären Kontrolle zu entziehen, verweist Eberle indirekt in der Erzählung über die Reaktion ihres Vaters. Er sei gar nicht erfreut gewesen, als sie ihm offenbarte, dass sie in die Schweiz gehe. Mit einem unehelichen Kind, so seine Warnung, brauche sie gar nicht zurückzukehren.[52] Die Angst des Vaters vor einer illegitimen Schwangerschaft seiner Tochter kann hier als Symbol für den väterlichen Kontrollverlust über deren Lebensgestaltung gedeutet werden. Mit dem Entschluss in die Schweiz zu gehen, legt Johanna Eberle narrativ eine Emanzipationsgeschichte an. Der Konstruktion und Ausgestaltung solcher Befreiungsgeschichten, die im Sample zahlreich vertreten sind, gehe ich an anderer Stelle ausführlicher nach.[53]

Gerlinde Fellner migrierte, wie oben zitiert, nicht aus Not, sondern aus Abenteuerlust. Weitere acht Erzählerinnen geben das Gefühl von »Fernweh« und das Bedürfnis die Welt zu bereisen als Grund für ihre Migration in die Schweiz an. Dabei handelt es sich ausschließlich um Frauen, die in den 1950er oder 1960er Jahren in die Schweiz gingen. Sie wuchsen in der Kriegs- und Nachkriegszeit auf, einer Zeit in der es nicht so einfach möglich war zu reisen, was ein Gefühl des Abgeschottet-Seins evozierte.[54] Die in bäuerlichen Verhältnissen aufgewachsene Elsa Gutknecht, die nach der Schule auf dem elterlichen Hof mitarbeiten musste, bringt die Erzählungen der Abenteuerlustigen meines Samples auf den Punkt: »Die Schweiz war damals das ›Traumland‹ für viele junge Menschen. Auch ›Fernweh‹, die Welt war plötzlich offen.«[55]

---

[52] Ebd., 03:55:41.
[53] Vgl. Kapitel 5.1.
[54] Zur Wahrnehmung der BRD als begrenzte Welt nach dem Zweiten Weltkrieg vgl. Sternberg, *Auswanderungsland Bundesrepublik*, S. 168.
[55] PAA, Gutknecht, Lebensgeschichtliche Aufzeichnungen, S. 2. Ähnlich: PAA Althaus, Interview Fankhauser, 00:35:07. PAA, Althaus, Interview Keller, Teil 1, 00:05:22.

Rosemarie Kroll, die wie Gutknecht nach der Schule auf dem landwirtschaftlichen Gut ihrer Eltern mitarbeiten musste und nicht wie gewünscht eine Berufsausbildung absolvieren konnte, sah in der Arbeitsmigration in die Schweiz ebenfalls die Möglichkeit etwas anderes zu sehen als den elterlichen Betrieb:

>»Ich habe gewusst, es sind viele Frauen draußen in der Schweiz arbeiten, ich könnte das ja auch einmal probieren, um was anderes zu erleben, weil so habe ich auch keine Möglichkeit gehabt Reisen zu machen.«[56]

Kroll verbindet den Wunsch Neues kennenzulernen weniger mit dem Gefühl von Fernweh, als vielmehr mit dem Bedürfnis sich weiterzubilden. Da ihr eine berufliche Ausbildung auf dem klassischen Bildungsweg verwehrt geblieben war, entdeckte sie in der Arbeitsmigration in die Schweiz eine Chance dies nachzuholen. In der Zeit als mitarbeitendes Familienmitglied auf dem elterlichen Hof habe sie »[e]in Auge immer auf Weiterbildung gerichtet«. Dabei sei ihr »Blick« auf die Stelleninserate aus der Schweiz gefallen: »Mit meiner Bildung war die Auswahl nicht sehr groß. Die Schweiz hat mich schon länger interessiert und Inserate für Arbeit in der Gastronomie oder Haushalt angeboten.«[57] Obwohl sie keinerlei Vorkenntnisse im Gastgewerbe vorzuweisen hatte, erhielt sie auf ihre erste Bewerbung als »Serviererin« in einem kleinen Hotel im Kanton Graubünden gleich eine Zusage. Der in den 1950er Jahren einsetzende touristische Boom in der Schweiz, und damit zusammenhängend der große Bedarf an ausländischen Arbeitskräften im schweizerischen Gastgewerbe, bot Kroll, trotz der fehlenden Berufsqualifikation, die Gelegenheit in diesem Bereich tätig zu sein und sich gastronomische Fertigkeiten anzueignen.

Rosemarie Kroll ist eine von 14 Erzählerinnen, die ihre Migrationsmotivation mit einem Bildungsthema verknüpft. Ähnlich wie Rosemarie Kroll thematisiert auch Elisabeth Vogel ihre Migration in die Schweiz als Strategie, um ihren Bildungshunger zu stillen. Aufgrund ihres Geschlechts und ihrer Herkunft aus dem bäuerlichen Milieu, in dem die Mitarbeit auf dem Hof der Schul- und Berufsbildung der Kinder vorgezogen wurde, war ihr der ersehnte Besuch einer weiterführenden Schule verwehrt geblieben. Aus Angst, so wie ihre Mutter als Bäuerin zu enden, wollte auch Vogel »einfach fort«. Das Ausbrechen aus dem vorprogrammierten Lebenslauf eines Bauernmädchens vom Land unterlegt sie mit einem großen Bedürfnis nach

---

56 PAA, Althaus, Interview Kroll, 00:18:06.
57 PAA, Kroll, Meine Alltagsgeschichten, S. 4.

Bildung: »Mit 18 einfach fort von dieser Landwirtschaft [...] Ich wollte Sprachen- ich wollte ein anderes Land sehen, ich wollte etwas anderes kennenlernen.«[58] Sowohl Elisabeth Vogel wie Rosemarie Kroll machen in ihren Kindheits- und Jugenderzählung das Thema der kriegs-, sozial- und/oder geschlechtsbedingt verhinderten Bildung stark. Bei beiden wirkt das Thema Bildung als das zentrale strukturierende Moment, das die gesamte Erzählung vorantreibt und durchzieht.

Die Motivation in die Schweiz zu gehen, um etwas zu lernen und sich weiterzubilden, findet sich jedoch auch bei Erzählerinnen, die (das Nachholen der verhinderten) Bildung nicht zum zentralen Thema ihrer Lebensgeschichte machen. Hanna Havur, die 1937 als Tochter einer Büroangestellten und eines Prokuristen in Berlin geboren wurde, hatte eine gute Schul- und Ausbildung genossen. Nach der Mittelschule absolvierte sie eine Handelsschule und arbeitete anschließend als Buchhalterin in einer Kleiderfabrik. Nachdem sie 1956 ein Jahr in England war, wo sie neben ihrer Tätigkeit als Hausangestellte das »*Lower Certificate in English*« machte, kehrte sie nach Berlin zurück, wo sie als Fremdsprachensekretärin tätig war. Weil sie auch ihr Schulfranzösisch perfektionieren wollte, ging sie 1958 als »Saaltochter« in ein Hotelrestaurant nach Genf. Aufgrund des Schichtdienstes kam sie dort jedoch nicht wie geplant zum Französischlernen. Deshalb wechselte sie als Hausangestellte in einen Privathaushalt, wo sie nebenher einen Französischkurs besuchen konnte. Nach einem Jahr kehrte sie wieder nach Berlin zurück und war erneut als Fremdsprachensekretärin tätig.[59] Hanna Havur entspricht dem, seit Ende der 1950er Jahre auftauchenden, ›neuen‹ Typus der deutschen Hausangestellten in der Schweiz. Die ausländischen Hausangestellten kämen neuerdings vor allem in die Schweiz, weil sie eine Sprache lernen wollten, seien sehr jung und blieben nur für kurze Zeit, betonte etwa die Schweizerische Arbeitsgemeinschaft für den Hausdienst in ihrem Jahresbericht 1959.[60] In diese Kategorie passt auch Ursina Pfeifer (Jg. 1941). Sie hatte ihrem Berufswunsch entsprechend eine Lehre zur Schuhverkäuferin absolviert und arbeitete anschließend als Büroangestellte in Freiburg im Breisgau. Weil sie Französisch lernen wollte, entschied sie sich als 21-Jährige 1962, für ein

---

58 PAA, Althaus, Interview Vogel, 00:39:23.
59 PAA, Siebler, Interview Havur.
60 StABS PA 772 A2, SAG: Jahresbericht, Zürich 1959.

knappes Jahr nach Delémont im schweizerischen Jura zu gehen.[61] Es wäre jedoch verfehlt zu behaupten, dass das gezielte Erlangen einer bestimmten Qualifikation in der Schweiz ausschließlich ein Phänomen der späten 1950er und 1960er Jahre gewesen sei. So begründet die ›älteste‹ Erzählerin aus meinem Sample, die 1879 geborene Maria Lachenmeier, in ihren autobiografischen Aufzeichnungen, ihre Motivation in die Schweiz zu gehen unter anderem damit, dass sie das Kochen lernen wollte.

»Als ich gegen das 20. Jahr ging, kam mir so oft in den Sinn, es ist doch so schön daheim in unserm Dorf und Gegend, aber eine innere Stimme sagte mir, ich kann nicht da bleiben. Auf der Heimat erst recht nicht, denn es sind nicht nur Brüder, sondern auch eine ältere Schwester da, welche vor mir das Recht hatten auf die Heimat. Und als zudem noch Verehrer sich einstellten, fasste ich den Entschluss fortzugehen, in eine Familie, um das Kochen besser zu lernen, weil ich daheim meist beim Vater war, hatte ich nur am Sonntag etwas Zeit, in der Küche zu helfen.«[62]

War es in den 1950er Jahren vor allem die Mehrsprachigkeit der Schweiz, die den Deutschen und Österreicherinnen attraktiv erschien, wirkte in der Zwischenkriegszeit der gute Ruf der Schweizer Küche anziehend. Ob des Kochens oder der Sprache wegen, in beiden Fällen war die Schweiz explizit das Zielland. Sie bot die Gelegenheit eine spezifische Qualifikation zu erlangen, die nicht überall sonst erworben werden konnte. Im nächsten Kapitel gehe ich der Frage nach, warum die Schweiz als Destination gewählt wurde, und ob der Schweiz ›an sich‹ in der Migrationsentscheidung eine Relevanz zugesprochen wird.

4.1.3 Vorstellungen, Netzwerke und Stellenvermittlung

Abgesehen von den Erzählerinnen, die eine bestimmte hauswirtschaftliche oder sprachliche Qualifikation anstrebten, präsentieren die Frauen, die sich von ihrer Arbeitsmigration einen ökonomischen Erfolg erhofften, die Schweiz als bewusst gewähltes Zielland. Elsa Zeller und Maja Oban, die der höheren Löhne wegen migrierten, assoziierten mit der Schweiz vor

---

61 PAA, Pfeifer, Lebensgeschichtliche Aufzeichnungen, S. 1. Ähnlich: PAA, Hug, Lebensgeschichtliche Aufzeichnungen, S. 2.
62 PAA, Lachenmeier, Familienchronik, Maria 1879/2. Auch die Hamburger Jüdin Charlotte Manthai ging in den frühen 1930er Jahren in die Schweiz, um das Kochen zu lernen: FZH/WdE 442, Jens Michelsen: Interview mit Charlotte Manthai [Alias], Hamburg 13.07.1996, S. 12.

allem eines: Reichtum. Die Wahl der Schweiz als Zielland knüpfte sich an die Vorstellung, dass man dort Geld verdiene und war in dem Sinne ein strategischer Entschluss. Rosa Imhof, die aus ähnlichen – sozial benachteiligten – Verhältnissen stammt wie Elsa Zeller und als Kind verdingt worden war, imaginierte die Schweiz ebenfalls als reiches Land. Für die »Bauernmagd«, wie sie sich selbst bezeichnet, war sie jedoch noch viel mehr. Es war das Land ihrer Träume – ein Paradies:

»Oft sah mein Blick in die Zukunft. Er sah immer wieder die Zauberberge Schweiz, ringsum ein Geldvorrat, mitten im Paradies schöne Damen und hochgehobene Herren. [...] Ja, wenn die Berichterstatter Entzückendes von all dieser Herrlichkeit erzählten, dann versteht man etwas darunter. Für mich war die Schweiz so schön, wo jene sind, die auf den Himmel verzichten.«[63]

Im Krieg hätten die Leute davon geredet, dass die Schweizer reich seien und es dort Unmengen an Schokolade gäbe. Eine Vorstellung, die durch das Hören des schweizerischen Landessenders Radio Beromünster verstärkt wurde. Die Radiostation, die im Inland der geistigen Landesverteidigung diente, erhöhte während des Zweiten Weltkrieges ihre Sendeleistung und konnte europaweit empfangen werden. Somit wurde die »akustische Interpretation Deutschschweizer Identität«[64] bis zu Rosa Imhof nach Niederösterreich transportiert. Die Kultur- und Heimatsendungen propagierten die ländliche Idylle und ›typisch‹ schweizerische Werte wie Freiheit, Demokratie und Solidarität.[65] Im Kontrast zu Österreich, wo Imhof nur zu Ostern und Weihnachten ein Stück Torte erhielt, beflügelte dieses »Schokolade-Heimatland«[66] ihre kindliche Fantasie. Ihre Traumvorstellungen waren die Basis für ihre Entscheidung, in die Schweiz zu gehen. Gleich wie bei Elsa Zeller und Maja Oban war es eine selbstbestimmte, bewusste, zielgerichtete Entscheidung: »Und nachher gehst du da hin. Es ist schon ein bisschen Bestimmung vom Kopf her, was man macht im Leben, oder?«, bilanziert Imhof ihren Migrationsentschluss. Die Schweiz als imaginiertes Paradies ist für sie im wahrsten Sinne des Wortes Ziel-Land.

Die Schweiz als »Schlaraffenland«[67], als »Traumland«[68], als »Himmel auf Erden«[69] oder eben als »Paradies« ist die im Sample am häufigsten ge-

---

63 DOKU, Imhof, Lebensgeschichtliche Aufzeichnungen, S. 65.
64 Edzard Schade: Faktisches zum Mythos Radio Beromünster, in: NZZ, 27.12.2008.
65 Zur geistigen Landesverteidigung vgl. Kapitel 2.2.1.
66 PAA, Althaus, Interview Imhof, 01:39:19.
67 PAA, Wieser, Lebensgeschichtliche Aufzeichnungen, S. 1.
68 PAA, Gutknecht, Lebensgeschichtliche Aufzeichnungen, S. 2.

nannte Imagination, die die Frauen aus der Retrospektive mit der Schweiz verbinden. Neben Geld und Schokolade werden vor allem die Berge und die schöne Landschaft als Komponenten dieses vermeintlichen Eldorados ins Feld geführt. Ilse Reber, die sich nach einem eigenen Zimmer sehnte, stellte sich die Schweiz – mangels konkreter Informationen – vor wie im »Heidifilm«.

»Man hat sich einfach vorgestellt, in der Schweiz gibt es Geld und in der Schweiz wird man reich. Man hat sich ja die Schweiz gar nicht vorstellen können, ich habe einfach gemeint, die Schweiz besteht nur aus Bergen. {AA: Ah ja?} Ja=ja (lacht). Da hat man mal einen Heidifilm gesehen und so hat man sich die Schweiz vorgestellt.«[70]

Während Rebers Vorstellungen auf einer fiktionalen Geschichte beruhen, basierte das Schweiz-Bild, das Rosa Haller sich von der Schweiz machte, auf Erfahrungswissen. Da die 1932 in Heidelberg geborene Tochter eines Lehrerehepaars Verwandte in der Schweiz hatte, die ihrer Familie nach dem Krieg »Liebesgabenpakete« schickte und bei denen sie als Ferienkind verwöhnt wurde, stellte sie sich den Geschmack von Schokolade nicht nur vor, sondern wusste um deren köstlichen Gusto:

»[Die Schweiz] war ja das Paradies auf Erden. Ich weiß sogar noch- ja wissen Sie, was wir gemacht haben? Wir haben Schokoladenpapier gesammelt und Alben geklebt. [...] Glauben Sie, dann waren wir im siebten Himmel, da haben wir Schokoladenpapieralben gehabt und haben uns erinnert, wie die schmeckt und die schmeckt und die schmeckt.«[71]

Sei es aufgrund eigener sinnlicher Erfahrungen, durch mediale helvetische Selbstinszenierungen oder (fiktionale) Erzählungen, in den Köpfen der Erzählerinnen konstituierte sich ein Imaginationsraum, der die Schweiz als reiches und idyllisches Land verheißungsvoll erscheinen ließ.

Im Gegensatz zu Rosa Imhof, die ihre paradiesischen Vorstellungen als Antriebskraft für ihre Migration darstellt, wirkten die Imaginationen bei Ilse Reber und Rosa Haller nicht direkt migrationsauslösend. Rosa Haller, die in einem evangelischen Internat die Mittlere Reife erlangt hatte, wollte Kindergärtnerin werden und absolvierte ein Praktikum in einem Kinder-

---

69 PAA, Althaus, Interview Reichenbach, 01:14:40.
70 PAA, Althaus, Interview Reber, 01:43:56. Die erste Verfilmung des Kinderbuchklassikers von Johanna Spyri wurde 1937 in den USA vom Regisseur Allan Dwan gedreht und lief 1938 in deutschen Kinos, vgl. den Eintrag in der International Movie Database:, 10.01.2017, http://www.imdb.com/title/tt0028988.
71 PAA, Althaus, Interview Haller, 03:18:47.

heim, als sie von einer Freundin, die bereits in der Schweiz war, angeworben wurde. Ein Pfarrer aus Montreux, der mit der Vermittlung von Hausangestellten beschäftigt war, hatte diese gebeten, eine Kollegin aus Deutschland zu organisieren.[72] Dass Rosa Haller die angebotene Stelle annahm, wurde sicherlich durch ihre positiven Bilder von der Schweiz unterstützt. Von sich aus, so betont sie, wäre sie jedoch nicht auf die Idee gekommen, dorthin zu gehen.[73] Ilse Reber, die sich in erster Linie aus den beengten Wohnverhältnissen im Elternhaus befreien wollte, beantwortete meine Frage danach, ob die Schweiz als Land in irgendeiner Weise etwas mit ihrer Migrationsentscheidung zu tun gehabt habe, ohne zu zögern mit einem »Nee=nee, nix«.[74] Nicht Heidi, der Film, beeinflusste den Entschluss der Schneiderin, sondern die vielen anderen, die in die Schweiz gegangen sind: »Von der Modefachschule aus, von Graz, haben die Mädchen halt einen so richtig angezündet und sind dann eine nach der anderen in die Schweiz.«[75]

Ilse Reber und Rosa Haller sind nicht des Landes wegen in die Schweiz gegangen. Ihr Wunsch von zu Hause fortzugehen, war nicht auf ein bestimmtes Zielland ausgerichtet. Das gilt für viele weitere Erzählerinnen meines Samples. Im Vergleich zu anderen Forschungen zur (deutschen) Auswanderung im 20. Jahrhundert ist das eine Besonderheit. Alexander Freund kommt in seiner Studie über die deutsche Amerikawanderung nach 1945 zum Schluss, dass für seine Interviewpartner_innen die USA als Destination für die Migrationsentscheidung zentral war, und sie keine alternativen Zielländer im Blick gehabt hätten.[76] In meinem Sample betonen einige Frauen sogar explizit, dass sie lieber woanders hingegangen wären. Elisabeth Vogel, die nach der Schule von der Mutter verpflichtet worden war, auf dem landwirtschaftlichen Familienbetrieb zu helfen, wäre am liebsten nach Spanien gegangen:

»Am 18. Geburtstag bin ich aufs Rathaus, habe einen Pass bestellt und wollte nach Spanien. {AA: Ah ja?} Also einfach in Süden hätte ich wollen. Und dann hatten wir *plötzlich* Verwandte in der Schweiz, die ich gar nicht gekannt habe, also eine

---

72 Ebd., 00:12:45.
73 Ebd., 02:43:31.
74 PAA, Althaus, Interview Reber, 01:43:53.
75 Ebd., 00:07:05.
76 Freund, *Aufbrüche*, S. 321.

weitläufige Cousine war das, und die hat dann *gleich* eine Stelle besorgt und dann bin ich *halt* nach Basel gekommen« [Hervorhebung AA].[77]

Dass die Schweiz nicht ihre Traumdestination war, wird bei der sprachlichen Analyse der hier zitierten Passage indirekt deutlich. So hatte sie »plötzlich« Verwandte in der Schweiz, die ihr »gleich« eine Stelle besorgten, und sie »halt« nach Basel kam. Auf meine Nachfrage, wie die Reaktion ihrer Mutter auf ihren Migrationsentschluss gewesen sei, expliziert sie diese Vermutung. Die Mutter sei entsetzt gewesen über ihre Pläne, nach Spanien zu gehen. Das einzige was »drin« gelegen habe, sei die Schweiz gewesen. Deshalb sei sie »halt dann in Gottesnamen« dorthin gegangen.[78] Eigentlich habe sie sich vorgestellt, möglichst weit fortzugehen. Zum einen, damit sie nicht so schnell auf den mütterlichen Hof zurückgeholt werden könne. Zum anderen, weil sie Spanisch lernen wollte.[79] Ihre Beziehungen in die Schweiz eröffneten Elisabeth Vogel zwar die Möglichkeit, fortzukommen, in Bezug auf die Wahl des Ziellandes wirkten ihre unverhofften Kontakte nach Basel jedoch einschränkend.

Gabriele Ertel betont im Interview ebenfalls, dass die Schweiz die einzige Destination gewesen sei, die ihre Eltern akzeptierten. Die 1938 in Berlin zur Welt gekommene Tochter einer Buchhalterin und eines Technikers, die ihre Jugend in der Nähe von Stuttgart verbrachte, war in ihrer Tätigkeit als Bürogehilfin sehr unglücklich. Eigentlich hätte sie gerne eine weiterführende Schule besucht, was ihr von den Eltern verwehrt blieb, da diese das Schulgeld dafür nicht aufbringen wollten. Die vielen Stellenangebote aus der Schweiz waren für die damals 18-Jährige Ertel die einzige Möglichkeit, aus ihrer unangenehmen beruflichen und familiären Situation »rauszukommen«. Nach England oder nach Amerika zu gehen, das erlaubten die Eltern ihrer noch minderjährigen Tochter nicht.[80]

Das seit dem ausgehenden 19. Jahrhundert etablierte Wanderungssystem der weiblichen Arbeitsmigration aus Deutschland und Österreich in die Schweiz stellte also für viele Frauen einen Möglichkeitsraum dar, um die aus unterschiedlichsten Gründen angestrebte Migration zu verwirklichen. Gleichzeitig verhinderte es jedoch andere Migrationsvorhaben. Alter und Geschlecht der Migrantinnen spielen dabei eine wichtige Rolle. In die

---

77 PAA, Althaus, Interview Vogel, 00:09:25.
78 Ebd., 00:41:18.
79 Ebd., 00:38:09.
80 PAA, Hermanowski, Interview Ertel, 00:31:43. Ähnlich: PAA, Valentic, Interview Kammerer, 00:01:02 und 00:04:30.

Schweiz in einen Haushalt zu gehen, wurde jungen Frauen zugestanden und als opportun erachtet. Eine Auswanderung nach Übersee oder in kulturell ›fremde‹ Länder lehnten die Eltern hingegen häufig ab. Zentral für die Wahl der Schweiz als Zielland, so das Fazit, waren die persönlichen Netzwerke der Migrantinnen. Ökonomische Faktoren – wie das Verhältnis von Angebot und Nachfrage auf den Arbeitsmärkten – spielten für den Aufbau und die Regulierung des Migrationssystems eine Rolle; ebenso migrationspolitische Maßnahmen wie Sonderbewilligungen und Einreiseerleichterungen für ›Dienstmädchen‹ in der Schweiz. Es waren jedoch nicht das Ungleichgewicht zwischen den verschiedenen Volkswirtschaften und auch nicht die politischen Entscheidungen in der Bewilligungspraxis, die das Migrationssystem am Laufen hielten. Aufrechterhalten wurde es vorwiegend durch die an dieser Wanderungsbewegung partizipierenden Frauen und ihrem persönlichen Umfeld, aber auch den direkten Interventionen der Schweizer Arbeitgeber_innen. So verfestigte sich das In-die-Schweiz-Gehen zu einer Wanderungsbewegung, die sich aus sich selbst heraus speiste. Dirk Hoerder hat dafür den Begriff der *»self-generating migration«* geprägt. Das »Informationsnetz«, das durch persönliche Kontakte zwischen Herkunfts- und Zielregion aufgebaut wurde, hielt die durch makroökonomische oder politische Faktoren ins Rollen gebrachte Arbeitsmigration in Gang.[81]

Wie sahen im Fall der Schweizwanderung diese Netzwerke aus? Über welche Informationskanäle wurde das Wissen über die Möglichkeit in die Schweiz zu gehen – ergo fortzukommen – übermittelt? Die Kommunikation innerhalb des Migrantinnennetzwerkes fand entlang von zwei Achsen statt. Es kann unterschieden werden zwischen einem inter- und einem intragenerationellen Wissenstransfer. Wie auf der strukturellen Ebene bereits gezeigt, hat die Arbeitsmigration deutscher und österreichischer Haus- und Gastgewerbsangestellter in die Schweiz eine historische Dimension. Sie beschränkt sich nicht auf die Zeit nach dem Zweiten Weltkrieg, sondern überdauerte die ersten sechs Jahrzehnte des 20. Jahrhunderts. Mehrere Generationen deutscher und österreichischer Frauen gingen in die Schweiz. Wie am Beispiel der Migrationsmotivationen von Gabriela Ecker und Gerda Braun oben dargelegt wurde, wurde die Schweizwanderung als ›normaler‹ Schritt im Leben einer jungen (süd)deutschen Frau eingestuft. Das war etwas, was »man« tat, was schon viele vor einem gemacht hatten,

---

81 Hoerder, »Arbeitswanderung«, S. 400.

was eine gewisse Tradition aufwies. Während in Gabriela Eckers Erzählung die Quelle dieses Wissen diffus bleibt, benennt Gerda Braun explizit die Wissensträgerinnen und -übermittlerinnen. Sowohl ihre Mutter als auch ihre Tante seien vor dem Zweiten Weltkrieg als Hausangestellte in Basel gewesen. Deshalb habe auch sie sich – auf Anregung der Tante und auf Drängen der Mutter – im Jahr 1956 entschlossen, eine Stelle in der Schweiz anzunehmen.[82] Das In-die-Schweiz-Gehen wird hier als Familientradition präsentiert. Ingrid Arnold (Jg. 1926) aus dem südbadischen Müllheim, deren Großmutter in der Zwischenkriegszeit nach Basel ging, um das Kochen zu lernen, folgte ebenfalls dem Beispiel ihrer Großmutter. Die gelernte Schneiderin war in der Zeit vor ihrer Migration als Modezeichnerin in Heidelberg beschäftigt. Die Arbeit dort gefiel ihr gut, allerdings litt sie unter der Nahrungsmittelknappheit nach dem Krieg. Deshalb habe ihre Oma »Mitleid« mit ihr gehabt und gesagt: »So geht das nicht, ich schau, dass du in die Schweiz kommst«:[83]

»Ja, die Großmutter hat eine alte Freundin gehabt und dort hat sie hingeschrieben, ob sie für mich eine Stelle weiß und dann hat die gesagt, ja sie kennt Leute, und ich kriege plötzlich nach Heidelberg, wo ich in diesem Modesalon beschäftigt war, die Nachricht, ich habe eine Stelle in der Schweiz und meine Kolleginnen, die haben gemeint, ich käme ins Paradies, gell, dabei war's grad umgekehrt (lacht), na ja.«[84]

In dieser Erzählung liegt die Handlungsmacht klar bei der Großmutter, die ihre alten Kontakte reaktivierte und ihre Enkelin in die Schweiz schickte. Ingrid Arnold stellt sich in der Entscheidungsfindung als passiv dar. Dies hängt vermutlich auch mit ihrer im Nachsatz angedeuteten ›Vertreibung aus dem Paradies‹ zusammen. Ihr Aufenthalt in der Schweiz bedeutete für sie in beruflicher Hinsicht nämlich einen Abstieg und endete – wie an späterer Stelle noch ausführlicher gezeigt wird – mit ihrer Ausweisung.

Aber nicht erst in der Zeit nach dem Zweiten Weltkrieg, auch in früheren (und späteren) Generationen animierten Mütter und Großmütter ihre Töchter und Enkelinnen dazu, in ihre Fußstapfen zu treten. Die 1884 geborene Christine Wörz war Anfang des 20. Jahrhunderts als Köchin in der Schweiz tätig und riet aufgrund ihrer guten Erfahrungen ihrer Tochter Alwine (Jg. 1911), ebenfalls in die Schweiz zu gehen. So erinnert sich Lilli

---

82 PAA, Say, Interview Braun, 00:00:33.
83 PAA, Wiedermann, Interview Arnold, 00:09:33.
84 Ebd. 00:43:06.

Groninger, die Enkelin von Christine Wörz und die Tochter von Alwine Steffens:

»Über die Schweiz sprach meine Großmutter nur positiv, deswegen schickte sie auch ihre Tochter Alwine [...] in die Schweiz. [...] Meine Mutter folgte dem Rat ihrer Mutter und meldete sich 1933 in die Schweiz.«[85]

Von den Erfahrungen ihrer Mutter inspiriert gewesen zu sein, berichtet auch die Steirerin Christa Läufer (Jg. 1958), die sich Ende der 1970er Jahre entschied, ihr berufliches Glück als Arbeitsmigrantin bei den Eidgenoss_innen zu suchen – gleich wie ihre Mutter 20 Jahre zuvor.[86]

Die Idee in die Schweiz zu gehen, wurde nicht nur entlang der Generationen innerhalb der Familien tradiert. Der Großteil der Erzählerinnen wurde – mit Ilse Reber gesprochen – von den vielen, zumeist gleichaltrigen, Zeitgenossinnen »angezündet«, die zum Zeitpunkt der Migrationsentscheidung aktuell in der Schweiz arbeiteten oder soeben von dort zurückgekehrt waren. Maria Renner (Jg. 1934) entschied sich, nachdem sie sieben Jahre als Hausangestellte in der Nähe ihres Elternhauses in der Steiermark tätig gewesen war, 1955 nach Solothurn zu gehen: »In dieser Zeit war der Trend aller junger Mädchen, in die Schweiz arbeiten zu gehen. Dies war auch mein Traum.«[87] Die aus Niedersachsen stammende Gerlinde Fellner wählte zur Befriedigung ihrer Abenteuerlust 1962 die Schweiz als Zielland, da diese »in aller Munde« gewesen sei.[88]

Fallen Gerlinde Fellners und Maria Renners Verweise auf das intragenerationelle Netzwerk unspezifisch aus, geben einige Erzählerinnen an, direkt von einer anderen Schweizgängerin angeworben worden zu sein. Die Niederösterreicherin Ella Lubich ließ sich von ihrer Cousine begeistern, in die Schweiz zu gehen. Lubich, die Ende der 1940er Jahre als Kaffeehaus- und Hausangestellte nach Wien gegangen war, fühlte sich dort »ausgenutzt« und als »fünftes Rad am Wagen« behandelt. Als ihr eine Cousine, die »schon draußen« war, von der Schweiz vorschwärmte und sie ermutigte doch auch zu kommen, fasste Lubich, ohne lange zu zögern, den Entschluss ihrem Rat zu folgen.[89]

---

85 PAA, Groninger, Biografische Notizen, S. 1.
86 PAA, Läufer, Lebensgeschichtliche Aufzeichnungen, S. 1.
87 PAA, Renner, Arbeiten in der Schweiz, S. 1.
88 PAA, Althaus, Interview Fellner, 00:26:15 und 02:34:50. Ähnlich: PAA, Pröll, Lebensgeschichtliche Aufzeichnungen, S. 2–3.
89 PAA, Althaus, Interview Lubich, 01:54:36. Ähnlich: PAA, Althaus, Interview Reichenbach, 00:09:27 und 01:12:48.

Nicht alle waren wie Ella Lubich gleich Feuer und Flamme von der Idee als Arbeitsmigrantin in die Schweiz zu gehen. Die in einem kleinbäuerlich-katholischen Milieu groß gewordene Gerda Falter war nach der obligatorischen Schulzeit als »Dienstmädchen« auf einem Land- und Forstwirtschaftsbetrieb mit Sägewerk tätig. Dort habe sie zu einem Hungerlohn geschuftet. Ihre Geschwister und ihr Freund drängten sie, doch in die Schweiz zu gehen. Dort würde sie viel mehr verdienen: »Dann haben sie mir so lange zugeredet, bis ich dann auch in die Schweiz gefahren bin, nicht?«[90] Auf meine Nachfrage, ob sie vor ihrer Zeit als Hausangestellte in Basel irgendwelche Vorstellungen von der Schweiz gehabt habe, verneinte sie und meinte, sie habe nur gewusst, dass »viele draußen arbeiten gegangen sind« und wiederholte dann noch einmal: »Und wenn so viele fahren, na ja, wenn sie schon unbedingt wollen, dann fahre ich halt auch.«[91]

War bisher die Rede davon, dass die Erzählerinnen von Freundinnen, Verwandten oder Bekannten angeworben wurden, lassen sich auch Beispiele anfügen von Personen, die selber aktiv geworden sind. Sie nutzten die Kontakte im Migrantinnennetzwerk ganz gezielt, um in die Schweiz zu gelangen. Agatha Hauert, die ihrem Leben als Fabrikarbeiterin und der unhaltbar gewordenen Situation mit ihrem psychisch labilen Freund entkommen wollte, bat ihre Cousine, die bereits in der Schweiz war, ihr dort eine Stelle zu suchen – was diese auch erfolgreich tat.[92]

Über das Migrantinnennetzwerk wurde also nicht nur das Wissen um Arbeitsmöglichkeiten weitergegeben, sondern auch ganz konkret Stellen vermittelt. Insgesamt fand mehr als ein Drittel der Erzählerinnen (29 von 79) ihre Stelle in der Schweiz über persönliche Beziehungen. Idealtypisch schildert Elsa Zeller, die in den späten 1950er Jahren der höheren Löhne wegen als Hotelangestellte in die Schweiz ging, die Funktionsweise der Kettenmigration und das Potential des Migrantinnennetzwerk in Bezug auf die Stellenvermittlung. Auf meine Nachfrage, wie sie die Stelle in der Schweiz erhalten habe, antwortete sie:

EZ: »Weil eine Schwester dort gearbeitet hat und dann hat's geheißen: ›wir brauchen in der nächsten Saison jemanden, kennst du jemanden?‹ – ›Ja, ich habe noch eine Schwester, die könnte ich mitbringen.‹«

AA: »Mhm genau. Also du hast dich da nicht irgendwie bewerben müssen?«

---

90 PAA, Althaus, Interview Falter, 00:04:08.
91 Ebd., 01:35:51.
92 Ebd., 00:01:00 und 00:56:12.

EZ: »Ich habe mich nirgends bewerben müssen, ich habe die Leute nicht gesehen, bevor- sondern, die Schwester bringt einfach die Schwester mit und fertig.«[93]

Da es in der strukturell benachteiligten Südoststeiermark, wo Zeller aufgewachsen ist, fast keine Arbeitsmöglichkeiten gegeben habe, seien »alle« aus ihrem Dorf in der Schweiz gewesen. Eine heuerte die nächste an, sodass zum Schluss ganze Familien und halbe Dörfer im gleichen Hotel tätig waren. Darüber hinaus kann anhand des, in direkter Rede wiedergegebenen, Dialogs zwischen dem Schweizer Hotelier und Zellers Schwester die Rolle der Schweizer Arbeitgeber_innen sichtbar gemacht werden. Nicht nur die potentiellen Migrantinnen nutzten ihr persönliches Netzwerk, um in die Schweiz zu gelangen. Aufgrund des großen Personalmangels in der boomenden Schweizer Hotellerie der Nachkriegszeit sowie dem chronischen Mangel an Hausangestellten griffen auch die Arbeitgeber_innen darauf zurück und aktivierten die Kontakte ihrer Angestellten, um weitere Arbeitskräfte gewinnen zu können.

Dabei wandten sie sich auch an alte Bekannte, die schon längst nicht mehr in der Schweiz tätig waren, sowie deren Kinder. 1955 schrieb etwa eine Frau Kropf aus dem aargauischen Fislisbach an die Tochter einer ehemaligen Schweizgängerin:

»Und nun gelange ich mit einer grossen Bitte an Sie: wüssten Sie mir eine nette [Haus-]Tochter, nicht unter 20 Jahren für den Haushalt meiner Tochter? Unsere langjährige Angestellte heiratet auf Ostern und nun suchen wir eine neue Hilfe. Die Tochter, die wir suchen, muss in Haus und Küche selbstständig sein. Wir sind modern eingerichtet. Oelheizung, Waschmaschine, die Zimmer alle auf dem gleichen Boden, es ist ein leichtes Arbeiten bei uns und ich helfe überall mit. Lohn und Bezahlung sind gut, die Tochter gehört ganz zur Familie, kann, wenn sie will, überall mit uns kommen und findet für alles Rat und Hilfe [...] Eintritt wäre auf 15. Februar 1956.«[94]

Aus der Art und Weise, wie die Stelle angepriesen wird, kann herausgelesen werden, wie schwierig es in den 1950er Jahren gewesen ist, eine Hausangestellte zu finden. Die Zeiten, in denen man das ›Dienstmädchen‹ in ungeheizten Dachkammern wohnen ließ und vom Familienleben ausschloss, waren (weitgehend) passé.[95] Die Arbeitgeber_innen mussten sich um ihre Angestellten bemühen. Und das taten sie auch, unter anderem indem sie

---

93 PAA, Althaus, Interview Zeller, 03:05:16.
94 PAA, L. Kropf: Brief an Frau Arnold [Alias]. Fislisbach 02.12.1955. Ähnlich: PAA, Annemarie Blarer-Bösch: Briefe an Maria Theresia Trenkle, Basel 1962–63.
95 Vgl. Kapitel 4.2.5.

die Mühe nicht scheuen, ein ›Mädchen‹ jenseits der Landesgrenzen zu finden. Wie oben anhand der Ausführungen von Romana Siebert bereits illustriert werden konnte, unternahmen Arbeitgeber_innen persönlich Rekrutierungsfahrten nach Süddeutschland und Österreich, um sich nach einer Hausangestellten umzusehen.[96] Aus meinem Sample berichten fünf Personen, direkt von ihren späteren Arbeitgeber_innen angeheuert worden zu sein.

15 Erzählerinnen erhielten ihre Stelle über eine von Schweizer Arbeitgeber_innen inserierte Stellenannonce in deutschen oder österreichischen Zeitungen. Dass die Zeitungen »voll« waren mit Stellenangeboten aus der Schweiz, findet sich in vielen Erzählungen, pointiert etwa in den lebensgeschichtlichen Aufzeichnungen der 1934 in der Steiermark geborenen Bauerntochter Elke Riemer: »Der Wunsch auch in die Schweiz zu fahren, wurde bei mir immer größer. [...] Die Zeitungen waren voll mit Anzeigen, ›Hausmädchen gesucht‹.«[97] Wilhelmine Eglof (Jg. 1936), die ihre Jugend im westfälischen Lippstadt verbrachte, nutzte den Zeitungs-Stellenmarkt ganz gezielt, um Auseinandersetzungen mit ihrer Mutter, zu entkommen:

»Und dann hab ich gedacht, jetzt hau ich einfach ab! Dann hab ich mir eine Zeitung gekauft, [eine] wo ich wusste, da sind viele=viele Annoncen drin, Stellenannoncen. Und da hab ich dann eben eine Annonce gefunden: Hausmädchen gesucht in der Schweiz. Dann hab ich da hingeschrieben, hab Antwort gekriegt und hab meinen Koffer gepackt und bin in die Schweiz.«[98]

Aufgrund der großen Menge an schweizerischen Stelleninseraten in süddeutschen Zeitungen sah sich der Verein südwestdeutscher Zeitungsverleger 1953 veranlasst, beim Präsidenten der Bundesanstalt für Arbeitsvermittlung und Arbeitslosenversicherung (BAVAV) in Nürnberg eine Sonderregelung von einer, noch aus der NS-Zeit stammenden, Verordnung über die Vermittlung von Arbeitskräften ins Ausland zu erwirken. Diese Verordnung schrieb vor, dass Stelleninserate aus dem Ausland, die in deutschen Zeitungen erschienen, von den Landesarbeitsämtern bewilligt werden mussten.[99] Eine Bewilligung durfte, so die Weisung an die Landesarbeitsämter, nur dann erteilt werden, wenn für Deutschland ein »Bedürfnis«

---

96 Zu den Rekrutierungsfahrten Schweizer Arbeitgeber vgl. auch Kapitel 2.2.6.
97 PAA, Riemer, Lebensgeschichtliche Aufzeichnungen, S. 2.
98 PAA, Holtz, Interview Eglof, 00:15:34.
99 RGBl. I s. 903, Verordnung über Vermittlung, Anwerbung und Verpflichtung von Arbeitnehmern nach dem Ausland vom 28.06.1935.

vorlag.[100] Die Zeitungsverleger forderten für den deutsch-schweizerischen Grenzraum Ausnahmen von dieser gesetzlichen Bestimmung. Zur Beschleunigung des Bewilligungsverfahrens sollten schweizerische Stellenannoncen nicht mehr zentral von den Landesarbeitsämtern Baden-Württemberg und Südbayern, sondern von den örtlichen Arbeitsämtern bewilligt werden dürfen. Zudem schlugen die Zeitungsverleger vor, die Bewilligungspflicht für die zahlreich eintreffenden Stellenangebote für Haus- und Gastgewerbsangestellte ganz aufzuheben:

> Außerdem möchten wir gerade im Hinblick auf die gut nachbarlichen deutsch-schweizerischen Verhältnisse und den gesteigerten gegenseitigen Reiseverkehr in Vorschlag bringen, dass Anzeigen, in denen Arbeitskräfte für das Hotel- und Gaststättengewerbe sowie Hausgehilfinnen gesucht werden, von der Verpflichtung einer einzuholenden Genehmigung befreit werden.«[101]

Diesen Forderungen entsprach die BAVAV im Februar 1954 größtenteils. Dass die Inserate für »Hausgehilfinnen« als einzige Berufsgruppe gar nicht mehr der Genehmigungspflicht unterlagen, begründeten die Beamten der BAVAV mit der zu erwartenden Entlastung der Arbeitsämter, »weil sich der überaus größte Teil aller Zeitungsanzeigen für die Schweiz auf Hausgehilfinnen« beziehe.[102] Allerdings wurden Stellenangebote, die nicht mit der vollen Anschrift des Arbeitgebers aufgegeben wurden, zum »Schutz« der Arbeitnehmerinnen von dieser Sonderregelung ausgenommen. Hintergrund dafür war der zeitgenössische Diskurs über den »Mädchenhandel«, der insbesondere von bürgerlich-konfessionellen Frauenorganisationen vorangetrieben und geprägt wurde.

---

100 BArch B 119/3012, BAVAV: Protokoll der BAVAV-Vorstandssitzung zur Verordnung über Vermittlung, Anwerbung und Verpflichtung von Arbeitnehmern nach dem Ausland vom 28. Juni 1935, Nürnberg 19.09.1953, S. 1.
101 BArch B 119/3010, Brief vom Geschäftsführer des Vereins südwestdeutscher Zeitungsverleger e.V. (Sig. Wiegandt) an den Präsidenten der BAVAV betreffend Anwerbung von Arbeitskräften nach dem Ausland durch Zeitungsanzeigen, Baden-Baden 28.12.1953.
102 BArch B 119/3010, BAVAV (Referat Ia4): Protokoll betreffend Sonderregelung für Anzeigen aus der Schweiz, Nürnberg 05.02.1954, S. 3. Dieser Beschluss wurde anschließend in einer »allgemeinen Verwaltungsanweisung« an die Landesarbeitsämter Baden-Württemberg und Südbayern weitergegeben: BArch 119/3010: BAVAV (Sig. Foitzik): Verwaltungsanweisung an die Präsidenten der Landesarbeitsämter in Stuttgart und München betreffend Sonderregelungen für Stellenangebote aus der Schweiz, Nürnberg 23.03.1954.

»Auffallend groß war die Zahl der deutschen Mädchen, welche sich durch die Zeitungen ihrer Heimat in eine schlechte Stelle locken ließen und nach einem kurzen Versuch rat- und mittellos ins Heim flüchteten.«[103]

Das konstatierte 1929 die Leiterin des Basler Bahnhofheims, das von den Freundinnen Junger Mädchen (FJM) betrieben wurde. Die FJM hatten sich 1877 aus der abolitionistischen Bewegung hinaus, die sich gegen die staatlich tolerierte Prostitution wandte, in Genf als internationaler Bund gegründet. Um zu verhindern, dass junge Migrantinnen Opfer von »Mädchenhändlern« würden, hatten sich die in nationalen und lokalen Sektionen organisierten ›Freundinnen‹ zum Ziel gesetzt, allein reisende »Mädchen« zu unterstützen. Neben kostengünstigen Unterkünften und Freizeitprogrammen sprachen sie der gemeinnützigen Stellenvermittlung eine wichtige Rolle zu.[104] In ihren Richtlinien zur Stellenvermittlung steht an erster Stelle:

»Da die Stellenvermittlung eine der grundlegenden Tätigkeiten des Bundes der Freundinnen junger Mädchen und ihre richtige Führung ein sehr erfolgreiches Mittel in der Bekämpfung des Mädchenhandels ist, werden Landesvereine und Gruppen ersucht, dem korrekten Betrieb ihres Büros größte Aufmerksamkeit zuzuwenden.«[105]

Ab den 1950er Jahren spielten die Stellenvermittlungsbüros der FJM eine wichtige Rolle in der Platzierung deutscher und österreichischer Hausangestellter in der Schweiz. Das BIGA, dem die Kontrolle über die Stellenvermittlung »nach dem Ausland oder aus dem Ausland« oblag,[106] arbeiteten nach dem Zweiten Weltkrieg eng mit den Stellenvermittlungsbüros der FJM zusammen. So wies das BIGA die eidgenössische Fremdenpolizei im

---

103 StABS PA 1182 B2, Jahresbericht der FJM Basel-Stadt, Basel 1929, S. 2.
104 Joris, Freundinnen, 09.01.2006, http://www.hls-dhs-dss.ch/textes/d/D16501.php. Auf katholischer Seite existierte mit dem katholischen Mädchenschutzverein (KMSV) eine ähnliche Vereinigung, deren Zielsetzungen und Aktivitäten in vielen Punkten vergleichbar sind mit denjenigen der FJM. StABS ÖR-REG 4e 4-4-14 (1), Zeitungsausschnitt über das 50-Jährige Bestehen des katholischen Mädchenschutzvereins aus dem Basler Volksblatt Nr. 141, Basel 19.06.1952.
105 AGoF 128 26: 1, Internationaler Bund der FJM: Richtlinien zur Stellenvermittlung, o.D [um 1937].
106 Personen oder Institutionen, die Stellen an ausländische Arbeitskräfte vermitteln wollten, mussten dafür die Bewilligung des BIGA einholen. AGoF 128 26: 8, Bundesgesetz über die Arbeitsvermittlung, Bern 22.06.1951, Art. 10.

Juni 1946 an, Anfragen von oder für ausländische Hausangestellte an die Stellenvermittlungen der FJM weiterzuleiten.[107] Die FJM kooperierten in der Vermittlung von Hausangestellten mit ihren Schwesterorganisationen in Deutschland und Österreich. Der Direktor des BIGA, Max Kaufmann, teilte dem Generalkonsul in München anlässlich der Aufhebung der alliierten Ausreisesperren im Jahr 1949 mit, dass seine Behörde die internationale Kooperation zwischen den verschiedenen Freundinnenbüros in Deutschland und der Schweiz befürworte:

»Wir begrüssen es, wenn sich gemeinnützige Institutionen [die FJM] der Vermittlung von Kräften von Land zu Land annehmen. Sie bieten Gewähr für eine möglichst gute Auslese der Bewerberinnen und anderseits für eine richtige Unterbringung der ausländischen Kräfte, während bei der Anstellung auf Grund von Inseraten oder mit Hilfe gewerbsmässiger Vermittler die Gefahr besteht, dass die Eignung der Bewerberinnen nicht untersucht, die Stellen nicht geprüft und der Gebühren wegen möglichst viele Arbeitskräfte zur Einreise veranlasst werden.«[108]

In der Zusammenarbeit mit den FJM sah Kaufmann die Möglichkeit gegeben, die eidgenössischen migrationspolitischen Ziele der Nachkriegszeit zu erreichen. Diese sahen vor, die Zuwanderung dahingehend zu steuern, dem schweizerischen Arbeitsmarkt genügend »geeignete« Arbeitskräfte zuzuführen, und gleichzeitig zu verhindern, dass »ungeeignete« Arbeitskräfte einreisten.[109] Seine Aussage, dass die Bewerberinnen »richtig« untergebracht und die Stellen »geprüft« werden sollten, spiegelt darüber hinaus das von den FJM propagierte Zusammendenken von Stellenvermittlung und persönlicher Fürsorge wider. Eine individuelle Platzierung sei von großer Bedeutung, weil die zu vermittelnden Personen mit ihren Arbeitgebenden unter einem Dach lebten, betonte 1958 die Berufsberaterin und ›Freundin‹ Anna Walder auf einer Arbeitstagung der Leiterinnen der FJM-Stellenvermittlungsbüros in Zürich, wo sie in einem Referat die Frage erörterte, ob die Stellenvermittlungsbüros Ende der 1950er Jahre noch eine »notwendige Aufgabe« zu erfüllen hätten. Diese Frage bejahte Walder mit

---

107 CH BAR E4300B#1000/846#301*, BIGA: Schreiben an die eidgenössische Fremdenpolizei, Bern 18.06.1946. Was im Folgenden am Beispiel der FJM gezeigt wird, könnte analog dazu für den KMSV dargelegt werden. Auch die Aktivistinnen des KMSV operierten international und engagierten sich nach 1945 in Kooperation mit dem BIGA in der Vermittlung deutscher und österreichischer Hausangestellter.
108 CH BAR E4300B#1971/4#171*, BIGA (Sig. Kaufmann): Schreiben an das Schweizerische Generalkonsulat in München betreffend Einreise deutscher Arbeitskräfte zum Stellenantritt in die Schweiz, Bern 08.02.1949, S. 2.
109 Vgl. Kapitel 2.3.

Nachdruck, da es bei der Stellenvermittlung von Hausangestellten nicht allein um den Ausgleich von Angebot und Nachfrage auf dem Stellenmarkt, sondern um ein funktionierendes Zusammenleben gehe. Zudem sei es für das sittlich-moralische Wohl der »Mädchen« zentral, dass sie ausschließlich in Stellen vermittelt würden, über die im Vornherein »Auskünfte und Erkundigungen« eingeholt worden seien.[110] Die ranghohe Beamtin des BIGA, Nelli Jaussi, ergänzte die Erläuterungen von Anna Walder. Neben der individuellen Platzierung sei der gemeinnützigen Stellenvermittlung der FJM »eine neue Aufgabe zugefallen, nämlich die Rekrutierung und Vermittlung ausländischer Arbeitskräfte«.[111] 20 Jahre zuvor, an einem Fortbildungskurs der Stellenvermittlerinnen der FJM im Jahr 1936, hatte Nelli Jaussi, die schon damals beim BIGA beschäftigt war, noch dazu ermahnt, die Platzierung von Ausländerinnen zu unterlassen:

»Die Vermittlerinnen werden sehr gebeten, in allererster Linie einheimische Kräfte zu bevorzugen, kontrollpflichtige Ausländerinnen, die häufig ihre Stellen wechseln und über welche von den Arbeitgebern Klagen lauf [sic] werden, sind am besten der Fremdenpolizei oder dem Arbeitsamt zu melden.«[112]

Im Sinneswandel von Nelli Jaussi spiegelt sich der veränderte Umgang der Hausdienstexpertinnen mit ausländischen Hausangestellten wider. Forderten sie in der Zwischenkriegszeit noch die Zurückdrängung der ausländischen Hausangestellten, stand ab Mitte der 1950er Jahre die Integration der Arbeitsmigrantinnen in schweizerische Institutionen im Vordergrund.[113] In diesem Zusammenhang gewann nach dem Zweiten Weltkrieg auch erstmals die Stellenvermittlung deutscher Frauen durch die FJM an Bedeutung.

---

110 AGoF 128 20: 2, Anna Walder: Vortrag »Haben unsere Klubs und Stellenvermittlungsbureaux auch heute noch eine notwendige Aufgabe zu erfüllen?«, abgedruckt im Protokoll über die Arbeitstagung der Bureaux- und Klubleiterinnen der FJM vom 4./5. September 1958 im Marthahaus Zürich, [Frauenfeld 1958], Beilage 1, S. 1–5.

111 AGoF 128 20: 2, Nelli Jaussi: Votum zur Frage »Haben unsere Klubs und Stellenvermittlungsbureaux auch heute noch eine notwendige Aufgabe zu erfüllen?«, abgedruckt im Protokoll über die Arbeitstagung der Bureaux- und Klubleiterinnen der FJM vom 4./5. September 1958 im Marthahaus Zürich, o.O. [1958], Beilage 2, S. 2.

112 AGoF 128 19: 5, FJM (Sig. E. Gonser): Protokoll über den Fortbildungskurs für die Leiterinnen der Stellenvermittlungsbureaux am 10.–12. Dezember 1936 in Herzogenbuchsee, o.O [1936/37] (Durchschlag), S. 8. Dass die Stellenvermittlerinnen sich an diese Weisung hielten, geht aus den Jahresberichten des FJM-Stellenvermittlungsbüro Basel-Stadt hervor. Von 1925–1933 wird regelmäßig darauf hingewiesen, dass die zahlreichen Gesuche von Deutschen und Österreicherinnen nicht bearbeitet würden. StABS PA 1182 B2, Jahresberichte der FJM Basel-Stadt (1925–1999), hier: 1925–1933.

113 Vgl. Kapitel 2.3.4

Nachdem das BIGA ihnen, mit Max Kaufmann gesprochen, die »Auslese« geeigneter Bewerberinnen übertragen hatte, verkündeten die Basler FJM 1949 ihre Zusammenarbeit mit dem »Freundinnenbüro« in München, 1950 auch die Kooperation mit Stuttgart. Ab diesem Zeitpunkt nahmen Vertreterinnen des bayrischen und württembergischen Freundinnenbüros an den Arbeitstagungen der schweizerischen FJM teil, um die internationale Vermittlungstätigkeit zu optimieren.[114] Die deutschen Kolleginnen arbeiteten ihrerseits eng mit den staatlichen Stellen, denen die Auslandsvermittlung vorbehalten war, zusammen,[115] um eine »sorgfältige Auslese« für die Vermittlung in die Schweiz vorzunehmen.[116]

Die aus Süddeutschland stammende Gabriele Ertel, die in ihrem Beruf als Bürogehilfin unglücklich war und dieser Situation entkommen wollte, fand 1956 ihre Stelle bei einer Zürcher Arztfamilie über das Freundinnenbüro in Stuttgart:

»Ich bin dann 1956 in die Schweiz gegangen und zwar hat das vermittelt der Verein der Freundinnen junger Mädchen, gab's in Stuttgart, die haben mir dann Adressen gegeben und eigentlich wollt ich ja Französisch lernen, aber die Schweizer haben ihre eigenen Töchter in die französische Schweiz geschickt und die Deutschen haben sie verwehrt. [...] Und dann bekam ich Post von einer Arztfamilie [...], in die ich dann ging. Das war im Zürcher Oberland.«[117]

In der Tat war es für ausländische Hausangestellte nicht möglich, sich über die FJM ins Welschland, wie die frankophone Schweiz auch genannt wird, platzieren zu lassen. Seit Mitte des 19. Jahrhunderts – und bis in die 1970er Jahre hinein – war es für junge Deutschschweizerinnen üblich, nach der obligatorischen Schulzeit ein Jahr lang als Hausangestellte ins »Welsche« zu gehen. Dort sollten sie nicht nur Französisch lernen, sondern sich auch auf ihr Leben als Hausfrau und/oder eine berufliche Ausbildung, die häufig ein obligatorisches Haushaltjahr verlangte, vorbereiten.[118] Da die Deutschen und Österreicherinnen als potentielle Konkurrentinnen für die Deutschschweizerinnen wahrgenommen wurden, vermittelten die FJM – wie auch

---

114 StABS PA 1182 B2, Jahresberichte der FJM Basel-Stadt (1925–1999), hier: 1949–50.
115 BArch B 149/6223, Auswärtiges Amt (Sig. Kordt): Runderlass an alle diplomatischen und konsularischen Vertretungen der BRD betr. Vermittlung von deutschen Arbeitskräften nach dem Ausland, Bonn 13.09.1951.
116 AGoF 128 20: 2, FJM (Sig. A. Walder): Protokoll über die Arbeitstagung der Leiterinnen der Platzierungsbureaux und der Bahnhofwerke vom 2.–4.10.1950 in St. Aubin, Frauenfeld Dezember 1950, S. 19.
117 PAA, Hermanowski, Interview Ertel, 00:08:08.
118 Orthofer, *Au-pair*, S. 120–122.

andere gemeinnützige Stellenvermittlungen – keine ausländischen Hausangestellten in die französische Schweiz. 1950 versuchte Frau Gyssling vom Münchner ›Freundinnen-Büro‹, die an der Arbeitstagung der schweizerischen FJM-Stellenvermittlerinnen teilnahm, diese Regelung zu lockern. Da gerade »Töchter mit guter Schulbildung« Französisch lernen wollten, so Gyssling, gingen sie nur in die Deutschschweiz, um sich von dort aus so schnell wie möglich eine Stelle in der französischen Schweiz zu suchen. Deshalb fragte sie an, »ob es nicht doch möglich wäre, deutsche Mädchen im Welschland unterzubringen, eventuell im Austausch mit welschen Mädchen, die die deutsche Sprache erlernen möchten«.[119] Dieser Vorschlag wurde von den Schweizer ›Freundinnen‹ zurückgewiesen.[120]

Anfang der 1960er Jahre scheint die Situation eine andere gewesen zu sein. Gerlinde Fellner gelang es, 1963 über die FJM im niedersächsischen Salzgitter, ihrem Heimatort, eine Stelle in Genf zu finden. Dass sie zuvor bereits ein Jahr als Hausangestellte im deutschschweizerischen Luzern gewesen war, mag zu ihrer erfolgreichen Vermittlung in die französische Schweiz beigetragen haben:

»Und dann bin ich von diesen, ehm, wie haben die geheißen? Freundinnen junger Mädchen {AA: ah ja?}. Das war so eine Organisation, die hat zu dieser Zeit so Mädchen wie mich unterstützt bei der Stellensuche. Das war eine ganz bekannte Organisation. An die konnte man sich wenden, wenn man eine Stelle wollte. Von denen habe ich eine Stelle in Genf bekommen.«[121]

Ulrike Stamm, die ebenfalls Anfang der 1960er Jahre in die Schweiz ging, beschreibt den Vermittlungsvorgang in ihrem Beitrag zu meinem Schreibaufruf etwas ausführlicher:

»Es gab einen Verein, genannt ›Freundinnen Junger Mädchen‹. Ich weiß nicht mehr, woher ich die Adresse hatte. Das habe ich dann von zu Hause aus brieflich gemacht. Der Verein vermittelte Dienstboten in die Schweiz. Da war in Luzern eine Filiale. Bei diesem Verein musste ich mich nach Ankunft vorstellen und die gaben mir die Adresse meiner neuen Arbeitsstelle. Ich wusste zu Hause noch nicht die genaue Adresse. Koffer packen, sich von den Freunden verabschieden, das war alles sehr aufregend. Teils freute ich mich, teils hatte ich Bedenken.«[122]

---

119 AGoF 128 20: 2, FJM (Sig. A. Walder): Protokoll über die Arbeitstagung der Leiterinnen der Platzierungsbureaux und der Bahnhofswerke vom 2.–4.10.1950 in St. Aubin, Frauenfeld Dezember 1950, S. 21.
120 Ebd., S. 21–22.
121 PAA, Althaus, Interview Fellner, 00:41:25.
122 PAA, Stamm, Bericht, S. 3.

Diese Passage ist nicht nur auf emotionaler Ebene von Unsicherheit geprägt. Aus der Retrospektive weiß Ulrike Stamm nicht mehr so genau, woher sie die Adresse der FJM hatte, und für sie sind diese in erster Linie ein Verein, der »Dienstboten« in die Schweiz vermittelte. Für die meisten Frauen des Samples spielen die organisatorischen Aspekte ihres Schweizaufenthaltes nur eine geringe Rolle in der lebensgeschichtlichen Erzählung. Das gilt ganz besonders für die Besorgung der nötigen Papiere zur Erlangung einer schweizerischen Aufenthaltsbewilligung.

4.1.4 Behördengänge und Amtswege

Im Gegensatz zu den detaillierten Erzählungen über die Migrationsmotivation und dem reflektierten Argumentieren des Entscheidungsfindungsprozesses finden Erinnerungen an Einreiseformalitäten nur selten Eingang in die Erzählungen – und wenn, dann meist auf Nachfrage. Dies hängt nicht zuletzt damit zusammen, dass es sich dabei um einen komplizierten bürokratischen Akt handelte, der nur schwer zu durchschauen war. Für die Ostberlinerin Irene Keller, die 1958 als 21-Jährige auf Anregung von Bekannten in die Schweiz einreiste, glich »das ganze Anmeldezeugs« damals wie heute »böhmischen Dörfern«.[123] Auch Marga Jaggi kann das Bewilligungsverfahren nicht mehr genau rekonstruieren, außer, dass es Probleme mit den »Papieren« gab und sie von ihrem Wohnort in der Nähe von Rottweil extra in die hundert Kilometer entfernte Landeshauptstadt Stuttgart fahren musste:

»Ich hätte zum 1. Oktober [1953] anfangen sollen, aber dann hat es mit den Papieren nicht geklappt, weil ich musste nach Stuttgart zum- ich weiß nicht mehr was für ein Brief. Ich habe nach Stuttgart müssen, um meine-, dass ich meine Papiere bekommen habe zum *Ausreisen*. Ich weiß nicht mehr, wie das geheißen hat, zum *Einreisen*, dass ich dort hinein darf zum *Arbeiten*, Arbeitsbewilligung oder=oder irgendwie. Und dann nachher ist das halt nicht auf den Ersten gegangen, ich habe die Papiere erst später bekommen und dann bin ich zum 23. Oktober eingereist« [Hervorhebung AA].[124]

Auf der Suche nach Worten, wie diese Papiere geheißen haben, umschreibt sie die drei zentralen Aspekte des behördlichen Bewilligungsverfahrens. Sie erinnert sich zwar nicht mehr genau wie, aber sie liegt ganz richtig, wenn

---

123 PAA, Althaus, Interview Keller, Teil II, 00:00:42.
124 PAA, Althaus, Interview Jaggi, 00:07:31.

sie meint, dass es »irgendwie« ums »Ausreisen«, »Einreisen« und »Arbeiten« ging. Das, seit den 1920er Jahren von ›Überfremdungsangst‹ getriebene, Zusammendenken von Einwanderungspolitik und Arbeitsmarkt koppelte den Aufenthalt in der Schweiz an eine Arbeitsbewilligung. Einreisen durfte nur, wer den schweizerischen Arbeitsmarkt nicht belastete, als ›moralisch‹ einwandfrei galt und keine ansteckenden Krankheiten hatte. Verlangt wurden neben Arbeitszeugnissen auch Leumundszeugnisse und Gesundheitszeugnisse.[125]

In den frühen 1950er Jahren, dem Zeitraum, in dem die meisten Erzählerinnen in die Schweiz einreisten, sah das Verfahren in der Regel so aus: Nachdem die auswanderungsfreudigen Frauen eine Stelle gefunden, einen Reisepass beantragt, Arbeitszeugnisse über ihre hauswirtschaftlichen Fähigkeiten und ein Leumundszeugnis über ihr sittliches Verhalten eingeholt sowie den Nachweis über eine einwandfreie Gesundheit und zuverlässige politische Gesinnung erbracht hatten, konnten sie bei der kantonalen Fremdenpolizei ihres zukünftigen Arbeits- und Wohnortes ein Gesuch auf Einreise stellen. Dies wurde meist über die Arbeitgeberin vor Ort abgewickelt, die – zur Wahrung des Arbeitsfriedens in der Schweiz – zudem mit einem Dienstvertrag beweisen musste, dass sie beabsichtigte die Ausländerin zu einem branchen- und ortsüblichen Lohn zu beschäftigen. In einem langwierigen Prozess wurde das Gesuch zwischen kantonaler Fremdenpolizei, kantonalem Arbeitsamt, BIGA und eidgenössischer Fremdenpolizei herumgereicht, um die Einreise vom fremdenpolizeilichen und arbeitsmarktlichen Standpunkt sowohl auf kantonaler wie gesamtschweizerischer Ebene genauestens zu prüfen.

Auf der Grundlage der verschiedenen Gutachten fällte die kantonale Fremdenpolizei letztlich die Entscheidung, ob die Einreise bewilligt wurde oder nicht. Falls ja, stellte sie eine Zusicherung zur Aufenthaltsbewilligung aus. Mit dieser konnte die Gesuchstellerin auf einem schweizerischen Konsulat einen Einreisevermerk in den Reisepass stempeln lassen. Spätestens acht Tage nach der Einreise musste die Bewerberin damit zur örtlichen Fremdenpolizei gehen, um sich anzumelden und eine Aufenthaltserlaubnis zu beantragen. Dazu benötigte sie zusätzlich den, ebenfalls im Pass gestempelten Nachweis, die Gesundheitsuntersuchungen an der Grenze absolviert zu haben. Fehlte die Zusicherung zur Aufenthaltsbewilligung

---

125 Vgl. Kapitel 2.4. Nach dem Zweiten Weltkrieg zählten zu den ›unerwünschten‹ Ausländern auch die politisch Belasteten, sodass von den vor 1929 Geborenen eine Unbedenklichkeitserklärung bezüglich ihrer politischen Gesinnung vorgelegt werden musste.

war die Fremdenpolizei laut ANAG dazu verpflichtet, die um Aufenthalt ansuchende Person des Landes zu verweisen. Hausangestellte erhielten in der Regel eine Bewilligung als »Jahresaufenthalter«, die jährlich erneuert werden musste. Um zu verhindern, dass die als ›Dienstmädchen‹ eingereisten Frauen in andere Berufe wechselten, war der Berufs- und Stellenwechsel ohne fremdenpolizeiliche Bewilligung verboten. Die im Gastgewerbe, vor allem in der Hotellerie, beschäftigten Personen erhielten meist nur eine Bewilligung als »Saisonarbeiter«. Diese wurde auf höchstens neun Monate ausgestellt. Anschließend waren die Saisonnièren dazu verpflichtet auszureisen und mindestens drei Monate außer Landes zu verbringen.[126]

Den mehrmonatigen Prozess bis zum Erreichen einer Einreisebewilligung schildert etwa Rosa Imhof, die aufgrund ihrer paradiesischen Vorstellungen in die Schweiz wollte, eindrucksvoll in ihren schriftlichen Aufzeichnungen:

»Die Schweizer verlangten immer mehr Scheine. Sie hatten es sich gut überlegt, was mich betraf. Dies und jenes mussten sie über mich wissen. Und ich lief bei den Ämtern herum. Zuletzt war ich noch beim Pfarramt, um den letzten Schein zu holen [...] Der Herr Pfarrer war ein freundlicher Mann und ein guter Menschenkenner. Er hatte auf mein Zeugnis geschrieben: Rosa F. ist Tatkatholikin und sittlich einwandfrei. [...] Langsam sah es so aus, als fürchten sich die Schweizer vor mir. Es verstrich noch viel Zeit, bis ich das Reich eroberte. Und weil ich ein Leben lang ein ehrlicher und guter Mensch war, schickten sie mir eine Einreisebewilligung.«[127]

Wer Einlass ins Paradies begehrte, wurde auf Herz und Nieren geprüft. Rosa Imhof, die das Prozedere auf sich persönlich bezog, stand dieser Prüfung jedoch nicht ohnmächtig gegenüber. Indem sie von Amt zu Amt rannte und sämtliche Nachweise einholte, die ihr dank ihres »einwandfreien« Charakters auch alle ausgestellt wurden, »eroberte« sie das (Himmel-)»Reich«. Ein halbes Jahr war vergangen bis sie endlich einreisen konnte.[128]

Nicht nur die Mühlen der schweizerischen Verwaltung mahlten langsam. Nach dem Zweiten Weltkrieg war auch die Ausreise aus Deutschland und Österreich erschwert. Bis 1948/49 gestaltete sich eine solche aufgrund der alliierten Ausreisebeschränkungen als fast unmöglich und anschließend

---

126 Zu den Hintergründen des Bewilligungsverfahren vgl. ausführlicher Kapitel 2.1.3
127 DOKU, Imhof, Lebensgeschichtliche Aufzeichnungen, S. 68.
128 PAA, Althaus, Interview Imhof, 00:30:26.

waren die Amtsstellen der neu gegründeten Republiken darauf bedacht, die für den Wiederaufbau notwendigen Kräfte im Land zu behalten. Persönliche Beziehungen konnten die Ausreise beschleunigen, wie die ehemals in Wien in einem Gasthaus tätige Martha Sennhäuser anekdotenhaft schildert: »Ich bekam eine Stelle als Küchenmädchen [in Luzern]. Die Aufenthalts- beziehungsweise Arbeitsbewilligung hatte ich bereits in der Hand. Leider hatte ich noch keinen Pass, obwohl ich bereits im Sommer 1948 darum angesucht hatte. Es war Herbst zur Jagdzeit. Der Bürgermeister als Jäger lud den Bezirkshauptmann zu einer Jagd ein. Anschließend gab es bei uns [im Gasthaus in Wien] ein ausgiebiges Wildbretessen. Meine Chefin, eine sehr resolute Frau, sprach den Herrn Hofrat an, dass ich seit Sommer auf meinen Pass warte. Das war an einem Sonntag. Am Montag konnte ich den Pass bei der Bezirkshauptmannschaft abholen.«[129]

Um das langwierige Verfahren abzukürzen, rieten einige Schweizer Arbeitgeber_innen ihren zukünftigen Angestellten dazu, als Touristinnen auszureisen: »Sollte es für eine Tochter Ausreiseschwierigkeiten geben, könnte sie vorläufig ausreisen und zu uns formell in die Ferien kommen«,[130] schreibt etwa eine Hausfrau aus Solothurn der Mutter einer ehemaligen österreichischen Angestellten in einem Brief im Jahr 1962.

Die, von der *NZZ* als »Pseudo-Touristen«-Trick bezeichnete, Umgehung der grenzsanitarischen Untersuchungen war auch den Behörden bekannt.[131] Das führte dazu, dass alleinreisende Frauen ohne Rückfahrkarte in den 1950er und 1960er Jahren an der Grenze von den Zöllnern systematisch der Grenzuntersuchung zugeführt wurden. Eine solche musste eigentlich nur von den zum Stellenantritt einreisenden Personen absolviert werden. Davon berichtet Elsa Zeller, die Ende der 1950er Jahre mehrere Saisonen als illegal beschäftigte Hotelangestellte im Berner Oberland tätig war. Auf meine Nachfrage, ob sie denn gar keine Aufenthaltsbewilligung gehabt habe, antwortete sie im Interview:

»Nein, man hat dann einfach an der Grenze gesagt, man geht als Tourist die Schwester besuchen- und dann haben die natürlich genau gewusst gehabt damals schon, dass du nicht als Tourist gehst, weil sie fragten dann, ob du ein Retourbillet hast und das Retourbillet hat nicht eine ganze Saison Gültigkeit gehabt, sondern du musstest wieder ein Billet lösen. Also hast du nur eine einfache Fahrt gehabt und

---

129 PAA Sennhäuser, Lebensgeschichtliche Aufzeichnungen, S. 1. Ähnlich: PAA, Althaus, Interview Bernecker, S. 12.
130 PAA, G. V.-S.: Brief an H. N., Hertenstein 23.07.1962.
131 O.V., Die sanitarische Kontrolle ausländischer Arbeitskräfte, in: NZZ, Nr. 4467, 14.11.1962.

da haben die genau gewusst, dass du nicht als Tourist kommst. Deswegen mussten wir die grenzsanitarischen Untersuchungen und so jedes Mal über uns ergehen lassen.«[132]

Diese Geschichte bringt mich zum nächsten Kapitel, in dem ich die Erzählerinnen auf ihrer Reise in die Schweiz begleite.

4.1.5 Vom Weggehen, Reisen und Ankommen

»Der Abschied von zu Hause war gar nicht so einfach. Ich war zwar die jüngste der Geschwister, aber keiner von uns war je von zu Hause weg. Das war in der damaligen Zeit auch ziemlich mutig. Alle hatten einfach Angst, dass ich ›quasi unter die Räder‹ komme.«[133]

»Bis zuletzt glaubte ich, mein Vater lässt mich ja doch nicht fahren. Aber er ließ mich. Ich war sehr enttäuscht und traurig. Ich fühlte mich sehr verlassen.«[134]

»Am 23. September 1954 war es soweit, ich nahm mit bangem aber auch mit hoffnungsvollem Herzen Abschied von meiner Mutter und Schwester. Es ging per Zug für mich ins Ungewisse.«[135]

»Ja, es war so viel Neugierde, so viel Hoffnung dass ich einmal in ein Land komme, wo ich arbeiten kann.«[136]

»Um mich herum haben alle geweint, aber ich nicht. Ich habe mich nur gefreut, also war gespannt, was auf mich zukommt. Ja, man ist jung und mir hat das nichts ausgemacht, gar nichts von zu Hause fortzugehen.«[137]

»Ich war nur froh, jetzt kommt das Leben, das du wolltest.«[138]

Diese kleine Auswahl an Abschiedserzählungen zeigt die Spannbreite an erzählten Emotionen, die in der Erinnerung an den Tag der Abreise vorstellig werden. Von Trauer und Enttäuschung, über Angst und Aufregung, Neugier und Hoffnung, bis zu Erleichterung und Freude werden in den Erzählungen alle möglichen Gefühls- und Gemützustände geschildert. Einige berichten davon, dass ihnen der Abschied von zu Hause, der Heimat, den oder dem Bekannten sehr schwer fiel. Die meisten aber betonen,

---

132 PAA, Althaus, Interview Zeller, 03:06:04.
133 PAA, Stamm, Bericht, S. 3.
134 PAA, Papp, Meine Jahre in der Schweiz, S. 1.
135 PAA, Poder, Mein Lebenslauf, S. 3.
136 PAA, Althaus, Interview Welzer, 03:27:06.
137 PAA, Althaus, Interview Hauert, 02:10:00.
138 PAA, Althaus, Interview Vogel, 01:35:51.

dass der Schritt wegzugehen ein leichter war. Dies erstaunt nicht sonderlich, beachtet man die erzählten Migrationsmotivationen, die mit großer Mehrheit von der Lust etwas zu erleben und dem Bedürfnis von zu Hause fortzugehen handeln. Elisabeth Vogel, die »nur froh« war wegzukommen, verbindet mit ihrer Migration in die Schweiz die Hoffnung, einem vorprogrammierten Leben als Bäuerin auf dem Land zu entkommen und die in der Kindheit verhinderte Schul- und Ausbildung nachzuholen. Und Agatha Hauert, die sich, anders als ihr Abschiedskomitee, »nur gefreut« hat, nutzte die Schweiz als Möglichkeit einer beruflich wie persönlich unbefriedigenden Lebenssituation zu entfliehen.

Dass es für sie kein großer Schritt war, in die Schweiz zu gehen, betont im wörtlichen wie übertragenen Sinn Cäcilie Brunner. Die älteste meiner Interviewpartnerinnen (Jg. 1916), die seit den frühen 1950er Jahren in Basel lebt, stammt ursprünglich aus dem Schwarzwald und wohnte vor ihrer Schweizwanderung in Karlsruhe. Ihre Herkunftsregion liege ja nur einen »Katzensprung« entfernt; vieles – beispielsweise der Dialekt – sei hier wie dort ähnlich.[139] Auf Nachfrage meinte sie, dass sich das In-die-Schweiz-Gehen nicht anders angefühlt habe, als wenn sie irgendwo in Süddeutschland eine neue Stelle angetreten hätte.[140] Sie überschritt zwar eine Landesgrenze, blieb jedoch im gleichen Kulturkreis. Cäcilie Brunners Aussage verweist auf die Bedeutung der Kategorie ›Raum‹ für die Migrationsforschung. Im Vergleich mit den anderen 20 Personen, die aus dem alemannischen geprägten Grenzland zur Schweiz stammen, ist sie jedoch – anders als ich erwartet hatte – die einzige die Regionalität in der Erzählung über das Fortgehen relevant setzt. In der Wahrnehmung von Raum (und Distanz) zeigt sich, dass Raum nicht nur als geografisch-territoriale Kategorie gedacht werden kann.[141] Die subjektive Raumwahrnehmung ist, wie am Beispiel von Cäcilie Brunner sichtbar gemacht werden kann, durch biografische Erfahrungen und Zustände geprägt. Cäcilie Brunner war zum Zeitpunkt ihrer Migration bereits 36 Jahre alt – um ein Vielfaches älter als alle anderen aus meinem Sample. Sie ging auch nicht das erste Mal von zu Hause weg. 16 Jahre bevor sie den Schritt über die Landesgrenze machte,

---

139 PAA, Althaus, Interview Brunner, 01:14:39.
140 Ebd., 01:15:25.
141 Mit dem *spatial turn* in den Sozial- und Kulturwissenschaften wird Raum, basierend auf den Arbeiten von Henri Lefebvre und Edward Soja, als gelebter Raum konzipiert, der sich durch soziale Beziehungen aufbaut. Löw, *Raumsoziologie*, S. 224–230. Bachmann-Medick, »Cultural Turns«, 29.03.2010, http://docupedia.de/zg/Cultural_Turns.

hatte sie ihr Elternhaus verlassen und als Serviceangestellte und Verkäuferin in mehreren Stellen in Süddeutschland gearbeitet. Zuerst im ländlichen Raum – einem Luftkurort im Schwarzwald – anschließend in der Stadt Karlsruhe. Der Weg vom Land in die Stadt bot mehr Stolperfallen als ihre Migration in die Schweiz, wie sie in der Erzählung über ihre Ankunft in Karlsruhe berichtet:

»Ich war nicht gewohnt vom Dorf ans Tram[fahren]. Ich habe vergessen auszusteigen und bin dann noch raus, da konnte man die Türe noch selber aufmachen. Ich weiß noch, ich bin dann gefallen (lacht).«[142]

Auf meine Nachfrage, wie ihr Umfeld auf ihren Entschluss in die Schweiz zu gehen, reagiert habe, antwortete sie, dass ihre Eltern beide schon gestorben waren. In Basel hingegen wurde sie von einer Schwester erwartet, die dort verheiratet war und ihr eine Stelle besorgt hatte.[143] Ihre familiären Bindungen waren über die Grenze hinaus stärker als in ihr Heimatdorf, was auf die Wichtigkeit sozialer Beziehungen für die Migrationsentscheidung verweist. Kurz: Alter, familiäre Beziehungen und frühere Migrationserfahrungen[144] spielen eine zentrale Rolle in der Wahrnehmung von Raum und somit auch in der Erzählung über das In-die-Schweiz-Gehen. Die Frauen, das Weggehen als großen Schritt bewerten, stellen in Bezug auf die hier genannten biografischen Kategorien das maximale Gegenteil von Cäcilie Brunner dar. Sie waren zum Zeitpunkt der Migration noch sehr jung und erzählen sich im wortwörtlichen Sinne als un*erfahren*.

»Sie müssen sich vorstellen, ich war damals sehr weltfremd (lacht), dann zum ersten Mal im Zug gesessen und Schnellzug gefahren, ich seh mich heute noch, auf dem Bahnsteig mein Vater hat gewunken außen, ich soll doch meinen Mantel ausziehen, ich glaube ich hätte sogar meinen Mantel angelassen (Lachen). Und bin dann nach Basel gefahren und bin – das war auch so 'n Ding – am Badischen Bahnhof [Deutscher Bahnhof auf Basler Stadtgebiet] ausgestiegen, es war so Mittagszeit und bin auf die Straßenbahn zu und dann haben die [Passant_innen] mir erklärt- ich habe gesagt, ich muss in die Dachsfelderstraße und dann haben die gesagt ich soll mit dem 2er fahren bis an- bis zum Marktplatz und dort soll ich umsteigen in den 16er, das weiß ich noch heute. Und dann bin ich- wollte ich in den 2er und der 2er ist in die andere Richtung {AA: iii}, der ist Richtung- ich bin

---

142 PAA, Althaus, Interview Brunner, 00:35:52.
143 Ebd., 01:14:26.
144 Hanna Havur und Rosa Haller berichten ebenfalls, dass das In-die-Schweiz-Gehen nicht schwer gewesen sei, weil sie bereits über Migrationserfahrungen verfügten. PAA, Siebler, Interview Havur, 00:19:20. PAA, Althaus, Interview Haller, 00:04:02.

aber nicht rein, da hat mich noch mal jemand abgehalten und die haben halt gesehen, dass da so ein Huhn ist (lacht).«[145]

Gretha Ole war 18 Jahre alt, als sie als Hausangestellte nach Basel reiste. Es war zwar nicht das erste Mal, dass sie von zu Hause wegging – sie arbeitete zuvor als Serviererin in der Kleinstadt Rastatt und wohnte nicht mehr bei ihren Eltern im Dorf –, aber sie stellt sich als »weltfremdes« Kind dar, dem der Vater erklären muss, wie es sich zu benehmen hat. Aufgrund ihrer Unerfahrenheit reiste sie nicht souverän mit Zug und Straßenbahn, sondern ›hühnerte‹ unkoordiniert herum. Die Tramfahrt kann – ähnlich wie bei Cäcilie Brunner – als Initiationsritus ins (groß-)städtische Leben gelesen werden. Gretha Ole beschreibt sich zwar als naives Landei, sie war jedoch nicht völlig verloren und wusste sich zu helfen. Mit der Hilfe von Passant_innen gelang es ihr, selbstständig ihren Weg zu finden. Beim Umsteigen am Marktplatz, den sie ohne weitere Probleme erreichte, wurde sie von ihrem Arbeitgeber abgefangen, der sie am Bahnhof abholen wollte, sie jedoch verpasst hatte. Sie war aber schon richtig ›eingespurt‹ und »wäre auch alleine dort hingekommen«, wie sie die Anekdote bilanziert.[146] Die Zug- und Straßenbahnfahrt ist nicht nur eine Reise im geografischen, sondern auch im lebenszeitlichen Sinn. Gretha Ole stieg als unselbstständiges Kind ein und kam als selbstständige(re) Person bei ihrem Arbeitgeber an.

Die Selbstständigkeit beim Finden des Weges vom Bahnhof zum neuen Arbeits- und Wohnort wird auch von anderen Erzählerinnen betont. Maria Zich, die auf dem katholischen Mädchengymnasium vier Jahre lang Französisch gelernt hatte, verstand bei ihrer Ankunft am Bahnhof von Delémont kein Wort: »Ich habe mir eingebildet, ich kann Französisch und habe dann- bin aus dem Zug gestiegen und habe jemand nach der Adresse gefragt, ich habe nur *le pont* verstanden.«[147] Sie habe sich jedoch nicht entmutigen lassen, sondern versucht sich aus der wenigen Information, die ihr zur Verfügung stand, einen Sinn zu erschließen. Da sie einen Fluss sah, entschied sie sich einfach loszulaufen, denn wo ein Fluss sei, da müsse auch eine Brücke sein. Tatsächlich fand sie auf diese Weise bald und ohne fremde Hilfe ihren Bestimmungsort.[148] Sich selber helfen zu können, und trotz Unwissenheit oder Unerfahrenheit selbstständig ans Ziel zu kommen, ist eine Selbstbeschreibung, die im starken Kontrast steht zur Fremdzu-

---

145 PAA, Althaus, Interview Ole, 00:45:20.
146 Ebd., 00:46:06.
147 PAA, Althaus, Interview Zich, 01:18:33.
148 Ebd., 01:19:14. Ähnlich: PAA, Althaus, Interview Gruber, 00:13:57.

schreibung über die hilflosen ›Mädchen‹, wie sie etwa von den FJM propagiert wurde. Diese bürgerlich-protestantische Frauenorganisation, die uns schon bei der Stellenvermittlung begegnet ist, kümmerte sich um allein reisende, junge Frauen. Die FJM erachteten insbesondere die Ankunft am Bahnhof als großes Gefährdungsmoment für die, von ihnen als schutzbedürftig definierten, jungen Frauen. Hier lauerten die ›Mädchenhändler‹ auf die allesamt als naiv, hilf- und orientierungslos definierten Migrantinnen. Deshalb war die Bahnhofhilfe, neben der Stellenvermittlung und der Freizeitbetreuung, eines der zentralen Standbeine der FJM. Bis weit in die 1960er Jahre hinein patrouillierten ›Freundinnen‹ an größeren Schweizer Bahnhöfen, um die – bis dahin meist aus den deutschen und österreichischen Nachbarländern kommenden – Arbeitsmigrantinnen vor den vielfältigen ›Gefahren der Stadt‹ zu beschützen. Auch 80 Jahre nach der Gründung der FJM, im Jahr 1958, seien, so die Berufsberaterin und ›Freundin‹ Anna Walder, die »Gefahren [...], die unseren jungen Mädchen heute wieder ganz besonders drohen in der Fremde« nicht zu unterschätzen. Dies zeige der neue Film der FJM.[149] Anlässlich der SAFFA 1958, der Schweizerischen Ausstellung für Frauenarbeit, hatten die FJM einen Kurzfilm mit dem Titel *Eine Freundin in der großen Welt* in Auftrag gegeben. Darin wird die Geschichte einer unbedarften Arbeitsmigrantin gezeigt, die von einem »Mädchenhändler« bei der Ankunft perfide ver- und entführt wird. Dieser Imagefilm wurde nicht nur an der SAFFA, sondern im Vorfilmprogramm (Wochenschau) der Schweizer Kinos gezeigt und damit einem breiten Publikum zugänglich gemacht.[150]

Das Bild von der unselbstständigen, schutzbedürftigen Migrantin wurde nicht nur mittels fiktionaler Geschichten transportiert, sondern auch in den Jahresberichten der FJM verbreitet. Die Basler Bahnhofhelferin Dorothee Vogt schildert beispielsweise im Jahr 1964 den »Fall« einer Österreicherin:

»Gerade wollte ich ins Büro, als mir eine Tochter auffiel, die gerade zum Bahnhofausgang gehen wollte. Ohne lange zu überlegen, fragte ich sie wo sie hin wolle,

---

[149] AGoF 128 20: 2, Anna Walder: Vortrag »Haben unsere Klubs und Stellenvermittlungsbureaux auch heute noch eine notwendige Aufgabe zu erfüllen?«, abgedruckt im Protokoll über die Arbeitstagung der Bureaux- und Klubleiterinnen der FJM vom 4./5. September 1958 im Marthahaus Zürich, [Frauenfeld 1958], Beilage 1, S. 4.

[150] Früh/Mehringer, *Eine Freundin*. Das Drehbuch sowie weitere Informationen zum Film finden sich in den Dossiers AGoF 128 21: 2, FJM: Filmprojekt »Eine Freundin in der grossen Welt«, Drehbücher. AGoF 128 21: 3, FJM: Filmprojekt »Eine Freundin in der grossen Welt«, Korrespondenz/Akten Irma de Chambrier.

worauf sie mir zur Antwort gab: ›Ich weiss es nicht, ich komme von Oesterreich und habe dort meine Adresse und Telefon-Nr. liegen lassen, ich weiss nur, dass die Leute Helbling heissen und in Basel wohnen sollen.‹«[151]

Nach einer telefonischen »Odyssee«, so die Bahnhofhelferin weiter, sei es ihr gelungen den Arbeitgeber ausfindig zu machen, der seine neue Angestellte dann »abends um elf« abholte. Da »die Tochter« kein Geld mehr hatte, weil sie sich zuvor mit dem Zug verfahren hatte, könne man sich vorstellen, was passiert wäre, wenn die Helferin sie nicht in ihre Obhut genommen und das Mädchen daran gehindert hätte, zu so später Stunde den Bahnhof zu verlassen. »Also aus diesen Ausschnitten zu ersehen, darf man wirklich sagen, es ist eine wunderbare Institution, die da von den ›Freundinnen‹ geschafft wurde«, konkludiert Vogt den Bericht.[152]

Ob die Erzählerinnen aus meinem Sample gegen diese Schutzlosigkeit und Verlorenheit, mit der sie kollektiv dargestellt wurden, ›anredeten‹, kann ich nur vermuten. Auffällig ist, dass die Ankunft am Bahnhof in vielen Fällen als schwierige Situation geschildert wird, die jedoch selbstständig gemeistert wurde. Die Verwandlung vom naiven ›Kind‹ zur selbstständigen Person wird, wie oben am Beispiel von Gretha Ole gezeigt, in vielen Fällen mit der Reise in die Schweiz verknüpft. Diese Geschichten des Selbstständigwerdens sind häufig überlagert mit Geschichten des Erwachsenwerdens. Antonia Taler, die als 21-Jährige aus der Steiermark in die Schweiz kam, schreibt:

»Im Juni 1951, ein Monat nach Vollendung meines 21. Lebensjahres, fuhr ich mit zwei Pappkoffern beladen in Richtung Schweiz. Inzwischen, seit 1949–51, hat sich mein Körper ein bisserl gemausert. Jetzt war ich ein junges, schlankes Mädchen mit langen, blonden Zöpfen, gesund und arbeitsam [...] Mit meiner Volljährigkeit ließ ich Kindheit und Jungemädchenzeit hinter mir und ein neuer Lebensabschnitt begann. Am 21. Juni 1951, beladen mit meinen zwei Koffer, neugierig auf die neue Umgebung und ein neues Land fuhr ich in Richtung Schweiz.«[153]

Da 95 Prozent der Erzählerinnen aus meinem Sample bei ihrer Ersteinreise in die Schweiz jünger als 24 Jahre alt und mehr als zwei Drittel sogar noch minderjährig (unter 21) waren, sind diese mit der Migration in die Schweiz verwobenen ›Coming-of-Age‹ Geschichten in meinem Quellenkorpus

---

151 StABS PA 1182 B2, Dorothee Vogt: Jahresbericht der Basler Bahnhofhilfe der FJM, Basel 1964, S. 2–3.
152 StABS PA 1182 B2, Dorothee Vogt: Jahresbericht der Basler Bahnhofhilfe der FJM, Basel 1964, S. 3.
153 PAA, Taler, Mein Leben, S. 29–31.

relativ häufig zu finden.[154] Oft werden sie von den Frauen erzählt, die der Migration in die Schweiz emanzipatorisches Potential zusprechen.[155]

In der Analyse der Erzählungen über die Reise fällt auf, dass bezüglich der Wahrnehmung der Landesgrenze ein großer Unterschied besteht zwischen den Personen, die vor dem Zweiten Weltkrieg in die Schweiz gingen und denjenigen, die nach 1945 einreisten. Die Erzählerinnen, die in der Zwischenkriegszeit migrierten, erwähnen die Grenze – wenn überhaupt – nur am Rande. Franziska Wastl (Jg. 1901), Tochter eines Wiener Beamtenehepaares, die 1919 als Kindermädchen in die Schweiz reiste, widmet in einem Brief an ihre Mutter dem Grenzübertritt einen Satz: »Mittlerweile waren wir in Feldkirch, wo die Zollrevision glatt abgelaufen ist.«[156] Vor dem Hintergrund betrachtet, dass sie der Zugfahrt insgesamt drei Seiten Platz einräumt und bis ins kleinste Detail das Abteil, die sich verändernde Landschaft, die Mitreisenden und deren Proviant schildert, ist die Bedeutung, die sie mit diesem Satz der Grenze zuschreibt, verschwindend gering. Die Hamburger Schauspielschülerin Liane Schenckendorf (Jg. 1917), die in den 1930er Jahren als Hausangestellte in die Schweiz einreiste, erwähnt – nach einer relativ ausführlichen Beschreibung ihres Abschieds aus Hamburg – in ihrem Tagebuch den Grenzübertritt mit keiner Silbe: »Also, so reiste ich am 1. Juni nach Frauenfeld«.[157]

Die Wirtschaftshistorikerin Madelyn Holmes, die die Migration von Deutschen und Italiener_innen in die Schweiz vor 1914 untersuchte, hält fest, dass zu Beginn des 20. Jahrhunderts der südwestdeutsch-schweizerische Raum in der zeitgenössischen Wahrnehmung als ein Wirtschaftsraum und eine kulturelle Einheit aufgefasst worden sei: »Traditional economic and cultural links between southwest Germany and Switzerland were so strong that crossing the border to live was not distinguishable from internal migration.«[158]

---

154 PAA, Althaus, Interview Eberle, 00:10:06. PAA, Althaus, Interview Vogel, 00:09:25.
155 Vgl. Kapitel 5.1.
156 SFN NL 42, Karton: 42/6, Franziska Wastl: Brief an ihre Mutter Irene Wastl in Wien, Zürich 10.04.1919, S. 3.
157 FZH/WdE 16, Liane Schenckendorf [Alias], Lebensgeschichtliches Tagebuch, [Hamburg] 1917–1943, Eintrag zum Jahr 1938, ohne Seitenangabe.
158 Holmes, *Forgotten migrants*, S. 44. Holmes zitiert Hermann Hesse, der sowohl in Südwestdeutschland wie der Schweiz lebte und die Region des Oberrheins auf beiden Seiten der Grenze zu (s)einer Heimat erklärte. Auf die engen familiären und kulturellen Beziehungen am Oberrhein in der ersten Hälfte des 20. Jahrhunderts verweist auch: Bergier, »Erschwerte Nachbarschaft«, S. 74.

Diese Beobachtung kann für die Zeit nach dem Zweiten Weltkrieg nicht bestätigt werden. Die Personen, die nach 1945 in die Schweiz einreisten, machen die Staatsgrenze fast durchwegs stark in ihren Erzählungen. Das Gewichten der Grenze hängt in den meisten Fällen mit der Gesundheitskontrolle, den sogenannten sanitarischen Grenzuntersuchungen, zusammen, welche die schweizerischen Bundesbehörden nach Ende des Zweiten Weltkrieges für ausländische Arbeitskräfte eingeführt hatten. Mittels Lungenröntgen, Bluttests und Desinfektion sollte gewährleistet werden, dass nur die Personen einreisten und eine Aufenthaltsbewilligung erhielten, von denen keine gesundheitliche Gefahr für die schweizerische Bevölkerung ausging.[159] Diese gesundheitliche Kontrolle war für die meisten ein einschneidendes Erlebnis. So schreibt beispielsweise Maria Renner (Jg. 1934), die 1955 als Hausangestellte nach Solothurn ging, in ihren zweiseitigen lebensgeschichtlichen Aufzeichnungen:

»In ganz negativer Erinnerung habe ich noch immer die erste Einreise in die Schweiz. In Buchs war Grenzkontrolle beziehungsweise Gesundheits-Check. Alle neu Einreisenden mussten den Zug verlassen und wir wurden – nicht gerade freundlich – zu dieser Kontrolle getrieben. Erst nach Stunden konnten wir die Weiterreise wieder antreten.«[160]

Auch andere Erzählerinnen erinnern und präsentieren die Gesundheitsuntersuchung an der Grenze als »unangenehm«,[161] als »demütigend«[162] oder als »deprimierend«.[163] Viele betonen, wie Maria Renner und Antonia Taler, vor allem die langen Wartezeiten, welche die Reise zur Strapaze machten. Der Grenzsanitätsdienst war täglich nur bis 15 Uhr geöffnet. Bei einer späteren Anreise mussten die Arbeitsmigrant_innen bis zum nächsten Tag warten.[164] Ilse Reber erzählt im Interview:

»An der Grenze haben wir aussteigen müssen […] Dann ist der Zug nicht mehr weitergegangen, dann hat man auf einer Rotkreuzstation auf der Grenze übernachten müssen. Und am nächsten Tag ist man wieder weitergefahren. Fränkli

---

159 Vgl. Kapitel 2.2.5.
160 PAA, Renner, Arbeiten in der Schweiz, S. 1.
161 PAA, Althaus, Interview Zich, 01:21:56. PAA, Althaus, Interview Fellner, 02:39:41.
162 PAA, Papp, Meine Jahre in der Schweiz, S. 1.
163 PAA, Althaus, Interview Vogel, 01:29:27.
164 CH BAR E4300B#1000/846#82*, Eidgenössisches Gesundheitsamt: Avis für ausländische Arbeiter über die sanitarische Untersuchung, [Bern 1952–54].

haben wir keine im Sack gehabt. Hungrig waren wir. Und dann kam ich irgendwann am Nachmittag in Solothurn an.«[165]

Für einige war die körperliche Kontrolle zudem mit Angst vor einer Zurückweisung verbunden.[166] Andere stufen die Untersuchungen als selbstverständlich ein und schildern diese in relativ nüchternem Stil.[167] Marga Jaggi, die heute noch in der Schweiz lebt, äußert Verständnis für die Schweizer Behörden und meint, dass das Lungenröntgen und »Entlausen« »einfach dazu gehört« habe. Sie seien ja »Fremde« aus einem »verhassten Kriegsland« gewesen, heute würde es mit Flüchtlingen ja auch nicht anders gemacht.[168]

Ob die Erzählerinnen diese Grenzerfahrung(en) als Demütigung oder Normalität bewerten, zusammenfassend kann festgehalten werden, dass im Gegensatz zu den Personen, die in der Zwischenkriegszeit einreisten, die meisten der nach 1945 zuwandernden Frauen in ihren Reiseberichten dem Grenzübertritt aufgrund dieser Untersuchungen einen großen Stellenwert verleihen. Dies strukturiert nicht nur ihre Erzählungen, sondern verortet ihre Migrationserfahrung in einem nationalen Kontext. Egal, ob jemand von Lörrach nach Basel oder von Graz nach Genf ging, die Einrichtung des Grenzsanitätsdienstes zum Schutz der *in*ländischen Bevölkerung nach 1945 definierte die zureisenden Frauen allesamt als (potentiell gefährliche) *Aus*länderinnen. Diese Praxis der In- und Exklusion *verkörperte* im wörtlichen Sinn nationale Unterschiede. Der Übergang zwischen der Herkunftsregion und der Zieldestination wird klar markiert und diese Markierung ist national überlagert. Das Regionale verliert dadurch an Bedeutung. Dies zeigt sich in den Ankunftserzählungen von Erzählerinnen, die eine starke Dichotomie zwischen dem *Hier* und dem *Dort* aufbauen. Die aus einer ländlich geprägten Region der Steiermark kommende Gerda Falter, die 1954 in die Schweiz einreiste, schildert ihre ersten Eindrücke anhand von Vergleichen zwischen »herinnen« und »draußen«:

---

165 PAA, Althaus, Interview Reber, 00:09:42. Ähnlich: PAA, Althaus, Interview Pichler, 00:02:07. PAA, Althaus, Interview Zeller, 01:20:20. PAA, Hormayer, Lebensgeschichtliche Aufzeichnungen, S. 1.
166 DOKU, Imhof, Lebensgeschichtliche Aufzeichnungen, S. 69. PAA, Hasler, Erinnerungen, S. 1.
167 PAA, Althaus, Interview Benn Teil I, 00:05:09. Auch PAA, Stark, Lebensgeschichtliche Aufzeichnungen, S. 3. PAA, Sennhäuser, Lebensgeschichtliche Aufzeichnungen, S. 1.
168 PAA, Althaus, Interview Jaggi, 00:07:31.

»Alles [war] eleganter, besser als wie bei uns *herinnen*, nicht? Bei uns nach dem Krieg, das war schon ein Unterschied zu *draußen*, da hat man schon viel mehr Sachen gekriegt«[Hervorhebung AA].[169]

Die Grenze zwischen ›Innen‹ (Österreich) und ›Außen‹ (Schweiz) bildet die Landesgrenze. Es sind nicht Stadt-Land-Unterschiede, die Gerda Falter hier stark macht, sondern nationale Unterschiede.

Die Hausangestellte Maja Oban, die 1951 zum Geldverdienen in die Schweiz wollte, um sich eine Ausbildung leisten zu können, kam mit dem Grenzübertritt in eine »andere Welt«:

»Also für mich war das- muss ich sagen, ich bin in Sigmaringen [Württemberg] gewesen bis ich rüber ging und diese saubere gesunde Schweiz, wissen Sie, war eine ganz andere Welt. Man fuhr mit dem Zug ich weiß nicht mehr über welche Grenze, [und] es war eine andere Welt {AA: mhm}. Und auch so, wissen Sie, die Schweizer haben es halt- es war ja in der Schweiz nie was kaputtgegangen, nicht? Oder für unsere Begriffe nicht. Und dass alles so sauber, so rein war, das hat mir schon sehr imponiert.«[170]

Neben der Sauberkeit, der Unversehrtheit und dem Überfluss sind es die idyllische Landschaft[171] und der sichtbare Reichtum,[172] die in weiteren Ankunftserzählungen besonders betont werden. Dies entspricht ziemlich genau den erzählten paradiesischen Vorstellungen von der Schweiz vor der Migration. Wie bei den Imaginationen bilden der Krieg und seine zerstörerischen Folgen die notwendige Kontrastfolie für die Darstellung von Unterschieden.

Die in Graz in mittelständischen Verhältnissen aufgewachsene Hedwig Welzer (Jg. 1926), die 1950 einreiste, ging wie eingangs zitiert, voller »Hoffnung« auf eine beruflich bessere Zukunft in die Schweiz.[173] Nach ihrem Studium der Raumgestaltung an der Kunstgewerbeschule in Graz war sie arbeitslos. Da niemand sie »protegiert« habe, sei es ihr nicht gelungen im Bereich der Innenarchitektur eine Stelle zu finden.[174] Vom Grazer

---

169 PAA, Althaus, Interview Falter, 01:47:08. Ähnlich: PAA, Gutknecht, Lebensgeschichtliche Aufzeichnungen, S. 5.
170 PAA, Althaus, Interview II Oban, 02:01:36. Ähnlich: PAA, Kramer, Lebensgeschichtliche Aufzeichnungen, S. 1.
171 PAA, Althaus, Interview Gruber, 01:35:43. PAA, Althaus, Interview Fellner, 03:02:46. PAA, Stamm, Bericht, S. 3.
172 PAA, Althaus, Interview Reichenbach, 01:42:20. PAA, Siebert, Lebensgeschichtliche Aufzeichnungen, S. 1.
173 PAA, Althaus, Interview Welzer, 03:27:06.
174 Ebd., 00:10:42.

Arbeitsamt wurde sie deshalb in eine Stelle als Gasthausangestellte ins Zürcher Oberland vermittelt. Ohne Koffer – dafür mit Mantel und Hut – bestieg sie den Zug: »Ich hab' keinen Koffer gehabt, Kriegsende nix gehabt, ich hab mir wohl einen Mantel erarbeitet, und einen Hut, gleichförmig mit Schalkragen (lacht), und hab eine große Persilwaschpulverschachtel gehabt.«[175] Ihr Geld reichte nicht für die Fahrt von der Grenze zu ihrer neuen Arbeitsstelle. Da ihre Arbeitgeberin den Bahnbeamten telefonisch versicherte, am Ankunftsort die Fahrkarte zu bezahlen, wurde sie durchgelassen: »Die haben dann von einer Station zur andern telefoniert, da kommt ein Mädchen ohne Geld, ohne Fahrkarte!«[176]

Die Kartonschachtel als Koffersatz ist Sinnbild für die Mittellosigkeit und findet sich auch in anderen Erzählungen.[177] Aus mittelständischen Verhältnissen stammend, begründet sie ihre Notlage mit der allgemeinen wirtschaftlichen Nachkriegsdepression und argumentiert ihre berufliche Chancenlosigkeit zusätzlich mit fehlenden sozialen Kontakten. Ihre ersten Eindrücke von der Schweiz als ein vom Krieg verschontes Land versprachen zunächst ein »neues Leben«:

»Der Stössl [Angestellter der zukünftigen Arbeitgeberin] ist gekommen mit einer Pferdekutsche, da hat er Milchkannen drinnen gehabt, und da ist er gekommen, um mich zu holen. Ich bin hinten drin gesessen, zuerst habe ich natürlich die beleuchteten Städte gesehen, ah schön und so, wunderschön, ein neues Leben, bei uns war immer alles verdunkelt, wir haben ja nie beleuchtete Städte gehabt, alles nur verdunkelt.«[178]

Die Reise von Graz nach Zürich erzählt sie als Fahrt vom Dunkel ins Licht. Allerdings schwand die anfängliche Hoffnung, denn die Kutsche ließ die lichterhelle Stadt hinter sich und fuhr erneut ins Dunkle:

»Dann ist es immer dunkler geworden und immer bergauf und bergauf und bergauf und immer dunkler und keine Lichter mehr und Schnee, Winter. Und ich komm dann in die [Gastwirtschaft] Halde und die Frau Oberholzer [Arbeitgeberin], war eine Münchnerin, war eine große Frau und sagt: ›Mein Gott so ein hübsches großes Mädle‹, und hängt mir gleich eine Schürze um, nach acht Stunden Fahrt, gell, eine Schürze. In der Stuben drinnen sind die ganzen Bauernburschen schon gesessen, die haben gewusst heut kommt die Österreicherin. [...] Ich bin gesessen dort auf der Bank mit der Schürze, die Tränen, ›Nein ich will heim, da

---

175 PAA, Althaus, Interview Welzer, 00:10:42.
176 Ebd., 00:14:08.
177 Bspw. PAA, Althaus, Interview Vogel, 00:05:07.
178 PAA, Althaus, Interview Welzer, 00:15:11.

bleib ich nicht, ich fahre heim.‹ [...] Nein es war am Anfang nicht einfach, aber ich hab ihre Herzen gewonnen.«[179]

Die Ankunftserzählung von Hedwig Welzer ist in doppelter Hinsicht paradigmatisch. Die Selbstdarstellung als »Mädchen ohne Geld«, die mit ihrem Pappkoffer bei Null anfangen muss, ist narrativer Ausgangspunkt für ihre, im weiteren Verlauf des Interviews aufgebaute, Geschichte eines sozialen und beruflichen Aufstiegs. Dass es sich dabei um einen Wieder-Aufstieg handelt, kann daraus gelesen werden, dass sie mit Hut und Mantel einreist – beides Insignien eines höheren Lebensstandards.[180] Das Geld dafür habe sie, wie sie betont, selber verdient. Der Erfolg flog ihr nicht einfach so zu, sondern sie musste sich diesen er*arbeiten*. Dies ist der zweite Aspekt, der Hedwig Welzers Ankunftserzählungen in der komparativen Analyse der Erzähltexte ›typisch‹ macht. Das »neue Leben«, das sie erwartete, war nicht so licht- und glanzvoll wie die beleuchteten, unversehrten Schweizer Städte. Nach einer langen, strapaziösen Fahrt musste sie Hut und Mantel vorerst an den Nagel hängen und gegen eine Schürze tauschen. Beobachtet wurde sie dabei von den männlichen Gästen, die nicht etwa die neue Angestellte, sondern mit großer Erwartung »die Österreicherin« in Augenschein nahmen. Damit tritt auch hier der, vielen Ankunftserzählungen inhärente, nationale Antagonismus zu Tage.

Hedwig Welzer ist nicht die einzige in meinem Sample, der gleich eine Schürze umgebunden wurde. Insgesamt acht Erzählerinnen heben den sofortigen Arbeitsbeginn hervor. So schreibt etwa auch Regula Hormayer, die Tochter eines Gastwirtes, die in der Nachkriegszeit in der Steiermark als gelernte Schneiderin keine Stelle fand und sich deshalb als »Haustochter« in die Schweiz bewarb: »Dort [am Bahnhof Winterthur] hat mich die Chefin abgeholt. Und nun kam der Kulturschock. Es war eine andere Welt. Ich musste sofort stundenlang Geschirrspülen.«[181] Nicht nur die Schweiz

---

179 Ebd.
180 Mehrere Erzählerinnen berichten davon, sich von ihrem Verdienst in der Schweiz einen Wintermantel gekauft zu haben und verbinden das mit der Vorstellung von »Reichtum«. Elsa Zeller erzählt, dass sie aufgrund ihres neuen Mantels als »reich« gegolten habe nach ihrer Rückkehr: »Also war ich reich, die anderen, die dort [in der Steiermark] geblieben sind, konnten sich diesen Mantel nicht kaufen, so.« PAA, Althaus, Interview Zeller, 03:00:48. Ähnlich: PAA, Althaus, Interview Reber, 00:26:05. PAA, Poder, Mein Lebenslauf, S. 4. FZH-Archiv, NL Heß, Ilse Heß: Brief an Familie Heß mit detaillierter Illustration des neu erstandenen Mantels, Erlenbach (Zürich), 19.12.1949.
181 PAA, Poder, Mein Lebenslauf, S. 1. Sehr ähnlich: PAA, Franz, Lebensgeschichtliche Aufzeichnungen, S. 2 und PAA, Auer, Lebensgeschichtliche Aufzeichnungen, S. 2.

als Land war eine »andere Welt«, sondern auch das neue Arbeits- und Lebensumfeld.

Abbildung 4: ›Serviertöchter‹ in Münchenbuchsee, 1953

Quelle: PAA (Privatbesitz)

4.2 Arbeits-Verhältnisse: Arbeit und Beziehungen

Der zweite Teil der Analyse der Migrationserzählungen beschäftigt sich mit den Arbeitsverhältnissen und -erfahrungen von Deutschen und Österreicherinnen im schweizerischen Hausdienst und Gastgewerbe. Zu Beginn werden strukturelle Gemeinsamkeiten und Unterschiede haus- und gastgewerblicher Arbeitsverhältnisse ausgelotet. Anschließend widme ich mich den individuellen Arbeitserzählungen. Wie stellen die Erzählerinnen ihre Arbeitserfahrungen dar? Wie gestaltete sich die Beziehung zu den Vorgesetzten und welche Normen lagen dem Verhältnis zugrunde? Wie bewerten die Erzählerinnen die Situation bezüglich Kost, Logis und Lohn? Wie wirkte sich die Abhängigkeit vom Trinkgeld in den gastgewerblichen Arbeitsverhältnissen aus? Was hat es mit dem zeitgenössisch viel beklagten Stellenwechsel von Haus- und Gastgewerbsangestellten auf sich? Und welche Rolle spielte dabei ihre Herkunft?

4.2.1 Haus- und gastgewerbliche Arbeitsverhältnisse

Von den 79 Erzählerinnen des Samples arbeiteten 71 (90 Prozent) zumindest zeitweise als Hausangestellte. 50 Frauen waren ausschließlich im Hausdienst tätig. 21 Personen – gut ein Viertel – waren während ihres Schweizaufenthalts sowohl im Hausdienst als auch im Gastgewerbe beschäftigt. Acht Erzählerinnen arbeiteten ausschließlich im Gastgewerbe, wozu Hotels, Gasthäuser, Pensionen, Restaurants, Tea-Rooms und Cafés gezählt werden. Das heißt, dass insgesamt 29 Frauen – zwei Drittel der Erzählerinnen – Erfahrungen als Gastgewerbsangestellte sammelten. Von den 71 Hausangestellten im Sample waren 68 ausschließlich in Privathaushalten tätig. Die restlichen drei arbeiteten in einem Kollektivhaushalt, das heißt einer öffentlichen Anstalt (zum Beispiel einem Krankenhaus).

Sowohl im Hausdienst als auch im Gastgewerbe können – je nach Qualifikation und zugeteiltem Arbeitsbereich – verschiedene Berufskategorien unterschieden werden. Während im Hausdienst nach dem Ersten Weltkrieg eine Entspezialisierung einsetzte, ist im Gastgewerbe die gegenteilige Entwicklung einer Ausdifferenzierung zu beobachten. Die Entspezialisierung im häuslichen Dienst steht im Zusammenhang mit dem chronischen Mangel an Hausangestellten. Die SAG-Sekretärin Emma Hausknecht zählte 1939 das »Alleinmädchen (Mädchen für alles), die Haushälterin, die Köchin, das Zimmermädchen, das Kindermädchen« zu den Hausangestellten. 1930 waren 80 Prozent der rund 110.000 Hausangestellten in der Schweiz als »Mädchen für alles« beschäftigt.[182]

Dies entspricht ziemlich genau der Verteilung in meinem Sample. Von den 68 Erzählerinnen, die zeitweise in einem Privathaushalt beschäftigt waren, waren 14 Personen (20 Prozent) mindestens einmal im Laufe ihrer ›Dienstmädchenlaufbahn‹ als spezialisierte Arbeitskraft beschäftigt. Fünf davon in der Kinderpflege als ›Gouvernante‹ oder ›Kindermädchen‹, drei als ›Zimmermädchen‹ in der persönlichen Bedienung der Arbeitgeberin und vier als Köchin. Von diesen 14, auf einen bestimmten Arbeitsbereich im Haushalt spezialisierten, Frauen sind vier vor dem Zweiten Weltkrieg eingereist. Da insgesamt nur sieben Frauen meines Samples vor 1939 in die

---

182 Hausknecht, *Hausdienst*, S. 3. In Österreich und Deutschland ist nach dem Ersten Weltkrieg – im Zusammenhang mit dem Zusammenbruch der alten monarchischen Gesellschaftsordnungen – ebenfalls die Entwicklung vom spezialisierten Dienstbotenstab zum ›Mädchen für alles‹ zu beobachten. In Wien halbierte sich die Zahl der ›Dienstboten‹ von rund 100.000 im Jahr 1900 auf circa 50.000 im Jahr 1934. Althaus, *Mit Kochlöffel*, S. 287–288.

Schweiz kamen, ist der Anteil an spezialisierten ›Dienstmädchen‹ unter den in der Zwischenkriegszeit Eingereisten signifikant höher.[183] Die Entspezialisierung kann also auch in meinem Sample sichtbar gemacht werden.

Gegenläufig zu den Entwicklungen im Hausdienst bildete sich im Gastgewerbe, im Zuge der Entstehung der »modernen Hotellerie«, gegen Ende des 19. Jahrhunderts eine Vielfalt an verschiedenen Berufszweigen aus. Die Staatswissenschaftlerin Helga Liniger hielt 1959 in ihrer Dissertation über das Schweizerische Hotelgewerbe fest:

»Die moderne Hotellerie ist aus den an Zahl und Umfang bescheidenen Gasthofbetrieben des 18. und des beginnenden 19. Jh. herausgewachsen. Neben diesen durch die Wirtsfamilie selbst und eventuell mit ein oder zwei Hausdienstboten zusammen geführten Kleinbetriebe sind gegen Ende des 19. Jh. Mittel- und Grossbetriebe mit mehr und mehr Gastbetten und Angestellten getreten. Entsprechend der Änderung in der Struktur der Betriebe ist eine Umschichtung in den Personalverhältnissen erfolgt, von der langjährigen, zur Familie gehörenden Hausangestellten zu einem eigentlichen Beruf mit weitgetriebener Arbeitsteilung.«[184]

Aus den gastgewerblichen ›Dienstboten‹ wurden Angestellte, die auf einen bestimmten Arbeitsbereich in Küche, Service, Büro, Empfang, Zimmer- oder Wäschedienst (Lingerie) spezialisiert waren. Innerhalb dieser Bereiche entwickelten sich verschiedene – hierarchisch geordnete und geschlechtlich segregierte – Berufskategorien, wie aus einer Zusammenstellung aus der schweizerischen Volkszählung von 1950 ersichtlich wird [vgl. Tabelle 10].

Die Ausdifferenzierung der gastgewerblichen Berufe zeichnet sich in meinem Sample nur bedingt ab. Der Großteil der 29 Erzählerinnen, die in gastgewerblichen Arbeitsverhältnissen beschäftigt waren, bezeichnet sich selber als »Mädchen für alles«. Das heißt, sie wurden als allgemeine ›Hilfskräfte‹ überall dort eingesetzt, wo Arbeit zu erledigen war. Die Dominanz der Allrounderinnen in meinem Sample hängt nicht zuletzt mit migrationspolitischen Entscheidungen zusammen. Da der Mangel an gastgewerblichen Angestellten vor allem im Bereich des unqualifizierten Personals bestand, wiesen BIGA und EJPD die kantonalen Fremdenpolizeistellen nach dem Zweiten Weltkrieg in regelmäßigen Abständen per Kreisschreiben an, Einreisebewilligungen nur für ›Hilfskräfte‹ auszustellen. ›Bessere‹ Stellen sollten den Schweizerinnen vorbehalten bleiben.[185]

---

183 Alle sieben Frauen, die vor 1939 einreisten, arbeiteten zeitweilig als Hausangestellte.
184 Liniger, *Das schweizerische Hotelgewerbe*, S. 29.
185 Vgl. Kapitel 2.3.3.

Tabelle 10: Berufskategorien und Geschlechterproportionen der Angestellten im Gastgewerbe im Jahr 1950 (Auswahl, Prozentzahlen gerundet)

Berufskategorie	Total	Anzahl Männer	Anzahl Frauen	Anteil Männer	Anteil Frauen
Hotelsekretäre	859	293	566	34 %	66 %
Oberkellner	588	514	74	87 %	13 %
Kellner, Serviertöchter	25.257	2.570	22.687	10 %	90 %
Köche, Köchinnen	11.437	5.301	6.136	46 %	54 %
Lingères	1.097	0	1.097	0 %	100 %
Buffetdamen	2.173	0	2.173	0 %	100 %
Kammerdiener, Zimmermädchen	4.446	32	4.414	1 %	99 %
Portiers	2.163	2.137	26	99 %	1 %
Küchen- und Officehilfspersonal	11.533	2.882	8.651	25 %	75 %

Quelle: Schweizerische Volkszählung 1950, Berufsstatistik

Die Arbeit einer Hausangestellten, die in einem mittelständischen Geschäftshaushalt kochte, putzte, den Garten jätete und zwischendurch auf die Kinder aufpasste, ist nicht zu vergleichen mit derjenigen eines spezialisierten ›Zimmermädchens‹ in einem großbürgerlichen Haushalt. Der Arbeitsalltag im Zimmerdienst im Privathaushalt unterschied sich wiederum von demjenigen im Hotel. Ebenso wenig kann die ›Saaltochter‹ in einem angesehenen Restaurant mit der Kellnerin in der Dorfwirtschaft gleichgesetzt werden. Während die Absolventin einer hauswirtschaftlichen Lehre von der Hausfrau angeleitet wurde, verwaltete die Haushälterin selbstständig einen Haushalt. Und die gelernte Köchin stand in der Berufshierarchie auf einer anderen Stufe als das ›Abwaschmädchen‹, was sich nicht nur auf das gesellschaftliche Ansehen, sondern auch die Höhe des Lohnes auswirkte.

Aus diesen wenigen Beispielen wird deutlich, dass sich die Arbeitsverhältnisse sowohl zwischen wie innerhalb der Branchen teilweise stark voneinander unterschieden. Die Art des Haushaltes oder des Gastwirtschaftsbetriebes, der zugeteilte Arbeitsbereich, die geleistete Ausbildung, die gesellschaftliche Reputation der Stellung sowie die Beziehung zu den Arbeitgeber_innen waren zentrale Einflussfaktoren für die Ausgestaltung der

Arbeits- und Lebensbedingungen. Zudem veränderten sich diese im Laufe der Zeit. Die, seit den 1930er Jahren von der SAG und den Arbeitsmarktbehörden verfolgten, »Sanierungsmaßnahmen« in Hausdienst und Gastgewerbe zur Gewinnung einheimischer ›Mädchen‹ machten sich im Bereich der Berufsbildung bemerkbar und fanden in rechtlichen Reformen ihren Niederschlag.[186] Auch das Selbstverständnis der zuwandernden Frauen wandelte sich. Während Ilse Hiss (Jg. 1909) sich in ihren lebensgeschichtlichen Aufzeichnungen selbstverständlich als »Dienstmädchen« bezeichnet, distanziert Ilse Ziegler (Jg. 1934) sich explizit von dem Begriff. In Reaktion auf den Titel der ersten Fassung meines Schreibaufrufes *Dienen in der Schweiz* schrieb sie im Begleitbrief zu ihren lebensgeschichtlichen Aufzeichnungen: »Was mir nicht so gefällt, ist der Begriff ›dienen‹. In meiner Generation (nach dem 2. Weltkrieg) hat man bereits für ein normales Gehalt und mit viel Selbstbewusstsein ›gearbeitet‹.«[187]

Gerade in der historischen Dimensionierung lassen sich, trotz der vielfältigen Unterschiede und Veränderungen, Gemeinsamkeiten und Konstanten haus- und gastgewerblicher Arbeitsverhältnisse aufzeigen. Die gastgewerblichen Berufe entwickelten sich aus dem Hausdienstverhältnis heraus.[188] »Es liegt im weiblichen Wesen, zu dienen«, begann Natalie Albers im Jahr 1916 einen Vortrag vor Berufsberaterinnen über *Die Frau im Gastwirtgewerbe*. Früher seien Frauen vorwiegend im Privathaushalt beschäftigt gewesen, heute verstärkt im Gastgewerbe. Auch dort in jeder Position stets »dienend und bedienend, als hilfreicher Geist, als willkommene Seele«.[189] Knapp zehn Jahre später (1925) zählte die Berufsberaterin Emma Bloch in einer Broschüre, die sich an Schulabgängerinnen richtete, die beruflichen Möglichkeiten im »Hotelfach« auch noch zu den »hauswirtschaftlichen Berufen«:

»Da will ich [...] die vielen hauswirtschaftlichen Berufe aufzählen, zu denen heute ein Mädchen kommen kann. Da haben wir im Haushalt: Mädchen für alles, Zim-

---

186 Vgl. Kapitel 2.2.3.
187 PAA, Ilse Ziegler: Brief an Andrea Althaus, Neustadt 11.08.2011. Aufgrund dieses Einwandes änderte ich den Titel des Schreibaufrufs in »Arbeiten in der Schweiz«.
188 Liniger, *Das schweizerische Hotelgewerbe*, S. 29.
189 CH SWA Vo M 14–23, Natalie Albers: Die Frau im Gastwirtgewerbe (Vortrag), Luzern 1916, S. 1–3.

mermädchen, Köchin, Hausbeamtin – im Hotelfach: Küchenmädchen, Ober- und Unterköchin, Zimmermädchen, Stopferin, Lingère, Gouvernannte [sic].«[190]

Die Verwandtschaft zeigt sich auch in den Berufsbezeichnungen. Noch während des Zweiten Weltkrieges wurden Haus- und Gastgewerbsangestellte unter dem Oberbegriff »Dienstmädchen« zusammengefasst. Unter der Schlagzeile »Der Kampf um die Dienstmädchen« thematisierte beispielsweise die Berner Tageszeitung *Der Bund* die Streitigkeiten zwischen Vertreter_innen von Gast-, Haus- und Landwirtschaft um die Verteilung der, während des Zweiten Weltkrieges rar gewordenen, ›Mädchen‹.[191]

Obwohl sich die gastgewerblichen Berufe im Laufe des 20. Jahrhunderts stark ausdifferenzierten, blieb die Verwurzelung in der Dienstbotenarbeit weiterhin erkennbar. Helga Liniger wies in ihrer Dissertation über das Hotelgewerbe der Schweiz darauf hin, dass sich »im heutigen Hotelgrossbetrieb eine Reihe Eigenheiten, Merkmale und Sitten des einstigen einfachen Hausdienstverhältnisses erhalten« haben.[192] Als einigende Besonderheit und zentrales Merkmal haus- und gastwirtschaftlicher Arbeitsverhältnisse nennt Helga Liniger in ihren weiteren Ausführungen die Hausgemeinschaft. Sowohl im Hausdienst als auch im Gastgewerbe lebte die Angestellte auch in den 1960er Jahren in der Regel noch mit dem/der Arbeitgeber_in unter einem Dach.[193] Das bedeutete erstens, dass der Lohn für die geleistete Arbeit nicht nur in Form von Geld ausgezahlt wurde. Neben einem Barlohn erhielten die Angestellten Kost und Logis. Zweitens war die Arbeitnehmerin nach Eintritt in die Hausgemeinschaft, laut Schweizerischem Zivilgesetzbuch, der »Hausgewalt« der Arbeitgeber_innen unterstellt.[194] Aus diesem hausrechtlichen Arbeitsverhältnis resultierte eine persönliche (Abhängigkeits-)Beziehung zwischen Arbeitgeber_in und Arbeitnehmerin, was die Lebensbedingungen der Haus- und Gastgewerbsangestellten – in sämtlichen Funktionen und Positionen – bis weit in die 1960er Jahre hinein prägte.[195] Zeitgenössisch wurden hausrechtliche Arbeitsverhältnisse auch als »patriarchal« bezeichnet.[196] Zwar fand die

---

190 Bloch, *Von hauswirtschaftlichen Berufen*, S. 8. An anderer Stelle zählt Bloch auch die »Serviertochter« und »Buffetdame« zu den hauswirtschaftlichen Berufen. Ebd., S. 22.
191 O.V., Der Kampf um die Dienstmädchen, in: Der Bund, Nr. 338, 23.07.1943.
192 Liniger, *Das schweizerische Hotelgewerbe*, S. 29. Ebenso: Steiger, *Geschichte der Frauenarbeit*, S. 236.
193 Liniger, *Das schweizerische Hotelgewerbe*, S. 29. Steiger, *Geschichte der Frauenarbeit*, S. 149.
194 SR 210, ZGB, Art. 331, Abs. 2.
195 Mousson, »Die Arbeits- und Berufsverhältnisse«, S. 40–45.
196 Gross, *Das Hausangestelltenverhältnis*, S. 6. Liniger, *Das schweizerische Hotelgewerbe*, S. 30–31.

Ausgestaltung der Beziehungen in einem patriarchalen Rechtssystem statt. Insbesondere in Privathaushalten, wo der Haus*frau* die Leitung des Haushaltes oblag, waren die Beziehungen zwischen Arbeitgeberin und Arbeitnehmerin weniger väterlich dominierend, als vielmehr maternalistischer Natur.

Als weitere Gemeinsamkeit ist die fehlende gewerkschaftliche Organisation der Haus- und der weiblichen Gastgewerbsangestellten zu nennen. Dies hatte eine arbeitsrechtliche Prekarität zur Folge und beeinflusste die Arbeitsbedingungen in Bezug auf Arbeitszeit und Arbeitsbelastung maßgeblich. Für den Hausdienst konstatierten die Verfasserinnen des Jahresberichtes der SAG 1945: »Berufsverbände zur Wahrung der Interessen der Hausangestellten gibt es in der Schweiz noch nicht.«[197] Zwar existierten in den meisten größeren Ortschaften Hausangestelltenvereine, diese waren allerdings als gesellige Kultur- und Freizeitvereine konzipiert. Nach dem Zweiten Weltkrieg, als der Hausangestelltenmangel ein besonders gravierendes Ausmaß angenommen hatte, bemühten sich die Vertreterinnen der SAG einen »Schweizerischen Verband der Hausangestellten« ins Leben zu rufen, um die Arbeitsbedingungen zu verbessern.[198] Dieses Vorhaben scheiterte, sodass es in der Schweiz weiterhin keine Hausangestelltenvereinigung im gewerkschaftlichen Sinne gab.[199] Dies lag nicht zuletzt in den Ursachen begründet, die ein solcher Verband zu bekämpfen suchte: der, durch die Hausgemeinschaft mit der Arbeitgeberfamilie bedingten, Isolation der Hausangestellten sowie der hohen Zahl an Ausländerinnen im Hausdienst. Das Fehlen einer beruflichen Organisation hatte zur Folge, dass die Verhandlungen über die Normalarbeitsverträge für Hausangestellte (NAV) nicht von den Betroffenen selbst, sondern von der SAG, sprich von bürgerlichen (Haus-)Frauen, geführt wurden. Die NAV, die laut Schweizerischem Obligationenrecht von den Kantonen erlassen werden konnten und kantonsweit gültig waren, regelten grundsätzliche rechtliche Aspekte des Hausdienstverhältnisses wie Arbeitszeit, Ferien, Entlohnung, Sozialversicherungen und Kündigungsfristen.

---

197 AGoF 128 26: 8, SAG: Jahresbericht 1945, Zürich 1946, S. 4.
198 Schweizerische Arbeitsgemeinschaft für den Hausdienst, *Hausdienstfragen*, S. 244.
199 Mit Ausnahme der Zeit von 1919, mit der Gründung der sozialistischen *Freien Dienstmädchenorganisation*, bis zur Einführung des ersten Normalarbeitsvertrages für Hausangestellte im Jahr 1924 waren die Hausangestellten in der Schweiz im 20. Jahrhundert nie gewerkschaftlich organisiert. Bochsler/Gisiger, *Dienen*, S. 47–51.

Im Gastgewerbe gab es, abgesehen von einigen Bundesgesetzen zur Ruhezeit oder der Trinkgeldablöse in Beherbergungsbetrieben, bis in die 1960er Jahre hinein keine bundesweit gültigen Gesamtarbeitsverträge (GAV). Der Union Helvetia (UH), der Gewerkschaft der gastgewerblichen Angestellten, war zwar 1954 mit dem Mehr-Regionen-Gesamtarbeitsvertrag, der in 18 von 26 Kantonen eingeführt wurde, ein Durchbruch gelungen.[200] Allerdings war dieser GAV, der zentrale Arbeitnehmerrechte wie Arbeits- und Ruhezeiten, Versicherungs-, Lohn- und Trinkgeldfragen festlegte,[201] nur für Gewerkschaftsmitglieder gültig – und das waren fast ausschließlich männliche Köche und Kellner. Bei der UH handelte es sich um eine Gewerkschaft der männlichen Angestelltenelite. Bis 1919 waren Frauen gar nicht zugelassen.[202] Auch im Anschluss daran änderte sich an der geschlechtlichen Zusammensetzung nicht viel. Louise Betschart, vom Gastgewerblichen Fachdienst mit Sitz in Zürich, die den Mehr-Regionen-GAV als »reines Männerwerk« bezeichnete, bezifferte 1955 den Anteil der gewerkschaftlich organisierten Frauen im Gastgewerbe mit knappen drei Prozent.[203] Dies stand im krassen Gegensatz zur geschlechtlichen Zusammensetzung der gastgewerblichen Angestellten. In den 1950er Jahren waren mehr als zwei Drittel der unselbstständig Beschäftigten im schweizerischen Gastgewerbe weiblich.[204] Nur bei den Portiers und Oberkellnern stellten die Männer im Jahr 1950 die Mehrheit. Beim qualifizierten Kochpersonal betrug der Anteil der männlichen Beschäftigten noch knapp die Hälfte (46 Prozent). In den gering- oder unqualifizierten Bereichen dominierten in allen Kategorien die Frauen. Von den einfachen »Kellnern« und »Serviertöchtern« waren 90 Prozent weiblich. Der Zimmerdienst lag mit 99 Prozent fast ausschließlich in Frauenhand. In Hotelwäschereien und am Buffet arbeitete 1950, laut Statistik, kein einziger Mann. Auch bei den Küchenhilfen überwogen die Frauen mit 75 Prozent.[205]

Für die meisten weiblichen Gastgewerbsangestellten war nach Einführung des Mehr-Regionen-GAV – im Gegensatz etwa zu den männlichen

---

200 Liniger, *Das schweizerische Hotelgewerbe*, S. 37; 43–47; 66.
201 CH BAR E7173#1972/31#28*, Mehr-Regionen-Gesamtarbeitsvertrag für das Gastgewerbe vom 01.04.1954 (§ 1, Abs. 2).
202 Vgl. Kapitel 2.2.2.
203 IfZ ED 895/449 W, Louise Betschart (Gastgewerblicher Fachdienst): Brief an Marianne Wilke vom BKH, Zürich 02.12.1955. In meinem Sample war eine Erzählerin Mitglied bei der UH. PAA, Althaus, Interview Kroll, 01:16:12.
204 Vgl. Tabelle 5.
205 Vgl. Tabelle 10.

Köchen – die Rechtsunsicherheit so groß wie zuvor. In einem Schreiben an Marianne Wilke, der Verbandsvorsitzenden des deutschen Berufsverbandes katholischer Hausangestellter (BKH) in München, verglich Louise Betschart die rechtlichen Regelungen für die Haus- und weiblichen Gastgewerbsangestellten und stufte die Arbeitsbedingungen in beiden Branchen, aufgrund der fehlenden beruflichen Organisation, als »furchtbares Fiasko« ein:

»Dieses furchtbare Fiasko kommt nicht von ungefähr. In der Schweiz sind die Arbeitgeber und intellektuellen Frauen in den Organisationen [Berufsverbänden] dominierend. Im allgemeinen haben aber diese Frauen für das weibl. Gastgewerbepersonal nichts übrig. Die deutschen Mädchen sind bei uns immer sehr überrascht [...]. Und die Ausländerinnen können eben die Stellen nicht so oft wechseln wie sie wollen. [...] Unsere Schweizermädchen gehen allemal wieder bald von diesen Ausbeute-Stellen weg. Die Ausländerinnen geniessen diese Freiheit nicht ganz.«[206]

Betschart benennt hier einen dritten und letzten einigenden Punkt, der die Arbeitsbedingungen über die Grenzen der Berufskategorien- und Branchenzugehörigkeit hinweg für kontrollpflichtige ausländische Arbeitskräfte prägte: das Stellen- und Berufswechselverbot. Ausländerinnen ohne Niederlassungsstatus durften die Stelle oder den Beruf nur mit einer fremdenpolizeilichen Bewilligung wechseln. Der Stellenwechsel, der den beruflich nicht organisierten weiblichen Haus- und Gastgewerbsangestellten oftmals die einzige Möglichkeit zur Verbesserung der Arbeitssituation bot, war für die kontrollpflichtigen Ausländerinnen nicht ohne Weiteres möglich. Dies machte die in rechtlicher Hinsicht ohnehin misslichen Arbeitsverhältnisse für sie noch prekärer als für ihre schweizerischen Kolleginnen.

Zusammenfassend lässt sich festhalten, dass die Arbeitsverhältnisse in Hausdienst und Gastgewerbe vielfältig waren und sich im Laufe der Zeit veränderten. Trotzdem weisen sie grundlegende Gemeinsamkeiten auf: das Leben in der Hausgemeinschaft und die aufgrund fehlender gewerkschaftlicher Organisation rechtliche Prekarität. In meinem Sample wirkt darüber hinaus der Status als ausländische Arbeitskraft als einigender Faktor. Die hier aufgezählten Gemeinsamkeiten machen die vielfältigen Arbeits- und Lebensverhältnisse in Hausdienst und Gastgewerbe vergleichbar. Deshalb werden diese nicht getrennt voneinander abgehandelt. Die je eigene Spezi-

---

206 Ebd.

fik der unterschiedlichen Stellen soll gerade im Vergleich und der verflechtenden Darstellung sichtbar gemacht werden.

4.2.2 Arbeit, Arbeit, Arbeit

Sowohl für Haus- als auch für Gastgewerbsangestellte waren die Arbeitstage lang und die Freizeit knapp bemessen. Betrachten wir zunächst die arbeitsrechtliche Situation im Hausdienst. Die zeitgenössische Hausdienstexpertin Emma Hausknecht beurteilte 1928 die »Arbeitszeitfrage« als »Kern des Dienstbotenproblems«, denn »durch nichts unterscheidet sich die Arbeitstätigkeit des Dienstmädchens so stark von anderen Berufsarten, als durch die Länge und Eigenart der Arbeitszeit.«[207] Mit »Eigenart« meint Hausknecht die ständige Arbeitsbereitschaft. Laut einer Enquete unter Hausangestellten und Hausfrauen in der Stadt Baden betrug diese 1930 im Durchschnitt 14 Stunden pro Tag.[208] Gesetzlich geregelt waren die Arbeits- und Freizeiten der Hausangestellten Anfang der 1930er Jahre »nur in den seltensten Fällen«.[209] Erst nach dem Zweiten Weltkrieg wurden in den meisten Kantonen Normalarbeitsverträge (NAV) eingeführt.[210] Der NAV des Kantons Basel-Stadt, der 1942 eingeführt wurde, hielt lediglich fest, dass »der Hausangestellten abgesehen von Notfällen, eine ununterbrochene Mindestruhezeit von 9 Stunden einzuräumen« sei, was eine Arbeitsbereitschaft von 15 Stunden legalisierte. Die nicht genauer definierten »Notfälle« ließen zudem eine Hintertür zur Umgehung der Mindestruhezeit offen.[211] Bis zur Revision des NAV im Jahr 1962 war in Basel die wöchentliche Freizeit gesetzlich überhaupt nicht geregelt. In der revidierten Fassung des Basler-NAV wurde den Hausangestellten pro Woche ein Nachmittag ohne Arbeitsbereitschaft am Abend zugestanden. Sonntags

---

207 Hausknecht, *Das Dienstbotenproblem*, S. 79–81.
208 Mousson, »Die Arbeits- und Berufsverhältnisse«, S. 40–41.
209 Schweizerische Studienkommission für Hausdienstfragen, *Der Hausdienst*, S. 19.
210 Bochsler/Gisiger, *Dienen*, S. 50. Vgl. auch Kapitel 2.2.3.
211 CH SWA Vo M 43–27, Normalarbeitsvertrag für Hausangestellte im Kanton Basel-Stadt vom 11.12.1942, § 3. Der Zürcher Normalarbeitsvertrag von 1924 – der schweizweit erste NAV, der vielen Kantonen als Vorbild diente –, beschränkte die Arbeitsbereitschaft der Hausangestellten auf 14 Stunden pro Tag. StABS, DI-REG 1c 11-13-5 (2), Normalarbeitsvertrag für Hausangestellte für die Städte Zürich und Winterthur, 11.01.1924, §4.

hatten sie Anspruch auf vier Stunden Freizeit und einmal pro Monat sollten sie 24 Stunden am Stück freibekommen.[212] Vor diesem Hintergrund erstaunt es wenig, dass die langen Arbeitstage und die knapp bemessene Freizeit auch in den Erzählungen der Hausangestellten auftauchen. Die Hamburger Fabrikantentochter Ilse Heß, die in der Nachkriegszeit in einem Schweizer Privathaushalt in der Nähe von Zürich beschäftigt war, schrieb ihren Eltern im Dezember 1949:

»Jetzt ist es wohl an der Zeit Euch einen Weihnachtsbrief zu schreiben, aber ich weiß nicht, ob es viel werden wird, denn ich habe von 7h – ½ 11h gearbeitet. Zum Schluss musste ich noch mit der K.Schwester [Kinderschwester] die schweren Aschkübel an die Ecke schleppen«.[213]

Sogar an ihrem Geburtstag habe sie 14 Stunden lang »in einem durch« von sieben Uhr früh bis abends um neun Uhr »gründlich putzen« müssen.[214]

Gretha Ole kam ebenfalls nicht in den Genuss der ohnehin kurzen Mindestruhezeit von neun Stunden täglich, die ihr laut Basler-NAV zugestanden hätten. Die damals 18-Jährige kam 1951 aus Süddeutschland nach Basel, wo sie vier Jahre lang neben der alleinigen Besorgung des Haushaltes rund um die Uhr die Pflege der demenzkranken Frau des Arbeitgebers übernahm:

»Es war nicht nur schön […] ich habe es auch nicht als schlimm empfunden, das muss ich jetzt schon sagen, gell, aber es war halt schon anstrengend und Verantwortung hat man gehabt […] dass man halt 24 Stunden für sie [die demenzkranke Frau des Arbeitgebers] da zu sein hat, gell {AA: mhm} Und dann haben sie gemeint am Samstagmittag habe ich frei, dann bin ich in die Stadt runter gelaufen und habe noch ein bisschen was eingekauft, dann war die Frau- man hat die Frau ins Bett bringen müssen, man hat dann das Essen richten müssen, gell {AA: mhm} ja.«[215]

Sogar die wenige Freizeit, die ihr zugestanden wurde, war durch die Betreuungspflichten begrenzt. Ferien habe sie in diesen vier Jahren nie gehabt, was sie mit den Worten,»das war halt so«, evaluiert.[216] Laut Basler-

---

212 StABS, DI-REG 1c 11-13-5 (2), Normalarbeitsvertrag für Hausangestellte im Kanton Basel-Stadt vom 27.02.1962, §4.
213 FZH-Archiv, NL Heß, Ilse Heß: Brief an Familie Heß, Erlenbach (Zürich), 19.12.1949.
214 FZH-Archiv, NL Heß, Ilse Heß: Brief an Familie Heß, Erlenbach (Zürich), 16.03.1950. Ähnlich: Wössmer, Interview Miescher, 00:17:00.
215 PAA, Althaus, Interview Ole, 00:05:24.
216 Ebd., 01:09:46.

NAV hätte sie Anspruch auf zwei Wochen Ferien pro Jahr gehabt.[217] Am Beispiel von Gretha Ole kann deutlich gemacht werden, dass auch nach dem Zweiten Weltkrieg in der Ausgestaltung und Bewertung der Hausdienstverhältnisse andere Normen wirkten als die gesetzlich festgelegten Arbeitsrechte. Erstens waren die Normalarbeitsverträge gerade den zugewanderten Hausangestellten häufig nicht bekannt.[218] Dazu kam, dass es keine Kontrollinstanz gab, welche die Einhaltung der gesetzlichen Auflagen in Privathaushalten überprüfte. Verstöße gegen den NAV musste die Hausangestellte selber zur Anzeige bringen. An wen sie sich dabei zu wenden hatte, wurde – ich bleibe beim Basler Beispiel – erst mit der Revision des NAV im Jahr 1962 im Gesetzestext verankert.[219] War die Anzeige der Arbeitgeberin auch für Schweizerinnen ein gewagter Schritt, so barg ein juristischer Streit für Ausländerinnen ohne Niederlassungsbewilligung zusätzlich ein großes Risiko, da ihre Aufenthaltsbewilligung an eine konkrete Stelle gebunden war, die ohne fremdenpolizeiliche Erlaubnis nicht gewechselt werden durfte. Ein Rechtsstreit konnte leicht in der Ausweisung aus der Schweiz enden.[220] Dass ›es halt so gewesen‹ sei, kann in dieser Hinsicht als Ausdruck von Machtlosigkeit gelesen werden.

Zweitens schwingt in Gretha Oles Fazit auch ein Ton der Duldsamkeit mit, was auf die gesellschaftlich tief verankerten Normen verweist, wie eine ›gute‹ Hausangestellte zu sein habe – Normen, die der Ausgestaltung des Hausdienstverhältnisses zugrunde lagen. Im deutschsprachigen Raum wurden seit dem späten 18. Jahrhundert mittels christlich-moralischer Ratgeber und Erziehungsbücher die idealen Charaktereigenschaften und Verhaltensnormen eines ›Dienstmädchens‹ konstruiert. Dieses Idealbild, das herrschaftliche Interessen widerspiegelte, wurde im Laufe des 19. Jahrhunderts verfestigt und über unterschiedliche Kanäle – von der (Unterhaltungs-)Literatur bis zu den Dienstbotenordnungen – transportiert und sozial diffundiert. Neben allgemeinen charakterlichen Eigenschaften wie Treue, Verschwiegenheit, Sittlichkeit oder eben Duldsamkeit gehörten auch Wertvorstellungen bezüglich der Arbeitsleistung dazu wie beispielsweise Fleiß

---

217 CH SWA Vo M 43–27, Normalarbeitsvertrag für Hausangestellte im Kanton Basel-Stadt vom 11.12.1942, § 7.
218 CH BAR E4300B#1000/846#249*, SAG: Jahresbericht, Zürich 1951, S. 5–6.
219 Mit dem neu geschaffenen §18 im revidierten Basler-NAV (1962) wurde das Gewerbe-Inspektorat als »Auskunftsstelle« benannt. Für die »Schlichtung von Streitigkeiten« war das Zivilgericht Basel-Stadt zuständig. CH SWA Vo M 43–27, Normalarbeitsvertrag für Hausangestellte im Kanton Basel-Stadt vom 11.12.1942, § 18.
220 Vgl. Kapitel 4.2.7.

und Willigkeit.[221] Als besonders »fleißig«, »tüchtig«, »willig« und »anspruchslos« galten in der Schweiz – auch in der Mitte des 20. Jahrhunderts – die österreichischen und deutschen Hausangestellten.[222] Gretha Ole entsprach in den Augen ihres Arbeitgebers diesem Idealbild, wie aus ihrem Arbeitszeugnis hervorgeht:

»Während dieser Zeit [1951 bis 1955] hat sich dieselbe [Gretha Ole] trotz ihres jugendlichen Alters in kurzer Zeit so gut eingearbeitet, dass sie den Haushalt selbstständig führen konnte, auch die Küche besorgte und nicht zuletzt meine kranke Frau betreute. Sie ist *willig, ehrlich und tüchtig* und ich kann sie nur jedermann bestens empfehlen« [Hervorhebung AA].[223]

Im Interview bestätigt Ole dieses Fremdbild. Sie stellt sich als fleißige Arbeitskraft dar, die Verantwortung übernahm und die ihr übertragenen Aufgaben, auch wenn sie »nicht nur schön« waren, mit viel Gewissenhaftigkeit erledigte, ohne das – aus heutiger Perspektive – ausbeuterische Arbeitsverhältnis als »schlimm« zu empfinden.[224]

Die Norm stets fleißig zu sein und die Arbeit »willig« zu verrichten, entspricht nicht nur dem, seit der Aufklärung von bürgerlichen Autoren konstruierten, Idealbild eines ›Dienstmädchens‹. Sie verweist auch auf das große Arbeitsethos, das viele Erzählerinnen in ihren Kindheits- und Jugenderzählungen stark machen. Ulrike Stamm beschreibt in ihren lebensgeschichtlichen Aufzeichnungen ihre Erziehung als autoritär. Neben Werten wie Gehorsam sein und keine Widerrede leisten, seien ihr die Tugenden Arbeiten, Sparen und Lernen vermittelt worden. Vor diesem Hintergrund bewertet sie die große Arbeitsbelastung, der sie Anfang der 1960er Jahre als Hausangestellte in einem Schweizer Villenhaushalt ausgesetzt war. Die harte Arbeit habe ihr nichts ausgemacht und ein Auflehnen dagegen wäre ihr nicht in den Sinn gekommen:

»Da ich von zu Hause gewöhnt war, zum Teil harte Arbeit (Landwirtschaft) zu verrichten, machte es mir nicht sehr viel aus, dass ich wirklich viel zu putzen und auch im Garten zu arbeiten hatte. […] Im Nachhinein würde ich jedoch sagen,

---

221 Althaus, *Lebensgeschichtliche Aufzeichnungen*, S. 56. Zull, *Das Bild vom Dienstmädchen*. Wierling, *Mädchen*, S. 183–188. Bochsler/Gisiger, *Dienen*, S. 226–236.
222 Schweizerische Arbeitsgemeinschaft für den Hausdienst, *Hausdienstfragen*, S. 231–232.
223 PAA, O. Deissinger: Arbeitszeugnis für Gretha Ole, Basel 31.01.1955.
224 PAA, Althaus, Interview Ole, 00:05:24 und 00:23:50. Ähnlich: PAA, Lipp, Lebensgeschichtliche Aufzeichnungen.

dass ich manchmal ganz schön ausgenutzt wurde. ›Aufmucken‹ (Widerstand leisten) wie das heute üblich ist, das habe ich mich nie getraut.«[225]

Insbesondere die Frauen aus meinem Sample, die in einem bäuerlichen Umfeld aufgewachsen sind, setzen die Arbeitserfahrungen in der Schweiz in einen kausalen Zusammenhang zu dem in der Kindheit und Jugend vermittelten Arbeitsethos. Wie hier am Beispiel von Ulrike Stamm gezeigt werden kann, manifestiert sich diese Kausalität mit der Konjunktion »da« auch auf der sprachlichen Ebene.

Dieses verinnerlichte Arbeitsethos hilft zu erklären, warum sich trotz der faktisch überdurchschnittlich langen Arbeitszeit in schweizerischen Privathaushalten erstaunlich viele Erzählungen im Sample finden, in denen nicht die langen Arbeitstage im Vordergrund stehen – wie etwa in den Briefen der Fabrikantentochter Ilse Heß –, sondern explizit die viele Freizeit hervorgehoben wird: »Draußen haben wir irgendwie im Verhältnis mehr Freizeit gehabt als hier in Österreich beim Arbeiten«,[226] betont Gerda Falter gleich zu Beginn des Interviews und wiederholt diese Aussage mehrmals. Die auf einem Bauernhof aufgewachsene Gerda Falter (Jg. 1931) arbeitete vor ihrer Migration in die Schweiz als Hausangestellte in der Steiermark. Dort habe sie bis auf wenige Stunden am Sonntag nie frei gehabt. In Basel, wo sie alleine den Haushalt einer vierköpfigen Familie mit kleinen Kindern übernahm, hatte sie zwei Nachmittage frei. Dies bewertet sie als »so viel Freizeit«, dass ihr »oft langweilig« gewesen sei. Die anderthalb Jahre in der Schweiz, bezeichnet die spätere Landwirtin, Hausfrau und Mutter dreier Kinder, deshalb als »ruhigste Zeit« ihres Lebens.[227] Aus den lebensgeschichtlichen Erzählungen von Gerda Falter wird deutlich, dass die Einschätzung der Arbeit nicht nur vor dem Hintergrund der Arbeitserfahrungen vor der Migration, sondern auch im Hinblick auf diejenigen nach der Migration stattfindet.

Rosa Imhof fokussiert in ihrer Erzählung über ihre erste Stelle als Hausangestellte im Marthahaus der Freundinnen junger Mädchen in Luzern ebenfalls auf die Freizeit. Auf meine Nachfrage, sie solle mir »noch ein bisschen erzählen« aus dieser Zeit, antwortete die als Kind verdingte und auf ihre Arbeitskraft reduzierte Imhof:

---

225 PAA, Stamm, Bericht, S. 5. Ähnlich: PAA, Althaus, Interview Gruber, 01:45:24.
226 PAA, Althaus, Interview Falter, 00:04:08.
227 Ebd., 00:06:53, 00:09:24, 00:12:46 und 00:13:29.

»Dort war alles in Ordnung, da habe ich Zimmer gemacht und- und dann habe ich meinen ersten Freitag gehabt, habe einmal frei gehabt. Dienstag war mein freier Tag und dann jeder zweite Sonntag, ich weiß nicht, das habe ich ja vorher nicht gekannt.«[228]

Das erste Mal in ihrem Leben, so Imhof weiter, sei es ihr dank der geregelten Freizeit möglich gewesen nächtelang zu tanzen, Bergwanderungen zu unternehmen oder Freundinnen zu treffen.

Schätzt jede siebte Erzählerin, die in einem Privathaushalt tätig war, die Arbeitsbelastung als gering ein und macht dies an den, im Gegensatz zur Herkunftsregion geregelten, Freizeiten fest, findet sich dieses Erzählmuster kein einziges Mal bei den Personen, die im Gastgewerbe tätig waren. Einige der Erzählerinnen, die in der Schweiz als Haus- *und* Gastgewerbsangestellte beschäftigt waren, unterstreichen ausdrücklich, dass die Arbeit in einem Privathaushalt viel freier und lockerer gewesen sei als die Tätigkeit in einem Hotel oder Restaurant. Ilse Reber beglaubigt ihre Aussage, dass sie an ihrer vierten Stelle in der Schweiz – einer »Fresswirtschaft« im Emmental – von früh bis spät habe »schaffen müssen wie ein Brunnenputzer« in der Kontrastierung mit der vorherigen Stelle in einem mittelständischen Privathaushalt. Dort habe ihre Aufgabe lediglich darin bestanden »ein wenig [zu] köcheln«.[229] Neben dem Kochen besorgte sie zwar den kompletten Haushalt und half – häufig auch an den Wochenenden – im Geschäft des Arbeitgebers mit. Die langen Arbeitstage im Haushalt bewertet sie jedoch als weniger anstrengend. Einerseits weil ihr die Arbeit in Haus und Laden viel mehr Spaß bereitete als in der »Pinte«. Andererseits verstand sie sich dort mit der Familie sehr gut – ein in der Bewertung der Arbeit relevanter Aspekt, auf den ich noch zurückkommen werde.

In gesetzlicher Hinsicht waren die Arbeits- und Freizeiten im Gastgewerbe ähnlich schlecht geregelt wie im Hausdienst. Der christlich-soziale Zürcher Stadtrat Ferdinand Buomberger, der zahlreiche sozialpolitische Schriften verfasste, beginnt seine Abhandlung *Kellnerinnenschutz und Kellnerinnenelend in der Schweiz* aus dem Jahr 1916 mit der Feststellung, »es gibt wohl kaum einen Beruf, der so schwer und dabei so verachtet ist, vom Gesetze so wenig beschützt und jeder möglichen Ausbeutung so ausgesetzt

---

228 PAA, Althaus, Interview Imhof, 01:13:05. Ebenso: DOKU, Imhof, Lebensgeschichtliche Aufzeichnungen, S. 71. Ähnlich: PAA, Althaus, Interview Hauert, 00:02:02 und 01:18:24.
229 PAA, Althaus, Interview Reber, 00:33:16 und 00:35:50.

ist, wie der einer Kellnerin.«[230] Als größtes Problem definierte er – ähnlich wie Emma Hausknecht für den Hausdienst – die ungeregelte Arbeitszeit. Laut einer, von Buomberger im Kanton Fribourg durchgeführten, Enquete umfasse die durchschnittliche Arbeitszeit von mehr als 80 Prozent der befragten Kellnerinnen 16 Stunden pro Tag.[231] Zwar liegen mir zu wenige Informationen zu dieser Umfrage vor, als dass ich die Ergebnisse hier als repräsentativ im statistischen Sinne präsentieren möchte. Angesichts der gesetzlichen Regelung der Arbeitszeiten im Gastgewerbe sind solche Zahlen allerdings auch nicht als unwahrscheinlich zu bewerten. Die meisten, gegen Ende des 19. Jahrhunderts eingeführten, kantonalen Wirtschaftsgesetze garantierten lediglich eine »Mindestruhezeit« von acht Stunden, was de facto einen 16-Stundentag billigte.[232] Wie einführend dargelegt, blieb die arbeitsrechtliche Situation insbesondere für die weiblichen Beschäftigten im Gastgewerbe bis in die 1960er Jahre hinein prekär. Das eidgenössische Ruhetaggesetz aus dem Jahr 1931 führte zwar für sämtliche Gastgewerbsangestellte schweizweit den wöchentlichen Ruhetag von ununterbrochenen 24 Stunden ein. Sowohl für Kleinbetriebe mit Angestellten bis zu vier Personen als auch für »Saisongeschäfte« gab es jedoch etliche Ausnahmebestimmungen. So durfte beispielsweise in Saisonbetrieben während der Hochsaison, maximal acht Wochen lang, die Ruhezeit auf einen halben Tag reduziert werden oder ganz ausfallen.[233] Problematisch, so Vertreter der Union Helvetia, sei nicht nur die praktische »Aushebelung« des Ruhetaggesetzes in Saisonbetrieben, sondern auch die mangelhafte Kontrolle, ob die Bestimmungen eingehalten würden. Die Kantone, denen die Kontrolle oblag, seien aus wirtschaftlichen Gründen mehr am Ausbau des Fremdenverkehrs als am Arbeitnehmerschutz interessiert.[234]

Da fast zwei Drittel der 29 Personen, die zeitweise im Gastgewerbe arbeiteten, in der (Saison)Hotellerie beschäftigt waren, ist die pausenlose Arbeit während der Hochsaison eines der zentralen Themen in den Arbeitserzählungen dieser Frauen. »Freizeit war so und so ein Fremdwort«, bringt Rosemarie Kroll die Erinnerungen vieler ehemaliger Hotelangestellter aus meinem Sample auf den Punkt.[235] Maja Pichler, die 1957 mit 17

---

230 Buomberger, *Kellnerinnenschutz*, S. 1. Zur Person Buomberger vgl. Göldi, Buomberger, 08.07.2003, http://www.hls-dhs-dss.ch/textes/d/D25336.php.
231 Buomberger, *Kellnerinnenschutz*, S. 13.
232 Wild, »Das aussergewöhnliche Leben«, S. 70. Buomberger, *Kellnerinnenschutz*, S. 3.
233 Union Helvetia, *Der wöchentliche Ruhetag*, S. 6–9.
234 Ebd., S. 14.
235 PAA, Kroll, Meine Alltagsgeschichten, S. 6.

Jahren in ein großes Hotel in der Nähe von Zug kam, das für die nächsten sieben Jahre ihr Wohn- und Arbeitsort wurde, führt aus:

»Arbeitszeiten waren von sechs Uhr morgens generell im Sommer bis zehn Uhr abends. Es gab in der Hochsaison keinen freien Tag, nur dienstags von halb zwei bis halb sechs, vier Stunden. Vor- und Nachsaison gab es dann dienstags einen freien Tag, das war der Wirtesonntag, da war das Hotel geschlossen. Ja, arbeiten, arbeiten, arbeiten. Hauptsaison – sehr strenge Arbeitszeit.«[236]

Sie habe immer »funktionieren« müssen. Auch im Fall von Krankheit oder Unwohlsein sei ein Niederlegen der Arbeit undenkbar gewesen. Nur einmal in sieben Jahren habe sie nach einem Sonnenstich einen halben Tag Pause gemacht – gegen den Willen des »Juniorchefs«, der vor Wut darüber alleine kochen zu müssen, die Pfanne zum Fenster hinausgeworfen habe. »Gsund warst, fertig. Lustig war's«, fasst sie diese Episode lachend zusammen.[237] Mit dieser anschaulichen Darstellung der schier unbegrenzten Arbeitszeit geht es Pichler – ähnlich wie Gretha Ole, die für ihre demenzkranke Arbeitgeberin 24 Stunden in Arbeitsbereitschaft war –, nicht primär darum, das Arbeitsverhältnis als ausbeuterisch zu präsentieren. Vielmehr positioniert sie sich darin als verantwortungsvolle und belastbare Angestellte, auf die die Vorgesetzten sich verlassen konnten.[238]

Elsa Zeller, die fünf Saisonen lang in einem Hotel im Berner Oberland tätig war, erzählt ebenfalls, dass sie im Hotel von sechs Uhr morgens bis zehn Uhr abends ohne Unterlass arbeiten musste:

»Das war knallhart und man hat auch nie frei gehabt, die ganze Saison. Man hat nie einen freien Tag gehabt […] Und man durfte nicht krank sein, hätte man sich gar nicht erlauben können, man hat sich dann einfach durchgeseucht.«[239]

Elsa Zeller und Maja Pichler standen beide fremdenpolizeilich gesehen in einem irregulären Arbeitsverhältnis. Pichler wurde von ihrem Arbeitgeber nur als Saisonnière angemeldet, obwohl sie das ganze Jahr im Betrieb arbeitete, was sich unter anderem heute in der Auszahlung der Rente bemerkbar macht.[240] Und Elsa Zeller war gar nicht angemeldet, sondern

---

236 PAA, Althaus, Interview Pichler, 00:03:36.
237 Ebd., 02:58:34.
238 Die Selbstthematisierung als starke und verlässliche Persönlichkeit ließe sich auch an weiteren Episoden aufzeigen. Bspw. in familiärer Hinsicht: Ebd., 00:17:36 und 00:27:44 oder in Bezug auf spätere Arbeitsverhältnisse: 00:34:04.
239 PAA, Althaus, Interview Zeller, 00:09:02.
240 PAA, Althaus, Interview Pichler, 01:50:27.

arbeitete »schwarz«.[241] Waren die Arbeitsbedingungen in der Saisonhotellerie aufgrund der gesetzlichen Bestimmungen auch für Schweizerinnen ungünstig, waren sie im Falle eines illegalen Arbeitsverhältnisses für Ausländerinnen noch prekärer, da sich diese nicht bei den zuständigen kantonalen Gewerbeinspektoraten beschweren konnten. Insgesamt geben vier Erzählerinnen aus dem Sample explizit an, ›illegal‹ beschäftigt gewesen zu sein.[242] Drei davon arbeiteten als Hotelangestellte. Die Vermutung liegt deshalb nahe, dass derlei Missbräuche in der Hotellerie verbreiteter gewesen sind als im Hausdienst.

Elsa Zeller war nach ihrer Zeit als illegal beschäftigte Hotelangestellte in diversen Jahresstellen, als fremdenpolizeilich korrekt gemeldete, Serviererin in städtischen Restaurants in Basel tätig. Als größten Unterschied nennt sie die Regelung der Freizeit. In den Restaurants sei im Gegensatz zum Hotel die Zimmerstunde eingehalten und der wöchentliche Ruhetag ordnungsmäßig gewährt worden.[243] Auf den Unterschied zwischen der Saisongastronomie und den regulären Jahresstellen weisen auch andere Erzählerinnen hin.[244] Die Arbeitstage an sich waren aber auch dort sehr lang und arbeitsintensiv, wie anhand der Schilderungen von Christine Stark und Irene Keller exemplarisch verdeutlicht werden soll. Beide waren Ende der 1950er Jahre in einem städtischen Schweizer Restaurant tätig:

»Der Arbeitstag sah so aus: Morgens halb acht im Restaurant sein, das Restaurant putzen, das heißt, Gläser waschen vom Vorabend, Tische, Schank und Boden reinigen, Toiletten putzen. Dann war frühstücken dran. Danach eine Zimmerstunde, wobei die dazu genutzt werden musste sich selbst zu waschen und umzukleiden, damit man für den Tag gepflegt war. Nach der abgelaufenen Stunde war ich dann bis 24 Uhr abends (dann war polizeiliche Sperrstunde) im Restaurant tätig. Mittags hatte ich dann nach dem Essen noch die Küche in Ordnung zu bringen, fallweise Fenster putzen, 1x wöchentlich wieder morgens den Parkettfußboden mit Stahlwolle abgezogen, dann fiel noch Wäschebügeln an (das wurde im Restaurant gemacht) und wenn Gäste kamen, mussten die eben auch angemessen bedient werden.« [Christine Stark, ›Serviertochter‹ und Hausangestellte in einem Restaurant in Frauenfeld, 1957][245]

---

241 PAA, Althaus, Interview Zeller, 00:05:02.
242 Neben Pichler und Zeller: PAA, Althaus, Interview Gustav, 00:14:01. FZH/WdE 442, Jens Michelsen: Interview mit Charlotte Manthai [Alias], Hamburg 13.07.1996, S. 12..
243 PAA, Althaus, Interview Zeller, 03:12:38 und 03:22:50.
244 Bspw. PAA, Althaus, Interview Kroll Teil II, 00:06:30.
245 Stark, Lebensgeschichtliche Aufzeichnungen, S. 2.

»Wir mussten die ersten unten sein am Morgen, um sieben, da musste das Restaurant aufgeräumt sein. Der Boden musste tiptop- es waren alles alte Böden noch gewesen, da hat man noch gespänt und gewachst. Und dann wirklich Punkt sieben [...] standen aber schon die älteren Herren vor der Tür, die wollten dann ihr Schnäpschen haben. [...] Die Serviertöchter kamen meistens erst um acht oder halb neun, da mussten wir so lange dann die Gäste bedienen bis die Serviertochter da war {AA: mhm}. Und dann musste man natürlich alles Mögliche andere machen- in der Küche helfen, das alles vorbereiten [...] Es war schon ein strenges Schaffen [...] Bis spät am Abend, wirklich bis spät. Wir sind manchmal um=um halb elf hat uns die [Chefin] [...] noch runtergeholt, um einen Wurstsalat zu machen.« [Irene Keller, ›Mädchen für alles‹ in einem Restaurant in Zürich, 1958][246]

In ähnlicher Weise berichten sechs weitere Erzählerinnen, die in den 1950er Jahren als Angestellte in schweizerischen Restaurants tätig waren,[247] dass sie – abgesehen von Zimmerstunde und Essenszeiten – von früh morgens bis spät abends arbeiten mussten und teilweise auch nach dem offiziellen Feierabend noch in Arbeitsbereitschaft standen. Eine durchschnittliche Arbeitszeit von 16 Stunden täglich, wie der Sozialpolitiker Ferdinand Buomberger für Kellnerinnen zu Beginn des Jahrhunderts errechnet hat, scheint auch Ende der 1950er Jahre nicht ungewöhnlich gewesen zu sein. Helga Liniger, die sich zeitgenössisch aus wissenschaftlicher Perspektive mit dem Hotelwesen beschäftigte, sah gerade in der schier unbegrenzten Arbeitszeit ein »Relikt aus der Zeit der einfachen Hausdienstboten«. Auch noch im Jahr 1959 habe das gastgewerbliche Personal als »dienstbarer Geist für den Gast [...] Tag und Nacht dienstbar zur Stelle [zu] sein«.[248]

Christine Starks und Irene Kellers Arbeitstage waren nicht nur lang, sie hatten auch schwere Arbeit zu verrichten. Beide ziehen zur Illustration dafür die Bodenpflege heran. Die Parkettböden konnten nicht wie heutzutage schnell gewischt werden. Sie mussten »mit Stahlwolle abgezogen«, »gespänt und gewachst« werden. Die Schwere der Hand- respektive Hausarbeit ist ein Thema, das sich – fast identisch – auch in den Arbeitserzählungen der Hausangestellten meines Samples findet: »Da habe ich auch malocht von früh bis spät, da waren noch Parkettböden, die waren nicht versiegelt also [...] haben wir die poliert und abgehobelt und dann geboh-

---

246 PAA, Althaus, Interview Keller, 00:09:38.
247 PAA, Althaus, Interview Gruber, 01:43:43. Ebenso: PAA, Delestowicz, Interview Zehnder, 00:58:00; PAA, Schicker-Viktor, Werdegang, S. 10–13; PAA, Franz, Lebensgeschichtliche Aufzeichnungen, S. 3 und PAA, Papp, Meine Jahre in der Schweiz, S. 2.
248 Liniger, *Das schweizerische Hotelgewerbe*, S. 30.

nert und gemacht.«[249] Die Urheberin dieser Worte, Elfriede Kammerer, war Ende der 1950er Jahre als Hausangestellte in einem, wie sie sagt, »vornehmen Haushalt« in Basel tätig.[250] Neben den Böden ist es vor allem das Waschen, das als Sinnbild für die körperlich anstrengende (Haus-)Arbeit sowohl von etlichen Haus- als auch Gastgewerbsangestellten meines Samples herangezogen wird.

»Und wir haben also bitte keine Geschirrwaschmaschine gehabt und keine Wäschewaschmaschine. Wir haben jeden- jedes Wochenende am Sonntag haben wir dann von oben runter Wäschekörbe, die Wäsche geholt, eingeweicht, am nächsten Tag im Kessel da gekocht, wie man das früher gemacht hat, dann haben wir die schweren Dinger wieder hinaufgetragen, weil man musste die Wäsche oben aufhängen, das war schon sehr mühsam.« [Irene Keller als ›Mädchen für alles‹ in einem Zürcher Restaurant, 1958][251]

»Die haben keine Waschmaschine gehabt und die dreckigen Hosen von den Bäckern, die hat man eingeweicht und geschrubbt und dann gekocht […] sie [die Arbeitgeberin] hat mir dann schon auch ein bisschen geholfen, gell, aber die Wascherei, das war schon wahnsinnig. Der große Kessel und dann in der Badewanne hat man dann das=das Becken und hat man da noch gebürstet und über Nacht eingeweicht und dann gebürstet und geschrubbt und nachher aah=aah=aah! Da warst du schon erledigt, mein lieber Schwan!« [Ella Lubich, Hausangestellte in einer Bäckerei in Rothrist AG, um 1955][252]

Der Waschtag als Symbol verschwundener Arbeitswelten ist uns bereits bei den Kindheits- und Jugenderzählungen begegnet. Aufgrund des technischen Fortschrittes hat sich die Tätigkeit des Wäschewaschens so verändert, dass gegenüber der Vertreterin einer jüngeren Generation eine Erläuterung dieser Tätigkeit unerlässlich zu sein scheint.

Abgesehen vom Waschen und der Bodenpflege, die wir uns in Zeiten von Staubsauger und Vollwaschautomatik nicht mehr vorstellen können, erfahren wir aus den Erzähltexten ansonsten wenig über die konkrete Ausführung und die einzelnen Schritte einer zu erledigenden Arbeit. Was uns vermittelt wird, ist, dass die Aufgabenbereiche vielfältig waren. Dies ist eine weitere Gemeinsamkeit der Arbeitserzählungen von Haus- und Gastgewerbsangestellten. Wie aus Christine Starks und Irene Kellers Ausfüh-

---

249 PAA, Valentic, Interview Kammerer, 00:06:13.
250 Ebd., 00:19:36.
251 PAA, Althaus, Interview Keller, 00:43:06. Ähnlich: PAA, Auer, Lebensgeschichtliche Aufzeichnungen, S. 2–3.
252 PAA, Althaus, Interview Lubich, 02:20:39. Ähnlich: PAA, Papp, Meine Jahre in der Schweiz, S. 2.

rungen über ihren Arbeitsalltag in schweizerischen Restaurants herausgelesen werden kann, umfasste ihr Aufgabenbereich neben der Bedienung der Gäste oder der Mitarbeit in der Küche auch hauswirtschaftliche Tätigkeiten wie allgemeine Reinigungsarbeiten oder die Wäschepflege. Da Stark und Keller beide als ›Hilfskräfte‹ beschäftigt waren – wie die meisten Gastgewerbsangestellten aus meinem Sample – ist dieses Ergebnis nicht weiter erstaunlich. Allerdings betonen auch die als Serviceangestellte eingestellten Personen, in den Restaurants alles gemacht zu haben: »Damals, als ich noch serviert habe, […] mussten wir das Restaurant putzen, wir mussten abstauben, wir mussten den Boden aufwischen und=und=und all die Putzarbeiten«, erinnert sich etwa Elsa Zeller an ihre Zeit als ›Serviertochter‹ in verschiedenen Stellen der Basler Gastronomie.[253]

Von den ehemaligen Hausangestellten erzählt ebenfalls jede Vierte im Sample explizit »alles« gemacht zu haben – ohne die Arbeiten an sich genauer auszuführen. Regine Vogt (Jg. 1934) fasst in ihren insgesamt 10-seitigen schriftlichen Aufzeichnungen in einem Satz zusammen, womit sie sich während den ersten zwei Jahren ihres insgesamt vierjährigen Schweizaufenthaltes als Hausangestellte tagtäglich beschäftigte: »Putzen, Waschen, Bügeln, Kochen, Backen und eben alles was zu einem Haushalt gehört.«[254] Der Bericht über ihren Aufgabenbereich in ihrer zweiten Stelle in der Schweiz – ebenfalls als Hausangestellte – fällt noch knapper aus: »Die Arbeit war nicht schwer, das Übliche.«[255] Warum Vogt sogar den Haustieren der Arbeitgeberfamilie mehr Platz einräumt als ihrem Arbeitsalltag, deutet sie in den resümierenden Zusätzen, »das Übliche« und »eben alles was zu einem Haushalt gehört«, an. Sie setzt voraus, dass die Adressatin weiß, was die Aufgaben einer Hausangestellten sind und was unter Putzen oder Kochen zu verstehen ist.[256] Vogts Aufzeichnungen sind relativ lang und enthalten erzählende Passagen. Trotzdem ist nicht auszuschließen, dass die marginale Darstellung der (Haus-)Arbeit dem schriftlichen Bericht geschuldet ist. In den Interviews, die die Möglichkeit bieten, nachzufragen, ist die Situation jedoch eine ähnliche. Gretha Ole, die neben der 24-Stundenpflege einer Demenzkranken auch den Haushalt ihres Arbeitgebers versorgte, antwortete auf meine Nachfrage, was denn genau ihre Aufgaben gewesen seien: »Ha ja, morgens halt Frühstück machen und dann die

---

253 PAA, Althaus, Interview Zeller, 03:23:03.
254 PAA, Vogt, Lebensgeschichtliche Aufzeichnungen, S. 4.
255 Ebd., S. 6.
256 Ähnlich: PAA, Hug, Lebensgeschichtliche Aufzeichnungen/Nachtrag, S. 1.

Wohnung sauber und dann einkaufen, Mittagessen und ja halt das- also ein Haushalt halt, alles [...] alles, Sie wissen ja.«[257] Dass ich (als Frau) wisse, was unter »normalem Hausarbeiten«[258] zu verstehen sei, schienen die Erzählerinnen vorauszusetzen. Allerdings thematisierten sie auch im Gespräch mit den männlichen Studierenden, die im Rahmen einer Lehrveranstaltung für mein Projekt Interviews führten, die Hausarbeiten nicht ausführlicher. Gerda Braun, die als 19-Jährige von den Eltern in die Schweiz geschickt wurde, um das Haushalten zu lernen, erzählte dem Interviewer Jonathan Say zwar ausführlich über ihre Zeit als Hausangestellte in einer Basler Arztfamilie, wo sie »selbstständig« den Haushalt besorgt habe. Auf seine Nachfrage, was denn genau zu ihren Aufgaben als Hausangestellte gehört habe, antwortete sie schlicht: »Das Ganze. Die ganze Haushaltung.«[259] Im Gegensatz zu den oben dargestellten Tätigkeiten, die sich aufgrund des technischen Forstschritts so stark verändert haben, dass sie erläuterungsbedürftig geworden sind, scheinen die alltäglichen Tätigkeiten wie Kochen oder Putzen im wörtlichen Sinn selbstverständlich zu sein und ohne weitere Erklärung auszukommen.

»Alles« oder »das Ganze« gemacht zu haben, bedeutete sämtliche Aufgaben, die in einem Haushalt anfielen, übernommen zu haben. Neben der Reinigung der Räume, der Küchen- und Gartenarbeit, der Wäsche- und Schuhpflege, der persönlichen Bedienung und der Kinderbetreuung konnte auch das tägliche Gassi gehen mit dem Hund[260] oder die nächtliche Krankenwache bei einem Familienmitglied[261] Teil des Aufgabenbereichs sein. Betrieben die Arbeitgeber ein Geschäft oder einen Handwerksbetrieb, gehörte auch die – häufig fremdenpolizeilich nicht gemeldete – Mitarbeit im Laden oder der Werkstatt dazu. Ella Lubich, die Mitte der 1950er Jahre als Hausangestellte bei einer Bäckersfamilie im aargauischen Rothrist tätig war und dort, wie oben beschrieben, von Hand die Wäsche waschen musste, zählt beispielsweise bei der Schilderung eines normalen Arbeitstages folgende Tätigkeiten auf: Frühstück zubereiten, Kinder anziehen und zum Kindergarten bringen, Zimmer aufräumen, Abspülen, Krapfen frittieren für die Bäckerei, im Garten arbeiten, Gemüse und Marmelade einko-

---

257 PAA, Althaus, Interview Ole, 01:02:31. Ähnlich: PAA, Althaus, Interview Gustav, 04:58:38.
258 PAA, Hug, Lebensgeschichtliche Aufzeichnungen/Nachtrag.
259 Ebd., 01:47:33.
260 PAA, Widder, Interview Grebel, 00:12:01.
261 PAA, Althaus, Interview Ole, 00:04:35.

chen, Bügeln, Wäsche flicken, Socken stricken.²⁶² In den Erzählungen der in meinem Sample stark vertretenen ›Mädchen für alles‹ spiegeln sich die strukturellen Veränderungen im Hausdienst. Der große Hausangestelltenmangel äußerte sich auf der Ebene der Arbeitsorganisation darin, dass die anfallenden Arbeiten, außer in wenigen großbürgerlichen Haushalten, nicht mehr auf mehrere spezialisierte Personen verteilt, sondern von einer Hausangestellten übernommen wurden. Allerdings berichten auch einige Erzählerinnen, die in großbürgerlichen Haushalten – als spezialisierte Kraft – tätig waren, »alles« gemacht zu haben. Hier transportiert die zunächst neutral erscheinende Numerale »alles« eine Wertigkeit. Im Folgenden werde ich den Faktoren der Bewertung von Arbeit intensiver nachgehen. Dabei fokussiere ich auf die Arbeits-Verhältnisse im Hausdienst.

4.2.3 Zur Bewertung von Hausarbeit

Rosa Imhof verknüpft die Formulierung »alles« nicht mit der Vielfältigkeit von Hausarbeit, sondern umschreibt damit entwürdigende oder überflüssig empfundene Arbeiten. In den späten 1950er Jahren war sie in einem großbürgerlichen, städtischen »Herrschaftshaus« in Luzern tätig. Dort musste sie »alles machen halt« und expliziert:

»Der Madame musste ich das Frühstück bringen, das Bett machen und wenn sie auf Toilette ist, ihre Scheiße runterspülen, ist sie extra runterkommen und so Zeug musste ich- und wenn sie sich irgendwo hingesetzt hatte, wieder [die Kissen] aufschütteln, solche Spinnereien.«²⁶³

Die Klospülung zu bedienen, die »Madame« genauso gut selber ziehen könnte oder die Sitzkissen nach jedem Gebrauch aufzuschütteln, stellen keine Notwendigkeit für das Funktionieren eines Haushaltes dar. Es sind herrschaftliche Praktiken der Selbst- und Fremdpositionierung, die soziale Differenz her- und Standesunterschiede klarstellen. Solche Arbeitsanweisungen sind performative Akte. Sie übernehmen eine spezifische gesellschaftliche Funktion. In der Abgrenzung gegenüber der Hausangestellten, die eine ›untere‹ soziale Schicht repräsentiert, hatte die bürgerliche Frau die Möglichkeit ihre eigene gesellschaftliche Position in der alltäglichen Praxis zu konstituieren. In der Geschichte von Rosa Imhof spiegelt sich dieses Abgrenzungsmoment auch auf der sprachlichen Ebene in der Anrede

---

262 PAA, Althaus, Interview Lubich, 02:19:36.
263 PAA, Althaus, Interview Imhof, 01:15:40.

»Madame« – dem schweizerischen Pendant zur ›gnädigen Frau‹. Im Gegensatz dazu, so wird in etlichen Zitaten deutlich werden, war es für die Arbeitgeber_innen ganz selbstverständlich, ihre Angestellten zu duzen.[264] Von jemandem zu verlangen das Sitzkissen aufzuschütteln oder die eigenen Exkremente zu beseitigen, stellt keine inhaltsleere Machtdemonstration dar. Der Haushalt, so Dorothee Wierling in ihrer Arbeit über ›Dienstmädchen‹ im deutschen Kaiserreich, war »der einzige Bereich, in dem die Hausfrau offen ›herrschen‹ durfte und auch sollte.«[265] Sie war zuständig für das reibungslose Funktionieren des Haushaltgeschehens. Eine unordentliche Wohnung oder ein verschwenderischer Umgang mit Haushaltsmitteln wurden ihr als Pflichtverletzung ausgelegt. Die gesellschaftliche Position einer bürgerlichen (Haus-)Frau war durch die Normen der bürgerlichen Geschlechterideologie des 19. Jahrhunderts definiert. Idealtypischerweise sollte die Frau keine körperliche Arbeit verrichten, sondern in erster Linie den sozioökonomischen Erfolg ihres Ehemannes repräsentieren. Dazu gehörten das Unterhalten einer standesgemäßen Wohnung und die Demonstration von Müßiggang. Um diesen beiden Repräsentationspflichten nachzukommen, war die bürgerliche Hausfrau auf (mindestens) eine Hausangestellte angewiesen, die eine aufwändige Einrichtung – egal wie putzintensiv – ermöglichte und die schwere körperliche Hausarbeit übernahm.[266] Rosa Imhof wurde all das (›alles‹) zugemutet, was sich für den eigenen Stand der Arbeitgeberin nicht geziemte, und es wurden Dinge von ihr verlangt, die den Aufbau und die Festigung der gesellschaftlichen Position von »Madame« ermöglichten. Im Privathaushalt wurde nicht nur geputzt, gekocht oder gewaschen, sondern es wurden (und werden heute noch) soziale Ungleichheiten zwischen Frauen unterschiedlicher gesellschaftlicher und nationaler/ethnischer Zugehörigkeit pro- und reproduziert.[267] Da sich dieser Prozess im hauswirtschaftlichen Alltag zwischen Hausfrau und Arbeitnehmerin abspielte, sind die Ehemänner der Hausfrauen in den Erzählungen der ehemaligen Hausangestellten wenig präsent – zumindest was die Bewertung der zu erledigenden Arbeit betrifft.

---

264 Vgl. auch: Bochsler/Gisiger, *Dienen*, S. 129.
265 Wierling, *Mädchen*, S. 135.
266 Orth, *›Nur weiblichen Besuch‹*, S. 45–46. Joris/Witzig, *Frauengeschichte(n)*, S. 31–34.
267 Zur Produktion von sozialer Ungleichheit zwischen Frauen in der intersektionellen Verzahnung von »race, class und gender« vgl. grundlegend Bednarz-Braun/Heß-Meining, *Migration*, S. 31–38.

Es wird deshalb im Folgenden in der Regel nur von Arbeitgeber*innen* die Rede sein.

In meinem Sample finden sich einige Erzählungen über Arbeitsanweisungen, die aus den Repräsentationspflichten der Arbeitgeberinnen resultierten. Am stärksten vertreten sind Erzählungen über luxuriöse Wohnungseinrichtungen und hauswirtschaftliche Standards, die ohne Hausangestellte überhaupt nicht hätten bewältigt werden können. Gabriele Ertel, die 1956 ein Jahr lang bei einem Ärzteehepaar beschäftigt war, assoziiert die Villa ihrer Arbeitgeberin auch in der Retrospektive vor allem mit der vielen Arbeit, die diese für sie bereithielt:

»Es war ein sehr großes, sehr schönes Haus und ich weiß noch genau sie [die Arbeitgeberin] hat mich durch das Haus geführt und ich hab am Ende gesagt: ›Und wer putzt das alles?‹ Und dann hat sie gesagt: ›Du‹ (lacht).«[268]

Und Ulrike Stamm, die Anfang der 1960er Jahre im Haushalt eines Großunternehmers arbeitete, hebt neben den pflegeintensiven Perserteppichen und Parkettböden die »Mengen an wertvollem Geschirr, Gläsern, Silber und anderem Hausrat« hervor: »Es waren Berge von kostbaren Kristallgläsern vorhanden. Die mussten natürlich gut gepflegt werden. Ebenso alle Arten Silberbesteck, das regelmäßig poliert werden musste.«[269]

Neben dem standesgemäßen Wohnen erwähnen die Personen, die in großbürgerlichen Haushalten beschäftigt waren, vor allem die Abgrenzungsstrategien der Arbeitgeberinnen, die ihren Arbeitsalltag geprägt hätten. Ingeborg Grebel, die 1962 ein halbes Jahr lang als Zimmermädchen im Schloss Eigenthal, der Sommerresidenz einer Zürcher Fabrikantenfamilie, angestellt war, erzählt von solchen Praktiken zur Aufrechterhaltung der Hierarchie zwischen ›Dienstboten‹ und ›Herrschaften‹:

»Wenn Sie schon mal so Groschenromane gelesen haben […] von Baron und Graf und sowas und wie sich die- [als] Personal war man ein Mensch zweiter Klasse. Wir haben spezielle Kleidung gekriegt, gestellt gekriegt von der Frau, so blau-weiß gestreifte Kleider […] also es gab spezielle Hauskleidung, spezielle Arbeitskleidung. Immer Strümpfe und geschlossene Schuhe, auch im Sommer, egal wie heiß […] Und wenn ich serviert habe, musste ich mich umziehen, da hatte ich dann ein graues Kleid mit einem weißen Kragen. Man musste weiße Handschuhe anziehen […] Am Morgen früh nach dem Frühstück musste ich halt Betten machen und alles abstauben, sauber ma- und=und sauber halten und auch am Sonntag musste man am Abend, hatte man auch den Sonntag nicht ganz frei, am Abend musste

---

268 PAA, Hermanowski, Interview Ertel, 00:08:08.
269 PAA, Stamm, Bericht, S. 4. Ähnlich: PAA, Althaus, Interview II Oban, 02:05:53.

man dann der Dame das Bett aufdecken, ihr Nachthemd hinlegen und so ein wenig hochziehen, dass sie nur reinfahren musste.«[270]

Die sonntägliche Freizeit der Angestellten zu unterbrechen, um sich das Nachthemd hinlegen zu lassen, stellt – ähnlich wie die von Rosa Imhof geschilderten Aufgabenbereiche – keine hauswirtschaftliche Notwendigkeit dar, sondern dient ausschließlich der Regelung der zwischenmenschlichen Beziehungen, mit Ingeborg Grebel gesprochen, der Einteilung der Menschen in erste und »zweite Klasse«. Ebenso kann die von Grebel ausführlich geschilderte (Arbeits-)Kleidung als klassisches Abgrenzungsmoment gelesen werden. Anhand der ›Dienstmädchentracht‹ wurden Standesunterschiede im Haushalt sichtbar gemacht, um eine Verwechslung zwischen ›Dienstmädchen‹ und Hausfrau auszuschließen.[271] So berichtet beispielsweise auch Ilse Reber, die 1949 in ein 48-Zimmer-Schloss in der Nähe von Solothurn kam, dass sie dort »nur Dienstmädchen« gewesen sei, denn die Familie habe sehr auf die Wahrung des Standesunterschiedes geachtet. Dies illustriert sie mit einer Episode, in der ihr Arbeitgeber sie »zusammenschimpfte«, nachdem sie sich einen Wintermantel, »tomatenrot mit einem Ozelotpelzchen«, gekauft hatte. Es gehöre sich nicht, dass sie als »Dienstmädchen« einen schöneren Mantel trage als seine Tochter.[272] Auch eine sich anbahnende Romanze mit seinem Neffen »käme nicht in Frage«:

»Jetzt hat mich dann der Herr Doktor ins Verhör genommen, ob ich mit dem [Neffen] etwas habe und das ist der- also Standesunterschied {AA: ah ja?} das käme nicht in Frage mhm. Und hat das gleich unterbunden, der hat mich ausgequetscht, das war ein Verhör peinlichst.«[273]

Zudem war ihr das Benutzen des herrschaftlichen Treppenaufganges nicht gestattet, sondern sie hatte die Dienstbotentreppe zu benutzen.[274] Gerlinde Fellner, die ihre Chefin als Frau mit »aristokratischem Habitus« beschreibt, berichtet ebenfalls von der Herstellung sozialer Differenz über die Definition von Tabu-Orten für die Angestellten.[275] Eine Fotografie, die Fellner Anfang der 1960er Jahre beim Sonnenbaden auf der Veranda der Villa der

---

270 PAA, Widder, Interview Grebel, 00:03:39. Ähnlich: PAA, Althaus, Interview II Oban, 00:49:15.
271 Bochsler/Gisiger, *Dienen*, S. 244.
272 PAA, Althaus, Interview Reber, 00:26:05. Ähnlich: PAA, Althaus, Interview Fellner, 02:16:42.
273 PAA, Althaus, Interview Reber, 02:01:01.
274 Ebd., 02:01:12. Ähnlich: PAA, Lipp, Lebensgeschichtliche Aufzeichnungen.
275 PAA, Althaus, Interview Fellner, 02:05:25.

Arbeitgeberfamilie zeigt [vgl. Abbildung 5], kommentierte Fellner während des Interviews folgendermaßen:

»Da habe ich mir mal erlaubt, den Liegestuhl herauszunehmen und auf den offiziellen Platz- und da hat das Frau Schulte zu Hausen [Arbeitgeberin] gesehen und hat gesagt, das sei nicht erlaubt, dass die Angestellten sich auf den Platz setzen. Wir mussten uns dann irgendwo anders verkriechen.«[276]

Abbildung 5: Unerlaubtes Sonnenbad, 1962

Quelle: PAA (Privatbesitz)

Gerlinde Fellner, Ilse Reber, Rosa Imhof, Gabriele Ertel, Ulrike Stamm und Ingeborg Grebel dienten nicht um die Jahrhundertwende. Ihren Erzählungen nach scheinen die bürgerlichen Normen des 19. Jahrhunderts, zumindest in großbürgerlichen Haushalten, bis in die 1960er Jahre hinein überdauert zu haben. Allerdings gilt es zu bedenken, dass in literarischen, filmischen und anderen medialen Darstellungen starke, stereotypisierende Dienstmädchenbilder transportiert werden. Ingeborg Grebel verweist explizit auf den Groschenroman. Es geht nicht darum, anzuzweifeln, ob sie ›wirklich‹ ein blau-weiß-gestreiftes Kleid trug oder ob Rosa Imhof ›tatsächlich‹ den Stuhlgang ihrer Vorgesetzten runterspülen musste. Allerdings werden nicht nur in bürgerlichen Abgrenzungspraktiken, sondern auch im Akt des Erzählens ständig Selbst- und Fremdpositionierungen vorgenom-

---

276 Ebd., 02:55:34.

men.[277] Verhandelt wird in den Arbeitserzählungen der Hausangestellten immer auch die Beziehung zur Arbeitgeberin, was die Faktizität der hier präsentierten ›Dienstmädchen‹-Erzählungen jenseits aller Fragen nach Authentizität ausmacht. Da die Arbeit im Privathaushalt zusätzlich eine soziale Funktion im Sinne der Regelung zwischenmenschlicher Beziehungen hatte, werden die Arbeitserfahrungen in Abhängigkeit zum erinnerten Verhältnis zur Arbeitgeberin erzählt. So bewertet Ingeborg Grebel, die nach ihrer Zeit als Zimmermädchen auf Schloss Eigenthal als Hausangestellte bei der mittelständischen Familie Hauenstein beschäftigt war, die Putzarbeit in den beiden Stellen ganz unterschiedlich:

> »Die [Hauensteins] waren sehr fair zu mir und anständig, da bin ich mir wirklich nicht wie Personal vorgekommen. Ich hab gern geschafft, weil sie haben mich auch als=als Mensch behandelt. Gut, ich war Hausangestellte, aber ich war nicht zweiter Klasse. Dieser Unterschied in [Schloss] Eigenthal war man immer so ein bisschen- ja, die Dame war die Frau Doktor und wir waren nur das Personal (lacht). […] Das halbe Jahr [auf dem Schloss] also das war sehr schwer für mich […] Dann musste ich immer putzen […], normalerweise putzt man wenn's dreckig ist, aber die haben geputzt, damit gar nicht erst dreckig wird und den Unterschied, den hab ich nie gesehen. Und wenn ich mich wiedermal verzettelt hab und bin nicht fertig worden, weil ich was putzen musste, das ich sowieso nicht gesehen hab, ob das- da hat sie [die Arbeitgeberin im Schloss] halt auch wieder geschimpft. […] Mein, bei Hauensteins hab ich auch geputzt, aber es war einfach anders, die haben mich behandelt wie ein Mensch, wie=wie=wie auf gleicher Augenhöhe.«[278]

Da ihre zweite Arbeitgeberin berufstätig und den ganzen Tag außer Haus war, habe sie selbstständig den Haushalt führen können. Sie habe dort »auch alles machen müssen, Putzen, Kochen, […] Bügeln oder Flicken oder was halt so angefallen ist.«[279] Im Gegensatz zur Arbeit auf dem Schloss, deren Sinnhaftigkeit ihr nicht einleuchtete, wurde sie bei der Familie Hauenstein »gebraucht«.[280] Sie konnte dort eigenverantwortlich schalten und walten und niemand kommandierte sie herum.

Ähnlich wie Grebel bewerten die Erzählerinnen, die in mittelständischen Häusern »wie eine Hausfrau«[281] selbstständig den Haushalt führen

---

277 Lucius-Hoene/Deppermann, »Narrative Identität«. Vgl. Kapitel 1.2.3.
278 PAA, Widder, Interview Grebel, 00:36:02 und 00:39:33.
279 Ebd., 00:12:01.
280 Ebd., 00:10:31.
281 PAA, Althaus, Interview Vogel, 01:05:21. PAA, Althaus, Interview Reichenbach, 01:46:03.

konnten, die umfassende Tätigkeit im Hausdienst in der Regel positiv. Veronika Hummel, die Ende der 1940er Jahre als Hausangestellte in einem Geschäftshaushalt tätig war, betont »sämtliche« Arbeiten gerne ausgeführt zu haben, weil ihr viel Eigenverantwortung übertragen worden sei: »Die Chefin hat gesagt, alles müsse sauber sein, wann ich das mache und wie ich das mache, sei ihr egal, aber sauber müsse es sein.«[282] Allein die Bezeichnung »Chefin« suggeriert ein anderes Verhältnis, als etwa die von Rosa Imhof verwendete Anrede »Madame«. In der Tat charakterisiert Veronika Hummel im Interview ihre Arbeitgeberin als eigenständige, mutige Führungspersönlichkeit, die ihre Angestellten korrekt behandelte,[283] während Rosa Imhof ihre »Madame« als geizige, unehrliche Person beschreibt, die ihre Untergebenen permanent gegängelt, kritisiert und kontrolliert habe.[284]

Je mehr die zu verrichtenden Arbeiten den Aufgaben einer ›normalen‹ Hausfrau glichen und je weniger die Tätigkeiten den Repräsentationspflichten und Abgrenzungsstrategien der Arbeitgeberinnen dienten, desto positiver werden sie – die Arbeiten und die Arbeitgeberinnen – erinnert und erzählt. Es lässt sich also eine Korrelation feststellen zwischen der sozialen Stellung der Arbeitgeberinnen – und damit zusammenhängend der Art des Haushaltes – und der evaluativen Beurteilung der Erzählerinnen über ihre Arbeitserfahrungen. Bereits in der Zwischenkriegszeit verwiesen Hausdienstexpertinnen auf diesen Zusammenhang. Emma Hausknecht konstatierte in ihrer Abhandlung zum *Dienstbotenproblem* im Jahr 1928, dass die wirklich »unerquicklichen« Dienstverhältnisse die seien, welche einem »Standesbedürfnis« entsprängen. Interessant ist, dass sie dabei einen nationalen Antagonismus zwischen dem »monarchischen Deutschland« und den »demokratischen schweizerischen Verhältnissen« aufbaut:

»[A]uf die Länge [sind] selten jene Dienstverhältnisse gut, bei denen das Standesbedürfnis vorherrscht. Im monarchischen Deutschland hatten sie Bestand. In unseren kleinen, demokratischen schweizerischen Verhältnissen führen sie zu Spannungen. Das Mädchen empfindet instinktiv das Unwürdige, Unsoziale heraus, das in dem Missverhältnis liegt zwischen *seiner* Arbeit und der geringen und unnützen Betätigung seiner Dienstfrau« [Hervorhebung im Original].[285]

---

282 PAA, Althaus, Interview Hummel, 02:07:35. Ähnlich: PAA, Vogt, Lebensgeschichtliche Aufzeichnungen, S. 6–7.
283 PAA, Althaus, Interview Hummel, 02:23:05.
284 PAA, Althaus, Interview Imhof, 02:02:06. Ähnlich: PAA, Althaus, Interview Fellner, 00:33:36.
285 Hausknecht, *Das Dienstbotenproblem*, S. 54.

Ein Jahrzehnt später diskutierten auch die Leiterinnen der Stellenvermittlungsbüros der Freundinnen junger Mädchen das Problem der Markierung von Standesunterschieden in Hausdienstverhältnissen unter einem nationalen Gesichtspunkt. An einer Arbeitstagung im Jahr 1939 über *Die Arbeitsmarktlage im Hausdienst im Hinblick auf den Rückzug deutscher Hausangestellter* wurden protokollarisch die notwendigen »Aufgaben« festgehalten, um die, im Dezember 1938 zurückgerufenen, Deutschen durch »Schweizermädchen« ersetzen zu können:

»Den Hausfrauen klar machen, dass die deutschen Mädchen eine ganz andere Tradition haben, punkto Standesunterschied, Disziplin, Unterwürfigkeit. Demokratisch sein, heisst, die Hausangestellte als gleichberechtigt ansehen, nicht als wäre sie von einer anderen Sorte.«[286]

Die Charakterisierung der deutschen und österreichischen Hausangestellten als besonders unterwürfig, die »willig« jede noch so schwere Arbeit verrichteten, war während des Zweiten Weltkrieges ein weit verbreiteter Topos.[287] Abgesehen von der Demokratieerziehung Schweizer Arbeitgeberinnen umfasst der 1939 verabschiedete Aufgabenkatalog zur Gewinnung von »Schweizermädchen« der FJM einen weiteren Punkt:

»Man muss die Hausfrauen immer wieder daran erinnern, was sie für ihre eigenen Kinder wünschen würden. Schweizermädchen aus gutem Haus wollen am Tisch essen. Entweder man hat ein Mädchen, das seine Erholung ausser dem Hause sucht, auf die Strasse geht, oder man muss es in die Familie aufnehmen.«[288]

Die Hausfrauen sollten ihre Angestellten behandeln, wie »ihre eigenen Kinder«. Der Familienanschluss bewahre diese davor, ihre Freizeit außer Haus zu verbringen. Darin spiegeln sich zwei zentrale Aspekte hausrechtlicher Arbeitsverhältnisse: das Beschützen und Erziehen der Angestellten durch die Arbeitgeber_innen.

4.2.4 Beschützen und Erziehen

Wilhelmine Eglof (Jg. 1936), die sich 1959 auf ein Stelleninserat aus der Schweiz bewarb und für zweieinhalb Jahre als Hausangestellte im ost-

---

[286] AGoF 128 19: 5, FJM (Sig. S. Gsell): Protokoll über die Konferenz der Leiterinnen der Stellenvermittlungsbureaux vom 21.01.1939 in Zürich, o.O. [1939], S. 2.
[287] Vgl. Kapitel 2.2.1.
[288] AGoF 128 19: 5, FJM (Sig. S. Gsell): Protokoll über die Konferenz der Leiterinnen der Stellenvermittlungsbureaux vom 21.01.1939 in Zürich, o.O. [1939], S. 2.

schweizerischen Toggenburg arbeitete, antwortete auf die Frage des Interviewers Moritz Holtz nach ihrem Verhältnis zur Arbeitgeberfamilie:

»Es war eigentlich ein sehr entspanntes Verhältnis, ich hab zwar Herr Streit gesagt und Frau Streit, das war klar, sie haben mich geduzt und=und sonst, wie gesagt, Familie, ne? Außer dass sie halt eben Herr Streit und Frau Streit waren, aber sonst war das wie so n- man könnte sagen als wären [sie] wie Eltern die- da ist noch eine Karte da drin, die schreiben dann auch: Viele Grüße Mami und Papi (lacht) [...] man gehörte zur Familie.«[289]

Herr und Frau Streit besaßen eine Strickwarenfabrik und waren beide den ganzen Tag außer Haus. Die zu Beginn des Arbeitsverhältnisses 23-Jährige Wilhelmine Eglof besorgte selbstständig den Haushalt und kümmerte sich um die drei kleinen Kinder. Die Ambivalenz von Nähe und Distanz im Verhältnis zu den Vorgesetzten, die sich in der Anrede abzeichnet, führt Eglof in der gleichen Interviewpassage weiter aus:

»Aber ich muss auch so sagen, wenn jetzt, wenn sie jetzt mal Besuch bekamen von Verwandten oder so, dann hab ich zwar gekocht und hab auch Kaffee gemacht und so, aber ich bin dann nie dazu gesessen ins Wohnzimmer oder so, sondern ich bin dann im Winter- hab ich mich ins Esszimmer gesetzt, hab im Esszimmer meinen Kaffee getrunken und so, weil sonst unter der Woche, wenn niemand da war, dann hat der Chef sich nach dem Essen hingelegt und hat geschlafen und die Chefin und ich wir sind dann im Sommer auf der Terrasse gesessen, haben ein Tässchen Kaffee und eine Zigarette geraucht [...] aber wenn Besuch da war, hab ich mich immer zurückgezogen, also ich mein, man muss da auch ein bisschen, muss man sagen, ich mein, müssen diese Leute auch ihre Privatsphäre haben.«[290]

Aus Eglofs Ausführungen wird die Mittelstellung der Hausangestellten zwischen Arbeitnehmerin und Familienangehörige augenscheinlich. Sie umschreibt die Vorgesetzten zwar als »Eltern«, so ganz zur Familie gehörte sie aber trotzdem nicht. Diese von Eglof geschilderte eigentümliche Beziehung liegt im rechtlichen Status von Haus- und Gastgewerbsangestellten begründet. Nicht nur im Hausdienst, auch im Gastgewerbe lebte die Arbeitnehmerin in der Regel in ›Hausgemeinschaft‹ mit dem/der Arbeitgeber_in und war seiner – ferner ihrer – ›Hausgewalt‹ unterstellt. In solchen hausrechtlichen Arbeitsverhältnissen standen die Arbeitnehmer_innen in einer persönlichen (Abhängigkeits-)Beziehung zu ihren Vorgesetzten. Das zeigt sich bereits in den Berufsbezeichnungen haus- und gastgewerblicher

---

289 PAA, Holtz, Interview Eglof, 01:00:05.
290 Ebd. Ähnlich: PAA, Althaus, Interview Hummel, 00:35:50.

Angestellter. Obwohl Hausdienstexpertinnen seit den 1920er Jahren dafür plädierten, den Begriff des »Dienstmädchens« durch den der Hausangestellten zu ersetzen,[291] verblieben die Dienst-, Kinder-, Küchen- und Zimmermädchen sowie die Haus-, Saal- und Serviertöchter lange im allgemeinen Sprachgebrauch. Während heute die ›Serviertochter‹ langsam verschwindet, die – zumindest in der Schweiz – bis vor wenigen Jahren übliche Bezeichnung für eine weibliche Gasthausangestellte, ist das ›Zimmermädchen‹ nach wie vor weit verbreitet.[292] Die Suffixes ›-mädchen‹ und ›-tochter‹ drücken Unmündigkeit aus und definieren auch volljährige Angestellte als schutz- und erziehungsbedürftig. Analog dazu übertragen geläufige Bezeichnungen für Vorgesetzte wie »Hausmutter«[293] oder »Patron«[294] den Arbeitgeber_innen Verantwortung gegenüber den ihnen unterstellten ›Schützlingen‹. Die zeitgenössische Staatswissenschaftlerin Helga Liniger betont die Zwiespältigkeit einer solch asymmetrischen persönlichen Beziehung:

»Es ist klar, dass das Zusammenleben von Arbeitgeber und Arbeitnehmer sowohl Vorteile als auch Nachteile in sich birgt. Einerseits werden dadurch die Beziehungen zwischen Vorgesetzten und Angestellten *persönlicher* gestaltet. […] Andererseits darf nicht übersehen werden, dass sich der Angestellte vom Arbeitgeber *abhängiger* fühlt […]« [Hervorhebung AA].[295]

In der Tat gestaltete sich die Mittelstellung zwischen Arbeitnehmerin und Familienangehörige nicht in allen Fällen so harmonisch wie bei Wilhelmine Eglof. Maja Pichler (Jg. 1939), die im Alter von 17 bis 24 Jahren in einem Großhotel in der Nähe von Zug beschäftigt war, beschreibt ihre Chefin als kontrollierend und bevormundend: »Die hat uns immer gehalten wie die Kinder. Wenn wir irgendwas Post gekriegt haben, ja, das hat sie vorher

---

291 Auf Anregung der SAG avisierte das EVD die kantonalen Regierungen 1939, in der Behördensprache nur noch den Begriff der Hausangestellten zu verwenden. CH BAR E7181A#1978/72#772*, EVD: Kreisschreiben an die kantonalen Regierungen betr. die Förderung des Hausdienstes, Bern 18.02.1939.
292 In der Berichterstattung über die Vergewaltigungsaffäre um Ex-IWF Chef Dominique Strauss-Kahn im Jahr 2011 wurde die mutmaßlich vergewaltigte 32-Jährige Hotelangestellte durchgehend als »Zimmermädchen« bezeichnet. Bspw. O.V., Zimmermädchen gegen Strauss-Kahn, in: Spiegel Online, 25.07.2011. Christiane Heil, Affäre Strauss-Kahn. Das Zimmermädchen als Opfer, Hure, Kämpferin, in: FAZ Online, 06.07.2011.
293 PAA, Schicker-Viktor, Werdegang, S. 13. PAA, Althaus, Interview Eberle, 00:12:54.
294 PAA, Hasler, Erinnerungen, S. 1. PAA, Auer, Lebensgeschichtliche Aufzeichnungen, S. 2. PAA, Althaus, Interview Zich, 01:35:23.
295 Liniger, *Das schweizerische Hotelgewerbe*, S. 30.

anschauen müssen, wer da geschrieben hat.«[296] Wenn der Chefin eine Sendung nicht passte, so erzählt Pichler weiter, hielt sie diese sogar zurück. Einmal habe sie beispielsweise einen abonnierten Modekatalog verschwinden lassen, weil sie nicht wollte, dass Maja Pichler »schöne Sachen« bestellte. Der Vorfall endete in einem heftigen Streit. Die bevormundende Handlungsweise der Chefin führte hier nicht zu einem wohligen Familiengefühl wie bei Wilhelmine Eglof, sondern zu einer spannungsgeladenen Beziehung. Aus dem, von Pichler präsentierten, Beispiel mit den Modekatalogen lassen sich zudem die normativen Setzungen erahnen, die dem Verhalten der Arbeitgeberin zugrunde lagen: das Wahren der Standesunterschiede sowie das Hüten der moralischen Ehrbarkeit der Angestellten.

Die Normen, wie die Arbeitgeber_innen sich gegenüber ihren Angestellten zu verhalten hatten, wurden in der Schweiz durch Personen und Organisationen geprägt, die sich die Lösung der ›Hausdienstfrage‹ auf die Fahne geschrieben hatten. Sie beeinflussten auch die Diskussionen in gastgewerblichen Kreisen, da diese sich seit Mitte der 1930er Jahre zur Lösung des Mangels an weiblichen ›Hilfskräften‹ maßgeblich auf den ›Hausdienstdiskurs‹ bezogen. Die, 1930 vom BIGA eingesetzte, Schweizerische Studienkommission für Hausdienstfragen benannte die persönliche Beziehung zwischen Arbeitgeber_in und Arbeitnehmerin als Hauptproblem für den Personalmangel. Die Verfasserinnen des Berichts kritisierten insbesondere die geringschätzende Behandlung, die viele Vorgesetzte ihren Angestellten zukommen ließe. Zur Bekämpfung der Personalnot propagierten sie deshalb in erster Linie eine Besserung in der Behandlung der Angestellten.[297] Die aus der Studienkommission heraus entstandene Schweizerische Arbeitsgemeinschaft für den Hausdienst, arbeitete nicht nur eng mit den Behörden zusammen, sondern verfolgte eine umtriebige Öffentlichkeitsarbeit zur Verbreitung ihrer Ideen. So fand die Forderung nach einer ›guten‹ Behandlung der Angestellten ein relativ großes mediales Echo. 1935 veröffentlichte etwa die linksliberale Basler *National-Zeitung* einen Artikel, in dem das »Geheimnis« für langjährig treue »Dienstmädchen« verraten wurde:

»Ich kenne eine Dame, sie hat ihr Dienstmädchen jahrelang. Ihr Geheimnis? Sie hält sich nicht für zu nobel, ihre Dienstmädchen in freundlichem Ton zu bitten wenn sie etwas von ihnen wünscht, sie dankt auch für die Dienstleistungen. Nie

---

296 PAA, Althaus, Interview Pichler, 01:33:53.
297 Die persönliche Beziehung stand im Problemranking noch vor der schier unbegrenzten Arbeitszeit Schweizerische Studienkommission für Hausdienstfragen, *Der Hausdienst*, S. 53–55.

hört man aus ihrem Munde das Wort ›Magd‹, immer heisst es: ›Unsere Rosa ...‹ Freundlich gibt sie auf alle Fragen Antwort, wenn ein Mädchen in den Haushalt ›eingearbeitet‹ ist, lässt sie ihm volle Freiheit [...], denn, sagt sie, wie soll ein Mädchen Freude an der Arbeit bekommen, wenn's immer nur nach Befehlen arbeiten muss. Lassen wir ihm ein bisschen Bewegungsfreiheit, damit es lernt, selbstständig zu werden. Sie hält streng darauf, dass die Arbeiten alle peinlich exakt ausgeführt werden, Nachlässigkeit duldet sie nicht und doch hangen die Mädchen mit Liebe und Verehrung an ihr.«[298]

Die Hausangestellte wird hier als zu erziehendes Kind und die Hausfrau als mütterliche Erziehungsinstanz dargestellt. Das mit Vornamen und Possessivpronomen anzusprechende »Mädchen« soll mittels mütterlicher Liebe, Güte und Strenge erzogen werden. Darin wird deutlich, dass unter einer ›guten‹ Behandlung ein maternalistischer Umgang verstanden wird. Auf medialer Ebene findet sich diese Argumentation auch während des Zweiten Weltkrieges und in der Nachkriegszeit in – vorwiegend sozialdemokratisch geprägten – Tageszeitungen.[299] Bis in die 1960er Jahre hinein propagierte die SAG die mütterliche Erziehung der Hausangestellten. In einem um 1960 herausgegebenen Merkblatt für Hausfrauen mit dem Titel *Wie führen?* steht an erster Stelle: »Das persönliche Vorbild ist das beste Erziehungsmittel.«[300] Des Weiteren wurden die Hausfrauen darin aufgefordert ihre Untergebenen nicht herumzukommandieren, Kritik wohl zu überlegen und Lob auszusprechen.

Welche normativen Setzungen diesem erzieherischen Imperativ zugrunde lagen, kann anhand der Ausführungen von Emma Hausknecht illustriert werden. In ihrer im Jahr 1928 publizierten Abhandlung zum *Dienstbotenproblem*, die den Hausdienstdiskurs nachhaltig prägte, schreibt die spätere SAG-Sekretärin:

»Trinkgelder und Geldgeschenke haben für manches Mädchen etwas Entwürdigendes. Auch dürfen wir nicht vergessen, dass wir im Dienstmädchen die zukünftige Hausfrau und Mutter vor uns haben, dass Selbstlosigkeit, Pflichttreue und Aufopferung, die ein gutdenkendes Mädchen einer Familie geben will, nicht mit einem Stundenlohn entschädigt werden darf. Auch ist es ein schlechtes *Erziehungs-*

---

298 Ar, Einiges zur Dienstbotenfrage, in: National-Zeitung, Nr. 138, 24.03.1935. Ebenso: E.A., Die Verhältnisse im Hausdienst und ihre Bessergestaltung, in: National-Zeitung, Nr. 150, 31.03.1935.
299 ADB, Ein Dienstmädchen schreibt, in: Arbeiter-Zeitung, Nr. 18, 22.01.1943. Oder: Dy, Das Dienstbotenproblem, in: Berner Tagwacht, Nr. 124, 29.05.1946.
300 StABS, DI-REG 11b (1) 3-1 (1960–1978), SAG: Merkblatt für Hausfrauen *Wie führen?* Zürich s.d. [um 1960].

mittel, genaue Arbeitspausen zur Einnahme der Mahlzeiten festzulegen. Junge und pflichtverzogene Mädchen können auf andere Art *erzogen* werden. [...] Erwachsenen Dienstboten sollte der freie Ausgang am Abend nach erfolgter Abmeldung gestattet und die Arbeitsbereitschaft am Abend auf das äusserste Minimum beschränkt werden. Damit ist nicht der Meinung Raum gegeben, dass der freie Abend unbegrenzt von Sitte und Wohlanständigkeit, alles gestatte. [...] [E]s [kann] dem Dienstgeber nicht gleichgültig sein, auf welche Art sein Dienstmädchen von der Freizeit Gebrauch macht« [Hervorhebung AA].[301]

Sei es in Bezug auf Lohnfragen, Arbeitszeitenregelungen oder die Freizeitgestaltung, die Arbeitgeberinnen hatten ihre Angestellten zu disziplinieren. Die hier artikulierte Erziehungspflicht ist durch Geschlechtervorstellungen geprägt. Als Erziehungsziele bestimmt Hausknecht ›typisch‹ weibliche Tugenden wie Selbstlosigkeit, Pflichttreue, Aufopferung und Sittlichkeit. Vordergründig geht es dabei um das Wohl der Angestellten. In den Handlungsanweisungen schwingen unüberhörbar die ›herrschaftlichen‹ Interessen nach ›fleißigen‹, ›willigen‹ und ›treuen‹ Hausangestellten mit.[302] In der Aufforderung von Hausknecht die »Sitte und Wohlanständigkeit« der Angestellten zu wahren, zeichnet sich zudem die, von den FJM jahrzehntelang gepredigte, ›Schutzbedürftigkeit‹ der selbstständig migrierenden Frauen ab. Losgelöst aus dem familiären Zusammenhang, so der Tenor unter den ›Freundinnen‹, seien diese in besonderem Maße gefährdet ›sittlich‹ zu verkommen.[303] Falls die Arbeitgeberinnen ihre Pflicht versäumten, ihre Untergebenen vor den vielfältigen Gefahren in der ›Fremde‹ zu beschützen, so eine Bahnhofhelferin der FJM in einem Referat vor ihren Kolleginnen im Jahr 1938, obliege es den ›Freundinnen‹ erzieherisch zu wirken:

»Erstaunlich ist, wie oft in den besten Familien junge Hausangestellte ganz und gar sich selbst überlassen sind und ihr Leben neben der Familie führen. Was kann die Agentin [Bahnhofhelferin der FJM] tun, wenn sie ein Mädchen moralisch in Gefahr sieht? [...] Im Wartesaal muss Ordnung und Disziplin herrschen. [...] Sind die jungen Mädchen frech, soll man sie einschüchtern, ihre Adresse aufschreiben, mit der Polizei drohen, eventuell der nachgehenden Fürsorge oder der Kirche zuweisen. [...] Es braucht viel Geduld und Liebe, gelegentlich auch Strenge. [...] Die Agentin muss Mutter und Freundin sein«.[304]

---

301 Hausknecht, *Das Dienstbotenproblem*, S. 87–88.
302 Zur Erziehungspraxis der Arbeitgeber_innen als Durchsetzung herrschaftlicher Ansprüche im deutschen Kaiserreich vgl. Wierling, *Mädchen*, S. 183–184.
303 Vgl. Kapitel 4.1.3 und 4.1.5.
304 AGoF 128 19: 4, FJM (Sig. A. Wormstall): Protokoll über die Tagung der Schweizerischen Bahnhofagentinnen im Schloss Hünigen vom 22.–24.10.1938, S. 5–6.

Hier wird die enge Verzahnung von Schutz und Erziehung sichtbar, welche die Arbeits*verhältnisse* der Haus- und Gastgewerbsangestellten prägten. Dass die von bürgerlichen Frauen(organisationen) verbreiteten Verhaltensnormen für Arbeitgeber_innen Wirkung zeigten, kann anhand der Erzählungen aus dem Sample bestätigt werden. Ulrike Stamm wurde Anfang der 1960er Jahre von den FJM in den Haushalt eines Großunternehmers vermittelt. In ihrem schriftlichen Bericht wird die Beeinflussung der Arbeitgeber_in durch die FJM deutlich sichtbar:

»Einmal wurde mir auch verboten, mich mit einem jungen Mann zu treffen, den ich auf einem Schiff kennen gelernt habe. Er war angeblich ein Mädchenhändler. […] Allerdings habe ich aus dieser Erfahrung heraus einfach nichts mehr erzählt und habe mich trotzdem mit vielen jungen Leuten amüsiert.«[305]

In der Figur des »Mädchenhändlers« bündelten die FJM die von ihnen zahlreich beschworenen ›Gefahren‹, denen junge Mädchen ausgesetzt seien. Wie oben am Beispiel des 1958 produzierten FJM-Imagefilms *Eine Freundin in der großen Welt* dargelegt wurde, malten die FJM noch Ende der 1950er Jahre den Teufel in Person des Mädchenhändlers an die (Lein-)Wand.[306] Dem vermutlich von der FJM Propaganda beeinflussten Beschützerdrang ihrer Vorgesetzten konnte Ulrike Stamm nur durch Verheimlichung entgehen.

Davon sich der Kontrolle der Arbeitgeber_innen entzogen und abends heimlich ausgegangen zu sein, berichten zwei weitere Erzählerinnen.[307] Andere erzählen, dass sie zwar ausgehen durften, jedoch dafür die Erlaubnis der Arbeitgeberin brauchten und nur bis zu einer bestimmten Uhrzeit wegbleiben konnten. Die zum Zeitpunkt ihrer Migration volljährige Theodora Hinzelmann (Jg. 1931), die 1952 als Hausangestellte auf einen Gutshof im thurgauischen Weinfelden kam, schreibt in ihrem lebensgeschichtlichen Bericht:

»In Weinfelden ist auf dem Berg ein Gasthof, da ist im Mai alle Sonntage ab fünf Uhr Tanz und da durfte ich mit Erlaubnis der strengen Frau Doktor auch mit dem

---

305 PAA, Stamm, Bericht, S. 6.
306 Vgl. Kapitel 4.1.5
307 PAA, Althaus, Interview Reber, 02:06:29 und PAA, Althaus, Interview Fellner, 00:36:32.

Milchmann [Freund] hinaufgehen. Frau Doktor hat immer aufgepasst, ob ich wohl pünktlich heimkomme.«[308] Im Gegensatz dazu erinnert sich Gerda Braun (Jg. 1937), dass sie in ihrer Freizeit ein- und ausgehen konnte, wie es ihr beliebte. Nur wenn sie länger als elf Uhr abends fortbleiben wollte, musste sie Bescheid sagen, da um diese Uhrzeit der Riegel beim Haustor vorgeschoben wurde. Dies erzählt sie nicht als Kontrollmoment, sie habe sich ganz »frei« gefühlt.[309] Sie besorgte in der zweiten Hälfte der 1950er Jahre fast fünf Jahre lang den Haushalt einer Familie in Riehen bei Basel. Ihr Arbeitgeber war Direktor eines großen Pharmakonzerns. Braun betont im Interview die »korrekte« Behandlung, die ihr zuteil wurde. Die »Doktorsleut«, wie sie ihre Vorgesetzten nennt, bestanden beispielsweise darauf, dass sie kein »Dienstmädchen«, sondern eine »Hausangestellte« beschäftigten. Gerda Braun fühlte sich »estimiert« und habe »nie etwas Abfälliges« zu hören bekommen.[310] Ihre Arbeitgebenden scheinen in geradezu idealtypischer Weise die von der SAG vorgeschlagene ›gute‹ Behandlung umgesetzt zu haben. Neben einem wertschätzenden Umgang achteten sie sehr wohl darauf, was ihre Angestellte in ihrer Freizeit machte. Ab einer gewissen Uhrzeit den Riegel vorzuschieben, kann als subtiles Aufsichtsmoment interpretiert werden. Ganz offen äußerten die »Doktorsleut« ihre Missbilligung über den Hausangestelltenverein und die indirekte Untersagung diesem beizutreten, weil, so zitiert Gerda Braun ihre Vorgesetzten,»da würde immer über die Herrschaft getratscht, also geredet, das hätten sie nicht so gern.«[311] Die Angst davor, dass Intimes und Privates aus der Familie in die Öffentlichkeit dringen könnte, war unter den Arbeitgeber_innen im Hausdienst weit verbreitet und seit dem späten 18. Jahrhundert eng mit dem Reden über Dienstboten verknüpft. Das aus diesen ›herrschaftlichen‹ Sorgen heraus entwickelte Gebot der Verschwiegenheit für ›Dienstmädchen‹ wirkte, wie am Fall

---

308 PAA, Hinzelmann, Lebensgeschichtliche Aufzeichnungen, S. 1. Ebenso: PAA, Althaus, Interview Eberle, 00:14:09. PAA, Althaus, Interview Keller, 01:43:55. PAA, Althaus, Interview Imhof, 01:56:31.
309 PAA, Say, Interview Braun, 01:52:35. Ähnlich: PAA, Althaus, Interview Imhof, 01:56:31.
310 PAA, Say, Interview Braun, 02:22:29 und 02:38:09.
311 Ebd., 02:24:00. Ebenso: PAA, Althaus, Interview Jaggi, 00:12:03.

von Gerda Braun gezeigt werden kann, auch in den späten 1950er Jahren noch normativ auf die Hausangestellten.[312] Weitere Erzählerinnen berichten von Vorschriften ihrer Arbeitgeber_innen, wie sie ihre Freizeit nicht verbringen sollten oder wie sie diese zu gestalten hatten. Eine Interviewpartnerin »musste« Museen besichtigen gehen, obwohl das überhaupt nicht ihr »Ding« gewesen sei.[313] Eine andere bekam von ihrer Chefin regelmäßig Theaterkarten geschenkt und wurde dazu aufgefordert ihre Bibliothek zu nutzen und in der Freizeit zu lesen.[314] Mehrere Interviewpartnerinnen wurden ungefragt zu Koch-, Näh- oder Sprachkursen angemeldet, die sie während ihrer knapp bemessenen Freizeit zu besuchen hatten.[315] Kulturelle (An-)Gebote und Zwangsbeglückungen im Bildungsbereich sind Ausdruck der, von bürgerlichen Frauenorganisationen an die Arbeitgeber_innen herangetragene, Verpflichtung, die Freizeitgestaltung ihrer Angestellten zu deren ›sittlichen‹ Wohl sinnvoll zu gestalten. Während Kultur und Kurse von den Erzählerinnen in den meisten Fällen positiv bewertet werden, blieben bevormundende Übergriffe in Bezug auf das äußere Erscheinungsbild in weniger guter Erinnerung. Lotta Oesch (Jg. 1905), die Ende der 1920er Jahre in einem Restaurant in Oerlikon bei Zürich arbeitete, kündigte dort, weil die Arbeitgeberin sie wegen ihres Bubikopfs »angiftete«.[316] Und Martha Gruber beschreibt den Anfang in ihrer ersten Stelle in der Schweiz in einem Kaffeehaus als »harzig«. Besonders enttäuschend war für sie, dass der Chef ihr gleich am ersten Tag das Tragen von Hosen untersagte.[317] Abgesehen von der Pflicht zur Pflege eines »adretten« Äußeren,[318] finden sich im Sample Erzählungen darüber, dass Männerbekanntschaften ungern gesehen und teilweise auch verboten wurden.[319]

Arbeitgeber_innen spielten nicht nur in Bezug auf die Wahrung eines anständigen Lebenswandels eine elterlich-autoritäre Rolle. Besonders au-

---

312 Zur Angst schweizerischer Arbeitgeber_innen vor dem »Feind im Innern«, wie sie in schweizerischen Ratgebern und Presseerzeugnissen verhandelt wurden, vgl. Bochsler/Gisiger, *Dienen*, S. 226–230.
313 PAA, Nováková, Interview Ecker, 00:09:38.
314 PAA, Althaus, Interview Fellner, 00:38:10.
315 PAA, Althaus, Interview Lubich, 01:57:31; PAA, Althaus, Interview Vogel, 01:01:31; PAA, Althaus, Interview II Oban, 00:39:57; PAA, Nováková, Interview Ecker, 00:06:07.
316 PAA, Oesch, Interview Oesch, 00:49:00.
317 PAA, Althaus, Interview Gruber, 00:15:31.
318 PAA, Althaus, Interview Fellner, 02:20:52.
319 PAA, Oesch, Interview Oesch, 00:41:00. PAA, Lachenmeier, Familienchronik, Maria 1879/2. PAA, Althaus, Interview Ole, 00:59:41.

genscheinlich wird das bevormundende Moment in der Namensänderung der Angestellten. So wurde beispielsweise aus Rosina Maria kurzerhand Rosemarie oder Elfriede hieß fortan Friedel. Mit einer Selbstverständlichkeit übten Arbeitgeber_innen im Akt des (Um-)Taufens eine genuin elterliche Handlung aus. In beiden hier genannten Fällen wird die Namensänderung der in den 1950er Jahren Eingereisten damit begründet, dass Rosina Maria und Elfriede zu »Deutsch« klängen, worin ein Hinweis auf anti-deutsche Ressentiments in der Schweizer Bevölkerung zu erkennen ist – wovon noch die Rede sein wird.[320]

Arbeitgeber_innen übernahmen nicht nur eigenmächtig eine elterliche Funktion. Eine solche wurde ihnen von den Angestellten in viele Fällen auch zugestanden und damit die (patriarchale) ›Herrschaft‹ legitimiert.[321] Dies geschah über die Selbstpositionierung als »Tochter« oder »Kind«. Auf meine Nachfrage, ob sie als Hausangestellte und Erzieherin von fünf Kindern in einem Bäckerhaushalt in Delémont einen Arbeitsvertrag gehabt habe, antwortete Maria Zich: »Ich war wie die älteste Tochter.«[322] Anders als Maja Pichler, die das »gehalten [werden] wie die Kinder« in negativer Erinnerung hat und sich über die erzieherischen Übergriffe ihrer Arbeitgeberin ärgerte, konnotiert Maria Zich ihre Position als »Tochter« positiv. Insbesondere mit dem »Patron« habe sie ein sehr gutes Verhältnis gehabt, weil er sie »voll in die Familie aufgenommen« habe:

»Ja, da war auch mal ein nettes Erlebnis [...] da waren wir irgendwo mit der Seilbahn hoch, aber wo das war, weiß ich nicht mehr, und da haben wir einen Vertreter getroffen vom Geschäft [...] und dann hat der gefragt: ›Oh, ist das auch eine Tochter?‹ Und da hat der Patron gesagt: Ja. Punkt. [...] Also ich war wie die älteste Tochter.«[323]

---

320 Vgl. Kapitel 4.3.2.
321 Max Weber koppelt den Begriff der legitimen Herrschaft, in Abgrenzung zum Machtbegriff, ganz grundlegend an den »Legitimitätsglauben« der Beherrschten. Herrschaft ist seiner Definition nach, »die Chance Gehorsam für einen bestimmten Befehl zu finden«. Das patriarchale Arbeitsverhältnis ordnet Weber dem Typus der »traditionalen Herrschaft« zu. Hier beruhe der Gehorsam auf dem Glauben an die »persönliche Autorität« der Herrschenden. Hanke, *Max Weber*, S. 135; 147–149; 726–734.
322 PAA, Althaus, Interview Zich, 01:31:17.
323 Ebd., 01:37:15. Wiederholung: 01:43:31 und 02:59:27.

Auch Ingeborg Grebel beschreibt das gute Verhältnis zu ihrer Arbeitgeberfamilie in einem mittelständischen Geschäftshaushalt mit den Worten: »Die waren so gut und nett wie zu einem eigenen Kind.«[324] Ebenso häufig wie die Selbstbeschreibung als Tochter oder Kind findet sich die Positionierung der Arbeitgeberin als »Mutter«: »Die Frau war wie eine Mutter für mich«, fasst Hanna Havur, die 1959 als 21-Jährige in Genf in einem großbürgerlichen Haushalt beschäftigt war, das »hervorragende« Verhältnis mit ihrer Arbeitgeberin zusammen. Diese habe ihr beispielsweise ermöglicht, einen Französischkurs zu besuchen.[325] In ähnlicher Weise evaluiert die in den späten 1950er Jahren als Hausangestellte tätige Gabriele Ertel (Jg. 1938) die Beziehung zu ihrer damaligen Arbeitgeberin: »Diese Frau ist wie meine zweite Mutter geworden«.[326] Sie expliziert dies mit der Offenheit und Herzlichkeit, mit der ihre Arbeitgeberin, eine Ärztin, sie in die Familie aufgenommen habe. Sie durfte Bücher aus ihrer Bibliothek lesen und sich abends bei der Familie im Wohnzimmer aufhalten. Auch wenn sie ihre Arbeitgeberin mit Frau Doktor anreden musste, sei diese ihre erste Anlaufstelle gewesen, um Sorgen zu bereden – auch nach Beendigung des Arbeitsverhältnisses.

Maria Zich, Ingeborg Grebel, Hanna Havur und Gabriele Ertel waren, wie die meisten Erzählerinnen, zum Zeitpunkt ihrer Migration jung. Zich, Grebel und Havur waren als 21-Jährige nach damaligem Recht knapp volljährig, die 18-Jährige Ertel galt noch als minderjährig. Dieser biografische Umstand spielt für die Selbstbeschreibung als Kind und die Akzeptanz der Arbeitgeberin als mütterliche Instanz sicherlich eine Rolle. Alle vier hatten jedoch vor ihrer Migration in die Schweiz Berufs- und Lebenserfahrungen außerhalb des Elternhauses gesammelt. Havur war ein Jahr lang als Hausangestellte in England gewesen, Ertel hatte als Büroangestellte in Stuttgart gearbeitet, Grebel war sechs Jahre lang in einer Schuhfabrik tätig gewesen und Maria Zich hatte als Kindergärtnerin selbstständig eine Gruppe von über 60 Kindern geleitet. Die verwandtschaftlichen Bezeichnungen »Tochter« und »Mutter« verweisen hier weniger auf ein autoritäres

---

324 PAA, Widder, Interview Grebel, 00:10:59. Ähnlich: PAA, Siebert, Lebensgeschichtliche Aufzeichnungen, S. 1. PAA, Taler, Mein Leben, S. 31. PAA, Diorio, Lebensgeschichtliche Aufzeichnungen, S. 1.
325 PAA, Althaus, Interview Havur, 00:52:21. Ähnlich: PAA, Holtz, Interview Eglof, 01:00:05.
326 PAA, Hermanowski, Interview Ertel, 00:19:44. Ähnlich: PAA, Althaus, Interview Hummel, 02:20:08. PAA, Poder, Mein Lebenslauf, S. 5.

Hörigkeitsmoment, als auf eine gute persönliche Beziehung und emotionale Verbundenheit zwischen Arbeitgeber_in und Arbeitnehmerin. Für die positive Bewertung des (Arbeits-)Verhältnisses spielt die Integration in die Arbeitgeberfamilie eine entscheidende Rolle. Etwa jede vierte Erzählerin meines Samples hebt explizit hervor, in einer (oder mehreren) Stellen vollen Familienanschluss genossen zu haben und verbindet damit eine gute Beziehung zu den Vorgesetzten.[327] Familienanschluss meint die Teilhabe der Angestellten am Familienleben der Arbeitgebenden. Wie sich diese Teilhabe zu gestalten hatte, war allerdings nirgends eindeutig festgelegt. Die Studienkommission für Hausdienstfragen hielt in ihrer Definition des Begriffs fest: »Sein Inhalt ist objektiv nicht feststellbar, er wechselt nach Landesgegend und selbst von Familie zu Familie.«[328] Die Erzählerinnen aus meinem Sample heben häufig das gemeinschaftliche Essen am Tisch oder das gemeinsame Verbringen von Freizeit als Kriterien für den Familienanschluss hervor. So beispielsweise Veronika Hummel, die Ende der 1940er Jahre als Hausangestellte in der Nähe von Solothurn beschäftigt war. Nachdem sie vom guten Verhältnis zur Arbeitgeberfamilie erzählt hatte, die sie auch an den Wochenenden überallhin mitgenommen habe, gab Hummel im Interview einen Dialog mit ihrer Chefin wieder, um den vollen Familienanschluss zu illustrieren. In dieser szenischen Erzählung geht es um die Anzahl der Gedecke beim Tisch decken anlässlich des Besuches von Politikerkollegen ihres Arbeitgebers, der Solothurnischer Kantonsrat war:

»Die Chefin ist rausgekommen und hat gesagt: ›Wir sind doch so und so viel Leute‹. Dann habe ich gesagt: ›Nein, es sind doch nur die=und=die=und=die‹. Dann hat sie gesagt: ›Ja und du?‹ Dann habe ich gesagt: *Ich esse in der Küche!*‹ (Lachen). Hat sie gesagt: ›Kommt überhaupt nicht in Frage, es essen alle am Tisch miteinander (lacht). Also, ob Kantonsrat oder egal wer da war, musste ich immer mitessen, das war schon schön […]. Ich war also wie daheim (lacht). Es hätte mir gar nirgends besser gehen können, das war schon toll, ja. […] Ja=ja so war das. Und so hat man manchmal einen Ausflug gemacht und einmal waren wir […] acht Tage im Tessin unten, war auch ganz schön natürlich.«[329]

---

327 Nur Gerda Falter erzählt, dass sie den Familienanschluss aufgrund verschiedener Interessen auch als belastend empfunden habe. PAA, Althaus, Interview Falter, 01:26:58.
328 Schweizerische Studienkommission für Hausdienstfragen, *Der Hausdienst*, S. 57.
329 PAA, Althaus, Interview Hummel, 00:19:00. Das gemeinsame Essen als Kriterium für einen Familienanschluss findet sich auch bei: PAA, Althaus, Interview Keller, 00:17:12. PAA, Nováková, Interview Ecker, 00:43:58. PAA, Stamm, Bericht, S. 5. Gemeinsam die

Am Beispiel von Veronika Hummels Erzählungen kann ein weiterer Aspekt der persönlichen Beziehung zwischen Arbeitgeberin und Arbeitnehmerin gezeigt werden: die Arbeitgeberin als Vorbild. Veronika Hummel platziert ihre Chefin im Interview als außergewöhnliche Frau und wichtige Bezugsperson. Sie beschreibt die Betreiberin einer Eisengießerei als großzügige, eigenständige Person mit Durchsetzungsvermögen.[330] Mit Bewunderung erzählt Hummel von der resoluten Geschäftsfrau, die Deutsche Doggen züchtete, gerne jagen und fischen ging und zum Frühstück einen Zigarillo rauchte. Von dieser Frau habe sie nicht nur das Schießen gelernt, sondern auch in Bezug auf ihre persönliche Entwicklung viel »mitgenommen«. Beispielsweise habe sie sich von ihr das Durchsetzungsvermögen abgeschaut. Das sei ihr in ihrem späteren Berufsleben, als Wirtin, oft zugutegekommen.[331] Sie spricht der Chefin, die sich ihr gegenüber »mütterlich« verhalten habe, eine große Bedeutung zu.[332] Dank dieser sei sie selbstständig geworden. Eine Schlüsselstelle diesbezüglich stellt im Interview ihre Erzählung über das Abschneiden der Haare mit ideeller und finanzieller Unterstützung der Arbeitgeberin dar:

»Als ich in die Schweiz bin damals, habe ich noch Zöpfe gehabt, so gedreht und wieder hochgeschlagen, so ähnlich wie Schillerlocken, aber einfach nicht so hoch oben, aber festgemacht. Und als ich dann innen [in der Schweiz] war, da hat sie [die Arbeitgeberin] gesagt: ›Ja, also hör mal, man hat doch keine langen Haare mehr. {AA: lacht} Dann habe ich gesagt: ›Ich darf sie doch nicht abschneiden, ich will sie schon lange abschneiden, aber mein Vater lässt mich ja nicht. Ich darf sie nicht abschneiden.‹ Und dann hat sie gesagt: ›Ja, das regeln wir. Willst du sie abschneiden?‹ Dann habe ich gesagt: ›Ja, ich will sie abschneiden.‹ Und dann hat sie meinem Vater geschrieben und was wollte der machen? Genehmigen. Konnte ja nicht ›Nein‹ sagen bei ihr (lacht). […] Sie machte mir einen Termin beim Friseur, bei dem sie auch hingeht […] und muss ihn gefragt haben, was das gekostet hat, auf jeden Fall mich hat es keinen Pfennig gekostet.«[333]

Seit diesem Tag habe sie ihre Haare immer kurz getragen. Das Haareschneiden kann als Emanzipationsmoment von der väterlichen Autorität

---

Freizeit verbracht zu haben als Ausdruck des Familienanschlusses, heben ebenfalls hervor: PAA, Althaus, Interview Reber, 00:04:12 und 00:30:33. PAA, Holtz, Interview Eglof, 00:18:22. PAA, Althaus, Interview Falter, 01:26:58. PAA, Groß, Lebensgeschichtliche Aufzeichnungen, S. 3.
330 PAA, Althaus, Interview Hummel, 00:13:17, 00:40:39, 02:16:15, 02:23:05, 03:16:08.
331 Ebd., 02:25:41.
332 Ebd., 02:20:08.
333 Ebd., 02:16:15.

gelesen werden. Allerdings erstritt die damals knapp 20-Jährige Hummel sich die Erlaubnis dazu nicht selber, sondern erreichte dieses Befreiungsmoment mit Hilfe der Chefin.

Weitere Erzählerinnen sprechen der Schweizer Arbeitgeberin im Prozess der Selbstfindung eine katalysierende Rolle zu. Maria Zich wurde durch Gespräche mit der Seniorchefin an ihrer zweiten Stelle bei einer anthroposophischen Familie »frei« im Denken und von der Bürde der katholischen Religion entlastet.[334] Und Marga Jaggis Arbeitgeber, die Jaggi als »stolze Handwerker« beschreibt, haben sie nicht nur »anständig und korrekt« behandelt, sondern gaben ihr auch das Gefühl »jemand« zu sein, was ihr dabei half, das bis dahin nicht vorhandene Selbstvertrauen und Selbstbewusstsein aufzubauen.[335] Mit der Bedeutung des Schweizaufenthaltes in Bezug auf eine Selbstwerdung und der Rolle, die die Arbeitgeber_innen dabei spielten, werde ich in der narrativen Analyse von Emanzipationsgeschichten näher eingehen.[336]

Zunächst möchte ich bei einem weiteren Ausdruck des hausrechtlichen Arbeitsverhältnisses bleiben, der die Lebensbedingungen der Haus- und Gastgewerbsangestellten maßgeblich prägt. Der Lohn umfasste neben einem relativ geringen Barlohn auch Verpflegung und Unterkunft.

4.2.5 Kost, Logis und Lohn

Laut Basler NAV aus dem Jahr 1942 musste die vom Arbeitgeber zur Verfügung gestellte Kost »gesund und ausreichend« sein.[337] Der Mehr-Regionen-GAV für das Gastgewerbe von 1954 hielt lediglich fest, dass die Verpflegung »bekömmlich« zu sein hatte.[338] Diese schwammigen Formulierungen in den Gesetzestexten bargen potentiell die Gefahr, zu Ungunsten der Angestellten ausgelegt zu werden. Beschwerden über schlechtes oder unzureichendes Essen sind in meinem Sample jedoch nur selten zu finden. Dies überrascht auf den ersten Blick, da, zeitgenössischen wie geschichts-

---

334 PAA, Althaus, Interview Zich, 01:59:38.
335 PAA, Althaus, Interview Jaggi, 01:30:59, 02:26:00, 02:37:51 und 02:46:06.
336 Vgl. Kapitel 5.1.
337 CH SWA Vo M 43–27, Normalarbeitsvertrag für Hausangestellte im Kanton Basel-Stadt vom 11.12.1942, § 8,a.
338 CH BAR E7173#1972/31#28*, Mehr-Regionen-Gesamtarbeitsvertrag für das Gastgewerbe vom 01.04.1954, § 7, Abs. 2. Die GAV galten alle nur für Mitglieder der Gewerkschaft Union Helvetia.

wissenschaftlichen Studien zufolge, in der ersten Hälfte des 20. Jahrhunderts die Verköstigung häufig Anlass zu Klagen geboten hatte. So hält Emma Hausknecht in ihrer ersten systematischen Abhandlung über das *Dienstbotenproblem* in der Schweiz (1928) fest, dass die vielen Klagen der ›Dienstmädchen‹ über unzureichendes Essen vielfach berechtigt seien. Zum einen liege dies in den unterschiedlichen Lebensgewohnheiten von Arbeitgeberin und -nehmerin begründet, zum anderen im »Unverstand oder Geiz der Hausfrau«.[339] Die Historikerinnen Bochsler und Gisiger kommen ebenfalls zum Schluss, dass bis zum Ende des Zweiten Weltkrieges die Verpflegung häufig in quantitativer wie auch qualitativer Hinsicht mangelhaft gewesen sei.[340] Das weitgehende Fehlen dieser Klagen in den Erzählungen meines Quellenkorpus hat verschiedene Ursachen. Erstens hatte sich während des Zweiten Weltkrieges der Personalmangel in Hausdienst und Gastgewerbe dermaßen zugespitzt, dass sich innerhalb weniger Jahre die Lebensbedingungen in diesen beiden Berufszweigen merklich verbesserten. Um nach der Rückberufung der deutschen und österreichischen ›Dienstmädchen‹ genügend Schweizerinnen für den Beruf der Haus- oder Gastgewerbsangestellten zu gewinnen, wurden rechtliche und berufsbildnerische Reformen eingeleitet. Der Mangel führte zudem zu einer Lohnsteigerung. Um eines der rar gewordenen ›Mädchen‹ zu ergattern, mussten die Arbeitgeber_innen nach dem Zweiten Weltkrieg nicht nur mehr bezahlen, sondern ihren Angestellten auch eine gute Verpflegung und eine annehmbare Unterkunft gewährleisten. Da die überwiegende Mehrheit der Personen meines Samples nach 1945 in die Schweiz einreiste, profitierten die meisten von dieser verbesserten Situation. Ausdruck davon ist unter anderem das Verschwinden der Extrakost für Hausangestellte, die bis zum Zweiten Weltkrieg in vielen Stellen in der Schweiz noch Usus gewesen war.[341] »Ich habe mitessen dürfen, aber ich habe immer in der Küche gegessen«, erörtert etwa die Anfang der 1950er Jahre in einer jüdischen Familie in Basel beschäftigte Agatha Hauert.[342] Dass sie »mitessen« durfte, meint hier nicht das gemeinsame Essen am Tisch, wie sie gleich klarstellt. Diese Formulierung bezieht sich darauf, dass sie als Hausangestellte kein anderes Essen als die ›Herrschaften‹, also keine Extrakost, zugeteilt bekommen hat.

---

339 Hausknecht, *Das Dienstbotenproblem*, S. 49.
340 Bochsler/Gisiger, *Dienen*, S. 67–70.
341 Bochsler/Gisiger, *Dienen*, S. 74–75.
342 PAA, Althaus, Interview Hauert, 01:14:19.

In meinem Sample berichten nur zwei (von 68) Personen, die als Hausangestellte im Privathaushalt tätig waren, dass sie entweder kein Fleisch[343] oder allgemein »einfacheres Essen«[344] bekommen haben. In beiden Fällen arbeiteten die Betroffenen in großbürgerlichen Haushalten. Die Extrakost ist als Abgrenzungsstrategie der Arbeitgeber_innen zur Wahrung des Standesunterschiedes zu verstehen, wie oben am Beispiel der Dienstkleidung oder der Anrede bereits ausgeführt wurde. Agatha Hauert durfte zwar »mitessen«, die Mahlzeiten nahm sie allerdings alleine in der Küche ein. Diese Erfahrung wird von vielen Erzählerinnen geteilt, die im Hausdienst tätig waren. Gretha Ole, die mit ihrem Arbeitgeber sogar weitläufig verwandt war, erzählt im Interview, dass sie trotz der Verwandtschaft nicht in die Familie integriert gewesen sei: »Sie [die Arbeitgeber] haben gesagt, ich soll Onkel und Tante sagen und das habe ich gemacht, aber sie haben mich in der Küche essen lassen, gell, das war nicht so- der Familienanschluss war nicht so groß.«[345] Im Gegensatz zur Extrakost hat das Essen in der Küche nicht zwingend die Funktion der Markierung sozialer Differenz und war auch in mittelständischen Häusern weit verbreitet. Die Frage, ob am gleichen Tisch gegessen wurde oder nicht, entschied vielmehr darüber, ob die Hausangestellte am Familienleben der Arbeitgeberfamilie teilhaben durfte, sprich: »Familienanschluss« erhielt.

Auf meine Frage, was denn zu ihren schönsten Erinnerungen an ihre Zeit in der Schweiz zähle, antwortete Ole, die Anfang der 1950er Jahre einreiste und in ihren Kindheitserzählungen den Krieg stark macht: »Dass es da alles gab und dass man, gell, man hat zum Beispiel Joghurt haben wir noch nicht gekannt, das hat's da gegeben und solche Dinge [...] da waren halt schon noch arme Zeit[en] bei uns, gell.«[346] Im Gegensatz zum Nachkriegsdeutschland seien in der Schweiz auch Butter und Eier in Hülle und Fülle vorhanden gewesen, was das Essen sehr schmackhaft gemacht habe.[347] Ole ist nicht die Einzige, die, in der Thematisierung und Bewer-

---

343 PAA, Althaus, Interview Reber, 00:17:38.
344 PAA, Lipp, Lebensgeschichtliche Aufzeichnungen.
345 PAA, Althaus, Interview Ole, 00:27:22. In der Küche gegessen zu haben, berichten auch PAA, Althaus, Interview Reber, 00:17:38. PAA, Lipp, Lebensgeschichtliche Aufzeichnungen. PAA, Althaus, Interview Welzer, 00:28:28. PAA, Althaus, Interview II Oban, 02:05:04. PAA, Althaus, Interview Imhof, 01:58:41. PAA, Althaus, Interview Fankhauser, 01:10:04. PAA, Althaus, Interview Reichenbach, 01:43:07. PAA, Althaus, Interview Haller, 00:35:56.
346 PAA, Althaus, Interview Ole, 01:14:16.
347 Ebd., 01:04:40.

tung der zur Verfügung gestellten Kost, das narrative Stilmittel des Vergleichs zwischen Hier und Dort wählt. Kontrastfolie ist der Krieg, der im Hier eine große Lebensmittelknappheit verursacht und das Dort verschont hatte.³⁴⁸ Das führt mich zum zweiten Punkt, warum Klagen über schlechtes Essen in meinem Sample weitgehend fehlen. Zwei Drittel der Erzählerinnen sind in den 1930er Jahren geboren, das heißt, dass sie ihre Kindheit und Jugend in Zeiten von Krieg und Nachkriegszeit erlebten. Viele von ihnen imaginierten die Schweiz als Schlaraffenland.³⁴⁹ In den Erzählungen über die Verpflegung in der Schweiz dominieren Schilderungen, die von der Einlösung dieser Vorstellungen berichten. Agatha Hauerts Wissen über die Schweiz beschränkte sich vor ihrer Migration darauf, dass es dort keinen Krieg dafür Delikatessen wie Mayonnaise gebe.³⁵⁰ Nach ihrer Ankunft an ihrem neuen Wohn- und Arbeitsort wurde ihr ein Heidelbeerkuchen zum Abendessen vorgesetzt, der all ihre Erwartungen übertraf: »Ich habe gedacht, so etwas Gutes habe ich in meinem ganzen Leben noch nie gegessen,« erinnert sich Hauert.³⁵¹

Nicht nur Migrantinnen hatten Vorstellungen von dem guten Essen in der Schweiz. Auch die schweizerischen Arbeitgeberinnen imaginierten die zuwandernden Frauen allesamt als ausgehungert. In der hitzigen Debatte über Pros und Contras der erneuten Einwanderung deutscher und österreichischer ›Dienstmädchen‹ in der unmittelbaren Nachkriegszeit argumentierten Befürworter_innen unter anderem mit dem Gedanken der humanitären Hilfe. Den notleidenden Deutschen und Österreicherinnen eine Einreiseerlaubnis zu erteilen, würde gleich zwei Fliegen mit einer Klappe schlagen. Zum einen könnte der Mangel an weiblichen Angestellten in Hausdienst und Gastgewerbe in der Schweiz gelindert, zum anderen die hungerleidenden Frauen ›aufgepäppelt‹ werden.³⁵² So erzählen mehrere Interviewpartnerinnen davon, zu Beginn nicht nur gut ernährt, sondern regelrecht gemästet worden zu sein. Veronika Hummel kam kurz nach Kriegsende, 1946, als Hausangestellte in einen Geschäftshaushalt, wo ihr voller Familienanschluss gewährt wurde. In den ersten zwei Wochen habe ihr die Arbeitgeberin jeden Abend eine Tafel Schokolade aufs Bett gelegt. Das sei ihr zu viel gewesen: »Habe gesagt zur Chefin: ›Also Frau Richard,

---

348 Bspw. auch: PAA, Althaus, Interview Welzer, 03:29:04.
349 Vgl. Kapitel 4.1.3.
350 PAA, Althaus, Interview Hauert, 00:56:12 und 01:55:51.
351 Ebd., 01:14:19.
352 Vgl. Kapitel 2.2.4.

es tut mir leid, Schokolade esse ich ja schon gern, aber ich muss ja nicht unbedingt weiß Gott wie zunehmen‹ (Lachen) [...] und hat sie gesagt: ›Also gut.‹ Dann habe ich nur noch jede Woche oder alle zwei Wochen eine Tafel bekommen, das war dann in Ordnung.«[353]

Auch Martha Gruber, die 1951 als Kaffeehausangestellte in die Schweiz kam, wurde von ihrer Arbeitgeberin mit Essen überhäuft, sodass sie noch einmal einen Wachstumsschub erlebte, wie sie erzählt:

»Sie [Arbeitgeberin] hat immer gesagt: ›Essen Sie, essen Sie‹. Wenn ich frei hatte, hat sie mir immer Geld gegeben, dass ich irgendwo essen gehen konnte und hat gesagt, es ist immer etwas da. Ich habe plötzlich drei Kilo zugenommen und bin auch noch gewachsen von- was hatte ich? 1.47 bin ich noch rauf auf 1.59 in der Schweiz.«[354]

Jeden Tag sei ihr Fleisch vorgesetzt worden, das sei »schlimm« gewesen, weil sie das von zu Hause nicht gewohnt war: »Das ist dann einfach zu viel gewesen«, schlussfolgert Gruber.[355] Die Praxis des Aufpäppelns ist hier ein spezifischer – nationalisierter – Ausdruck der maternalistischen Beziehung zwischen Arbeitgeberin und Arbeitnehmerin in Hausdienst und Gastgewerbe. Die im Prinzip der Hausgemeinschaft verankerte Norm für die Angestellten zu sorgen wie für ein eigenes Kind wird durch deren nationale Herkunft zusätzlich akzentuiert.

Die ehemalige Hotelangestellte Maja Pichler beschreibt ihre Chefin ebenfalls als bevormundend. Das Verhalten ihrer Arbeitgeberin war allerdings weniger von mütterlicher Liebe als von erzieherischer Kontrolle geprägt. Dies äußerte sich auch im Bereich der Verköstigung. Während die Gäste nur das Beste erhielten, bekamen die Angestellten qualitativ schlechteres und häufig auch zu wenig Essen:

»Zum Beispiel Salat, haben wir nur die grünen Blätter bekommen und das Gelbe die Gäste. Für uns hat es meistens gegeben gebratenen Leberkäs, also der ist mir schon da angestanden. Oder aus Brät so Kugerln mit Sauce und *jeden* Tag Pomme Nature, also Salzkartoffeln.«[356]

Elsa Zeller, die längere Zeit als illegal beschäftigte Hotelangestellte im Berner Oberland war, erzählt ebenfalls anschaulich von der vom Hotelbe-

---

353 PAA, Althaus, Interview Hummel, 00:13:17. Ähnlich: PAA, Althaus, Interview Jaggi, 00:17:25.
354 PAA, Althaus, Interview Gruber, 01:22:12.
355 Ebd., 01:36:47. Ähnlich: PAA, Althaus, Interview Eberle, 04:05:45.
356 PAA, Althaus, Interview Pichler, 02:31:30.

sitzer angeordneten Verwertung der Speisereste der Gäste für die Angestellten. Da es sich dabei mehrheitlich um ausländische Arbeitskräfte handelte, habe der Küchenchef die Verwertungsaktionen als »Wochenrückblick für die Ausländer in der Schweiz« bezeichnet.[357]

Während die Essenssituation in den Privathaushalten und Restaurants fast ausschließlich positiv erinnert wird, bewerten gleich mehrere der in der (Saison)Hotellerie angestellten Personen die Kost als unzureichend.[358] Nicht nur die Kost auch die Zimmersituation wird von den Hotelangestellten als höchst unbefriedigend beschrieben, wie Maja Pichler ausdrucksstark zur Kenntnis bringt:

»Das haben sie uns schon oft merken lassen, dass wir Österreicher sind und auch die Unterkunft, haben wir ja auch gehabt, das war ein *Schuppen*! Mit einem Regenschirm sind wir im Bett gesessen, nein also, ein Schuppen. Da haben sie Holz und alles Teufels Zeugs drin gehabt, und wir haben das alles mit den Fotos von der Grace Kelly [...] haben wir alles zusammengeklebt, also verklebt, war *schön* drinnen.«[359]

Blieb die Zimmerverschönerung Maja Pichler und ihren Kolleginnen, die sich ein Zimmer teilen mussten, selbst überlassen, war die Situation in den Privathaushalten zumeist eine gänzlich andere. Emma Lipp, die zu Beginn ihrer beruflichen Laufbahn vor allem in Hotels tätig war, hebt in ihren Erinnerungen über die Ankunft als Hausangestellte in der Schweiz, den Unterschied zwischen der Zimmersituation in den Hotels und dem Privathaushalt hervor:

»Ich war müde und froh, als ich denn tatsächlich in ein wunderschönes Haus chauffiert wurde und ein eigenes Zimmer bekam. In den Hotels war das nicht selbstverständlich, wir ›hausten‹ meistens zu viert oder zu sechst auf einem Zimmer. Es war Neuland für mich.«[360]

Das Zimmer, so Lipp, sei »sehr gemütlich und geschmackvoll eingerichtet« gewesen.[361] Dass das Zimmer der Hausangestellten »wohnlich« sein solle, das wurde von Hausdienstexpertinnen seit den 1920er Jahren als Mittel zur Bekämpfung des Hausangestelltenmangels propagiert. In der Schweiz seien

---

357 PAA, Althaus, Interview Zeller, 01:32:10.
358 Neben Pichler und Zeller auch Hanna Havur: PAA, Siebler, Interview Havur, 00:47:01.
359 PAA, Althaus, Interview Pichler, 02:53:47. Ähnlich: PAA, Althaus, Interview Zeller, 01:25:12. PAA, Groß, Lebensgeschichtliche Aufzeichnungen, S. 4. PAA, Schicker-Viktor, Werdegang, S. 8–9.
360 PAA, Lipp, Lebensgeschichtliche Aufzeichnungen.
361 Ebd.

zwar die Wohnverhältnisse der Haus- und Hotelangestellten in den seltensten Fällen so schlecht wie in deutschen Großstädten, jedoch liege in Punkto Gemütlichkeit noch vieles im Argen.[362] Die Studienkommission für Hausdienstfragen hatte Anfang der 1930er Jahre bei den kantonalen Gesundheitsämtern eine Anfrage bezüglich der »Erfahrungen bei der Inspektion von Dienstzimmern« gestellt.[363] Das Sanitätsdepartement Basel-Stadt antwortete darauf, dass es nur sehr wenige Klagen gäbe. 1930 seien drei, 1931 sogar nur eine Beschwerde eingereicht worden, zumeist wegen »Wanzenplage«. »Früher«, so erinnerte sich der Verfasser und Vorsteher des Departementes F. Aemmer, habe es »einmal« den Fall gegeben, dass ein »Dienstmädchen« im Badezimmer schlafen musste, in einem weiteren Fall sei die Lüftung und das Licht nicht ausreichend gewesen.[364] Trotz dieses positiven Befundes in »hygienischer Hinsicht«, so der abschließende Bericht der Studienkommission für Hausdienstfragen an das BIGA 1932, müsse im Bereich der »Wohnlichkeit« noch vieles geleistet werden.[365] Mit zunehmender Nationalisierung der Hausdienstfrage am Vorabend des Zweiten Weltkrieges, als das Gewinnen von »Schweizermädchen« im Zuge der geistigen Landesverteidigung zur Frage schweizerischer Souveränität hochstilisiert wurde, wurde das »heimelige« Zimmer zur Lösung der ›Dienstbotenfrage‹ auf nationales Parkett gehoben. An der Schweizerischen Landesausstellung 1939, die 10 Millionen Besuchende zählte,[366] wurde ein Musterzimmer für Hausangestellte ausgestellt.[367] Auch in der unmittelbaren Nachkriegszeit, als der Personalmangel in Hausdienst und Gastgewerbe besonders gravierend war, rührte die SAG die Werbetrommel für die Verschönerung der Zimmer. 1948 widmete sie eine ganze Ausgabe ihres Verbandorgans »Mitteilungen« dem Thema *Vom Zimmer der Hausangestellten*. Ein schönes Zimmer führe dazu, dass die Angestellten mit mehr Freude bei der Arbeit seien und die Stelle nicht so schnell wechselten. Als

---

362 Hausknecht, *Das Dienstbotenproblem*, S. 50. Ähnlich: AGoF 128 26: 1, FJM: Vortragsnotizen, s.d. [um 1930] im Dossier Korrespondenz/Akten von Madeleine Hahn mit den Stellenvermittlungsbüros 1930–1940.
363 StABS Handel und Gewerbe AA 13, Schweizerische Studienkommission für Hausdienstfragen: Schreiben an den Direktor des Sanitätsdepartementes Basel-Stadt, Zürich 16.06.1931.
364 StABS Handel und Gewerbe AA 13, Sanitätsdepartement des Kantons Basel-Stadt (Sig. F. Aemmer): Antwortschreiben an die Schweizerische Studienkommission für Hausdienstfragen, Basel 09.07.1931.
365 Schweizerische Studienkommission für Hausdienstfragen, *Der Hausdienst*, S. 46.
366 Zu einer Zeit als die Schweiz vier Millionen Einwohner_innen hatte. Naef, *Landi*, S. 44.
367 AGoF 128 26: 8, Mitteilungen Nr. 12 der SAG, Zürich August 1948, S. 4.

positiver Nebeneffekt – so auch hier mit unüberhörbar erzieherischem Ton – würden die Angestellten die Freizeit weniger außer Haus verbringen, was einen soliden Lebenswandel befördere.[368] Die Appelle an die Hausfrauen zur Zimmerverschönerung scheinen – so die Erzählungen in meinem Sample – nicht ungehört verpufft zu sein. Lotta Oesch, die in der Zwischenkriegszeit als ›Dienstmädchen‹ in Zürich arbeitete, beschreibt ihr Zimmer als Bretterverschlag ohne Heizung oben im »Juchee«.[369] Im Gegensatz dazu schwärmt Jolanda Müller, die 30 Jahre später mehrere Jahre als Hausangestellte in Basel war, regelrecht über das von der Arbeitgeberin zur Verfügung gestellte Zimmer. Sie habe sogar eine Dusche und ein Radio gehabt.[370] Und Gabriele Ertel, die im gleichen Jahr wie Müller in die Schweiz einreiste, um dort als Hausangestellte zu arbeiten, betont ebenfalls, dass sie begeistert war von ihrem »sehr schönen Zimmer […] hübsch eingerichtet mit Einbauschrank«, das ihr eine gute »Rückzugsmöglichkeit« geboten habe.[371] In der ausführlichen Schilderung von Lisbeth Reichenbach – auch sie ging 1956 in die Schweiz – wird noch eine weitere Botschaft transportiert, die für die oft enthusiastischen Beschreibungen des Zimmers in meinem Sample von Bedeutung ist:

»Die [Bett]Decke war mit Blumen, daneben das Nachttischchen und ein Tischchen mit einem Stuhl, gepolstert mit den gleichen Blumen. Ein Schrank und ein großer Spiegel […] und ein beiger Teppich [waren] drin […]. So ein schönes Zimmer habe ich noch nie gehabt. Zu Hause musste ich teilen, da waren wir immer zu zweit im Zimmer […] Das war mein erstes Zimmer für mich allein und erst noch schön.«[372]

Eine ganze Reihe an Erzählerinnen hatten wie Lisbeth Reichenbach in der Schweiz erstmals ihr eigenes Zimmer und betraten damit – mit Emma Lipp gesprochen – »Neuland«.[373] Dies beeinflusste die Einschätzung der Unterkunft, wie am Beispiel der Erzählung von Ilse Reber verdeutlicht werden kann. Endlich einmal ein eigenes Zimmer zu haben, das war für die in engen Wohnverhältnissen aufgewachsene Tochter eines Bahnarbeiters die zentrale Migrationsmotivation. An ihrem neuen Wohn- und Ar-

---

368 Ebd., S. 4–16.
369 PAA, Oesch, Interview Oesch, 00:42:15. Ähnlich: PAA, Hiss, Biografische Notizen.
370 PAA, Althaus, Interview Müller, 01:23:13.
371 PAA, Hermanowski, Interview Ertel, 00:35:31.
372 PAA, Althaus, Interview Reichenbach, 01:33:40.
373 PAA, Lipp, Lebensgeschichtliche Aufzeichnungen. Ebenso: PAA, Althaus, Interview Reber, 01:53:00, PAA, Ryter, Dienen in der Schweiz, S. 1. PAA, Althaus, Interview Jaggi, 00:14:12.

beitsort, einer 48-Zimmer-Villa, wurde sie von der Tochter des Arbeitgebers begrüßt und in das heiß ersehnte eigene Zimmer geführt. Dieses war über eine separate »Dienstbotentreppe« zu erreichen, verfügte über kein fließend Wasser und war nur mit einer rudimentären Holzkohleheizung ausgestattet. Trotzdem sei dieses Zimmer der »Himmel auf Erden« gewesen für sie. Bevor sie allerdings ihren Koffer auspacken konnte, wurde sie gleich zur Arbeit beordert. Sie hatte den »Herrschaften«, die sehr auf die Wahrung der Standesunterschiede achteten, Kaffee im »Göttersaal« zu servieren.[374] In der Kontrastierung des als »schlicht und einfach« beschriebenen »Dienstbotenzimmers« mit der prunkvollen Einrichtung des »Göttersaals« wird der Zuhörerin vermittelt, dass Rebers Zimmer objektiv betrachtet – aus der heutigen Perspektive und gemessen am Reichtum der Arbeitgeberfamilie – mehr als bescheiden war. Vor dem Hintergrund der Enge des Elternhauses empfand sie ihre Kammer in der damaligen subjektiven Wahrnehmung als »wunderschön«. Während die »Herrschaften« in ihrem »Göttersaal« saßen, hatte sie ihren eigenen »Himmel auf Erden«.

Die Beurteilung von Kost und Logis, so das Fazit, hat eine historische und eine lebensgeschichtliche Dimension. Zum einen veränderte sich die Wohn- und Essenssituation für Haus- und Gastgewerbsangestellte nach dem Zweiten Weltkrieg maßgeblich zum Positiven. Vor allem in den Privathaushalten und den ganzjährig geöffneten Restaurants manifestierte sich der Personalmangel in Form von wohnlichen Zimmern und schmackhaftem Essen. Die Arbeitgeber_innen mussten ihren Angestellten etwas bieten, um sie zu gewinnen, aber auch um sie zu halten. Auf die Saisonhotellerie, in der strukturell bedingt eine größere Personalfluktuation gegeben war, trifft dies weniger zu. Zum anderen ist die positive Einschätzung hinsichtlich des Wohnens und Essens vor dem Hintergrund der Kindheits- und Jugenderzählungen einzustufen, die stark von Kriegserzählungen überlagert sind.

Neben Kost und Logis erhielten die Haus- und Gastgewerbsangestellten einen Barlohn. Auch die Löhne stiegen infolge des Personalmangels während und nach dem Zweiten Weltkrieg stark an. Im Gastgewerbe, so eine Zusammenstellung in der Hotel-Revue aus dem Jahr 1959, vervielfachten sich die Fixlöhne der weiblichen Gastgewerbsangestellten seit 1933 um 162 Prozent.[375] Auch im Hausdienst kam es zu einer massiven

---

374 PAA, Althaus, Interview Reber, 00:10:09, 01:53:00 und 02:25:33.
375 O.V., Nachwuchsförderung, Personalbeschaffung und soziale Probleme, in: Hotel-Revue, Nr. 22, 29.05.1958.

Lohnsteigerung. Die, in der Wahrnehmung der Arbeitgeber_innen ins »Unermessliche«[376] gestiegenen, Löhne der Hausangestellten dienten den Befürworter_innen der Einreise deutscher und österreichischer Frauen in der Nachkriegszeit als zentrales Argument. Der Zuzug von Ausländerinnen sollte die kontinuierlichen Lohnerhöhungen bremsen.[377] Erhitzten die ›Dienstmädchenlöhne‹ in den späten 1940er Jahren die Gemüter der schweizerischen Arbeitgeber_innen, so spielen sie in den Erzählungen der Arbeitnehmerinnen eine marginale Rolle. Relevant gesetzt wird die Entlohnung insbesondere von den Personen, welche die höheren Löhne als Migrationsmotivation thematisieren. Davon bezieht sich bei den meisten das Reden über Löhne auf die Vorstellungen vor der Migration. Über das real verdiente Gehalt wird wenig berichtet. Was allerdings ein großes Thema ist und mit der Entgeltfrage im Zusammenhang steht, sind die Trinkgelder im Gastgewerbe.

4.2.6 Trinkgelder und sexuelle Übergriffe im Gastgewerbe

In gastgewerblichen Betrieben erhielten nicht alle Angestellten einen Fixlohn. Dem sogenannten »trinkgeldempfangenden« Personal, wozu neben den Serviceangestellten auch die ›Zimmermädchen‹ gehörten, wurde nur ein kleiner – manchmal auch gar kein – Grundlohn ausbezahlt. Der durchschnittliche Lohn des trinkgeldempfangenden Personals betrug Mitte der 1950er Jahre circa 20 Franken pro Monat. Der Rest des Verdienstes setzte sich aus den Trinkgeldern der Gäste zusammen.[378] In Hotels und anderen Beherbergungsbetrieben war die Höhe des Trinkgeldes in der Regel pauschal geregelt. Diese sogenannte Trinkgeldablösung wurde 1952 mit der *Bedienungsgeldordnung* in Form eines GAV zwischen den Arbeitgeberverbänden, dem Schweizerischen Hotelier- und Wirteverein, und der Gewerkschaft der Gastgewerbsangestellten, der Union Helvetia, vertraglich festgelegt und im Februar 1954 vom Bundesrat als allgemeinverbindlich erklärt. Das heißt, dass sämtliche Angestellten, nicht nur die Gewerkschaftsmitglieder, davon erfasst wurden. Hoteliers hatten das Recht, von den Gästen auf den Rechnungsbetrag 10 Prozent »Bedienungsgeld« zu erheben und die Pflicht, diese nach einem gesetzlich festgelegten Schlüssel

---

376 Bspw. O.V., Wo kriegen wir Dienstmädchen her?, in: Die Tat, Nr. 266, 28.09.1945.
377 Vgl. Kapitel 2.2.4.
378 Volz, *Die Trinkgeldfrage*, S. 25–26. Portmann, »Einkommens- und Beschäftigungslage«, S. 111–120.

an die »bedienungsgeldberechtigten« Angestellten zu verteilen.[379] Für die Restaurants existierte keine gesetzliche Regelung. Das Trinkgeldgeben beruhte auf freiwilliger Basis und war Sache zwischen Gast und Bedienung. Gewohnheitsrechtlich überließen Gastwirte ihren Angestellten das komplette Trinkgeld, zahlten dafür keinen oder nur einen geringen Fixlohn.[380] Insbesondere Serviceangestellte waren deshalb in direkter Weise abhängig von den Gästen, da diese die Höhe ihres Verdienstes bestimmten. Christine Stark schreibt in ihren lebensgeschichtlichen Aufzeichnungen über ihre Zeit als ›Serviertochter‹ und Hausangestellte in einem Restaurant in Frauenfeld Ende der 1950er Jahre:

»Für die Mithilfe im Haushalt erhielt ich 50 Franken im Monat, Kost und Logis frei und was der Verdienst im Service war, ist es dort und zur damaligen Zeit ein ungeschriebenes Gesetz gewesen, dass der Gast von seiner Zeche 10 Prozent an Trinkgeld der Serviertochter zu geben hatte. Es kam vor, dass man hin und wieder auch etwas mehr bekam, das hing jedoch auch immer davon ab, wie man den Gast als lieben, unentbehrlichen, einmaligen Menschen ansah. Je mehr sich die Mundwinkel dem Gast gegenüber nach oben zogen, und je aufmerksamer man seinen vielen Weisheiten zustimmte, desto besser war das Trinkgeld.«[381]

Bei Gastwirtschaften mit Alkoholausschank handelte es sich in der Schweiz bis in die 1970er Jahre vorwiegend um männlich dominierte Räume. Frauen tauchten darin lediglich als Wirtinnen oder Bedienungen auf. Während Erstere – meist verheiratet oder verwitwet – über eine gewisse Autorität verfügten, waren »Ruf und Position« der weiblichen Angestellten weit »fragiler«, wie die Historikerin Elisabeth Joris betont.[382] Servier*töchter* wurden als unverheiratet angesehen und ganz selbstverständlich mit »Fräulein« angesprochen. Bis vor wenigen Jahren verlangten Gäste in der Schweiz die Rechnung in einer Gastwirtschaft mit der Aufforderung

---

379 BBl. 1954 I/11 483–498, Bundesratsbeschluss über die Allgemeinverbindlicherklärung des Gesamtarbeitsvertrages betreffend die Bedienungsgelder im schweizerischen Beherbergungsgewerbe (Bedienungsgeldordnung) vom 22.02.1954. In der Beilage dazu: Gesamtarbeitsvertrag betreffend die Bedienungsgelder im schweizerischen Beherbergungsgewerbe (Bedienungsgeldordnung) vom 01.10.1952 und 09.02.1954. Die Bedienungsgeldordnung wurde bis in die 1970er Jahre hinein aktualisiert und die Allgemeinverbindlicherklärung vom Bundesrat verlängert.
380 Volz, *Die Trinkgeldfrage*, S. 29.
381 Stark, Lebensgeschichtliche Aufzeichnungen, S. 3–4.
382 Joris, »Hundert Jahre«, S. 11.

»Fräulein, zahlen bitte!«[383] Das tatsächliche oder angenommene Ledigsein ließ die weiblichen Serviceangestellten als ›zu haben‹ erscheinen. Deshalb äußerte sich die Abhängigkeit in Trinkgeldfragen häufig in sexuellen Belästigungen. Nach der Erläuterung ihres Verdienstes als ›Serviertochter‹ führt die soeben zitierte Christine Stark aus:

»Dass die Serviertöchter dort in diesen Gaststätten in der Regel als ›für Jedermann‹ zugänglich angesehen wurden, war normal. Mindestens fünfmal am Tag klopfte einer einem auf den Hintern oder berührte ›unabsichtlich‹ den Busen. Außerdem hatte ich vorher so viel wie nichts von deftigen ›Witzen‹ gehört wie in der Schweiz.«[384]

Stark versuchte mit einem Stellenwechsel dieser Situation zu entkommen. In anderen gastgewerblichen Betrieben sei die Lage jedoch eher noch schlimmer gewesen: »Je ländlicher die Gegend dieser Gasthäuser war, umso freizügiger verhielten sich die Gäste. Ich spreche hier vornehmlich von den männlichen Gästen«, akzentuiert Stark.[385]

Das »freizügige« Verhalten reichte von der unangenehmen Art das Trinkgeld zu überreichen über verbale bis zu tätlichen Übergriffen. Ilse Reber begründet im Interview ihre Abneigung gegen die Arbeit im Service damit, dass die Gäste meinten, sie könnten sie »betatschen«. Gerade beim Kassieren sei der Klaps auf den Hintern Usus gewesen.[386] Lotta Oesch, die in den 1930er Jahren in der Schweiz war, erzählte ihrer Enkelin, dass sie ein hohes Trinkgeld von fünf Franken bekommen habe, wenn der Gast sie in die Wade kneifen durfte.[387] Und Hedwig Welzer erinnert sich, dass die Gäste beim Zahlen das Trinkgeld so lange und fest in den Händen hielten, dass sie die Männer berühren musste. Obwohl sie das als unangenehm empfand, habe sie sich darauf eingelassen, ja einlassen »müssen«, wie sie sogleich berichtigt, da sie auf das Geld angewiesen war.[388] Als »schlimm« empfand sie auch die zotigen Sprüche. Der Kaffee mit Obstler wurde, so Welzer, als »Kaffee Tischhöhe« geordert – in Anspielung auf die umgangssprachlich als Pflaume bezeichnete Vagina, die sich beim Bedienen auf

---

383 Auch in weiteren Teilen des deutschsprachigen Raumes war diese Phrase weit verbreitet und wird von älteren Personen teilweise heute noch verwendet. tml, Fräulein, zahlen bitte!, in Augsburger Allgemeine, 25.02.2012.
384 Stark, Lebensgeschichtliche Aufzeichnungen, S. 4.
385 Ebd., S. 5.
386 PAA, Althaus, Interview Reber, 00:35:50.
387 PAA, Oesch, Biografische Notizen.
388 PAA, Althaus, Interview Welzer, 00:17:50.

Tischhöhe befand.[389] Unmoralische Angebote in Bezug auf ein kurzes sexuelles Abenteuer scheinen, so die Erzählungen von weiteren Gastgewerbsangestellten, ebenfalls nicht unüblich gewesen zu sein.[390] Aus der Analyse der Erzählungen über sexuelle Übergriffe kann sichtbar gemacht werden, dass nicht nur die Kategorien Zivilstand und Geschlecht, sondern auch die nationale Herkunft der Belästigten eine Rolle spielten. Ausländerinnen im Allgemeinen sowie Deutsche und Österreicherinnen im Speziellen waren der sexuellen Belästigung besonders ausgesetzt. Dies hing erstens mit ihrem Ruf als »fleißige« und »willige« Arbeitskräfte zusammen, wie ich anhand der Ausführungen von Rosemarie Kroll darlegen möchte. Kroll bediente 1958 als ›Serviertochter‹ in einem Basler Restaurant, nachdem sie bereits mehrere Saisonen in verschiedenen gastgewerblichen Betrieben in der Ostschweiz und dem Tessin tätig gewesen war. In ihren schriftlichen Aufzeichnungen hebt sie ein Erlebnis besonders hervor:

»Eines Abends tauchten zwei junge, fesche Burschen im Lokal auf, die Mädchen zum Heiraten suchten, die Schweizer Frauen wollten aus der Gastronomie keinen Mann. Sie suchten eine Partnerin aus anderen Ländern. Der Blonde wollte nach der Arbeit ausgehen, er musste einsehen, sowas wird bei mir nicht in einer Nacht entschieden.«[391]

Im Interview, das ich mit Kroll führte, nachdem sie ihre Erinnerungen aufgeschrieben hatte, ergänzt sie, warum die Schweizer Gastwirte keine Schweizerinnen fanden, und zwar, »weil die das nicht arbeiten wollten«.[392] Deshalb, so Krolls Fazit, seien heute noch so viele Österreicherinnen als verheiratete Frauen in der Schweiz. Auch der »Blonde«, der ihr von einem »schönen Gasthof« am Vierwaldstädtersee vorgeschwärmt hatte, habe eine gefunden:

»Er ist wirklich mit einer gekommen und hat mit der dann Verlobung gefeiert […]. Die [Burschen] sind vielleicht eine Woche dageblieben und haben behauptet sie suchen nach Frauen, weil sie ein Geschäft am See da haben.«[393]

---

389 Ebd. 00:25:41 und 03:36:59.
390 PAA, Althaus, Interview Gruber, 01:41:37. PAA, Althaus, Interview Pichler, 01:47:23. PAA, Kroll, Meine Alltagsgeschichten, S. 8.
391 PAA, Kroll, Meine Alltagsgeschichten, S. 8. Ebenso: PAA, Althaus, Interview Kroll, 00:12:37. Ähnlich: PAA, Hormayer, Lebensgeschichtliche Aufzeichnungen, S. 2.
392 PAA, Althaus, Interview Kroll, 00:12:37.
393 Ebd.

Krolls Formulierung, dass die heiratswilligen Gastwirte »behauptet« hätten, (Ehe-)Frauen und Wirtinnen zu suchen, verweist auf den zweiten Aspekt der nationalisierten sexuellen Belästigung. Galten Kellnerinnen allgemein als frei verfügbar, standen Österreicherinnen und Deutsche im Ruf, besonders leicht ›zu haben‹ zu sein. Dies steht im Zusammenhang mit dem seit den 1920er Jahren weit verbreiteten Vorurteil, dass die zugewanderten Haus- und Gastgewerbsangestellten in erster Linie daran interessiert seien, sich einen Schweizer zu angeln und für einen Schweizerpass alles tun würden. Den Deutschen und Österreicherinnen wurden besondere Verführungskünste nachgesagt, deren Begründung sich im Laufe der Zeit veränderte und von der hauswirtschaftlichen Tüchtigkeit bis zur ›sittlichen Verkommenheit‹ reichte.[394] Die Berufsberaterin Anna Walder von der thurgauischen Zentralstelle für Frauenberufe klagte 1952 der SAG, dass die »moralische Qualität« der Ausländerinnen zu wünschen übrig lasse: »Namentlich die Österreicherinnen scheinen sehr oft moralisch den Gefahren in der Fremde gar nicht gewachsen zu sein«, hielt sie fest und fügte hinzu, dass dies allerdings nicht nur deren Schuld sei:

»[E]s muss leider auch gesagt sein, dass die Schweizer die jungen Ausländerinnen oft als ›Freiwild‹ betrachten und sich ihnen gegenüber vieles erlauben, was sie sich unsern einheimischen Mädchen gegenüber nicht zu Schulden kommen lassen würden.«[395]

Als »Freiwild« behandelt worden zu sein, das findet sich in vielen Erzählungen des Samples. Häufig bezieht sich dies auf Erlebnisse im öffentlichen Raum, während Ausflügen oder beim abendlichen Fortgehen.[396] Da Frauen im Gastgewerbe in einem halböffentlichen und männerdominierten Raum arbeiteten, ist es nicht erstaunlich, dass einige Frauen, die im Service tätig waren, die Verknüpfung von Sexismus und Nationalität explizit machen. Selma Schwarz, die Anfang der 1950er mehrere Jahre in einem Hotel bei Bern als ›Serviertochter‹ arbeitete, erzählt von einem Betrunkenen, der sie »über die Theke heben wollte«, nachdem er erfahren hatte, dass sie Österreicherin sei.[397] Die ebenfalls mehrheitlich als ›Serviertochter‹ tätige Hedwig Welzer zählte in ihrer Antwort auf meine Frage, welche Erfahrun-

---

394 Vgl. Kapitel 2.4.
395 AGoF 128 26:8, Anna Walder (Thurgauische Zentralstelle für Frauenberufe): Antwortschreiben an die SAG betreffend die Umfrage über ›Ausländerinnen im Hausdienst‹. Frauenfeld 09.01.1952, S. 2–3.
396 Vgl. Kapitel 4.3.2.
397 PAA, Schwarz, Lebensgeschichtliche Aufzeichnungen, S. 6.

gen sie als Österreicherin in der Schweiz gemacht habe, mehrere Erlebnisse der sexuellen Belästigung auf:

»Da war eine ganze Gruppe, die waren schon leicht betrunken und haben dann in der Früh verlangt, dass *ich* ihnen den Sekt hinauf bring. [...] Na ich geh rein, mach die Tür auf mit dem Sekt, stehen fünf Männer da, wohl mit Hemd aber nur bis zu einer gewissen Stelle und grinsen und lachen. Und dann hab ich mir gedacht, ihr könnt's mich gern haben, habe den Sekt hingestellt und bin hinaus gegangen. Und einmal hat einer verlangt ich soll ihn in der Früh wecken, wissen Sie wie [ich] ihn geweckt habe? Ich hab einen Besen genommen (Lachen), hab einen Besen genommen, bin zum Nachtkastl und hab aufs Nachtkastl ghaut gell (Lachen).«[398]

Das sexualisierte Arbeitsumfeld in Gaststätten gefährdete den Ruf der Frauen, die darin arbeiteten. Die Vorstellung, dass Kellnerinnen nicht nur servierten, sondern auch sexuelle Dienstleistungen übernehmen würden,[399] existierte auch schon in der ersten Hälfte des 20. Jahrhunderts. Im Jahr 1916 konstatierte etwa die Berufsberaterin Natalie Albers in einem Vortrag, dass ›Serviertöchter‹ »auf hohem Seil liefen« und »in der steten Gefahr des Falles« lebten.[400] Lotta Oesch, die in den 1930er Jahren als ›Serviertochter‹ eine Anstellung im zürcherischen Geroldswil antrat, erzählte ihrem Sohn in einem Interview, dass der dortige Arbeitgeber ihr bei der Ankunft ins Gewissen geredet habe, dass sie sich »sittlich einwandfrei« zu benehmen habe. All ihre vorherigen Arbeitgeber könnten ihren »einwandfreien Ruf« bestätigen, habe sie ihm darauf erwidert.[401] Stets anständig geblieben zu sein, sind weit verbreitete Argumentationen der im Gastgewerbe beschäftigten Frauen aus meinem Sample.[402] Vor dem Hintergrund des verruchten Rufes, der ihnen gesellschaftlich zugesprochen wurde, können diese auffällig stark akzentuierten Beteuerungen als Distanzierung von diesem Vorurteil gelesen werden.

Als potentielle »sittliche Fallstricke« galten nicht nur die sexuellen Übergriffe seitens der Gäste, sondern auch diejenigen der männlichen

---

398 PAA, Althaus, Interview Welzer, 03:35:08.
399 Wild, »Das aussergewöhnliche Leben«, S. 73.
400 CH SWA Vo M 14–23, Natalie Albers: Die Frau im Gastwirtgewerbe (Vortrag), Luzern 1916, S. 6.
401 PAA, Oesch, Interview Oesch, 00:52:00.
402 PAA, Althaus, Interview Welzer, 00:30:39. PAA, Ziegler, Lebensbeschreibung, S. 2. PAA, Althaus, Interview Pichler, 01:47:23 und 02:39:11. PAA, Althaus, Interview Gruber, 01:41:37. PAA, Kroll, Meine Alltagsgeschichten, S. 8. PAA, Althaus, Interview Gustav, 01:36:55.

Mitarbeiter und Wirte.[403] Eine ganze Reihe an Erzählerinnen, die im Gastgewerbe tätig waren, berichten (zusätzlich) von ihren Arbeitgebern und Mitarbeitern sexuell belästigt worden zu sein. Maja Pichler erzählt beispielsweise von einem Mitarbeiter, der wegen zwei blonden Wienerinnen, die im gleichen Hotel wie sie arbeiteten, »ganz narrisch« gewesen sei. Vor ihren Augen habe er in der Küche onaniert und ihr anschließend stolz das Ejakulat präsentiert.[404] Auch der Seniorchef bedrängte sie und habe sie gebeten von ihrer »Brust saugen« zu dürfen.[405] Während von den Gastgewerbsangestellten vier weitere Erzählerinnen über sexuelle Avancen der Arbeitgeber berichten,[406] wird dieses Thema von keiner einzigen Hausangestellten aus meinem Sample angeschnitten. Es ist nicht auszuschließen, dass diese Thematik von den ehemaligen Hausangestellten tabuisiert wird. Der in Literatur, Kunst, Film und Presse weit verbreitete Topos des, vom Dienstgeber sexuell bedrängten oder missbrauchten, ›Dienstmädchens‹ kann sicherlich nicht als reine Fiktion abgetan werden.[407] Das komplette Fehlen dieses Motivs in den lebensgeschichtlichen Erzählungen meines Samples lässt allerdings vermuten, dass dieses sich zu einem großen Teil aus erotischen Fantasien über ›Dienstmädchen‹ speist und – zumindest was die Schweiz nach 1945 angeht – weniger den alltäglichen Erfahrungen derselben entspringt.[408]

Für die Serviceangestellten im Gastgewerbe, so sollte deutlich geworden sein, waren sexuelle Übergriffe jedoch an der Tagesordnung. Für viele stellten diese einen Grund dar, die Stelle zu wechseln: »[D]ieser Wirt hat Sex mit mir gesucht und das ist mir dermaßen auf den Keks gegangen, dass

---

403 CH SWA Vo M 14–23, Natalie Albers: Die Frau im Gastwirtgewerbe (Vortrag), Luzern 1916, S. 6.
404 PAA, Althaus, Interview Pichler, 02:21:18.
405 Ebd., 02:28:40.
406 PAA, Althaus, Interview Gruber, 01:40:55. PAA, Althaus, Interview Reber, 00:35:50. PAA, Althaus, Interview Welzer, 00:25:41 und PAA, Althaus, Interview Zeller, 01:49:40.
407 Bochsler und Gisiger stellen quellenbasiert Fälle von sexuellen Übergriffen in schweizerischen Privathaushalten des 20. Jahrhunderts dar. Bochsler/Gisiger, *Dienen*, S. 105–113.
408 Zur bürgerlich-männlichen Stilisierung von Dienstmädchen als Sinnbild außerehelicher Sexualität und »weiblicher Triebhaftigkeit« vgl. Walser, »Prostitutionsverdacht«, S. 80–81. Zu erotischen Darstellungen von ›Dienstmädchen‹ in schweizerischen Karikaturen und Postkarten vgl. Bochsler/Gisiger, *Dienen*, S. 268–274.

ich dann gefunden habe, also das halte ich nicht mehr aus und da habe ich dann einfach meine Koffer gepackt«, erzählt beispielsweise Elsa Zeller.[409]

4.2.7 »Stellen- und Berufswechsel verboten!«

Der Stellenwechsel ist nicht nur ein zentrales Thema in den Erzählungen, sondern lässt sich auch auf der diskursiven Ebene greifen: »Es sind halt nur Zugvögel!« Mit diesen Worten fasste Natalie Albers 1916 in ihrem Vortrag über die *Frau im Gastwirtgewerbe* die gesellschaftlichen Vorurteile über die (weiblichen) Angestellten im Gastgewerbe zusammen.[410] 1917, so der zeitgenössische Wirtschafts- und Politikwissenschaftler Gérard Châtelain, betrug das durchschnittliche Anstellungsverhältnis im Gast- und Hotelgewerbe 34 Wochen. Knapp 60 Prozent wechselten pro Jahr mindestens einmal die Stelle.[411] Auch Ende der 1930er Jahre liefen, so eine Enquete der Union Helvetia, mehr als die Hälfte der Arbeitsverhältnisse im Gast- und Hotelgewerbe unter einem Jahr; ein Drittel sogar nur eine Saison lang. Insbesondere das »Saal- und Restaurantpersonal« weise, so Franz Portmann von der UH, eine »prononcierte Unstabilität« auf.[412] Vertreter und Kenner_innen des schweizerischen Gast- und Hotelwesens diskutierten die häufigen Stellenwechsel als strukturelles Phänomen. Diese seien zum Großteil saisonal bedingt. Darüber hinaus lägen sie in der beruflichen Fortbildung begründet. Nur das Sammeln von Berufserfahrungen in »möglichst verschiedenartigen Betrieben« ermögliche eine berufliche Karriere.[413] Zwar ziehe das Gastgewerbe »Zugvögel«, sprich: ›rastlose‹ Charaktere, an.[414] Die periodische Auflösung der Arbeitsverhältnisse wurde jedoch größtenteils als Spezifikum der gastgewerblichen Berufe gesehen und nicht primär der ›Unstetigkeit‹ oder ›Unfähigkeit‹ der Angestellten angelastet.

---

409 PAA, Althaus, Interview Zeller, 01:49:50. Ähnlich: PAA, Althaus, Interview Reber 00:35:50. PAA, Althaus, Interview Welzer, 00:25:41 und Stark, Lebensgeschichtliche Aufzeichnungen, S. 3–6.
410 CH SWA Vo M 14–23, Natalie Albers: Die Frau im Gastwirtgewerbe (Vortrag), Luzern 1916, S. 2.
411 Châtelain, *Le personnel*, S. 19–20.
412 Portmann, »Einkommens- und Beschäftigungslage«, S. 101.
413 Ebd., S. 100. Ebenso: Châtelain, *Le personnel*, S. 19–20. Liniger, *Das schweizerische Hotelgewerbe*, S. 31.
414 CH SWA Vo M 14–23, Natalie Albers: Die Frau im Gastwirtgewerbe (Vortrag), Luzern 1916, S. 2. Ebenso: Châtelain, *Le personnel*, S. 19–20.

Im Bereich des Hausdienstes war die Situation in Bezug auf die Dauer des durchschnittlichen Arbeitsverhältnisses eine ähnliche. Die Diskussion darüber allerdings eine gänzlich andere. Gegen Ende des 19. Jahrhunderts habe, so Bochsler und Gisiger in Anlehnung an eine zeitgenössische Studie, das durchschnittliche Arbeitsverhältnis der Hausangestellten in der Stadt Zürich neun Monate gedauert. 40 Prozent der Arbeitsverhältnisse dauerten weniger als drei Monate.[415] Nelly Mousson bezifferte in ihrer Enquete über die Hausangestellten in der Stadt Baden im Jahr 1930 das durchschnittliche Arbeitsverhältnis im Hausdienst auf zwei Jahre. Knapp die Hälfte bleibe allerdings weniger als ein Jahr in derselben Stelle, was Mousson schlussfolgern lässt: »Die Klagen über häufigen Stellenwechsel erscheinen begründet.«[416] Um den, von den Arbeitgeber_innen in der Tat viel beklagte, Stellenwechsel »einzudämmen«, hatten bürgerliche Frauenorganisationen, wie der Gemeinnützige Frauenverein und der katholische Mädchenschutzverein, um die Jahrhundertwende Prämierungen für »treue Dienstboten« eingeführt.[417] Solche Anerkennungsurkunden sollten den Hausangestellten einen Anreiz bieten, länger in einer Stelle zu verweilen. Treue gehört neben Duldsamkeit und Fleiß zu den grundlegenden Tugenden, die eine gute Hausangestellte – herrschaftliche Interessen widerspiegelnd – ausmachte. Dieser Logik zufolge lässt sich, im Umkehrschluss betrachtet, der (häufige) Stellenwechsel als Treuebruch interpretieren, was die Stellenwechselnden zu ›untreuen‹ Personen macht. Daher lag den Diskussionen um Stellenwechsel im Hausdienst eine normative Wertung zugrunde. Liest man Franziska Baumgarten, die 1945 einen Ratgeber für Hausangestellte herausgab, gegen den Strich, so beschreibt sie darin Personen, die häufig ihre Stelle wechseln, als charakterlich unstet und beruflich unangepasst. Sie führten ein entwurzeltes »Wanderleben« und gäben bei der »kleinsten Schwierigkeit« auf.[418]

Die Norm an einer Stelle aus- oder durchzuhalten, taucht in vielen Erzählungen meines Samples auf. Entweder als eine, von den Eltern oder anderen Autoritäten vermittelte, Direktive, wie bei Elfriede Kammerer,

---

415 Bochsler/Gisiger, *Dienen*, S. 175.
416 Mousson, »Die Arbeits- und Berufsverhältnisse«, S. 37.
417 Hausknecht, *Das Dienstbotenproblem*, S. 92.
418 Baumgarten-Tramer, *Merkheft*, S. 18–19. Ähnlich: StABS PA 772 A1, Anna Böll-Bächi: Bericht über die Verhältnisse im Hausdienst. Eine Studie der Frauenkommission für Arbeitsbeschaffung, Februar 1945, S. 9.

oder als verinnerlichter Wert, wie bei Elisabeth Vogel. Beide beziehen sich auf den gleichen »Leitspruch«:

»Mein Vater hat mir als Leitspruch mit auf den Weg gegeben. ›Das eine sag ich dir, merk dir das: Man hält's beim Teufel in der Hölle aus‹, und das war mein Leitspruch. Nach vier Wochen wär ich gerne abgehauen, weil ich, ja ich hatte Schwierigkeiten mit der Sprache mit allem, aber nach vier Wochen hatte ich mich dann gefangen. Und da ich nur für ein halbes Jahr da gemeldet [war], hab ich immer gedacht, na ja das halbe Jahr geht rum und das war dann auch so.« [Elfriede Kammerer, Jg. 1939][419]

»Ein halbes Jahr hält man es sogar beim Teufel aus (Lachen), habe ich gedacht, ihr könnt machen und sagen, was ihr wollt, ihr werdet aber sehen, *ich* halte durch, da könnt ihr ganz sicher sein.« [Elisabeth Vogel, Jg. 1934][420]

Lieber in der Hölle auszuharren, als die Stelle zu wechseln, ist ein Moment gesellschaftlicher (Selbst-)Erziehung, das sich nicht nur auf Hausangestellte bezieht. Es speiste sich aus dem, insbesondere in bäuerlich-christlichen Lebenswelten tief verankerten, Arbeitsethos.

Seit den späten 1940er Jahren vermischte sich in der Schweiz diese alte Tradition der Verurteilung von Stellenwechselnden im Allgemeinen, und untreuen ›Dienstmädchen‹ im Speziellen, mit dem, seit den 1920er Jahren geführten, Diskurs über die mangelnde hauswirtschaftliche Qualifizierung der zuwandernden Deutschen und Österreicherinnen. Hausdienstexpertinnen genauso wie Behördenvertreter_innen bezeichneten deren Stellenwechsel systematisch als »Versagen«. Die BIGA-Beamtin Nelli Jaussi erläuterte den Stellenvermittlerinnen der FJM im Jahr 1960 die Richtlinien über die Begutachtung von Stellenwechselgesuchen ausländischer Hausgestellter folgendermaßen:

»Bei *einmaligen* [sic] Versagen wird die Arbeitsbewilligung noch nicht entzogen; bei öfterem Versagen sollte die Bewilligung nicht mehr erteilt werden. Jeder Stellenwechsel muss für sich beurteilt werden« [Hervorhebung im Original].[421]

Die synonyme Verwendung der Begriffe Stellenwechsel und Versagen in Bezug auf die Deutschen und Österreicherinnen findet sich nach dem

---

419 PAA, Valentic, Interview Kammerer, 00:02:55.
420 PAA, Althaus, Interview Vogel, 01:47:51.
421 AGoF 128 20: 3, FJM (Sig. E. Landert): Protokoll der Arbeitstagung der Bureaux- und Klubleiterinnen in Crêt Bérard vom 8.–9.10.1960, Embrach Dezember 1960, S. 5.

Zweiten Weltkrieg auch in Zeitungsartikeln,[422] Korrespondenzen der SAG[423] und behördlichen Kreisschreiben des BIGA.[424] Die Argumentationskette ist immer die gleiche: weil die Deutschen und Österreicherinnen aus anderen Berufen stammten und demnach hauswirtschaftlich unqualifiziert seien, »versagten« sie, was sich in der Menge an Stellenwechselgesuchen manifestiere. Diese Gleichsetzung aktualisierte und befeuerte zum einen auf der diskursiven Ebene das alte Vorurteil der mangelhaften ›Qualität‹ der Deutschen und Österreicherinnen. Zum anderen schlug sich diese Argumentationslogik in konkreten migrationspolitischen Entscheidungen nieder. Im Gegensatz zu ihren schweizerischen Kolleginnen konnten ausländische Haus- und Gastgewerbsangestellte aufgrund der fremdenpolizeilichen Bestimmungen die Stelle nicht sofort und nicht so oft wechseln, wie sie wollten.[425]

Die Österreicherin Elke Riemer (Jg. 1934) schreibt über ihren Aufenthalt als ›Mädchen für alles‹ in einem Gasthaus in Graubünden im Jahr 1955/56:

»Es war alles anders, als ich's mir vorgestellt habe. Da man aber innerhalb der Schweiz die Stelle nicht wechseln konnte, und ich auf keinen Fall wieder nach Hause wollte, blieb ich halt auf diesem Landgasthof.«[426]

Das Stellenwechselverbot wird von weiteren Erzählerinnen aus dem Sample hervorgehoben. Auf meine Nachfrage nach »Schwierigkeiten« antwortete beispielsweise Ella Lubich, die in den 1950er Jahren in verschiedenen privaten und kollektiven Haushalten tätig war:

»Ja, mich hat's halt manchmal schon geärgert, dass du die Stelle nicht hast wechseln können. Dann war es manchmal schwierig, wenn der=der Chef nicht einverstanden gewesen [wäre], hättest gar nicht wechseln können.«[427]

---

422 A.W. [Anna Walder], Die Verhältnisse im Hausdienst, in: Thurgauer Zeitung, Nr. 4, 25.01.1952.
423 CH BAR E4300B#1000/846#249*, SAG (Sig. A. Böll-Bächi und H. Rechsteiner): Schreiben an Paul Baechtold, Direktor der eidgenössischen Fremdenpolizei, betreffend Ausländerinnen im Hausdienst, Zürich 04.09.1952, S. 2.
424 CH BAR E4300B#1971/4#171*, BIGA: Kreisschreiben Nr. E 40/1949 an die schweizerischen Vertretungen in Deutschland und Österreich, Bern 12.01.1949. Ebenso: CH BAR E4300B#1000/846#248*, BIGA/Sektion Arbeitskraft und Auswanderung (Sig. A. Johin): Kreisschreiben Nr. E47 an die kantonalen Arbeitsämter betr. Einreise deutscher Hausangestellter, Bern 14.03.1949.
425 Vgl. Kapitel 2.4.
426 PAA, Riemer, Lebensgeschichtliche Aufzeichnungen, S. 4. Ähnlich: Stark, Lebensgeschichtliche Aufzeichnungen, S. 5.

Vom Einverständnis des »Chefs« abhängig zu sein, setzte ausländische Haus- und Gastgewerbsangestellte in besonderem Maße der Willkür der Arbeitgeber_innen aus. So erinnert sich etwa Edith Wieser, die als ›Serviertochter‹ in einer Betriebskantine beschäftigt war, dass ihr Chef, den sie als »brutaler Mensch« bezeichnet, ihr und ihren fünf österreichischen Arbeitskolleginnen »immer mit der Fremdenpolizei gedroht« habe, um sie trotz schlechter Arbeitsbedingungen am Gehen zu hindern. »Eingeschüchtert wie wir waren«, so Wieser weiter, seien sie ohne Widerspruch geblieben.[428]

Der Stellenwechsel war für ausländische Haus- und Gastgewerbsangestellte immer mit der Gefahr verbunden, dass die Behörden den Arbeitgeber_innen mehr Glauben schenkten als der Gesuchstellerin und diese als ›unqualifizierte‹ Arbeitskraft des Landes verwiesen. Hedwig Welzer, die in einem ländlichen Gasthaus in Rapperswil unter katastrophalen Arbeits- und Lebensbedingungen litt, entschied sich, das Risiko einzugehen:

»Dann bin ich zur Fremdenpolizei, hab ich gesagt: ›Sie ich muss Geld verdienen, aber ich bitte Sie, schicken Sie nie mehr eine Österreicherin dorthin. Ich wehre mich, aber andere wehren sich nicht. Ich wehre mich und wenn ich heimfahren muss, fahr ich heim, es hilft mir nix, ich bleib dort nicht.‹ Dann hat der eine [Polizist] das dem andern- dann ist der herausgekommen, [hat] mich angeschaut und gesagt: ›Sie müssen keine Angst haben, Sie kriegen wieder [eine] Aufenthalts- und Arbeitsbewilligung. Wir glauben Ihnen‹.«[429]

Ähnlich wie bei Welzer sind die meisten Stellenwechselgesuche der Frauen aus meinem Sample positiv beschieden worden – worauf ich gleich zurückkomme. Dass viele trotzdem ein ungutes Arbeitsverhältnis aushielten und sich nicht trauten sich zu wehren, wie Welzer ihren österreichischen Kolleginnen hier unterstellt, lag zum einen, wie am Beispiel von Edith Wieser dargelegt, an den Einschüchterungsversuchen der Arbeitgeber_innen. Zum anderen war unter den Migrantinnen das Wissen weit verbreitet, dass die Fremdenpolizei »kein Federlesens« mache, wie Ella Lubich es ausdrückt. Von italienischen Mitarbeitenden habe sie erfahren, dass man beim Verstoß gegen fremdenpolizeiliche Bestimmungen »sofort

---

427 PAA, Althaus, Interview Lubich, 03:12:11. Ähnlich: PAA, Althaus, Interview Zeller, 01:57:47. PAA, Althaus, Interview Vogel 01:30:29 und PAA, Althaus, Interview Imhof, 01:12:29.
428 PAA, Wieser, Lebensgeschichtliche Aufzeichnungen, S. 1. Ähnlich: PAA, Kroll, Meine Alltagsgeschichten, S. 9 und PAA, Althaus, Interview Kroll, 01:12:11.
429 PAA, Althaus, Interview Welzer, 00:25:41.

an die Grenze abgeschoben« werde.[430] In ähnlicher Weise beschreibt Rosa Imhof ihre Angst vor den Schweizer Behörden bei ihrer ersten Einreise in die Schweiz Anfang der 1950er Jahre:

»In der Eisenbahn, mit der auch andere Landsleute von mir einreisten, hatte es sich herumgesprochen, dass einen die Schweizer aus dem Land werfen, wenn man ohne Bewilligung der Fremdenpolizei den Job wechsle. Sonst wurde noch gemunkelt, mit Tunichtguten, seien die Schweizer als Rausschmeißer Teufelskerle.«[431]

Dass es sich dabei nicht nur um ein Gerücht handelte, sondern die Fremdenpolizei Verstöße gegen das Stellenwechselverbot in der Tat sehr ernst nahm, davon finden sich etliche Spuren in Bundes- und Staatsarchiven. In der Polizeiakte der in der Schweiz ermordeten deutschen Staatsangehörigen E.W., die vor ihrem Tod als Hausangestellte tätig war, findet sich beispielsweise eine »Verzeigung« wegen unerlaubten Stellenwechsels.[432] Und die aus Sachsen stammende, als Haus- und Hotelangestellte tätige, C.M. bat im Juli 1949 die Deutsche Interessenvertretung in der Schweiz um Unterstützung. Da sie unerlaubterweise ihre Stelle gewechselt habe, drohe ihr nun die Wegweisung aus dem Kanton Bern.[433]

Trotz alldem harrten nicht alle in ihren Stellen aus. Der Stellenwechsel war in den Berufsfeldern ohne gewerkschaftliche Organisation praktisch die einzige Möglichkeit, die arbeitsrechtlichen Konditionen zu verbessern.[434] Die meisten Frauen aus meinem Sample, welche die Stelle wechselten, nutzten den Stellenwechsel zur Verbesserung ihrer Arbeits- oder Lebensbedingungen – etwa um der sexuellen Belästigung im Gastgewerbe zu entkommen.[435] Weitere Motivationen für den Stellenwechsel können besonders gut an den lebensgeschichtlichen Aufzeichnungen von Gerda Papp dargelegt werden, die während ihres fünfjährigen Aufenthaltes als Haus- und Gastgewerbsangestellte in der Schweiz (1954–1960) aus unterschiedlichen Gründen viermal die Stelle wechselte. Die 1939 in der Steiermark geborene Tochter eines Bergarbeiters und einer Hausfrau absolvierte

---

430 PAA, Althaus, Interview Lubich, 03:13:04.
431 DOKU, Imhof, Lebensgeschichtliche Aufzeichnungen, S. 69.
432 StABS PD-REG 3a 109195, Polizeiakte E.W., Basel 1951–53.
433 BArch B 147/108, C.M.: Brief an die Deutsche Interessenvertretung in der Schweiz mit Sitz in Bern. Davos 24.7.1949.
434 Gross, *Das Hausangestelltenverhältnis*, S. 13. Ragaz, *Die berufliche Organisation*, S. 26. Buomberger, *Kellnerinnenschutz*, S. 28–29.
435 PAA, Althaus, Interview Zeller, 01:49:50. Ähnlich: PAA, Althaus, Interview Reber 00:35:50. PAA, Althaus, Interview Welzer, 00:25:41 und Stark, Lebensgeschichtliche Aufzeichnungen, S. 3-6.

nach dem Besuch der achtjährigen Volksschule ein halbes Jahr lang eine Haushaltungsschule und ging direkt im Anschluss daran in die Schweiz. Ihre Schwester, die bereits dort arbeitete, hatte ihr eine Stelle in einem Hotel im dörflich geprägten Schüpfheim im Kanton Luzern besorgt. Dort wurde sie im Küchen- und Zimmerdienst beschäftigt. Die Arbeit war schwer und die Tage lang. Zudem hatte sie zuvor noch nie in einem gastgewerblichen Betrieb gearbeitet:

»Ich hatte überhaupt keine Ahnung von so einem Hotelbetrieb. Und war daher sehr überfordert. Nach einigen Monaten bekam ich große Rückenschmerzen und musste zum Arzt. Er verordnete mir Bettruhe. Ich war für die schwere Arbeit, Arbeitszeit von 6.30 früh bis 21 Uhr abends, ohne regelmäßige Zimmerstunde, einfach zu schwach. So kündigte ich […].«[436]

Die fehlende berufliche Erfahrung, die schier unbeschränkte Arbeitszeit, die Schwere der Arbeit und die eigene körperliche ›Schwäche‹ werden hier als Gründe für den Stellenwechsel genannt. Die aus dem strapaziösen Arbeitsverhältnis resultierenden gesundheitlichen Probleme machten einen solchen erforderlich. Es handelt sich hier also weniger um eine kalkulierte Strategie zur Verbesserung der Lebensumstände, sondern um eine ärztlich angeordnete Notwendigkeit. In ihrer neuen Stelle als Hausangestellte in einem Privathaushalt war die zu erledigende Arbeit leichter. Sie verstand sich gut mit ihrer Arbeitgeberin und hatte Freundschaften geschlossen. Allerdings stimmte das Gehalt nicht.

»Die neue Stelle war ein Tuchwarenladen […] Meine neue Chefin um die vierzig war Witwe. Aber eine ganz liebe Frau. […] Leider verdiente ich sehr wenig, 120 Franken. Auch diesen Lohn blieb sie mir oft bis zu vier Monate schuldig. Trotzdem blieb ich dort eineinhalb Jahre. Dort hatte ich auch liebe Schweizerfreunde. Schweren Herzens kündigte ich.«[437]

Um mehr zu verdienen wechselte sie in einen anderen Haushalt. Sie kam zu einer Familie mit fünf Kindern. Ihr Arbeitgeber betrieb eine Autowerkstatt mit Tankstelle. Die zu erledigenden Aufgaben, insbesondere das Waschen, beschreibt sie als »Schwerarbeit«. Für die nun fast 18-Jährige, die sich mittlerweile an das strenge Schaffen gewöhnt hatte, war das allerdings kein Kündigungsgrund mehr. Die Probleme waren diesmal sozialer Natur:

»Ich musste dort für 12 Leute kochen, denn auch die Mechaniker waren ein Teil der Familie. Waschen für so viele Leute, es gab dort noch keine Waschmaschine,

---

436 PAA, Papp, Meine Jahre in der Schweiz, S. 2.
437 Ebd.

war Schwerarbeit. Am Waschtag hatte ich mir jedes Mal die Hände blutig gerieben. Ich hatte dort sicher eine sehr schwere Zeit. Aber ich kam gut mit der Arbeit zurecht. Auch mit den Kindern kam ich gut aus. Aber meine Chefin wurde sehr eifersüchtig auf mich, sekkierte [drangsalierte] mich, wo es ging und verbreitete Lügen und war sehr gemein. Auch ihre Mutter half ihr dabei. Ich war mir aber keiner Schuld bewusst. Deshalb ging es mir sehr schlecht. […] Trotzdem blieb ich dort 7 Monate. Es ging nicht mehr, ich suchte wieder eine Stelle.«[438]

In der nächsten Stelle bei einem »wohlhabenden Ehepaar mit einem großen Haus ohne Kinder« blieb sie allerdings nur wenige Tage. Dort waren ebenfalls Probleme mit der Arbeitgeberin der Grund für einen erneuten Stellenwechsel:

»Ich blieb aber nur drei Tage, denn meine neue Chefin war eine Trinkerin. Am Tag war sie schon betrunken, dass sie nicht mehr stehen konnte. Bei Nacht und Nebel habe ich die Flucht ergriffen. So war ich wieder auf Stellensuche.«[439]

Zufälligerweise war wieder eine Stelle als »Hausmädchen« in dem Hotel frei, in dem sie ganz zu Beginn beschäftigt gewesen war. Da sie »inzwischen ja viel gelernt« hatte, bereitete ihr die Arbeit(szeit) keine Schwierigkeiten mehr. Der Lohn von 240 Franken pro Monat stimmte und auch sozial war sie gut aufgehoben. Sie verstand sich mit den »Chefs« und ihre Schwester war im gleichen Betrieb als ›Serviertochter‹ angestellt. Erst ihr zukünftiger Mann und die geplante Hochzeit ließen sie die Stelle aufgeben und nach Österreich zurückkehren.[440] Gerda Papp benennt einen Großteil der im Sample genannten Gründe für einen Stellenwechsel. Von den Erzählerinnen, die in der Schweiz die Stelle wechselten, geben die meisten an – und zwar von der Zwischenkriegszeit bis in die 1960er Jahre hinein – aus einem Arbeitsverhältnis ausgebrochen zu sein, um eine geringere Arbeitsbelastung und mehr Freizeit zu haben,[441] mehr zu verdienen,[442] Auseinan-

---

438 Ebd.
439 Ebd., S. 2–3.
440 Ebd., S. 3.
441 PAA, Wieser, Lebensgeschichtliche Aufzeichnungen, S. 1. PAA, Franz, Lebensgeschichtliche Aufzeichnungen, S. 3–5. PAA, Wiedermann, Interview Arnold, 00:12:04. PAA, Hiss, Mein Lebenslauf, S. 5. PAA, Althaus, Interview Keller, 00:17:57.
442 PAA, Althaus, Interview II Oban, 01:44:09. PAA, Sennhäuser, Lebensgeschichtliche Aufzeichnungen, S. 1. PAA, Althaus, Interview Gruber, 00:19:44.

dersetzungen mit der Arbeitgeberin zu entkommen[443] oder die Gesundheit nicht komplett zu ruinieren.[444]

Neben der Verbesserung der Arbeits- und Lebensbedingungen argumentieren einige Erzählerinnen ihren Stellenwechsel als Strategie, Neues kennenzulernen und sich weiterzubilden. Dies wird fast ausschließlich von den Frauen geäußert, die in ihren Kindheits- und Jugenderzählungen die verhinderte Bildung stark machen und/oder ihre Motivation in die Schweiz zu gehen, mit einem Bildungsmotiv verknüpfen. Elisabeth Vogel, die als Jugendliche geschlechtsbedingt keine Ausbildung machen durfte, wollte nicht nur möglichst weit fort vom mütterlichen Betrieb, auf dem sie nach der Schule mitarbeiten musste, sondern sie wollte vor allem »Sprachen« lernen. Schon in ihrer ersten Stelle, in Basel, besuchte sie deshalb einen Französischkurs. Um ihre Kenntnisse zu vervollkommnen, suchte sie sich Arbeit in der französischen Schweiz: »Als ich nach Neuchâtel bin, das wollte ich noch, wollte, dass ich auch ein bisschen Französisch reden kann, nicht nur in der Schule gewesen bin.«[445]

In ähnlicher Weise erzählt Rosemarie Kroll, dass ihr als Jugendliche eine weiterführende Schul- und Ausbildung verwehrt geblieben sei und sie mit ihrer Migration in die Schweiz die Hoffnung auf (Weiter-)Bildung verknüpfte. Zweimal wechselte sie ihre Stelle in der Schweiz. Beide Male, um »die Gegend anzuschauen [und] das Land kennenzulernen.«[446] Während Vogel den Stellenwechsel zur sprachlichen Qualifizierung nutzte, ging es Kroll vor allem darum, etwas zu erleben und die Schweiz zu entdecken. Der Stellenwechsel ist hier weniger eine, in einem schlechten Arbeitsverhältnis begründete, Notwendigkeit, sondern eine Chance zur persönlichen Weiterentwicklung oder Bedürfnisbefriedigung. Als weiteren Grund die Stelle zu wechseln, ist der strukturell bedingte Stellenwechsel im Gastgewerbe zu nennen. Wie eingangs dargelegt, unterlagen viele gastgewerbliche Betriebe saisonalen Schwankungen. Arbeitsverträge wurden meist nur für eine Saison ausgestellt. Danach mussten die ausländischen Arbeitskräfte ausreisen.

---

443 PAA, Groß, Lebensgeschichtliche Aufzeichnungen, S. 2; PAA, Oesch, Interview Oesch, 00:38:50.
444 PAA, Althaus, Interview Pichler, 00:08:04 und 03:02:19.
445 PAA, Althaus, Interview Vogel, 01:05:21. Auch: 00:11:10 und 01:50:41. Ähnlich: PAA, Vogt, Lebensgeschichtliche Aufzeichnungen, S. 5. PAA, Siebler, Interview Havur, 00:03:51.
446 PAA, Althaus, Interview Kroll, Teil II, 01:12:11, 01:27:35 und 00:12:37. Ähnlich: PAA, Ziegler, Lebensbeschreibung, S. 1.

Ab Mitte der 1950er Jahre war die weitgehende Ausstellung von Saisonbewilligungen im Gastgewerbe nicht mehr nur betrieblich bedingt, sondern wurde von den Fremdenpolizeibehörden dazu benutzt, eine dauernde Niederlassung in der Schweiz zu verhindern.[447] Von den im Gastgewerbe beschäftigten Erzählerinnen berichten deshalb einige von unfreiwilligen Stellenaufgaben:

»Nach der Sommersaison hatten mich die Schweizer ausgekehrt. Die Aufenthaltsbewilligung war abgelaufen und ich musste mich den Schweizergesetzen beugen und das Land verlassen. Erst die nächste Saison hatte ich wieder eine Bewilligung erhalten.«[448]

Die Verfasserin dieser Zeilen, Rosa Imhof, bemühte sich, nachdem sie eine weitere Sommersaison in einem Schweizer Hotel tätig gewesen war, eine Stelle im Haushalt zu finden, um in den Genuss einer Jahresaufenthaltsbewilligung zu kommen.[449]

Nicht alle bewerten den strukturell bedingten Stellenwechsel im Gastgewerbe in negativer Weise. Irma Pröll, die Ende der 1950er Jahre als »Buffetfräulein« in die Schweiz ging, kam die Saisonarbeit sehr gelegen. Da die, in einer Großfamilie aufgewachsene, Burgenländerin unter Heimweh litt, freute sie sich, zwischendurch nach Hause gehen zu dürfen.[450] Andere genossen es, dank verschiedener Saisonstellen ›herumzukommen‹. Hilde Auer war – mit Unterbrechungen – neun Jahre lang in der Schweiz (von 1949–1958). In dieser Zeit lernte sie von der Bündner Bergwelt bis zu den Tessiner Seen viele Flecken der Schweiz kennen. Saisonpausen und die Reise von einer Stelle zur nächsten verband sie mit touristischen Exkursionen wie beispielsweise einem Städtetrip nach Mailand.[451] Der (häufige) Stellenwechsel machte den Schweizaufenthalt insbesondere für die saisonweise beschäftigten Gastgewerbsangestellten zu einer äußerst mobilen Zeit. Johanna Eberle, die zwischen 1952 und 1958 in verschiedenen Stellen die Nordwestschweiz (Basel), die Südschweiz (Tessin) und die Ostschweiz (Graubünden) kennenlernte, zehrte nach ihrer Hochzeit mit einem ausgeprägt »sesshaften« Schwarzwälder noch lange von ihren Mobilitätserfah-

---

447 Vgl. Kapitel 2.3.2.
448 DOKU, Imhof, Lebensgeschichtliche Aufzeichnungen, S. 72.
449 Ebd., S. 73. Auch: PAA, Althaus, Interview Imhof, 01:12:29.
450 PAA, Pröll, Lebensgeschichtliche Aufzeichnungen, S. 4.
451 PAA, Auer, Lebensgeschichtliche Aufzeichnungen, S. 2–3. Ähnlich: PAA, Althaus, Interview Kroll, Teil II, 00:12:37. PAA, Hasler, Erinnerungen, S. 2.

rungen: »Ja, ich hab halt gedacht, ich habe ja viel gesehen und war viel fort, jetzt tut's mir auch daheim.«[452]

Der Stellenwechsel bot den Gastgewerbsangestellten nicht nur in geografischer Hinsicht die Chance, Mobilitätserfahrungen zu sammeln, sondern ermöglichte auch eine soziale Mobilität im Sinne eines beruflichen Aufstiegs. So bilanziert etwa die mehrheitlich in Restaurants beschäftigte Hedwig Welzer ihre Arbeitswanderung durch die ganze Deutschschweiz – von Bäretswil über Rapperswil, Uster, Ostermundigen, Bülach, Luzern, Grindelwald, Frauenfeld nach Gottlieben – mit den Worten: »Und wissen Sie, ich hab mich von Restaurant zu Restaurant hab ich mich- [bin] immer besser geworden, immer besser.«[453] Nicht nur sie ist »besser« geworden. Mit zunehmender Qualifizierung wurden auch die Häuser nobler, in denen sie tätig war. Während sie in der Dorfkneipe *Rössli* in Rapperswil noch auf einer Matratze im Keller habe schlafen müssen,[454] vergleicht sie ihre letzte Stelle im Restaurant *Waage* in Gottlieben mit dem Hotel *Sacher* in Wien.[455] Konnte sie dort als qualifizierte ›Serviertochter‹ die »Hautevolee« bedienen, hatte sie sich in ihrer ersten Stelle in Bäretswil noch von »Bauernburschen« anstarren lassen müssen.[456]

Eine ähnliche Karriere legte Elsa Zeller hin. Sie arbeitete sich von Saison zu Saison weiter hoch. In den fünf Saisonen als (illegal beschäftigte) Hotelangestellte im Berner Oberland kletterte sie die hierarchisch gegliederten Berufskategorien im Hotelgewerbe hoch vom »Casserolier« – zuständig für das Spülen von Kochtöpfen – zur »Saaltochter«. Dieser Aufstieg bekam sie durch einen Ausbildungsstempel des Hoteliervereins bestätigt, was von den späteren Arbeitgebern »sehr anerkannt« gewesen sei. Das Zeugnis ermöglichte ihr als regulär gemeldete ›Serviertochter‹ in guten Häusern der Basler Gastronomie tätig zu sein.[457] Ein solcher Aufstieg wird bezeichnenderweise vor allem von den Personen des Samples erzählt, die ihre Lebensgeschichte als sozioökonomische Erfolgsgeschichte komponieren.[458] Allerdings soll nicht der Eindruck erweckt werden, dass es sich hier um eine rein narrative Konstruktion handelt. Die berufliche Qualifikation

---

452 PAA, Althaus, Interview Eberle, 04:37:14.
453 PAA, Althaus, Interview Welzer, 00:46:08. Ähnlich: PAA, Hasler, Erinnerungen, S. 2–3.
454 Ebd., 00:25:41.
455 Ebd., 00:46:08.
456 Ebd., 00:15:11.
457 PAA, Althaus, Interview Zeller, 00:14:30, 03:21:55 und 03:36:29.
458 Vgl. Kapitel 5.3.

im Gastgewerbe funktionierte ganz maßgeblich über Stellenwechsel, wie in diesem Kapitel einleitend dargelegt wurde. Der berufliche Aufstieg blieb für kontrollpflichtige Ausländerinnen jedoch begrenzt. Erst mit dem Erreichen des Status der Niederlassung, der in der Regel nach zehn Jahren möglich war, oder der Verheiratung mit einem Schweizer, bei der das Schweizerbürgerrecht erlangt wurde, stand den, aus dem Ausland stammenden, Frauen der gesamte schweizerische Arbeitsmarkt offen. Solange sie als Jahresaufenthalterin, Saisonarbeiterin oder Grenzgängerin noch »kontrollpflichtig« waren, war nicht nur ein Stellenwechsel, sondern auch ein Berufswechsel ohne fremdenpolizeiliche Bewilligung verboten.[459] Die aus Südbaden stammende Schneiderin Marga Jaggi, die vor ihrer Hochzeit mit einem Schweizer acht Jahre lang, von 1953 bis 1961, in Basel ausschließlich als Hausangestellte tätig sein durfte, erzählt wie absurd diese Regelung auf der individuellen Ebene wirkte:

»Du hast ja auf dem Beruf nicht arbeiten dürfen zu jener Zeit. [...] Im Haushalt hast du keine Probleme gehabt, aber auf dem Beruf hätte ich nicht arbeiten dürfen. Und dann, nachdem ich geheiratet habe, 14 Tage später habe ich dann dürfen auf meinem Beruf arbeiten. Als Schweizerin [...] konnte ich beim Kleider Frey auf der Maßabteilung anfangen zu arbeiten, dann ist es gegangen, [ich] war doch gar keine andere (lacht).«[460]

Die ›Überfremdungsbekämpfung‹, welche die schweizerische Ausländerpolitik im Untersuchungszeitraum (und darüber hinaus) bestimmte, diente den Fremdenpolizei- und Arbeitsmarktbehörden auch in der Begutachtung von Berufswechselgesuchen als oberstes handlungsleitendes Motiv. Insbesondere nach dem Zweiten Weltkrieg, als die ausländischen Arbeitskräfte durch eine ›Rotationspolitik‹ daran gehindert werden sollten, sich ›festzusetzen‹, nahmen die Behörden das Berufswechselverbot sehr ernst. Ein Verstoß dagegen wurde mit der Ausweisung aus der Schweiz geahndet. Diese Erfahrung machte die ausgebildete Schneiderin und Modezeichnerin Ingrid Arnold. Eine Aufenthaltsbewilligung erhielt sie den ausländergesetzlichen Bestimmungen zufolge nur als Hausangestellte: »Man ist nur in einen Haushalt gekommen oder [als Hausangestellte] ins Bürgerspital, nix anderes ist in Frage gekommen. Gut, also [ging] ich in einen Haushalt.«[461] Diese Arbeit bereitete der passionierten Modezeichnerin allerdings wenig Freude: »[Ich] habe gekocht, gewaschen, geputzt und geschunden wie nie

---

459 Vgl. Kapitel 2.4.
460 PAA, Althaus, Interview Jaggi, 00:20:36.
461 PAA, Wiedermann, Interview Arnold, 00:12:04.

in meinem Leben.«⁴⁶² Nach einem Jahr versuchte sie in ihrem gelernten Beruf als Schneiderin Fuß zu fassen. Sie mietete sich ein Zimmer bei der Schwester einer Bekannten, die vorgab sie als Hausangestellte zu beschäftigen,⁴⁶³ und begann ohne fremdenpolizeiliche Bewilligung als selbstständige Schneiderin zu arbeiten. Im Interview meinte sie, dass es ihr nicht »wohl« gewesen sei, »schwarz« zu nähen.⁴⁶⁴ Deshalb habe sie sich bei einem Damenschneider in Basel beworben. Dieser war auch gewillt, sie zu beschäftigen.⁴⁶⁵ Am 27. März 1951 stellte Ingrid Arnold ein Gesuch für einen Berufswechsel bei der Basler Fremdenpolizei.⁴⁶⁶ Der Antrag wurde an das kantonale Arbeitsamt weitergeleitet, das Berufswechselgesuche aus der Perspektive des Arbeitsmarktes begutachten musste. Mit folgender Begründung wurde der Antrag abgelehnt: »aus grundsätzlichen Erwägungen können Ausländerinnen, die für den Hausdienst einreisen, zu einem Berufswechsel nicht zugelassen werden.«⁴⁶⁷ Da Arnolds Aufenthaltsbewilligung Anfang April abgelaufen war, und sie Ende April erneut einen Berufswechsel beantragte, begannen Beamte der Fremdenpolizei, Nachforschungen anzustellen. Dabei stellten sie fest, dass Ingrid Arnold bereits über ein Jahr ohne Bewilligung als »Kundenhausschneiderin« tätig gewesen war. Sie wurde vorgeladen und wegen »unerlaubter Erwerbstätigkeit« beim Basler Polizeigericht angezeigt.⁴⁶⁸ Da sie keine Kaution hinterlegen konnte, wurde sie inhaftiert und am 21. April 1951 unter polizeilicher Überwachung vom Badischen Bahnhof in Basel abgeschoben. Zudem wurde eine einjährige Einreisesperre über sie verhängt.⁴⁶⁹ Weitere Interviewpartnerinnen erzählen von Weg- und Ausweisungen infolge unerlaubter Erwerbstä-

---

462 PAA, Arnold, Tagebuch, Eintrag vom November 1950.
463 StABS PD-REG 3a 91269, Frau Kaderli: Bestätigung über die Einstellung von I.A., Basel 30.05.1950.
464 PAA, Wiedermann, Interview Arnold, 00:12:04.
465 StABS PD-REG 3a 91269, Victor Settelen: Schriftliche Anfrage bei der Basler Fremdenpolizei betreffend Einstellung von I.A., Basel 27.03.1951.
466 StABS PD-REG 3a 91269, I.A.: Gesuch an die Basler Fremdenpolizei um Arbeitsbewilligung als Schneiderin. Basel 27.03.1951.
467 StABS PD-REG 3a 91269, Kantonales Arbeitsamt Basel-Stadt, Arbeitsnachweis Abteilung Frauen (Sig. Kaltenbach): Stellungnahme zum Berufswechselgesuch von I.A., Basel 05.04.1951.
468 StABS PD-REG 3a 91269, Kantonale Fremdenpolizei Basel-Stadt, Kontrollbureau (Sig. unleserlich): Verzeigung von I.A. an das Polizeigericht betreffend unerlaubter Erwerbstätigkeit, Basel 21.04.1951.
469 StABS PD-REG 3a 91269, Kantonale Fremdenpolizei Basel-Stadt (Sig. Bickel): Zeitlich befristete Einreisesperre für I.A., Basel 21.04.1951.

tigkeit. Die Hamburger Schauspielerin Liane Schenckendorf wurde Ende der 1930er Jahre ebenfalls von der Fremdenpolizei »rauskomplimentiert«,[470] weil sie ihre Stelle als Hausangestellte aufgegeben hatte und beim Versuch im Zürcher Schauspielhaus ein Engagement zu erhalten, einer fremdenpolizeilich nicht bewilligten Erwerbstätigkeit nachgegangen war. Dies brachte ihr, wie sie in ihrem Tagebuch lakonisch festhält, eine »Freifahrt« von Zürich nach Konstanz ein.[471]

4.3 Außer Haus

Die Arbeit bestimmte zwar maßgeblich den Alltag der deutschen und österreichischen Haus- und Gastgewerbsangestellten in der Schweiz. Trotzdem sollen ihre Erfahrungen außer Haus nicht zu kurz kommen. Im dritten Teil der Analyse der Migrationserzählung frage ich danach, wie sich die knapp bemessene Freizeit auf Freundschaften auswirkte. Wie und mit wem verbrachten die Erzählerinnen ihre freien Tage? Welche Erfahrungen machten sie als Deutsche und Österreicherinnen außerhalb der Arbeitsstätte?

4.3.1 Frei-Zeiten und Freundschaften

»Heute, Sonntag, hat die Schwester [Gouvernante] frei, natürlich herrlichster Sonnenschein, letzten Sonntag bei mir eisiger Wind. Beinahe jeden Sonntag muss ich Braten machen [...] Mir passt das gar nicht, besonders wenn ich freien Nachmittag habe: muss dann 1 ½ Std. in dem beissenden Rauch stehen, der so schön in die Haare zieht, dass nachher jeder riechen kann, was wir zu Mittag hatten; dann muss ich auch nach dem Abwasch noch den Bratofen auswaschen und komme so nie auf den ½ 3 h Zug (der nächste geht erst ¼ vor 4h).«[472]

---

470 FZH/WdE 16, Beate Meyer: Interview mit Liane Schenckendorf [Alias], Hamburg 10.07.1990, S. 33.
471 FZH/WdE 16, Liane Schenckendorf [Alias], Lebensgeschichtliches Tagebuch, [Hamburg] 1917–1943, Eintrag zum Jahr 1938, ohne Seitenangabe. Weitere Fälle von Wegweisungen erzählen: PAA, Althaus, Interview Reber, 00:26:05 und PAA, Althaus, Interview Welzer, 00:18:36.
472 FZH-Archiv, NL Heß, Ilse Heß: Brief an Grete Heß, Erlenbach (Zürich), 04./05.02.1950.

In einem Brief an ihre Mutter vermittelt die 1949/50 in einem Privathaushalt in der Nähe von Zürich tätige Ilse Heß (Jg. 1932) in prägnanter Weise, wie ihre Arbeit als Hausangestellte sie in ihre Freizeit begleitete und diese beeinflusste. Nicht nur das späte Loskommen, auch der Bratenduft in den Haaren zeigt das Ausdehnen der Arbeit in den Freizeitbereich. Ilse Heß ist als Tochter eines Fabrikbesitzers in einem wohlhabenden Umfeld in Hamburg aufgewachsen. Nach Essenszubereitung zu riechen, so eine mögliche Lesart, war für sie nicht zuletzt deshalb unangenehm, weil sie dadurch in der Öffentlichkeit als Hausangestellte markiert war. Zudem wird an diesem Beispiel deutlich, dass die ohnehin knapp bemessene Freizeit der Hausangestellten durch Verpflichtungen wie Abspülen zusätzlich eingeschränkt war. Dies wirkte sich auf Freundschaften aus. Weil sie »nicht so viel frei« hatte als Hausangestellte, so Elisabeth Vogel, habe sie eine Freundin »aus den Augen verloren«:

»Sie wollte Fahrradtouren machen und das konnte ich nicht. Weil wir mussten ja am Sonntagnachmittag wieder da sein [...]. Am Sonntagmorgen musstest du kochen und am Abend musstest du wieder zum Abendessen da sein. Also wir hatten ja nie- Mittwochnachmittag und Sonntagnachmittag hatten wir frei und sonst – immer schaffen.«[473]

Die meisten der befragten – nach dem Zweiten Weltkrieg tätigen – Hausangestellten meines Samples berichten wie Vogel davon, den Mittwoch- und Sonntagnachmittag frei gehabt zu haben. Trotz dieser Regelmäßigkeit war das Pflegen und Schließen von Freundschaften aufgrund der kurzen und begrenzten Freizeit nicht immer einfach. Eine Interviewpartnerin erzählt, dass sie deshalb ihre freien Tage mehrheitlich alleine und häufig zu Hause verbrachte: »[In der] Freizeit hab ich eigentlich gar nichts gemacht, da bin ich meistens zu Hause geblieben, hatte auch keine Freundin.«[474] Für eine weitere Erzählerin war die Isolation als Hausangestellte sogar der Grund nach einem halben Jahr nach Deutschland zurückzukehren:

»[Ich] fand keinen Kontakt zu gleichaltrigen Mädchen oder Frauen [...]. Anschluss an die Familie konnte oder wollte ich nicht, die Frau war zu alt, die Kinder zu jung, ich suchte so schnell wie möglich, mein altes Leben wieder zu gewinnen.«[475]

---

473 PAA, Althaus, Interview Vogel, 00:53:17. Ähnlich: PAA, Althaus, Interview Ole, 00:05:24; PAA, Widder, Interview Grebel, 00:03:39.
474 PAA, Althaus, Interview Gustav, 00:14:01. Wiederholung: 03:59:34.
475 PAA, Hug, Lebensgeschichtliche Aufzeichnungen, S. 2.

Solche Isolationserzählungen finden sich nur vereinzelt in meinem Sample. Ein Grund dafür ist mit dem Hinweis auf den – hier fehlenden – Familienanschluss genannt. Jede vierte Erzählerin, die als Hausangestellte in der Schweiz tätig war, gibt an, in die Arbeitgeberfamilie integriert gewesen zu sein. Neben dem gemeinschaftlichen Essen heben die meisten zur Illustration des Familienanschlusses gemeinsame Freizeitaktivitäten hervor. Wilhelmine Eglof, die im Interview das Verhältnis zu ihren Vorgesetzten als Eltern-Kind-Beziehung schildert, verbrachte ihre gesamte Freizeit mit der Arbeitgeberfamilie, in die sie komplett »reingewachsen« war:

»Am Samstag oder am Sonntag sind wir immer irgendwie unterwegs gewesen und ich war immer mit, es war mit Familienanschluss und das war ganz selbstverständlich gell, dass ich da überall mit hin bin.«[476]

Maria Zich, die als Hausangestellte ebenfalls Familienanschluss genoss und von ihrem »Patron« auf einem Ausflug als »älteste Tochter« präsentiert wurde, fühlte sich in dieser Rolle sehr wohl.[477] Das führte dazu, dass sie die zu betreuenden Kinder nicht nur während ihrer Arbeits-, sondern meist auch in der Ruhe- und Freizeit um sich hatte. Das jüngste Kind sei jede Nacht zu ihr ins Bett gekrochen. Obwohl sie den Kleinen nicht »verpfiffen« habe, sei der »Patron« dahinter gekommen und habe ihr – zur Wahrung ihrer Nachtruhe – ein Zimmer außerhalb der Wohnung besorgt:

»Die hatten noch eine Filiale, also eine Bäckerei als Filiale, und da war eine Wohnung und da waren schon die anderen weiblichen Angestellten und da war noch ein Zimmer, also ein Einzelzimmer, noch frei und das habe ich dann gekriegt. Ah, das war also eine komplette Wohnung mit Küche, Bad und drei Zimmer und da konnten wir uns auch aufhalten, aber das war nur fünf Minuten vom Hauptgeschäft weg und die Kinder, die wussten den Weg sehr gut, also am freien Tag waren sie dann da (lacht). Ja, aber ich hab das nicht so eng gesehen.«[478]

Ihrem damaligen Freund – einem Schweizer Konditor aus der Bäckerei – habe es auch nichts ausgemacht, die Kinder, wenn sie »unbedingt mitwollten«, auf die gemeinsamen Wochenendausflüge mitzunehmen. Sogar in ihren Ferien, die Maria Zich bei ihrer Mutter in Freiburg verbrachte, habe sie immer eines der Kinder mitgenommen.[479] Dies, so betont sie mehr-

---

476 PAA, Holtz, Interview Eglof, 00:18:22 und 01:00:05. Ähnlich: PAA, Althaus, Interview Reichenbach, 00:15:05. PAA, Althaus, Interview Hummel, 00:21:32. PAA, Hermanowski, Interview Ertel, 00:41:00. PAA, Widder, Interview Grebel, 00:36:02.
477 PAA, Althaus, Interview Zich, 01:43:31.
478 PAA, Althaus, Interview Zich, 01:06:22.
479 Ebd., 01:38:56. Ähnlich: PAA, Althaus, Interview Müller, 00:15:14.

mals, sei vom Arbeitgeber nicht gefordert, sondern auf freiwilliger Basis geschehen. Die Grenze zwischen Arbeits- und Freizeit, Beruf und Privatleben war fließend. Zich war gleichzeitig Erzieherin und älteste Schwester, Arbeitnehmerin und Familienmitglied.

Nicht nur die befragten Hausangestellten, auch die ehemals im Gastgewerbe beschäftigten Erzählerinnen berichten davon, dass ihre Arbeit weit in den Freizeitbereich hineinreichte. Ähnlich wie im Haushalt waren die Arbeitstage in den Restaurant- und Hotelbetrieben lang und die freien Tage kurz. Das Schließen von Freundschaften außerhalb der Arbeitsstätte war deshalb auch in den gastgewerblichen Arbeitsverhältnissen erschwert. Aufgrund dessen stellten für viele Erzählerinnen die Mitarbeitenden die wichtigsten Bezugspersonen und Freizeitpartner_innen dar. Helga Groß (Jg. 1929) nennt die »tolle Kameradschaft« unter der Belegschaft in einem Viersternehotel, wo sie Anfang der 1950er Jahre als »Küchenmädchen« tätig war, im gleichen Atemzug mit der vielen Arbeit, die sie dort erwartete:

> »Es war ein harter Anfang. Vier Köche und vier Mädels, international, Schweiz, Deutschland, Italien und Österreich. Es wurde eine sehr tolle Kameradschaft. Viel Arbeit, in der Hochsaison gab es keinen freien Tag, oft war es nicht möglich eine Zimmerstunde zu machen.«[480]

Die in der Hauptsaison ausgefallenen freien Tage konnte Helga Groß in der Zwischensaison nachholen. Diese verbrachte sie gemeinsam mit einer zur Freundin gewordenen Mitarbeiterin. Ihrem schriftlichen Bericht legte Groß zur Illustration dieser »tollen Kameradschaft« ein Gruppenbild bei. Die weiblichen Angestellten, die sich alle an den Händen halten, stehen darauf bildlich in enger Verbundenheit zueinander [vgl. Abbildung 6]. Davon sich im Arbeitsumfeld aufgehoben gefühlt zu haben, erzählt auch Rosa Haller, die 1951/52 in einer Pension am Genfersee arbeitete. Auf meine Frage, ob sie ihre Freizeit in einem Verein verbracht habe, antwortete sie: »Nee gar nicht. Ich war in der [Pension] Villa Victoria- war man irgendwie- hatte man seinen Rahmen, man hatte einfach seinen Rahmen.«[481] Sie und ihre Arbeitskolleginnen seien »eine nette Crew« gewesen. Bereits frühmorgens vor der Arbeit gingen sie baden im See und an den freien Tagen unternahmen sie Ausflüge in die Region.[482] Etliche weitere

---

480 PAA, Groß, Lebensgeschichtliche Aufzeichnungen, S. 3.
481 PAA, Althaus, Interview Haller, 03:49:17. Wiederholung: 03:56:19.
482 Ebd., 03:25:03 und 02:10:47.

Frauen erzählen das Team in den gastgewerblichen Betrieben, in denen sie tätig waren, als ihren Freundeskreis.[483]

Abbildung 6: »Tolle Kameradschaft«

Quelle: PAA (Privatbesitz)

Da der Anteil ausländischer Arbeitskräfte bei den Gastgewerbsangestellten groß war, betonen einige ganz explizit, fast ausschließlich mit Ausländer_innen Umgang gepflegt zu haben. Elsa Zeller, die ihre ersten Jahre in der Schweiz als Saisonangestellte in einem großen Hotel im Berner Oberland verbrachte und dort praktisch keine freien Tage hatte, antwortete auf meine Frage nach Freundschaften außerhalb des Betriebes, dass sie zu dieser Zeit nur mit ihren Mitarbeiter_innen zu tun hatte: »Mit anderen hast du ja nie Kontakt gehabt. Also mit Schweizern habe ich dort praktisch überhaupt nie Kontakt gehabt.«[484] Da die meisten Angestellten im Hotel »intern vermittelt« wurden, kamen neben einigen Italiener_innen und Deutschen die meisten aus dem gleichen Ort in Österreich. Das Zimmer habe sie mit sechs Frauen aus ihrem steirischen Heimatdorf geteilt.[485]

---

483 PAA, Kroll, Meine Alltagsgeschichten, S. 6–7; PAA. Althaus, Interview Kroll Teil II, 00:08:52. PAA, Althaus, Interview Pichler, 02:13:56. PAA, Althaus, Interview Eberle, 00:28:59. PAA, Althaus, Interview Welzer, 00:49:06. PAA, Schwarz, Lebensgeschichtliche Aufzeichnungen, S. 4–5. PAA, Althaus, Interview Imhof, 01:13:05.
484 PAA, Althaus, Interview Zeller, 03:28:31. Ähnlich: PAA, Althaus, Interview Pichler, 00:04:46 und 02:52:35.
485 PAA, Althaus, Interview Zeller, 00:05:02, 01:32:43 und 03:12:19.

Jede Fünfte aus meinem Sample hebt explizit hervor fast ausschließlich mit Landsleuten verkehrt zu haben. Insbesondere zu Beginn des Aufenthaltes war für viele Erzählerinnen das Migrantinnennetzwerk von zentraler Bedeutung. Die bereits länger in der Schweiz ansässigen Frauen halfen beim Meistern von Anfangsschwierigkeiten und dem Knüpfen von Kontakten. Die, auf gemeinsamer familiärer oder geografischer Herkunft basierende, migrantische Gemeinschaft bildete ein soziales Netz für die neu Zugereisten. Eine Interviewpartnerin berichtet davon, dass Schweizgänger_innen mit mehr Erfahrung die Neuankömmlinge bereits auf der Reise betreuten.[486] Eine andere hebt die Hilfe und Unterstützung bei der Ankunft am Bahnhof hervor.[487] Gerda Braun, die auf Drängen ihrer Mutter als 19-Jährige 1956 in die Schweiz ging, beschreibt die Cousinen ihrer Mutter, die ihr die Stelle in der Nähe von Basel vermittelt hatten und bereits in der Zwischenkriegszeit eingereist waren, als ein Stück »Heimat« in der »Fremde«. Obwohl ihr diese »Tanten«, wie sie sie nennt, zu Beginn »fremd« waren, habe sie einen Ort gehabt, wo sie sonntags hingehen konnte, was ihr ein Gefühl von »Daheim« vermittelt habe.[488] Heimat ist im Interview mit Gerda Braun, die in der Schweiz heiratete und aus beruflichen Gründen ihres Ehemannes nicht wie ursprünglich geplant zurückkehrte, ein zentrales Thema. Sie brachte mehrfach zum Ausdruck, dass sie lange Zeit unter »Heimweh« gelitten habe und heute noch dem guten Zusammenhalt der Familie und der Dorfgemeinschaft ihres Herkunftsortes nachtrauere.[489] Den Tanten, die als Bindeglied zu dieser ›verlorenen Heimat‹ gelesen werden können, kommt deshalb vor allem eine symbolische Bedeutung zu. Zwar besuchte Braun die beiden älteren Damen ab und zu, ihre Freizeit verbrachte sie jedoch lieber mit einer gleichaltrigen Nachbarin oder zu Hause bei ihrer Arbeitgeberfamilie, wo sie die Bibliothek und die Nähmaschine benutzen durfte.[490]

Für Hedwig Benn, die 1952 von ihrer Schwester als Hausangestellte nach Muri bei Bern geholt wurde, war die dortige österreichische Gemeinschaft alltags- respektive freizeitrelevanter. Ihre Schwester hatte bereits einen Freundeskreis aufgebaut, in dem Hedwig Benn sogleich Anschluss fand. Als Clique verbrachten die jungen Frauen – alles Österreicherinnen –

---

486 PAA, Althaus, Interview Falter, 00:06:53 und 01:30:21.
487 PAA, Althaus, Interview Hauert, 01:14:19.
488 PAA, Say, Interview Braun, 00:03:48 und 01:53:54.
489 Ebd., 00:18:05, 00:30:49 und 01:11:01.
490 Ebd., 00:05:36, 01:53:54 und 02:31:16.

gemeinsam die freien Tage und Abende. An den Nachmittagen erkundeten sie auf Spaziergängen die Gegend und abends gingen sie meistens aus: »Sie [die Schwester] hat auch schon andere Mädchen gekannt, die da schon in Muri waren [...] Da waren wir schon ein paar Österreicherinnen, wenn wir frei hatten, wir hatten meistens zusammen frei, dann sind wir jeweils in Kornhauskeller, da war jeweils Konzert oder in Kursaal, da hat manchmal eine Münchner Musik gespielt.«[491]

Gemeinsam besuchten die Freundinnen auch Veranstaltungen des Österreichervereins. In regelmäßigen Abständen und zu besonderen Feierlichkeiten, beispielsweise am Nikolaustag, trafen sich die Österreicher_innen der Region Bern im Hotel National am Hirschengraben zum geselligen Beisammensein.[492]

Solche österreichischen Vereine gab es nicht nur in Bern, sondern in vielen Ortschaften der Schweiz. In den 1930er Jahren, zur Zeit des ›austrofaschistischen‹ Ständestaates in Österreich, wurden auf Bestreben der österreichischen Gesandtschaft die österreichischen Vereine unter dem Dachverband *Vereinigung der Österreicher in der Schweiz und in Liechtenstein* zusammengefasst.[493] Die österreichische Gesandtschaft in Bern, so der Gesandte Wilhelm Freiherr von Engerth, habe das »Interesse«, über den Verband die einzelnen Vereine autoritativ zu lenken, da diese »noch keinen durchgreifenden vaterländischen Charakter« aufwiesen.[494] Auch nach dem Zweiten Weltkrieg standen die Österreichervereine in Verbindung zu den österreichischen Konsulaten. Ella Lubich, um 1955 Hausangestellte bei einem Ärzteehepaar in St. Gallen, erzählt im Interview von der Organisation des dortigen Österreichervereins: »Einer hat ihn [den Verein] geleitet und dann ist ein paarmal- ein-, zweimal im Jahr ist der Konsul gekommen, gell, und hat gesagt, wie es geht und wie es so ist.«[495] Was der Konsul genau sagte und welche Agenda er bei seinen Besuchen verfolgte, war kein weiteres Thema im Interview. Ähnlich wie Hedwig Benn, die von geselli-

---

491 PAA, Althaus, Interview Benn Teil II, 00:02:54. Ähnlich: PAA, Wieser, Lebensgeschichtliche Aufzeichnungen, S. 1.
492 PAA, Althaus, Interview Benn Teil II, 00:13:40.
493 ÖStA/AdR AA/Gesandtschaftsarchiv Bern 16, Österreichisches Generalkonsulat Zürich (Sig. unleserlich): Schreiben an den Generalkonsul der österreichischen Gesandtschaft in Bern betreffend Vereinheitlichung der österreichischen Vereine in der Schweiz, Zürich 24.02.1936.
494 ÖStA/AdR AA/Gesandtschaftsarchiv Bern 16, Wilhelm Freiherr von Engerth: Brief an den Reg.Rat. Wägeler in Zürich, Bern 10.03.1936.
495 PAA, Althaus, Interview Lubich, 01:50:48.

gen Anlässen im Österreicherverein erzählt, nutzte und schätzte Lubich den Verein vor allem als Ort der Begegnung. Dort lernte sie ihren ersten, aus Deutschland stammenden, Ehemann kennen: »Beim Österreicherverein, da hat man alle vier Wochen Tanz gehabt [...]. Und da hat man die Deutschen rein gelassen. Die Italiener weniger. Aber die Deutschen und da hat man halt zusammengehockt, so in einer Clique, wie es halt ist.«[496] Gemeinsam gingen sie an den freien Tagen wandern oder unternahmen Busfahrten.[497] Im Gegensatz zu Wien, wo sie vor ihrer Migration in die Schweiz im Kaffeehaus gearbeitet und sich als zugezogene Niederösterreicherin oft einsam gefühlt hatte, sei sie in der österreichischen Auslandsgemeinschaft vollkommen aufgehoben gewesen: »Wissen Sie, wir Österreicher haben zusammengehalten«,[498] erklärte sie mir im Interview.

Von dieser national-kulturellen Gemeinschaft ausgeschlossen worden zu sein – oder nicht dazugehören zu wollen – davon berichten zwei andere Erzählerinnen. Elsa Zeller, die von einer Bekannten zum Österreicherverein »mitgeschleppt« wurde, war nur ein Jahr lang Mitglied: »Und dann habe ich gefunden, also so etwas von konservativ (lacht), also das hältst du ja nicht aus (lacht) und bin wieder ausgetreten, weil ich gefunden habe, das kann es ja wohl nicht sein.«[499] Gerda Falter fühlte sich ebenfalls unwohl im Österreicherverein. Allerdings nicht aufgrund der konservativen Gesinnung der Vereinsmitglieder, sondern wegen deren Verhalten gegenüber Neuankömmlingen:

»Da [Österreicherverein] bin ich hin, aber das war so- wenn ich niemanden gehabt hätte, wäre es genauso [gewesen]. Die haben überhaupt keine Teilnahme gezeigt, dass du mit irgendwem reden kannst oder mit irgendwem was unternehmen. Die haben ihre Bekannten gehabt und da haben sie niemand anderes gebraucht.«[500]

In einer Gruppe keinen Anschluss gefunden zu haben, erzählt auch die aus dem Schwarzwald stammende Marga Jaggi, die von 1953 bis 1961 als Hausangestellte bei einer Handwerkerfamilie in Basel angestellt war. Sie bezieht sich dabei nicht auf einen nationalen Verein, sondern auf die Jungfrauenkongregation – die weibliche katholische Jugend. Die Kategorie Nationalität spielt jedoch auch in ihrer Erzählung eine Rolle:

---

496 Ebd.
497 Ebd., 02:58:00. Ähnlich: PAA, Althaus, Interview Reber, 02:11:01.
498 PAA, Althaus, Interview Lubich, 01:46:05.
499 PAA, Althaus, Interview Zeller, 03:34:14.
500 PAA, Althaus, Interview Falter, 02:01:58 und 00:06:53.

»Ich bin [zur Jungfrauenkongregation] hingegangen und dann hatten sie so einen Spielabend und der ganze Abend musste der Pfarrer mit mir spielen, weil die Mädchen nicht mit mir spielen wollten, weil ich Ausländerin war. {AA: Furchtbar, wirklich mhm} Und dann habe ich erfahren, sie wollen keine Ausländer, und dann bin ich durch ein Mädchen in einer Bäckerei, [die] hat gesagt, es gibt einen Hausangestelltenverein.«[501]

Im Gegensatz zur Jungfrauenkongregation sei der katholische Hausangestelltenverein *Heiliggeist* vorwiegend von Deutschen besucht worden: »Wir sind dort manchmal 30 oder 40 Mädchen gewesen, und es hat nur wenig Schweizer dabei gehabt […] die Großzahl waren Deutsche.«[502]

Dass in Basel, das zu der Zeit protestantisch dominiert war, im katholischen Hausangestelltenverein die – oft aus katholischen Gegenden stammenden – Deutschen und Österreicherinnen stark vertreten waren, ist nicht weiter erstaunlich. Allerdings konstatierten in gleicher Weise Vertreterinnen der protestantischen FJM in den 1950er und 1960er Jahren, dass in ihrem »Freizeitklub«, in dem sie Vorträge, Spiel- und Liederabende sowie Sprach- und Handarbeitskurse für Hausangestellte organisierten,[503] die Deutschen und Österreicherinnen zahlenmäßig dominierten.[504] Die überproportionale Vertretung der deutschen und österreichischen Hausgestellten in den Hausangestelltenvereinen, die auch in anderen Städten wie Zürich, St. Gallen und Winterthur beobachtet wurde,[505] lag nicht nur in der starken Präsenz der Deutschen und Österreicherinnen in schweizerischen Haushalten begründet. Die FJM – wie auch der katholische Mädchenschutzverein – rekrutierten ganz gezielt Ausländerinnen. Die konfessionellbürgerlichen Frauenorganisationen erbaten von der Fremdenpolizei eine Kopie jeder Einreisebewilligung, um die zureisenden Frauen gezielt für die Freizeitprogramme anwerben zu können – getreu ihrem Motto die selbstständig migrierenden jungen Mädchen vor den ›Gefahren in der Fremde‹ zu schützen.[506] Da, laut einer Aussage der Berufsberaterin und ›Freundin‹

---

501 PAA, Althaus, Interview Jaggi, 00:11:39.
502 Ebd., 00:12:03. Ähnlich: PAA, Althaus, Interview Müller, 01:03:22.
503 StABS PA 1182 B2, Jahresbericht der FJM Basel-Stadt, Basel 1949.
504 StABS PA 1182 B2, Jahresbericht der FJM Basel-Stadt, Basel 1950. StABS PA 1182 B2, Freizeitklub der FJM Basel (Sig. D. Egger): Handschriftlicher Jahresbericht, Basel 1964.
505 AGoF 128 20: 2, Protokoll über die Arbeitstagung der Bureaus- und Klubleiterinnen der FJM vom 4./5. September 1958 in Zürich, [Frauenfeld 1958], Beilage 1, S. 7.
506 AGoF 128 20: 2, FJM (Sig. A. Walder): Protokoll der Arbeitstagung der Leiterinnen der Stellenvermittlungen und Bahnhofwerke der FJM, Frauenfeld 1950, S. 19. StABS ÖRREG 4e 4-4-14 (1), KMSV Basel: 50 Jahre katholischer Mädchenschutzverein Basel (1902–1952), Jubiläumsschrift. Basel 1952, S. 4.

Anna Walder, Schweizerinnen Ende der 1950er Jahre kein großes Interesse an den Freizeitangeboten der FJM mehr zeigten,[507] kann die gezielte Anwerbung von Ausländerinnen in den 1950er Jahren auch als Mittel interpretiert werden, um die Existenz der Klubs zu sichern. Die Abhängigkeit von der Teilnahme der ausländischen Hausangestellten lässt sich aus den »Befürchtungen« der Leiterin des Zürcher Freizeitklubs vor einem Fernbleiben der Deutschen herauslesen:

»Um 1955 waren die Mehrzahl der [3175] Besucherinnen Hausangestellte aus Deutschland und Oesterreich, diese blieben mehrere Jahre in der Schweiz (Zürich), kamen regelmässig in den Club und bildeten eine fröhliche Familie. Unsere Befürchtungen, der deutsche Club, der vor circa 3 Jahren in Zürich eröffnet wurde, übe eine grössere Anziehungskraft aus als unser Club, war unbegründet.«[508]

Ihr Kommentar hinsichtlich des fehlenden Interesses der deutschen Hausangestellten am Deutschen Club ist insofern interessant, als auch in meinem Sample auffällt, dass, im Vergleich zu den aus Österreich stammenden Erzählerinnen, die (ehemaligen) Deutschen in einem bedeutend geringeren Maße angeben, Mitglied in einem nationalen Verein gewesen zu sein.[509] An den Freizeitprogrammen konfessionell-gemeinnütziger Organisationen nahmen aber auch sie teil. Maja Oban, die 1951 aus Württemberg nach Luzern kam, wurde von ihrer Arbeitgeberin in die Kongregation der Helferinnen in der Villa Bruchmatt geschickt, die Freizeitangebote für »ausländische Mädchen« organisierte:

»Die [Helferinnen] haben sonntags für die Mädchen, die ausländischen Mädchen eine italienische Gruppe, eine österreichische Gruppe, eine deutsche Gruppe und was gab's noch? Spanierinnen und so, für die jungen Mädchen, dass die wussten wo sie am Sonntagnachmittag hin konnten. Und ich bin sehr gern gegangen [...]. Wir haben gesungen, wir haben Platten gehört, wir haben- es war einfach schön.«[510]

---

507 AGoF 128 20: 2, Protokoll über die Arbeitstagung der Bureaux- und Klubleiterinnen der FJM vom 4./5. September 1958 in Zürich, [Frauenfeld 1958], Beilage 1, S. 7.
508 AGoF 128 20: 2, FJM (Sig. L. Landert): Protokoll der Arbeitstagung der Bureaux- und Klubleiterinnen der FJM vom 4./5. September 1958 in Zürich, [Embrach] 1958, S. 5.
509 Sporadisch an Veranstaltungen deutscher Vereine teilgenommen zu haben, berichten zwei Erzählerinnen: PAA, Valentic, Interview Kammerer, 00:12:44 und PAA, Althaus, Interview Fellner, 02:32:36.
510 PAA, Althaus, Interview II Oban, 00:39:16.

Diese katholische Schwesternschaft, so wiederholt Oban gegen Ende des Interviews, habe »den Mädchen wirklich Halt gegeben«.[511] Den zugewanderten Frauen »Liebe und Fürsorge« zu schenken und in der Villa Bruchmatt ein »Daheim« zu bieten, das war auch das erklärte Ziel des »Sonntagpatronates« der Helferinnen: »Im Patronat verbringen die jungen Mädchen die Freizeit harmlos, froh und gut. Sie sind den Gefahren des Alleinseins, der Strasse, des Kinos entzogen.«[512] Die »Mädchen« in der Fremde vor dem ›sittlichen‹ Fall zu beschützen und ihnen eine ›sinnvolle‹ Freizeitgestaltung anzubieten, war keine Erfindung der Helferinnen, wie am Beispiel der FJM bereits mehrfach gezeigt wurde. Der fürsorgerisch-erzieherische Aspekt in den Freizeitangeboten konfessioneller ›Anbieter‹ wird auch in Marga Jaggis Beschreibung der Leiterin des katholischen Hausangestelltenvereins Basel sichtbar. Margrit Brogle, die dem Verein in den 1950er Jahren vorstand,[513] sei für sie und die anderen »Mädchen« gewesen wie eine »Mutter«.[514] Brogle habe sich »enorm« um sie gekümmert, wenn nötig auch getadelt:

»Sie konnte auch schimpfen und sagen das geht nicht, das dürft ihr nicht machen, da geht man nicht hin, wenn es geheißen hat, ja die Mäd- ja die war da und da tanzen: ›Da geht man aber nicht hin!‹ Sie wusste genau was läuft in Basel.«[515]

Marga Jaggi verbindet dieses bevormundende Moment nicht mit negativen Gefühlen. Ähnlich wie Maja Oban, die die Nachmittage bei den Helferinnen in der Bruchmatt »einfach schön« in Erinnerung hat, resümiert Marga Jaggi ihre Zeit im katholischen Hausangestelltenverein mit den Worten: »Wir hatten es einfach herrlich.«[516] Neben gemütlichen Gruppenabenden hebt sie insbesondere die gemeinsamen Ausflüge – vom Elsass bis ins Tessin – hervor.

Neben Marga Jaggi machen zahlreiche weitere, nach dem Zweiten Weltkrieg eingereisten, Frauen Ausflüge zu einem prominenten Thema in ihren Freizeiterzählungen: »In meiner Freizeit war ich immer unterwegs, in

---

511 Ebd., 01:55:19.
512 Ineichen, *Die Gesellschaft*, S. 17–18.
513 Margrit Brogle war in den 1960er Jahren auch in der Internationalen Arbeitsgemeinschaft der Berufsverbände katholischer Hausangestellter (IAG) aktiv. IfZ ED 895/277, Unterlagen der Geschäftsführung der IAG, Schweiz, 1965-1968.
514 PAA, Althaus, Interview Jaggi, 00:12:03. Ebenso: PAA, Althaus, Interview Müller, 01:03:22.
515 PAA, Althaus, Interview Jaggi, 01:12:56.
516 Ebd., 01:14:38.

Luzern und in der ganzen Schweiz«, schreibt beispielsweise die aus einem bäuerlichen Umfeld stammende Ulrike Stamm (Jg. 1940). Sie habe »jede freie Minute […] ausgenützt, um die Schweiz zu sehen und etwas zu erleben.«[517] Die fast gleichaltrige Elfriede Kammerer (Jg. 1939), deren Eltern ebenfalls eine Landwirtschaft betrieben, erzählt in ähnlicher Weise: »Wenn ich konnte, bin ich rumgefahren, habe die Schweiz kennengelernt.«[518] Zu Beginn erkundete sie vor allem die Region – das Baselbiet –, später fuhr sie in der freien Zeit von Norditalien, Liechtenstein bis Österreich, »um was Kennenzulernen von der Welt.«[519] Ulrike Stamms und Elfriede Kammerers Erzählungen gleichen sich auch in Bezug auf die erzählten Migrationsmotivationen. Stamm wollte »einfach [etwas] von der Welt sehen […] und aus der Enge des Dorfes ausbrechen«[520]. Kammerer hat es »zu Hause gestunken« und sie wollte »einfach mal weg […] und was sehn von der Welt«.[521] In der Hervorhebung von Erkundungstrips und kleineren Reisen stellen beide die Einlösung ihrer Migrationsmotivation dar. Sie untermauern damit zum einen ihre Aussage, die Arbeitsmigration als Reisemöglichkeit genutzt zu haben. Zum anderen vermitteln sie dem Publikum ihren Aufenthalt in der Schweiz als freie Zeit. Beide wuchsen in bäuerlich-autoritären Verhältnissen auf, in denen Arbeit als höchste Tugend galt. Mit ihrer Migration entkamen sie der Autorität der Eltern und der Enge der bäuerlichen Gesellschaft. Sie konnten ihr Leben selbstbestimmt gestalten und das machen, was sie wollten – in beiden Fällen »etwas sehen von der Welt«. Die aus einem ähnlichen sozialen Umfeld stammende Gerda Braun (Jg. 1937), stellt ganz explizit einen Zusammenhang her zwischen dem »immer schaffen müssen« zu Hause und der als frei empfundenen Freizeit in der Schweiz:

»Man [hat] halt immer schaffen müssen, immer müssen ins Feld gehen, war nicht so einfach. Und als ich dann da mal in die Fremde gehen durfte […] da hat mir das sehr gut gefallen. Wenn ich frei hatte, habe ich machen können, was ich wollte.«[522]

Gerda Braun knüpft die positive Bewertung ihres Aufenthaltes als Hausangestellte in der Schweiz an die Möglichkeit (sich) ›frei‹ machen zu können.

Die Freizeit in der Schweiz wird von weiteren Erzählerinnen im wörtlichen Sinn als eine Frei-Zeit präsentiert. Sie hatte emanzipatorisches Poten-

---

517 PAA, Stamm, Bericht, S. 6–7.
518 PAA, Valentic, Interview Kammerer, 00:08:34
519 Ebd.
520 PAA, Stamm, Bericht, S. 3.
521 PAA, Valentic, Interview Kammerer, 00:01:02.
522 PAA, Say, Interview Braun, 00:05:02. Ähnlich: PAA, Althaus, Interview Jaggi, 03:03:10.

tial, was am Beispiel von Wilhelmine Eglof dargelegt werden kann. Weil Eglof den Streitigkeiten mit ihrer Mutter entkommen wollte, entschied sich die gelernte Fabrikationsnäherin 1959 für ein Engagement als Hausangestellte in der Schweiz. Damit begann für sie ein »neues Leben«. Dies macht sie an den Ausflügen fest, die sie gemeinsam mit der Arbeitgeberfamilie unternahm:

»Und am Wochenende sind wir jedes Wochenende fortgefahren! Ja, also ich war von St. Gallen bis Appenzell bis Flims bis Arosa, Lugano, Luganersee, Ascona also ich hab wahnsinnig viel gesehen. [...] War eine wirklich sehr=sehr schöne Zeit, ja. [...] Es war einfach wie eine Loslösung vom alten Leben, es war ein neues Leben, ne? War wirklich ein=ein neues Leben mit viel Abwechslung und wirklich schönen Zeiten.«[523]

Wilhelmine Eglof flog auch im übertragenen Sinne aus. Nicht nur das Unterwegssein, auch die damit zusammenhängende Befreiung vom alten Leben machte den Aufenthalt in der Schweiz zu einer »schönen Zeit«.[524]

Neben Ausflügen sind Kursbesuche häufiges Thema in den Freizeiterzählungen. Einige Erzählerinnen stellen diese als gezielte Strategie dar, um eine bestimmte Qualifikation zu erlangen. Ingrid Arnold, die später aufgrund unerlaubter Tätigkeit als Schneiderin ausgewiesen wurde, gefiel die viele und schwere Arbeit als Hausangestellte gar nicht. »Mein Ziel war immer der Beruf«, betont sie im Interview. Deshalb absolvierte sie Abendkurse, um sich im Modezeichnen weiterzubilden.[525] Elisabeth Vogel und Hanna Havur, die beide den Besuch von Sprachkursen hervorheben,[526] formulierten bereits in ihrer Migrationsmotivation einen großen Bildungsdrang.[527] In der Thematisierung von (Weiter-)Bildungsmöglichkeiten werden nicht nur Qualifizierungsstrategien oder das Nachholen der in Kindheit und Jugend verhinderten Bildung präsentiert, sondern auch die Beziehung zu den Arbeitgeberinnen verhandelt. Die Vorgesetzten von Marga Jaggi standen bei ihr buchstäblich hoch im Kurs: »Ich habe wirklich eine tolle [Arbeitgeber-]Familie gehabt, ich habe immer an einem Nachmittag in

---

523 PAA, Holtz, Interview Eglof, 00:18:22. Ähnlich: PAA, Poder, Mein Lebenslauf, S. 5; PAA, Althaus, Interview Zich, 01:39:19 und 01:46:06.
524 Sogar als »schönste Zeit« bezeichnet Selma Schwarz die Zeit in der Schweiz und macht dies an der Möglichkeit fest, ›auszufliegen‹. PAA, Schwarz, Lebensgeschichtliche Aufzeichnungen, S. 4–5.
525 PAA, Wiedermann, Interview Arnold, 00:12:34.
526 PAA, Althaus, Interview Vogel, 00:11:10; PAA, Siebler, Interview Havur, 00:03:51. Ähnlich: PAA, Althaus, Interview Keller, 00:12:49.
527 Vgl. Kapitel 4.1.2.

einen Kurs [gehen] können, den sie bezahlt haben.«[528] Auf Anregung der Arbeitgeberin, so Jaggi weiter, habe sie »ewig Kurse« gemacht und neben Sticken auch Blusennähen, Bügeln und Französisch gelernt.[529] Die Angestellten zu Kursbesuchen anzuhalten, spiegelt den Appell bürgerlicher Frauen(organisationen) an die Hausfrauen wider, die Freizeit ihrer ›Schützlinge‹ sinnvoll zu gestalten. Kurse wurden dafür in zweierlei Hinsicht als besonders passendes Mittel erachtet. Zum einen hielten sie die ›Mädchen‹ davon ab, in ihrer Freizeit unbeaufsichtigt Aktivitäten nachzugehen, die ihrem ›sittlichen Wohl‹ schaden könnten. Zum anderen dienten sie der Verbesserung der im 20. Jahrhundert viel beklagten schlechten ›Qualität‹ der Hausangestellten im Allgemeinen und der Deutschen und Österreicherinnen im Speziellen.[530] So stand neben der »Pflege der Geselligkeit und der Freundschaft«, »die Hebung des Berufsstandes« im Zentrum des Basler Berufsverbandes für Hausangestellte der FJM. 1936, im Gründungsjahr des Berufsverbandes wurden etwa folgende Kurse angeboten: »Zuschneiden und Nähen von Berufskleidern, Tischdecken und Servieren, Kochen und Backen [...] häusliche Krankenpflege und Flicken.«[531]

Gabriela Ecker (Jg. 1938), die als 16-Jährige in der Nähe von Basel alleine einen großbürgerlichen 13-Zimmer-Haushalt besorgte, wurde von ihrer Arbeitgeberin dazu aufgefordert, Kurse zu absolvieren: »Da war das immer wichtig, dass *wir* noch zusätzliche Kurse besucht haben. Bügelkurse, Englischkurse, da hat dann die Migros [...] die haben auch die=die Kurse angeboten und da *musste* ich also hin« [Hervorhebung AA].[532] Das von Ecker verwendete Personalpronomen »wir« bezieht sich nicht auf eine konkrete Person, sondern scheint generalisierend die gesamte Berufsgruppe der Hausangestellten zu meinen. Verpflichtende Kursbesuche werden dadurch als Norm präsentiert. Mit dem Modalverb ›müssen‹ zeigt Ecker an, dass diese Norm auch in ihrem Fall wirkte. Das bedeutet nicht, dass sie nicht gerne in die »Migrosklubschule« ging. Ähnlich wie Marga Jaggi bewertet auch sie die an*gebot*enen Kurse äußerst positiv. Vor allem weil sie dort andere »Mädchen« kennenlernte.[533] Gottfried Duttweiler, der

---

528 PAA, Althaus, Interview Jaggi, 00:08:33.
529 Ebd., 01:20:27.
530 Vgl. Kapitel 2.4.
531 StABS PA 1182 B2, Jahresbericht der Freundinnen Junger Mädchen Basel-Stadt, Basel 1936. Der Berufsverband wurde 1949 in »Freizeitklub« umbenannt. StABS PA 1182 B2, Jahresbericht der FJM Basel-Stadt, Basel 1949.
532 PAA, Nováková, Interview Ecker, 00:06:07.
533 Ebd.

Gründer der genossenschaftlichen Lebensmittelkette *Migros*, etablierte 1944 die Klubschulen ganz gezielt als »freizeitorientierte« Erwachsenenbildungsinstitute.[534] Der Begriff »Klub«, so steht es in der Jubiläumsschrift zum 25-Jährigen Bestehen der Institution aus dem Jahr 1969, beziehe sich auf die »Klubatmosphäre« in den Kursen. Umfragen hätten ergeben, dass 60 Prozent der Kursteilnehmer die Klubschule besuchten, um »andere Menschen [zu] begegnen«.[535] Die Klubschule als Kontaktbörse benutzt und geschätzt zu haben, davon berichten neben Gabriela Ecker zwei weitere Erzählerinnen.[536]

Die bisherigen Ausführungen zusammenfassend, lässt sich festhalten: Ob in einem Kurs, in einem nationalen Verein, in einem konfessionellen Freizeitprogramm, über das Migrantinnennetzwerk oder unter den Mitarbeitenden im Betrieb, gelang es den meisten Erzählerinnen, trotz knapp bemessener Freizeit, Bekanntschaften zu schließen und Freundschaften aufzubauen. Die Wenigsten blieben alleine, die Meisten verbrachten ihre Freizeit – zumindest in den Anfangsjahren – mit anderen deutschen oder österreichischen Arbeitsmigrantinnen. Neben gemeinsamen Ausflügen, Kursbesuchen und Vereinsversammlungen, trafen sie sich zum Handarbeiten,[537] gingen Wandern,[538] Eislaufen[539] und Skifahren,[540] unternahmen Fahrradtouren,[541] besuchten Theater- oder Ballettaufführungen[542] und Kinovorstellungen,[543] bummelten durch die Stadt,[544] gingen Tanzen[545] oder trafen sich in einer Kneipe.[546] Viele Erzählerinnen erinnern sich

---

534 Rohrer/Sgier, »Switzerland«, S. 132–133. Die Migrosklubschule ist auch heute noch der schweizweit größte und wichtigste Anbieter im Bereich der Erwachsenenbildung. http://www.klubschule.ch/Ueber-uns/Klubschule-Migros/Zahlen-Fakten, 18.01.2016.
535 Migros-Genossenschafts-Bund, *Idee*, S. 26.
536 PAA, Ryter, Dienen in der Schweiz, S. 2 und PAA, Stamm, Bericht, S. 6.
537 PAA, Taler, Mein Leben, S. 32. PAA, Althaus, Interview Vogel, 01:47:41.
538 PAA, Althaus, Interview Lubich, 02:58:49. PAA, Althaus, Interview Gruber, 00:06:26.
539 PAA, Althaus, Interview Kroll, 01:07:59. FZH-Archiv, NL Heß, Ilse Heß: Brief an Familie Heß, Erlenbach (Zürich), 16.03.1950.
540 PAA, Lipp, Lebensgeschichtliche Aufzeichnungen.
541 PAA, Wössmer, Interview Miescher. PAA, Kramer, Lebensgeschichtliche Aufzeichnungen, S. 2.
542 PAA, Althaus, Interview Fellner, 00:38:10. PAA, Althaus, Interview Haller, 03:45:36.
543 PAA, Althaus, Interview Ole, 00:28:23. PAA, Althaus, Interview Hauert, 01:20:06.
544 PAA, Althaus, Interview Keller, 00:13:10. FZH-Archiv, NL Heß, Ilse Heß: Brief an Grete Heß, Erlenbach (Zürich), 04./05.02.1950.
545 PAA, Althaus, Interview Müller, 00:55:02. PAA, Althaus, Interview Kroll, 01:15:47.
546 PAA, Lipp, Lebensgeschichtliche Aufzeichnungen. PAA, Althaus, Interview Pichler, 02:39:10.

daran, bei ihren Unternehmungen im öffentlichen Raum Fremdenfeindlichkeiten ausgesetzt gewesen zu sein.

4.3.2 Fremdenfeindlichkeiten

Hedwig Benn, die in den Anfangsjahren in Bern ihre Freizeit ausschließlich mit österreichischen Kolleginnen verbrachte, antwortete im Interview auf meine Frage, ob sie auch Kontakt zu Schweizerinnen gehabt habe:

»Nein, eigentlich nicht. Das waren noch die Zeiten, als wir gemeinsam unterwegs waren und eine hat womöglich noch ein Dirndlkleid angehabt oder wir haben Österreichisch geredet und andere sind vorbei gegangen: ›Hast du gehört, das sind alles *so* Österreicherinnen‹, nein, ›das sind auch Ausländer‹, so hat es damals noch geheißen.«[547]

Dirndl und Dialekt markierten die jungen Frauen als Österreicherinnen, was den Kontakt zur schweizerischen Bevölkerung zu verhindern schien. Zwar erzählt Benn hier nicht von offenen Anfeindungen. Mit dem betonten Wörtchen »so« verleiht sie jedoch dem Getuschel der Passant_innen einen despektierlichen Unterton. Dies unterstreicht sie, indem sie die Zuschreibung »Österreicherinnen« im Nachsatz durch das negativer besetzte »Ausländer« ersetzt. Damit vermittelt Hedwig Benn, die später einen Schweizer heiratete und in Bern blieb, dass »damals« die Österreicherinnen in der Schweiz »auch Ausländer« waren. Lassen sich heute die Spannungen zwischen den beiden Nachbarländern auf die Rivalität im Skisport reduzieren, richteten sich die ›Überfremdungsängste‹ der schweizerischen Bevölkerung in den 1950er Jahren ganz explizit (auch) gegen österreichische »Dienstmädchen«. Aufgrund ihres Geschlechts, ihrer beruflichen Tätigkeit sowie ihrer Herkunft wurde den deutschen und österreichischen Haus- und Gastgewerbsangestellten ein besonderes ›Überfremdungspotential‹ nachgesagt.[548]

Etliche aus Österreich stammende Erzählerinnen meines Samples, die in den 1950er Jahren in die Schweiz einreisten, heben jedoch explizit hervor, im Gegensatz zu den Deutschen als Österreicherin weniger Probleme gehabt zu haben. Die mehrere Jahre als Restaurantangestellte in der Schweiz tätige Grazerin Hedwig Welzer erinnert sich im Interview daran, dass Schweizer_innen mit einem erleichterten »Gott sei Dank« reagierten,

---

547 PAA, Althaus, Interview Benn Teil II, 00:08:42.
548 Vgl. Kapitel 2.4.

wenn sie auf deren Frage, ob sie Deutsche sei, antwortete, dass sie aus Österreich stamme.[549] Ähnlich wie Benn berichtet auch sie davon, aufgrund ihrer österreichischen Kleidung in der Öffentlichkeit Aufsehen erregt zu haben:

»Ich hab mein Dirndl angehabt, dann gehe ich durch Zürich, durch die Bahnhofstraße, da sagt ein Herr zu seinem Sohn: ›Lueg, es Tirolerli‹ (Lachen). Und wie gesagt […] wenn ich gesagt habe ich bin Österreicherin war's anders, ja war's anders. Da haben sie [Schweizer_innen] dann schon mit mir geredet oder=oder waren nett. Aber mit Deutschen ist lange gegangen, dass das nicht geht.«[550]

Mit der Stimme des Passanten definiert sich Welzer in dieser Passage narrativ als ›anders‹ zur schweizerischen Mehrheitsbevölkerung. Die durch Diminutiv verniedlichte Zuschreibung »Tirolerli« wirkt dabei nicht als feindseliger Kommentar. Ihr haftet eher ein Hauch von Exotik an. Diese Lesart bestätigt Welzer, indem sie sogleich ausführt, im Gegensatz zu den Deutschen keine Anfeindungen erfahren zu haben. Sie vermittelt der Zuhörerin damit explizit, dass Österreicherinnen in der Schweiz beliebter waren. Implizit grenzt sie sich durch den Fingerzeig des Passanten in der narrativen Selbstdarstellung als Österreicherin von den Deutschen ab. Die Abgrenzung von den Deutschen, so der Historiker Ernst Bruckmüller, war ein zentrales Moment im Prozess der Ausbildung eines österreichischen Nationalbewusstseins nach dem Zweiten Weltkrieg.[551] Anders als die Deutschen – und deshalb bei den Schweizer_innen beliebter gewesen zu sein –, betont auch die Niederösterreicherin Ella Lubich, die in den 1950ern mehrere Jahre als Hausangestellte in verschiedenen Orten der Schweiz tätig war. Die Schweizer hätten die Österreicher »viel lieber mögen«, weil sie weniger »aufmüpfig« gewesen seien als die Deutschen.[552]

In Welzers und Lubichs Abgrenzungserzählungen wird nicht nur die eigene (österreichische) Identität her- oder dargestellt. Die Deutschfeindlichkeit der Schweizer_innen und die Bevorzugung der Österreicherinnen ist ein Phänomen, das sich auch in medialen und politischen Überfremdungsdebatten in der Schweiz der Nachkriegszeit zeigt. Bis 1945 wurden Österreicherinnen und Deutsche vielfach als eine Gruppe verhandelt. Nach dem Zweiten Weltkrieg findet sich erstmals eine stärkere nationale

---

549 PAA, Althaus, Interview Welzer, 00:24:00.
550 Ebd., 01:04:55.
551 Bruckmüller, »Die Entwicklung«, S. 379.
552 PAA, Althaus, Interview Lubich, 03:04:19. Ähnlich: PAA, Franz, Lebensgeschichtliche Aufzeichnungen, S. 5.

Differenzierung, die deutlich zugunsten der Österreicherinnen ausfällt. So baten beispielsweise Arbeitgeber_innen auf ihrer Suche nach einer Hausangestellten bei den Arbeitsmarktbehörden häufig darum, eine Österreicherin und keine Deutsche zugeteilt zu bekommen.[553] Dass vor allem die Deutschen unbeliebt waren, das berichten auch viele der aus Deutschland stammenden Erzählerinnen. Marga Jaggi, die 1953 als Hausangestellte in die Schweiz kam, erklärt sich die Deutschfeindlichkeit der Schweizer_innen nicht wie Lubich mit der als ›typisch deutsch‹ wahrgenommenen Aufmüpfigkeit, sondern mit den Ereignissen des Zweiten Weltkrieges: »Wir waren ja auch Fremde. Und erst noch aus einem Kriegsland, das man gehasst hat. Das habe ich oftmals gespürt.«[554] Damals, in den 1950er Jahren, sei der »Hass gegen die Deutschen« weit verbreitet gewesen: »Es ist sehr geschimpft worden gegen die Deutschen also gegen das Militär und gegen das Ganze, aber mich haben sie nicht mit eingeschlossen.«[555]

Von einer deutschfeindlichen Stimmung, die allgemein spürbar war, sich jedoch nicht gegen die eigene Person richtete, erzählen neben Jaggi weitere (ehemalige) Deutsche. In mehreren Fällen wird dies am Beispiel der Fußballweltmeisterschaft 1954 in Bern illustriert. Dort besiegte die deutsche Nationalmannschaft, die erstmals seit Ende des Zweiten Weltkrieges wieder an einem großen internationalen Fußballturnier teilnehmen durfte, im Finale den Titelfavoriten Ungarn. Das von deutscher Seite als »Wunder von Bern« rezipierte und glorifizierte Fußballspiel gilt als zentrales identitätsstiftendes Ereignis – als »Gründungsmythos« – der frühen BRD.[556] Die Freiburgerin Maria Zich, die zu dieser Zeit als Hausangestellte und Erzieherin bei einer Bäckersfamilie im Jura tätig und mit einem Schweizer liiert war, erinnert sich im Interview an die anti-deutsche Stimmung während des Turniers:

»Das Wunder von Bern habe ich mitbekommen. Und da muss ich sagen, da war ich stinksauer, die haben alle für Ungarn gebrüllt um mich rum und=und die Saudeutschen oder die Sauschwaben brauchen nicht zu gewinnen und so weiter, bis ich die Schnauze voll hatte und weg bin und dann haben die groß geguckt: ›Warum bist du jetzt weg? Warum warst du beleidigt?‹ Dann habe ich gesagt: ›Na und? Wunder? So wie ihr da alle gebrüllt habt.‹ – ›Ah ja, du- dich haben wir doch nicht

---

553 Vgl. Kapitel 2.2.4.
554 PAA, Althaus, Interview Jaggi, 00:07:31.
555 Ebd., 01:48:49. Ähnlich: PAA, Althaus, Interview Müller, 01:17:25.
556 Meyer, »WM-Sieg«, S. 82–83.

gemeint.‹ Dann sage ich: ›Ich bin auch Deutsche‹ – ›Ha ja, aber dich meinen wir doch nicht‹. […] Also Deutschhass war zu der Zeit noch sehr groß. Aber mich haben sie's wirklich normalerweise nie spüren lassen […], aber bei solchen Gelegenheiten kam's halt durch.«[557]

Sie präsentiert sich in dieser szenischen Erzählung selbstbewusst als »Deutsche«, die die deutschfeindlichen Sprüche nicht wortlos über sich ergehen ließ – auch wenn ihr versichert wurde, dass nicht sie damit gemeint sei. Im Gegensatz zu Maria Zich, die »stinksauer« die Auseinandersetzung mit den Schweizer Arbeitskollegen suchte, fühlte sich Gretha Ole von dieser Gehässigkeit eingeschüchtert. Die Basler Bevölkerung habe es bei Sportveranstaltungen wie der WM 1954 »fast verrissen, dass die Sauschwaben schon wieder gewinnen«.[558] Aus Angst vor anti-deutschen Übergriffen traute sie sich beim Endspiel gegen Ungarn nicht, in eine Kneipe zu gehen, sondern verfolgte die Radioübertragung von zu Hause aus.[559] Um Anfeindungen zu entgehen, so Gretha Ole, habe sie »den Mund nirgends aufgemacht«, damit man nicht höre, dass sie Deutsche sei.[560]

Sich nicht zu erkennen zu geben, als Strategie um Deutschfeindlichkeiten zu vermeiden, davon berichtet auch Marga Jaggi. Nachdem sie sich Ende der 1950er Jahre am schweizerischen Nationalfeiertag bei der Parade unter die patriotische Menschenmenge gemischt hatte, habe sie aus Angst aufzufallen und »ausgebuht« zu werden, ganz eifrig ein Schweizerfähnchen geschwungen.[561] Jaggi, die später durch Hochzeit Schweizerin wurde und sich heute in der Schweiz vollkommen »verwurzelt« fühlt,[562] bilanziert die Anekdote lachend, dass sie zwar damals das Schweizerfähnchen in der Hand hielt, aber zu dieser Zeit »noch *so* Deutsch« gewesen sei.[563] Die Nationalflagge ist hier nicht nur optimale Tarnung vor anti-deutschen Buhrufen. Die Episode kann auch als Integrationsgeschichte gelesen werden. Gleich im Anschluss daran führt Jaggi aus, von Anfang an bestrebt gewesen zu sein, sich in der schweizerischen Gesellschaft zu integrieren.

---

557 PAA, Althaus, Interview Zich, 01:07:32.
558 PAA, Althaus, Interview Ole, 00:47:00. Das in der Schweiz noch heute gängige Schimpfwort ›Sauschwabe‹ richtet sich gegen alle Deutschen und nicht nur gegen die eigentlichen Schwaben.
559 Ebd., 01:26:42.
560 Ebd., 00:47:16. Ähnlich: PAA, Valentic, Interview Kammerer, 00:36:27 und PAA, Althaus, Interview Eberle, 04:23:46.
561 PAA, Althaus, Interview Jaggi, 01:51:37.
562 Ebd., 03:00:52.
563 Ebd., 01:51:37.

Als sie bei ihrer Ankunft dem dreijährigen Sohn der Arbeitgeberfamilie vorgestellt wurde und ihn mit »Guten Abend Hansrudi« begrüßte, habe dieser geantwortet: »Und ich heiße Hansru*e*di«.[564] Die Einforderung des Kindes nach dem zusätzlichen Vokal, der den deutschen Rudi vom schweizerischen Ruedi unterscheidet, habe sie geprägt. Von dem Moment an habe sie sich bemüht, Schweizerdeutsch zu sprechen.

Die sprachliche Anpassung wird von weiteren Erzählerinnen als zentrales Moment im Integrationsprozess in die schweizerische Gesellschaft dargelegt und von einigen auch als bestes Präventionsmittel gegen deutschfeindliche Angriffe präsentiert.[565] Neben der Sprache definieren andere Erzählerinnen Verhaltensformen und persönliche Charakterzüge wie Höflichkeit und Anstand,[566] Offenheit und Umgänglichkeit,[567] Fleiß und Leistung[568] als beste Integrationsstrategien und Schutz vor anti-deutschen Ressentiments. Dass trotz (sprachlicher) Anpassung Deutsche in der Schweiz – sogar über Generationen hinweg – Anfeindungen ausgesetzt waren, berichtet Katja Oesch. Die Enkelin von Lotta Oesch, die in den 1920er Jahren in die Schweiz ging, schreibt in ihren Erinnerungen an die Großmutter:

»Was im ›Familiengedächtnis‹ übrig geblieben ist, ist die Tatsache, dass meine Großmutter ›schwer unten durch‹ musste. [...] Sie passte sich extrem an: sie sprach Schweizerdeutsch und unternahm alles, um ja nicht aufzufallen. Es war nie klar ausgesprochen worden, aber sie war ein Schwabe, sogar mein Vater wurde in der Schule noch als ›Schwabe‹ gehänselt. Das war damals ein übles Schimpfwort.«[569]

Lotta Oesch selber erzählt ihrem Sohn in einem Interview von Anfeindungen gegenüber deutschen Hausangestellten im Zürich der späten 1920er Jahre.[570] Die Erfahrungen der Familie Oesch verweisen nicht nur auf die Persistenz der Deutschfeindlichkeit in lebens- und familiengeschichtlicher Hinsicht. Sie bezeugen auch die lange Tradition des Anti-Germanismus in historischer Perspektive. Ilse Hiss (Jg. 1909), die wie Oesch in der Zwischenkriegszeit als »Dienstmädchen« in der Schweiz war, begründet ihre Rückkehr nach Deutschland in ihren schriftlichen Aufzeichnungen mit den

---

564 Ebd., 01:53:57.
565 PAA, Althaus, Interview Reichenbach, 01:17:02. PAA, Holtz, Interview Eglof, 01:16:24.
566 PAA, Althaus, Interview Haller, 03:50:21.
567 PAA, Say, Interview Braun, 02:18:41.
568 PAA, Althaus, Interview Hauert, 03:29:25.
569 PAA, Oesch, Biografische Notizen.
570 PAA, Oesch, Interview Oesch, 00:38:00.

Worten: »Es zog mich wieder nach Deutschland. Die Schweizer haben nicht viel von uns Deutschen wissen wollen, schon gar nicht von Dienstmädchen.«[571] Trotz der Kürze ihres Berichts bringt Hiss hier prägnant die anti-deutschen Diskurse der Zwischenkriegszeit auf den Punkt, in denen die Figur des »deutschen Dienstmädchens« als Projektionsfläche für Überfremdungsängste diente.[572] Das Thema der deutschen Hausangestellten ruft in der Schweiz auch heute noch bissige Kommentare hervor. Als ich 2011 auf der Suche nach Interviewpartnerinnen einen Aufruf in der Zeitung veröffentlichte, erhielt ich eine Email aus der Schweiz. Der Verfasser bat mich in spöttischem Ton darum, ihm die Adressen ehemaliger deutscher Hausangestellter weiterzuleiten, damit er eine Dissertation schreiben könne über »die Schweizer Opfer, die so ein resolutes, egozentrisches Reibeisen geheiratet haben«.[573]

Nicht nur von den 1920ern bis in die 1960er Jahre hinein waren die Deutschen in der Schweiz aufgrund ihrer Herkunft Animositäten ausgesetzt. Als schnellst wachsende Zuwanderungsgruppe lösen sie gegenwärtig erneut ›Überfremdungsängste‹ aus. Laut einer Studie der Wirtschaftsuniversität Wien nehmen viele Deutsche in der Schweiz »eine anti-deutsche Grundstimmung« wahr. 30 Prozent von rund 1000 befragten Personen fühlten sich 2014 in ihrer Wahlheimat »nicht willkommen«.[574] Besonders aggressiv ist die deutschfeindliche Atmosphäre in Zürich, wo die Deutschen seit 2004 wieder die größte ausländische Bevölkerungsgruppe darstellen.[575] Bekanntheit erlangte der Fall der deutschen Radiomoderatorin Katrin Wilde, die aufgrund zahlreicher anti-deutscher Drohbriefe und Übergriffe im Jahr 2007 die Schweiz verließ.[576] Im April 2012 löste die rechtspopulistische Zürcher Nationalrätin Natalie Rickli (SVP) eine

---

571 PAA, Hiss, Mein Lebenslauf, S. 6.
572 Vgl. Kapitel 2.1.2
573 Frank Bussmann: Email an Andrea Althaus, [o.O.] Juli 2011.
574 Köllen, *Arbeitssituation*, S. 7–13. Zur Deutschfeindlichkeit der schweizerischen Bevölkerung erschienen in den letzten Jahren auch zahlreiche Zeitungsartikel. Bspw. Anna Imfeld, ›Geht doch heim ins Reich‹, in: Spiegel Online, 04.11.2007. Till Schwarze/Axel Hansen, ›Als Deutscher eckt man immer wieder an‹, in: Zeit Online, 10.02.2014. Diskursanalytisch untersucht wurde die Thematik von Guggisberg, *Die Deutschen*.
575 Helbing, »Why Swiss-Germans«, S. 11. Auch von 1860 bis zum Zweiten Weltkrieg waren die Deutschen die größte ausländische Bevölkerungsgruppe in Zürich. Eidgenössisches Statistisches Amt, *Volkszählung 1950*, S. 34.
576 Sascha Batthyany: Jetzt gehen sie wieder, in: NZZ, 28.10.2007.

Debatte aus mit der Aussage, es gäbe zu viele Deutsche in der Schweiz.[577] Diese Meinung, so eine nicht-repräsentative Umfrage der Boulevardzeitung *Blick*, werde von 36 Prozent von 1000 befragten Schweizer_innen geteilt.[578] Ein Jahr später publizierte die kostenlose Pendlerzeitung *20 Minuten* eine ähnliche Umfrage, der zufolge die Mehrheit der 9000 Teilnehmenden einer Online-Befragung die Deutschen als »zu direkt«, »hochnäsig« oder »forsch« wahrnähmen. Jede_r Fünfte vertrete »dezidiert die Meinung, es gebe zu viele Deutsche in der Schweiz.«[579]

Blick und *20 Minuten* gehören zu den auflagenstärksten Zeitungen der Schweizer Presse und können als meinungsmachende Akteure definiert werden.[580] Beide greifen seit einem guten Jahrzehnt die Thematik der Deutschen in der Schweiz in regelmäßigen Abständen auf und thematisieren in boulevardesk-reißerischem Tonfall, wie die Deutschen angeblich seien und welche Probleme sie verursachten. *Deutsche sollen lernen wie Schweizer ticken*[581] oder *Deutsche drängen in die Bundesbetriebe*[582] sind Schlagzeilen, wie sie in den letzten Jahren massenhaft zu lesen waren. Persönlich betroffen von einer solch deutschfeindlichen Berichterstattung fühlt sich Martha Gruber (Jg. 1933), die im Alter von 18 Jahren aus dem Schwarzwald in die Schweiz kam und seit sechs Jahrzehnten Schweizer Bürgerin ist: »Was jetzt wieder gelaufen ist teilweise in den Zeitungen gegen die Deutschen, die so viel reinkommen, das tut mir im Prinzip ein bisschen weh.«[583] Als ich Martha Gruber im Spätsommer 2011 zu einem Interview traf, hatte die Schweizerische Volkspartei (SVP) ihre Kampagne zu der – mittlerweile angenommenen – Volksinitiative *Gegen Masseneinwanderung* lanciert. Überall in der Schweiz waren Plakate zu sehen, auf denen eine bedrohlich wirkende Horde in schwarzen Stiefeln in die Schweiz – symbolisiert als am Boden liegende Flagge – eindringt und diese überrennt. Dies, so Gruber, stimme sie nachdenklich:

---

577 Peter Hossli/Marcel Odermatt, Einzelne Deutsche stören mich nicht, die Masse der Deutschen stört mich. Interview mit Natalie Rickli, in: Sonntagsblick, 29.04.2012.
578 Philippe Pfister, Das denken die Schweizer wirklich über die Zuwanderung aus Deutschland, in: Sonntagsblick, 29.04.2012.
579 Daniel Huber/Olaf Kunz, Deutsche sind zu direkt, Schweizer zu humorlos, in: 20 Minuten, 05.04.2013.
580 http://www.schweizermedien.ch/branchendaten, 20.01.2017.
581 Denise Dollinger, Deutsche sollen lernen, wie Schweizer ticken, in: 20 Minuten, 23.02.2009.
582 O.V., Deutsche drängen in Bundesbetriebe, in: 20. Minuten, 05.06.2011.
583 PAA, Althaus, Interview Gruber, 01:51:23.

»Das Plakat da von der SVP mit diesen schwarzen Stiefeln, die da so laufen, da denke ich, ich bin ja im Prinzip auch [...] ein Wirtschaftsflüchtling gewesen. Das heißt, ich habe ja da Arbeit wollen. Ich war ja eigentlich in der gleichen Situation. Ich kann doch nicht gegen das sein heute, nur weil es vielleicht Schwarze sind. Da habe ich eine andere Einstellung als sehr viele Schweizer.«[584]

In den Ausführungen von Martha Gruber wird das Wirken aktueller Diskurse auf die (Neu-)Konstruktion lebensgeschichtlicher Erfahrung in der Erzählung deutlich. Die neue Welle der Deutschfeindlichkeit und die zum Zeitpunkt des Interviews aktuelle Plakatkampagne der SVP lösten bei Gruber ein Nachdenken über ihre eigene Migrationsgeschichte aus. Aus der gegenwärtigen Perspektive ordnet sie vergangene Erfahrungen neu ein, beispielsweise in dem sie sich als »Wirtschaftsflüchtling« positioniert. Die zwar aktualisierten, aber in einem vergangenen Erleben verwurzelten Erfahrungen wirken dabei auf ihr gegenwärtiges und zukünftiges Handeln ein.[585] Durch die eigene Migrationserfahrung wird ihre »Einstellung« zur schweizerischen Migrationspolitik geprägt, was in einem direktdemokratischen System unmittelbare Folgen hat. Es ist anzunehmen, dass Martha Gruber am 9. Februar 2014 zu den 49,7 Prozent gehörte, die die SVP-Überfremdungsinitiative *Gegen Masseneinwanderung* ablehnte.[586]

Weitere Frauen aus meinem Sample, die in der Schweiz blieben, thematisierten die von Martha Gruber erwähnten Plakate. Bei Gerlinde Fellner (Jg. 1944), die seit über 50 Jahren in der Schweiz lebt, weckten diese Erinnerungen an die ähnlich aufgeheizte Stimmungsmache gegen ›Überfremdung‹ in den 1960er Jahren:

»Dass die populistischen Parteien, die SVP und so, solche Parolen rausgeben, also hervorholen, gegen die Fremden, das tut mir wahnsinnig weh und da habe ich wahnsinnig Mühe damit. Wenn ich durch das Engelbergtal fahre und dort sind die Plakate mit dem Schweizerkreuz und die schwarzen Stiefel trampeln da auf die Fahne, denke ich mir, was soll das eigentlich? Was werden die Touristen denken,

---

584 Ebd.
585 Vgl. Kapitel 1.2.
586 Die mit 50,3 Prozent angenommene Volksinitiative fordert, dass die Zuwanderung in die Schweiz durch eine jährliche festzulegende Höchstzahl von Einreisebewilligungen beschränkt werden soll. Das widerspricht dem Freizügigkeitsabkommen mit der EU. National- und Ständerat entschieden sich deshalb im Oktober 2016 gegen die Einführung von Kontingenten. Dafür sollen »Inländer« bevorzugt von den Arbeitgebern eingestellt werden (»Inländervorrang light«). Da sich die Umsetzung stark vom Initiativtext unterscheidet, werden die Schweizer Stimmberechtigten 2017 wohl erneut darüber abstimmen. Mch: Räte einigen sich auf Umsetzung der Masseneinwanderungsinitiative, in: Tagesanzeiger, 12.12.2016.

dass wir solche Plakate aufstellen? Und da fühle ich mich wieder so ein bisschen in die Zeit versetzt, als am Anfang auch so fremdenfeindliche Sachen gegen mich gelaufen sind.«[587]

Als Deutsche habe sie – meist aufgrund ihrer Sprache – manche »einschneidende, böse Bemerkung« aushalten müssen.[588] Beeinflusst durch die gegenwärtigen deutschfeindlichen Machenschaften der SVP werde sie heute trotz Schweizerpass wieder verstärkt zur Deutschen gemacht, beispielsweise in einer Auseinandersetzung mit ihrem Schwager über das, von der Jungen SVP Luzern geforderte, Hochdeutsch-Verbot in Kindergärten.[589] Im Gegensatz zu ihrem Schwager lehnte Fellner eine solche Initiative ab. Anstatt sie mit sachlichen Argumenten überzeugen zu wollen, habe er sie mit anti-deutschen Kommentaren auf einer persönlichen Ebene getroffen. Dies evaluiert sie mit den Worten: »Das bleibt einfach an einem haften.«[590] Das Gefühl »als Deutsche anzuecken« und »doch nicht ganz Schweizer« zu sein, werde wohl nie ganz weggehen.[591] Die Deutschfeindlichkeit in der Schweiz hat nicht nur in historischer Perspektive tiefe Wurzeln, sondern dauert auch in lebensgeschichtlicher Hinsicht an.

Von fremdenfeindlichen Äußerungen aus dem persönlichen Umfeld, die explizit gegen die eigene Person gerichtet waren, berichten ausschließlich Frauen wie Gerlinde Fellner, die einen Schweizer heirateten. Sieben von zwölf Interviewpartnerinnen, die ihre späteren Schweizer Ehemänner während ihrer Zeit als Haus- oder Gastgewerbsangestellte in den 1950er und 1960er Jahren kennenlernten, geben an, vor allem anfänglich von der Verwandtschaft des Freundes aufgrund der Herkunft geschnitten worden zu sein. Das gilt für die aus Deutschland wie Österreich kommenden Frauen gleichermaßen. Eine aus Oberösterreich stammende Interviewpartnerin erzählt, von ihrer Schwägerin als »Sauausländerin« tituliert wor-

---

587 PAA, Althaus, Interview Fellner, 01:06:10.
588 Ebd., 01:07:31.
589 O.V., Junge SVP gegen Hochdeutsch im Kindergarten, in: Blick, 13.10.2010. In Luzern wurde eine von der SVP eingereichte kantonale Volksinitiative *Für Mundart im Kindergarten* am 22.09.2013 vom Stimmvolk abgelehnt. Nop, Hochdeutsch wird aus Kindergärten nicht verbannt, in: Neue Luzerner Zeitung, 22.09.2013. In Zürich gilt seit Mai 2011 ein Hochdeutsch-Verbot in Kindergärten. O.V., Stimmbürger wollen kein Hochdeutsch im Kindergarten, in: Tagesanzeiger, 15.05.2011.
590 PAA, Althaus, Interview Fellner, 01:11:47.
591 Ebd., 01:05:38.

den zu sein.⁵⁹² Eine andere Erzählerin gibt an, dass ihre Schwiegermutter sie habe spüren lassen, dass sie als »Schwäbin« als Schwiegertochter unerwünscht sei.⁵⁹³ Dass die Verlobte des Sohnes oder Bruders ungern gesehen wurde, ist sicherlich keine Erfahrung, die nur deutsche und österreichische Arbeitsmigrantinnen in der Schweiz machten. Genau das zu sein, erschwerte jedoch die erste Kontaktaufnahme zur Schwiegerfamilie in besonderem Maße, wie am Beispiel von Elsa Zeller dargestellt werden kann. Problematisch erachteten ihre evangelischen Schwiegereltern nicht nur, dass sie katholisch war oder als Frau Hosen trug. Ganz besonders störte sie, dass ihr Sohn eine »Ausländerin« nach Hause brachte, weil doch bekannt sei, dass »die sowieso nur Schweizer heiraten wollen«.⁵⁹⁴ Dieses Vorurteil, die Deutschen und Österreicherinnen kämen nur zum Heiraten in die Schweiz, hielt sich von den 1920er bis in die 1960er Jahre hartnäckig.⁵⁹⁵ Angesichts dieses weit verbreiteten Feindbildes wird verständlich, warum der Empfang der neuen Schwiegertochter in so vielen Fällen nicht gerade herzlich ausfiel.

Neben der unfreundlichen Aufnahme in die Familie des Freundes, äußerte sich das Vorurteil auch in Form von sexuellen Belästigungen durch Schweizer Männer im öffentlichen Raum. Besonders betroffen von dieser sexualisierten Form der herkunftsbedingten Diskriminierung waren die trinkgeldabhängigen ›Serviertöchter‹ in Gastwirtschaften, wie an anderer Stelle bereits ausführlich herausgearbeitet wurde. Die Vorstellung, dass Deutsche und Österreicherinnen alles für einen Schweizerpass tun würden, weckte Fantasien über die sexuelle Freizügigkeit der Migrantinnen. Wie »billige Ware« sei sie behandelt worden, erzählt beispielsweise Marga Jaggi auf meine Nachfrage, wie sich die von ihr erwähnte anti-deutsche Stimmung konkret geäußert habe:

»Dass du am Abend so angepöbelt worden bist von Schweiz- jungen Schweizermännern, so=so quasi, wie wenn wir billige Ware wären, die man einfach so haben könnte. Also ich musste mich damals ein paar Mal wehren.«⁵⁹⁶

---

592 PAA, Althaus, Interview Benn Teil II, 00:09:15.
593 PAA, Althaus, Interview Reichenbach, 02:24:25.
594 PAA, Althaus, Interview Zeller, 01:54:11.
595 Vgl. Kapitel 2.4.
596 PAA, Althaus, Interview Jaggi, 01:10:39. Dass Schweizer meinten, Deutsche seien einfach zu haben, das erwähnt auch Cäcilie Brunner: PAA, Althaus, Interview Brunner, 01:16:37.

Positive Erfahrungen mit Schweizermännern machte Marga Jaggi erst, als sie bei einer Tanzveranstaltung des katholischen Hausangestelltenvereins, in dem sie Mitglied war, »Handwerksburschen« kennenlernte. Die Handwerker des Kolpingvereins luden, so Jaggi, ganz gezielt die ausländischen Hausangestellten ein:

»Die Gesellen, die haben gesagt, Schweizermädchen wollen nur Bürolisten und nicht Handwerker [...] Und deshalb haben die uns [Deutschen] jeweils eingeladen, wenn sie Tanzabend gemacht haben.«[597]

Dass heiratswillige Schweizermänner ganz gezielt deutsche oder österreichische Frauen suchten, wird ansonsten vorwiegend von Gasthausangestellten berichtet, die bei der Arbeit Heiratsanträge von Schweizer Gast- oder Landwirten erhielten, die auf der Suche nach einer fleißigen Frau waren.[598] Ob sexuell übergriffige Pöbeleien oder ernsthafte Heiratsabsichten, in beiden Fällen sind es die, mit der nationalen Herkunft verbundenen, Zuschreibungen, welche die deutschen und österreichischen Haus- und Gastgewerbsangestellten in den Augen der Schweizer Männer besonders attraktiv erscheinen ließen. Wirkt im ersten Fall vermutlich die Vorstellung der angeblichen ›sittlichen Verkommenheit‹ der Deutschen und Österreicherinnen anziehend, bezieht sich im zweiten Fall das Interesse eher auf deren nachgesagte besondere ›Tüchtigkeit‹.

Marga Jaggi verliebte sich während einer Tanzveranstaltung beim Gesellenverein in einen der heiratswilligen »Handwerksburschen«. Als er sie seiner Familie als Verlobte vorstellte, erfuhr auch Jaggi einen unfreundlichen Empfang. Bei der ersten Begegnung habe ihre spätere Schwägerin ihren zukünftigen Mann in bissigem Tonfall gefragt, ob er denn keine Schweizerin gefunden habe.[599] Mehrmals im Interview betont sie – wie viele andere, die in der Schweiz heirateten –, dass sie auch ohne Trauschein dort geblieben wäre.[600] Dies kann als implizites Anreden gegen das Vorurteil, Ausländerinnen kämen nur, um sich einen Schweizer zu angeln, interpretiert werden. Explizit dagegen Stellung bezieht Ella Lubich: »Viele haben gesagt, ihr wollt so einen Schweizer heiraten. Sag ich: ›Aber ich komme

---

597 PAA, Althaus, Interview Jaggi, 00:18:02.
598 PAA, Kroll, Meine Alltagsgeschichten, S. 8. PAA, Althaus, Interview Kroll, 00:12:37. PAA, Hormayer, Lebensgeschichtliche Aufzeichnungen, S. 2. Vgl. auch Kapitel 4.2.6.
599 PAA, Althaus, Interview Jaggi, 01:24:05.
600 Ebd., 00:17:09 und 02:57:18. Ähnlich: PAA, Althaus, Interview Hauert, 02:01:09. PAA, Althaus, Interview Zeller, 03:29:38. PAA, Althaus, Interview Vogel, 01:49:58. PAA, Althaus, Interview Fellner, 03:20:56. PAA, Althaus, Interview Gruber, 02:22:36.

nicht wegen den Schweizern« (lacht).«[601] Getanzt habe sie mit ihnen, ab und zu sei sie auch mit einem ausgegangen, aber heiraten, das sei nie in Frage gekommen: »Ich habe immer gesagt, einen Schweizer heirate ich nicht!«[602] Diesen Vorsatz setzte sie auch in die Tat um. Zwar lernte sie in der Schweiz ihren ersten Ehemann kennen. Allerdings handelte es sich dabei um einen Deutschen. Als sie schwanger wurde, gab die gebürtige Niederösterreicherin ihre damalige Stelle als Hausangestellte in einer Pflegeanstalt auf und zog mit ihrem Mann nach Bayern.

Wie sich die weiteren Migrationsverläufe der Erzählerinnen gestalteten und welche familiären und beruflichen Veränderungen sie nach ihrer Zeit als Haus- oder Gastgewerbsangestellte in der Schweiz durchlebten, ist Gegenstand des nächsten Kapitels.

4.4 Sozio-biografisches Kollektivporträt II

Bevor ich nach der Bedeutung frage, welche die Erzählerinnen ihrer Migrationserfahrung im lebensgeschichtlichen Kontext beimessen, soll abschließend ein Blick auf ihr Leben nach der Zeit als Haus- oder Gastgewerbsangestellte in der Schweiz geworfen werden. Ob sie in der Schweiz blieben, zurückkehrten oder an einen anderen Ort weiterwanderten, ob sie heirateten und Kinder bekamen, ob und in welchen Bereichen sie beruflich weiter aktiv waren, diesen und ähnlichen Fragen gehe ich in den folgenden Ausführungen nach. Ähnlich wie im erstellten Sozialprofil für die Zeit vor der Migration rücke ich hier die Einzelbiografien in den Hintergrund. Zentrale Aspekte des späteren Lebens der Erzählerinnen sollen in einem kollektivbiografischen Panorama quantifizierend dargestellt werden.

Die Zeit als Haus- oder Gastgewerbsangestellte in der Schweiz endete entweder mit der endgültigen Rückkehr in die Heimat, dem Weiterwandern in ein anderes Land oder dem Berufswechsel infolge eines ausländerrechtlichen Statuswechsels. Nach der Niederlassung, die in der Regel nach zehn Jahren beantragt werden konnte, oder der Eheschließung mit einem Schweizer, was bis 1991 die automatische Einbürgerung bedeutete, stand

---

601 PAA, Althaus, Interview Lubich, 01:54:06. Ähnlich: PAA, Siebler, Interview Havur, 00:54:28.
602 PAA, Althaus, Interview Lubich, 01:52:30. Ähnlich: PAA, Althaus, Interview Keller, 00:38:02.

den zugewanderten Frauen der gesamte schweizerische Arbeitsmarkt offen. Jede Fünfte (16 von 79) aus meinem Sample blieb für immer in der Schweiz. Der Einfachheit halber werde ich sie im Folgenden als Emigrantinnen bezeichnen. Zu diesen Emigrantinnen zähle ich auch eine Frau, die einen Großteil ihres Lebens in der Schweiz verbrachte und erst als Rentnerin Anfang der 1990er Jahre in ihr Heimatdorf zurückkehrte.

Insgesamt 54 Personen – das entspricht mehr als zwei Drittel der Erzählerinnen – kehrten nach maximal zwölf Jahren in ihr Herkunftsland zurück (Remigrantinnen). 31 davon gingen an den gleichen Ort zurück, wo sie vor ihrer Migration in die Schweiz wohnhaft gewesen waren. Die restlichen 23 Remigrantinnen wählten einen neuen Wohnort innerhalb ihres Herkunftslandes. Neun der 79 Erzählerinnen meines Samples – das entspricht etwa elf Prozent – wanderten direkt im Anschluss an ihren Aufenthalt in der Schweiz in andere Länder weiter. Fast die Hälfte davon (vier Personen) waren Österreicherinnen, die in die BRD gingen. Die restlichen fünf migrierten – meist weiterhin als Hausangestellte – nach Großbritannien, Frankreich, Tschechien oder in die USA. Zwei dieser internationalen Migrantinnen gehören zu den sieben Frauen meines Samples, die in der Zwischenkriegszeit in die Schweiz einreisten. Es handelt sich dabei also nicht ausschließlich um ein (Au-Pair) Phänomen der 1950er und 1960er Jahre.

Bis auf eine Emigrantin, die ledig blieb, heirateten alle Frauen, die in der Schweiz blieben einen Schweizer und erhielten damit das Schweizer Bürgerrecht. Als Schweizerinnen durften sie den Beruf wechseln. Für fast alle verheirateten Emigrantinnen endete mit der Hochzeit auch ihre Tätigkeit als Haus- oder Gastgewerbsangestellte. Nur eine Frau arbeitete nach der Hochzeit mit einem Schweizer bis zu ihrer Pensionierung als Haus- oder Hotelangestellte. Drei Emigrantinnen hatten bereits vor ihrer Hochzeit den Niederlassungsstatus erreicht und den Beruf gewechselt.

Für 16 der 54 Remigrantinnen war die Hochzeit Anlass für die Rückkehr. Der große Rest ging zurück, ohne gleich im Anschluss daran zu heiraten. Fünf Remigrantinnen hatten bereits während ihrer Zeit als Haus- und/oder Gastgewerbsangestellte in der Schweiz einen Deutschen oder Österreicher geheiratet. Bei den Remigrantinnen, die ohne Heiratsabsichten zurückgingen, kann grundlegend unterschieden werden zwischen einer freiwilligen und einer unfreiwilligen Rückkehr. Vereinzelt werden als Gründe für eine freiwillige Rückkehr die als ausbeuterisch empfundenen

Arbeitsbedingungen in der Schweiz,[603] Heimwehgefühle[604] oder enttäuschte Erwartungen vom Leben im Ausland[605] genannt. Mehrere Erzählerinnen hatten ihren Schweizaufenthalt von Anfang an als »Zwischenjahr« geplant[606] oder bis zum Erreichen eines bestimmten Ziels terminiert – beispielsweise bis genügend Ersparnisse angelegt waren, um ein (anderes) Ziel zu erreichen.[607] Konkrete Zukunfts- und Lebenspläne wie beispielsweise die Gründung eines Geschäftes oder der Hausbau können als weitere Beispiele für eine freiwillige Rückkehr genannt werden.[608] Ein Drittel der Remigrantinnen (18 von 54) äußern explizit, dass sie unfreiwillig zurückgegangen seien. 12 davon wurden von den Eltern oder dem Freund zurückgeholt. Vielfach handelt es sich dabei um Erzählerinnen aus einem bäuerlichen Elternhaus, deren Mitarbeit auf dem Hof verlangt wurde.[609] Es sind jedoch auch Personen darunter, die aufgrund der Erkrankung eines Elternteils zurückkehren mussten[610] oder von emotionalem Druck von Daheimgebliebenen erzählen.[611] Weitere drei Frauen »mussten« aufgrund von Schwangerschaft oder aus gesundheitlichen Gründen zurückkehren.[612] Eine Interviewpartnerin ging nach 40-jährigem Aufenthalt in der Schweiz nach Österreich zurück, weil sie von ihrer geringen Rente in der Schweiz ihren Lebensunterhalt nicht bestreiten konnte.[613] Nicht zu vergessen sind auch die zwei Frauen des Samples, die wegen Verstoßes gegen fremdenpolizeiliche Bestimmungen aus der Schweiz ausgewiesen wurden.[614]

Von den 79 Erzählerinnen des Samples geben insgesamt 73 an verheiratet (gewesen) zu sein. Bis auf eine Frau, die bereits verheiratet als Ar-

---

603 PAA, Franz, Lebensgeschichtliche Aufzeichnungen, S. 6.
604 PAA, Kramer, Lebensgeschichtliche Aufzeichnungen, S. 2 und PAA, Hormayer, Lebensgeschichtliche Aufzeichnungen, S. 1.
605 PAA, Hug, Lebensgeschichtliche Aufzeichnungen, S. 1.
606 Bspw. PAA, Stamm, Bericht, S. 4.
607 Bspw. PAA, Althaus, Interview II Oban, 02:01:36.
608 PAA, Althaus, Interview Welzer, 03:56:34 und PAA, Hinzelmann, Lebensgeschichtliche Aufzeichnungen, S. 1.
609 PAA, Delestowicz, Interview Zehnder, 00:31:00. PAA, Riemer, Lebensgeschichtliche Aufzeichnungen, S. 4.
610 PAA, Althaus, Interview Hummel, 00:20:58. FZH/WdE 442, Jens Michelsen: Interview mit Charlotte Manthai [Alias], Hamburg 13.07.1996, S. 13.
611 PAA, Althaus, Interview Zich, 00:08:50.
612 PAA, Groß, Lebensgeschichtliche Aufzeichnungen, S. 3. PAA, Althaus, Interview Gustav, 00:15:45. PAA, Althaus, Interview Lubich, 03:12:11.
613 PAA, Althaus, Interview Imhof, 02:11:56.
614 Vgl. Kapitel 4.2.7.

beitsmigrantin in die Schweiz kam, heirateten alle während oder nach ihrer Zeit im schweizerischen Hausdienst oder Gastgewerbe. Von 60 der 73 verheirateten Erzählerinnen konnten die Berufe der Ehemänner ermittelt werden. Knapp zwei Drittel geben an einen Arbeiter (13 Personen), einen Handwerksgesellen (zwölf Personen) oder einen ›einfachen‹ Angestellten in kaufmännischen, technischen oder sozialen Berufen geheiratet zu haben (13 Personen). Das restliche Drittel heiratete Männer in ›höheren‹ Positionen: Sechs Frauen ehelichten einen selbstständigen Geschäftsführer eines Gewerbe- oder Handelsbetriebes, sieben Frauen vermählten sich mit einem höheren Angestellten im öffentlichen Dienst und acht Erzählerinnen heirateten einen Akademiker. Dass ›nur‹ eine Erzählerin einen Landwirten zum Mann nahm, ist angesichts des hohen Anteils an Personen aus dem bäuerlichen Milieu ein eher überraschend geringer Anteil. Die Berufe der Ehemänner geben zwar einen Eindruck vom sozialen Umfeld, in dem die Erzählerinnen sich als verheiratete Frauen bewegten. Allerdings sind in den Angaben keine beruflichen Auf- und Abstiege der Männer und im Falle der Wiederverheiratung auch keine zweiten Männer berücksichtigt. Der Dynamik sozialer Mobilität wird in qualitativer Herangehensweise im nächsten Kapitel ausführlicher nachgegangen.

Fast 90 Prozent der Erzählerinnen bekamen Kinder. 12 Frauen widmeten sich direkt nach der Hochzeit ausschließlich den Familienpflichten und waren zeitlebens Hausfrau. 14 Personen stiegen, nachdem die Kinder etwas älter waren, wieder ins Erwerbsleben ein. 53 der 79 Erzählerinnen – dies entspricht etwas mehr als zwei Drittel – geben an, ständig erwerbstätig gewesen zu sein (häufig in Teilzeit). Betrachten wir die Berufe, die die ständig Berufstätigen direkt im Anschluss an ihre Arbeitsmigration ausführten, wird deutlich, dass der Großteil als gering qualifizierte Angestellte in Handel, Industrie, Haus-, Gast- oder Landwirtschaft tätig war.

19 Frauen arbeiteten weiterhin als Haus- oder Gastgewerbsangestellte. 14 Erzählerinnen waren im kaufmännischen Bereich beschäftigt, sechs wechselten in eine Fabrik. Drei arbeiteten in der Landwirtschaft. In höher qualifizierten Berufen im pädagogischen oder pflegerischen Bereich waren sieben Personen tätig. Zwei Erzählerinnen bauten mit dem Ehemann ein Geschäft auf, zwei weitere gründeten selbstständig eine Firma.

Welchen Stellenwert die Erzählerinnen ihrem Aufenthalt als Haus- oder Gastgewerbsangestellte in der Schweiz im lebensgeschichtlichen Kontext beimessen – unter anderem in Bezug auf ihre berufliche Laufbahn – ist Gegenstand des nächsten Kapitels.

5. Die Migrationserfahrung im lebensgeschichtlichen Kontext

Ich bin Ich geworden.
Marga Jaggi

Wie bewerten meine Interviewpartnerinnen ihren Aufenthalt als Hausoder Gastgewerbsangestellte in der Schweiz? Welche Bedeutung messen sie dieser Migrationserfahrung bei? Zur Beantwortung dieser Fragen stelle ich abschließend die Einzelbiografien als Ganzes in den Vordergrund.[1] Die Analyse setzt an zwei Punkten an. Zum einen beleuchte ich die Auswirkungen, die die Interviewpartnerinnen der Migration für das eigene Leben explizit zusprechen. Zum anderen untersuche ich auf einer erzählstrukturellen Ebene, wie sie diese im lebensgeschichtlichen Kontext einbetten und narrativ organisieren.

Zunächst kann festgehalten werden, dass die Zeit als Arbeitsmigrantin im schweizerischen Hausdienst und Gastgewerbe in den meisten Fällen äußerst positiv bewertet wird. Zwei Drittel der 27 von mir befragten Frauen evaluieren sie ausdrücklich als besonders schöne, häufig gar schönste, Zeit des Lebens. Lediglich zwei Personen ziehen explizit eine negative Bilanz. Die restlichen Interviewpartnerinnen bewerten die Zeit in der Schweiz durchweg als positive Lebenserfahrung, weisen dieser im lebensgeschichtlichen Kontext jedoch keine außerordentliche Bedeutung zu. Dieser Befund zeichnete sich schon beim ersten Kontakt mit den Interviewten ab: »Ich muss Sie vorwarnen, es ist mir dort gut gegangen«, teilte mir eine Interviewpartnerin im telefonischen Vorgespräch über ihre Zeit als Hausangestellte in der Schweiz mit.[2] Eine andere betonte ebenfalls bereits im ersten Telefonat, dass die Jahre als Hotelangestellte in der Schweiz, trotz der strengen Arbeit, die »schönste Zeit« ihres Lebens gewesen sei. Sowohl ihre Kindheit und Jugend vor der Migration als auch ihr späteres Leben nach der Rückkehr aus der Schweiz seien nämlich »wenig

---

[1] Aus Gründen der Vergleichbarkeit konzentriere ich mich auf die von mir persönlich geführten Interviews.
[2] PAA, Althaus, Forschungstagebuch zum Interview mit Sibilla Bernecker, S. 1.

schön« gewesen.³ Anhand dieser beiden Beispiele werden zwei wesentliche Aspekte deutlich, die Interviews prägen. Erstens zeigt die Vorwarnung, nur Gutes berichten zu können, dass jede (lebensgeschichtliche) Erzählung von bestimmten Erwartungen des Publikums ausgeht und sich danach richtet.⁴ Mein per Medienaufruf bekundetes Interesse an ›Dienstmädchen‹ – erst recht in Kombination mit Migration – evozierte bei manchen die Vorstellung, ich sei vor allem auf der Suche nach schlimmen Erfahrungen. So kam ein Interview deshalb nicht zu Stande, weil eine potentielle Interviewpartnerin meinte, sie habe mir nichts zu erzählen, da sie nichts »Negatives« erlebt habe.⁵ Die Betonung es »gut gehabt« zu haben, kann als Widerspruch interpretiert werden gegen das gesellschaftlich dominierende Bild der ausgebeuteten Hausangestellten und Migrantin. Die Migrationshistorikerin Marlou Schrover legt überzeugend dar, dass Migrantinnen heute in Medien und Forschung vorwiegend als gefährdete Opfer problematisiert würden.⁶

Die Beurteilung der Schweizzeit als »schönste Zeit« verweist zweitens darauf, dass die Interviewpartnerinnen sich zum Zeitpunkt der Interviewführung in einer Lebenssituation befanden, in der weniger in die Zukunft geschaut, sondern verstärkt Bilanz gezogen wird. Die Interviewten waren zwischen 67 und 96 Jahre alt, ausnahmslos in Rente und blickten auf ein erfahrungsreiches Leben zurück. Aus dieser Perspektive ordneten sie die Migrationserfahrung, die bei allen Interviewten in die jungen Erwachsenenjahre fällt, vor dem Hintergrund ihrer Kindheits- und Jugenderinnerungen, im Hinblick auf das spätere Erwachsenenleben sowie in Erwartung einer nicht ewig währenden Zukunft ein. Da in einer Lebensgeschichte keine zusammenhanglosen Episoden präsentiert werden, sondern die einzelnen Teile in einen strukturellen Zusammenhang gebracht werden, präsentieren die Interviewpartnerinnen die Migrationserfahrung zudem in der Logik ihrer biografischen Gesamterzählung.

In der Analyse der narrativen Konstruktionen meiner Interviewpartnerinnen konnten unterschiedliche Arten von Geschichten herausgearbeitet werden. Neben ›Emanzipationsgeschichten‹, finden sich in meinem Sample insbesondere ›Bildungsgeschichten‹ und berufliche ›Erfolgsgeschichten‹ – vereinzelt auch sozioökonomische ›Abstiegsgeschichten‹. Die Grenze zwi-

---

3 PAA, Althaus, Forschungstagebuch zum Interview mit Maja Pichler, S. 1.
4 Vgl. Kapitel 1.2.3.
5 PAA, Althaus: Protokoll des Telefongesprächs mit E.S., Eichstetten 29.07.2011.
6 Schrover, »Feminization«, S. 125–129.

schen den verschiedenen Arten von Geschichten ist fließend. So beschreiben beispielsweise Personen, die das Thema Bildung stark machen oder die Befreiung von alten Werten und Autoritäten ins Zentrum setzen – meist *en passant* – ebenfalls eine Geschichte des sozialen und ökonomischen Aufstiegs. Die analytische Trennung und Typisierung verschiedener Narrative dient dazu, einerseits die Rolle, die der Migrationserfahrung im lebensgeschichtlichen Kontext zugesprochen wird, präzise zu erfassen und strukturiert darzustellen. Andererseits übernimmt dieses letzte Kapitel eine synthetisierende Funktion. Die zentralen Erzähllinien, die sowohl die Lebensgeschichten als auch meine historische Analyse des Wanderungssystems durchziehen, werden hier anhand einzelner Biografien zusammenfassend dargestellt.

5.1 Break free: Emanzipationsgeschichten

Agatha Hauert, die 1935 in ein bäuerliches Umfeld in Süddeutschland geboren wurde, erinnert die Entscheidung in die Schweiz zu gehen – und dort zu bleiben – nicht nur als positive Lebenserfahrung, sondern stuft sie als wegweisend für den Verlauf ihres späteren Lebens ein:

AA: »Ja, vielleicht noch die letzte Frage, was würden Sie sagen, ist die Bedeutung von diesem In-die-Schweiz-Gehen für Sie, für Ihr Leben?«

AH: »Ehm entscheidend würde ich sagen, ja. Ich=ich=ich denke *immer* wenn ich zu Hause [Heimatdorf am Oberrhein] bin, wie wäre mein Leben abgelaufen, wenn ich dort geblieben wäre und gar nie auf die Idee gekommen wäre- da sehe ich meine Schulkollegen, wie die leben, dann sage ich zu mir, ich möchte das auf *keinen* Fall. Ich gehe heute auch so weit, dass ich sage, ich denke vielleicht würde ich nicht einmal mehr leben.«

AA: »Mhm. Was ist denn so der größte Unterschied, würden Sie sagen, zwischen dem Leben, das Sie jetzt haben und dem-«

AH: »Ich fühle mich einfach wahnsinnig frei. Sehr frei, ich bin *niemandem* verpflichtet, ich bin von nichts abhängig und das ist der Hauptgrund. Dort läuft alles so- einer passt auf den anderen auf und so. Auf dem Friedhof gehen die Leute nachschauen, ob irgendwo ein Unkraut wächst, dann heißt es, sie schauen nicht zum Grab und so weiter, so Sachen einfach. Und ich würde wahrscheinlich, ich weiß nicht, ich hätte vielleicht schon mitgemacht, nehme ich an, mit den anderen. Ob ich dort wirklich ausgeschert wäre und vielleicht nicht so weiter gemacht hätte?

Aber man hat ja nichts anderes gewusst, dann wäre man vielleicht auch ins gleiche Fahrwasser [geraten].«[7]

In die Schweiz zu gehen und dort zu bleiben, das sei ihr »Glück« gewesen, schlussfolgert Hauert ihre Ausführungen nach weiteren Beispielen über die soziale Kontrolle im Dorf. In der Kontrastierung mit den Daheimgebliebenen, die alternativlos ins »Fahrwasser« dörflicher Engstirnigkeit gerieten, stellt sie sich als frei und unabhängig dar. Die Emigration habe ihr nicht nur ermöglicht der Scheuklappenmentalität zu entkommen, sondern sie auch am Leben gehalten. Agatha Hauert weist der Migrationserfahrung damit eine essenzielle Bedeutung in der Ausbildung eines selbstbestimmten Lebens zu. Sie erzählt eine, an die Migrationserfahrung gekoppelte, Emanzipationsgeschichte.

Der Begriff der Emanzipation bezieht sich in den folgenden Ausführungen auf die Befreiung einer persönlichen Abhängigkeit und nicht auf die politische, rechtliche oder soziale Gleichstellung. Während der Zeit als kontrollpflichtige Ausländerinnen waren die Migrantinnen der schweizerischen Mehrheitsbevölkerung weder in ihren politischen Rechten noch der Teilhabe am Arbeitsmarkt gleichberechtigt. Wurden sie in Bezug auf Letzteres durch Hochzeit mit einem Schweizer oder Erreichen des Niederlassungsstatus den Schweizerinnen gleichgestellt, teilten sie als Frauen das gleiche Los wie diese. Nicht nur waren sie gegenüber den Männern auf dem Arbeitsmarkt benachteiligt, bis 1971 hatten sie aufgrund ihrer Geschlechtszugehörigkeit auf eidgenössischer Ebene auch kein Stimm- und Wahlrecht. Hinsichtlich der politischen Gleichstellung war die Migration für die Deutschen und Österreicherinnen, die in der Schweiz blieben, faktisch ein Rückschritt. Interessant ist, dass das von keiner einzigen Emigrantin thematisiert wird. Das hängt damit zusammen, dass sie bis auf zwei Ausnahmen zum Zeitpunkt der Auswanderung noch minderjährig waren. Es handelte sich in ihrer Wahrnehmung weniger um einen Verlust der politischen Rechte, als vielmehr um eine Kontinuität der politischen Unmündigkeit.[8] Wenn im Folgenden von Emanzipation die Rede ist, ist damit eine Befreiung von elterlichen oder gesellschaftlichen Normen sowie der Verwirklichung einer Selbstbestimmung gemeint.[9] Neben Agatha Hauert erzählen auch Marga Jaggi, Maria Zich, Gerlinde Fellner, Rosa Imhof und Lisbeth Reichenbach eine ausgeprägte, mit der Migrationserfahrung ver-

---

7 PAA, Althaus, Interview Hauert, 02:57:31.
8 PAA, Althaus, Interview Fellner, 03:54:02.
9 Begriffsbestimmung nach: Schubert/Klein, *Politiklexikon*, S. 86.

knüpfte, Befreiungs- und Wandlungsgeschichte. An ihrem Beispiel lassen sich die herausgearbeiteten Facetten der zu untersuchenden Erzählstruktur umfassend präsentieren. Deshalb werden sie uns als Protagonistinnen durch dieses Kapitel begleiten.

Eine zentrale argumentative Grundlage der Emanzipationsgeschichten bildet das artikulierte Gefühl der Beengung in der Herkunftsgesellschaft und -familie. Bei Agatha Hauert und Marga Jaggi bezieht sich das auf die Mentalität in ländlichen Regionen. Beide wuchsen in den 1930er und 1940er Jahren in einem bäuerlich-katholischen Umfeld in Süddeutschland auf. Agatha Hauert beschreibt, wie eingangs zitiert, die Wirkung der Migration als Befreiung von der sozialen Kontrolle im Dorf und als »Ausscheren« aus einer als unvermeidlich dargestellten Lebens- und Denkweise ihrer Herkunftsumgebung – einem kleinen Dorf am südlichen Oberrhein. Die auf einem Bauernhof im Schwarzwald aufgewachsene Marga Jaggi (Jg. 1934), die gleich wie Agatha Hauert einen Schweizer heiratete und in der Schweiz blieb, argumentiert hinsichtlich des Impacts der Migration in ähnlicher Weise wie Hauert:

AA: »Ja, was=was würden Sie sagen, was hat das In-die-Schweiz-Kommen für Ihr Leben für einen Einfluss gehabt oder für eine Bedeutung für Ihr Leben, können Sie das-«
MJ: »Dass ich selbstständig geworden bin. {AA: mhm} Wie soll ich sagen? Mehr ein Vorbeischauen nicht nur so-. Wie=wie kann man das formulieren? Ich weiß es nicht. Einfach mehr Weitblick und nicht einfach stur geradeaus, so ist es recht und das was die machen, geht mich nichts an oder=oder das Interesse hat es enorm geweckt für andere Sachen (längere Pause).«
AA: »Ja (kurze Pause). Ja, das ist spannend also so ein bisschen die andere- eine andere Sichtweise noch zu haben«
MJ: »Ja=ja=ja, daheim war es eng, einfach so=so- du musstest parieren [...] Und irgendwie bin ich hier selbstständig geworden, also *eigenwillig* {AA: mhm} kannst du ja fast so sagen. Ich bin Ich geworden und vorher hast du dich ewig angepasst. [...] Eine innere Freiheit habe ich bekommen irgendwie so«.[10]

Selbstständig geworden zu sein und einen eigenen Willen entwickelt zu haben, setzt Jaggi gleich wie Hauert in einen kausalen Zusammenhang mit ihrer Migration. Das Fortgehen ließ sie neue »Interessen« entdecken, was ihr im Gegensatz zur ländlichen Gesellschaft einen »Weitblick« verschaffte. Dieser erweiterte Horizont ermöglichte ihr, die gesellschaftlichen Normen ihrer Herkunftsumgebung – »so ist es recht« –, zu hinterfragen und sich

---

10 PAA, Althaus, Interview Jaggi, 03:03:56.

davon zu befreien. Zu Hause war es nicht nur zu »eng«, um ein eigenständiges Denken zu entwickeln. Die als engstirnig beschriebene Mentalität wirkte in repressiver Weise. Mit dem Verb »parieren« beschreibt sie sich in ihrer Kindheit und Jugend als fremdbestimmt. Marga Jaggi und Agatha Hauert gehören beide zu den Erzählerinnen, die den autoritären Erziehungsstil ihrer Eltern in ihren Kindheits- und Jugenderzählungen relevant setzen. Nicht selten mit einer Tracht Prügel seien ihnen die von Pfarrern und Schulmeistern definierten Tugenden eingebläut worden. Dazu gehörten Werte wie widerspruchloser Gehorsam, Arbeiten oder Sparen. Die Akzentuierung der, mittels Gewalt vermittelten und als Zwang wirkenden, Normen in den Kindheitserzählungen kann als narrativer Ankerpunkt interpretiert werden, an dem die Interviewpartnerinnen ihre Geschichte der Befreiung festmachen. Es ist das Hinter-sich-Lassen von alten Werten und Autoritäten, die, mit Jaggi gesprochen, den Zustand des »Ich bin Ich« erreichen lassen.

Maria Zich und Gerlinde Fellner, die im Gegensatz zu Hauert und Jaggi aus einem städtischen Umfeld stammen, präsentieren ihr Herkunftsmilieu ebenfalls als beengend. Maria Zich stammt aus einer gut situierten Freiburger Beamtenfamilie und bezeichnet sich selber als »Tochter aus gutem Hause«.[11] Sie konnte das katholische Mädchengymnasium besuchen und eine Ausbildung zur Kindergärtnerin absolvieren. Als einziges Kind unter vielen Erwachsenen wurde sie zum einen sehr verwöhnt, zum anderen überbehütet und »in Watte gepackt«. Sie durfte nie auf der Straße oder mit anderen Kindern spielen und fühlte sich dadurch isoliert.[12] Maria Zich erzählt sich als im goldenen Käfig sitzend. Ihre Mutter habe sie zudem »sehr streng katholisch« erzogen: »Ich musste [als Kind] so oft in die Kirche, dass ich gesagt habe, das reicht für mein ganzes Leben.«[13] Zu dieser Erkenntnis sei sie dank ihrer Migration in die Schweiz gekommen:

AA: »Ja, jetzt einfach noch so rückblickend, was würden Sie sagen, hat diese Schweizzeit einen Einfluss gehabt auf Ihr späteres Leben?«
MZ: »Ja (längere Pause)«
AA: »Mhm, inwiefern? (kurze Pause) schwierige Frage«
MZ: »Das ist eine *sehr* schwierige Frage [...] Das geht ins Religiöse. {AA: mhm} Dadurch dass ich bei diesen Anthroposophen [Arbeitgeberfamilie] gewohnt habe, hab ich einen ganz anderen Blick gekriegt oder wie sagt man denn? Ehm, zur

---

11 PAA, Althaus, Interview Zich, 02:30:57.
12 Ebd., 00:41:27.
13 Ebd., 03:03:24.

katholischen Kirche oder überhaupt zur Konfession. Also ich bin ziemlich frei geworden dadurch.«[14]

Vor allem in Gesprächen mit der Mutter der Arbeitgeberin habe sie eine ganz andere »Sichtweise« bekommen: »Also die Frau hat mir *sehr* viel gegeben. Auch in Bezug auf das Verhältnis mit meiner Mutter hat sie mir sehr geholfen. […] Wir haben nächtelang diskutiert und geredet über religiöse Dinge.«[15] Die Begegnung mit der anthroposophischen Arbeitgeberfamilie habe ihr ermöglicht, sich sowohl von der Kirche als auch von der Mutter zu lösen. Dies prägte nicht nur ihr Leben, sondern auch das ihrer Kinder. Aufgrund ihrer Migrationserfahrung und der anderen Denkweise, die sie dadurch kennenlernte, sei es ihr gelungen, ihre Kinder nicht so »eng« an sich zu binden und sie in religiöser Hinsicht auf undogmatische Weise zu erziehen.[16]

Die um zehn Jahre jüngere Gerlinde Fellner (Jg. 1943) fühlte sich nicht durch die religiöse Praxis ihrer Eltern belastet, sondern durch deren politische Gesinnung. Sie wurde im niedersächsischen Salzgitter geboren, einer, zur Zeit des Nationalsozialismus aus dem Boden gestampften, Industriestadt. Ihre Mutter war Hausfrau. Ihr Vater, den sie als überzeugten Nazi vorstellt, arbeitete als Vorarbeiter im nationalsozialistischen Industriekomplex *Reichswerke Hermann Göring*, in denen Stahl für die Wehrmacht produziert wurde.[17] Nach Kriegsende nahmen ihre Eltern zwar das Hitlerbild von der Wand, das Gedankengut konnten sie jedoch nicht so einfach abhängen. Während ihrer Lehrzeit zur Verkäuferin, so Fellner, hatte sie heftige Auseinandersetzungen mit ihren Eltern, die der Meinung waren »alles Fremde ist furchtbar, nur die Deutschen sind gut«.[18] Dies habe bei ihr ein Gefühl der Entfremdung ausgelöst, was das Zusammenleben mit den Eltern konfliktreich gestaltete. Auf die Frage nach der Bedeutung der Migration antwortete Fellner mit einem Wort: »Freiheit«:

AA: »Was würden Sie sagen, was hat das In-die-Schweiz-Gehen für Ihr Leben bedeutet?«
GF: »Freiheit«
AA: »Freiheit«

---

14 Ebd., 01:59:38.
15 Ebd., 02:15:52.
16 Ebd., 02:59:27.
17 Amenda, »Volksgemeinschaft«, S. 216–222.
18 PAA, Althaus, Interview Fellner, 00:20:49 und 01:19:04.

GF: »Völlig. Kein Mensch, der einem mehr auf die Finger schaut. Keine Mutter, die einen beobachtet, kein Vater. […] Ich konnte es von dem Tag, als ich hier [Schweiz] angefangen habe, so machen, wie ich es für richtig gefunden habe. Das war ein großes, irrsinniges Glücksgefühl.«[19]

Was sie als »richtig« empfand, drückte sie im weiteren Verlauf des Gespräches insbesondere über ihre politische Einstellung aus. In der Schweiz sei sie »politisch erwacht« und »politisch hartnäckig« geworden: Da habe ich mich nicht mehr unterkriegen lassen, bin ich wirklich so in die eher grüne SP Sache reingerutscht. Irgendwie habe ich das Gefühl gehabt, das ist das, wovon ich überzeugt bin.«[20] Deshalb engagierte Fellner sich aktiv in der Friedensbewegung und in der Flüchtlingsarbeit.

Maria Zich und Gerlinde Fellner beschreiben beide ein schwieriges Verhältnis mit ihren Eltern. Neben den, autoritär vermittelten und repressiv wirkenden, Normen bäuerlich-dörflicher Gemeinschaften können familiär bedingte Konflikte als Ausgangspunkt für das Erzählen einer Befreiungsgeschichte benannt werden. Die hier getrennt dargelegten Ankerpunkte schließen einander selbstverständlich nicht aus. Die Schwarzwälder Bauerntochter Marga Jaggi, die zu Hause immer nur zu »parieren« hatte, beschreibt ihre Beziehung zu den Eltern ebenfalls als problematisch. Diese fanden, so Jaggi, nie Zeit für sie und sahen in ihr vor allem eine Arbeitskraft. Jede freie Minute habe sie zu Hause nähen und flicken müssen. Für ihren Vater sei sie »nur die Schneidergeiß« gewesen.[21] Die fehlende Zuwendung und Wertschätzung als Person habe die Ausbildung eines gesunden Selbstvertrauens verhindert. Ähnlich wie Maria Zich, der durch ihre Schweizer Arbeitgeberin neue Sicht- und Denkweisen aufgingen, spricht auch Marga Jaggi ihren Vorgesetzten auf dem Weg zur Ich-bin-Ich-Werdung eine wichtige Rolle zu. Jaggi arbeitete acht Jahre lang als Hausangestellte in einem Geschäftshaushalt in Basel. Ihre Vorgesetzten, die Betreiber einer Buchbinderei, präsentiert sie als »stolze Handwerksleute«.[22] Im Gegensatz zu ihren Eltern, die in ihr nur eine »Schneidergeiß« sahen, gaben sie ihr das Gefühl »jemand« zu sein:

»Ich bin einfach *sehr* gut aufgenommen worden dort und die haben mein Selbstvertrauen gestärkt und irgendwie dieses ewige ›Marga, du bist jemand, stell dich

---

19 Ebd., 03:33:30.
20 Ebd., 03:36:33. Auch: 03:22:42.
21 PAA, Althaus, Interview Jaggi, 00:03:01, 00:22:12, 00:34:44 und 00:52:08.
22 Ebd., 00:10:26.

nicht zurück‹ und ›du kannst etwas‹, hat es viel geheißen, ›du kannst etwas‹, und das hat irgendwie schon gezogen.«²³

Dieses Mantra stärkte neben ihrem Selbst- auch ihr Berufsbewusstsein. Als Hausangestellte »jemand« zu sein und »etwas zu können«, das vermittelten ihr die Vorgesetzten nicht nur mit ermunternden Worten, sondern auch durch das Vorleben eines Stolzes auf das eigene Handwerk. Animiert davon, begann Jaggi sich aktiv im katholischen Hausangestelltenverein zu engagieren und war als Vorstandsmitglied an der Revision des Basler Normalarbeitsvertrages für Hausangestellte beteiligt.²⁴ Zudem kämpfte sie innerhalb der katholischen Gemeinschaft für mehr Ansehen. Als der Pfarrer zu einer Betstunde für »Mägde« einlud, organisierte Jaggi einen Protest und bewog ihre Berufskolleginnen dazu, dieser Veranstaltung fernzubleiben. Dem Pfarrer verkündete Jaggi selbstbewusst, dass sie und ihre Kolleginnen Hausangestellte seien und sich von einem Aufruf, der sich an Mägde richte, nicht angesprochen fühlten. Auf seine Entgegnung auch die Mutter Gottes sei doch eine Magd des Herrn gewesen, konterte sie, dass sie ihn ja auch nicht als Pfaffen anrede, nur weil das früher mal üblich gewesen sei.[25]

Diese Geschichte kann in zweierlei Hinsicht als Belegerzählung einer erfolgreichen Emanzipation verstanden werden. Zum einen widersprach Jaggi nicht irgendwem, sondern dem Pfarrer. In ihrem Herkunftsmilieu, dem ländlich und katholisch geprägten Schwarzwald, galten Vertreter dieser Berufsgruppe als unangefochtene Autoritäten im Dorf.[26] Sich gegen den Pfarrer aufzulehnen, kann als Befreiung dieses alten Autoritätsglaubens interpretiert werden. Zum anderen reichte ihr Selbstwertgefühl dank des Empowerments ihrer Arbeitgeberfamilie nun aus, um sich für ihre Rechte einzusetzen. Marga Jaggi beschreibt sich bereits in ihren Jugendererzählungen als Person mit einem ausgesprochenen Gerechtigkeitssinn. Ihre Migrationsmotivation begründet sie unter anderem damit, dass sie unter den ausbeuterischen Arbeitsbedingungen in ihrem Lehrbetrieb gelitten habe. Mit dem Selbstwert einer »Schneidergeiß« war damals eine offene Rebellion undenkbar, und sie konnte lediglich im privaten Umfeld darüber »schimpfen«.[27]

---

23 Ebd., 02:59:57
24 Ebd., 02:45:15.
25 Ebd., 02:35:16.
26 Ebd., 00:42:59.
27 Ebd., 00:03:43 und 01:34:38.

Ohne jegliches Selbstvertrauen und Selbstwertgefühl in die Schweiz gereist zu sein, das findet sich in weiteren Emanzipationsgeschichten. Rosa Imhof (Jg. 1931) erzählt, dass sie in der Schweiz das erste Mal in ihrem Leben als Mensch wertgeschätzt worden sei. Sie wuchs mit neun Geschwistern in äußerst ärmlichen Verhältnissen in Niederösterreich auf. Neben der Besorgung einer selbstversorgerischen Landwirtschaft arbeitete ihre Mutter als Taglöhnerin. Ihr Vater, ein Hilfsarbeiter, war häufig arbeitslos. Da das Familieneinkommen nicht reichte, um die vielen Kinder zu ernähren, wurde Rosa Imhof mit neun Jahren als »Bauernmagd« an Großbauern verdingt. Dort sei sie nicht als Mensch, sondern nur als Arbeitskraft wahrgenommen worden:

»Hier [in Österreich] war ich kein Mensch, war ein verachteter Mensch, nicht anerkannt als Mensch. Du hast alles gegeben mit Herz und Seele, was ich war, und das hat nie gereicht, weil die [Bäuerin] da sagte: ›Du bist nichts wert und heiraten brauchst auch nicht.‹ [...] Da [in der Schweiz] warst du jemand, da hat niemand gesagt, du bist nichts.«[28]

Den Anfangspunkt dieser grundlegenden Transformation vom Nicht-Menschen zum Menschen verortet Imhof in ihrem In-die-Schweiz-Gehen: »Mit der Einreisebewilligung endete ein Abendweg, indem eine Welt versank und eine Grenze sich öffnete für ein anderes Zuhause«,[29] hielt sie in ihren schriftlichen Aufzeichnungen fest. Das Überschreiten der Landesgrenze bei der ersten Einreise beschreibt sie als einschneidende Zäsur:

»Die Markscheide ins Schwitzerland war gigantisch. Es war gerade Geisterstunde, die dauert von 24 Uhr bis 1 Uhr und da wimmelt es nur so von den Seelen, die keinen Frieden finden. Dann waren sie wie fortgeblasen, als der Schweizerzöllner meinen Koffer durchwühlte.«[30]

Die Landesgrenze scheidet nicht nur in geografischer Hinsicht zwei Länder voneinander, sondern markiert den Übergang zu einem neuen Tag und im übertragenen Sinn zu einem Neubeginn. In Imhofs Kindheitserzählungen nehmen Geisterglauben und Ängste viel Raum ein. Als Verdingkind bei den Bauern sei nicht die Arbeit, sondern die Angst das Schlimmste gewesen. Da außer einer, vom Geisterglauben besessenen, alten Frau dort niemand mit ihr geredet habe, habe sie als Kind viele »Gespenster im Kopf«

---

28 PAA, Althaus, Interview Imhof, 02:12:31. Teile der Emanzipationsgeschichte von Rosa Imhof wurden vorab publiziert in: Althaus, »Vom Glück«, S. 24–42.
29 DOKU, Imhof, Lebensgeschichtliche Aufzeichnungen, S. 68.
30 Ebd. S. 69.

gehabt.³¹ Vor diesem Hintergrund kann das mit der Einreise in die Schweiz verknüpfte Überwinden der Geisterstunde als lebensgeschichtliche Zeitenwende interpretiert werden. Im Gegensatz zu ihrem Herkunftsmilieu seien ihr die Schweizer von Anfang an mit Achtung begegnet. Im Interview erzählt sie, dass bereits der »erste Schweizer« sie als »Fräulein« und nicht als »Trottel« behandelte:

»[Nach der Grenze] kam ein Schaffner: Jesses Maria, der erste Schweizer, den ich gesehen habe {AA: lacht} […] und der hat auch schon gesehen, dass ich ein bisschen ein Trottel bin, weil ich immer gefragt habe, wo Luzern ist, und da ist er dann schon von selber immer gekommen: ›Fräulein, noch drei Stationen‹, Fräulein hat er immer gesagt zu mir, das weiß ich noch. Und als ich nach Luzern kam, ist er gekommen und hat gesagt: ›Fräulein, jetzt müssen Sie aussteigen.‹«³²

Auch der zweite Schweizer, den sie traf, sah in ihr einen Menschen und keine »Magd«. So schreibt sie über einen Mann, der sie vom Bahnhof an ihren Arbeitsplatz begleitete, dass er ihr das Gefühl gegeben habe, »gemocht zu werden«.³³ Mit der Ankunft in der Schweiz konnte sie als nunmehr wertgeschätzter Mensch, ihr Leben selbst in die Hand nehmen: »Meiner Ansicht nach, was mein Leben von da an betraf, konnte ich etwas dafür, was ich aus meinem Leben mache. Vorher konnte ich nichts dafür, dass ich armselig geboren wurde.«³⁴ Imhof verbindet ihre Migration mit dem Gewinn von Handlungsmacht. Das Weggehen ermöglichte ihr, aus dem fremdbestimmten Zustand einer verachteten »Bauernmagd« auszubrechen und ein selbstbestimmtes Leben zu führen.

Auf dem Weg zur Selbstermächtigung schreibt auch Rosa Imhof der wertschätzenden Haltung ihres neuen Arbeits- und Lebensumfeldes in der Schweiz eine zentrale Rolle zu. Durch die Wertschätzung anderer in der Migration zu sich selbst gefunden zu haben, das erzählt in ähnlicher Weise Lisbeth Reichenbach, die 1938 im westlichen Hinterpommern zur Welt kam. Der erste Teil ihrer lebensgeschichtlichen Erzählung kann als »negative Verlaufskurve« interpretiert werden. Dieser, vom Biografieforscher Fritz Schütze geprägte, Begriff beschreibt den biografischen Verlauf als Getriebenwerden von äußeren Umständen, die der Biografieträgerin scheinbar keine Handlungsalternativen offenlassen.³⁵ Bis zu ihrem Aufent-

---

31 PAA, Althaus, Interview Imhof, 00:02:53, 00:08:07 und 00:16:53.
32 Ebd., 01:09:00.
33 DOKU, Imhof, Lebensgeschichtliche Aufzeichnungen, S. 70
34 Ebd.
35 Schütze, »Biographieforschung«, S. 288.

halt als Hausangestellte in der Schweiz und dem Kennenlernen ihres späteren Ehemannes ist Reichenbachs Lebensgeschichte von Ohnmacht und einem Zustand des Erleidens bestimmt. Sie beschreibt sich als »vom Regen in die Traufe« kommend.[36] Angefangen bei der Vertreibung ihrer Familie aus Pommern, über die aufgrund einer nicht erkannten Legasthenie grauenvolle Schulzeit, bis zu mehreren ausbeuterischen Arbeitsverhältnissen als Hausangestellte widerfahren ihr die Dinge. Der Begriff der ›Widerfahrung‹ kann als bestimmte Form der Erfahrung definiert werden, in der das Subjekt »minimal aktiv« ist.[37] Lisbeth Reichenbachs Transformation von der passiven »Widerfahrung« zur aktiven Erfahrung knüpft sie narrativ an die wertschätzende Behandlung der Arbeitgeberfamilie in der Schweiz. Von dieser sei sie »das erste Mal als Mensch, als eigenständige Person wirklich akzeptiert worden.«[38] Dadurch sei sie nicht nur »freier« und »selbstständiger« geworden. Sie habe angefangen zu »leben«.

AA: »Was würden Sie dieser Zeit [als Hausangestellte in der Schweiz] für Ihr Leben für eine Bedeutung beimessen?«

LR: »Ist eigentlich der größte Fortschritt in meinem Leben gewesen, der größte Umbruch für mein Leben, weil wie gesagt, dann habe ich angefangen zu leben, vorher habe ich nur gefolgt. Alles was mir diktiert worden ist, habe ich gemacht. Und hier habe ich dann auch in die Stadt [gehen] können und einmal mein Geld ausgeben für mich ganz allein und=und ja. Also das ist für mich eigentlich eine der schönsten Zeiten, der erwachsensten Zeiten, die ich dort verbracht habe.«[39]

Mit dem Wort »Umbruch« markiert Reichenbach diese Zeit als Wendepunkt in ihrem Leben. Ähnlich wie Imhof war es ihr von dem Moment an möglich, selbstbestimmt zu handeln, was sie an der alleinigen Verfügungsgewalt über ihre finanziellen Mittel festmacht. Sie wurde zur eigenständigen Person, »die auch eine eigene Meinung hatte und die auch mal etwas machen konnte, das nicht vorgeschrieben war.«[40]

Während dieser Zeit lernte sie ihren späteren Schweizer Ehemann kennen. Neben der wertschätzenden Haltung ihrer Arbeitgeberfamilie spricht sie ihm eine Schlüsselrolle in ihrer Selbstwerdung zu: »Mein Mann hat immer gesagt, du musst Selbstvertrauen haben zu dir, du musst nicht sagen, du kannst das nicht, das kann jeder. Er ist wirklich- durch ihn bin ich

---

36 PAA, Althaus, Interview Reichenbach, 01:35:44.
37 Stoellger, »Quo maius«, S. 36.
38 PAA, Althaus, Interview Reichenbach, 01:37:15.
39 Ebd., 01:39:33.
40 Ebd., 01:38:58.

so geworden, wie ich jetzt bin.«[41] In ihrer Kindheit und Jugend habe sie immer im Schatten ihrer »perfekten« Schwester gestanden und sich als »schwarzes Schaf« der Familie gefühlt. Während die Schwester nur gute Schulnoten nach Hause brachte, habe sie sich als Legasthenikerin mit Mühe und Not durch die Schulzeit gekämpft. Wurde die Schwester von der Großmutter, einer Handarbeitslehrerin, wegen ihren schönen Handarbeiten gelobt, habe sie nur zu hören bekommen:»Lass das sein, das kannst du sowieso nicht«.[42] Dank der Motivation ihres Mannes sei es ihr gelungen, ihre Minderwertigkeitsgefühle zu überwinden. Konnte sie als Kind praktisch nicht lesen, »verschlinge« sie heute die Bücher. Wurde ihr früher das Handarbeiten nicht zugetraut, strickt und stickt sie nun leidenschaftlich gerne und ist im Bereich der Porzellanmalerei eine Meisterin.[43] Das Selbstvertrauen, das sie durch ihren Mann aufbauen konnte, stuft sie als essentiell ein für die Entfaltung ihrer Persönlichkeit. Mit der Hochzeit büßte sie jedoch einen Teil der Eigenständigkeit ein, die sie während ihrer Zeit als Hausangestellte in Basel aufgebaut hatte. Gerade weil ihr Mann sie so unterstützte und ihr Selbstvertrauen schenkte, habe sie nach seinem Tod erst »wieder lernen müssen auf eigenen Füßen [zu] stehen«.[44] Dies hilft zu erklären, warum sie in der retrospektiven Bewertung der Zeit als Hausangestellte den Superlativ verwendet und diese als »erwachsenste Zeit« evaluiert.

Lisbeth Reichenbach ist nicht die einzige, die in ihrer Lebensbilanz den Aufenthalt als Haus- oder Gastgewerbsangestellte in der Schweiz – trotz der vielen Arbeit und der persönlichen Abhängigkeit von den Arbeitgeber_innen – als außerordentlich eigenständige und freie Zeit in Erinnerung hat. Dies steht im Zusammenhang mit der Lebensphase, in der die Frauen sich während ihrer Arbeitsmigration befanden. Agatha Hauert, Marga Jaggi, Maria Zich, Gerlinde Fellner, Rosa Imhof und Lisbeth Reichenbach waren alle zwischen 18 und 21 Jahre alt und unverheiratet, als sie in die Schweiz gingen. Sie fühlten sich jung und ungebunden, wie anhand einer Freizeiterzählung von Marga Jaggi illustriert werden kann:

---

41 Ebd., 00:40:09.
42 Ebd., 00:39:57.
43 Ebd., 00:50:46. Die Wohnung von Frau Reichenbach zieren zahlreiche selber gefertigte Kunstwerke. PAA, Althaus, Forschungstagebuch zum Interview mit Lisbeth Reichenbach, S. 2.
44 PAA, Althaus, Interview Reichenbach, 00:40:09.

»Wir [vom Hausangestelltenverein] haben einen Ausflug gemacht ins Elsass. Da hatten wir schon unsere Freunde, aber die waren nicht dabei. Und dann hat meine Freundin ein riesengroßes Plakat hinten am kleinen Bus befestigt: ›Hurra die Ledigen, es lebe die Freiheit!‹«[45]

Die Zeit als Haus- oder Gastgewerbsangestellte in der Schweiz umfasst bei allen den Lebensabschnitt zwischen dem Erreichen der Volljährigkeit und der Hochzeit. Vor der Migration wohnten alle noch bei den Eltern, mit Ausnahme von Rosa Imhof, die als Hausangestellte bei benachbarten Bauern tätig war. Das In-die-Schweiz-Gehen fällt deshalb bei den meisten in die Zeit der Loslösung vom Elternhaus. In der Retrospektive präsentieren insbesondere die Interviewpartnerinnen, die in ihren Kindheitserzählungen das Verhältnis zu den Eltern als problematisch beschreiben, dieses Zusammenfallen nicht als Zufall, sondern als bewusst angestrebter Befreiungsschlag. Maria Zich ging in die Schweiz, um ihrer »besitzergreifenden« Mutter, die sie (zu) eng an sich band, zu entkommen.[46] Gerlinde Fellner wollte aufgrund der politischen Gesinnung der Eltern und den daraus resultierenden Konflikten »bloß weg«.[47]

Zudem war keine der Protagonistinnen vor ihrer Migration für längere Zeit aus ihrem Heimatort weggewesen. Die meisten beschreiben sich deshalb zum Zeitpunkt ihrer Ankunft in der Schweiz als unerfahren und weltfremd, wie am Beispiel von Rosa Imhof gezeigt werden kann. Imhof verließ als 21-Jährige das erste Mal ihre Herkunftsregion, um in der Schweiz eine Stelle als Hausangestellte anzutreten. Bei ihrer Ankunft in Luzern beschreibt sie sich als »naives Mädchen«:

»Nun stand ich da, zum ersten Mal in einer richtigen Stadt und wusste nicht, was vorne und hinten ist. Das große Glück, das endlich zu mir kam […], versetzte mein Antlitz in Staunen, Zögern und Schrecken. […] Eine Menschenmenge durchströmte die Stadt und ich als naives Mädchen stolperte mitten drin.«[48]

Im Gegensatz zu der, sich zielgerichtet bewegenden, Menschenmenge wusste Imhof nicht, »was vorne und hinten« ist. Vor lauter »Häuser und Aushängeschilder« habe sie, so schreibt sie weiter, keinen »Durchblick« mehr gehabt. Die Naivität, mit der sie sich hier schildert, bezieht sich weniger auf ihr junges Alter. Da sie bereits mit neun Jahren als Arbeitskraft

---

45 PAA, Althaus, Interview Jaggi, 01:15:27.
46 PAA, Althaus, Interview Zich, 00:23:07.
47 PAA, Althaus, Interview Fellner, 00:23:20.
48 DOKU, Imhof, Lebensgeschichtliche Aufzeichnungen, S. 69.

verdingt worden war, hatte ihre Kindheit schon lange vor der Einreise in die Schweiz geendet. Als »Bauernmagd« war sie jedoch noch nie zuvor in einer Stadt gewesen. Es handelt sich also vielmehr um eine Unerfahrenheit in Bezug auf das städtische Leben. Das änderte sich im ersten Jahr in Luzern. Da sie »nur 9 Stunden« zu arbeiten brauchte, hatte sie viel Zeit, um in das »Leben und Treiben« der Stadt einzutauchen. Im Gegensatz zum Dorf sei in Luzern »überall genug Platz« gewesen, um »zu leben und leben zu lassen«.[49] Das ermöglichte ihr, sich vom »naiven Mädchen« in eine reife Person zu verwandeln und – wie die Menschenmenge in ihrer Ankunftserzählung – ihre Schritte zielgerichtet zu »lenken«:

»Für mich war die reifste Zeit gekommen und ich hatte es für richtig gehalten das auch zu bekennen und zu demonstrieren [und] das Heim, in dem ich angestellt war, wieder zu verlassen. […] Weil mich die Knechtschaft früher so in Beschlag nahm, musste ich mich zuerst durchringen zur Freiheit. Um einen höheren Standpunkt zu finden, um das Leben zu regeln und zu leiten. Wenn man einmal einen Schritt macht, werden es viele Schritte und dabei sucht man sein persönliches Glück.«[50]

Der erste Schritt, den sie auf dem Weg zu ihrem »persönlichen Glück« unternahm, war der Wechsel vom Hausdienst ins Hotelgewerbe. Grundlegende Voraussetzung diesen ersten Schritt überhaupt gehen zu können, war das Erreichen eines Zustandes, der ihr ermöglichte, frei über ihr Leben zu entscheiden und selbstbestimmt Zukunftspläne zu schmieden. Zum einen spielte dafür die Wertschätzung eine wichtige Rolle, die sie von Schweizerinnen und Schweizern erfuhr. Zum anderen war es die Stadtluft, die sie frei machte.

In Bezug auf die Persönlichkeitsentwicklung setzen auch andere Interviewpartnerinnen den Weg vom Land in die Stadt relevant. Lisbeth Reichenbach, die im Interview die Zeit als Hausangestellte in Basel als »erwachsenste Zeit« bewertet, verbindet dies, wie oben zitiert, damit, dass sie in die »Stadt« gehen und ihr selber verdientes Geld ausgeben konnte. Das habe ihr das Gefühl gegeben, »die Größte« zu sein, weil sie beispielsweise ihre Geschwister verwöhnen und beschenken konnte. Vor ihrer Migration musste sie nicht nur das Geld, das sie als Fabrikarbeiterin verdiente, komplett an die Eltern abgeben.[51] Da sie in einer dörflichen Umgebung im südlichen Schwarzwald aufgewachsen war, habe ihr auch jegliche Lebens-

---
49 Ebd., S. 71.
50 Ebd.
51 PAA, Althaus, Interview Reichenbach, 01:42:55.

erfahrung gefehlt. Sie sei »nie fortgekommen« und habe »nur mit Dorfmenschen« zu tun gehabt. »Ich komme vom Dorf, wissen Sie, was ich erlebt habe bis dahin, bis ich in die Schweiz bin? Nichts!«[52] Agatha Hauert, die das »Ausscheren« aus der Dorfgemeinschaft als bedeutsamste Errungenschaft ihrer Emigration definiert, bewertet den Beginn ihres Schweizaufenthaltes in einem Privathaushalt in Basel ebenfalls aufgrund der Stadtlage äußerst positiv. Sie habe »sauviel Glück« gehabt mit ihrer Stelle: »Das Beste daran war, es war mitten in der Stadt. Vom Dorf, wo man *nie* irgendwo gewesen ist in die Stadt. Ein paar Schritte vom Rhein weg, [ein] paar Schritte vom Marktplatz weg, es war einfach herrlich.«[53] Für Agatha Hauert wirkte das Stadtleben nicht sofort emanzipatorisch. Anders als Lisbeth Reichenbach, die das verdiente Geld für sich behalten durfte, musste Hauert den Großteil ihres Gehalts nach Hause schicken. Der Geldtransfer fand über eine ebenfalls in Basel beschäftigte Cousine statt, die in regelmäßigen Abständen ins Heimatdorf fuhr, weil sie dort einen Freund hatte. Die Cousine brachte Hauerts Eltern jedoch nicht nur den Lohn, sondern erzählte auch brühwarm, was diese in Basel so alles »anstelle«:

AH: »Und dann ist sie [die Cousine] nach Hause und hat mich da ausgemacht zu Hause, gell, was ich alles für Sachen anstelle da, ja.«

AA: »(lacht) Was haben Sie denn alles angestellt?«

AH: »Mein [späterer] Mann hat mir jeweils Zigaretten mitgebracht, das hat sie mal gesehen in meiner Tasche, musste sie das zu Hause erzählen, dass ich rauche. [...] Das war natürlich Katastrophe wiedermal. Und dann hat mein Mann mich animiert, [die] Haare kurz zu schneiden. Hat sie erzählt, ich laufe herum wie die schlechten Mädchen mit kurzgeschnittenen Haaren. So Zeugs hat sie dann daheim erzählt.«[54]

Die elterliche Kontrolle reichte via Cousine vom Heimatdorf bis in die entfernte Schweiz. Zudem achtete die Arbeitgeberin auf Geheiß der Mutter streng darauf, dass Hauert jeden Tag zur Kirche ging.[55] Frei von den elterlichen Normen und der dörflichen Kontrolle in der Großstadt wurde sie erst, als ihre Cousine heiratete und die Schweiz verließ. Von dem Moment an konnte Hauert vollständig über ihren Lohn verfügen und musste

---

52 Ebd., 00:10:32 und 01:28:27.
53 PAA, Althaus, Interview Hauert, 00:02:02.
54 Ebd., 02:14:16.
55 Ebd., 01:26:59.

sich nicht mehr davor fürchten, verraten zu werden.[56] Vom »Zwang der Religion« losgekommen sei sie dank ihres späteren Ehemannes, den sie bald nach ihrer Ankunft in der Schweiz kennengelernt hatte.

»Er hat mir arg geholfen aus dem Zwang der Religion rauszukommen. [...] Zum Beispiel sind wir so prüde erzogen worden. Also was alles so Sexualität und so, das ist vom Schlimmsten vom Bösesten. [...] Was das anbelangt hat mein Mann wirklich viel geholfen, dass es wirklich noch anderes gibt auf dieser Welt und nicht nur die verrückte, sture Religion.«[57]

Gemeinsam mit ihm tauchte sie ein in das städtische Leben und wurde von ihm eingeführt in »Kunst und Kultur«. Kunst habe man auf dem Dorf nicht gekannt, das höchste der Gefühle sei die Bibliothek im Pfarrhaus gewesen.[58] Die Stadt bot in kultureller Hinsicht viel mehr. Allerdings erschlossen sich Hauert die neuen Angebote nicht von selbst. Als Türöffner wirkte der spätere Ehemann. Ihm habe sie es maßgeblich zu verdanken, dass sie ihren Horizont erweitern konnte. Dadurch sei sie frei und unabhängig worden von den repressiv wirkenden Normen der Dorfgemeinschaft. Dies verdeutlicht sie an der Kindererziehung. Im Gegensatz zu ihrer Mutter, von der sie als Kind und Jugendliche viele Schläge einstecken musste, habe sie ihre eigenen Kinder bewusst gewaltfrei erzogen. Das narrative Fundament dieser Entscheidung bildet Hauerts Fortgehen aus dem Dorf. Von ihrer Mutter sei sie nämlich nicht aus Bosheit geschlagen worden, sondern weil »die Leute im Dorf« es nicht besser gewusst hätten. Ihre Mutter habe »gemeint«, ihre Kinder schlagen zu »müssen«.[59]

Eine Rückkehr in ihr Heimatdorf, so Agatha Hauert, sei »nie, gar nie« eine Option gewesen. Zwar habe es dort einen Schlosser gegeben, der sie heiraten wollte. Sie entschied sie jedoch dagegen, obwohl – oder gerade weil – er der »ideale Schwiegersohn« ihrer Eltern gewesen wäre. Da ihr Vater im Nebenerwerb auch als Schlosser gearbeitet hatte, wäre diese Hochzeit in jeder Hinsicht eine Rückkehr in ihr altes Leben gewesen. Die Vorstellung so zu enden wie ihre Mutter, die tagelang am Brunnen Schlosserwäsche schrubben musste, schreckte sie ebenso ab wie das Leben in der, als engstirnig empfundenen, Dorfgemeinschaft.[60] Agatha Hauert blieb – ganz bewusst – für immer in der Schweiz. Nach fünfjährigem Aufenthalt

---

56 Ebd., 02:13:48.
57 Ebd., 01:26:13. Auch: 01:01:47.
58 Ebd., 00:04:40 und 01:01:47.
59 Ebd., 00:31:47.
60 Ebd., 01:57:38.

als Hausangestellte in Basel heiratete sie den Mann, der ihr dabei geholfen hatte, neue Werte zu entwickeln und sich von alten Autoritäten freizumachen. Agatha Hauert ist nicht die einzige, die in der Schweiz geblieben ist. Mit Ausnahme von Maria Zich, die nach vier Jahren als Hausangestellte in der Schweiz auf Drängen ihrer Mutter in ihr Elternhaus zurückkehren »musste«,[61] blieben alle hier vorgestellten Protagonistinnen für immer – oder zumindest für mehrere Jahrzehnte – in der Schweiz. Sie alle setzen das In-der-Schweiz-Bleiben als Sicherung der dort erlangten Freiheit und Selbstständigkeit relevant. Gerlinde Fellner, die nach fünfjährigem Aufenthalt als Hausangestellte in Luzern und Genf einen Schweizer heiratete, betont ähnlich wie Agatha Hauert, dass sie sich bereits lange vor der Hochzeit entschlossen habe, »nie zurück nach Hause« zu gehen: »Das war alles zu- mir war es nicht mehr wohl dort. Es war zu klein, zu wenig- es hat mir gar nichts mehr bedeutet.«[62] Das Leben, das sie sich in der Schweiz aufgebaut hatte, passte nicht mehr in die klein(geistig)e Welt, die sie verlassen hatte. War das Bleiben bei Agatha Hauert und Gerlinde Fellner vor allem eine Entscheidung gegen die Rückkehr in das alte Leben, präsentiert Marga Jaggi, die nach acht Jahren in Basel einen Schweizer heiratete, ihre permanente Emigration als eine bewusste Entscheidung für das neue Umfeld:

»Ich wäre auch nicht mehr heim, auch wenn ich jetzt nicht geheiratet hätte. Denn mir hat die Mentalität da gefallen […] und die gewisse Achtung vor dem andern. Der andere ist auch jemand und nicht das ›ja, du bist ja nur [die Schneidergeiß]‹.«[63]

Die wertschätzende Haltung ihrer Mitmenschen spielt eine wichtige Rolle in ihrem Emanzipationsprozess. Mit dem Verbleib in dieser wohlwollenden Lebensumgebung festigte sie die »innere Freiheit«, die sie dadurch erlangt hatte.

Rosa Imhof strebte sogar die Hochzeit mit einem Schweizer bewusst an, um in dem Land bleiben zu dürfen, in dem sie sich vom Nicht-Menschen zum Menschen hatte entwickeln können. In ihren schriftlichen Aufzeichnungen schreibt sie, warum ihr späterer Schweizer Ehemann »einen großen Reiz« auf sie ausübte: »Erstens war er erfreulich entwickelt. Zweitens, deswegen beobachtete ich ihn manchmal, hatte ich mir vorgestellt,

---

61 PAA, Althaus, Interview Zich, 00:08:50.
62 PAA, Althaus, Interview Fellner, 03:21:16.
63 PAA, Althaus, Interview Jaggi, 00:17:09.

diesen Eingeborenen zu angeln.«[64] Ihre Hochzeit sei die schönste Erinnerung, die sie an ihren 40-Jährigen Aufenthalt in der Schweiz habe, weil sie an dem Tag die Schweizer Staatsbürgerschaft erhielt und nicht mehr ausgewiesen werden konnte.[65] Der hohe Anteil an Emigrantinnen unter den Personen, die eine Emanzipationsgeschichte erzählen, ist kein Zufall. Die permanente Emigration wird als Schlüssel – und Beweis – zur nachhaltigen Emanzipation präsentiert und ist daher konstitutives Merkmal der mit der Migration verknüpften Emanzipationsgeschichten.

Zusammenfassend kann festgehalten werden, dass in den Emanzipationsgeschichten die Wandlung von einem Zustand in einen anderen – von einem unfreien, abhängigen, naiven in einen freien, selbstständigen und erwachsenen – erzählt wird. In Bezug auf gesellschaftliche Werte und die eigene Persönlichkeit wird die Migration in die Schweiz als narrativer Scheidepunkt dargestellt. Sie trennt die Lebensgeschichte auf der Ebene der Erzählstruktur in ein klar bestimmbares Davor und Danach. Vor der Migration erzählen sich die Protagonistinnen als junge, unerfahrene, von Eltern oder Arbeitgeber_innen abhängige, von gesellschaftlichen Normen und/oder familiären Konflikten eingeengte und fremdbestimmte Personen ohne jegliches Selbstvertrauen. Die Verwandlung hin zu einer eigenwilligen, unabhängigen, selbstbewussten und -bestimmten Persönlichkeit verorten die Interviewpartnerinnen zu Beginn ihres Schweizaufenthaltes. Dem Ausbrechen aus ihren Herkunftskontexten und der Zeit als Haus- und Gastgewerbsangestellte sprechen sie den Gewinn von Selbstvertrauen, Wissen und Handlungsmacht zu. Als Vermittler_innen von neuen (Selbst-)Werten führen sie Arbeitgeberinnen und spätere Ehemänner ins Feld. Dem städtischen Leben sowie der als wertschätzend empfundenen Mentalität der Schweizerinnen und Schweizer wird ebenfalls eine emanzipatorische Wirkung nachgesagt. Die in der Migrationserfahrung verankerte Emanzipation bewerten alle Protagonistinnen als bedeutsam für ihr späteres Leben. Als nunmehr selbstbestimmte Personen mit neuen Sichtweisen veränderte sich nicht nur ihr Denken, sondern auch ihr Handeln. Die als Kind geschlagene Agatha Hauert erzog ihre eigenen Kinder gewaltfrei, die in ihrer Jugend als »Schneidergeiß« ausgebeutete Marga Jaggi kämpfte für ihre Arbeitsrechte, das früher geknechtete Verdingkind Rosa Imhof entschied sich für einen beruflichen Neustart, die in einem fremdenfeindlichen Umfeld aufgewachsene Gerlinde Fellner engagierte sich in der Frie-

---

64 DOKU, Imhof, Lebensgeschichtliche Aufzeichnungen, S. 72.
65 PAA, Althaus, Interview Imhof, 02:10:15.

dens- und Flüchtlingsarbeit, die Legasthenikerin Lisbeth Reichenbach entdeckte die Welt der Bücher und die streng katholisch erzogene Maria Zich befreite sich von der Last der Religion. Durch die Verortung der Emanzipation in der Schweiz werden die temporalen Vergleiche (Davor versus Danach) überlagert von lokalen Kontrastierungen (Dort versus Hier). Dort mussten die Protagonistinnen gehorchen, hier durften sie leben. Dort verachtete man sie, hier wurden sie wertgeschätzt. Dort war es eng, hier fühlten sie sich frei. Die Migrationserfahrung wird durch diese komparative Erzählweise als großer Bruch dargestellt. Im wörtlichen Sinne brachen sie aus ihrem alten Leben aus und bauten sich ein neues Leben auf. Eine Remigration, die einem Rückschritt gleichgekommen wäre, war für die meisten ausgeschlossen. Hinsichtlich der Persönlichkeitsentwicklung erscheint die Migration deshalb in den Emanzipationsgeschichten als scharfe Zäsur, als lebensgeschichtliche Zeitenwende.

5.2 Lernzeiten: Bildungsgeschichten

»Ich habe sehr viel gelernt, was ich zu Hause nie- ich hätte die Möglichkeit nicht gehabt.« [Maja Pichler, Jg. 1939, über ihren Aufenthalt als Hotelangestellte in der Schweiz].[66]

»Du hast ganz anders einteilen gelernt, du hast das Einkochen gelernt, du hast das Stricken gelernt.« [Ella Lubich, Jg. 1934, über ihre Zeit als Hausangestellte in der Schweiz].[67]

»Nie hätte ich gedacht, dass die Leute ganz anders gebildet sind als wir. Das habe ich erst hier gemerkt. Das war ein böses Erwachen.« [Martha Gruber, Jg. 1933, über den Beginn ihres Schweizaufenthaltes].[68]

»Ich habe immer=immer=immer in der Freizeit noch etwas gelernt.« [Elisabeth Vogel, Jg. 1934, über ihre Freizeitgestaltung in der Schweiz].[69]

»Mit meiner Bildung war die Auswahl nicht sehr groß. Die Schweiz hat mich schon länger interessiert und Inserate für Arbeit in der Gastronomie oder Haushalt ange-

---

66 PAA, Althaus, Interview Pichler, 00:07:01.
67 PAA, Althaus, Interview Lubich, 03:17:10.
68 PAA, Althaus, Interview Gruber, 01:24:24.
69 PAA, Althaus, Interview Vogel, 01:11:39.

boten.« [Rosemarie Kroll, Jg. 1933, über ihre Entscheidung in die Schweiz zu gehen].[70]

In den lebensgeschichtlichen Erzählungen von Maja Pichler, Ella Lubich, Martha Gruber, Elisabeth Vogel und Rosemarie Kroll nimmt der Themenkomplex Bildung viel Raum ein, was sie zu den Protagonistinnen der folgenden Ausführungen macht. Ich beziehe mich in der Analyse auf einen weiten Bildungsbegriff, der neben dem Erwerb von schulischem Wissen und beruflichem Know-how auch das Lernen von alltagspraktischen Kompetenzen inkludiert. Wie in den Eingangszitaten bereits deutlich wird, bringen Pichler, Lubich, Gruber, Vogel und Kroll das Thema Bildung mit ihrer Migration in die Schweiz in Verbindung. Bezüglich der Lerninhalte, auf die sich ihr Bildungsmotiv bezieht, unterscheiden sich ihre Erzählungen jedoch genauso wie hinsichtlich der Art und Weise, wie die Migrationserfahrung in die Bildungsbiografie integriert und welcher (Stellen-)Wert ihr dabei zugesprochen wird. Durch Herausarbeiten von Gemeinsamkeiten und Unterschieden können die wesentlichen Aspekte der Bildungsgeschichten meines Samples dargelegt werden.

Alle fünf Interviewpartnerinnen gehören zu den Erzählerinnen, die in ihren Kindheits- und Jugenderzählungen von ge- und zerstörten Bildungswegen und -plänen berichten. Das Thema der verhinderten schulischen und/oder beruflichen Ausbildung, dem ich an anderer Stelle ein eigenes Kapitel gewidmet habe, kann als gemeinsamer biografischer Hintergrund benannt werden. Mit Ausnahme von Maja Pichler sind alle Interviewpartnerinnen, die eine ausgeprägte Bildungsgeschichte erzählen, in großbäuerlichen Verhältnissen aufgewachsen. Abgesehen von diesem sozialen Hintergrund, eint sie – neben ihrem Geschlecht – ihr Geburtsjahr. Ella Lubich, Martha Gruber, Rosemarie Kroll und Elisabeth Vogel kamen alle 1933/34 zur Welt. Das heißt, dass sie mit Kriegsbeginn eingeschult wurden, die erste Hälfte ihrer Schulzeit während des Krieges und die zweite Hälfte in den unmittelbaren Nachkriegsjahren verbrachten.

Die auf einem Bauernhof in Niederösterreich aufgewachsene Ella Lubich (Jg. 1934) resümiert ihre Schulbildung mit den Worten: »Gelernt hat man wirklich nicht viel.«[71] In der Endphase des Krieges, als die sowjetische Armee nach Niederösterreich vorrückte, sei die Schule mehrere Monate ganz ausgefallen.[72] Von kriegsbedingten Schulausfällen berichtet auch

---
70 PAA, Kroll, Meine Alltagsgeschichten, S. 4.
71 PAA, Althaus, Interview Lubich, 01:36:38.
72 Ebd., 00:45:51.

Martha Gruber (Jg. 1933), die mit ihrer Mutter und ihrem jüngeren Bruder auf dem Bauernhof der Großeltern in Süddeutschland aufwuchs. Aufgrund von Fliegerangriffen seien im Sommer 1944 die Schulen geschlossen worden.[73] Aber auch vor der Schließung der Schule und bei Wiederaufnahme des Schulbetriebs nach Kriegsende habe sie »nichts gelernt«. Das während der NS-Zeit ideologisch gefärbte Schulwissen stellte sich später als unbrauchbar heraus. Sie betont etwa, dass ihr Geschichts- und Geografiewissen obsolet und die in der Schweiz dringend benötigten Französischkenntnisse inexistent waren. Auch nach Kriegsende sei die Qualität des Unterrichtes – nun aufgrund von Lehrermangel – »himmelschreiend« schlecht gewesen.[74] Nach der Schule eine Lehrstelle zu finden, sei unmöglich gewesen, sodass ihr Berufswunsch, Verkäuferin oder Friseurin zu lernen, unerfüllt blieb. Bis zu ihrer Migration in die Schweiz, im Jahr 1951, arbeitete sie deshalb drei Jahre lang in einer Seifenfabrik. Erst die späteren Jahrgänge, die Anfang der 1950er Jahre aus der Schule kamen, hätten wieder mehr Ausbildungschancen gehabt.[75] Somit thematisiert sie die kriegsbedingt verhinderte Bildung explizit als generationelle Erfahrung. In ähnlicher Weise argumentiert Ella Lubich ihre fehlende berufliche Ausbildung. Als sie 1948, mit 14 Jahren, aus der Volksschule kam, habe es »keine Chance« gegeben, »dass du was hättest lernen können«.[76] Deshalb arbeitete sie zunächst auf dem elterlichen Betrieb. Mit 15 Jahren ging sie nach Wien. Dort war sie als »Dienstmädchen« in verschiedenen Stellen beschäftigt, bevor sie im Alter von 21 Jahren als Hausangestellte in die Schweiz ging.

Rosemarie Kroll (Jg. 1933), deren Eltern ein Sägewerk mit dazugehörender großer Landwirtschaft betrieben, erzählt ebenfalls, dass ihre Schulbildung kriegsbedingt »litt«. Aufgrund des Zusammenbruchs der Verkehrsinfrastruktur konnte sie nicht wie geplant die Hauptschule in der Stadt, sondern nur die achtjährige Volksschule im Dorf besuchen.[77] Allerdings benennt die Großbauerntochter als Hinderungsgrund einer höheren Schullaufbahn nicht nur den Krieg. Ihre Position in der Familie sowie ihr Geschlecht spielen dabei ebenfalls eine Rolle. Während ihrer älteren Schwester der Besuch der Hauptschule durch externes Wohnen ermöglicht

---

73 PAA, Althaus, Interview Gruber, 00:02:39.
74 Ebd., 00:21:04 und 00:25:15.
75 Ebd., 01:05:59.
76 PAA, Althaus, Interview Lubich, 00:45:51. Auch: 00:54:21.
77 PAA, Kroll, Meine Alltagsgeschichten, S. 3. Auch: PAA, Althaus, Interview Kroll, 00:11:46 und 00:02:15.

wurde, musste sie als jüngstes von vier Kindern zu Hause bleiben. Als Mädchen war ihr Platz nach Schulende »am Herd«. Ihr älterer Bruder, der ebenfalls ins familiäre Unternehmen eingespannt wurde, hatte seinen Verantwortungsbereich in der Geschäftsleitung des Sägewerks, das er später übernehmen konnte.[78] Auch Elisabeth Vogel, die 1934 in der Nähe von Freiburg auf einem Bauernhof geboren wurde, musste schon früh Verantwortung auf dem mütterlichen Betrieb übernehmen. Ihr Vater starb als sie zehn Jahre alt war. Die Mutter, die die Landwirtschaft alleine fortführte, war auf die Unterstützung der älteren Kinder angewiesen. Elisabeth Vogel wurde die Betreuung der zwei jüngeren Geschwister übertragen, um die sie sich fortan »wie eine Mutter« zu kümmern hatte. Deswegen sei ihre Schulbildung zu kurz gekommen.[79] Gleich wie Rosemarie Kroll musste sie nach der Volksschule weiterhin auf dem mütterlichen Hof bleiben. Auch Vogel betont dabei ihre Geschlechtszugehörigkeit. Anders als ihre Brüder durfte sie nichts lernen: »Mädchen, ist ja nicht so wichtig, die heiraten.«[80] Elisabeth Vogel thematisiert ebenfalls kriegsbedingte Schulausfälle, handelt diese jedoch in einem Nebensatz ab. In Bezug auf die verhinderte Bildung rangiert sie diese deutlich hinter ihrer Zugehörigkeit zum weiblichen Geschlecht und der Herkunft aus dem bäuerlichen Milieu.[81]

Für Bauerntöchter mit Jahrgang 1933/34 wirkten soziale Herkunft, Geschlecht und Jahrgang hindernd auf die schulische und berufliche Ausbildung. In ihren lebensgeschichtlichen Erzählungen gewichten Ella Lubich, Martha Gruber, Rosemarie Kroll und Elisabeth Vogel diese Faktoren in je individueller Weise. Während die geschlechts- oder sozialbedingt verhinderte Bildung eine Erfahrung darstellt, die Angehörige verschiedener Generationen eint und nicht von allen explizit geäußert wird,[82] kann die kriegsbedingt verhinderte schulische und berufliche Ausbildung als generationelle Selbstbeschreibung der frühen 1930er Jahrgänge interpretiert werden. Das vielfach (mit)geteilte Narrativ der Lehrstellennot der unmittelbaren Nachkriegszeit stellt auch späteren Jahrgängen ein wirkmächtiges Deutungs- und Erklärungsangebot für Ausbildungsdefizite zur Verfügung.

---

78 PAA, Kroll, Meine Alltagsgeschichten, S. 4.
79 PAA, Althaus, Interview Vogel, 00:05:07. Teile der Bildungsgeschichte von Elisabeth Vogel wurden vorab publiziert in: Althaus, »Vom Glück«, S. 24–42.
80 PAA, Althaus, Interview Vogel, 00:07:46.
81 Ebd., 00:08:34.
82 Vgl. dazu auch: Becher, »Zwischen Autonomie und Anpassung«, S. 280.

Maja Pichler, die in den 1940er Jahren in einer Arbeiterfamilie im kleinstädtischen Umfeld aufwuchs, kam 1955 aus der Schule. Warum sie als Hauptschulabsolventin keine Lehre absolvierte, sondern als Hausangestellte arbeitete, argumentiert Pichler zunächst mit der Lehrstellennot: »Es war damals sehr schwer. Ich wollte immer Köchin werden, nicht, es war sehr schwer, du hast einfach keinen Lehrplatz gekriegt. Und meine Mutter war immer dagegen, sie hat gesagt: ›Ja, wie da umenander kochen? Nein!‹«[83] Im weiteren Verlauf des Interviews wird deutlich, dass vor allem Letzteres, die Einwände und fehlende Unterstützung der Mutter, als Haupthinderungsgründe erinnert werden. Nachdem ihre Mutter ihr die Köchinnenlehre ausgeredet habe, so wiederholt Pichler an anderer Stelle, habe sie Friseurin lernen wollen, aber auch das habe dieser »nicht gepasst«.[84] Deshalb arbeitete sie nach der Schule für anderthalb Jahre als »Küchenmädchen« in einem Priesterseminar und für ein weiteres halbes Jahr als Hausangestellte in einem Privathaushalt.

Keine der Frauen, die ihre Lebensgeschichte stark mit einem Bildungsmotiv verknüpft, absolvierte also in ihrer Jugend eine berufliche Ausbildung oder weiterführende Schule. Alle arbeiteten nach der obligatorischen Schulzeit als unqualifizierte – teilweise auch unbezahlte – Arbeitskräfte im haus-, gast- oder landwirtschaftlichen Bereich oder im industriellen Sektor. Die Mithilfe auf dem elterlichen Hof, die Tätigkeit als Haus- und Gastgewerbsangestellte oder Fabrikarbeiterin stellen sie in ihrer narrativen Vergangenheitspräsentation als Resultat der verhinderten Bildung dar und bewerten diese Kausalität in negativer Weise. Keine der Protagonistinnen war in ihrem Arbeitsverhältnis vor der Migration glücklich. Rosemarie Kroll und Elisabeth Vogel litten unter dem Zwang als Bauerntochter auf dem elterlichen Betrieb bleiben zu müssen und sahen beide in der landwirtschaftlichen Praxis nicht ihre berufliche Erfüllung.[85] Martha Gruber bewertet ihre Tätigkeit als Einpackerin in der Seifenfabrik als »furchtbare Idiotenarbeit«.[86] Maja Pichler fühlte sich »aufgerieben« von ihrer Arbeitgeberin – einer Postdirektoren-Gattin, die sich als »gnädige Frau« betiteln ließ, Pichler jedoch als »falsches Luder« in Erinnerung blieb.[87] Und Ella Lubich erzählt, dass sie als Hausangestellte in Wien, aufgrund der

---

83 PAA, Althaus, Interview Pichler, 00:07:01.
84 Ebd., 01:21:00.
85 PAA, Althaus, Interview Vogel, 00:38:53 und PAA, Althaus, Interview Kroll, 00:34:26.
86 PAA, Althaus, Interview Gruber, 01:03:34.
87 PAA, Althaus, Interview Pichler, 01:18:35.

pausenlosen Arbeit und wenig wertschätzenden Behandlung, sehr unglücklich war.[88] Bei allen wurzelt die Migrationsentscheidung argumentativ in diesen unbefriedigenden Arbeitsverhältnissen, in denen sie, so der Tenor, aufgrund der unerfüllten Berufsausbildungen gelandet waren. Die in der Seifenfabrik tätige Martha Gruber klagte ihrer Mutter ihr Leid über die »furchtbare« Einpackerei: »Dann habe ich dort eingepackt, eingepackt, meine Güte, und eines Tages habe ich zu meiner Mutter gesagt: ›Du, ich kann das nicht mehr.‹ Und dann hatte sie [die Mutter] eben die glanzvolle Idee die [Bekannte aus der Schweiz] zu fragen.«[89] Diese Bekannte vermittelte Gruber sodann eine Stelle in einem Kaffeehaus im Seeland. In die Schweiz zu gehen als Reaktion auf ein ungeliebtes Arbeitsverhältnis, das berichtet auch die vor ihrer Migration als Hausangestellte in Wien tätige Ella Lubich. Sie antwortete auf meine Nachfrage nach ihrer Migrationsmotivation: »Weil es mir in Wien nicht gefallen hat, weil sie [Arbeitgeber_innen] mich immer so ausgenutzt haben und immer wie das fünfte Rad behandelt haben.«[90] Den Vorschlag ihrer Cousine, die bereits als Hausangestellte in der Schweiz war, es ihr gleichzutun, habe sie deshalb sofort begeistert aufgenommen und umgesetzt, führt Lubich aus. »Feuer und Flamme« gewesen zu sein, als ihr eine ehemalige Schulkollegin, die als Hotelangestellte in der Schweiz war, dort eine Stelle anbot, das erzählt auch Maja Pichler. Sie fügt hinzu: »Daheim war ja nichts«.[91] Anstatt eine Ausbildung zur Köchin absolvieren zu dürfen, habe sie als »Küchenmädchen« arbeiten müssen. Im Interview präsentiert sie ihre Migration als Alternative zu einer – von der Mutter verhinderten – Ausbildung. Auf meine Nachfrage, ob sie einen Berufswunsch gehabt habe, antwortete sie:

»Ja, ja, hab ich ja gesagt, ich wollte ja Köchin werden {AA: Ah ja, genau}. Keine Chance. Und dann hab ich gesagt, werd ich halt Friseurin und der Mutter hat das nicht gepasst und das andere auch nicht. Dann hab ich mir gedacht, dann gehst in die Schweiz. Dort hab ich dann kochen gelernt, aber leider nicht die Schulen gemacht, weil ich Ausländerin war. Schade.«[92]

Nicht nur gab ihr die Schweiz die Möglichkeit von zu Hause, wo »nichts« war, fortzukommen. Sie schreibt ihrer Migrationserfahrung auch die Er-

---

88 PAA, Althaus, Interview Lubich, 00:40:40 und 01:54:36.
89 PAA, Althaus, Interview Gruber, 01:03:34.
90 PAA, Althaus, Interview Lubich, 01:54:36.
91 PAA, Althaus, Interview Pichler, 01:21:56.
92 Ebd., 01:21:00.

füllung ihres in der Jugend unerfüllten Berufswunsches zu. Dass der Wert dieser beruflichen Qualifikation begrenzt war, deutet sie im letzten Satz an. Als Ausländerin konnte sie nicht regulär die Berufsschule besuchen, sodass sie nach ihrem achtjährigen Schweizaufenthalt zwar in praktischer Hinsicht Köchin war, jedoch keine offiziellen Abschlusszeugnisse vorweisen konnte – ich werde darauf zurückkommen. Pichler bewertet in der Retrospektive ihre Migration in die Schweiz als Lehrzeit. Sie präsentiert dies jedoch nicht, oder nur bedingt, als Zielsetzung ihrer Migrationsentscheidung. Migrationsauslösend wirkte nicht ihre Sehnsucht Köchin zu werden, sondern die Schulkollegin, die ihr durch das Stellenangebot die Tür öffnete, um wegzugehen.

Maja Pichler, Ella Lubich und Martha Gruber weisen die Idee zur Migration einer anderen Person zu. Das von Cousinen, Bekannten oder Kolleginnen vorgeschlagene In-die-Schweiz-Gehen stieß jedoch bei allen aufgrund der Unzufriedenheit im Job auf fruchtbaren Boden. In ihren Argumentationen zur Migrationsentscheidung steht das Entkommen aus dem unliebsamen Arbeitsverhältnis im Vordergrund.

Dies spielt zwar auch in der Erzählung von Elisabeth Vogel, die nach der Schule auf dem Hof ihrer Mutter mitarbeiten musste, eine wichtige Rolle. Allerdings unterlegt sie bereits ihre Migrationsmotivation mit dem Wunsch Neues kennenzu*lernen*: »Mit 18 einfach fort von dieser Landwirtschaft […] Ich wollte Sprachen- ich wollte ein anderes Land sehen, ich wollte etwas anderes kennenlernen.«[93] Die Migrationsmotivation von Rosemarie Kroll, die gleich wie Vogel nach der Volksschule als unbezahlte Arbeitskraft auf dem elterlichen Betrieb arbeitete und in dieser Zeit »[e]in Auge immer auf Weiterbildung gerichtet« hatte,[94] klingt sehr ähnlich. Auch sie wollte von zu Hause weg, um »in die Welt hinaus [zu kommen], ein bisschen was an[zu]schauen.«[95] Während Elisabeth Vogel lieber nach Spanien als in die Schweiz gegangen wäre, um möglichst weit weg zu sein und von der Mutter nicht so schnell zurückgeholt werden zu können,[96] wählte Rosemarie Kroll ganz bewusst die Schweiz als Zielland. Sie stellt die Schweiz als die Destination vor, die ihr aufgrund ihrer geringen Schul- und fehlenden Ausbildung überhaupt eine Chance bot, »um aus dem Klischee herauszukommen und ein anderes Milieu kennenzulernen«:

---

93 PAA, Althaus, Interview Vogel, 00:39:23.
94 PAA, Kroll, Meine Alltagsgeschichten, S. 4.
95 Ebd., 00:34:26. Auch: 00:19:36.
96 PAA, Althaus, Interview Vogel, 00:09:25.

»Mit meiner Bildung war die Auswahl nicht sehr gross. Die Schweiz hat mich schon länger interessiert und Inserate für Arbeit in der Gastronomie oder Haushalt angeboten. Nach dem ersten Versuch mich als Serviererin zu bewerben, kam prompt eine Zusage und habe mich kurz entschlossen das Angebot anzunehmen, obwohl ich eigentlich fast keine Vorkenntnisse hatte und bei der Bewerbung mein Können etwas aufgebauscht war.«[97]

Gerade weil sie keine Ahnung von der Arbeit als Serviceangestellte hatte, war der Lerneffekt groß und ihr Anspruch, sich weiterzubilden, wurde eingelöst. Schwierigkeiten bereiteten ihr in ihrer neuen Wirkstätte, einem Hotelrestaurant in Graubünden, anfänglich nicht nur der unverständliche Dialekt und das fremde Geld. Das Anrichten der Speisen – beispielsweise die kunstgerechte Zerteilung eines Brathähnchens vor den Gästen – oder das Dekantieren des Weins stellten eine große Herausforderung dar. »Wenn man es gelernt hat, ist es ja nicht so schwer«, kommentiert sie in ihren schriftlichen Aufzeichnungen ihre Anfangsschwierigkeiten.[98] Als ungelernte Kellnerin musste sie sich diese Fähigkeiten erst aneignen. Dies gelang ihr mit Hilfe eines Kochs aus einem benachbarten Viersternehotel, der Stammgast in ihrem Restaurant war, und ihr zum »guten Berater« wurde: »Er sagte mir, du musst es so und so machen und auch was falsch war.«[99] Auf diese Weise meisterte sie nicht nur die anspruchsvolle Arbeit, sondern lernte – *by doing* – das Handwerk der Servicefachkraft.

Elisabeth Vogels Migrationsmotivation, Sprachen zu lernen und Neues kennenzulernen, wurde ebenfalls eingelöst. Im folgenden Zitat, das die – in der Ersterzählung – erzählte Zeit zwischen Einreise und Hochzeit mit einem Schweizer umfasst, wird die Erzähllinie Bildung deutlich sichtbar. Sie strukturiert die Darstellung über die Zeit als Hausangestellte in der Schweiz:

»Und dann bin ich in Basel bei einer jüdischen Familie gewesen. Gerade nach dem Krieg war das ein bisschen komisch, weil ich war fünf als der Krieg ausbrach und dann- und das war aber interessant, weil die haben ja ganz einen anderen Lebensstil oder? {AA: Ja sicher} Und das war sehr interessant für mich, also ich habe das gern gemacht. Ja, zum ein wenig kennenlernen und so. Mit Fleischigem und Milchigem und was man halt so macht- Pessach ganze Küche wechseln und alles {AA: Ah ja?} Ja=ja. Und nachdem- nach einem Jahr bin ich nach Riehen in eine Industriellenfamilie. Dort war ich drei Jahre. Die haben mir dann gleich die Kochschule bezahlt. Dort war ich zwei Jahre in der Kochschule, also zwei Semester in

---

97 PAA, Kroll, Meine Alltagsgeschichten, S. 4.
98 Ebd., S. 5.
99 Ebd., S. 6.

die Kochschule und dann nebenher an meinem freien Nachmittag bin ich ins Französisch, also habe Französisch gelernt. Und nach diesen drei, vier Jahren [...] bin ich ein Jahr nach Neuchâtel, zu einer Arztfamilie nach Neuchâtel. Und von dort nachher- also habe ich inzwischen meinen Mann kennengelernt gehabt und dann haben wir geheiratet.«[100]

Vogel präsentiert hier die jeweiligen Arbeitsverhältnisse entlang des damit zusammenhängenden Wissenserwerbs. In der ersten Stelle eignete sie sich Kenntnisse über den jüdischen Lebensstil an, in der zweiten Stelle besuchte sie einen Koch- und Französischkurs und die dritte Stelle in Neuchâtel, so führt sie später im Interview aus, habe sie angetreten, weil sie ihre theoretisch erworbenen Französischkenntnisse in der Romandie praktizieren und dadurch festigen wollte.[101] In der Analyse ihrer Lebensgeschichte fällt auf, dass Vogel nicht nur in der Ersterzählung, sondern generell im Interview die Erfahrungen als Hausangestellte in der Schweiz in Bezug auf die damit zusammenhängende Bildungsmöglichkeit verhandelt. Auf meine Frage nach dem Verhältnis zur jüdischen Arbeitgeberfamilie antwortete sie, dass sie dort eine sehr interessante Zeit verlebt habe und die jüdische Kultur – von den kosheren Essregeln bis zu Hebräischen Gebeten – studieren konnte: »Ich fand das gut. Ich wollte ja in ein anderes Land, um etwas kennenzulernen, also jetzt war ich bei Juden und habe halt das kennengelernt.«[102] In ähnlicher Weise beantwortete sie meine Frage, ob sie während ihrer Zeit als Hausangestellte in der Schweiz mit Schwierigkeiten zu kämpfen hatte:

»Mir ist gar nichts schwierig vorgekommen, nein. Neu, es war nicht schwierig, sondern neu, aber neu ist ja nicht schwierig {AA: jaja}. Neu heißt ja, ich kann- ich kann etwas lernen und das habe ich ja gewollt, ich habe ja etwas anderes gewollt, also war das nur das, was ich erwartet hatte eigentlich.«[103]

Auch den Bericht über ihre Freizeitgestaltung setzt sie, wie eingangs schon zitiert, mit dem Thema Bildung in Verbindung: »Ich habe immer=immer=immer in der Freizeit noch etwas gelernt. Das, was ich gernemein Leben lang vermisst habe. Also ich habe regelrecht darunter gelitten, dass ich nichts habe [lernen] dürfen.«[104] Deshalb habe sie, nachdem sie schon lange verheiratet war und ihre drei Kinder aus dem Haus waren, eine

---

100 PAA, Althaus, Interview Vogel, 00:10:13.
101 Ebd., 01:50:41.
102 Ebd., 00:57:48.
103 Ebd., 01:49:01.
104 Ebd., 01:11:39.

Ausbildung zur Schriftpsychologin absolviert: »Ich habe immer gelernt und immer Kurse gemacht und=und ich habe dann auch meine Ausbildung gemacht, die habe ich machen müssen.«[105] Mit dem Modalverb »müssen« wird die Ausbildung als Notwendigkeit (an)gedeutet. Als Muss für ein erfülltes und glückliches Leben. Die Migration bezeichnet sie diesbezüglich als »Erlösung«. In die Schweiz zu gehen und dort zu bleiben – sie heiratete nach fünf Jahren als Hausangestellte einen Schweizer – sei »das einzig Richtige« gewesen. Ansonsten wäre sie in ihrem Leben »nicht glücklich« geworden, konstatiert sie und führt aus:

»Es war für mich jetzt einfach der einzige Weg. Gewünscht hätte ich mir, dass ich hätte auf die höhere Schule gehen können und dann eine richtige Ausbildung machen und von dort aus dann gehen, dann hätte es ein anderes Leben gegeben, aber das- ich habe ja aus dem, was bestanden hat, aus dem hinaus das Beste machen müssen und ich glaube, aus dem hinaus habe ich das Beste gemacht, was ich konnte.«[106]

Das »Beste«, so wird aus dem Erzählkontext deutlich, ist ihre Ausbildung zur Schriftpsychologin, auf die sie im Interview immer wieder zu sprechen kommt und der sie viel Platz einräumt. Retrospektiv definiert Vogel dieses als Schlüssel zum Lebensglück. Es ist der Fluchtpunkt, auf den ihre Lebensgeschichte zusteuert. Die Erzähllinie Bildung dominiert das Narrativ. Sie durchzieht ihre gesamte lebensgeschichtliche Erzählung und treibt diese kontinuierlich voran.

Rosemarie Kroll, die gleich wie Elisabeth Vogel bereits mit ihrer Migrationsmotivation ein Bildungsmotiv verknüpft, organisiert ihre Lebensgeschichte in narrativer Hinsicht sehr ähnlich wie Elisabeth Vogel. Sich ständig weiterzubilden, strukturiert auch ihre gesamte Erzählung. Im Gegensatz zu Vogel, die retrospektiv ihre Ausbildung als Lebensziel definiert – sie arbeitete nie als Graphologin –, ist bei Kroll das Nachholen der in der Jugend verhinderten Bildung nicht das Ziel, sondern das Mittel zum Zweck. Zentrales Thema, auf das sie ihre Erzählung zuspitzt, sind ihre Bemühungen sich, trotz fehlender Ausbildung, in beruflicher Hinsicht erfolgreich zu etablieren und sich eigenständig etwas aufzubauen. Bereits in den zehn Jahren nach Ende der Volksschule, in denen sie auf dem elterlichen Betrieb mitarbeiten musste, war sie bestrebt, sich durch Weiterbildung ein Berufsfeld zu erschließen. Gerne hätte sie in einem Büro gear-

---

105 Ebd., 01:53:21.
106 Ebd., 02:28:09. Auch: 02:09:51.

beitet: »Ja, so ist meine Jugend vorbeigegangen, ich hab immer wieder versucht, Kurse zu machen. Ich hab gleich, mit 14 Jahren, mich dann angemeldet bei einem Lehrerehepaar, die Maschinenschreiben, Stenografie […], Buchhaltung [anboten].«[107] Trotz ihrer Bemühungen gelang es ihr nicht, im kaufmännischen Bereich Fuß zu fassen. Ihre Mitarbeit wurde zu Hause erfordert: »Die Mutter, wenn ich zur Mutter was gesagt hab, dann hat sie gesagt: ›Schau, was wir Arbeit haben, wie viel Arbeit wir haben, wir brauchen dich zu Hause.‹«[108] Die Migration in die Schweiz ermöglichte ihr aus dieser Situation hinauszukommen und gleichzeitig ihren Wunsch nach Weiterbildung zu stillen.[109] Nachdem sie sich, wie oben dargelegt, im Hotelrestaurant im Graubünden Kenntnisse als Servicefachkraft angeeignet hatte, wechselte sie mehrmals die Stelle, um Neues zu lernen. Sie qualifizierte sich nicht nur im Gastronomiefach weiter, sie erwarb – durch ein Engagement im Tessin – auch Italienischkenntnisse.[110]

Nach eineinhalb Jahren kehrte sie nach Österreich zurück, weil die Mutter es von ihr verlangte. Zurück in der Steiermark versuchte sie erneut, in den kaufmännischen Bereich zu wechseln: »Ich wollte in ein Büro […], aber es war schwierig mit so wenig Bildung.«[111] Trotzdem gelang es ihr eine Stelle als Sekretärin in einem Sägewerk zu finden. Dort habe sie – gerade aufgrund der fehlenden Büroausbildung – viel gelernt. Sie wurde jedoch bald schwanger, was ihre Bestrebungen, sich durch ständige Weiterbildung etwas zu erarbeiten, vorerst zunichte machte: »Ja und dann war's so, dass ich halt, dass mein späterer Mann auf Besuch gekommen ist und wie üblich [war] ein Baby unterwegs und dann hab ich aufgegeben.«[112] Sie heiratete und bekam drei Kinder. Neben den Familienpflichten arbeitete sie – als unbezahlte Arbeitskraft – im Geschäft ihrer Schwiegereltern. Als ihre Kinder etwas größer waren, wollte Kroll sich endlich »selber etwas schaffen«: »Ich hab das nicht können, einfach nur mitarbeiten und=und nie eine Meinung haben und so, das hat mir nicht gepasst.«[113] In Eigenverantwortung baute sie eine Ferienpension, die sie heute noch erfolgreich betreibt. Der Hausbau und das selbstständige Betreiben des Geschäfts nehmen in Krolls Erzählung buchstäblich viel *Raum* ein. Sowohl vor als

---

107 PAA, Althaus, Interview Kroll, 00:15:19.
108 Ebd., 00:34:26.
109 Ebd., 00:18:06.
110 Ebd., 01:12:11, 01:27:35 und 00:12:37 (Teil II).
111 Ebd., 01:35:14.
112 Ebd., 01:37:04.
113 Ebd., 00:19:06.

auch nach dem Interview führte sie mich durch das ganze Haus und zeigte mir ihre liebevoll eingerichteten Ferienwohnungen. Die im Interview zugespitzte Erzählung auf das Thema sich trotz schlechter Schul- und fehlender Ausbildung selbstständig etwas aufzu*bauen*, wird im gebauten Raum über das gesprochene Wort hinaus demonstriert.[114] Den Grundstein für diesen Erfolg legte sie, so ihre Antwort auf meine Frage nach der Bedeutung ihrer Migrationserfahrung, in der Schweiz. Dort sei sie zum einen »selbstständig« geworden und habe gelernt »auf eigenen Füßen [zu] stehen«. Zum anderen habe sie sich wertvolle Erfahrungen im gastronomischen Bereich angeeignet und Italienisch gelernt. Alles Kompetenzen, die ihr in ihrem späteren Berufsleben als selbstständige Wirtin in der Gästebetreuung sehr zugutekamen.[115]

Maja Pichler, die in der Schweiz professionell kochen lernte, beurteilt im Interview die Zeit als Hotelangestellte in der Schweiz ebenfalls als »sehr aufschlussreich« und erklärt dies damit, dass sie in der Schweiz »sehr viel gelernt« habe, wozu sie zu Hause keine »Möglichkeit« hatte.[116] Sie präsentiert die Lebensphase als Hotelangestellte im schweizerischen Gastgewerbe als positive Erinnerung, weil diese für sie eine Lehrzeit darstellte:

»Es war im Gegensatz zu vorher, was ich zu Hause gehabt habe, für mich ein Paradies. Das Arbeiten hat mir nichts gemacht von sechs Uhr morgens bis zehn Uhr abends, im Winter ist dann schon besser gewesen. Aber ich habe viel gelernt draußen.«[117]

Dass sie – im Gegensatz zu daheim, wo ihre Mutter alle ihre Berufswünsche zurückwies –, etwas lernen konnte, scheint aus der gegenwärtigen Perspektive alle Härten bezüglich der Arbeitsbedingungen aufzuwiegen. Dies hängt nicht nur damit zusammen, dass sie während ihres achtjährigen Schweizaufenthaltes kochen lernte. Sie stieg vom »Mädchen für alles« zur selbstständigen Köchin auf. In den ersten Jahren habe sie noch »alles« machen müssen.[118] Nachdem sie vom Juniorchef, einem »wunderbaren Koch«, in die Kochkunst eingeweiht worden war, übertrug man ihr die Leitung der Küche. Vier Saisonen habe sie die Hotelküche ganz alleine geführt.[119] Zu Spitzenzeiten kochte sie alleine für 250 Leute. Warum ihr

---

114 PAA, Althaus, Forschungstagebuch zum Interview mit Rosemarie Kroll, S. 2.
115 PAA, Althaus, Interview Kroll, 00:44:55 und 00:47:32.
116 PAA, Althaus, Interview Pichler, 00:07:01.
117 Ebd., 02:10:30.
118 Ebd., 02:56:07.
119 Ebd., 00:02:56.

diese Arbeitsbelastung – sie sei an solchen Tagen fast 24 Stunden in der Küche gestanden – nichts ausgemacht habe, argumentiert sie mit dem in der Jugend verhinderten und nun eingelösten Berufswunsch: »Ich habe sehr viel gelernt draußen. Und ich habe das gern gemacht, ich wollte ja immer Köchin werden, nicht«.[120] Da sie »wirklich viel gelernt« habe, reue sie keine Minute der acht Jahre, die sie in der Schweiz verbrachte.[121] Diese seien, das wiederholt sie mehrmals, ihre »schönste Zeit« des Lebens gewesen, denn nachher habe sie »nichts mehr Gescheites gehabt«.[122] Dies bezieht sie unter anderem auf ihren beruflichen Abstieg nach der Rückkehr. Aufgrund einer Rückgratverkrümmung, die sie auf das schwere Heben bei der Arbeit zurückführt, musste sie ihre Stelle im Hotel kündigen und kehrte in ihren Heimatort, eine Kleinstadt in der Steiermark, zurück. Das sei schwer gewesen: »Die ersten acht Tage […], die habe ich fast nicht gerafft. Und dann herinnen die Primitiven alle, es war einfach anders draußen, viel fortgeschrittener.«[123] Mit den »Primitiven« meint sie die Gäste und Arbeitgeber in ihrer ersten Stelle zurück in Österreich:

»Dann bin ich da in einen normalen Landgasthof gegangen mit Kegelbahn, Na, das war ja ein Wahnsinn. Da kommt eine von der Schweiz und oh ja, natürlich habe ich dort auch alles machen müssen. Und die haben das alles gar nicht gekannt, die ganze Bedienung und alle da waren sehr primitiv {AA: aha?} Die waren wirklich sehr primitiv. Ich habe solche Gäste draußen die ganzen acht Jahre nicht gesehen, was ich da in=in dem Jahr gesehen habe, in dem ich da gearbeitet habe.«[124]

Die Rückkehr stellt sie in doppelter Weise als Rückschritt dar. Aus der »fortgeschrittenen« Schweiz landete die selbstständige Köchin im »primitiven« Landgasthof und stieg zum ›Mädchen für alles‹ ab. Anschließend war sie als Fabrikarbeiterin tätig. In dieser Zeit heiratete sie und bekam eine Tochter. Später war sie jahrzehntelang in einer Betriebskantine beschäftigt. Die ohne Zeugnisse abgeschlossene Köchinnenlehre in der Schweiz brachte ihr zwar die Bewunderung ihrer Mitarbeiterinnen für das gekonnte Zwiebelschneiden ein,[125] Pichler erreichte jedoch nie mehr den Status einer selbstständigen Köchin in einem angesehenen Hotel. Der Aufenthalt als Hotelangestellte in der Schweiz präsentiert sie als Zwischenzeit, die sich –

---

120 Ebd., 02:59:49.
121 Ebd., 01:21:21.
122 Ebd., 01:56:52 und 02:39:10.
123 Ebd., 03:01:51.
124 Ebd., 00:08:51.
125 Ebd., 03:00:19.

gerade in Bezug auf Bildung und Beruf – in positiver Weise von der Lebenssituation davor und danach abhebt.

Ella Lubich, die vor ihrer Migration als Haus- und Kaffeehausangestellte in Wien tätig war, stellt ihren Aufenthalt als Hausangestellte in der Schweiz ebenfalls als Lernzeit dar und verknüpft damit eine positive Bewertung des Schweizaufenthaltes. Im Gegensatz zu Elisabeth Vogel, Rosemarie Kroll und Maja Pichler bezieht sie sich dabei nicht auf Kompetenzen zur beruflichen Qualifikation, sondern allgemein auf lebenspraktische Dinge. Auf meine Frage nach »schönen Erinnerungen« hebt sie als besonders positiv hervor, dass sie in der Schweiz schwimmen lernte:

»Ich habe oft gedacht, wenn ich da nicht schwimmen gelernt hätte, ich hätte es nicht gelernt. [...] [Vorher] bin ich jeweils nur so weit ins Wasser wie ich habe stehen können, dann bin ich zurück, und jetzt schwimm ich was! Und der Baggersee ist ganz schön tief.«[126]

Jeden Tag gehe sie schwimmen und stuft dies als wesentlich für ihre heutige Lebensqualität ein. Darüber hinaus weist sie ihren Tätigkeiten als Hausangestellte in der Schweiz, die sie zwischen ihrem 21 und 27 Lebensjahr ausführte, eine formative Funktion auf dem Weg ins Erwachsenenalter zu. Sie wurde vom Mädchen zur (Haus-)Frau. Meine Frage, ob die Schweizzeit einen Einfluss auf ihr späteres Leben hatte, beantwortete sie wie folgt:

»Du hast ganz anders einteilen gelernt, du hast das Einkochen gelernt, du hast das Stricken gelernt. Vom ganzen Ablauf [im Haushalt] hast du das schon viel=viel genauer- gell. [...] Das hast du in Fleisch und Blut übergehabt, gell [...] von dem her schadet das wirklich keinem jungen Mädchen. [...] Man ist viel selbstständiger geworden, viel selbstständiger. Man hat das Einteilen gelernt, du hast mit deinem Lohn auskommen müssen, ich habe auch Freundinnen gehabt, die haben am 15ten schon kein Geld mehr gehabt [...] und wissen Sie, das muss man auch lernen.«[127]

Deshalb, so fährt Lubich fort, möchte sie die sechs Jahre als Hausangestellte in der Schweiz nicht missen. Sie bindet hier das Erreichen der Selbstständigkeit an einen biografischen Lernprozess. Grundlegende Kompetenzen einer Hausfrau, wie (mit Geld) haushalten zu können, seien nicht einfach gegeben, sondern müssten gelernt werden. Warum sie das Durchlaufen dieses Lernprozesses an die Zeit in der Schweiz bindet, erstaunt auf den ersten Blick. War sie doch bereits vor ihrer Migration knapp

---

126 PAA, Althaus, Interview Lubich, 03:15:48. Auch: 00:13:26 und 02:04:12.
127 Ebd., 03:17:10. Auch: 02:21:29.

sechs Jahre als Haus- und Kaffeehausangestellte in Wien tätig gewesen. In diesen Stellen, in denen sie sich – wie oben dargelegt – »als fünftes Rad am Wagen« behandelt und ausgenutzt fühlte, scheint das Erlangen von Selbstständigkeit nicht möglich gewesen zu sein. Erst während ihres Engagements bei einem berufstätigen Ärzteehepaar in der Ostschweiz, wo sie nicht nur habe »gehorchen« müssen, lernte sie, »selbstständig« einen Haushalt zu führen.[128] In dieser Zeit verliebte sie sich in ihren späteren Ehemann, einen Deutschen, und wechselte die Stelle. Sie begann als Hausangestellte auf der Privatstation eines Krankenhauses zu arbeiten. Insbesondere der Umgang mit den Patient_innen dort bereitete ihr viel Freude. Den Vorschlag einer Kollegin, sie solle doch die Krankenschwesternausbildung absolvieren, lehnte sie jedoch ab und entschied sich, stattdessen zu heiraten:

»Die [Kranken-]Schwester hat immer gesagt, du hast so das Gefühl und=und=und lerne Krankenschwester, du kannst so [gut] mit den Kranken umgehen und das wollte ich nachher auch nicht, aber noch öfter habe ich gedacht, ja so geeilt hätte es mit dem Heiraten nicht, hätte es lieber noch gemacht, dann hätte ich auch noch einen Beruf [gehabt], gell.«[129]

Keinen Beruf gelernt – und darunter gelitten – zu haben, ist zentrales Thema in Lubichs Erzählungen über ihr Leben nach der Zeit in der Schweiz. Da sie schwanger wurde, gab sie ihre Stelle im Krankenhaus auf und folgte ihrem Ehemann nach Deutschland. Neben ihren Aufgaben als Mutter dreier Kinder und Hausfrau, auf die sie dank der Zeit in der Schweiz optimal vorbereitet war, musste sie aus familienökonomischen Gründen stets auch einer bezahlten Beschäftigung nachgehen. Ohne Ausbildung sei ihr Berufsleben jedoch schwierig gewesen. Sie arbeitete als ungemeldete Teilzeitkraft in verschiedenen Aushilfsjobs, was sie mit den Worten bilanziert: »Wenn du etwas gelernt hättest, hätte es das leichter gemacht.«[130] Aufgrund ihrer eigenen Erfahrungen sei sie sehr darauf bedacht gewesen, ihren Kindern und Enkeln eine berufliche Ausbildung zu ermöglichen: »Deswegen habe ich so gedrängt, dass meine Kinder etwas lernen dürfen- müssen, das wollte ich unbedingt«.[131]

Wegen der fehlenden Schul- und Ausbildung im späteren Leben mit Schwierigkeiten gekämpft zu haben, das betont auch Martha Gruber. Nach

---

128 Ebd., 02:23:33.
129 Ebd., 00:54:22.
130 Ebd., 01:07:08.
131 Ebd., 00:54:22. Auch: 00:40:40 und 01:09:15.

einem dreijährigen Engagement als Hausangestellte in der Schweiz heiratete sie einen Schweizer. Zwar standen ihr nach der Hochzeit und dem Erlangen der schweizerischen Staatsbürgerschaft sämtliche Berufszweige auf dem Arbeitsmarkt offen. Ohne gelernten Beruf sei trotzdem nur die Arbeit in der Fabrik möglich gewesen.[132] Keinen ›richtigen‹ Beruf zu haben – vor ihrer Migration war sie ebenfalls als ungelernte Fabrikarbeiterin tätig gewesen –, belastete sie:

»In der Schweiz da hätte man einen Beruf haben sollen später. Also, man hätte sich einfach wohler gefühlt, wenn man einen Beruf gehabt hätte. [...] Man fühlt sich irgendwie- nicht minderwertig, aber man fühlt sich einfach ein bisschen unterlegen.«[133]

Das Gefühl der Unterlegenheit wurde durch ihre kriegsbedingt »himmelschreiend« schlechte Schulbildung verstärkt:

»Als ich in die Schweiz kam, hatte ich das Gefühl, dass alle Leute wahnsinnig gescheit sind, weil die hatten alle eine Schulbildung. Viele Mädchen hatten einen Beruf und hatten Französischkenntnisse [...] Bei uns ist alles ausgemerzt worden, was Französisch war, alles. Und auch Geografie. Es war der Horror für mich, ich habe mich jeweils gar nicht mehr getraut etwas zu sagen.«[134]

Die Migration in die Schweiz war für sie ein »böses Erwachen«, da sie »nie [...] gedacht [hätte], dass die Leute ganz anders gebildet sind als wir.«[135] Durch Kurse und Selbststudium versuchte sie die Bildungsunterschiede auszugleichen und sich Allgemeinwissen anzueignen, Sprachen und berufliche Kompetenzen zu erlernen:

»Was ich alles gemacht habe! Ich habe Schreibmaschine gelernt, auch einmal einen Kurs gemacht in Französisch, aber das ging nicht, Englisch probiert. Ich habe wirklich einfach immer probiert- und vor allen Dingen einmal die ganzen Länder studiert, wo die alle sind und die Hintergründe und so, dass ich wenigstens einmal ein bisschen etwas wusste.«[136]

Der Wissenszuwachs hatte jedoch nicht in allen Bereichen eine Auflösung des Unterlegenheitsgefühls zur Folge. Im Gegenteil, der Wissensgewinn über den Holocaust löste ein neues Schamgefühl aus. In der Schweiz habe sie das erste Mal von den Verbrechen der Nationalsozialist_innen gehört.

---

132 PAA, Althaus, Interview Gruber, 00:21:04.
133 Ebd., 01:25:10. Auch: 02:03:56.
134 Ebd., 00:21:04.
135 Ebd., 01:24:24.
136 Ebd., 02:10:42. Auch: 00:55:31.

Das sei »schlimm« gewesen für sie und sie habe sich so »geschämt«, dass sie, nachdem sie möglichst schnell Schweizerdeutsch gelernt hatte, jahrelang niemandem traute zu sagen, dass sie Deutsche war.[137] Das neue Wissen beeinträchtigte nicht nur ihr Dasein als ehemalige Deutsche in der Schweiz, sondern führte auch zu einer ernsthaften familiären Auseinandersetzung mit den deutschen Verwandten.

»Einmal hatte ich so einen grauenhaften Streit, dass ich zwei Jahre lang nicht mehr mit ihnen [Verwandte] verkehrte. Es ging um Himmler und Heydrich, da die zwei Gauner. Von denen haben die geredet in einem Ton, Wunder was das für [...] Leute gewesen sind und dann ist mir natürlich der Kragen geplatzt. Haben sie gesagt, ob ich meine Weisheit aus der Schweiz habe, und dann war ganz fertig.«[138]

In dieser Passage distanziert Gruber sich in zweierlei Hinsicht von ihren Verwandten. Zum einen bezieht sie Stellung gegen deren Verherrlichung ehemaliger Nazigrößen und positioniert sich in Abgrenzung zu den Daheimgebliebenen als ›aufgeklärte‹ Deutsche. Zum anderen vermittelt sie darin das Gefühl der Entfremdung von ihrer Familie. Die neu gewonnene »Weisheit aus der Schweiz« bewertet sie – anders als Elisabeth Vogel, Maja Pichler, Rosemarie Kroll und Ella Lubich – nicht ausschließlich positiv. Sie berichtet auch von schmerzhaften Begleiterscheinungen. So habe ihr ausgeprägter Bildungswille beispielsweise Probleme in ihre Ehe gebracht. Ihr Mann habe ihr Bedürfnis, sich ständig weiterzubilden, nicht verstanden, »weil er ja eine gute Schulbildung hatte«.[139] Da sie neben ihrer Arbeit für eine Verzinkerei – sie war auch nach der Hochzeit immer berufstätig –, jede freie Minute in ihre Weiterbildung investierte, hätten sie sich auseinander gelebt, was letztendlich einen Scheidungsgrund darstellte.[140] Trotz dieser Folgen ist Martha Gruber, gleich wie Elisabeth Vogel, davon überzeugt, dass ihr die Emigration in die Schweiz die Chance bot, »das Beste« aus ihrem Leben zu machen. Dort habe sie zwar auch keinen Beruf gehabt, aber »draußen wäre das problematischer geworden«, betont sie im Interview. Während es ihr in der Schweiz gelang, sich durch ihren Fleiß und ständige Fortbildungen von der Fabrikarbeiterin zur Vertreterin eines großen Konzerns hochzuarbeiten, wäre sie, so ihre Vermutung, in Süddeutschland Hilfsarbeiterin geblieben.[141]

---

137 Ebd., 01:51:23. Auch: 00:22:38.
138 Ebd., 00:24:41.
139 Ebd., 02:10:42.
140 Ebd. Auch 00:55:31.
141 Ebd., 02:22:36.

Alle fünf Interviewpartnerinnen, so lässt sich zusammenfassen, präsentieren ihren Aufenthalt in der Schweiz als Bildungszeit. Als narrativer Ausgangspunkt dient ihnen die in Kindheit und Jugend verhinderte schulische und/oder berufliche Ausbildung. Die relevanten Faktoren für dieses Bildungsdefizit sind – in je individuell unterschiedlicher Gewichtung – die soziale Herkunft aus dem bäuerlichen Milieu, die Beziehung zur Mutter, die Zugehörigkeit zum weiblichen Geschlecht sowie der Zweite Weltkrieg und seine Folgen. Von der Erläuterung der Migrationsentscheidung bis zur Bewertung der Zeit im schweizerischen Hausdienst und Gastgewerbe ziehen die hier präsentierten Interviewpartnerinnen die verhinderte Bildung als argumentative Grundlage heran. Trotz dieses gemeinsamen narrativen Ankerpunktes entwickeln sie unterschiedliche Bildungsgeschichten. Bezüglich der Lerninhalte decken die Erzählungen ein breites Spektrum ab. Das gelernte Wissen und die erworbenen Fähigkeiten reichen von Fremdsprachenkenntnissen, über historisches Wissen, kulturelle Horizonterweiterungen, alltagspraktische Kompetenzen, bis zur beruflichen Qualifikation. Die verschiedenen Bildungsgeschichten unterscheiden sich nicht nur in thematischer Hinsicht, sondern auch in ihrer narrativen Organisation auf erzählstruktureller Ebene. Elisabeth Vogel und Rosemarie Kroll artikulieren ein ausgesprochenes Bedürfnis, Neues kennenzulernen und sich weiterzubilden. Dieser Bildungswille ist narrativer Antrieb ihrer lebensgeschichtlichen Selbstpräsentation und durchzieht ihre gesamte Erzählung. Ihre Lebensgeschichte wird auf ein, mit dem Thema Bildung verknüpftes, narratives Lebensziel zugespitzt. Die Zeit als Arbeitsmigrantin in der Schweiz ist bloß eine Etappe zum Erreichen dieses Lebensziels und wird als Kontinuum in diese zielgerichtete Bildungsgeschichte integriert.

Martha Gruber setzt das Thema Bildung in ihrer lebensgeschichtlichen Erzählung auch durchgehend relevant. Im Gegensatz zu Kroll und Vogel argumentiert sie ihren ständigen Weiterbildungswillen mit keinem, bereits in der Jugend vorhandenen, inneren Bedürfnis, sondern präsentiert diesen als Folge ihrer Migration. Ihr kriegsbedingtes Bildungsdefizit wurde ihr erst in der Schweiz zum Problem. Der Auslöser zur ständigen Weiterbildung wurzelt in einem Unterlegenheitsgefühl gegenüber den, als gebildet wahrgenommenen, Schweizer_innen. Bezogen auf ihre Bildungsgeschichte erscheint die Migration in die Schweiz als Bruch. Sie ist Startpunkt ihrer Bestrebungen, ihr Bildungsdefizit zu überwinden. Da dieser Anfang problembehaftet ist, erklärt sich auch, warum sie als einzige den Bildungsprozess in der Schweiz eher negativ konnotiert.

Maja Pichler und Ella Lubich bewerten im Gegensatz dazu ihren Aufenthalt als Arbeitsmigrantin in der Schweiz gerade deshalb so positiv, weil es sich dabei um eine Bildungszeit handelt. Beide heben das Lernen in der Schweiz in der Kontrastierung mit früheren und späteren Lebensphasen als außerordentliche Erfahrung hervor. Bezogen auf ihre Bildungsbiografie stellt sowohl das In-die-Schweiz-Gehen als auch das Verlassen der Schweiz eine Zäsur dar. Die Zeit im schweizerischen Hausdienst und Gastgewerbe erscheint auf narrativer Ebene als lehrreiche Zwischenzeit.

5.3 Karrieren: Erfolgs- und Abstiegsgeschichten

Viele meiner Interviewpartnerinnen erzählen eine sozioökonomische Erfolgsgeschichte. Dies ist aus zwei Gründen wenig erstaunlich. Zum einen haben lebensgeschichtliche Erzählungen die Funktion retrospektiv Sinn zu stiften. Ein »gelingendes Leben« zu präsentieren, so der Historiker Reinhard Sieder, ist nicht nur ein Bedürfnis vieler Menschen, sondern geradezu eine gesellschaftliche Norm.[142] Zum anderen sind meine Interviewpartnerinnen auch faktisch Teil einer gesamtgesellschaftlichen Aufstiegsgeschichte. Sie erlebten den Ausbau der Konsum- und Wohlstandsgesellschaft sowie des Sozialstaates.[143]

In den folgenden Ausführungen werden die Lebensgeschichten analysiert, die ihren sozioökonomischen Erfolg an die eigene berufliche Karriere binden. Diese Auswahl bietet die Möglichkeit auch die Erzählungen in den Blick zu bekommen, die dem dominierenden Narrativ zuwiderlaufen, in der Schweiz ›das Glück gemacht‹ zu haben. Die beiden Interviewpartnerinnen, die als einzige aus dem Sample ihre Migration insgesamt negativ bewerten, knüpfen diese Bilanz an einen, damit in Zusammenhang gebrachten, beruflichen Abstieg. Zunächst sollen jedoch die Erfolgsgeschichten von Elsa Zeller, Maja Oban und Hedwig Welzer im Zentrum der Analyse stehen.[144] Den Begriffen Erfolg und Aufstieg liegt die Vorstellung einer Entwicklung zugrunde. Sie implizieren eine Richtung: nach oben.

---

142 Sieder, »Einleitung«, S. 7. Ebenso: Linde, *Life Stories*, S. 3. Vgl. auch Kapitel 1.2.3.
143 Zur »affluent generation« in der Oral History vgl. auch Andresen/Apel u.a., »Es gilt«, S. 9; 16–18.
144 Auszüge aus den Erfolgsgeschichten von Elsa Zeller und Maja Oban, wurden vorab publiziert in: Althaus, »Vom Glück«, S. 24–42.

Das Adverb ›oben‹ ist in diesem Zusammenhang weder wertneutral noch objektiv messbar. Die Ausgangs- und Endpunkte einer sozioökonomischen Erfolgsgeschichte sind, je nach biografischem Hintergrund und aktueller Lebenssituation, individuell unterschiedlich. Im Folgenden geht es nicht darum, zu bewerten, ob meine Interviewpartnerinnen erfolgreich sind oder waren. Vielmehr geht es darum, zu untersuchen, mit welchen expliziten Argumentationslogiken und impliziten Darstellungsmuster Elsa Zeller, Maja Oban und Hedwig Welzer ihr Leben als Erfolgsgeschichte darstellen, und wie sie ihren Schweizaufenthalt darin verorten. Auch wenn sich ihre Geschichten in vielen Punkten unterscheiden, eines haben diese drei Interviewpartnerinnen gemeinsam. Sie präsentieren die Ankunft in der Schweiz als biografischen Tiefpunkt. In verschiedener Hinsicht waren sie ›ganz unten‹.

Elsa Zeller (Jg. 1944) wuchs in äußerst ärmlichen, kleinbäuerlichen Verhältnissen in der südöstlichen Steiermark auf – einer (infra-)strukturell benachteiligten Gegend Österreichs, wo es fast keine Arbeitsmöglichkeiten gab. 1959, mit 15 Jahren, entschied sie sich, wie die meisten jungen Frauen aus ihrem Dorf, in die Schweiz zu gehen. Bei ihrer Ankunft dort schildert sie sich nicht nur bezüglich ihrer sozialen und regionalen Herkunft, sondern auch in der beruflichen Hierarchie als ganz unten stehend. Als illegal beschäftigtes »Abwaschmädchen« spülte sie tagelang Töpfe und Pfannen der Köche.[145] In der ausführlichen Schilderung dieses ausbeuterischen Arbeitsverhältnisses verdeutlicht sie im Interview die Ausgangssituation für ihren späteren sozialen und beruflichen Aufstieg.

Die 1933 in Böhmen geborene Maja Oban arbeitete gleich wie Zeller vor ihrer Migration in die Schweiz als Hausangestellte. Ihre Vertreibung aus der Tschechoslowakei am Ende des Zweiten Weltkriegs hatte ihrer vielversprechend begonnenen Schulkarriere ein Ende gesetzt. Als einzige Berufsmöglichkeit habe ihr die Arbeit als »Dienstmädchen« offen gestanden.[146] 1951, angelockt von den vielen Zeitungsinseraten in der Tagespresse, ging sie in die Schweiz. Dort arbeitete sie weiterhin als Hausangestellte und zwar in einem großbürgerlichen Haushalt, wo sehr auf die Standesunterschiede geachtet wurde. Während die Arbeitgeberfamilie auf der Zugfahrt in die Sommerfrische beispielsweise erste Klasse fuhr, wurde Oban ein Platz in der dritten Klasse zugewiesen.[147] In ihrer Erzählung ist

---

145 PAA, Althaus, Interview Zeller, 00:14:30.
146 PAA, Althaus, Interview II Oban, 00:58:33 und 01:35:03.
147 Ebd., 00:49:15.

das zu diesem Zeitpunkt gesellschaftliche und berufliche Ganz-unten-Stehen bedingt durch ein historisch-politisches Ereignis: den Krieg, die Vertreibung und ihre Folgen, denen Maja Oban zunächst ohnmächtig gegenüber stand. Hedwig Welzer betont im Interview ebenfalls ihre berufliche Perspektivlosigkeit nach Kriegsende. Im Gegensatz zu Maja Oban war es der 1926 in Graz in mittelständischen Verhältnissen geborenen Tochter eines Geschäftsinhabers und einer Hausfrau möglich gewesen, sowohl einen Lehr- als auch Studienabschluss zu erwerben. Aufgrund der wirtschaftlichen Lage im Nachkriegsösterreich sei es für sie als frisch gebackene Innenarchitektin jedoch unmöglich gewesen, eine Stelle zu finden. Völlig mittellos, als »Mädchen ohne Geld«, sei sie an ihrem Bestimmungsort gelandet: einer einfachen Gaststätte im Zürcher Oberland. Dort wurde der studierten Raumgestalterin gleich nach der Ankunft eine Schürze umgehängt und die Arbeit einer einfachen ›Serviertochter‹ erklärt.[148]

Auch wenn sich die biografischen Verläufe dieser drei Protagonistinnen gravierend voneinander unterscheiden, alle erzählen, dass sie zu Beginn ihres Schweizaufenthaltes in sozialer wie beruflicher Hinsicht bei Null anfangen mussten. Elsa Zellers und Maja Obans Narrative gleichen sich in einem weiteren Punkt. Beide erzählen, dass sie immer schon das Ziel vor Augen hatten, einmal auf der Seite der Bedienten und nicht der Bediensteten zu stehen. So berichtet Elsa Zeller über das Hotel im Berner Oberland, in dem sie fünf Saisonen lang als illegal beschäftigte Hotelangestellte arbeitete:

»Das Hotel war sehr gepflegt und so, das habe ich alles sehr genossen. […] Ich habe das schon immer gesehen auch die=die andere Seite. Und das war vielleicht auch das, was es so erstrebenswert gemacht hat, eigentlich. Auch einmal auf dieser Gastseite sein können und nicht auf der anderen Seite, auf der du immer bedienst.«[149]

Und Maja Oban hebt bei ihrer Schilderung über das Liefern von Milch aus der väterlichen Molkerei in die noblen Hotels des Kurortes Marienbad hervor: »Da ist man selber hingegangen, ist durch den Lieferanteneingang […] und damals habe ich schon immer gedacht, immer müssen wir da hinten rum. Ich will mal da vorne reingehen.«[150]

---

148 PAA, Althaus, Interview Welzer, 00:15:11.
149 PAA, Althaus, Interview Zeller, 03:37:24.
150 PAA, Althaus, Interview I Oban, 00:19:34.

Den Gasteingang benutzen zu dürfen, der nur gewissen Gesellschaftsschichten offenstand, und auf der Gastseite zu stehen, kann als Symbol für einen gezielt angestrebten sozialen Aufstieg gelesen werden. Oban und Zeller beschreiben beide das In-die-Schweiz-Gehen als Strategie, um diesem Ziel näher zu kommen. Die Hoffnung auf Erfolg formulieren sie in der Retrospektive bereits als Migrationsmotivation. Sie wählten die Schweiz ganz bewusst als Zielland. Vorstellungen, so betonen beide, hätten sie von der Schweiz keine gehabt, außer, dass es sich um ein reiches Land handle und man dort Geld verdienen könne.[151] Beide gingen der höheren Löhne wegen in die Schweiz. Oban beabsichtigte Geld zu sparen, um sich eine Ausbildung leisten zu können. Zeller wollte nicht nur von Luxusartikeln wie Nylonstrümpfen träumen, sondern sich diese auch leisten können. Auch wenn sich ihre Vorstellungen und Motivationen ähneln, in einem Punkt unterscheiden sie sich. Maja Oban plante von Beginn an ihre Rückkehr. Sie blieb nur so lange in der Schweiz, bis sie genügend Geld gespart hatte, um in Deutschland eine Ausbildung anzufangen. Elsa Zeller sah in der Südoststeiermark keine Zukunft für sich. Eine Rückkehr in diese Region, in der es für sie keine (Aufstiegs-)Möglichkeiten gab, habe deshalb nie zur Debatte gestanden.

Hedwig Welzer formuliert – mit der Stimme ihres Vaters gesprochen – in ihren Kindheitserzählungen ebenfalls Hoffnungen auf einen sozialen Aufstieg. Bei einem Spaziergang durch die Stadt habe ihr Vater, ein Malermeister und Fischzüchter, sie auf die stattlichen Häuser aufmerksam gemacht und sie darin als Beamtin imaginiert:

>»›Siehst du Hedwig, wenn du mal ein Postfräulein bist‹ – das war damals das Schönste eine- ein Beamter, nicht – ›Postfräulein bist, dann kannst du so eine Wohnung haben, wo du auf alle Seiten so einen Erker, wo du auf alle Seiten hinausschauen kannst‹ (lacht), das war sein Wunsch.«[152]

Dass dieser Wunsch in Erfüllung ging, äußerte sie zwar nicht explizit. Jedoch demonstrierte sie dies implizit in der Interviewsituation. Vor dem Gespräch führte sie mich durch ihr Wohnhaus, das sie als gelernte Innenarchitektin in Eigenverantwortung konzipiert und gebaut hat. Es hat zwar keine Erker. Dank der großen Fensterfronten kann sie trotzdem »auf alle Seiten hinausschauen«.[153] Im Gegensatz zu Zeller und Oban verknüpft

---

151 PAA, Althaus, Interview II Oban, 02:01:36. PAA, Althaus, Interview Zeller, 03:00:48.
152 PAA, Althaus, Interview Welzer, 02:16:41.
153 PAA, Althaus, Forschungstagebuch zum Interview mit Hedwig Welzer, S. 2.

Welzer ihre Aufstiegspläne jedoch nicht mit der Migration in die Schweiz. Da ihre Migrationsentscheidung durch Vermittlung des Arbeitsamtes zustande kam, sei sie nicht nur mittellos, sondern auch ohne jegliche Vorstellungen eingereist.[154]

Ausgangsposition und Zielsetzungen sind zentrale narrative Ankerpunkte in der Beschreibung einer Erfolgsgeschichte. In der Art und Weise, wie der Prozess des Erfolghabens und Aufsteigens dargestellt wird, unterscheiden sich die Narrative von Zeller, Oban und Welzer. Die in großer Armut aufgewachsene Elsa Zeller erzählt eine Geschichte des kontinuierlichen beruflichen und damit zusammenhängend auch des sozialen Aufstiegs. Schon in dem, als ausbeuterisch geschilderten, Arbeitsverhältnis im Hotel im Berner Oberland arbeitete sie sich, von Saison zu Saison, von der Abspülerin zur ›Saaltochter‹ hoch:

»Ich habe ja schlussendlich dann aber ein Zeugnis bekommen von denen, bei denen ich in diesem Hotel da illegal gearbeitet habe. Das haben sie dann doch gemacht und irgendwie hat der Hotelierverein dann auch da einen Ausbildungsstempel draufgemacht und so, dass ich da eine Saallehre gemacht habe von so und soviel Saisonen und so. Und das ist dann auch in den Restaurants, als ich in Basel gearbeitet habe und so, ist das dann auch sehr anerkannt gewesen. [...] Also ich habe dort schon mehr gehabt als jemand der nichts gelernt hat dann eigentlich.«[155]

Dieses Ausbildungszeugnis ermöglichte ihr als reguläre ›Serviertochter‹ in der Basler Gastronomie zu arbeiten. Als 21-Jährige heiratete sie einen Schweizer und bekam einen Sohn. Durch ihre Hochzeit erhielt sie die Schweizer Staatsbürgerschaft, was ihr den gesamten Arbeitsmarkt öffnete. Meine Erwartung, dass Elsa Zeller ihrer Hochzeit, die ihren Status grundlegend veränderte, einen gewissen Stellenwert in Bezug auf ihren beruflichen Erfolg und sozialen Aufstieg beimessen würde, erfüllte sich nicht. Im Gegenteil, da die Ehe nach vier Jahren scheiterte, bewertet sie diese eher als Rückschlag:

»Ich kann mich erinnern, ich hatte früher, als ich noch allein war und in diesen Restaurants arbeitete, immer Geld gehabt. Und als ich heiratete [...], brauchte ich all mein Erspartes für den Kauf von Möbeln und als mein Mann dann auszog, stand ich mit 50 Franken da.«[156]

---

154 PAA, Althaus, Interview Welzer, 03:20:16.
155 PAA, Althaus, Interview Zeller, 03:23:03.
156 Ebd., 02:09:41.

Als allein erziehende Mutter arbeitete sie aushilfsweise als Kellnerin. Mit dem Geld, das sie dabei verdiente, und der Hilfe ihrer Ex-Schwiegermutter finanzierte sie sich den Besuch einer Handelsschule. Anschließend fand sie eine Stelle als Buchhalterin, in der sie 30 Jahre lang blieb. Sie heiratete erneut und als ihr zweiter Mann, ein Maschinenbauingenieur, schwer erkrankte, gab sie ihre Stelle auf und pflegte ihn bis zu seinem Tod. Schon als junge Frau habe sie nebenher Gedichte geschrieben. Nach dem Tod ihres zweiten Ehemannes widmete sich ganz dem Schreiben. Heute ist sie Präsidentin eines Künstler_innenverbandes und gibt Gedichtbände heraus. Auf meine Nachfrage, welche Bedeutung das In-die-Schweiz-Gehen für sie habe, antwortet sie ohne zu zögern:

»Eine offene Welt für mich. Mit zwei Worten gesagt. Weil dadurch habe ich alle Möglichkeiten bekommen, die ich dort [Südoststeiermark] nie gehabt hätte. Das ist so. Also ich habe schon Gedichtbände herausgegeben, ich weiß, ich habe einmal eine Schulreise, meine einzige Schulreise, die ich habe mitmachen können, war zum Geburtshaus von Peter Rosegger. Und dort habe ich gesehen, dass der so schöne Sachen geschrieben hat und so und von da an hätte ich wahnsinnig gern immer geschrieben und geschrieben. Und wir hatten kein=kein Papier, keinen Bleistift, kein Radiergummi [...]. Also es war alles, was nicht nötig war, hat man nicht verwenden dürfen. Und als ich dort in diesem Geburtshaus von diesem Rosegger war, habe ich gedacht, das will ich auch einmal, schreiben. Ich will einmal etwas schreiben. Das hat mich nie mehr losgelassen. Das fand ich so schön und=und so interessant. Und ich habe das immer wieder das Enge- habe ich schon als Schulkind irgendwie sehr empfunden. Dass es so eng war und so wenige Möglichkeiten und- Nein. Ich denke, für mich war das das Allerbeste, das ich machen konnte, dass ich weggekommen bin. Auch wenn es hart war.«[157]

Retrospektiv definiert sie hier das Schreiben als Lebensziel. Dieses Ziel hat Elsa Zeller erreicht, was sie durch die Schenkung ihres Gedichtbandes zum Schluss des Interviews auch über die Erzählung hinaus demonstriert. Die offene Welt in der Schweiz steht im starken Gegensatz zu der durch soziale und geografische Grenzen bestimmten »Enge« in der begrenzten Südoststeiermark. Nur diese Offenheit ermöglichte ihr, das zu werden, was sie sein wollte. Mit dem Schlusssatz, »auch wenn es hart war«, verweist sie darauf, dass ihr dieser Erfolg nicht geschenkt wurde: »Also ich habe immer gewusst, dass ich mich weiterbilden muss, dass ich etwas machen muss [...], dass mir das nicht einfach zufliegt und das habe ich dann auch ge-

---

157 Ebd., 03:43:05.

macht.«[158] Dabei, so betont sie, habe sie »immer selber gekämpft« und sich nicht auf Männer verlassen.[159] Nicht von einem Tag auf den anderen, sondern langsam und kontinuierlich arbeitete sie sich hoch: von der Abspülerin, zur Serviceangestellten, zur Buchhalterin, zur Lyrikerin. Die Ankunft in der Schweiz wird in ihrer Lebensgeschichte daher nicht als großer Bruch dargestellt.

»Das erste Essen, das wir dort [im Hotel im Berner Oberland] bekamen, waren Polentaschnitten. Und wir hatten doch schon immer Polenta gehabt bei uns zu Hause. Wir hatten nie genug Brot, sondern unser Essen, unser Frühstück, war Polenta und saure Suppe. [...] Und ich weiß noch gut, mein Gott, jetzt bin ich so weit gereist und jetzt bekomme ich hier immer noch Polenta (lacht).«[160]

Zu Beginn stand sie auch dort als junge Ausländerin und illegal beschäftigte Küchenhilfe zuunterst in der gesellschaftlichen und beruflichen Hierarchie.

Für Maja Oban war die Zeit in der Schweiz zunächst ebenfalls mehr Kontinuität als Bruch. Aufgrund der fremdenpolizeilichen Bestimmungen stand auch ihr in der Schweiz nur die Arbeit im Hausdienst oder Gastgewerbe offen. Sie sei »Dienstmädchen halt, wie überall Dienstmädchen« gewesen.[161] Für Maja Oban fing der soziale und berufliche Aufstieg erst nach ihrem zweijährigen Aufenthalt in der Schweiz an. Zurück in Deutschland holte sie ihre Mittlere Reife nach und absolvierte das katholische Kindergärtnerinnenseminar und eine schulkatechetische Weiterbildung. Sie heiratete einen Polizeibeamten und bekam vier Kinder. Neben Haus- und Familienpflichten arbeitete sie als Interviewerin für ein Marktforschungsinstitut und bildete sich mit 40 Jahren zur Religionslehrerin weiter. In diesem Beruf, den sie mit viel Freude ausübte, war sie bis zu ihrer Pensionierung tätig. Den Grundstein für diesen späteren Erfolg legte sie in der Schweiz. Sie beschreibt ihren Schweizaufenthalt als biografischer Wendepunkt, als Take-off in die »Normalwelt«:

AA: »Hat diese Schweiz-Zeit für Ihr Leben eine Bedeutung gehabt, also hat das einen Einfluss gehabt auf Ihr späteres Leben?«
  MO: »ja=ja=ja. Erstens hab ich liebe Menschen kennengelernt [...] und dass es durch die Schweizer Caritas möglich war, dass ich einen Fuß in die Normalwelt bekam. Ich hatte sonst immer so das Gefühl, also du bist irgendwo und nir-

---

158 Ebd., 03:40:30.
159 Ebd., 02:13:20.
160 Ebd., 01:24:25.
161 PAA, Althaus, Interview II Oban, 02:01:36.

gendwo, nicht. Ich habe lange meinem Vater nachgetrauert, aber, ich wusste, dass das nicht weiter zu ändern war.«[162]

Dieses Gefühl der Entwurzelung und der Tod des Vaters, der im Krieg gefallen ist, sind Sinnbild für die durch Krieg und Vertreibung ausgelöste berufliche Abwärtsspirale, aus der sie erst dank ihres Aufenthaltes in der Schweiz ausbrechen konnte. Hier lernte sie einen Pfarrer kennen, der ihr half, aus dem bis dahin als unausweichlich erachteten ›Dienstmädchendasein‹ auszubrechen. Auf einer gemeinsamen Wanderung habe er sie gefragt: »Maja, ich versteh nicht warum du im Haushalt bist.‹ Da bin ich stehengeblieben und hab ihn angeguckt: ›Jetzt sagen Sie mir bitte, was ich anders machen könnte?‹«[163] Daraufhin nutzte der Pfarrer seine Kontakte bei der Caritas und besorgte Oban einen Ausbildungsplatz im Kindergärtnerinnenseminar in Freiburg, was den Beginn ihres beruflichen Aufstiegs einläutete. In ihrer Darstellung weist sie die Handlungsmacht dem Pfarrer zu. Sie wurde, überspitzt gesagt, gerettet. Das Thema Religion nimmt in den Interviews mit Maja Oban viel Platz ein. Dies könnte ein Grund sein, warum sie ihren Aufstieg als Geschichte der ›Erlösung‹ komponiert. Ihren eigenen Anteil daran äußert sie nur indirekt. In ihren Jugenderzählungen berichtet Oban, dass ihr bereits einmal von einer Pfarrersfrau, auch das eine Vertreterin der Kirche, ein Ausbildungsplatz in einer Kindergärtnerinnenschule angeboten worden sei. Ähnlich wie der Schweizer Pfarrer befand auch diese, dass die Arbeit als Hausangestellte für Oban nicht das Richtige sei. Damals, mit ihrem geringen deutschen ›Dienstmädchenlohn‹, habe sie sich aber das Schulgeld und das externe Wohnen nicht leisten können.[164] Erst der höhere Lohn und ihr konsequentes Sparen in der Schweiz erlaubten ihr, die ersehnte Ausbildung zu finanzieren. Sie betont, dass sie ohne die 1000 ersparten Mark aus der Schweiz den Traum einer Ausbildung nicht hätte verwirklichen können.[165] Die Ausbildung zur Kindergärtnerin, die sie als schönste Zeit ihres Lebens beschreibt, und ihr Berufsleben als Religionslehrerin sind sodann die zentralen Themen im Interview. Gleich wie bei Elsa Zeller spielt die soziale Position des Ehemannes, ein gut situierter Beamter, in der Darstellung ihres sozialen Wiederaufstiegs und ihrer beruflichen Karriere keine Rolle.

---

162 Ebd., 02:19:30.
163 Ebd., 00:39:57.
164 Ebd., 00:17:54.
165 Ebd., 00:59:07.

Als komplettes Gegenteil zu Obans Erlösungsgeschichte liest sich die lebensgeschichtliche Selbstpräsentation von Hedwig Welzer. Sie stellt sich im Interview als mutige, unerschrockene und starke Frau dar, die alles alleine schafft. Prägnantes Beispiel ist eine Geschichte, die sich während der erzählten Zeit als Kellnerin in der Schweiz abspielt. Nach einer Hochzeitsfeier, bei der Welzer bedient hatte, ging das gesamte Restaurantpersonal noch im Rhein schwimmen:

»Und ich schwimm hinaus auf den Rhein und der nimmt mich mit und ich spür, wie ich bewusstlos werde, ich spür- weißt du, getrunken habe, und ich spür- seh den Herrn Hummel [Chef], dreh mich um, seh den Herrn Hummel [auf der Terrasse] stehen und rufe laut: ›Hilfe, Hilfe!‹ Das Zollamt ist ja genau dort […] die [Zöllner] haben die Fenster aufgemacht, ich hab Luft gekriegt und bin heim geschwommen.«[166]

Ihre Selbstrettung wird durch die untätigen Männer (der Chef auf der Terrasse und die Zöllner im Zollamt), die ihr dabei zuschauen, noch verstärkt. Bei Welzer ist das, durch eigene Kraft erreichte, Erfolghaben ein Thema, das sich wie ein roter Faden durch ihre gesamte Lebensgeschichte zieht. Auch die Schilderung ihres Schweizaufenthaltes ist durchzogen von einem Erfolgsnarrativ. Von Beginn an sei sie bestrebt gewesen, beruflich aufzusteigen. Vom ersten Lohn, den sie als einfache Kellnerin in einer Dorfkneipe verdiente, gab sie ein Stellengesuch als Innenarchitektin auf. Es gelang ihr eine Stelle in einem Architekturbüro zu bekommen, konnte dort jedoch nur schwarz arbeiten, da sie für diese Arbeit keine fremdenpolizeiliche Erlaubnis hatte. Als sie fast von der Fremdenpolizei erwischt wurde, gab sie diese Stelle aus Angst vor einer Ausweisung aus der Schweiz auf. Die restlichen fünf Jahre, die sie in der Schweiz verbrachte, arbeitete sie ausschließlich im Gastgewerbe. Durch oftmaligen Stellenwechsel schaffte sie es jedoch, von der einfachen ›Serviertochter‹ in einer Dorfkneipe zur erfahrenen Servicefachkraft in einem renommierten Restaurant aufzusteigen. Von Stelle zu Stelle seien sowohl sie als auch die Häuser, in denen sie arbeitete, »immer besser« geworden.[167]

Als studierte Innenarchitektin war ihre Tätigkeit im schweizerischen Gastgewerbe, biografisch und beruflich betrachtet, jedoch ein tiefer Einschnitt. Während ihres fünfjährigen Aufenthaltes in der Schweiz gelang es ihr zwar, sich in der gastgewerblichen Hierarchie hochzuarbeiten. Trotz

---

166 PAA, Althaus, Interview Welzer, 00:57:45.
167 Ebd., 00:46:08.

ihrer Bemühungen als Innenarchitektin Fuß zu fassen, blieb sie jedoch Serviceangestellte. Den großen sozialen und beruflichen Sprung schaffte sie erst nach ihrer Rückkehr nach Graz. Dort gründete sie eine eigene Firma im Maschinenbaubereich:

»Ich bin dann von der Schweiz zurück, ich habe eine Bauaufnahme gemacht [...] [für] eine Feilenfirma, also für die großen Feilen für Werkstätten, hab das Patent gekauft und hab in Österreich eine Firma, hab einen Stall umgebaut, und hab diese Firma gegründet. {AA: mhm} Und da habe ich dann die ganze Industrie als Kunden gehabt, also ich bin dann zur Waagner-Biro, zu Simmering-Graz-Pauker, dann die ganzen Autofabriken [...] und die Voest und die Bundesbahn und- also das waren alles meine Kundschaften, ja. Das habe ich lange gemacht, ja, lange gemacht und somit auch das Haus gebaut und meine vier Kinder studieren lassen können.«[168]

Dass sie alles alleine schaffte, wird auch in dieser Passage angedeutet. Sie präsentiert sich nicht nur als erfolgreiche Geschäftsfrau. Sie bekam neben ihrer beruflichen Tätigkeit vier Kinder und zog diese, nach dem frühen Tod ihres damaligen Lebenspartners, alleine groß und ermöglichte ihnen, dank ihrer Geschäftstüchtigkeit, eine gute Ausbildung. Zudem baute sie das Haus, in dem sie heute noch lebt, in Eigenregie: »Ich habe mein Haus selber entworfen, das habe ich alles selber gemacht, ich habe mir die Bauleute ausgesucht, ich habe mich beim Betonieren- ich hab mich bei allem ausgekannt.«[169] In der Darstellung ihrer Rolle als Bauherrin, die überall mit anpackte, positioniert sie sich als außergewöhnliche Frau:

»Einmal ist der Regen gekommen [...] und dann habe ich gesagt, wir müssen den Zement hineinbringen, habe ich zu ihm [Bauarbeiter] gesagt, er soll mir einen Sack auflegen und dann hab ich gesagt: ›Geben Sie mir gleich einen zweiten her‹. Und mir ist der Absatz gebrochen von dem Gewicht der zwei Säcke, ist mir der Schuhabsatz gebrochen. Und einmal hätte ein Arbeiter auf den Dachboden hinauffahren müssen auf der Rampe mit dem Schubkarren mit dem Schüttmaterial, um die Decke zu betonieren, und da sagt er, das ist schwer. Sage ich: ›Bitte reisen Sie jetzt ab, ich will Sie gar nicht mehr sehen. Ich habe dann den Schubkarren gepackt und bin hinein- ich war ja sehr kräftig, ich habe ja 100 Kilo heben können, ich war kräftig ja.«[170]

Welzer bricht hier nicht nur ihren Absatz, sondern auch mit gängigen Geschlechterbildern. Sie stellt sich im wahrsten Sinn des Wortes als starke

---

168 Ebd., 01:05:59.
169 Ebd., 03:56:45.
170 Ebd., 02:18:56.

Frau dar, der so mancher Mann nicht das Wasser reichen konnte. Der Hausbau dominiert weite Teile des Interviews. Mit der Fokussierung ihrer Selbstpräsentation auf das Haus, das sie mir vor dem Interview vom Keller bis zum Dachboden stolz präsentiert hatte, objektiviert sie ihren sozialen (Wieder-)Aufstieg, den sie mit ihrem beruflichen Erfolg in Zusammenhang bringt. Sie konnte das Haus bauen, weil sie so eine erfolgreiche Geschäftsfrau war. Anders als Maja Oban verortet sie den Grundstein für ihre berufliche Karriere nicht in der Schweiz, sondern begründet diese mit ihrem zielstrebigen und starken Charakter. Auf meine Frage, ob die Zeit in der Schweiz ihr späteres Leben beeinflusst habe, antwortete sie zwar prompt: »Ja, das ganze Leben«, und zählte eine Reihe an Tugenden auf, die sie sich dort angeeignet habe: »Verdienst, Fleiß, Pünktlichkeit, Ordnung, Sauberkeit und Freundlichkeit«.[171] Obwohl diese Eigenschaften in ihrem Geschäftsleben sicherlich von Bedeutung waren, spielt ihr Schweizaufenthalt für ihre berufliche Karriere nur eine marginale Rolle. Im lebensgeschichtlichen Kontext, vor dem Hintergrund ihrer Kindheit und Jugend sowie im Hinblick auf das spätere Erwachsenenleben, erscheinen ihre fünf Jahre als Gastgewerbsangestellte in der Schweiz als Zwischenzeit – wenn auch als erfolgreiche Zwischenzeit in Anbetracht ihres Aufstieges in der gastgewerblichen Berufshierarchie.

In der Zusammenfassung der bisherigen Ausführungen lässt sich festhalten, dass Hedwig Welzer, Maja Oban und Elsa Zeller sozioökonomische Erfolgsgeschichte erzählen. Diese bringen sie nicht mit der sozialen Position der Ehemänner, sondern der eigenen beruflichen Karriere in Verbindung. Narrativer Ausgangspunkt ihrer Erfolgsgeschichten ist die finanzielle Mittel- und berufliche Perspektivlosigkeit bei ihrer Ankunft in der Schweiz. Als Hausangestellte oder Arbeitslose standen sie alle in der beruflichen Hierarchie ganz unten. Die Begründungen dafür reichen von der sozialen und der regionalen Herkunft, den fehlenden sozialen Kontakten bis zum Krieg und seinen Folgen.

Alle drei Protagonistinnen formulieren in ihren Kindheits- und Jugenderzählungen Aufstiegspläne und präsentieren ihren ›erfolgten‹ Aufstieg dadurch als zielgerichtet. Zur Umsetzung dieser retrospektiv gesteckten Ziele nennen sie verschiedene Erfolgsstrategien wie Weiterbildung, einen starken Charakter, Streb- und Sparsamkeit. Im lebensgeschichtlichen Kontext gesehen, verorten die Protagonistinnen ihre Migrationserfahrung

---

171 Ebd., 03:54:46.

in unterschiedlicher Weise. Bezogen auf das Erfolgsnarrativ wird der Schweizaufenthalt als Kontinuität (Zeller), biografischer Wendepunkt (Oban) oder erfolgreiche Zwischenzeit (Welzer) beschrieben. Stellt für Hedwig Welzer und Maja Oban die Remigration den Schlüssel zu ihrem beruflichen Erfolg dar, beurteilt Elsa Zeller die permanente Emigration in die Schweiz als einziger Weg zum (beruflichen) Glück. Die Frage nach der Bedeutung von Emigration oder Remigration in den Erfolgsnarrativen bringt mich zu den Gegenerzählungen – den Geschichten des beruflichen Scheiterns.

Irene Keller und Elise Fankhauser, die beide für immer in der Schweiz geblieben sind, beschreiben in ihren lebensgeschichtlichen Erzählungen einen migrationsbedingten beruflichen Abstieg. Beide waren vor ihrer Emigration beruflich gut situiert gewesen. Irene Keller (Jg. 1937) kam 1958 als 21-Jährige aus Ostberlin in die Schweiz. Sie hatte in ihrer Jugend eine Lehre zur Textilverkäuferin absolviert und anschließend als Schalterangestellte in einer Bank gearbeitet. Auf meine Aufforderung, mir ihre Lebensgeschichte zu erzählen, schilderte sie mir als Erstes ihre berufliche Situation vor der Migration und begann das Interview mit der Aussage, dass sie eigentlich gar nie weg wollte:

»Also, ich muss ehrlich sagen, daran gedacht, dass ich irgendwo mal ins Ausland gehe, habe ich überhaupt nicht {AA: mhm}, absolut nicht, mit keiner Silbe habe ich daran gedacht. Ich habe Textilverkäuferin gelernt in einem Warenhaus und nach der Lehre bin ich dann, nicht gleich, aber ziemlich bald, bin ich dann ins Bankwesen gegangen. Dann habe ich auf der Sparkasse geschafft, einer großen Sparkasse am Alexanderplatz {AA: mhm}. Und dann bin ich von da nach Karlshorst versetzt worden in eine Zweigstelle. Und ich muss sagen, da habe ich mich sehr wohl gefühlt […] waren ein *tolles* Team und die Chefin war- wir waren wirklich ein tolles Team und ich bin am Schalter gewesen und ich habe Verträge abgeschlossen und Einzahlungen von diesen Geschäftsleuten entgegengenommen […]. Und mir hat das wirklich *sehr* gefallen dort, wirklich {AA: mhm}. Und dann habe ich von meiner Schwester ihrer Freundin, die Mutter von dieser Freundin, die hatte so Kontakte- irgendwelche Kontakte oder Leute, die suchen junge Mädchen, die ins Ausland gehen. Und eines Abends dann haben sie mich gefragt, ob ich nicht Lust hätte in die Schweiz zu gehen. Und dann habe ich gedacht, ja mein Gott, so ein junges Ding denkt *Abenteuer*, was denkt man, Abenteuer. Schaff ich halt mal irgendwo in der Schweiz vielleicht, [was] weiß ich, im Verkauf oder in einer Sparkasse oder in einer Bank oder irgendwo- so habe ich mir das vorgestellt.«[172]

---

172 PAA, Althaus, Interview I Keller, 00:03:44.

Aus der Retrospektive bewertet sie die Entscheidung, in die Schweiz zu gehen, als eine, von außen an sie herangetragene, leichtsinnige Lustentscheidung. Aus dem Bedürfnis heraus etwas zu erleben, habe sie sich aufgrund »anderer Vorstellungen« darauf eingelassen, ohne dass ihr die Tragweite ihres Entschlusses »bewusst« gewesen sei.[173] Aufgrund der fremdenpolizeilichen Bestimmungen konnte sie nämlich nicht als Bankangestellte arbeiten, sondern musste als »Mädchen für alles« im Gastgewerbe »schwere Arbeit« verrichten. Das sei nicht nur eine große »Enttäuschung« für sie gewesen, sondern sie spürte auch »Wut« über die wenige Freizeit:

»Ich weiß noch, wenn man dann so am Wochenende, am Sonntag oder so, wenn die Leute- halt alles spaziert und es war so schönes Wetter oben und man hat dann in der Küche gestanden und die Berge von Abwasch, die standen noch unterm Tisch, das musste man alles machen, habe ich eine Wut gehabt, immer eine Wut gehabt.«[174]

Aufgrund dieser strapaziösen Arbeitszeiten im Gastgewerbe wechselte sie in einen Privathaushalt, zu einer Ärztefamilie. Dort war die Freizeit zwar geregelter, wurde jedoch eingeschränkt, durch die Pflicht auch an freien Nachmittagen das Abendessen vorzubereiten. Neu war für Keller, die zuvor als Bankangestellte völlig frei über ihre Freizeit hatte verfügen können, dass sie sich bei der Arbeitgeberin abmelden musste, wenn sie das Haus verließ.[175] Keller fühlte sich sehr unglücklich und hatte starkes Heimweh – nach der Großstadt, ihrer beruflichen Tätigkeit in der Bank und ihren Freunden.[176] Eine Rückkehr nach Ostberlin sei jedoch aus politischen Gründen nicht mehr möglich gewesen. Bei ihrem ersten Urlaub zu Hause, im Jahr 1959, sei sie von Beamten der Meldebehörde zum Verhör aufgeboten worden, weil sie illegal ausgereist war. Wenn sie nicht sofort wieder in die Schweiz zurückgekehrt wäre, so Keller, hätte »man« sie eingesperrt.[177] So arbeitete sie weiterhin in schweizerischen Privathalten. Langsam habe sie sich an die neue Situation gewöhnt und begonnen einen Freundeskreis aufzubauen. Sie verliebte sie sich in einen Mann und wurde schwanger. Noch vor der Geburt ihres Sohnes verunglückte ihr Freund jedoch tödlich, sodass sie weitere zwei Jahre als Hausangestellte tätig sein musste. Nach insgesamt sechs Jahren im Hausdienst lernte sie ihren späte-

---

173 Ebd., 00:07:05 und 01:41:40.
174 Ebd., 01:42:54.
175 Ebd., 01:43:55.
176 Ebd., 01:18:28.
177 Ebd., 01:07:09 und 01:16:41.

ren Ehemann kennen und heiratete. Sie bekam noch zwei Kinder und arbeitete bis zur Pensionierung als Reinigungskraft. In Bezug auf ihre berufliche Karriere bedeutete die Emigration in die Schweiz also einen permanenten Abstieg. Auf meine Nachfrage, welchen Einfluss das In-die-Schweiz-Gehen auf ihr Leben gehabt habe, bilanziert sie: »Tja, was soll ich sagen, ja, ich weiß es nicht, ich=ich würde sagen- denke manchmal im Großen und Ganzen hat die Schweiz mir vielleicht nicht soviel Glück gebracht.«[178]

Die Geschichte von Elise Fankhauser ist in mehrfacher Weise mit der von Irene Keller vergleichbar. Die 1923 in Niederösterreich geborene Tochter einer Trafikantin und eines Musikers war vor ihrer Migration in die Schweiz als leitende Angestellte auf der Gemeindebehörde tätig gewesen. Eine Tante, die als Haushälterin in der Schweiz arbeitete, bot ihr 1946 eine Stelle als Hausangestellte an. Fankhauser erzählt, dass sie gleich »Feuer und Flamme« gewesen sei: »Ein Reiseding habe ich mir vorgestellt gehabt (Lachen), weil ich wäre gerne fort. Ich habe ja dort auf der Gemeinde eine gute Stelle gehabt.«[179] Mit dem Zusatz, dass sie beruflich gut gestellt war, baut sie einen Kontrast zur nachfolgenden Erzählung über ihre Zeit als »Zimmermädchen« in einem großbürgerlichen Haushalt in Winterthur auf. Mit dieser Arbeit habe sie sich »schwer getan«:

»Die Tante [die Haushälterin] war so streng und ich, ehrlich gesagt, war das nicht gewohnt, ich habe dort [Niederösterreich] auf der Gemeinde, war ich schon jemand, ich hatte schon Angestellte unter mir, eine oder zwei {AA: Ah ja?} und ich habe mir dort [Winterthur] schwer getan mit der Arbeit und die Tante war so pingelig und hat gemeint sie müsse zu Verwandten, zu mir, noch strenger sein, obwohl ich da schon, ja wie alt war ich da? Warten Sie, 1946 bin ich raus, 23 ja.«[180]

Ähnlich wie Keller betont auch Fankhauser, dass sie schreckliches Heimweh gehabt habe und bringt dies in Verbindung mit ihrem beruflichen Abstieg und dem Verlust von Selbstständigkeit.[181] Bei einer Tanzveranstaltung lernte sie ihren späteren Ehemann kennen. Trotzdem kehrte sie nach Österreich zurück, wo sie wieder ihre alte Stelle auf der Gemeinde antrat. Ihr Mann, der bei der Schweizerischen Bundesbahn arbeitete, reiste ihr nach:

---

178 PAA, Althaus, Interview II Keller, 00:30:49.
179 PAA, Althaus, Interview Fankhauser, 00:35:07.
180 Ebd., 00:06:14.
181 Ebd., 00:35:38 und 01:17:17.

»Ja, er ist mir nachgereist, er hat mich wirklich geschätzt und war verliebt in mich, aber ich muss ehrlich sagen, ja, ich habe ihn schon gern gehabt, aber noch nicht so, wie=wie es die Jungen vielleicht haben, wie sie sagen, Schmetterlinge im Bauch und so, ja.«[182]

Ihr Zukünftiger habe aber solange um sie gefreit, bis sie nachgegeben habe, ihn heiratete und in die Schweiz emigrierte. Ähnlich wie bei ihrer ersten Einreise in die Schweiz weist sie hier die Entscheidungsmacht jemand anderem zu. Der Anfang in der Schweiz sei schwer gewesen:

»Und natürlich, für mich war es nicht einfach, als ich in die Schweiz gekommen bin, konnte ja nicht in einem Büro arbeiten, konnte die Sprache nicht und keine zweite Sprache und so, und dann habe ich halt gearbeitet, habe halt in einer Buchbinderei gearbeitet, ja.«[183]

Später wechselte sie in eine Fabrik und blieb dann, als sich ihre finanzielle Situation etwas gebessert hatte, als Hausfrau und Mutter zu Hause. Obwohl sie als Schweizerin in einem Büro hätte arbeiten dürfen, war ihr dies aufgrund der fehlenden Sprachkenntnisse nicht möglich. Sprache ist bei Fankhauser ein zentrales Thema, das sie im Interview immer wieder aufgreift. Ihr Sprachdefizit sei die »größte Schwierigkeit« gewesen, mit der sie in der Schweiz zu kämpfen hatte. Dass sie trotz ihres bald 60-jährigen Aufenthaltes in Bern nicht akzentfrei Berndeutsch spreche und keine Fremdsprachenkenntnisse habe, »ärgere« sie auch heute noch oft. Die Sprachprobleme wirkten sich nicht nur nachhaltig negativ auf ihre berufliche Laufbahn aus, sondern stellten einen ständigen Differenzmarker zur schweizerischen Bevölkerung dar.[184]

Sowohl für Irene Keller als auch für Elise Fankhauser wurde die Vorstellung ein kurzes »Abenteuer«, ein »Reiseding«, zu erleben, nicht eingelöst. Beide blieben aus politischen oder persönlichen Gründen für immer in der Schweiz – und nicht aus einem inneren Bedürfnis heraus. Die permanente Emigration verstetigte die Einbuße ihrer beruflichen Position und persönlichen Eigenständigkeit, die sie während ihrer Zeit als Haus- und Gastgewerbsangestellte erfuhren und im Interview stark gewichten. Aus diesem Grund ist es Irene Keller und Elise Fankhauser nicht möglich, ihre Migration im lebensgeschichtlichen Zusammenhang als Erfolgsgeschichte zu deuten. Damit unterscheiden sie sich von den meisten anderen Inter-

---

182 Ebd., 01:02:08.
183 Ebd., 00:12:24.
184 Ebd., 00:41:08, 00:46:44 und 01:24:34.

viewpartnerinnen, die der Migrationserfahrung eine große Bedeutung beimessen in Bezug auf das Erreichen einer Emanzipation, auf das Nachholen einer zuvor verhinderten Bildung oder auf die Erfüllung einer beruflichen Karriere. Da Erfahrungen in lebensgeschichtlichen Erzählungen immer in der Logik der biografischen Gesamterzählung interpretiert und präsentiert werden, ziehen Irene Keller und Elise Fankhauser, die eine ›Abstiegsgeschichte‹ erzählen, eine negative Bilanz – im Gegensatz zu den anderen Erzählerinnen, die ihren Aufenthalt in der Schweiz aufgrund der biografischen Selbstermächtigung als »schöne« oder sogar »schönste« Zeit im Leben darstellen.

Schlussbetrachtungen

> Gschichte si nid wi Zähn, wo nume zwöi Mou chömen
> und wenn se verbrucht hesch, isch fertig. Nei, d
> Gschichte wachsen immer wieder noche.
>
> *Pedro Lenz*

Die Migrationserzählungen deutscher und österreichischer Frauen, die von den 1920ern bis in die 1960er Jahre als Haus- oder Gastgewerbsangestellte in die Schweiz gingen, standen im Mittelpunkt dieser Arbeit. Nach meinem Verständnis, dass Migrationswege auch immer Lebenswege sind, wurden die Migrationserzählungen in ihrem lebensgeschichtlichen Zusammenhang analysiert. Darüber hinaus interpretierte ich die Narrative in ihrem historischen Kontext und untersuchte, wie die Erzählungen auf die strukturellen und diskursiven Rahmenbedingungen des Wanderungssystems verweisen.

In meinen Schlussbetrachtungen möchte ich anhand von vier Themenfeldern darlegen, dass migrationsgeschichtliche Analysen geschärft werden können, wenn sowohl die historischen als auch die biografischen Kontexte einer Migrationserzählung beachtet werden. In der Synthese werden zudem die wichtigsten biografischen Hintergründe und Perspektiven der Erzählerinnen sowie die migrationspolitischen und diskursiven Regulative des Wanderungssystems zusammengefasst.

Migrationmotivationen

Als grundlegende strukturelle Voraussetzung für das Fällen der individuellen Entscheidung, als Arbeitsmigrantin in die Schweiz zu gehen, kann die Beschäftigungslage auf dem schweizerischen Arbeitsmarkt benannt werden. Der Hausdienst galt während des gesamten Untersuchungszeitraums als chronischer ›Mangelberuf‹, das heißt, die Zahl der Stellenangebote übertraf permanent und bei Weitem diejenige der Stellengesuche. Im Gastgewerbe, das mit Ausbruch des Ersten Weltkriegs in eine langjährige Krise geraten war, wurde Mitte der 1930er Jahre erstmals das Fehlen von weiblichen ›Hilfskräften‹ konstatiert. Ein Mangel, der sich ab 1950, mit Einsetzen des touristischen Booms, verschärfte und verstetigte. Um die offenen Stellen zu besetzen, versuchten Schweizer Arbeitgeber_innen über Stelleninserate in deutschen und österreichischen Zeitungen sowie über direkte Rekrutierungsfahrten, Arbeitnehmerinnen aus den benachbarten Staaten zu gewinnen. Häufig baten sie auch ehemalige Angestellte darum, in ihrem persönlichen Umfeld nach einer Nachfolgerin zu suchen. Insbesondere über solche Migrantinnennetzwerke erfuhren Frauen von Süd- bis Norddeutschland, von West- bis Ostösterreich von der Möglichkeit im schweizerischen Hausdienst und Gastgewerbe zu arbeiten – eine Chance, die viele von ihnen nutzten.

In der Analyse der Erzählungen fällt auf, dass der Schweiz als Zielland in den meisten Fällen praktisch keine Bedeutung zugesprochen wird – außer, dass es *die* Gelegenheit war, fortzukommen. Im Gegensatz zu einer Überseewanderung, der die Eltern der meist noch jungen Frauen skeptisch gegenüberstanden, stellte die Arbeit im ›geschützten‹ Rahmen schweizerischer Haushalte eine gesellschaftlich akzeptierte Form der Frauenemigration dar. Auf staatlicher Seite wurde die Auswanderung von Frauen in Österreich und Deutschland – nach der Weltwirtschaftskrise und in der frühen Nachkriegszeit – sogar als ›erwünscht‹ eingestuft. So vermittelten beispielsweise in Österreich ab 1948 die Landesarbeitsämter gezielt weibliche Arbeitslose in schweizerische Haushalte und Gastwirtschaften. Vor dem Hintergrund dieser strukturellen Faktoren baute sich für das individuelle Handeln ein Möglichkeitsraum auf, in dem sich unterschiedliche Migrationsvorhaben verwirklichen ließen. In meinem Sample sind vier Motivationen stark vertreten: Migration als Befreiung, als Abenteuer, als Bildungs- oder als Verdienstmöglichkeit. Die erzählten Motivationen – und hier wird der lebensgeschichtliche Kontext relevant –, sind zum einen in den biografischen Hintergründen der Erzählerinnen verwurzelt, zum anderen verweisen sie vielfach auf die narrative Logik ihrer Gesamterzählung. Sich mit der Migration in die Schweiz vom Elternhaus befreit zu haben, erzählen insbesondere die Frauen, die in ihren Kindheits- und Jugenderzählungen das Thema der autoritären Erziehung oder Auseinandersetzungen mit den Eltern stark machen. Das Weggehen wird als Befreiung von elterlichen und gesellschaftlichen Normen dargestellt und als Teil einer Emanzipationsgeschichte präsentiert. Der höheren Löhne wegen in die Schweiz gegangen zu sein, berichten viele der Erzählerinnen, die entweder in äußerst ärmlichen, meist kleinbäuerlichen, Verhältnissen aufwuchsen oder deren Familien kriegsbedingt einen sozialen Abstieg erlitten haben. Die Motivation mehr zu verdienen, verknüpfen sie in ihrer lebensgeschichtlichen Darstellung – häufig in Form einer sozioökonomischen Erfolgsgeschichte – mit der Strategie sozial (wieder) aufzusteigen. Erzählerinnen, denen geschlechts-, sozial- und/oder kriegsbedingt eine gewünschte höhere Schulbildung oder berufliche Qualifikation verwehrt wurde, begründen ihre Migrationsmotivation vielfach mit dem Bedürfnis Neues kennenzulernen und sich weiterzubilden. Dies korrespondiert meist mit der Konzeption der Lebensgeschichte als Bildungsgeschichte, die auf das Nachholen der in der Jugend verhinderten Bildung ausgerichtet ist.

Die erzählten Migrationsmotivationen Abenteuerlust und Fernweh lassen sich nicht so eindeutig einer bestimmten Erzählstruktur zuordnen. Hier ist vielmehr der historische Kontext aufschlussreich für das Verständnis. Während sich die zuvor genannten ›Motivationstypen‹ auch bei den Personen meines Samples finden, die vor 1939 in die Schweiz reisten, wird das Motiv des Abenteuers ausschließlich von Frauen erzählt, die in den 1930er und frühen 1940er Jahren geboren wurden. Nach den langen Jahren des Abgeschottet-Seins während der Kriegs- und Nachkriegsjahre war die Welt in den 1950er Jahren plötzlich offen. Da sich Reisen aus ökonomischen Gründen selten – und als junge Frau schon gar nicht – realisieren ließen, konnte das Fernweh durch eine Arbeitsmigration in die Schweiz gestillt werden.

Reiseerzählungen und Raumwahrnehmungen

Hätte ich Arbeitsmigrantinnen, die heute aus dem Schwarzwald oder der Steiermark in die Schweiz gehen befragt, ist anzunehmen, dass das Stillen von *Fern*weh nicht mehr zu den Top Vier der genannten Migrationsmotivationen zählen würde. Vermutlich beschrieben sie auch den Gang über die Landesgrenze zum Nachbarland, die seit dem Beitritt der Schweiz zum Schengener Abkommen kaum mehr wahrnehmbar ist, nicht als große Hürde. Die meisten Erzählerinnen meines Samples präsentieren das Indie-Schweiz-Gehen jedoch als großen Schritt – auch wenn sie in Südbaden aufgewachsen sind. Um das zu verstehen, ist es hilfreich, sowohl den biografischen als auch den historischen Kontext zu beachten. Die befragten Frauen waren zum Zeitpunkt ihrer Migration größtenteils sehr jung und standen an der Schwelle zum Erwachsenenalter. Viele von ihnen lebten noch im Elternhaus oder arbeiteten in der Nähe des Ortes, in dem sie aufgewachsen sind. Dass bei der Raumwahrnehmung biografische Zustände und Erfahrungen eine Rolle spielen, kann am Beispiel der einzigen Erzählerin gezeigt werden, die den Schritt in die Schweiz explizit als ›Kat-

›zensprung‹ bezeichnet. Sie war zum Zeitpunkt ihrer Migration 36 Jahre alt und hatte durch mehrmaligen Stellenwechsel bereits überregionale Migrationserfahrungen gesammelt. Von den restlichen Erzählerinnen beschreiben sich etliche bei der ersten Einreise in die Schweiz als komplett unerfahren. Diese Selbstdarstellung hat auch eine narrative Funktion. Sie bildet den Ausgangspunkt, um eine mit der Migration verknüpfte Coming-of-Age-Geschichte zu erzählen. Die Reise wird dabei als Prozess des Selbstständigwerdens geschildert. Beim Einsteigen in den Zug, so das Narrativ einiger Erzählerinnen, waren sie noch ein naives ›Mädchen‹. Als solches hatten sie bei der Ankunft mit Schwierigkeiten zu kämpfen, meisterten diese jedoch selbstständig und kamen dadurch als eigenständigere Person bei der Arbeitgeberfamilie an. In dieser Darstellung wird die Reise nicht nur als Teil der Lebensreise beschrieben. Sie kann auch als Widerspruch zur zeitgenössischen Vorstellung der schutzbedürftigen, allein reisenden Migrantin gelesen werden, die von konfessionell-gemeinnützigen Frauenorganisationen – wie den Freundinnen junger Mädchen – konstruiert und verbreitet wurde. Diese Organisation hatte es sich zur Aufgabe gemacht, die selbstständig migrierenden ›Mädchen‹ vor den Gefahren in der ›Fremde‹, die sich in der Figur des ›Mädchenhändlers‹ bündelten, zu beschützen. Da die Ankunft am Bahnhof als besonders gefährlich erachtet wurde, waren Vertreterinnen der FJM in allen größeren Schweizer Bahnhöfen präsent und boten Unterstützung an.

Warum die Migration in die nahe Schweiz als großer Schritt empfunden wurde, steht zudem im Zusammenhang mit der schweizerischen Migrationspolitik nach dem Zweiten Weltkrieg. Aus Angst vor ansteckenden Krankheiten, die den schweizerischen ›Volkskörper‹ gefährden könnten, wurden 1945 sanitarische Grenzuntersuchungen für Arbeitsmigrant_innen eingeführt. Die Gesundheitskontrolle, die am Grenzübergang stattfand, bestand aus Lungenröntgen, teilweise wurden auch Desinfizierungen und Schwangerschaftstests durchgeführt. Diese Grenzerfahrung wird von den Erzählerinnen, die nach dem Zweiten Weltkrieg eingereist sind, fast ausnahmslos als einschneidendes Erlebnis beschrieben. Im Gegensatz dazu kommt die Landesgrenze in den Lebensgeschichten der Frauen, die in der Zwischenkriegszeit migrierten, praktisch nicht vor. Die sanitarischen Grenzuntersuchungen festigten die nationalen Grenzen also nicht nur im territorialen Sinn, sondern auch in den Köpfen der Menschen. Das Röntgen, Blutabnehmen und Desinfizieren definierte die Arbeitsmigrantinnen als *Aus*länderinnen – auch wenn sie im Schwarzwald oder am Bodensee aufgewachsen sind. Dadurch wurden nationale Zugehörigkeiten ver*körpert* und festgeschrieben.

Diese Praxis der In- und Exklusion prägte die subjektive Raumwahrnehmung maßgeblich, wie sich in den Narrativen zeigt. Die Vergleiche zwischen der Herkunftsregion und dem neuen Wohnumfeld, die in vielen (Ankunfts-)Erzählungen gezogen werden, sind nicht als Stadt-Land-Unterschiede oder regionale Verschiedenheiten dargestellt, sondern werden größtenteils in einem nationalen Rahmen verortet. *Herinnen* (in der Schweiz) war im Gegensatz zu *Draußen* (Österreich/Deutschland) für die meisten alles schön, sauber, modern und unversehrt. Die Nationalisierung der Unterschiede hängt, wie sich aus dieser Aufzählung bereits erahnen lässt, nicht nur mit den Grenzuntersuchungen zusammen. Der Zweite Weltkrieg und seine zerstörerischen Folgen bilden den Kontrast zu den (ersten) Eindrücken von der Schweiz.

Arbeitsverhältnisse und freie Zeiten

Die Definition der zuwandernden Frauen als Ausländerinnen bestimmte auch den Rahmen, in dem sie ihre Arbeitserfahrungen machten. Auf der Basis des, in Überfremdungsdiskursen der Zwischenkriegszeit verankerten, *Bundesgesetzes über Aufenthalt und Niederlassung von Ausländern* aus dem Jahr 1931 wurden Aufenthaltserlaubnisse für weibliche Zuwandernde praktisch ausschließlich für die Arbeit im Hausdienst und den unqualifizierten Bereichen des Gastgewerbes erteilt.

Die Arbeitsbedingungen in diesen beiden Berufsfeldern waren von zwei zentralen Momenten geprägt: dem Zusammenleben mit den Arbeitgeber_innen, der sogenannten Hausgemeinschaft, sowie einer fehlenden gewerkschaftlichen Organisation der (weiblichen) Beschäftigten. Ersteres hatte zur Folge, dass die Arbeitnehmerinnen in einer persönlichen (Abhängigkeits-)Beziehung zu ihren Vorgesetzten standen. Letzteres wirkte sich in langen Arbeitszeiten und einer großen Arbeitsbelastung aus. Als besonders strapaziös werden in meinem Sample die Arbeitsbedingungen in der Saisonhotellerie beschrieben. Von früh bis spät und ohne Ruhetag sei während der Hochsaison durchgearbeitet worden. In Anbetracht der zahlreichen Ausnahmebestimmungen, die Saisonbetrieben im eidgenössischen Ruhetaggesetz von 1931 eingeräumt wurden, ist diese Darstellung durchaus plausibel. Konnten schweizerische Gastgewerbs- und Hausangestellte ihre Arbeitsbedingungen durch Stellenwechsel verbessern, war dies den zugewanderten Frauen, solange sie keinen Niederlassungsstatus hatten, nicht ohne Weiteres möglich. Als ›kontrollpflichtige Ausländerinnen‹ war ihnen der Stellen- und Berufswechsel ohne fremdenpolizeiliche Erlaubnis verboten. Nicht zuletzt auf Betreiben der Schweizerischen Arbeitsgemeinschaft für den Hausdienst wiesen die Bundesbehörden in den 1950er Jahren die kantonalen Fremdenpolizeistellen in regelmäßigen Abständen per Kreisschreiben an, Berufswechselgesuche grundsätzlich ablehnend zu begutachten und Stellenwechselgesuche ›genauestens‹ zu prüfen. Falls die Antragstellerin sich als ›untauglich‹ herausstelle, solle diese am weiteren Verbleib in der Schweiz gehindert werden. Darin zeigt sich zum einen das migrationspolitische Ziel der Bundesbehörden in der Nachkriegszeit, ausländische Arbeitskräfte am permanenten Verbleiben in der Schweiz zu hindern (Rotationspolitik). Zum anderen kann hier das Wirken von Überfremdungsdiskursen, die sich im Untersuchungszeitraum ganz gezielt gegen deutsche und österreichische Haus- und Gastgewerbsangestellte richteten, sichtbar gemacht werden. Seit den 1920er Jahren wurde diesen unterstellt, dass sie – im Gegensatz zu ihren Vorgängerinnen – hauswirtschaftlich unbewandert und zudem ›sittlich verkommen‹ seien. Wie am Beispiel des Stellen- und Berufswechselverbots dargelegt werden kann, hatte das diskursiv hergestellte Bild der deutschen und österreichischen Haus- und Gastgewerbsangestellten konkrete politische Handlungen zur Folge.

Das Stellenwechselverbot taucht in vielen Erzählungen meines Samples auf. Einige Frauen berichten, deshalb in einer ausbeuterischen Stelle ausgeharrt zu haben – unter anderem weil ihre Arbeitgeber_innen damit drohten, im Fall eines beabsichtigten Stellenwechsels bei der Fremdenpolizei für eine Ausweisung zu sorgen. Die, in der Hausgemeinschaft begründete, persönliche Abhängigkeit von den Arbeitgeber_innen wirkte auf die ausländischen Arbeitnehmerinnen also in besonderes gravierender Weise. Andere Erzählerinnen stufen das Stellenwechselverbot zwar als ärgerlich ein, ließen sich jedoch nicht davon abschrecken, die Stelle zu wechseln. Als Motivationen genannt werden neben der Verbesserung der Arbeitsbedingungen, das Bedürfnis ›etwas von der Welt zu sehen‹, sich weiterzubilden oder – innerhalb der gastgewerblichen Berufshierarchie – aufzusteigen. Auch hier lässt sich, ähnlich wie bei der Migrationsentscheidung, ein Zusammenhang feststellen zwischen der erzählten Motivation und der Gesamtstruktur der Erzählung. Sich durch Stellenwechsel im Tessin oder der Romandie Sprachkenntnisse anzueignen, wird insbesondere von den

Frauen hervorgehoben, die eine Bildungsgeschichte erzählen. Das Narrativ des beruflichen Aufstieges findet sich vorwiegend bei den Erzählerinnen, die ihre Lebensgeschichte als sozioökonomische Erfolgsgeschichte komponieren.

Die Beachtung des biografischen Kontextes hilft auch dabei, zu verstehen, warum etliche Erzählerinnen die Arbeitsbelastung in schweizerischen Haushalten, trotz langer Arbeitstage und knapper Freizeit, als relativ gering einschätzen. Als Vergleichshorizont ziehen sie die Arbeitserfahrungen in der Kindheit und Jugend heran. Insbesondere die in einem bäuerlichen Umfeld aufgewachsenen Personen berichten, nichts anderes gekannt zu haben, als stets fleißig zu sein und hart arbeiten zu müssen. Die zwei freien Nachmittage pro Woche, die Hausangestellte in der Regel gewährt bekamen, empfanden sie vor diesem Hintergrund als große Freiheit. Erstmals im Leben, so der Tenor, konnten sie frei über ihre Zeit verfügen. Die Bewertung des Schweizaufenthaltes als freie Zeit steht auch im Zusammenhang mit Erfahrungen im späteren Leben. Bei den meisten umfassen die Jahre in der Schweiz den Lebensabschnitt zwischen dem Erwachsenwerden und der Hochzeit. Sie beschreiben sich als losgelöst von der elterlichen Kontrolle und noch ledig der Sorgen eines späteren Erwachsenenlebens und der Gebundenheit als verheiratete Frau.

Die Arbeitgeberinnen, insbesondere im Hausdienst, sahen in ihren Angestellten weniger erwachsene Arbeitnehmerinnen, als vielmehr unmündige ›Mädchen‹, die es zu beschützen und erziehen galt. Beeinflusst wurden sie dabei von bürgerlichen Frauenorganisationen. Die Schweizerische Arbeitsgemeinschaft für den Hausdienst propagierte bis in die 1960er Jahre hinein die ›mütterliche Erziehung‹ der Hausangestellten durch Einsendungen in Tageszeitungen und die Herausgabe von Merkblättern. Die Arbeitgeberinnen sollten ihren Untergebenen weibliche Tugenden wie Selbstlosigkeit und Pflichttreue vermitteln, um sie auf ein Leben als Hausfrau und Mutter vorzubereiten. Tugenden, die, gegen den Strich gelesen, die ›herrschaftlichen‹ Interessen nach fleißigen und treuen ›Dienstmädchen‹ widerspiegeln. Zudem sei es, so Hausdienstexpertinnen und Vertreterinnen von ›Mädchenschutzorganisationen‹, die Pflicht der Arbeitgeberinnen über das ›sittliche‹ Wohl ihrer ›Schützlinge‹ zu wachen und sie zu einer ›sinnvollen‹ Freizeitgestaltung anzuhalten. In den Erzählungen finden sich zahlreiche Verweise auf Momente der erzieherischen Kontrolle durch die Arbeitgeberinnen. Diese reichen von der Pflicht, sich an den freien Tagen zu einer gewissen Uhrzeit zurückzumelden, über das Verbot von Männerbekanntschaften, bis zu Geboten über die Freizeitgestaltung. Etliche Erzählerinnen wurden, teilweise ohne gefragt zu werden, an ihren freien Nachmittagen in Hauswirtschafts- oder Sprachkurse geschickt. Gerade die (verpflichtenden) Kursbesuche werden jedoch in den Erzählungen als willkommene (Bildungs-)Chance und nicht als ungeliebte Pflicht präsentiert.

Insgesamt fällt auf, dass Erzählerinnen, die in mittelständischen Haushalten tätig waren, wo sie sich die Arbeit selbstständig einteilen konnten, sowie Personen, die in kleinen gastgewerblichen Betrieben arbeiteten, die Beziehungen zur Arbeitgeberfamilie im Allgemeinen und zur Arbeitgeberin im Speziellen sehr positiv bewerten. Häufig präsentieren sie Letztere sogar als wichtige Bezugsperson. Vor allem Frauen, die eine Emanzipationsgeschichte erzählen, sprechen der Arbeitgeberin, als Vermittlerin von neuen (Selbst-)Werten, eine große Bedeutung zu im Emanzipationsprozess. Zur Umschreibung der guten Beziehung verwenden viele den Ausdruck, ›wie ein eigenes Kind‹ behandelt worden zu sein. Damit schreiben sie den Arbeitgeberinnen die Rolle als mütterliche Instanz, die sich diese anmaßten, auch zu. In negativer Erinnerung blieben hingegen die Arbeitsverhältnisse in großbürgerlichen Haushalten, wo Hausfrauen als Haushaltvorstand nicht nur Arbeit delegierten, sondern durch Abgrenzungspraktiken auch Standesunterschiede zwischen sich und ihren Angestellten herstellten.

Erfahrene Fremdenfeindlichkeiten

Ihre Freizeit – außerhalb der Arbeitsstätte – verbrachten die meisten Erzählerinnen mit anderen ausländischen Haus- oder Gastgewerbsangestellten, die sie bei der Arbeit, über das Migrantinnennetzwerk, bei Kursbesuchen oder in national oder beruflich organisierten Vereinen kennengelernt hatten. Aufgrund ihrer Sprache oder ihrer Kleidung, beispielsweise, wenn sie ein Dirndl trugen, fielen sie in der Öffentlichkeit als Deutsche oder Österreicherinnen auf. In diesem Zusammenhang berichten die Erzählerinnen fast ausnahmslos davon, Fremdenfeindlichkeiten erfahren zu haben. Viele erzählen von allgemeinen Beschimpfungen, wie beispielsweise der Titulierung als ›Sauschwabe‹ – ein Schimpfwort, das sich auf alle Deutschen bezog. Einige heben hervor, aufgrund ihrer Herkunft sexuell belästigt worden zu sein. Diese Form der sexualisierten Diskriminierung lässt sich zurückführen auf das in Überfremdungsdiskursen hergestellte und medial verbreitete Bild der deutschen und österreichischen Haus- und

Gastgewerbsangestellten. Zum einen galten diese als besonders anspruchslos und arbeitswillig, zweitens wurde ihnen unterstellt, dass sie nur zum Heiraten in die Schweiz kämen und für einen Schweizerpass alles tun würden. Erzählerinnen, die im Gastgewerbe – einem männerdominierten, halböffentlichen Raum – tätig waren, berichten sogar davon, dass Schweizermänner auf der Suche nach einer fleißigen Ehefrau oder einem schnellen sexuellen Abenteuer ganz gezielt nach Deutschen oder Österreicherinnen Ausschau hielten. Die Überfremdungsdiskurse wirkten sich also nicht nur auf die Zuwanderungsbestimmungen aus, die die Arbeits- und Lebensbedingungen der Migrantinnen regulierten, sondern äußerten sich auch in alltäglichen Begegnungen mit Schweizern (und Schweizerinnen).

Fazit

Trotz dieser negativen Erfahrungen beurteilt die überwiegende Mehrheit der Erzählerinnen ihren Aufenthalt als Haus- und Gastgewerbsangestellte in der Schweiz positiv. Zwei Drittel bewerten diesen explizit als besonders schöne Zeit. Das steht im Zusammenhang mit der biografischen Selbstermächtigung, die sie der Migration in die Schweiz zuschreiben. Frauen, die eine Emanzipationsgeschichte erzählen, berichten vom Zugewinn an Selbstvertrauen, Handlungsmacht und der Entwicklung einer eigenständigen Persönlichkeit. In Lebensgeschichten, in denen das Thema Bildung die dominante Erzähllinie darstellt, wird der Schweiz als Lernzeit ein großer Stellenwert beigemessen. Erzählerinnen, die ihre Lebensgeschichte in Form einer sozioökonomischen Erfolgsgeschichte organisieren, verorten den Anfangspunkt zu ihrer beruflichen Karriere und ihrem sozialen (Wieder-)Aufstieg in der Schweiz. Lediglich zwei Frauen meines Samples bewerten ihre Migration eher negativ und bringen dies narrativ mit einem beruflichen Abstieg in Verbindung.

Auf der Basis der empirischen Ergebnisse meiner Arbeit möchte ich abschließend abstrahierend festhalten, warum es Sinn macht, Migrationserzählungen sowohl in ihrem historischen als auch ihrem gesamtbiografischen Kontext zu analysieren. Es sollte deutlich geworden sein, dass Migrationserfahrungen, wie sie in Erzählungen mit einem faktualen Geltungsanspruch zugänglich sind, eine geschichtliche und eine lebensgeschichtliche Dimension haben. Das Erleben einer Migration findet in einer konkreten historischen Situation statt und wird von ökonomisch-politischen Faktoren reguliert und gesellschaftlichen Diskursen geprägt. Wie die Migration erfahren wird, hängt zudem maßgeblich von den biografischen Erfahrungen der historischen Akteurinnen vor der Migration ab. In der lebensgeschichtlichen Erzählung werden die, durch biografische und historische Bedingungen geprägten, Migrationserfahrungen, zu einem bestimmten Zeitpunkt im Leben und in einer spezifischen Erzählsituation, vor dem Hintergrund späterer Lebenserfahrungen gedeutet und in einen narrativen Zusammenhang gebracht. Die historische Kontextualisierung dieses Erzählkomplexes ermöglicht es, zu untersuchen, welche diskursiven Linien und historischen Ereignisse Eingang finden in die Erzählung und dadurch historiografisch bedeutsam werden. Die Berücksichtigung der narrativen Strukturen bietet die Möglichkeit zu analysieren, *wie* historische Akteur_innen ihren Migrationserfahrungen Bedeutung zuschreiben und ihr Selbst- und Weltverständnis herstellen. Auf diese Weise kann die Subjektivität individueller Sinngebungen, an denen Kulturhistoriker_innen interessiert sind, in ihrer Gewordenheit wahrgenommen und analytisch differenziert erfasst werden.

Dank

Sehr viele Menschen haben mir und meiner Arbeit in den letzten Jahren Gutes getan. Prof. Dr. Sylvia Paletschek begleitete mein Projekt von der Konzeption bis zur Niederschrift mit viel Engagement und wirkte in jeder Phase fachlich und menschlich unterstützend und ermunternd. In Prof. Dr. Dorothee Wierling fand ich eine ebenso kluge wie herzliche Zweitbetreuerin. Große Unterstützung erfuhr ich auch von Dr. Linde Apel und PD. Dr. Kirsten Heinsohn von der Forschungsstelle für Zeitgeschichte in Hamburg. Prof. Dr. Monika Fludernik ermöglichte mir als Stipendiatin im Graduiertenkolleg *Geschichte und Erzählen* über den Zusammenhang von Lebensgeschichten und Geschichte nachzudenken. Noch schöner als mich auf einer theoretischen Ebene mit Biografie- und Erzählforschung auseinanderzusetzen, war es, die Lebensgeschichten der Frauen zu hören und zu lesen, die im Mittelpunkt dieser Arbeit stehen. Jede Begegnung war für mich ein besonderer Moment, jeder Brief eine große Freude. Tatkräftig unterstützt bei der Planung und Durchführung der Interviews haben mich Dr. Ute Sonnleitner, PD Dr. Karin Orth, Angela Widder, Moritz Holtz, Jacob Siebler, Kristina Nováková, Jonathan Say, Richard Hermanowski, Zlatko Valentic, Norbert Delestowicz, Severin Wössmer und Christian Wiedermann. In den besuchten Archiven erwarteten mich überall kompetente und hilfsbereite Archivar_innen, besonders hervorheben möchte ich Mag. Günter Müller von der Dokumentation lebensgeschichtlicher Aufzeichnungen in Wien. Finanziell gefördert wurde meine Dissertation von der Landesgraduiertenförderung Baden-Württemberg. Bei der Aufbereitung des Manuskripts standen mir Jürgen Hotz und Cornelia Stratthaus vom Campus Verlag mit Rat und Tat zur Seite. Die Drucklegung wurde durch die Axel Springer Stiftung ermöglicht.

An der Forschungsstelle für Zeitgeschichte in Hamburg und an den Doktorand_innentagen von Prof. Dr. Sylvia Paletschek in Freiburg fand ich ein ebenso wissenschaftlich anregendes wie freundschaftlich unterstützendes Umfeld zum Verfassen dieser Arbeit vor. Veronika Althaus-Brand, Linde Apel, Anne Kurr, Cäcilia Maag und Felizitas Schaub bereicherten meine Arbeit durch kritische Lektüre und wertvolle Gespräche. Vielfältig unterstützt und begleitet haben mich in den letzten Jahren zudem Eveline, Hans und Nina Althaus, Saskia Erdmann, Annalena Frucht, Pia Grandegger, Karo Heckemeyer, Sylvia Hipp-Zentler, Josef Kretschmann, Naomi Kunz, Lina Nikou, Emiliya Popova, Deborah Reber, Yvonne Robel, Janine Schemmer, Anna, Annemarie, Klaus und Martin Wälchli, Carole Walker und Raphael Worni. Mein Leben besonders schön macht immer wieder Jannis Zentler. Tausend Dank Euch/Ihnen allen!

Dass Hans Althaus kurz vor seinem Tod mit mir die Abgabe meiner Dissertation gefeiert hat, erfüllt mich mit großer Freude. Ihm und Veronika Althaus-Brand ist diese Arbeit in Liebe gewidmet.

Transkriptionszeichen

(Lachen)	Lautäußerungen oder Gesten stehen in einfachen Klammern.
(Pause)	Pausen werden in Klammern vermerkt.
ja=ja	Das Gleichheitszeichen zwischen den Worten steht für eine schnelle Wiederholung
Bruch-	Der einfache Gedankenstrich nach einem Wort steht für einen Abbruch.
betont	Kursivierungen zeigen eine besondere Betonung an
›Rede‹	Der Einsatz von direkter Rede wird mit einfachen Anführungsstrichen gekennzeichnet.
[...]	Auslassungen/Kürzungen. Anmerkungen der Verfasserin stehen ebenfalls in eckigen Klammern
{AA}	Äußerungen der Interviewenden im Redefluss der Interviewpartnerinnen stehen in geschwungenen Klammern

Abkürzungsverzeichnis

AGoF	Gosteli-Foundation. Archiv zur schweizerischen Frauenbewegung
AS	Amtliche Sammlung
BArch	Bundesarchiv
Bbl	Bundesblatt
BAVAV	Bundesanstalt für Arbeitsvermittlung und Arbeitslosenversicherung
BAW	Bundesamt für Auswanderung
BGB	Bauern-, Gewerbe- und Bürgerpartei
BIGA	Bundesamt für Industrie, Gewerbe und Arbeit
BKH	Berufsverband katholischer Hausangestellter
BMfsV	Bundesministerium für soziale Verwaltung
BSF	Bund Schweizerischer Frauenvereine
CH BAR	Schweizerisches Bundesarchiv
CH SWA	Schweizerisches Wirtschaftsarchiv
CSU	Christlich-Soziale Union
DEHOGA	Deutscher Hotel- und Gaststättenverband e.V.
DOKU	Dokumentation lebensgeschichtlicher Aufzeichnungen
EJPD	Eidgenössisches Justiz- und Polizeidepartement
EKA	Eidgenössische Konsultativkommission für das Ausländerproblem
EPD	Eidgenössisches Politisches Departement
EVD	Eidgenössisches Volkswirtschaftsdepartement
FJM	Freundinnen junger Mädchen
FZH	Forschungsstelle für Zeitgeschichte in Hamburg
GGA	Gastgewerbsangestellte
HAG	Hausangestellte
IAG	Internationale Arbeitsgemeinschaft der Berufsverbände katholischer Hausgehilfinnen

IfZ	Institut für Zeitgeschichte München
IGV	Internationaler Genfer Verband für Hotel- und Gaststätten-Angehörige e.v.
IWF	Internationaler Währungsfonds
KMSV	Katholischer Mädchenschutzverein
LdU	Landesring der Unabhängigen
m	männlich
NA	Nationale Aktion gegen die Überfremdung von Volk und Heimat
NAV	Normalarbeitsvertrag
NZZ	Neue Zürcher Zeitung
ÖStA/AdR	Österreichisches Staatsarchiv, Archiv der Republik
O.V.	Ohne Verfasser_in
PAA	Privatarchiv Andrea Althaus
SAFFA	Schweizerische Ausstellung für Frauenarbeit
SAG	Schweizerische Arbeitsgemeinschaft für den Hausdienst
SAH	Schweizerisches Arbeiterhilfswerk
SFN	Sammlung Frauennachlässe
SG	St. Gallen
SHV	Schweizerischer Hotelierverein
SIH	Schweizerisches Institut für Hauswirtschaft
SKF	Schweizerisch Katholischer Frauenbund
SP	Sozialdemokratische Partei der Schweiz
SR	Systematische Rechtssammlung
SSA	Schweizerisches Sozialarchiv
StABS	Staatsarchiv Basel-Stadt
SVP	Schweizerische Volkspartei
UH	Union Helvetia
w	weiblich
WdE	Werkstatt der Erinnerung
ZIA	Zentrale und Internationale Ausgleichsstelle für das Hotel- und Gaststättengewerbe beim Arbeitsamt Baden-Baden

Abbildungsverzeichnis

Abbildung 1   Schaubild an der Landesausstellung 1939 80
Abbildung 2   Jahrgänge der Erzählerinnen 150
Abbildung 3   Jahr der Einreise in die Schweiz 151
Abbildung 4   ›Serviertöchter‹ in Münchenbuchsee, 1953 251
Abbildung 5   Unerlaubtes Sonnenbad, 1962 277
Abbildung 6   »Tolle Kameradschaft«, 1952 326

Tabellenverzeichnis

Tabelle 1	Ausländeranteil an der Wohnbevölkerung der Schweiz, 1850–1970	58
Tabelle 2	Nationalität der Ausländer (m/w) in der Schweiz, 1900–1970	59
Tabelle 3	Ausländische Hausangestellte in der Schweiz, 1900–1970	64
Tabelle 4	Anteil der deutschen und österreichischen Frauen an den weiblichen ausländischen Hausangestellten in der Schweiz, 1930–1960	67
Tabelle 5	Angestellte im Gastgewerbe nach Geschlecht, 1920–1970	92
Tabelle 6	Ausländische Gastgewerbsangestellte in der Schweiz, 1941–1970	133
Tabelle 7	Anteil der deutschen und österreichischen Frauen an den weiblichen Gastgewerbsangestellten in der Schweiz (1920–1960)	133
Tabelle 8	Frauenanteil der ausländischen Wohnbevölkerung in der Schweiz nach Nationalität, 1920–1970	134
Tabelle 9	Soziale Herkunft der Erzählerinnen nach Berufen der Eltern/Väter	154
Tabelle 10	Berufskategorien und Geschlechterproportionen der Angestellten im Gastgewerbe im Jahr 1950	254

Literatur und Quellen

Ungedruckte Quellen

AGoF: Gosteli-Stiftung, Archiv

103	Bund schweizerischer Frauenvereine
128	Verein Freundinnen junger Mädchen: 19: Arbeitstagungen 1926–41 20: Arbeitstagungen 1946–78 21: Öffentlichkeitsarbeit 1957/58 26: Stellenvermittlung 1930–57
250	Stiftung zur Erforschung der Frauenarbeit
268	Kommission für Frauenberufsfragen, Dokumentationen 1960–69
581	Nachlass Nelli Jaussi
Bro	Broschüren

BArch: Bundesarchiv

B 119	Bundesanstalt für Arbeit: 3007: Auswanderung Hausangestellte, Schweiz 3010: Zeitungsannoncen, Stellenvermittlung, Schweiz 3012: Zeitungsannoncen, Stellenvermittlung, Schweiz 3255: Gastgewerbe, Personalmangel, Auswanderung, Schweiz
B 147	Deutsche Interessensvertretungen in der Schweiz: 108: Unterstützung Hilfsbedürftiger in der Schweiz
B 149	Bundesministerium für Arbeit und Sozialordnung: 6223: Stellenvermittlung ins Ausland

LITERATUR UND QUELLEN

CH BAR: Schweizerisches Bundesarchiv

E2001D Abteilung für Auswärtiges:
1000/1551#658*: Spitzelei deutscher Dienstmädchen, 1938
1000/1552#3057*: Deutsche Dienstmädchen, 1938–1939

E4300B Eidgenössische Fremdenpolizei:
1000/846#77*: Grenzsanität, 1947
1000/846#81*: Grenzsanität, 1951
1000/846#82*: Grenzsanität, 1952–54
1000/846#243*: Hotellerie, Hotelangestellte, 1949–55
1000/846#248*: Hausdienst, 1946–51
1000/846#249*: Hausdienst, 1952–57
1000/846#300*: Zulassung ausländischer Arbeitskräfte, 1945
1000/846#301*: Zulassung ausländischer Arbeitskräfte, 1946–47
1000/846#303*: Arbeitsmarkt, Allgemeines, 1933–49
1000/846#306*: Arbeitsmarkt, Allgemeines, 1950–57
1000/846#307*: Schutz des Arbeitsmarktes, 1933–48
1000/846#308*: Schutz des Arbeitsmarktes, 1949
1000/846#310*: Schutz des Arbeitsmarktes, 1951–52
1000/846#311*: Schutz des Arbeitsmarktes, 1953
1000/846#312*: Schutz des Arbeitsmarktes, 1954–55
1971/4#33* : Grenzsanitätsdienst, 1949–61
1971/4#34*: Grenzsanitätsdienst, 1962–63
1971/4#160*: Saisonarbeitskräfte 1947–58
1971/4#171*: Zulassung ausländischer Arbeitskräfte, 1948–61
1971/4#175*: Arbeitsmarkt, Allgemeines, 1957–62
1971/4#234*: Überfremdung, 1937–56

E4300C Bundesamt für Ausländerfragen:
01#1998/299#412*: Hotel- und Gastgewerbe, 1964–80

E7170A BIGA, Zentrale Ablage:
1000/1069#68*: Kreisschreiben pro 1930–32
1000/1069#69*: Kreisschreiben pro 1933–35
1000/1069#114*: Arbeitsverhältnis: Hausdienst 1939

E7173 BIGA, Gesamtarbeitsverträge:
1972/31#28*: Gastgewerbe, 1950–68

E7175B BIGA, Sektion Arbeitskraft und Auswanderung:
1977/3#56*: Hausdienst, 1955–66.
1978/57#2*: Allgemeines, 1940–55.
1978/57#88*: Grenzsanitätsdienst, 1957–63

1979/151#40*: Ausländerabbau Gastgewerbe, 1967–68

E7181A BIGA, Sozialstatistik:
1978/72#272*: Dienstmädchen, Erhebung, 1929–31
1978/72#761*: Ausländer in der Schweiz (Rothmund), 1938
1978/72#772*: Förderung des Hausdienstes, 1939
1978/72#780*: Personal im Gastgewerbe, 1938–39

E7291A Delegierter für Arbeitsbeschaffung, Sachdossiers Gastgewerbe
1973/86#405*: Ausländische Arbeitskräfte, 1955–1957

CH SWA: Schweizerisches Wirtschaftsarchiv

Vo 0   Ausländer in der Schweiz, Dokumentensammlung.
Vo M 14–23   Gastgewerbe, Dokumentensammlung.
Vo M 14–27   Hausangestellte, Dokumentensammlung.
Vo M 43–27   Hausangestellte, Dienst- und Tarifvertragsfragen.
Vo M 72–23   Arbeitslosigkeit und Arbeitsmarkt,
             Gastgewerbe, Dokumentensammlung.
Vo N I 5a   Hauswirtschaft Schweiz, Dokumentensammlung.

DOKU: Dokumentation lebensgeschichtlicher Aufzeichnungen Wien

Imhof, Rosa   Lebensgeschichtliche Aufzeichnungen, 1998.
Pölzl, Emma   Meine Lebenserinnerungen, 1996.

FZH: Archiv der Forschungsstelle für Zeitgeschichte in Hamburg

NL Heß   Ilse Heß (Schweiz, 1949–50).

FZH/WdE: Forschungsstelle für Zeitgeschichte in Hamburg/Werkstatt der Erinnerung

16   Schenckendorf, Liane [Alias], Lebensgeschichtliches Tagebuch, [Hamburg] 1917–1943
16   Meyer, Beate, Interview mit Liane Schenckendorf [Alias], Hamburg 10.07.1990.
442   Michelsen, Jens, Interview mit Charlotte Manthai [Alias], Hamburg 13.07.1996.

582   Lübcke, Alexandra, Interview mit Katja Ohlert [Alias], Hamburg 30.10.1998.

PAA: Privatarchiv Andrea Althaus

Althaus, Andrea, Interview mit Maria Zich [Alias], 16.08.2011.
Althaus, Andrea, Interview mit Marie Gustav [Alias], 18.08.2011
Althaus, Andrea, Interview mit Ella Lubich [Alias], 19.08.2012
Althaus, Andrea, Interview mit Sibilla Bernecker [Alias], 22.08.2011.
Althaus, Andrea, Interview mit Veronika Hummel [Alias], 24.08.2011.
Althaus, Andrea, Interview I mit Maja Oban [Alias], 25.08.2011.
Althaus, Andrea, Interview II mit Maja Oban [Alias], 26.08.2011.
Althaus, Andrea, Interview mit Jolanda Müller [Alias], 27.08.2011.
Althaus, Andrea, Interview mit Rosa Haller [Alias], 29.08.2011.
Althaus, Andrea, Interview mit Johanna Eberle [Alias], 30.08.2011.
Althaus, Andrea, Interview mit Elisabeth Vogel [Alias], 12.09.2011.
Althaus, Andrea, Interview mit Cäcilie Brunner [Alias], 15.09.2011.
Althaus, Andrea, Interview mit Gerlinde Fellner [Alias], 19.09.2011
Althaus, Andrea, Interview mit Martha Gruber [Alias], 20.09.2011.
Althaus, Andrea, Interview mit Gretha Ole [Alias], 23.09.2011.
Althaus, Andrea, Interview mit Agatha Hauert [Alias], 24.09.2011.
Althaus, Andrea, Interview mit Lisbeth Reichenbach [Alias], 28.09.2011.
Althaus, Andrea, Interview mit Irene Keller [Alias], 25.10.2011.
Althaus, Andrea, Interview mit Hedwig Benn [Alias], 17.11.2011.
Althaus, Andrea, Interview mit Marga Jaggi [Alias], 21.11.2011.
Althaus, Andrea, Interview mit Elsa Zeller [Alias], 25.11.2011.
Althaus, Andrea, Interview mit Elise Fankhauser [Alias], 14.12.2011.
Althaus, Andrea, Interview mit Ilse Reber [Alias], 07.02.2012.
Althaus, Andrea, Interview mit Maja Pichler [Alias], 15.05.2012.
Althaus, Andrea, Interview mit Gerda Falter [Alias], 16.05.2014.
Althaus, Andrea, Interview mit Hedwig Welzer [Alias], 18.05.2012.
Althaus, Andrea, Interview mit Rosemarie Kroll [Alias], 19.05.2012.
Althaus, Andrea, Interview mit Rosa Imhof, 23.05.2012.
Auer, Hilde [Alias], Lebensgeschichtliche Aufzeichnungen, 2012.
Buchs, Elfriede [Alias], Lebensgeschichtliche Aufzeichnungen, 2012.
Delestowicz, Norbert, Interview mit Isabelle Zehnder [Alias], 26.01.2014.
Diorio, Erna [Alias], Lebensgeschichtliche Aufzeichnungen, 2012.
Franz, Ingeborg [Alias], Lebensgeschichtliche Aufzeichnungen, 2012.
Fust, Kornelia [Alias], Lebensgeschichtliche Aufzeichnungen, 2012.
Groninger, Lilli, Biografische Notizen, 2012.
Groß, Helga [Alias], Lebensgeschichtliche Aufzeichnungen, 2012.
Gutknecht, Elsa [Alias], Lebensgeschichtliche Aufzeichnungen, 2012.

Hasler, Erika [Alias], Erinnerungen, 2012.
Hermanowski, Richard, Interview mit Gabriele Ertel [Alias], 21.01.2012.
Hinzelmann, Theodora [Alias], Lebensgeschichtliche Aufzeichnungen, 2012.
Hiss, Günter [Alias], Biografische Notizen, 06.09.2011.
Hiss, Ilse [Alias], Mein Lebenslauf, o.D [um 1990].
Holtz, Moritz, Interview mit Wilhelmine Eglof [Alias], 20.01.2012.
Hormayer, Regula [Alias], Lebensgeschichtliche Aufzeichnungen, 2012.
Hug, Edith [Alias], Lebensgeschichtliche Aufzeichnungen, 29.07.2011.
Kirner, Hugo, Biografische Notizen, 17.07.2011.
Kramer, Ilse [Alias], Lebensgeschichtliche Aufzeichnungen, 2012.
Kroll, Rosemarie [Alias], Meine Alltagsgeschichten, 2012.
Lachenmeier, Maria, Familienchronik, [Basel] o.D.
Läufer, Christa [Alias], Lebensgeschichtliche Aufzeichnungen, 08.05.2012.
Lipp, Emma [Alias], Lebensgeschichtliche Aufzeichnungen, 2011.
Luhme, Marianne [Alias], Mein Leben, Leipzig [1976–1984].
Nováková, Kristina, Interview mit Gabriela Ecker [Alias], 21.01.2012.
Oesch, Herr [Alias], Interview mit Lotta Oesch [Alias], o.D.
Oesch, Katja [Alias], Biografische Notizen, 23.11.2011.
Papp, Gerda [Alias], Meine Jahre in der Schweiz, 2012.
Pfeifer, Ursina [Alias], Lebensgeschichtliche Aufzeichnungen, 2011.
Poder, Rosalia [Alias], Mein Lebenslauf, 2012.
Pröll, Irma [Alias], Lebensgeschichtliche Aufzeichnungen, 2012.
Renner, Maria [Alias], Arbeiten in der Schweiz, 2012.
Riemer, Elke [Alias], Lebensgeschichtliche Aufzeichnungen, 2012.
Ryter, Helene [Alias], Dienen in der Schweiz, 2011.
Say, Jonathan, Interview mit Gerda Braun [Alias], 27.01.2012.
Schicker, Karoline [Alias], Werdegang mit Schwerpunkt Schweiz 1956, 2011.
Schneider, Elmar, Biografische Notizen, 16.03.2012.
Schwarz, Selma [Alias], Lebensgeschichtliche Aufzeichnungen, 2012.
Sennhäuser, Martha [Alias], Lebensgeschichtliche Aufzeichnungen, 2011.
Siebert, Romana [Alias], Lebensgeschichtliche Aufzeichnungen, 2011.
Siebler, Jacob, Interview mit Hanna Havur [Alias], 24.01.2012.
Stamm, Ulrike [Alias], Bericht für Frau Althaus, 2012.
Stark, Christine [Alias], Lebensgeschichtliche Aufzeichnungen, 11.03.2012.
Taler, Antonia [Alias], Mein Leben, o.D. [um 2009].
Valentic, Zlatko, Interview mit Elfriede Kammerer [Alias], 23.01.2012.
Vogt, Regine [Alias], Lebensgeschichtliche Aufzeichnungen, 10.08.2011.
Widder, Angela, Interview mit Ingeborg Grebel [Alias], 21.01.2012.
Wiedermann, Christian, Interview mit Ingrid Arnold [Alias], 23.01.2012.
Wieser, Edith [Alias], Lebensgeschichtliche Aufzeichnungen, 28.08.2011.
Wössmer, Severin, Interview mit Emma Miescher [Alias], 27.01.2012.
Ziegler, Ilse [Alias], Lebensbeschreibung, 2011.

IfZ: Archiv des Instituts für Zeitgeschichte München

ED 895	Berufsverband der katholischen Arbeitnehmerinnen in der Hauswirtschaft 101: Korrespondenz Anna Niederer 1946–55 219: Jahreskonferenzen IAG, 1959–64
277 449 W	Unterlagen der Geschäftsführung der IAG, 1965–68 Auslandsberichte

ÖStA/AdR: Österreichisches Staatsarchiv, Archiv der Republik

AA	Gesandtschaftsarchiv Bern, Auswärtige Angelegenheiten: 16: Verband der Österreicher in der Schweiz 1936
BKA-I/WA	Bundeskanzleramt-Inneres, Wanderungsamt: 8/4 2236/376: Schweiz 1932–34
BMfsV SA 11	Bundesministerium für soziale Verwaltung, Arbeitsvermittlung 31: Arbeitsvermittlung 1946

SFN: Sammlung Frauennachlässe Wien

NL 42	Nachlass Franziska Wastl.
NL 68	Nachlass Helga M. Frey.

SSA: Schweizerisches Sozialarchiv

Ar. 17	Schweizerische Ausstellung für Frauenarbeit (SAFFA): 50.13: Zentralstelle für Frauenberufe, Referate 1925–53
Ar. 20	Schweizerisches Arbeiterhilfswerk: 891.36: Haushaltkurs Cavigliano, 1951–52
Ar. 34	Schweizerisches Institut für Hauswirtschaft: 20.1: Jahresberichte, 1948–90

StABS: Staatsarchiv Basel-Stadt

AA	Handel und Gewerbe, Fabrikarbeit, Arbeiter: AA 13: Frauenarbeit, Hausangestellte
Bibliothek	LA 1991, Jul.3: Nekrolog von Anna Weckerle
DI-REG 5a	Wirtschafts- und Sozialdepartement, Gewerbeinspektorat: 2-4-3: Eidgenössische Berufsreglemente
DI-REG 11b	Wirtschafts- und Sozialdepartement, Amt für Berufsbildung/Berufsberatung: 3-1: Schweizerische Arbeitsgemeinschaft für den Hausdienst
DI-REG 1c	Wirtschafts- und Sozialdepartement, Handel, Verkehr und Verwaltung: 11-13-5: Hausangestellte, 1961–74
PD-REG 1a	Polizeidepartement, Sachdossiers: 1967–17: Ausländisches Hauspersonal
PD-REG 3a	Kantonale Fremdenpolizei, Personendossiers: 91269: I.A. 109195: E.W.
ÖR-REG 4e	Registratur der Römisch-Katholischen Gemeinde: 4-4-14: Katholischer Mädchenschutzverein, 1945–1965.
PA 182a	Archiv der Familie Stähelin und Stehelin: B 84 B 10: Dokumente Anna Weckerle, 1908–1991
PA 772	Kantonale Arbeitsgemeinschaft für den Hausdienst: A1: Jahresberichte und Korrespondenz, 1938–47 A2: Jahresberichte und Korrespondenz, 1954
PA 1182	Freundinnen Junger Mädchen Basel-Stadt: B2: Jahresberichte, 1925–1999

Gedruckte Quellen

Ackermann, F., »Arbeitslosigkeit«, in: Schweizerische Gesellschaft für Statistik und Volkswirtschaft (Hg.), *Handbuch der schweizerischen Volkswirtschaft*, Bern 1939, S. 73–83.

Baumgarten-Tramer, Franziska, *Merkheft für Hausangestellte*, Burgdorf 1945.

Bloch, Emma, »Von hauswirtschaftlichen Berufen. Briefe von einer Berufsberaterin«, in: Jugendamt Kanton Zürich (Hg.), *Schweizer Berufsführer*, Zürich 1925.

Bueß, Nelli, »Familiengemeinschaft und Hausarbeit«, in: Schweizerische Arbeitsgemeinschaft für den Hausdienst (Hg.), *Ordnen und Planen*, Zürich 1963, S. 20.

Buomberger, Ferdinand, *Kellnerinnenschutz und Kellnerinnenelend in der Schweiz. Ein Beitrag zur Frage der Gewerbegesetzgebung*, Zürich 1916.

Châtelain, Gérard, *Le personnel dans l'industrie hotelière Suisse*, Thèse, Univ. Bern, La-Chaux-de-Fonds 1924.

Christlich-soziale Arbeiterorganisationen der Schweiz (Hg.), *Dienstbote oder Arbeiterin?*, Zürich 1908.

Delaquis, Ernst, *Der gegenwärtige Stand der Maßnahmen gegen die politische Überfremdung. Öffentlicher Vortrag auf Einladung des Komitees für die Förderung der gesetzgeberischen Lösung der Fremdenfrage, gehalten in Zürich am 4. Dezember 1920*, Sonderdruck, Zürich 1921.

Egli, Gustav, *Das Problem der Hausangestellten in der Schweiz. Schriftenreihe des Landesverbandes freier Schweizer Arbeiter*, Bd. 1, St. Gallen 1939.

Ehrenzeller, Wilhelm, »Die geistige Ueberfremdung der Schweiz«, *Schweizerische Zeitschrift für Gemeinnützigkeit*, Jg. 56, H. 12 (1917), S. 373–450.

Eidgenössisches Statistisches Amt (Hg.), *Volkszählung 1930. Tabellenteil*, Bd. 21, Bern 1935.

– *Wir als Viermillionen Volk. Zur Schweizerischen Landesausstellung 1939*, Bern 1939.
– *Volkszählung 1950. Kanton Zürich*, Bd. 22, Bern 1953.
– *Volkszählung 1960. Teil 2, Erwerb und Beruf*, Bd. 23, Bern 1965.
– *Volkszählung 1960. Schweiz Teil 1. Geschlecht, Heimat, Geburtsort, Konfession, Muttersprache, Zivilstand, Alter, Schulbesuch*, Bd. 27, Bern 1965.

Eidgenössisches Statistisches Bureau (Hg.), *Eidgenössische Volkszählung 1920. Zweites Schlussheft. Berufsstatistik*, Bern 1924.

Gross, Vera, *Das Hausangestelltenverhältnis. Mit besonderer Berücksichtigung des Normalarbeitsvertrages von Zürich und Winterthur*, Diss., Univ. Zürich, Zürich 1933.

Hausknecht, Emma, *Das Dienstbotenproblem*, Zürich 1928.

– *Hausdienst*, Bern 1939.

Huber-Burckhardt, A., *Zur Dienstbotenfrage*, Basel/Leipzig 1901.

Ineichen, Mathilde, *Die Gesellschaft der Helferinnen der Armen-Seelen und ihre Niederlassung in Luzern*, Dipl.-Arb., Sozial-caritative Frauenschule Luzern, Luzern 1937.

Jaussi, Nelli, »Ausländische Arbeitskräfte im Hausdienst«, in: Schweizerische Arbeitsgemeinschaft für den Hausdienst (Hg.), *Hausdienstfragen. Sonderabdruck aus Schweizerische Zeitschrift für Gemeinnützigkeit*, Zürich 1946, S. 216–218.

Migros-Genossenschafts-Bund (Hg.), *Idee und Realisation. 25 Jahre Klubschule Migros,* Zürich 1969.

Mousson, Nelly, »Die Arbeits- und Berufsverhältnisse der Hausangestellten in Baden, Kt. Aargau«, *Zeitschrift für schweizerische Statistik und Volkswirtschaft,* Jg. 68, H. 1 (1932), S. 28–51.

O.V., »Unsere Hausangestellten«, *Die junge Schweizerin. Periodisches Lehrmittel für die hauswirtschaftlichen und beruflichen Bildungsanstalten, Arbeitsschulen sowie für die eigene Fortbildung junger Schweizerinnen,* Jg. 21, H. 7 (1941), S. 1–16.

Portmann, Franz, »Einkommens- und Beschäftigungslage der Hotelangestellten im Zeitpunkt der Währungsabwertung«, *Zeitschrift für schweizerische Statistik und Volkswirtschaft,* Jg. 74, H. 1 (1938), S. 97–127.

Ragaz, Christine, *Die berufliche Organisation der Hausangestellten,* Bern 1932.

Rüttimeyer, A., *Die Dienstboten-Frage. Referat an der Jahresversammlung der gemeinnützigen Gesellschaft des Kts. Bern, gehalten am 14. November 1867 in Herzogenbuchsee,* Herzogenbuchsee 1867.

Schmid, Carl Alfred, *Unsere Fremdenfrage,* Zürich 1915.

– *Nationale Bevölkerungspolitik in der Schweiz,* Zürich 1920.

Schneider, Bruno, »Der eidgenössische Grenzsanitätsdienst«, *Bulletin des eidgenössischen Gesundheitsamtes,* H. 3, Beil. B, (1957), S. 29–44.

Schweizerische Arbeitsgemeinschaft für den Hausdienst (Hg.), *Die Haushaltlehre. Ein Weg zu hauswirtschaftlicher Tüchtigkeit,* Zürich 1940.

– *Hausdienstfragen. Sonderabdruck aus Schweizerische Zeitschrift für Gemeinnützigkeit,* Zürich 1946.

– *Die Entwicklung des Hausdienstes. Neue Formen,* Zürich 1964.

Schweizerische Studienkommission für Hausdienstfragen (Hg.), *Der Hausdienst in der Schweiz. Bericht an das Bundesamt für Industrie, Gewerbe und Arbeit über die heutigen Verhältnisse im Hausdienst und Vorschläge für Sanierungsmaßnahmen,* Zürich 1932.

Statistisches Bureau des Eidgenössischen Departements des Innern (Hg.), *Uebersichten der Bevölkerung und anderer die Statistik der Schweiz betreffender Gegenstände. Beiträge zur Statistik der schweizerischen Eidgenossenschaft,* Bd. 2, Bern 1854.

– *Die Ergebnisse der Eidgenössischen Volkszählung vom 1. Dezember 1900,* Bd. 4, Bern 1908.

Statistisches Bureau des Schweizerischen Finanzdepartements (Hg.), *Die Ergebnisse der Eidgenössischen Volkszählung vom 1. Dezember 1910,* Bd. 1, Bern 1915.

Steiger, Emma, *Geschichte der Frauenarbeit in Zürich,* Zürich 1964.

Union Helvetia (Hg.), *Der wöchentliche Ruhetag im schweizerischen Hotel- und Gastwirtschaftsgewerbe. Eine Wegleitung,* Luzern 1939.

– *Jubiläumsschrift zum 75jährigen Bestehen,* Luzern 1961.

Volz, Willy, *Die Trinkgeldfrage im schweizerischen Gastwirtschaftsgewerbe. Rechtlich – sozialpolitisch.* Diss., Univ. Bern, Luzern 1954.

Wyler, Julius, *Die Demographie der Ausländer in der Schweiz,* Bern 1921.

Sekundärliteratur

Abrams, Lynn, *Oral History Theory*, London 2010.

Althaus, Andrea, *Lebensgeschichtliche Aufzeichnungen städtischer Dienstmädchen in Wien (1850–1929)*. Die Lebens- und Arbeitswelten von Helene Gasser und Marie Konheisner, Liz.-Arb., Univ. Basel, Basel 2008.

– (Hg.), *Mit Kochlöffel und Staubwedel. Erzählungen aus dem Dienstmädchenalltag*, Wien, Köln u.a. 2010.

– »Vom Glück in der Schweiz. Erfolgs- und Aufstiegserzählungen in Migrationsbiographien«, in: Knud Andresen/Linde Apel u.a. (Hg.), *Es gilt das gesprochene Wort. Oral History und Zeitgeschichte heute*, Göttingen 2015, S. 24–42.

Amenda, Lars, »'Volksgemeinschaft' auf verlorenem Posten? Die Reichswerke 'Hermann Göring' im Salzgittergebiet«, in: Nordico Stadtmuseum Linz (Hg.), *»Hitlerbauten« in Linz. Wohnsiedlungen zwischen Alltag und Geschichte 1938 bis zur Gegenwart*. Ausstellungskatalog, Salzburg 2012, S. 216–222.

Anderson, Bridget, *Doing the dirty work? The Global Politics of Domestic Labour*, London 2000.

Andresen, Knud/Apel, Linde u.a., *Es gilt das gesprochene Wort. Oral History und Zeitgeschichte heute*, Göttingen 2015, S. 7–23.

Armbruster, Heidi, »Der rechtliche Rahmen. Einwanderungsbestimmungen einiger Zielländer österreichischer Nachkriegsemigration«, in: Traude Horvath/Gerda Neyer (Hg.), *Auswanderungen aus Österreich. Von der Mitte des 19. Jahrhunderts bis zur Gegenwart*, Wien, Köln u.a. 1996, S. 323–359.

Assmann, Aleida, »Gedächtnis, Erinnerung«, in: Klaus Bergmann/Klaus Fröhlich u.a. (Hg.), *Handbuch der Geschichtsdidaktik*, Wolfenbüttel 1997, S. 33–37.

– »Vier Formen des Gedächtnisses«, in: *EWE*, J. 13, H. 2 (2002), S. 183–190.

– *Der lange Schatten der Vergangenheit. Erinnerungskultur und Geschichtspolitik*, München 2006.

Assmann, Jan, »Kollektives Gedächtnis und kulturelle Identität«, in: Jan Assmann/Tonio Hölscher (Hg.), *Kultur und Gedächtnis*, Frankfurt a. M. 1988, S. 9–19.

– *Das kulturelle Gedächtnis. Schrift, Erinnerung und politische Identität in frühen Hochkulturen*, München 1999.

Bachmann-Medick, Doris, »Cultural Turns«. Version 1.0, in: *Docupedia-Zeitgeschichte*, 29.03.2010, S. 1–11, http://docupedia.de/zg/Cultural_Turns (09.06.2015).

Bade, Klaus J., »Historische Migrationsforschung«, in: Michael Bommes/Jochen Oltmer (Hg.), *Sozialhistorische Migrationsforschung*, Göttingen 2004, S. 27–48.

– *Sozialhistorische Migrationsforschung*, Göttingen 2004.

– mit Oltmer, Jochen: »Zwischen Aus- und Einwanderungsland. Deutschland und die Migration seit der Mitte des 17. Jahrhunderts«, in: Michael Bommes/Jochen Oltmer (Hg.), *Sozialhistorische Migrationsforschung*, Göttingen 2004, S. 501–546.

Baumann, Sarah, *...und es kamen auch Frauen. Engagement italienischer Migrantinnen in Politik und Gesellschaft der Nachkriegsschweiz*, Zürich 2014.

Becher, Ursula A. J., »Zwischen Autonomie und Anpassung. Frauen, Jahrgang 1900/1910 – eine Generation?«, in: Jürgen Reulecke (Hg.), *Generationalität und Lebensgeschichte im 20. Jahrhundert*, München 2003, S. 279–294.

Bednarz-Braun, Iris/Heß-Meining, Ulrike, *Migration, Ethnie und Geschlecht. Theorieansätze, Forschungsstand, Forschungsperspektiven*, 1. Aufl., Wiesbaden 2004.

Berg, Charles/Milmeister, Marianne, »Im Dialog mit den Daten das eigene Erzählen der Geschichte finden. Über die Kodierverfahren der Grounded-Theory-Methodologie«, in: Günter Mey/Katja Mruck (Hg.), *Grounded Theory Reader*, Wiesbaden 2011, S. 303–331.

Bergier, Jean-François, »Erschwerte Nachbarschaft«, in: Uri Kaufmann (Hg.), *Die Schweiz und der deutsche Südwesten. Wahrnehmung Nähe und Distanz im 19. und 20. Jahrhundert*, Ostfildern 2006, S. 73–78.

Bochsler, Regula/Gisiger, Sabine, *Dienen in der Fremde. Dienstmädchen und ihre Herrschaften in der Schweiz des 20. Jahrhunderts*, Zürich 1989.

– *Städtische Hausangestellte in der deutschsprachigen Schweiz des 20. Jahrhunderts*, Zürich 1989.

Bode, Sabine, *Kriegsenkel. Die Erben der vergessenen Generation*, 11. Aufl., Stuttgart 2013.

– *Die vergessene Generation. Die Kriegskinder brechen ihr Schweigen*, 20. Aufl., Stuttgart 2014.

Bohnsack, Ralf, *Rekonstruktive Sozialforschung. Einführung in qualitative Methoden*, 5. Aufl., Opladen 2003.

Bollauf, Traude, *Dienstmädchen-Emigration. Die Flucht jüdischer Frauen aus Österreich und Deutschland nach England 1938/39*, 2. Aufl., Wien 2011.

Bourdieu, Pierre, *Praktische Vernunft. Zur Theorie des Handelns*, Frankfurt a. M. 1998.

Brandt, Harm-Hinrich, »Vom Nutzen und Nachteil der Erinnerung für die Geschichtswissenschaft«, in: Günther Bittner (Hg.), *Ich bin mein Erinnern. Über autobiographisches und kollektives Gedächtnis*, Würzburg 2006, S. 129–142.

Breckner, Roswitha, »Von den Zeitzeugen zu den Biographen. Methoden der Erhebung und Auswertung lebensgeschichtlicher Interviews«, in: Berliner Geschichtswerkstatt (Hg.), *Alltagskultur, Subjektivität und Geschichte. Zur Theorie und Praxis von Alltagsgeschichte*, 1. Aufl., Münster 1994, S. 199–222.

– *Migrationserfahrung, Fremdheit, Biografie. Zum Umgang mit polarisierten Welten in Ost-West-Europa*, Wiesbaden 2009.

Broda, May B./Joris, Elisabeth u.a., »Die alte und die neue Frauenbewegung«, in: Mario König/Georg Kreis u.a. (Hg.), *Dynamisierung und Umbau. Die Schweiz in den 60er und 70er Jahren*, Zürich 1998, S. 201–226.

Bruckmüller, Ernst, »Die Entwicklung des Österreichbewusstseins«, in: Robert Kriechbaumer (Hg.), *Österreichische Nationalgeschichte nach 1945*, Wien, Köln u.a. 1998, S. 369–396.

Buchner, Thomas, »Arbeitsämter und Arbeitsmarkt in Deutschland, 1890–1935«, in: Annemarie Steidl/Thomas Buchner u.a. (Hg.), *Übergänge und Schnittmengen. Arbeit, Migration, Bevölkerung und Wissenschaftsgeschichte in Diskussion*, 1. Aufl., Wien, Köln u.a. 2008, S. 133–158.

Budde, Gunilla-Friederike, »Das Dienstmädchen«, in: Ute Frevert/Heinz-Gerhard Haupt (Hg.), *Der Mensch des 19. Jahrhunderts*, Frankfurt a. M., New York 1999, S. 148–175.

Buomberger, Thomas, *Kampf gegen unerwünschte Fremde. Von James Schwarzenbach bis Christoph Blocher*, Zürich 2004.

Burghartz, Susanna, »Historische Anthropologie/Mikrogeschichte«, in: Joachim Eibach/Günther Lottes (Hg.), *Kompass der Geschichtswissenschaft*, Göttingen 2006, S. 206–218.

Bürgi, Markus, »Jacob Lorenz«, in: *Historisches Lexikon der Schweiz*, 01.02.2008, http://www.hls-dhs-dss.ch/textes/d/D23019.php.

Burrell, Kathy, *Moving Lives. Narratives of Nation and Migration among Europeans in postwar Britain*, Aldershot u.a. 2006.

Butschek, Felix, »Österreichische Arbeitskräfte im Ausland«, in: *Monatsberichte des österreichischen Instituts für Wirtschaftsforschung*, J. 37, H. 10 (1964), S. 389–394.

Can, Ensar/Ramel, Nathalie u.a., *Effekte der Personenfreizügigkeit auf die wirtschaftliche Entwicklung der Schweiz. Studie erstellt im Auftrag des Schweizerischen Arbeitgeberverbandes*, Basel 2013.

Carr, David, *Time, Narrative and History*, Bloomington, Indianapolis 1986.

Chamberlain, Mary/Thompson, Paul, »Genre and Narrative in Life Stories«, in: Dies. (Hg.), *Narrative and Genre*, London, New York 1998, S. 1–22.

Czachay, Gabriele, *Die soziale Situation der Hausgehilfinnen Wiens in der Zwischenkriegszeit*. Dipl.-Arb., Univ. Wien, Wien 1985.

Daniel, Ute, *Kompendium Kulturgeschichte. Theorien, Praxis, Schlüsselwörter*, 4. Aufl., Frankfurt a. M. 2004.

Dausien, Bettina, »Leben für andere oder eigenes Leben? Überlegungen zur Bedeutung der Geschlechterdifferenz in der biographischen Forschung«, in: Peter Alheit/Bettina Dausien u.a. (Hg.), *Biographische Konstruktionen. Beiträge zur Biographieforschung*, Bremen 1992, S. 37–70.

– »Migration, Biographie, Geschlecht. Zur Einführung in einen mehrwertigen Zusammenhang«, in: Bettina Dausien/Marina Calloni u.a. (Hg.), *Migrationsgeschichten von Frauen. Beiträge und Perspektiven aus der Biographieforschung*, Bremen 2000, S. 9–24.

Degen, Bernard, »Arbeitsämter«, in: *Historisches Lexikon der Schweiz*, 10.03.2015, http://www.hls-dhs-dss.ch/textes/d/D13807.php

– »Landesverband Freier Schweizer Arbeitnehmer (LFSA)«, in: *Historisches Lexikon der Schweiz*, 18.03.2015, http://www.hls-dhs-dss.ch/textes/d/D16486.php.

Depkat, Volker, »Autobiographie und die soziale Konstruktion von Wirklichkeit«, in: *Geschichte und Gesellschaft. Zeitschrift für Historische Sozialwissenschaften*, J. 29 (2003), S. 441–476.

- *Lebenswenden und Zeitenwenden. Deutsche Politiker und die Erfahrungen des 20. Jahrhunderts*, München, Oldenbourg 2007.
- »Zum Stand und zu den Perspektiven der Autobiographieforschung in der Geschichtswissenschaft«, in: BIOS. *Zeitschrift für Biographieforschung, Oral History und Lebensverlaufsanalysen*, J. 23, H. 2 (2010), S. 170–187.

Doran, Robert, »Humanism, Formalism, and the Discourse of History«, in: Ders. (Hg.), *The Fiction of Narrative. Essays on History, Literature, and Theory 1957–2007*, Baltimore 2010, S. xiii–xxxiv.

Dörfer, Anja, *Autobiographische Schriften deutscher Handwerker im 19. Jahrhundert*. Diss., Univ. Halle-Wittenberg, Halle/Saale 1998.

Dressel, Gert, *Historische Anthropologie. Eine Einführung*, Wien, Köln u.a. 1996.

Dülmen, Richard van, *Historische Anthropologie*, 2. Aufl., Köln, Weimar u.a. 2001.

Eigner, Peter/Hämmerle, Christa u.a., »Editorial«, in: Dies. (Hg.), *Briefe – Tagebücher – Autobiographien. Studien und Quellen für den Unterricht*, Innsbruck, Wien u.a. 2006, S. 7–10.

Elias, Norbert, *Über die Zeit*, Frankfurt a. M. 1997.

Engelsing, Rolf, »Das häusliche Personal in der Epoche der Industrialisierung«, in: *Jahrbuch für Sozialwissenschaft*, J. 20 (1969), S. 84–121.

Englert-Faye, C., *Us der Gschichtetrucke. Ein Schweizer Volksbuch für Jung und Alt*, Bern 1951.

Ette, Andreas/Sauer, Lenore, *Auswanderung aus Deutschland. Daten und Analysen zur internationalen Migration deutscher Staatsbürger*, Wiesbaden 2010.

Fassmann, Heinz/Münz, Rainer (Hg.), *Migration in Europa. Historische Entwicklung, aktuelle Trends, politische Reaktionen*, Frankfurt a. M., New York 1996.

Fischer, Peter A./Straubhaar, Thomas, »Einwanderung in die Schweiz. Ein politökonomisches Lehrstück«, in: Heinz Fassmann/Rainer Münz (Hg.), *Migration in Europa. Historische Entwicklung, aktuelle Trends, politische Reaktionen*, Frankfurt a. M., New York 1996, S. 183–208.

Fischer-Rosenthal, Wolfram, »Von der biographischen Methode zur Biographieforschung. Versuch einer Standortbestimmung«, in: Peter Alheit/Wolfram Fischer-Rosenthal u.a. (Hg.), *Biographieforschung. Eine Zwischenbilanz in der deutschen Soziologie*, Bremen 1990, S. 11–25.

- mit Rosenthal, Gabriele, »Narrationsanalyse biographischer Selbstpräsentation«, in: Ronald Hitzler/Anne Honer (Hg.), *Sozialwissenschaftliche Hermeneutik*, Opladen 1997, S. 133–165.

Frei, Norbert, »Abschied von der Zeitgenossenschaft. Der Nationalsozialismus und seine Erforschung auf dem Weg in die Geschichte«, in: *WerkstattGeschichte*, J. 20 (1998), S. 69–83.

Freund, Alexander, *Aufbrüche nach dem Zusammenbruch. Die deutsche Nordamerika-Auswanderung nach dem Zweiten Weltkrieg*, Göttingen 2004.

- »Oral History as Experienced History (Erfahrungsgeschichte) – An Interview with Alexander von Plato«, in: *Oral History. Forum d'histoire orale*, J. 29 (2009), S. 1–15.

Fuchs-Heinritz, Werner, *Biographische Forschung. Eine Einführung in Praxis und Methoden*, 3. Aufl., Wiesbaden 2005.

Gast, Uriel, *Von der Kontrolle zur Abwehr. Die eidgenössische Fremdenpolizei im Spannungsfeld von Politik und Wirtschaft 1915–1933*, Zürich 1997.

- »Eidgenössische Fremdenpolizei (Schweiz)«, in: Wolfgang Benz (Hg.), *Handbuch des Antisemitismus. Judenfeindschaft in Geschichte und Gegenwart. Organisationen, Institutionen, Bewegungen*, Berlin, Boston 2012, S. 225–228.

Ginzburg, Carlo, *Threads and Traces. True false fictive*, Berkeley, Los Angeles u.a. 2012.

Giordano, Christian, »The Past in the Present. Actualized History in the Social Construction of Reality«, in: Don Kalb/Herman Tak (Hg.), *Critical Junctions. Anthropology and History beyond the Cultural Turn*, Oxford, New York 2005, S. 53–71.

Goertz, Hans-Jürgen, *Umgang mit Geschichte. Eine Einführung in die Geschichtstheorie*, Reinbek bei Hamburg 1995.

Goffman, Erving, *Wir alle spielen Theater. Die Selbstdarstellung im Alltag*, 8. Aufl., München 2008.

Göldi, Wolfgang, »Buomberger, Ferdinand«, in: *Historisches Lexikon der Schweiz*, 08.07.2003, http://www.hls-dhs-dss.ch/textes/d/D25336.php.

Goldner, Franz, *Flucht in die Schweiz. Die neutrale Schweiz und die österreichische Emigration 1938 bis 1945*, Wien 1983.

Graf, Hans Georg/Kneschaurek, Francesco, *Arbeitskräftepotential und Arbeitskräftebedarf in der Schweiz*, Wien 1978.

Grimm, Jacob/Grimm, Wilhelm, *Die Märchen der Brüder Grimm. Kinder- und Hausmärchen*, München 1959.

Guggenheim, Kurt, *Alles in Allem*, Roman, Zürich 1957.

Guggisberg, Martina, *Die Deutschen kommen! Eine Diskursanalyse zur Berichterstattung der Weltwoche über die deutsche Einwanderung in die Schweiz*, Liz.-Arb., Univ. Bern, Bern, Stuttgart u.a. 2009.

Günther, Dagmar, »And now something completely different«. Prolegomena zur Autobiographie als Quelle der Geschichtswissenschaft«, in: *Historische Zeitschrift*, J. 272 (2001), S. 25–61.

- *Das nationale Ich? Autobiographische Sinnkonstruktionen deutscher Bildungsbürger des Kaiserreichs*, Tübingen 2004.

Hahn, Sylvia, *Frauenarbeit. Vom ausgehenden 18. bis zum 20. Jahrhundert*, Wien 1993.

- »Dienstboten«, in: Friedrich Jaeger (Hg.), *Enzyklopädie der Neuzeit*, Stuttgart 2005, S. 1007–1012.

- *Migration-Arbeit-Geschlecht. Arbeitsmigration in Mitteleuropa vom 17. bis zum Beginn des 20. Jahrhunderts*, Göttingen 2008.

Halbwachs, Maurice, *Das kollektive Gedächtnis*, Stuttgart 1967.

Halse, Sven, *Eine Reise für das Leben. Deutsche Handwerker-Autobiographien 1700–1910*, Bremen 2002.

Hämmerle, Christa, »Populare Selbstzeugnisse des 19. und 20. Jahrhunderts in geschlechtervergleichender Perspektive«, in: Thomas Winkelbauer (Hg.), *Vom*

Lebenslauf zur Biographie. Geschichte, Quellen und Probleme der historischen Biographik und Autobiographik, Waidhofen/Thaya 2000, S. 135–164.

Hanke, Edith (Hg.), *Max Weber Gesamtausgabe. Die Wirtschaft und die gesellschaftlichen Ordnungen und Mächte. Nachlaß, 4 Herrschaft*, Tübingen 2005.

Härtling, Peter, *Erinnerte Wirklichkeit, erzählte Wahrheit. Die Städte meiner Kindheit*, Dresden 2007.

Harzig, Christiane, »Immigration policies. A gendered historical comparison«, in: Mirjana Morokvasic/Umut Erel u.a. (Hg.), *Crossing Borders and Shifting Boundaries*, Wiesbaden 2003, S. 35–58.

– »Zur persönlichen und kollektiven Erinnerung in der Migrationsforschung«, in: Dies. (Hg.), *Migration und Erinnerung. Reflexionen über Wanderungserfahrungen in Europa und Nordamerika*, Göttingen 2006, S. 7–20.

Heinritz, Charlotte, »Autobiographien als Medien lebensgeschichtlicher Erinnerungen. Zentrale Lebensthemen und autobiographische Schreibformen in Frauenautobiographien um 1900«, in: *BIOS. Zeitschrift für Biographieforschung, Oral History und Lebensverlaufsanalysen*, J. 21, H. 1 (2008), S. 114–123.

Heinze, Carsten, *Identität und Geschichte in autobiografischen Lebenskonstruktionen. Jüdische und nicht-jüdische Vergangenheitsbearbeitungen in Ost- und Westdeutschland*, Wiesbaden 2009.

Helbing, Marc, »Why Swiss-Germans dislike Germans. On negative attitudes towards a culturally and socially similar group«, in: *European Societies*, J. 13, H. 1 (2011), S. 5–27.

Henkes, Barbara, *Heimat in Holland. Deutsche Dienstmädchen 1920–1950*, Straelen 1998.

Hess, Sabine/Lenz, Ramona, »Das Comeback der Dienstmädchen«, in: Sabine Hess (Hg.), *Geschlecht und Globalisierung. Ein kulturwissenschaftlicher Streifzug durch transnationale Räume*, Königstein i.T. 2001, S. 128–165.

Hirt, Matthias, *Die Schweizerische Bundesverwaltung im Umgang mit der Arbeitsmigration. Sozial-, kultur- und staatspolitische Aspekte. 1960 bis 1970*, Diss., Univ. Bern, Bern 2006.

Historisches Seminar der Universität Basel (Hg.), *Arbeitstechniken der Geschichtswissenschaft. Studienleitfaden*, 2. Aufl., Basel 2011.

Hochstrasser, Olivia, *Ein Haus und seine Menschen 1549–1989. Ein Versuch zum Verhältnis von Mikroforschung und Sozialgeschichte*, Tübingen 1993.

Hoerder, Dirk, »Arbeitswanderung und Arbeiterbewußtsein im atlantischen Wirtschaftsraum. Forschungsansätze und –hypothesen«, in: *Archiv für Sozialgeschichte*, J. 28 (1988), S. 391–425.

– *Creating societies. Immigrant lives in Canada*, Montreal 1999.

– mit Jan Lucassen u.a.: »Terminologien und Konzepte in der Migrationsforschung«, in: Klaus J. Bade/Emmer Pieter C. u.a. (Hg.), *Enzyklopädie Migration in Europa. Vom 17. Jahrhundert bis zur Gegenwart*, Paderborn, München u.a. 2007, S. 28–53.

Hoerschelmann, Claudia, *Exilland Schweiz. Lebensbedingungen und Schicksale österreichischer Flüchtlinge 1938 bis 1945. Mit circa 250 Einzelbiographien*, Innsbruck 1997.

Hoffmann-Nowotny, Hans-Joachim, *Soziologie des Fremdarbeiterproblems. Eine theoretische und empirische Analyse am Beispiel der Schweiz*, Stuttgart 1973.

- »Internationale Migration und das Fremde in der Schweiz«, in: Ders. (Hg.), *Das Fremde in der Schweiz. Ergebnisse soziologischer Forschung*, Zürich 2001, S. 11–30.

Holmes, Madelyn, *Forgotten migrants. Foreign workers in Switzerland before World War I*, Rutherford 1988.

Horvath, Traude/Neyer, Gerda (Hg.), *Auswanderungen aus Österreich. Von der Mitte des 19. Jahrhunderts bis zur Gegenwart*, Wien, Köln u.a. 1996.

John, Michael, »Arbeitslosigkeit und Auswanderung in Österreich 1919–1937«, in: Traude Horvath/Gerda Neyer (Hg.), *Auswanderungen aus Österreich. Von der Mitte des 19. Jahrhunderts bis zur Gegenwart*, Wien, Köln u.a. 1996, S. 83–110.

Joris, Elisabeth, Bund Schweizerischer Frauenorganisationen, in: *Historisches Lexikon der Schweiz*, 16.12.2010, http://www.hls-dhs-dss.ch/textes/d/D16500.php.

- »Freundinnen junger Mädchen«, in: *Historisches Lexikon der Schweiz*, 09.01.2006, http://www.hls-dhs-dss.ch/textes/d/D16501.php.
- »Hundert Jahre Zürcher Beizengeschichte«, in: Verein Frauenstadtrundgang Zürich (Hg.), *Fräulein, zahlen bitte! Von legendären Zürcher Wirtsfrauen, stadtbekannten Lokalen und hart verdientem Geld*, Zürich 2011, S. 9–31.
- mit Heidi Witzig (Hg.), *Frauengeschichte(n). Dokumente aus zwei Jahrhunderten zur Situation der Frauen in der Schweiz*, Zürich 1986.

Joutard, Philippe, »Mémoire et histoire: comment surmonter le conflit?«, in: *BIOS. Zeitschrift für Biographieforschung, Oral History und Lebensverlaufsanalysen*, J. 20 (2007), S. 36–42.

Jureit, Ulrike, *Erinnerungsmuster. Zur Methodik lebensgeschichtlicher Interviews mit Überlebenden der Konzentrations- und Vernichtungslager*, Hamburg 1999.

- *Generationenforschung*, Göttingen 2006.
- »Generationen-Gedächtnis. Überlegungen zu einem Konzept kommunikativer Vergemeinschaftung«, in: Lu Seegers /Jürgen Reulecke (Hg.), *Die »Generation der Kriegskinder«. Historische Hintergründe und Deutungen*, Gießen 2009, S. 125–137.

Klein, Christian/Martínez, Matias, »Wirklichkeitserzählungen. Felder, Formen und Funktionen nicht-literarischen Erzählens«, in: Christian Klein/Matias Martínez (Hg.), *Wirklichkeitserzählungen. Felder, Formen und Funktionen nicht-literarischen Erzählens*, Stuttgart, Weimar 2009, S. 1–13.

Kölbl, Carlos/Straub, Jürgen, »Erinnerung«, in: Petra Kolmer/Armin Wildfeuer (Hg.), *Neues Handbuch philosophischer Grundbegriffe*, Freiburg i. Br. 2011, S. 668–688.

Köllen, Thomas, *Arbeitssituation und Arbeitsklima für Deutsche in der Schweiz. Ergebnisbericht*, Wien 2015.

Koschorke, Albrecht, *Wahrheit und Erfindung. Grundzüge einer Allgemeinen Erzähltheorie*, Frankfurt a. M. 2012.

Koselleck, Reinhart, »Geschichte, Geschichten und formale Zeitstrukturen«, in: Ders./Wolf-Dieter Stempel (Hg.), *Geschichte, Ereignis und Erzählung*, München 1973, S. 211–222.

– *Vergangene Zukunft. Zur Semantik geschichtlicher Zeit*, 3. Aufl., Frankfurt a. M. 1995.

Krebber, Jochen, »Kettenwanderung als migrationshistorisches Paradigma. Überprüfbares Konzept oder metaphorischer Bezugspunkt?«, in: *ÖZG*, J. 19, H. 1 (2008), S. 43–59.

Kreis, Georg, »Stauffacherin«, in: *Historisches Lexikon der Schweiz*, 27.02.2012, http://www.hls-dhs-dss.ch/textes/d/D47808.php.

Krusenstjern, Benigna von, »Was sind Selbstzeugnisse? Begriffskritische und quellenkundliche Überlegungen anhand von Beispielen aus dem 17. Jahrhundert«, in: *Historische Anthropologie*, J. 2 (1994), S. 462–471.

Kury, Patrick, *Über Fremde Reden. Überfremdungsdiskurs und Ausgrenzung in der Schweiz, 1900–1945*, Zürich 2003.

– »Wer agiert? Der Überfremdungsdiskurs und die schweizerische Flüchtlingspolitik«, in: Franz X. Eder (Hg.), *Historische Diskursanalysen. Genealogie, Theorie, Anwendungen*, Wiesbaden 2006, S. 205–222.

– mit Barbara Lüthi u.a., *Grenzen setzen. Vom Umgang mit Fremden in der Schweiz und den USA (1890–1950)*, Köln, Weimar u.a. 2005.

Landwehr, Achim, *Historische Diskursanalyse*, Frankfurt a. M. 2008.

Lehmann, Albrecht, *Erzählstruktur und Lebenslauf. Autobiographische Untersuchungen*, Frankfurt a. M., New York 1983.

– *Reden über Erfahrung. Kulturwissenschaftliche Bewusstseinsanalyse des Erzählens*, Berlin 2007.

Lehmann, Jürgen, »Autobiographie«, in: Klaus Weimar (Hg.), *Reallexikon der deutschen Literaturwissenschaft*, Bd. 1, Berlin, New York 1997, S. 169–173.

Lengwiler, Martin, *Praxisbuch Geschichte. Einführung in die historischen Methoden*, Zürich 2011.

Lenz, Pedro, *Der Goalie bin ig*, Roman, Luzern 2011.

Lessing, Hans-Ulrich, *Wilhelm Dilthey. Eine Einführung*, Köln, Weimar u.a. 2011.

Liebenwein, Sylva, *Erziehung und soziale Milieus. Elterliche Erziehungsstile in milieuspezifischer Differenzierung*, Wiesbaden 2008.

Liebig, Sabine (Hg.), *Migration und Weltgeschichte*, Schwalbach/Ts. 2007.

Linde, Charlotte, *Life Stories. The Creation of Coherence*, Oxford, New York u.a. 1993.

Liniger, Helga, *Das schweizerische Hotelgewerbe. Gesamtarbeitsverträge und Sozialleistungen*, Diss., Univ. Basel, Basel 1959.

Loitfellner, Sabine, »Hitlers erstes und letztes Opfer? Zwischen Anschluss und Auschwitz-Prozess. Zum Umgang Österreichs mit seiner NS-Vergangenheit«, in: Kerstin von Lingen (Hg.), *Kriegserfahrung und nationale Identität in Europa nach 1945. Erinnerung, Säuberungsprozesse und nationales Gedächtnis*, 1. Aufl., Paderborn, München u.a. 2009, S. 150–169.

Lorenzetti, Luigi, »Demographie und Wirtschaftsentwicklung«, in: Patrick Halbeisen/Margrit Müller u.a. (Hg.), *Wirtschaftsgeschichte der Schweiz im 20. Jahrhundert*, Basel 2012, S. 223–264.

Löw, Martina, *Raumsoziologie*, 7. Aufl., Frankfurt a.M. 2012.

Lucius-Hoene, Gabriele/Deppermann, Arnulf, »Narrative Identität und Positionierung«, in: *Gesprächsforschung. Online-Zeitschrift zur verbalen Interaktion*, J. 5 (2004), S. 166–183.

– *Rekonstruktion narrativer Identität. Ein Arbeitsbuch zur Analyse narrativer Interviews*, 3. Aufl., Wiesbaden 2011.

Ludi, Regula, »Montat-Burckhardt, Anne de«, in: *Historisches Lexikon der Schweiz*, 27.11.2008, http://www.hls-dhs-dss.ch/textes/d/D9358.php.

– »Jaussi, Nelli«, in: *Historisches Lexikon der Schweiz*, 05.07.2007, http://www.hls-dhs-dss.ch/textes/i/I9337.php.

Lutz, Helma/Schwalgin, Susanne, *Vom Weltmarkt in den Privathaushalt. Die neuen Dienstmädchen im Zeitalter der Globalisierung*, Opladen 2007.

Maiolino, Angelo, *Als die Italiener noch Tschinggen waren. Der Widerstand gegen die Schwarzenbach-Initiative*, Zürich 2011.

Markowitsch, Hans J./Welzer, Harald, *Das autobiographische Gedächtnis. Hirnorganische Grundlagen und biosoziale Entwicklung*, Stuttgart 2005.

Mattes, Monika, *»Gastarbeiterinnen« in der Bundesrepublik. Anwerbepolitik, Migration und Geschlecht in den 50er bis 70er Jahren*. Frankfurt a.M., New York 2005.

Mead, George Herbert, *Geist, Identität und Gesellschaft*, Frankfurt a. M. 1968.

Meuwly, Olivier, »Landesring der Unabhängigen (LdU)«, in: *Historisches Lexikon der Schweiz*, 11.11.2008, http://www.hls-dhs-dss.ch/textes/d/D17394.php.

Meyer, Dennis, »WM-Sieg 1954«, in: Torben Fischer/Matthias N. Lorenz (Hg.), *Lexikon der «Vergangenheitsbewältigung» in Deutschland. Debatten- und Diskursgeschichte des Nationalsozialismus nach 1945*, Bielefeld 2007, S. 82–83.

Mooser, Josef, »Die ›Geistige Landesverteidigung‹ in den 1930er Jahren. Profile und Kontexte eines vielschichtigen Phänomens der schweizerischen politischen Kultur in der Zwischenkriegszeit«, in: *Schweizerische Zeitschrift für Geschichte*, J. 47, H. 4 (1997), S. 685–708.

Müller, Günter, »Sammlungen autobiographischer Materialien in Österreich«, in: Thomas Winkelbauer (Hg.), *Vom Lebenslauf zur Biographie. Geschichte, Quellen und Probleme der historischen Biographik und Autobiographik*, Waidhofen/Thaya 2000, S. 169–203.

Naef, Robert, *Landi. Schweizerische Landesausstellung 1939 Zürich*, Luzern 1979.

Neyer, Gerda, »Auswanderungen aus Österreich. Ein Streifzug durch die ›andere‹ Seite der österreichischen Migrationsgeschichte«, in: Traude Horvath/Gerda Neyer (Hg.), *Auswanderungen aus Österreich. Von der Mitte des 19. Jahrhunderts bis zur Gegenwart*, Wien, Köln u.a. 1996, S. 13–29.

Nora, Pierre, *Zwischen Geschichte und Gedächtnis*, Berlin 1990.

Nünning, Ansgar (Hg.), *Metzler-Lexikon Literatur- und Kulturtheorie. Ansätze, Personen, Grundbegriffe*, 4. Aufl., Stuttgart 2008.

Obertreis, Julia/Stephan, Anke, »Erinnerung, Identität und ›Fakten‹. Die Methodik der Oral History und die Erforschung (post)sozialistischer Gesellschaften«, in: Dies. (Hg.), *Erinnerungen nach der Wende*, Essen 2009, S. 9–36.

Ochsner, Gertrud, *Krankgestempelt. Auf den Spuren des eidgenössischen Grenzsanitätsdienstes. 1910er bis 1960er Jahre.* Unveröffentlichte Seminararbeit, Univ. Zürich, Zürich 2002.

Oltmer, Jochen (Hg.), *Handbuch Staat und Migration in Deutschland seit dem 17. Jahrhundert*, Berlin/Boston 2016.

– Migrationsverhältnisse und Migrationsregime nach dem Zweiten Weltkrieg, in: Ders. (Hg.), *Das »Gastarbeiter«-System. Arbeitsmigration und ihre Folgen in der Bundesrepublik Deutschland und Westeuropa*, München 2012, S. 9–24.

Orth, Karin, »*Nur weiblichen Besuch«. Dienstbotinnen in Berlin 1890–1914*, Frankfurt a. M., New York 1993.

Orthofer, Maria, *Au-pair. Von der Kulturträgerin zum Dienstmädchen*, Wien, Köln u.a. 2008.

Ottmüller, Uta, *Die Dienstbotenfrage. Zur Sozialgeschichte der doppelten Ausnutzung von Dienstmädchen im deutschen Kaiserreich. Zur Sozialgeschichte der Frau*, 1. Aufl., Münster 1978.

Parnreiter, Christof, »Theorien und Forschungsansätze zu Migration«, in: Karl Husa/Christof Parnreiter u.a. (Hg.), *Internationale Migration. Die globale Herausforderung des 21. Jahrhunderts?*, Frankfurt a. M. 2000, S. 25–53.

Piefke, Martina/Markowitsch, Hans J., »Neuroanatomische und neurofunktionelle Grundlagen von Gedächtnis«, in: Christian Gudehus (Hg.), *Gedächtnis und Erinnerung. Ein interdisziplinäres Handbuch*, Stuttgart 2010, S. 11–21.

Piguet, Etienne, *Einwanderungsland Schweiz. Fünf Jahrzehnte halb geöffnete Grenzen*, Bern, Stuttgart u.a. 2006.

Plato, Alexander von, »Interview-Richtlinien«, in: Ders./Almut Leh u.a. (Hg.), *Hitlers Sklaven. Lebensgeschichtliche Analysen zur Zwangsarbeit im internationalen Vergleich*, Wien 2008, S. 443–450.

Polkinghorne, Donald E., »Narrative Psychologie und Geschichtsbewußtsein. Beziehungen und Perspektiven«, in: Jürgen Straub (Hg.), *Erzählung, Identität und historisches Bewußtsein. Die psychologische Konstruktion von Zeit und Geschichte*, Frankfurt a. M. 1998, S. 12–45.

Portelli, Alessandro, *The Death of Luigi Trastulli, and Other Stories. Form and Meaning in Oral History*, Albany 1991.

– »What Makes Oral History Different«. (Reprint von 1979), in: Robert Perks/Alistair Thomson (Hg.), *The Oral History Reader*, 2. Aufl., London, New York 2008, S. 32–42.

Prettenthaler-Ziegerhofer, Anita/Schmidlechner, Karin M. u.a.: *»Haustochter gesucht«. Steirische Arbeitsmigrantinnen in der Schweiz*. Grazer Gender Studies, Bd. 13., Graz 2010.

Pröll, Ulrike, »Österreichische Arbeitnehmer und Arbeitnehmerinnen in der Schweiz«, in: Traude Horvath/Gerda Neyer (Hg.), *Auswanderungen aus Österreich.*

Von der Mitte des 19. Jahrhunderts bis zur Gegenwart, Wien, Köln u.a. 1996, S. 433–456.

Radebold, Hartmut/Fooken, Insa u.a., »Vorwort und kurze Einführung«, in: Dies./Gereon Heuft (Hg.), *Das späte Echo von Kriegskindheiten. Die Folgen des Zweiten Weltkrieges in Lebensverläufen und Zeitgeschichte*, Göttingen 2014, S. 11–16.

Rauchbauer, Petra, »*Es woa des Göd wos uns außezogn hot*«. *Burgenländische »Gastarbeiterinnen« in der Schweiz nach dem Zweiten Weltkrieg*. Saarbrücken 2011.

Ricoeur, Paul, *Zeit und Erzählung*. Zeit und historische Erzählung, Bd. 1., München 1988.

Riedener, Madlen, *Deutsche Arbeitsmigrantinnen in der Schweiz in den 1950er Jahren*, MA-Arb., Univ. Fribourg, Fribourg 2014.

Ritchie, Donald A. (Hg.), *The Oxford Handbook of Oral History*, Oxford 2011.

Rogge, Jörg (Hg.), *Cultural History in Europe. Institutions, Themes, Perspectives*, Bielefeld 2011.

Rohrer, Carl/Sgier, Irena, »Switzerland. National Historical Context of Adult Education in Switzerland«, in: *International Review of Education*, J. 42, H. 1 (1996), S. 131–150.

Romano, Gaetano, »Die Überfremdungsbewegung als ›Neue soziale Bewegung‹. Zur Kommerzialisierung, Oralisierung und Personalisierung massenmedialer Kommunikation in den 60er Jahren«, in: Mario König/Georg Kreis u.a. (Hg.), *Dynamisierung und Umbau. Die Schweiz in den 60er und 70er Jahren*, Zürich 1998, S. 143–160.

Rosenthal, Gabriele, »Die erzählte Lebensgeschichte als historisch-soziale Realität. Methodologische Implikationen für die Analyse biographischer Texte«, in: Berliner Geschichtswerkstatt (Hg.), *Alltagskultur, Subjektivität und Geschichte. Zur Theorie und Praxis von Alltagsgeschichte*, 1. Aufl., Münster 1994, S. 125–138.

– *Erlebte und erzählte Lebensgeschichte. Gestalt und Struktur biographischer Selbstbeschreibungen*, Frankfurt a. M., New York 1995.

Rürup, Reinhard, *Der lange Schatten des Nationalsozialismus. Geschichte, Geschichtspolitik und Erinnerungskultur*, Göttingen 2014.

Rüsen, Jörn, »Einleitung«, in: Ders. (Hg.), *Geschichtsbewußtsein. Psychologische Grundlagen, Entwicklungskonzepte, empirische Befunde*, Köln, Weimar u.a. 2001, S. 1–14.

Ryan, Louise/Webster, Wendy, »Introduction«, in: Dies. (Hg.), *Gendering Migration. Masculinity, Femininity and Ethnicity in Post-War Britain*, Aldershot u.a. 2008, S. 1–18.

Sabrow, Martin, »Der Zeitzeuge als Wanderer zwischen zwei Welten«, in: Ders./Norbert Frei (Hg.), *Die Geburt des Zeitzeugen nach 1945*, Göttingen 2012, S. 13–32.

Sarasin, Philipp, »Arbeit, Sprache, Alltag. Wozu noch Alltagsgeschichte?«, in: *WerkstattGeschichte*, J. 15 (1996), S. 72–86.

– *Geschichtswissenschaft und Diskursanalyse*, Frankfurt a. M. 2003.

Sarti, Raffaella, »Domestic Service. Past and Present in Southern and Northern Europe«, in: *Gender & History*, J. 18, H. 2 (2006), S. 222–245.

- »The Globalisation of Domestic Service. A Historical Perspective«, in: Helma Lutz (Hg.), *Migration and Domestic Work. A European Perspective on a Global Theme*, Aldershot u.a. 2012, S. 77–97.

Schrover, Marlou, »Feminization and Problematization of Migration. Europe in the Nineteenth and Twentieth Centuries«, in: Dirk Hoerder/Amarjit Kaur (Hg.), *Proletarian and Gendered Mass Migrations. A Global Perspective on Continuities and Discontinuities from the 19th to the 21st Centuries*, Leiden 2013, S. 103–132.

Schubert, Klaus/Klein, Martina (Hg.), *Politiklexikon*, 4. Aufl., Bonn 2006.

Schütz, Alfred/Luckmann, Thomas, *Strukturen der Lebenswelt*, Konstanz 2003.

Schütze, Fritz, »Biographieforschung und narratives Interview«, in: *Neue Praxis. Kritische Zeitschrift für Sozialarbeit und Sozialpädagogik*, J. 13, H. 3 (1983), S. 283–293.

Seegers, Lu, »Vaterlosigkeit als kriegsbedingte Erfahrung des 20.Jahrhunderts in Deutschland«, in: Lu Seegers/Jürgen Reulecke (Hg.), *Die »Generation der Kriegskinder«. Historische Hintergründe und Deutungen*, Gießen 2009, S. 59–83.

- »Die ›Generation der Kriegskinder‹. Mediale Inszenierung einer ›Leidensgemeinschaft‹«, in: Detlef Schmiechen-Ackermann (Hg.), *›Volksgemeinschaft‹. Mythos, wirkungsmächtige soziale Verheißung oder soziale Realität im ›Dritten Reich‹? Propaganda und Selbstmobilisierung im NS-Staat*, Paderborn 2012, S. 335–354.

Seiler, Alexander J., *Siamo Italiani. Die Italiener. Gespräche mit italienischen Arbeitern in der Schweiz*, Zürich 1965.

Sieder, Reinhard (Hg.), *Brüchiges Leben. Biographien in sozialen Systemen*, Wien 1999.

Silies, Eva-Maria, *Liebe, Lust und Last. Die Pille als weibliche Generationserfahrung in der Bundesrepublik 1960–1980*, Göttingen 2010.

Stempel, Wolf-Dieter, »Erzählung, Beschreibung und der historische Diskurs«, in: Reinhart Koselleck/Wolf-Dieter Stempel (Hg.), *Geschichte, Ereignis und Erzählung*, München 1973, S. 325–346.

Sternberg, Jan Philipp, *Auswanderungsland Bundesrepublik. Denkmuster und Debatten in Politik und Medien*, Paderborn 2012.

- »Auswanderungsland, Zuwanderungsland. Die Doppelrolle der Migrationspolitik in der frühen Bundesrepublik«, in: Jochen Oltmer (Hg.), *Das »Gastarbeiter«-System. Arbeitsmigration und ihre Folgen in der Bundesrepublik Deutschland und Westeuropa*, München 2012, S. 25–38.

Stoellger, Philipp, »Quo maius pati nequit. Komparative des Leidens und ihre Eskalationen«, in: Steffi Hobuß/Nicola Tams (Hg.), *Lassen und Tun. Kulturphilosophische Debatten zum Verhältnis von Gabe und kulturellen Praktiken*, Bielefeld 2014, S. 29–56.

Straub, Jürgen, *Historisch-psychologische Biographieforschung. Theoretische, methodologische und methodische Argumentationen in systematischer Absicht*, Heidelberg 1989.

- »Erzähltheorie/Narration«, in: Günter Mey/Katja Mruck (Hg.), *Handbuch qualitative Forschung in der Psychologie*, Wiesbaden 2010, S. 133–146.

- »Identität«, in: Ralf Konersmann (Hg.), *Handbuch Kulturphilosophie*, Stuttgart 2012, S. 334–339.
- mit Chakkarath, Pradeep, »Identität und andere Formen des kulturellen Selbst«, in: *Familiendynamik*, J. 36, H. 2 (2010), S. 110–119.

Strutz, Andrea, »Aspekte zur Auswanderung von Österreich nach Kanada in den 1950er Jahren«, in: Ingrid Böhler/Eva Pfanzelter u.a. (Hg.), *1968. Vorgeschichten, Folgen. Bestandsaufnahme der österreichischen Zeitgeschichte*, Innsbruck 2010, S. 936–944.

Thießen, Malte, »Geschichte und Psychoanalyse revisited. Praxis und Potenziale interdisziplinärer Forschungen für die Oral History«, in: Knud Andresen/Linde Apel u.a. (Hg.), *Es gilt das gesprochene Wort. Oral History und Zeitgeschichte heute*, Göttingen 2015, S. 146–160.

Tichy, Marina, *Alltag und Traum. Leben und Lektüre der Wiener Dienstmädchen um die Jahrhundertwende*, Wien 1984.

Tissot, Laurent, »Binnenwirtschaft, Tourismus und Landwirtschaft«, in: Patrick Halbeisen/Margrit Müller u.a. (Hg.), *Wirtschaftsgeschichte der Schweiz im 20. Jahrhundert*, Basel 2012, S. 519–567.

Tschannen, Pia, *Putzen in der sauberen Schweiz. Arbeitsverhältnisse in der Reinigungsbranche*, Gender Wissen, Bd. 1, 1. Aufl., Bern 2003.

Tschopp, Silvia Serena (Hg.), *Kulturgeschichte*, Stuttgart 2008.

Tumpold-Juri, Astrid, *»Skim off the cream«. Auswanderung von Österreich nach Australien (1947–1978)*, Diss., Univ. Graz, Graz 2008.

Urner, Klaus, *Die Deutschen in der Schweiz*, Lempen 1976.

Vann, Richard T., »The Reception of Hayden White«, in: *History and Theory*, J. 37, H. 2 (1998), S. 143–161.

Verein Frauenstadtrundgang Zürich (Hg.), *Fräulein, zahlen bitte! Von legendären Zürcher Wirtsfrauen, stadtbekannten Lokalen und hart verdientem Geld*, Zürich 2011.

Vierhaus, Rudolf, »Die Rekonstruktion historischer Lebenswelten«, in: Hartmut Lehmann (Hg.), *Wege zu einer neuen Kulturgeschichte*, Göttingen 1995, S. 7–25.

Voegeli, Yvonne, »Frauenstimmrecht«, in: *Historisches Lexikon der Schweiz*, 17.02.2015, http://www.hls-dhs-dss.ch/textes/d/D10380.php

Völter, Bettina, »Einleitung«, in: Dies. (Hg.), *Biographieforschungs im Diskurs*, Wiesbaden 2005, S. 7–20.

Wahl, Klaus, »Dienstmädchen. Geschichte oder Zukunft? Eine legendäre Ressource im deutsch-brasilianischen Vergleich«, in: *Diskurs*, J. 1, H. 1 (1991), S. 47–50.

Walser, Karin, *Dienstmädchen. Frauenarbeit und Weiblichkeitsbilder um 1900*, Frankfurt 1985.

- »Prostitutionsverdacht und Geschlechterforschung. Das Beispiel der Dienstmädchen um 1900«, in: Dies. (Hg.), *Anstoß nehmen, Anstoß geben*, Königstein i.T. 2005, S. 74–88.

Wecker, Regina, »Frauenkörper, Volkskörper, Staatskörper. Zu Eugenik und Politik in der Schweiz«, in: Brigitte Studer/Regina Wecker u.a. (Hg.), *Frauen und*

Staat. Berichte des Schweizerischen Historikertages in Bern Oktober 1996, Basel 1998, S. 208–226.
Wedel, Gudrun, »Autobiographien von Frauen als historische Quelle. Eine einzigartige Sammlung an der Freien Universität Berlin«, in: *querelles-net. Rezensionszeitschrift für Frauen- und Geschlechterforschung*, J. 24 (2008), http://www.querelles-net.de/index.php/qn/article/view/621/629.
Welzer, Harald, »Das Interview als Artefakt. Zur Kritik der Zeitzeugenforschung«, in: *BIOS. Zeitschrift für Biographieforschung, Oral History und Lebensverlaufsanalysen*, J. 13, H. 1 (2000), S. 51–63.
– »Erinnerung und Gedächtnis. Desiderate und Perspektiven«, in: Christian Gudehus (Hg.), *Gedächtnis und Erinnerung. Ein interdisziplinäres Handbuch*, Stuttgart 2010, S. 1–10.
White, Hayden, *Metahistory. The Historical Imagination in Nineteenth-Century Europe*, Baltimore 1973.
– »The Historical Text as Literary Artifact«, in: *Clio*, J. 3, H. 3 (1974), S. 277–303.
– »The Structure of Historical Narrative (1972)«, in: Robert Doran (Hg.), *The Fiction of Narrative. Essays on History, Literature, and Theory 1957–2007*, Baltimore 2010, S. 112–125.
Wiedemann, Peter M., *Erzählte Wirklichkeit. Zur Theorie und Auswertung narrativer Interviews*, Weinheim, München 1986.
Wierling, Dorothee, »Vom Mädchen zum Dienstmädchen. Kindliche Sozialisation und Beruf im Kaiserreich«, in: Klaus Bergmann/Rolf Schörken (Hg.), *Geschichte im Alltag – Alltag in der Geschichte*, Düsseldorf 1982, S. 57–87.
– *Mädchen für alles. Arbeitsalltag und Lebensgeschichte städtischer Dienstmädchen um die Jahrhundertwende*, Berlin 1987.
– »Oral History«, in: Michael Maurer (Hg.), *Aufriß der historischen Wissenschaften. Neue Themen und Methoden der Geschichtswissenschaft*, Stuttgart 2003, S. 81–151.
– »›Kriegskinder‹: westdeutsch, bürgerlich, männlich?«, in: Lu Seegers/Jürgen Reulecke (Hg.), *Die »Generation der Kriegskinder«. Historische Hintergründe und Deutungen*, Gießen 2009, S. 141–155.
Wild, Andrea, »Das aussergewöhnliche Leben der Annelise Rüegg«, in: Verein Frauenstadtrundgang Zürich (Hg.), *Fräulein, zahlen bitte! Von legendären Zürcher Wirtsfrauen, stadtbekannten Lokalen und hart verdientem Geld*, Zürich 2011, S. 69–82.
Willi, Victor I., *Überfremdung. Schlagwort oder bittere Wahrheit?*, Bern 1970.
Witkowski, Mareike, »Ein Relikt des 19. Jahrhunderts? Hausgehilfinnen von 1918 bis in die 1960er Jahre«, in: *Archiv für Sozialgeschichte*, J. 54 (2014), S. 147–168.
Zang, Gert, *Die unaufhaltsame Annäherung an das Einzelne. Reflexionen über den theoretischen und praktischen Nutzen der Regional- und Alltagsgeschichte*, Konstanz 1985.
Zull, Gertraud, *Das Bild vom Dienstmädchen um die Jahrhundertwende. Eine Untersuchung der stereotypen Vorstellungen über den Charakter und die soziale Lage des städtischen weiblichen Hauspersonals*, München 1984.

Filme

Dwans, Allan, *Heidi*, USA 1937.
Früh, Kurt/Mehringer, Hans, *Eine Freundin in der großen Welt*, Schweiz 1958.
Hübner, Martin, *Kriegskinder*, Deutschland 2009.

Internet

Docupedia-Zeitgeschichte. Begriffe, Methoden und Debatten der zeithistorischen Forschung, 20.01.2017, http://docupedia.de
Historisches Lexikon der Schweiz, 20.01.2017, http://www.hls-dhs-dss.ch
Interaktives Erinnerungsalbum der Dokumentation lebensgeschichtlicher Aufzeichnungen Wien, 02.09.2015, http://www.MenschenSchreibenGeschichte.at
International Movie Database (IMDb), 20.01.2017, »Heidi (1937)«, http://www.imdb.com/title/tt0028988
Internet für Senioren und Seniorinnen, 20.01.2017, http://www.Feierabend.de
Migrosklubschule, 20.01.2017, http://www.klubschule.ch/Ueber-uns/Klubschule-Migros/Zahlen-Fakten
Verein Kriegskinder, e.V, 20.01.2017, http://kriegskinder-verein.de
Spiegel Online, Dossier zum Thema »Fachkräftemangel«, Artikel und Hintergründe, 20.01.2017, http://www.spiegel.de/thema/fachkraeftemangel.